2026 특수교사임용시험 대비

Vol. 1

의사소통장애

정서 · 행동장애

자폐범주성장애

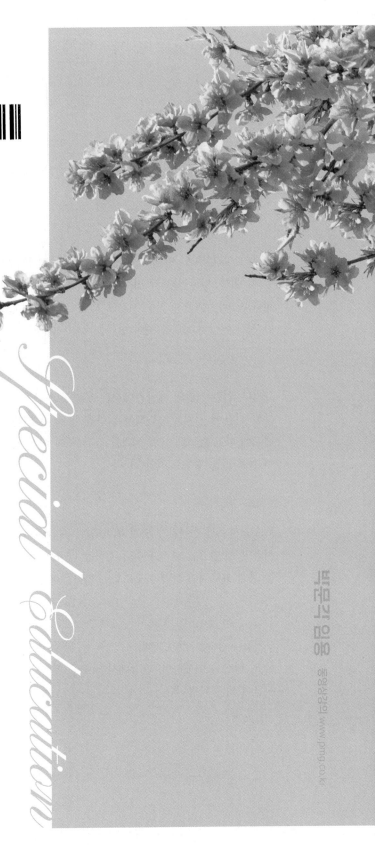

Special Education

박문각 임용 동영상강의 www.pmg.co.kr

김은진 편저

김은진 스페듀 기본이론서

Preface

머리말

미국의 심리학자인 안데르스 에릭슨에 의하면 한 분야의 전문가가 되려면 일만 시간의 훈련이 필요한데, 이를 '일만 시간의 법칙'이라고 합니다. 가령 세계적인 바이올린 연주자와 아마추어 연주자의 실력 차이는 오로지 연주 시간에 의해 결정되는 것으로, 최고의 실력자가 되기 위해서는 적어도 일만 시간 이상의 노력을 해야 한다는 것입니다.

그러나 '일만 시간의 재발견'에서는 무작정 시간을 채우는 것은 의미가 없으며, '올바른 방법'으로 '충분한 시간'에 걸쳐서 노력해야 실력을 쌓을 수 있다고 합니다. 2007년 체스 선수의 실력에 대한 한 연구에 따르면, 최상급의 실력을 갖추는 데 어떤 경우는 2년의 시간이 걸린 반면, 평생을 해도 실력이 늘지 않는 경우도 있었습니다.

특수교사로서 전문가가 되기 위한 일만 시간 중 지금 여러분이 공부하는 시간은 짧기도, 길기도 한 시간일 것입니다. 제 임용시험 경험을 바탕으로 무작정 시간을 채우는 공부가 아닌 '의식적인 연습'을 통한 효율적인 방법과 구조화로 합격을 위한 공부를 돕겠습니다.

무엇보다 중요한 것은, 일만 시간을 쌓아가는 노력의 시작을 '바로 지금' 하는 것입니다. 학문을 공부하고, 학생을 이해하며, 현장에서 역량을 펼치기 위해 고민하는, 그 모든 과정 하나하나가 의미 있는 시간이 되길 바랍니다.

이를 바탕으로 구성한 본서의 특징은 다음과 같습니다.

첫째, 체계적인 구조화

많은 양의 학습을 위해서는 무엇보다 '반복학습'이 매우 중요합니다. 논리적·체계적인 구조화와 시각적인 페이지 구성을 통해 반복학습 시 이해와 암기가 자연스럽게 이루어질 수 있도록 교재를 구성하고자 노력하였습니다.

둘째, 기출문제와 근거 각론의 동시 학습

문제가 출제된 최신의 근거 각론들을 구조화된 내용 속에 포함시키고, 해당 기출문제를 표시함으로써 이론과 기출문제를 동시에 학습할 수 있도록 하였습니다. 기출문제가 어떻게 출제되는지, 답을 어떻게 이끌어 내는지에 대하여 사고를 확장할 수 있도록 구성하였습니다.

셋째, 단권화 자료로 활용

이론과 개념을 지나치게 축약한 서브노트와, 광범위한 내용이 나열된 각론 사이에서 이 교재가 단권화의 역할을 할 수 있도록 구성하였습니다. 기출의 근거가 된 각론의 내용을 빠짐없이 담았으며, 향후 확장 가능성이 있는 내용을 포함해 이 책만으로도 충분한 학습이 가능하도록 정리하였습니다.

본서와 함께하는 여러분의 시작을 진심으로 응원합니다.

저자 김은진

Contents

차례

PART 01

의사소통 장애

PART 02

정서·행동 장애

PART
03
자페범주성 장애

김은진 스페듀 기본이론서

Vol. 1

Special Education

PART 01

의사소통장애

말, 언어 그리고 의사소통

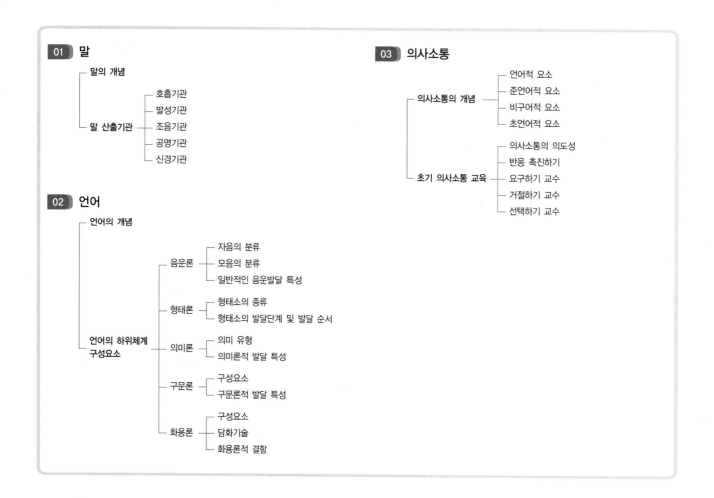

01 말
- 말의 개념
- 말 산출기관
  - 호흡기관
  - 발성기관
  - 조음기관
  - 공명기관
  - 신경기관

02 언어
- 언어의 개념
- 언어의 하위체계 구성요소
  - 음운론
    - 자음의 분류
    - 모음의 분류
    - 일반적인 음운발달 특성
  - 형태론
    - 형태소의 종류
    - 형태소의 발달단계 및 발달 순서
  - 의미론
    - 의미 유형
    - 의미론적 발달 특성
  - 구문론
    - 구성요소
    - 구문론적 발달 특성
  - 화용론
    - 구성요소
    - 담화기술
    - 화용론적 결함

03 의사소통
- 의사소통의 개념
  - 언어적 요소
  - 준언어적 요소
  - 비구어적 요소
  - 초언어적 요소
- 초기 의사소통 교육
  - 의사소통의 의도성
  - 반응 촉진하기
  - 요구하기 교수
  - 거절하기 교수
  - 선택하기 교수

01 말(speech)

1. 말의 개념

① 말이란 발성기관의 움직임에 의해 만들어지는 독특한 소리로, 의미를 전달하기 위한 의사소통 수단 가운데 가장 보편적이다.

② 말은 호흡·발성·조음기관을 통해 산출되는 소리이면서 전달하고자 하는 의미가 포함되어 있어야 한다. 만약 의미가 없다면 그것은 말이 아닌 일련의 소리에 불과하다.

③ 말장애란 말소리를 산출하기 위해 필요한 근육활동에 문제가 있어서 모국어의 말소리를 정상적으로 산출하지 못하여 의사소통에 문제를 보이는 경우를 말한다.

2. 말 산출기관(언어기관의 생리학적 이해)

호흡기관	• 공기를 허파 안으로 빨아들이는 호흡작용을 '흡기', 허파 밖으로 빠져나가는 호흡작용을 '호기'라고 함 • 편안한 상태에서 흡기와 호기의 시간적 비율은 4:6 정도이지만, 발화를 할 때는 1:9 정도로 호기 시간이 길어짐
발성기관	• '발성'은 폐에서 생성된 공기를 기도압력을 이용해 목소리로 전환하는 것을 말하며, 그 기능은 후두가 담당함. 폐에서 만들어진 공기는 폐의 폐포에서 기관지를 통해 기도를 타고 올라와 후두를 지남. 후두를 지나는 공기는 성대에 부딪히는데, 이때 성대가 진동하고, 이 진동이 바로 목소리가 됨 • 성대접촉이 불충분할 경우에는 속삭이는 음성이 산출될 수 있으며, 지나치게 단단하게 접촉될 때에는 쥐어짜는 억압된 음성이 산출됨. 만약 성대가 제대로 움직이지 못하거나 성대 표면에 결정이나 플립 등이 생기면 정상적인 음성을 만들지 못함. 즉, 발성기관의 이상은 말장애의 하나인 음성장애를 유발함
조음기관	'조음'이란 구강 안에서 모음과 자음들을 만드는 과정이며, 구강 내 조음기관에는 혀·입술·치아·치조·구개 등이 있음
공명기관	공명강에는 구강·비강·인두강이 있고, 이들은 소리의 생성이 아닌 소리의 특성에 영향을 줌
신경기관	신경기관은 중추신경계와 말초신경계로 구분됨

더 알아보기

성대의 개폐

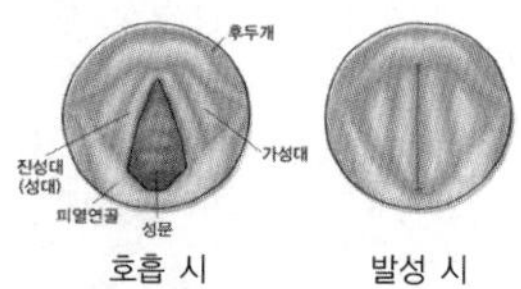

호흡 시 발성 시

연인두폐쇄기능 ❶ 10초등11

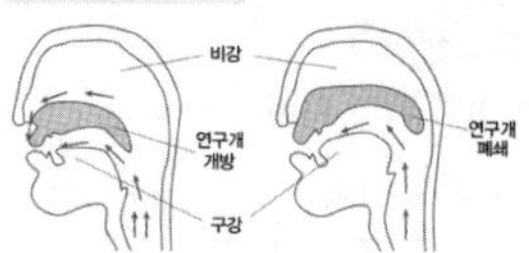

기출 POINT 1

❶ 10초등11

다음은 그림의 각 기관들이 말소리 산출에 작용하는 일부과정을 기술한 것이다. 글을 읽고, 이 과정에 관한 〈보기〉의 내용 중 바른 것을 모두 고른 것은?

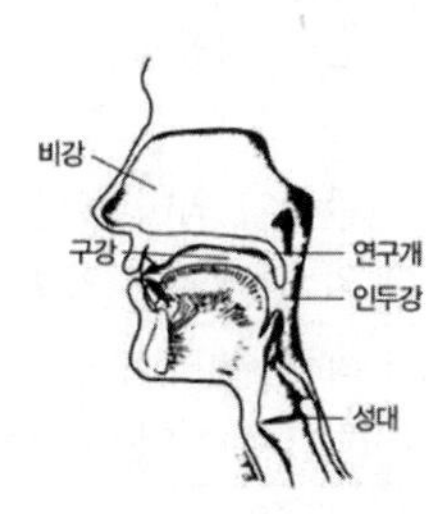

성대의 진동을 지난 공기가 인두강의 윗부분에 도달하면 구강으로 나가는 길과 비강으로 들어가는 두 갈래 길이 있다. 연구개 근육이 위로 올라가 인두벽에 닿으면 비강문이 닫히고 공기는 입으로 나가게 된다. 반면, 공기가 입으로 나가는 길을 막고 연구개를 아래로 내려 비강문을 열면 공기는 비강으로 나가게 된다.

〈보기〉

㉠ 구강음과 비강음의 형성과정
㉡ 성문 아래 공기 압력의 형성과정
㉢ 성대를 지나면서 조절된 소리의 공명과정
㉣ 횡격막의 하강으로 인한 에너지원의 공급과정

02 언어(language)

1. 언어의 개념

① 언어란 생각과 정보를 전달하기 위한 상징의 조직적 체계로, 음성이나 문자를 통해 생각과 감정을 표현하는 체계적 수단이다. 말을 형식으로 한다면 음성언어가 되고, 글을 형식으로 한다면 문자언어가 되며, 수어를 형식으로 한다면 시공간적 언어, 점자를 형식으로 한다면 촉각언어가 된다.

② 언어는 형식 · 내용 · 사용을 갖추어야 하며, 이를 음운론 · 형태론 · 구문론 · 의미론 그리고 화용론으로 구분할 수 있다.

③ 언어장애란 모국어에서 사용되는 언어규칙을 제대로 사용하지 못하여 의사소통에 문제를 보이는 경우를 말한다.

Keyword

말이란 의미 있는 말소리를 산출하는 것이고, 언어란 한국어를 문법에 맞게 사용하는 것이다.

2. 언어의 하위체계 구성요소(ASHA) ❶ 14초등 · 유아A6

언어는 음운론, 형태론, 구문론, 의미론, 화용론의 다섯 가지 요소를 포함한다. 이론상으로 형태, 내용, 사용이라는 세 가지 측면으로 나눌 수 있으나, 실제로 우리가 말을 하는 데 있어서는 다섯 가지 요소가 동시에 적용되며, 모든 영역이 정상적인 발달 범위 안에 있을 때 비로소 언어의 기능이 수행된다.

구성요소	언어의 하위체계	정의	사용의 예	
			수용언어	표현언어
형태	음운론	말소리 및 말소리 조합을 규정하는 규칙	말소리를 식별함	말소리를 만들어서 분명하게 발음함
	형태론	단어의 구성을 규정하는 규칙	단어의 문법적인 구조를 이해함	단어 내 문법을 사용함
	구문론	단어의 배열, 문장의 구조, 서로 다른 종류의 문장 구성을 규정하는 규칙	문구와 문장을 이해함	문구와 문장 내에서 문법을 사용함
내용	의미론	단어와 단어의 조합을 규정하는 규칙	단어의 의미와 단어들 간의 관계를 이해함	단어의 의미와 단어 간의 관계를 사용함
사용	화용론	사회적 상황에서의 언어 사용과 관련된 규칙	사회적 또는 상황적 단서를 이해함	다른 사람에게 영향을 미치기 위해 언어를 사용함

① 이들 구성요소는 각각이 독립된 요소이면서도 서로 상호 연관된 관계로 구성된다.

② 예를 들어, 책을 읽고 있는 엄마의 옆에 앉아 창밖을 내다보던 30개월 된 아동이 지나가는 고양이를 보고 "엄마, 고양이"라고 말하였을 때, 이 아동은 언어의 세 가지 구성요소를 모두 성취한 것이다. 먼저, "엄마"라고 말함으로써 엄마의 주의를 끌고 "고양이"라고 말함으로써 자신이 본 것을 설명하는 두 가지 의사소통적 의도를 성취하였다. 또한 자신이 본 동물에 대한 지식을 언어적으로 입력하였으며 적절하게 배열된 단어를 발성하였다. 결론적으로 이 아동은 "엄마, 고양이"라고 말함으로써 화용론, 구문론, 의미론의 규칙을 모두 수행한 것이다. ❷ 18초등B6

더 알아보기

언어의 다섯 가지 구성요소

의미론 — 내용 | 사용 — 화용론
언어
형태 — 음운론, 형태론, 구문론

기출 POINT 2

❶ 14초등 · 유아A6

언어의 3가지 주요 요소(ASHA) 중 ①~④와 관련된 요소를 쓰고, ①~④와 관련 있는 언어학적 영역을 쓰시오.

① 호흡과 발성의 지속시간을 점진적으로 늘릴 수 있도록 지도하기로 함
② 비눗방울 불기, 바람개비 불기 등의 놀이 활동을 통해 지도하기로 함
③ /ㅅ/, /ㅈ/, /ㄹ/ 발음의 정확성을 높이기 위해 반복 연습할 기회를 제공하기로 함
④ 자연스럽고 편안한 발성을 위해 바른 자세 지도를 함께 하기로 함

기출 POINT 2

❷ 18초등B6

밑줄 친 ⓜ의 근거를 밑줄 친 ㉠~㉣에서 찾아 기호로 쓰고, 그렇게 판단할 수 있는 이유를 언어의 형식(기호)과 내용(의미)의 관계를 활용하여 쓰시오.

학생	예비교사 관찰 결과	지도교사 피드백
철수	언어 이해만 가능함. 표현언어는 관찰되지 않음. 예를 들면, ㉠ "하지 마!"라는 금지어를 듣고 하던 행동을 멈춤. ㉡ "아빠 어딨어?"라는 말을 듣고 아빠를 바라보며 "아바바"라고 함. ㉢ "손뼉을 쳐요", "눈을 감아요"라는 말을 듣고 동작을 수행함. ㉣ 몇 개의 물건들 중에서 지시하는 한 가지의 물건을 고를 수 있음.	지적장애가 있고 언어발달 지체가 심하긴 하지만 ⓜ 표현언어 발달도 함께 이루어지고 있음. 영유아 언어발달검사(SELSI)나 언어발달 점검표로 평가해 볼 필요가 있음

더 알아보기 언어의 구조(고은, 2021)

발달장애의 경우에는 모든 언어 구성요소에서 결함을 보일 수 있다. 오류 영역을 정확하게 알기 위해서는 맥락적 요소를 함께 고려하여 판단하여야 하는데, 예를 들면, "수고하세요."라는 문장 자체는 오류가 없으나 그 말을 상갓집에서 상주에게 하였다면 이는 화용론적 오류에 해당한다고 볼 수 있다. 혹은 "오빠가 내일 밥을 먹었어요."라고 했을 때, 화자가 내일과 오늘 그리고 어제 등과 같은 어휘습득이 잘 되지 않은 상태라면 이는 의미론적 오류에 해당한다. 그러나 시제 사용에 대한 학습이 되지 않아서 발생한 오류라고 한다면 시제어미의 형태적 오류라고 볼 수도 있다. 전보식 문장처럼 조사를 생략하고 말한다면 이 또한 형태론적 오류에 해당한다. "나는 예쁜 인형을 사러 가요."라는 문장을 "예쁜 나는 인형을 사러 가요."라고 표현하였다면 어순 사용에 오류를 보이는 통사론적 결함에 해당한다.

의미론적 결함	• 속담이나 은어 사용에 대한 이해가 부족함 • 단어찾기에 어려움을 보임 • 제한된 어휘만을 과도하게 사용함 • 사용하는 어휘의 수가 적음 • 막연히 '~것' 등의 표현을 많이 함 • 부적절하게 틀린 단어를 사용함
구문론적 결함	• 문법적으로 부정확한 문장을 구사함 • 단순한 문장만 사용함 • 틀린 문장 어순을 사용함
화용론적 결함	• 청자가 이미 들은 정보와 잉여적 표현을 사용함 • 청자에게 분명하게 설명하는 기술이 부족함 • 무언가에 대하여 적절하게 지속적으로 설명하는 기술이 부족함 • 새로운 주제를 서투르게 소개하고 대화과정에 참여하지 못할 수도 있음 • 다른 사회적 상황에서 대화 스타일 변경에 어려움이 있음 예 또래 대 성인, 친한 관계 대 낯선 관계 • 분명하게 진술되지 않은 자료로부터 추론하는 데 어려움이 있음

(1) 음운론

음운론은 한 언어 내에서 사용되는 말소리의 기능과 체계를 과학적으로 연구하는 학문이다. 음운론은 다시 음성학(phonetics)과 음운론(phonology)으로 나누어진다. 음성학과 음운론은 언어음에 대한 연구라는 점에서 공통점이 있지만, 음성학은 말소리에 대한 과학적인 기술과 분류를 연구하고, 음운론은 말소리의 체계와 기능을 연구한다는 점에서 차이가 있다.

더 알아보기

분절음과 초분절음

자음이나 모음 등의 이름을 가지고 있고 조음의 특징을 가지고 있는 소리를 분절음이라 하고, 강세나 고저 또는 장단에 의해 만들어지는 소리를 초분절음이라 한다. 초분절음은 운소라 불리며 소리의 높이, 소리의 장단 등에 의해 의미를 선달한다.

음성학	음운론
• 소리가 어디에서 산출되는가에 대한 특성을 다룸 • 사람의 입에서 만들어지는 물리적인 말소리, 즉 '음성'을 기본단위로 하며 음성기호인 [ ]를 사용	• 소리가 어떤 체계와 기능을 갖느냐를 다룸 • 음운론의 기본단위는 '음운'이며 음운은 음소와 운소로 구분됨. 음소는 분절 음운으로 자음과 모음을 말하고, 운소는 장단, 억양, 강세 등과 같은 비분절 음운을 가리킴. 음소는 / /으로 표시함

① 자음의 분류

㉠ 자음(consonant)은 기류가 나올 때 구강이나 비강의 어느 곳에서든 차단되거나 방해를 받아서 산출되는 말소리이다. 반면에 모음(vowel)은 아무런 장애도 받지 않고 공명으로 산출되는 말소리이다. 국어는 19개의 자음과 10개의 단모음을 포함한 21개의 모음으로 이루어져 있다.

㉡ 성대 진동의 유무에 따라 유성음과 무성음으로 분류한다. 유성음(voiced)은 성대 진동을 동반하는 소리로서 국어의 모든 모음은 유성음에 해당한다. 자음 가운데 /ㅁ/, /ㄴ/, /ㅇ/, /ㄹ/ 등이 대표적인 유성음이다. 반면에 무성음(voiceless)은 성문이 열린 채로 소리가 산출된다.

㉢ 말소리를 산출할 때 기류가 코로 나오는지, 입으로 나오는지에 따라 구강음과 비강음으로 구분된다. 연구개는 연인두폐쇄기능에 따라 말소리를 산출할 때 인두벽으로 붙어서 비강으로 가는 기류를 차단한다. 그로 인하여 대부분의 말소리는 구강 쪽에서 기류가 나오는 구강음이다. 반대로 /ㅁ/, /ㄴ/, /ㅇ/음의 경우에는 기류를 비강 쪽으로 보내 소리가 나는 비강음이다.

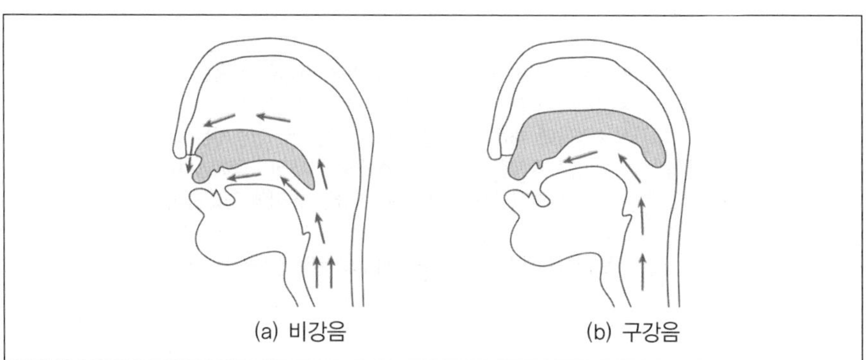

비강음과 구강음의 산출

㉣ 말소리를 산출할 때 기류가 완전히 차단되었다가 나오는 소리를 비지속음이라 하며 /ㅂ/, /ㅋ/, /ㅌ/ 등과 같은 폐쇄음이나 /ㅈ/, /ㅊ/과 같은 파찰음이 이에 해당한다. 반면에 모음처럼 차단되지 않거나 마찰음이나 유음과 같이 부분적으로 차단되어 내는 소리를 지속음이라 한다.

㉤ 분절음이 모음처럼 하나의 음절을 이루는 것을 성절음이라고 하고, 자음처럼 음절을 이루지 못하는 분절음을 비성절음이라고 한다. 이때 성절성이란 단독으로 음절을 이룰 수 있는지의 여부를 말한다.

㉥ 조음 시 기식성의 유무에 따라 유기음과 무기음으로 구분할 수 있다. 유기음은 숨이 거세게 나오는 소리로 /ㅊ/, /ㅋ/, /ㅌ/, /ㅍ/이 해당하고, 무기음은 기(氣)를 수반하지 않고 조음되는 소리로 /ㄱ/, /ㄷ/, /ㅂ/, /ㅈ/, /ㄲ/, /ㄸ/, /ㅉ/, /ㅃ/ 등이 해당한다. 한편, 성대 긴장 여부에 따라 평음, 경음 그리고 격음(기음) 등으로 구분되며, '경음'은 /ㄲ/, /ㄸ/, /ㅉ/, /ㅃ/ 따위의 소리이고, '격음'은 /ㅊ/, /ㅋ/, /ㅌ/, /ㅍ/ 등이 해당한다.

더 알아보기
- **평음(이완음)**: /ㄱ ㄷ ㅂ ㅅ ㅈ/
- **격음(기식음)**: /ㅋ ㅌ ㅍ ㅊ/
- **경음(긴장음)**: /ㄲ ㄸ ㅃ ㅉ/

㉦ 자음은 말소리가 산출되는 위치에 따라 분류할 수 있다.

양순음	두 입술에서 내는 소리로 /ㅁ/, /ㅂ/, /ㅍ/, /ㅃ/처럼 아랫입술과 윗입술이 닿았다가 떨어지면서 소리가 난다.
치조음	치조에 혀끝을 대고 내거나 가까워지면서 내는 소리로 /ㄷ/, /ㅌ/, /ㄸ/, /ㅅ/, /ㅆ/, /ㄴ/, /ㄹ/ 등의 소리가 산출된다.
경구개음	설면을 경구개에 대거나 가깝게 접근시켜서 내는 소리로 /ㅈ/, /ㅉ/, /ㅊ/ 등이 이에 해당한다.
연구개음	연구개에 대거나 가깝게 접근시켜서 내는 소리로서 /ㄱ/, /ㄲ/, /ㅋ/, /ㅇ/ 소리가 이에 해당한다.
성문음	무거운 물건을 들어 올릴 때 나오는 듯한 소리로 /ㅎ/처럼 성대가 닫히거나 접근한 상태에서 조음하는 소리이다.

㉧ 자음은 말소리의 조음방법에 따라 분류할 수 있다.

폐쇄음	기류를 완전히 차단함으로써 산출되는 소리다. 어떤 부위에서 공기가 막혔다가 갑자기 터지는 듯한 소리로서 /ㄱ/, /ㄷ/, /ㅂ/ 계열 등이 이에 해당한다.
마찰음	막혀진 통로에서 조음기관 사이로 기류가 통과되면서 산출되는 소리를 말한다. /ㅅ/, /ㅆ/, /ㅎ/ 등이 여기에 속한다.
파찰음	공기의 흐름을 차단했다가 마찰상태를 늦춤으로써 산출되는 소리를 말한다. 파찰음은 폐쇄음과 마찰음이 합쳐진 소리라고 볼 수 있다. 한국어의 /ㅈ/, /ㅉ/, /ㅊ/ 등이 여기에 해당한다.
비음	기류가 비강에서 공명되어 산출되는 소리를 말한다. 대표적인 비음은 /ㅁ/, /ㄴ/, /ㅇ/ 등이다.

유음	설측음	혀의 측면으로 기류가 빠져나가면서 조음되는 /ㄹ/이 여기에 해당한다. 예를 들면, 한국어에서 '달'을 발음할 때 받침 [l]처럼 중앙 통로는 막혀 있지만 양옆으로 공기가 나가게 하면서 소리가 나는 것이다.
	설전음	혀끝이나 목젖을 떨거나 굴려서 내는 소리를 말한다. '라면'에서 /ㄹ/은 영어의 'radio'의 /r/을 발음할 때처럼 굴림이 있다.

② 모음의 분류

㉠ 혀의 높낮이에 따른 분류에는 개모음과 폐모음이 있다. 개모음은 /ㅏ/와 같이 혀끝이 입천장에서 멀리 떨어지고 입을 크게 열어서 조음하는 모음(저모음: 혀의 위치가 아래쪽에 있음)이다. 반대로 혀끝이 입천장에 가깝게 하고 입을 좁게 열어서 발음되는 /ㅣ/, /ㅡ/, /ㅜ/ 등은 폐모음(고모음: 혀의 위치가 위쪽에 있음)이라고 한다. ❶ 24초등B4, ❷ 19초등A7

㉡ 혀의 전후위치에 따른 분류에는 전설모음과 후설모음이 있다. 혀의 최고점의 위치가 앞쪽에 있으면 전설모음, 후방에 있으면 후설모음, 중앙에 있으면 중설모음이다.

㉢ 입술의 원순상태에 따른 분류에는 원순모음과 평순모음이 있다. 원순모음에는 /ㅗ/, /ㅜ/, /ㅚ/, /ㅟ/가 있으며, 평순모음에는 /ㅣ/, /ㅔ/, /ㅐ/, /ㅡ/, /ㅓ/, /ㅏ/가 있다.

㉣ 조음위치의 변화 여부에 따라 단모음과 이중모음으로 구분된다. 단모음은 그 음소를 발음할 때 입이나 혀의 위치가 변하지 않는 반면, 이중모음은 두 모음이 서로 가까이 붙어서 처음과 나중의 조음위치가 변한다.

③ 일반적인 음운발달 특성

㉠ 모음은 자음보다 먼저 습득된다.

㉡ 자음의 경우 양순음이 가장 먼저 습득되고, 마찰음과 파찰음이 가장 늦게 습득된다.

㉢ 유성음이 무성음보다 먼저 습득된다.

㉣ 그 문화권에서 자주 사용하는 말소리가 빨리 습득된다.

㉤ 분절음보다 초분절음(억양과 강세 등)을 먼저 습득한다.

㉥ 반복현상으로 음절 습득 초기에는 '마마', '까까' 등과 같이 일정한 음운을 반복해서 발성하는 경향을 보인다.

㉦ 축약현상은 발성할 때 끝음절을 생략하고 말하는 것으로 복잡한 음운의 경우 단순화시켜서 습득하는 경향을 보인다. 예를 들면, '할머니'를 '함니'로, '할아버지'를 '하찌'로 생략하여 발음한다. 이는 의도적인 것이 아니라 조음하기 어려운 음운을 생략하거나 축약하여 말하는 것이라고 볼 수 있다.

㉧ 대치현상은 발음하기 어려운 특정한 음을 다른 음으로 바꾸어 발음하는 것으로, '노래'를 '노내'로, '과자'를 '가자'로 발음한다.

㉨ 언어 습득기에 나타나는 경음화 현상은 평음에 강세를 넣어 발성하는 것으로 '고기'를 '꼬기'로, '밥'을 '빱'으로 발음한다.

㉩ 일반적으로 4~6세에 모국어의 모든 말소리를 결함 없이 산출할 수 있다.

더알아보기

모음 사각도

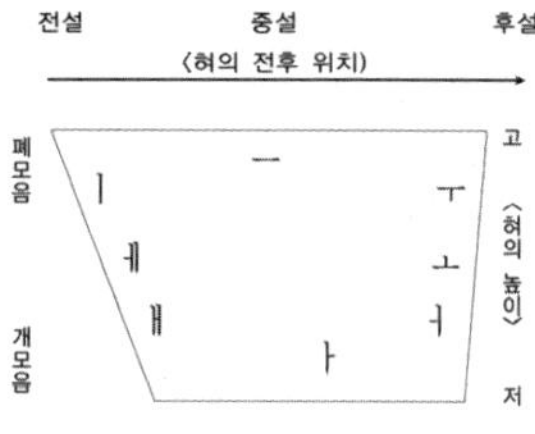

모음 삼각도

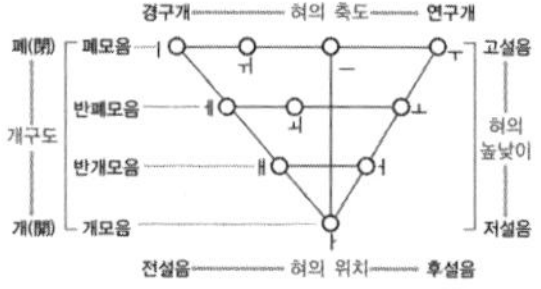

기출 POINT 3

❶ 24초등B4

[A]에서 공통적으로 나타난 조음 오류 특성을 혀의 높낮이 측면에서 1가지 쓰시오.

> • 말소리 명료도가 낮음
> - '거리'를 /그리/로 발음함
> - '네모'를 /니모/로 발음함 [A]
> - '개미'를 /그미/로 발음함

❷ 19초등A7

다음은 〈활동 4〉를 지도하기 위해 두 교사가 나눈 대화이다. ① ⓐ에 공통으로 들어갈 내용을 쓰고, ② 이를 바탕으로 모음 'ㅏ, ㅓ, ㅡ'의 상대적 차이를 설명하시오.

> 최 교사: 김 선생님, 1학년 학생들에게 모음 'ㅏ, ㅓ, ㅡ'를 지도하려고 하는데, 어떻게 지도하는 게 좋을까요?
> 김 교사: 입술의 둥근 정도와 (ⓐ)로 구별해서 지도하는 게 좋겠지요.
> 최 교사: 좋은 생각이군요. 'ㅜ'와 'ㅡ'는 입술의 둥근 정도에 따라 구별하고, 'ㅓ'와 'ㅡ'는 (ⓐ)에 따라 구별하면 되겠네요.
> 김 교사: 네, 그렇죠. 모음 'ㅏ, ㅓ, ㅡ'도 (ⓐ)에 따라 지도하면 되지요.

(2) 형태론

형태론이란 한 언어에서 형태소들이 결합하여 낱말을 형성하는 체계 또는 규칙으로서, 단어를 형성하는 규칙이다. 형태소의 기호는 { }에 넣어서 표기한다. 형태론의 기본단위인 형태소는 더 이상 쪼갤 수 없는 의미의 최소단위이다.

형태소의 예시
• '차(車)'와 '차(茶)'는 어형은 같지만 다른 의미를 가지고 있기 때문에 동일한 형태소가 아니다. • 모든 단어는 최소한 한 개 이상의 형태소로 이루어지는데, '옷', '강', '벌'과 같은 단어들은 한 개의 형태소이자 한 개의 음절 그리고 한 단어로 이루어져 있다. • '삶'의 경우 어말음 {ㅁ}은 '살다+ㅁ'로 음절의 일부로 구성된 형태소인 경우도 있다. • 두 음절로 된 한 개의 형태소는, 예를 들면 '나비'처럼 '나'와 '비'를 따로 쪼개면 그 의미가 없어져 버리는 경우 단일형태소로 인식한다. 그러나 '꿀벌'과 같이 '꿀'과 '벌'이라는 두 개의 형태소로 이루어진 단어들도 있다.

① 형태소의 종류

기준	종류	내용
의미의 유무	실질형태소 (어휘형태소)	• 실질형태소는 어휘적 의미를 가진 형태소이다. 체언, 수식언, 독립언, 용언의 어간 등이 해당한다. 예 '돼지들'에서 '돼지'는 어휘적 의미를 가진 실질형태소이다. • 실질형태소라고 하더라도 모두 다 독립적으로 쓰일 수 있는 것은 아니다. 예를 들어, '먹었어'의 '먹-'과 같은 동사의 어근은 의미를 가지고 있는 실질형태소이지만, 접사 없이 홀로 쓰이지 못한다.
	형식형태소 (문법형태소)	• 문법적 의미를 가진 형태소를 형식형태소라고 한다. 조사, 어미, 접사 등이 해당한다. 예 '돼지들'에서 '-들'은 접미사로서의 역할을 하는 형식형태소이다. • 형식형태소는 독립적으로 쓰이지 못하고 반드시 실질형태소와 결합하여 쓰인다.
자립성의 유무	자립형태소	독립된 단어로 사용될 수 있는 형태소를 자립형태소라고 한다. 명사, 대명사, 형용사, 동사, 수사, 관형사, 부사, 감탄사 등이 해당한다. 예 '맏형'에서 '형'은 독립적으로 사용될 수 있으므로 자립형태소이다.
	의존형태소	독립적으로 사용되지 못하고 다른 형태소에 부착되어서 사용되는 형태소를 의존형태소라고 한다. 용언의 어간과 어미, 조사, 접사 등이 해당한다. 예 '맏형'에서 '맏-'은 다른 형태소와 반드시 결합되어 사용되므로 의존형태소이다.

② 형태소의 발달단계 및 발달 순서

㉠ 형태소의 발달단계

단계	습득내용
첫 어휘 단계	자립형태소 중심으로 첫 단어 산출 예 엄마, 코, 빵빵, 맘마
새 어휘 첨가 단계	새로운 단어를 결합하여 산출 예 안 줘, 엄마 밥, 아빠 가
초기 의존형태소 출현 단계	복수형, 소유격, 동사시제 출현 예 토끼들, 엄마의 옷, -다, -까?, -요
복합어 형성 단계	두 개 이상의 형태소 결합 예 과일가게, 사촌누나, 식탁의자
후기 의존형태소 출현 단계	비교급, 최상급, 파생어 예 더 많이, 가장 빨리, 앉혀 줘

㉡ 형태소의 발달 순서

- 문법형태소는 실질형태소보다 늦게 습득된다.
- 어휘량이 늘어나고 낱말이 조합되면서 문법형태소가 나타나기 시작한다.
- 대명사의 경우 일인칭, 이인칭, 삼인칭의 순서로 획득된다.
- 부정부사의 경우 '아니(안)'이 '못'보다 일찍 습득된다.
- 동사의 어미는 서술형(다, 라, 자: 하자), 과거형(ㄴ, 았, 었: 했었어), 미래형(ㄹ: 할 거야) 순으로 습득된다. 한국에서의 진행형 형태소(-ㄴ, -ㄴ다)는 영어와 달리 가장 늦게 습득된다.
- 장소격 문법형태소는 목적격이나 도구격보다 일찍 출현한다.

(3) 의미론

의미론이란 언어의 의미를 연구하는 언어학의 한 분야로서 말의 이해 및 해석에 관한 영역이다. 의미론의 주성분은 단어로, 단어는 문법상의 뜻과 기능을 가진 언어의 최소단위를 말한다. 한 개의 형태소가 단어가 되기도 하고, 2~3개의 형태소가 합쳐져서 단어가 되기도 한다. 예를 들면, '하늘'은 1개의 형태소로 된 단어이고, '꽃집'은 2개의 형태소가 결합된 한 개의 단어이다. ❶ 24중등B7, ❷ 21중등B8

① 의미 유형

중심적 의미	단어의 가장 핵심적인 의미로서 언어습득상에서 가장 먼저 배우게 되며 사전에서도 가장 먼저 제시되는 의미이다. 예 머리의 중심적 의미는 신체구조상 머리(頭)의 의미이다.
전이적 의미(주변적 의미)	전이적 의미는 흔히 은유법이라고도 하는데 중심적 의미를 제외한 다른 의미로서 머리의 전이적 의미로는 지능, 시작, 우두머리, 항목, 두발 등과 같이 특정한 문맥에서 그 의미가 이루어지는 것이다. ❸ 20초등B5 예 '그 아이는 머리가 없어.'라든지, '그 녀석 머리가 커졌군.' 등의 표현이 그 예다.

기출 POINT 4

❶ 24중등B7

밑줄 친 ㉠과 같은 어려움을 보이는 언어학적 영역을 쓰시오.

> 특수교사: 학생 A는 ㉠ 어휘 수도 부족하고 낱말을 확실하게 기억하지 못해서, 낱말의 이름을 떠올려 산출하는 것을 어려워합니다.

❷ 21중등B8

㉡에서 순회교사가 지도하고자 하는 언어 영역은 언어학의 하위 영역 중 어느 것에 해당하는지 쓰시오.

■ 활동 2

> • 틀린 문장에서 틀린 이유를 말하기
> – "오빠가 아빠를 낳았다."에서 틀린 이유를 말하기
> – "짜장면을 마셔요."에서 틀린 이유를 말하기 ㉡

❸ 20초등B5

㉣에서 나타난 오류는 언어학의 하위 영역 중 어느 영역에 해당되는지 쓰시오.

> ㉣ "생각이 자랐어."와 같은 말을 이해하지 못함

외연적 의미	외연적 의미란 그 단어가 제시하는 보편성을 가진 사물의 특정한 의미이다. 예 '거인'의 외연적 의미는 보통 사람보다 몸이 유난히 큰 사람을 의미하고 '천국'의 외연적 의미는 천상에 있다는 이상적인 세계를 말한다.
암시적 의미 (내포적 의미)	암시적 의미는 시대와 사회, 성 또는 개인의 경험 등의 차이에 따라 다르게 연상되는 의미를 말한다. 예 '어머니' '첫사랑'과 같은 단어들도 객관적으로 검증이 가능한 외연적 의미는 같지만, 암시적 의미로는 개인마다 상이하게 나타날 수 있다.
단의어	한 개의 단어에 하나의 의미가 관련된 단어이다. 예 진돗개, 공책 등
다의어	사전에서 같은 단어로 취급하지만 하나의 단어가 의미적으로 관련된 여러 가지 의미를 가지고 있을 때 그 단어를 지칭하는 용어이다. 예 '개'라는 단어는 '갯과에 딸린 집짐승'의 의미뿐만 아니라 '성질이나 언행이 막돼먹은 사람'을 욕하는 말 또는 '남의 앞잡이 노릇하는 사람'을 비유한다.
동음어	단어가 가지고 있는 의미의 연관성이 떨어지고 어원이 동일하지 않아 별개의 단어에 해당한다. 예 '반'의 경우 '두 사람이 반씩 가지다', '우리 반의 반장', '반민주적' 등이 이에 해당한다.
유의어	형태가 다른 별개의 단어들이 서로 비슷한 뜻을 가지고 있는 단어이다. 예 '밥상-식탁', '얼굴-안면', '바보-멍텅구리-멍청이' 등
반의어	단어들이 서로 반대되는 의미를 가지는 경우이다. 예 '남자-여자', '낮-밤', '있다-없다'
단일어	하나의 어근이 단어가 되는 경우이다. 예 산, 나무, 바다
복합어	파생어와 합성어를 포함하는 단어이다. 예 꽃나무, 파도소리, 깎아먹다

② 의미론적 발달 특성

㉠ 일반명사와 일상생활 용어를 가장 먼저 습득한다.

㉡ 보통명사를 고유명사보다 먼저 습득한다. 보통명사란 어떤 종류 전체를 나타내는 명사로서, 꽃 또는 산 등이 해당한다. 반면에 고유명사는 하나뿐인 특정한 사람이나 사물의 이름으로서, 예를 들면 개나리꽃, 영취산 등이 해당한다.

㉢ 추상적인 개념을 표현하는 단어(생각하다, 느끼다)보다는 구체적인 행위(간다, 먹다)를 표현하는 단어를 먼저 습득한다.

㉣ '고양이'나 '자동차'라는 이름보다는 '야옹', '빵빵'이라는 의성어를 먼저 습득한다.

㉤ 동사보다는 명사를 먼저 습득한다.

㉥ 24개월경부터 동사 산출이 급격히 증가한다.

㉦ 36개월경이 되면 접속사(그리고, 그런데, 그래서)가 출현하기 시작한다.

㉧ 수용언어가 표현언어보다 먼저 발달한다.

(4) 구문론

구문론이란 낱말의 배열에 의해 구, 절, 문장을 형성하는 체계 또는 규칙을 말한다. 이때 구란 두 개 이상의 어절이 모여 하나의 문장 성분(명사구, 동사구, 형용사구, 부사구, 관형사구)을 이루지만 자체 내에 주어와 서술어 관계를 형성하지 못한 것을 말한다. 반면에 절이란 주어와 서술어 관계를 가지지만 독립적으로 사용하지 못한다는 점에서 문장과 구별된다. 구문론의 주성분은 문장이며, 문장은 단어들이 일정한 규칙에 의해 연결되고 조직된 형태를 말한다. 문장 내 단어의 배열은 정해진 규칙에 따라야 하며, 문장은 서술, 명령, 의문 등 문장의 기능에 따라 다르게 구성되어야 한다. ❶ 20초등B5, ❷ 20중등A7

형태소나 단어들은 문장 내에서 일정한 순서에 맞게 이루어져야만 의미가 전달된다. 예를 들어, '웃기는 아이들이 학교에 많이 있다.'와 '웃기는 학교에 아이들이 많이 있다.'는 두 문장은 문장을 구성하는 단어들은 같으나 순서가 다르고, 따라서 다른 의미를 갖게 된다.

① 구성요소

<table>
<tr><td>발화길이</td><td colspan="2">아동이 사용하는 문장의 길이는 구문발달의 지표가 될 수 있으며 실제로 평균발화길이(MLU)는 언어발달과 밀접한 관계가 있다.</td></tr>
<tr><td rowspan="6">문장양식
(문장종결방식)</td><td colspan="2">• 문장은 서술, 부정, 의문 등 사용해야 할 문장의 기능에 따라 그 구성을 달리한다. 처음에는 '주어+서술어'의 문장을 사용하다가, '주어+목적어+서술어' 등의 문장을 산출한다. 그리고 점차적으로 의문문을 사용하고, 문장의 형태도 단문에서 복문, 여러 가지 양식의 문장을 산출한다.
• 문장양식에는 서술문, 의문문, 감탄문, 명령문, 부정문이 있다.</td></tr>
<tr><td>서술문</td><td>무엇인가를 진술 또는 풀이하는 문장으로, 서술문에는 반드시 문장의 끝에 온점(.)이 있다. 그러나 항상 문장을 종결시키는 종결어미가 있는 것은 아니다.
예 "이것은 토끼야.", "나는 학교에 가고 싶어.", "나는 밥 먹기 싫은데"</td></tr>
<tr><td>의문문</td><td>화자가 청자에게 질문을 던짐으로써 해답을 요구하는 문장유형이다. 한국어는 어순의 변동 없이 의문 억양만 있으면 의문문이 되고, 문장 끝에 물음표(?)가 있고 억양을 올려 준다.
예 "밥 먹었니?", "안녕하세요?"</td></tr>
<tr><td>감탄문</td><td>주로 감정을 표현할 때 쓰이는 문장으로, 문장의 끝에는 느낌표(!)가 있다. 예 "정말 행복해!", "날씨가 너무 좋다!"</td></tr>
<tr><td>명령문</td><td>주어를 생략하고 '-해라' 또는 '-하지 마라'의 뜻을 전달하는 문장이다. 예 "밥 먹어라.", "하지 마라."</td></tr>
<tr><td>부정문</td><td>대상이나 사건을 부인할 때 쓰는 문장이다. '안'이라는 부정부사는 단순히 어떤 상태가 그렇지 않거나 어떤 행위가 일어나지 않음을 표현하는 단순 부정에 사용하는 반면에, '못'이라는 부정부사는 의지가 아닌 능력이나 외부적 원인에 의해 어떤 행위가 일어나지 못하는 것을 표현할 때 사용된다.
예 "나 밥 못 먹어.", "학교 가기 싫어."</td></tr>
</table>

기출 POINT 5

❶ 20초등B5

ⓒ에서 나타난 오류는 언어학의 하위 영역 중 어느 영역에 해당되는지 쓰시오.

> ⓒ "김치 매운 먹어요."와 같은 문장을 사용한다.

❷ 20중등A7

밑줄 친 ㉠과 관련된 용어를 언어의 3가지 하위 체계 구성 요소 중에서 1가지 쓸 것

> • 애플리케이션을 활용한 수업 내용
> – ㉠ 문장을 어순에 맞게 표현하기

더 알아보기

문장을 구성하는 문법 단위

- **어절**: 문장성분의 최소 단위로서 (대부분) 띄어쓰기의 단위가 됨
  예 저기/친구가/있다.
- **구**: 하나 이상의 단어가 모여 하나의 동등한 기능을 하는 문법 단위임
  예 저기 예쁜 친구가 있다.
- **절**: 구와 비슷하지만 주어와 서술어 관계를 가짐
  예 친구가 맛있는 빵집이 생겼다고 말해 주었다.

<table>
<tr><td rowspan="4">문장의 종류</td><td colspan="2">• 아동은 초기에는 일어문에서 이어문 그리고 삼어문을 산출해 나가는데, 일반적으로 3세경이 되면 대부분 세 단어 이상의 조합을 구성할 수 있다. ❶ 21유아A8
• 초기에는 단문 형태를 사용하지만 연령이 증가하면서 복문 산출 비율이 점차 높아진다.
• 문장은 주어와 서술어의 관계에 따라 단문(홑문장)과 복문(겹문장)으로 구분되며, 복문은 내포문(안은 문장)과 접속문(이어진 문장)으로 나눌 수 있다.</td></tr>
<tr><td>단문</td><td>주어와 동사가 하나씩인 경우</td></tr>
<tr><td>중문</td><td>두 개의 문장으로 이루어져 있고 접속사로 연결된 경우</td></tr>
<tr><td>복문</td><td>주술관계가 둘 이상 포함된 경우(내포문과 접속문)
– 내포문: 문장 내부에 하나 이상의 문장을 안고 있는 경우
– 접속문: 둘 이상의 문장이 연결어미로 이어진 경우</td></tr>
</table>

② 구문론적 발달 특성

㉠ 연령이 증가할수록 문장의 길이가 길어진다.

㉡ 초기의 단문 형태는 연령이 증가하면서 감소되고, 대신 복문이 출현한다.

㉢ 연령이 증가할수록 복문 가운데 접속문보다 내포문의 사용이 증가한다.

㉣ 초기 단계에서는 접속문에서 '나열'의 구조가 가장 많이 사용되고, 연령이 증가할수록 다른 접속문 형태(예 동시, 계기, 대립, 원인, 조건 등)가 증가한다.

㉤ 내포문에서는 명사절이 가장 빨리 출현한다.

㉥ 복문 내에서의 절 사용과 시제 및 피동/사동 접사 사용은 학령기에 들어가서까지도 발달과정을 거친다.

㉦ 의문문은 서술문보다 늦게 출현한다.

㉧ 의문사의 출현 순서는 연구자들마다 조금씩 차이가 있지만 일반적으로 '무엇'과 '누구'를 가장 먼저 습득하고 시간 개념인 '언제'는 늦게 출현한다.

㉨ 부정문의 경우에는 '안'이 '못'보다 먼저 나타난다.

(5) 화용론

화용론이란 실제 상황적 맥락에서 화자와 청자에 의해서 쓰이는 말의 기능을 다루는 분야이다. 즉, '어떻게 말이 사용되는가'에 대한 문제를 다루며, 화용론의 주성분은 담화다. 담화란 넓은 의미에서는 실제 사용되는 모든 대화, 모든 의사소통 행위를 포함한다. 반면, 좁은 의미의 담화는 의사소통을 추구하는 구체적인 두 명 이상의 대화 참가자가 화자와 청자의 역할과 발화 순서를 교대로 하면서 수행하는 의사소통 유형을 의미한다.

기출 POINT 6

❶ 21유아A8

김 교사가 중재하고자 한 언어의 구문론적 목표를 쓰시오.

다영: (도장 찍기 놀이통을 갖고 오면서) 도장.
김 교사: (고개를 끄덕이며) 도장 찍어.
다영: (꽃을 찍으면서) 꽃.
김 교사: 꽃 찍어.
다영: (자동차 도장을 찍으면서) 빠방.
김 교사: 빠방 찍어.
다영: (강아지 도장을 찍으면서) 멍멍이.
김 교사: 멍멍이 찍어.
다영: (소 도장을 찍으면서) 음메 찍어.
김 교사: 그렇지. 잘했어.

① 구성요소

<table>
<tr><td>직시
(deixis)</td><td>• 직시란 대상을 지시하는 기능으로, 인칭대명사, 지시대명사, 장소부사, 시간부사 등이 포함된다.
• 정확한 직시가 이루어지기 위해서는 화자의 의도된 직시대상을 청자가 바르게 이해해야 한다. 직시는 맥락을 전제로 하며, 기본적으로 자기중심적인 관점에서 표현된다.

예 (전화통화 상황)
A: 어디야?
B: 도서관. 넌 어디야?
A: 식당. 거기(→ 도서관) 있지 말고 여기(→ 식당)로 와. 지금.
B: 난 여기(→ 도서관)가 좋은데?</td></tr>
<tr><td>전제</td><td>• 전제란 발화된 문상에 부수적으로 전달되는 의미로, 장면이나 맥락의 도움을 받아 담화가 이루어진다. 화자는 상대방에게 이야기할 때 상대방이 어느 정도의 배경지식을 가지고 있는가를 잘 파악하고 있어야 한다. 또한 화자와 청자는 서로 다른 가정에 따라 대화하는 경우가 많으므로 의도된 의미를 잘 파악해야 한다.

예 “루이가 어제 새끼를 낳았어.” → 청자는 루이가 화자가 키우는 강아지 이름이라는 것을 알고 있어야 한다.
예 “너 오늘 제비 같아.”라는 말에 “그렇게 멋있어?” → 화자는 직업도 없이 부녀자를 대상으로 사기 치는 제비를, 청자는 말쑥하게 빼입은 물 찬 제비를 떠올리고 있다.

• 전제는 어떤 문장이나 발화가 표현되었을 때 당연히 참으로 여겨지는 내용들이다.

예 “철수가 그 개미를 죽였다.” → 그 개미는 죽었음을 전제함
예 “남자친구한테 크리스마스 선물 받았어.” → 나는 남자친구가 있다는 것을 전제함</td></tr>
<tr><td>함축</td><td>• 추론에 의해 얻어진 의미로서 청자나 독자가 주어진 말이나 글의 표면에 나타나지 않았어도 미루어 짐작할 수 있는 내포된 의미를 말한다.
• 그러나 함축은 전제와 다르게 당연히 참이 되지 않는다.

예 A: “철수가 어디 있는지 아니?”
B: “철수 차가 장미카페 앞에 있던데.” → 철수가 카페에 있다고 추정될 뿐 반드시 장미카페에 있을 것임을 의미하지 않음
예 A: “이제 다 나았어?”
B: “어제부터 학교 다시 나가.” → 어느 정도 나았을 것이라고 추정하지만, 완전히 다 나았음을 의미하지 않음</td></tr>
</table>

협력원리

- 그라이스(Grice)는 원활한 대화 진행을 위한 요건으로 협력의 원리를 제시하였는데, 이는 네 가지 격률로 구분된다.

유형	내용	격률 위반의 예시
양의 격률	– 주고받는 대화의 목적에 필요한 만큼만 정보를 제공하라. – 필요 이상의 정보를 제공하지 말라.	"저희 반에는 담임 선생님이 한 분 계시는데, 선생님 성함이 ○○○이신데, 저는 그 ○○○ 선생님이 참 좋아요."의 발화는 필요 없는 말을 덧붙임으로써 양의 격률을 위반함
질의 격률	– 진실한 정보만을 제공하도록 노력하라. – 거짓이라고 생각되는 말은 하지 말라. – 증거가 불충분한 것은 말하지 말라.	A : 왜 늦었어? B : 오늘 아침에 로마 갔다가 방금 공항에서 오느라고(거짓). 미안해.
관련성의 격률	적합성이 있는 말을 하라.	A : 오늘 무슨 영화 볼까? B : 날이 추우니까 삼겹살 먹으러 가자.
태도의 격률	– 명료하게 표현하라. – 모호한 표현은 피하라. – 중의성은 피하라. – 간결하게 말하라. – 조리 있게 말하라.	A : 이번 휴가는 어디로 갈까? B : 휴가는 쉬는 게 최고니까 그래도 많이 걷지는 않더라도 볼거리가 많은 게 좋겠지. 가지 않는 것도 나쁘지 않지.

- 협력의 원리를 어기게 되면 대화가 원활하지 않고 문제가 생길 수 있다.
- 그러나 실제 의사소통 과정에서 사람들은 의도적으로 대화의 격률을 위반함으로써 자신의 발화 의도를 함축적으로 전달한다. '의도적 격률 위반'은 많은 경우 의도한 발화 내용을 더 의미 있고 정확한 문장으로 표현하게 해준다.

화행

- 대화를 하는 데 있어서 화자의 의도를 직접적인 언어 표현으로 나타내는 것을 직접언어행위(직접수행, 직접화행)라고 한다.
- 언어로 직접 표현하지 않은 상황이나 맥락의 도움을 받아 추론의 과정을 거쳐서 화자의 의도가 간접적으로 드러나게 하는 것은 간접언어행위(간접수행, 간접화행)라고 한다.

> 예 (엄마가 화가 난 상황)
> 엄마 : 너 도대체 몇 살이니?
> 아들 : 12월이 되면 스무 살이 됩니다. 어머니.
> 예 "그 과자 좀 줄래?" → 직접화행
> "맛있겠다." → 간접화행

② 담화기술

대화의 순서적인 조직화	• 화자와 청자가 차례대로 말하는 것은 대화를 하는 데 있어서 매우 중요한 요소이다. • 휴지(休止)를 통해서 상대방의 말이 끝났음을 알아차리고, 때로는 반대로 휴지를 주지 않음으로써 상대방에게 종료점을 주지 않을 수도 있다. 또는 얼굴표정이나 몸짓으로 자신의 말이 시작되는 것을 신호하기도 한다.
대화를 시작하고 유지하기	일관성 있게 주제를 끌어가는 규칙이다. 예 "어제 월드컵 기가 막히더라."라고 하면 그다음은 월드컵에 대한 대화로 이어나가야 하는데, 갑자기 "어제 밥 맛있었어."라고 한다면 대화의 협조가 이루어지지 않는다.
대화 시 적절히 피드백 주기	대화는 서로 간의 상호작용이다. 상호작용을 위해서는 적절한 추임새, 눈맞춤 그리고 몸짓반응 등을 통해 상대방에게 의사소통의 의지를 보여 주어야 한다.
대화에서 실수 수정하기	• 음운상의 오류나 어휘를 잘못 사용했을 경우 혹은 높임법을 잘못 사용한 경우들은 대화의 장애 요소로 작용한다. • 그럴 경우 말을 하다가 자신의 말을 적절하게 조절하는 기술이 필요하다.
대화의 양과 질 또는 태도 고려하기	• '간단히 말하자면' 또는 '정리하자면' 등으로 대화의 양과 질을 고려할 수 있다. • 상대방이 주제에 관심이 없어 보일 때는 상대방의 흥미 주제로 바꾸거나 종결하는 기술이 필요하다. • 청자의 성, 연령, 사회적 지위, 교육 정도, 친숙도, 성격 등에 따라 어휘나 내용을 달리하여야 한다.

③ 화용론적 결함 ❶ 24유아A8, ❷ 20유아A8, ❸ 17중등B4, ❹ 16중등B6, ❺ 15유아A7

㉠ 화용언어능력이란 언어사용의 원리, 언어형식과 의도된 의미와의 관계를 모두 잘 이해하고 문맥에 적합한 언어와 몸짓을 사용하여 적절하고 효과적인 의사소통을 하는 능력을 의미한다. 즉, 가지고 있는 언어적 지식을 활용하여 실제적인 의사소통에 효과적으로 표현하는 능력이다.

㉡ 화용론적 발달을 위해서는 구어와 비구어적 수단을 포함하는 의사소통적 수단을 활용하는 능력을 갖추어야 하고, 음운론·형태론·의미론·구문론과 같은 모든 언어학적 영역들에 대한 언어처리능력을 갖추어야 한다.

㉢ 화용론적 결함을 가지고 있을 경우 다음의 특성을 보인다.

- 문장에 표면적으로 나타나는 낱말의 의미만 이해하고, 그 속에 숨겨져 있는 상대방의 의도를 파악하지 못한다.
- 의사소통의 순서를 지키지 못한다.
- 대화를 시작하고 유지하는 데에 어려움을 보인다.

기출 POINT 7

❶ 24유아A8

㉠을 참고하여 언어학의 5가지 하위 영역 중 연우가 어려움을 나타내는 영역을 쓰시오.

> 한 달 동안 연우의 대화를 관찰한 결과, 어휘와 문법에서는 연령에 적합한 발달을 보였다. 그러나 연우는 ㉠ 상황과 목적에 맞게 말을 하는 데 어려움을 보였다. 또한 친구들과 대화할 때 대화 순서를 지키거나 적절한 몸짓과 얼굴 표정을 나타내는 것에도 어려움을 보였다.

❷ 20유아A8

㉣에 해당하는 언어학의 하위 범주를 쓰시오.

> ㉣ 자신의 말하기 순서를 기다리지 못해서 불쑥 얘기하기도 해요.

❸ 17중등B4

학생 D는 언어학의 하위 영역(예 음운론 등) 중 무엇에 어려움을 보이는 것인지 쓰시오.

> 일반교사: D는 친구들과 대화할 때 상대방의 말이 끝나기 전에 끼어들거나 대답을 듣지도 않고 질문만 합니다. 그래서 대화의 내용을 잘 따라가지 못해서 주제를 놓치는 경우가 많습니다. 그리고 반 친구들이 하는 간접적이고 완곡한 표현을 이해하지 못하기도 합니다.

❹ 16중등B6

'화용적 능력'의 의미가 무엇인지 쓰고, 밑줄 친 ㉡과 ㉢에서 나타난 화용적 기술의 문제점을 설명하시오.

> (마트 안에서)
> 성우: 성우 아이스크림 먹고 싶어요.
> 어머니: 알았어. 사줄게.
> 성우: 네.
> 어머니: 성우야, 무슨 아이스크림 살까?
> 성우: ㉡ 오늘 비 왔어요.
> (식당에서)
> 어머니: 성우야, 뭐 먹을래?
> 성우: ㉢ 물 냄새나요 물 냄새나요.
> 어머니: 성우야, 김밥 먹을래?
> 성우: 김밥 먹을래?

❺ 15유아A7

언어의 하위 체계에는 5가지(음운론 등)가 있다. ㉣에서 언급된 지수의 언어 행동은 언어의 하위 체계 중 무엇과 관련된 문제인지 쓰시오.

> 박 교사: 그렇군요. 저는 ㉣ 지수가 이야기할 때 상황에 적절치 않게 말을 하는 경우를 많이 보았어요. 얼핏 보면 말을 잘하는 것 같지만, 실제로는 친구들과 대화를 할 때 어려움이 있어요.

03 의사소통(communication)

1. 의사소통의 개념

① 의사소통은 말과 같은 음성언어와 문자언어뿐만 아니라 몸짓·표정과 같은 비형식적인 방법을 포함한 개념으로, 정보를 전달하고 자신의 감정이나 요구를 전달하는 행위 전체를 말한다.

② 말과 언어는 혼자서도 가능하지만, 의사소통은 최소한 2인 이상이 상호관계를 맺어야 한다.

③ 성공적인 의사소통이 이루어지기 위해서는 말과 언어와 같은 언어적 요소와 준언어적 요소, 비언어적 그리고 초언어적 요소를 이해하고 사용하는 의사소통 능력을 갖추어야 한다. ❶ 25유아A3, ❷ 23유아B1, ❸ 22중등A1, ❹ 16초등A1

언어적 요소	의사소통을 위한 말과 언어를 포함한다.
준언어적 요소	억양, 강세, 속도, 일시적인 침묵 등과 같이 말에 첨가하여 메시지를 전달한다.
비구어적 요소	몸짓, 자세, 표정 등과 같이 말이나 언어에 의존하지 않고 메시지를 전달한다.
초언어적 요소 (metalinguistic)	언어 자체를 사고의 대상으로 하여 언어의 구조나 특징을 인식하는 능력이다. • 메타 음운론적 능력: 단어를 만드는 소리에 대한 이해력으로 음소를 인식하고 의도적으로 정확하게 사용하는 것을 말한다. • 메타 의미론적 능력: 단어 구조와 단어 의미에 대한 능력으로서 주어진 문맥에 적합한 어휘를 선택하는 것을 말한다. • 메타 통사론적 능력: 통사적 구조를 의식적으로 추론하고 문법 사용 등을 의도적으로 통제하는 것을 말한다. • 메타 화용론적 능력: 사회적 맥락에서 언어를 적절하게 사용하는 것을 말한다.

기출 POINT 8

❶ 25유아A3

밑줄 친 ㉠과 ㉡에 나타난 의사소통 요소의 차이점을 비교하여 쓰시오.

> (요리 활동 후 유아들이 피자를 먹으려고 앉아 있다.)
> 교사: 얘들아, 우리가 만든 맛있는 피자 먹자!
> 선우: ㉠ (손을 내밀며 달라는 눈빛을 보인다.)
> …(중략)…
> 교사: 선우야, "주세요." 해야지.
> 선우: 주세요! ㉡ (많이 달라는 의미로 큰 소리로 빠르게 말하며) 많이! 많이!

❷ 23유아B1

㉠이 사회적 의사소통에서 중요한 이유를 1가지 쓰시오.

> 교사: (놀이 영상을 보여 주며) 이 영상에서 현우가 뭐라고 하는지 말해 볼까요?
> 민수: 조용히 하라고 한 것 같아요.
> 현우: (고개를 가로젓는다.)
> 상미: 내가 맞혀 볼게요. 현우가 그네를 한 번 더 타고 싶은 것 같아요.
> 현우: (고개를 끄덕이며) 응.
> 교사: 상미는 ㉠ 현우의 손 모양이랑 표정을 같이 보았구나. 우리는 몸짓이나 손짓으로도 말할 수 있어요.

❸ 22중등A1

밑줄 친 ㉠에 해당하는 것을 1가지 쓰시오.

■ 어떻게 하면 장애가 있는 친구와 의사소통을 잘 할 수 있을까요?

> • 친구에게 이야기할 때 표정과 몸짓을 많이 사용하여 말해 주세요.
> • 쉬운 낱말을 사용하여 짧은 문장으로 천천히 말해 주세요.
> • ㉠ 준언어(paralanguage)적 요소를 사용하여 말해 주세요.

❹ 16초등A1

역할놀이 대본에서 교사가 언어적 표현 외에도 반언어적, 비언어적 요소를 함께 지도하고자 하는 이유를 쓰고, ⓐ~ⓔ 중 반언어적 요소에 해당되는 것을 모두 찾아 기호를 쓰시오.

> ⓐ 눈으로 웃으며
> ⓑ 힘없는 음성으로 손을 저으며
> ⓒ 눈을 크게 뜨며
> ⓓ 낮은 어조로 배를 만지며
> ⓔ 걱정스럽게 어깨를 토닥이며

2. 초기 의사소통 교육

(1) 의사소통의 의도성

① 의사소통 의도성의 발달

㉠ 의사소통 의도성이란 아동이 어떤 신호를 보내기 전에 그 신호가 상대방에게 미치는 영향과 결과의 인과관계를 이해하는 것을 의미한다.

㉡ 의도적 의사소통 행동은 "아동이 움직임이나 음성행동을 성인에게 보여 주고 성인의 반응을 기다리는 것"으로 정의한다. 의도성의 유무는 의사소통을 시도하는 목적(예 요구하기)을 위해 듣는 사람과 시선을 교환하고 상대방이 알아들을 때까지 신호를 계속 보내거나 바꾸어 보내는 것으로 판단할 수 있다. 또, 듣는 사람의 반응을 기다리거나 목적을 이루었을 때 만족감을 나타내는 것으로도 알 수 있다.

㉢ 모든 아동이 의사소통 의도성을 가지고 있는 것은 아니다. 의사소통은 전의도적 단계부터 의도적 단계까지 연속성을 가지고 발달하며, 직접적으로 측정할 수는 없지만 상호작용 중에 보이는 관찰 가능한 행동을 통해서 추론할 수 있다. 아동의 의사소통 의도를 관찰하기 위해서는 교사의 민감성이 필요하다.

㉣ 의사소통의 의도성 발달은 3단계로 설명할 수 있는데, 3단계 모델은 의사소통 단계의 차이점을 구별하는 데 유용하지만, 의도성의 발달에 관하여 완전하게 설명하기는 어렵다. 의도성은 단계에서의 발생 여부를 구분하기보다는 발달의 연속선상에서 나타나는 것으로 이해해야 한다.

의사소통 발달단계

단계	시기	정의	예시
전의도적 단계 ❷ 19유아A8	0~9개월	목표 지향적이지 않고 별다른 의도성이 없는 단계로서 대화상대자가 의미를 해석한다.	민수가 앞에 놓인 빈 컵에 손가락을 대자 친구들은 민수가 물을 마시고 싶어 한다고 해석하고 "물 줄까?"라고 묻는다.
의도적 의사소통 단계 ❶ 23초등B5	9~13개월	의도적으로 의사소통을 하기 위해 전 구어적인 몸짓이나 소리를 사용한다.	민수가 앞에 놓인 빈 컵을 보다가 친구와 눈이 마주치자 다시 컵을 바라보다 친구와 눈 마주치기를 반복하면서 (물을 가져다주길 바라며) 친구를 쳐다본다.
언어적 의사소통 단계	13개월 이후	참조적(지시적) 어휘를 사용해 의도적 의사소통 행동을 한다.	물병을 향해 팔을 뻗치면서 "무…무…"와 같은 소리를 내면서 요구한다.

기출 POINT 9

❶ 23초등B5

㉠을 바탕으로 민수의 의사소통 발달단계를 쓰시오.

> ㉠ 요구하는 상황에서 '으', '거' 등의 소리를 내거나 가지고 싶은 물건이 있으면 몸을 앞뒤로 흔드는 행동으로 표현함

❷ 19유아A8

㉠에 나타난 승우의 언어 전 의사소통 발달단계를 쓰시오.

> 민 교사: 유치원에서도 ㉠ 승우에게는 아직 의도적인 의사소통 행동이 명확하게 잘 나타나지 않아서, 승우의 행동이 뭔가를 의미한다고 생각하고 반응해 주고 있어요.

② 의사소통 의도성 평가

㉠ 의사소통 의도성은 의사소통의 기능으로 발전할 수 있는 선행조건이므로 의도성을 기르는 것이 지도의 시작이다.

㉡ 초기 의사소통 지도 단계에서는 자신의 의도를 정확하게 표현하지 못하므로 듣는 사람이 학생이 표현하는 의도를 주도적으로 해석해야 한다. 이 시기에는 대화상대자의 역할이 중요하다.

㉢ 음성이나 표정, 눈빛과 같은 비상징적 의사소통 방법을 시도하거나 손 뻗기, 신체적 접촉, 기대기, 몸 젖히기, 흔들기 같은 움직임은 의사소통 기능으로 나타날 수 있다. 관찰된 행동이 비의도적인 행동이라도 맥락을 파악하여 의미를 찾는다. 자발적인 의사소통 행동에 대해서는 지속적이고 일관성 있는 해석과 함께 반응을 보인다. 이러한 과정에서 전의도적인 행동을 의도적 의사소통 행동으로 유도할 수 있다.

예 학생이 특별한 의도 없이 몸을 앞뒤로 흔들고 있을 때, 지루해서 그렇다는 의미를 부여하고("지루하구나!"), 바로 선호하는 활동을 제시하는 것으로 결과를 제공한다("다른 것 줄게!"). 즉, 학생의 '앞뒤로 몸 흔들기'를 '지루해요'라는 의도적 의사소통 표현으로 확장한다.

③ 의사소통 의도성 키우기

㉠ Bruner(1981)는 행동 조절, 사회적 상호작용, 공동관심을 본질적 의사소통 의도로 간주하고, 생후 첫해에 반드시 발달시켜야 하는 의사소통 기능으로 제시하였다.

㉡ 장애학생은 의사소통의 세 가지 기능 중에서 행동 조절 기능을 상대적으로 많이 사용하며, 사회적 상호작용이나 공동관심 기능은 제한적으로 사용한다. 장애가 심할수록 타인과 소통하려는 의도보다는 요구하거나 거부하기 등 행동을 조절하려는 의도를 더 많이 표현한다.

㉢ 학생이 관심 있어 하는 사물을 이용하여 공동관심을 형성하도록 유도하기 위해서는 학생이 바라보는 사물을 같이 바라보거나 서로 바라볼 때 즉각적이고 일관성 있게 피드백하여 상호작용하는 것을 촉진한다. ❶ 19유아A8

㉣ 점차 임의의 동작이나 발성, 표정 등 정형화되지 않은 개인적인 표현 방법일지라도 표현하도록 촉진한다. 스스로 의사표현의 필요성을 인식하고 시도할 수 있도록 처음에는 단순한 상황이나 과제에서 시작하여 점차 어려운 상황에서 의사표현을 할 수 있도록 지도하고 실생활에서 일반화할 수 있는 경험을 통해 의사표현의 성과를 직접 경험하게 한다.

기출 POINT 10

❶ 19유아A8

㉡에서 민 교사가 의도한 초기 의사소통 기능을 쓰시오.

민 교사: 유치원에서도 승우에게는 아직 의도적인 의사소통 행동이 명확하게 잘 나타나지 않아서, 승우의 행동이 뭔가를 의미한다고 생각하고 반응해 주고 있어요. 그리고 ㉡ 승우가 어떤 사물을 관심을 가지고 바라보고 있을 때, 그것을 함께 바라봐 주는 반응을 해 주고 있어요.

더 알아보기

언어이전기 의사소통의 기초적인 기능(Holliday)

기능	내용
도구적 기능	자신의 물질적 필요나 욕구를 채우기 위한 의사소통 행위로서 "원해요/주세요"와 같은 의사를 내포함. 문헌에는 '물건 요구하기' 기능으로도 소개되어 있음
조정적 기능	다른 사람을 조절 또는 통제하기 위한 의사소통 행위로서, "하라는 대로 하세요."와 같은 의사를 내포함. 문헌에는 '행동 요구하기' 또는 '지시하기'의 기능으로 소개됨
상호 작용적 기능	다른 사람과 교류 또는 상호작용을 하기 위한 의사소통 행위로서, 인사하기, 타인을 공통적인 관심이나 활동에 끌어들이기 등의 기능을 나타냄. 이것은 "나와 너"의 의사를 내포하며 '주고받기' 기능이라고도 함
개인적 기능	자신의 존재를 알리고자 하는 의사소통 행위로서, 자신의 감정, 태도, 흥미를 표현. "저 여기 있어요."와 같은 의사를 내포함
발견적 기능	환경을 탐구하고 정리하려는 의사소통 행위로서, "왜 그런지 말해 주세요."와 같은 의사를 내포하고 있으며 '정보 요청하기' 기능으로도 불림
가상적 기능	가상적인 상황을 만드는 의사소통 행위로서, "우리 ~척해요."와 같은 의사를 내포함

ⓜ 초기 의사소통 기능의 정의와 예

구분	정의	예시
행동 조절	• 다른 사람에게 무엇인가를 하게 하거나 하는 것을 멈추게 하기 위한 의사소통 기능이다. • 대상, 행동을 요구하거나 대상이나 행동에 저항하기 또는 거부하기 등을 의미한다.	• 발성이나 소리로 갖고 싶은 물건을 요구하거나, 행동을 중지시키거나, 거부하기 등 • 몸짓으로 원하는 것을 요구하거나 거부하는 것을 표현하기 등
사회적 상호작용	다른 사람을 바라보게 하거나 다른 사람의 주의를 끌려는 의도된 행동이 포함된다.	인사하기, 부르기, 주의끌기, 보여주기, 요구하기, 사회적 일상 요청하기, 감정 표현하기, 다른 사람의 말에 수긍하기 등
공동관심 19유아A8	다른 사람과 함께 사물이나 활동을 공유하기 위해 관심 있는 사물이나 사건에 다른 사람의 관심을 끌기 위한 의사소통 기능이다.	관심 있는 물건을 다른 사람에게 보여 주거나, 다른 사람의 관심을 끌기 위해서 사물을 가리키는 행동 등

(2) 반응 촉진하기

① 반응 촉진하기는 의사소통을 시작하는 단계에서 학생의 주의와 반응을 끌어내며, 더 많은 의사소통 시도를 이끄는 데 필요하다. 의사소통하는 경험이 즐거운 것임을 알려주고, 말하는 사람을 바라보고 능동적으로 반응할 수 있도록 촉진하는 전략을 말한다.

② 초기 의사소통 지도 시 반응 촉진 방법

구분	내용
대화 자세	• 눈높이 맞추거나 학생과 마주 본 채로 가까이 다가가기 • 긍정적 관심 보이기(하이파이브, 악수, 파이팅하기 등)
상호작용 빈도와 속도	• 학생이 반응을 보일 때까지 기다리기 • 학생의 상호작용 속도에 맞추기
피드백	• 학생의 반응에 과장된 반응 보이기 • 학생의 반응에 적극적이고 민감하게 반응해 주기 • 학생이 표현한 반응에 대해 긍정적인 피드백 제공하기
무반응에 대한 대처	• 학생이 반응을 보이지 않으면 간단한 제스처 등으로 반응 유도하기(어깨를 가볍게 두드리기, 팔을 가볍게 밀거나 손 잡아주기) • 다양한 감각자극으로 반응 유도하기 • 활동에 최소한의 참여라도 시도할 수 있도록 촉진하며 반응 유도하기 • 단순한 선택이라도 시도할 수 있도록 선택할 기회 주기 • 교사가 하는 행동을 학생에게 설명하며 반응 유도하기 • 학생이 좋아하는 캐릭터로 행동하는 것을 보여주며 반응 유도하기

(3) 요구하기 교수 ❶ 22유아A8

① 요구하기(requesting) 기술의 중요성

㉠ 일반적인 발달단계에서 가장 초기에 나타나는 의사소통 기능이다. 장애학생의 의사소통 기능의 평가와 일반적인 발달을 고려할 때 초기 단계에서는 의사소통 기능을 가진 기존의 언어 전 행동과 연결하여 거절하기와 요구하기를 가르치는 것이 효과적이다. 요구하기의 표현은 제스처나 몸짓, 손짓기호 등을 사용하여 지도하기 쉬우며, 직접적이고 빠른 결과를 가져올 수 있으므로 학습하기도 쉽다.

㉡ 선호하는 대상이나 활동에 접근하여 이를 획득하거나 유지하게 하는 수단을 제공한다. 학생들은 좋아하는 사물을 얻기 위한 수단으로 '요구하기'를 배운다. 타인을 향해 표현하는 요구하기 기술은 초기 의사소통을 학습하는 학생에게 매우 중요하다. 요구하기는 사물이나 행동을 선택할 수 있는 수단을 제공하기 때문에 성공 가능성이 높은 목표행동이다.

㉢ 요구하기 기술은 환경을 통제할 수 있는 효과적인 기술이다. 실물이나 사진, 그림 상징이나 간단한 몸짓 등을 이용하여 표현할 수 있다. 그러나 다른 사람에게 무언가 요구하려면, 먼저 상대의 관심을 끌어야 한다. 관심 끌기 신호로 사용할 수 있는 예는 해당하는 상징이나 사물을 지적하거나 눈으로 바라보기, 책상 위의 벨 누르기, 상대방과 눈이 마주쳤을 때 손 들기, 상대방의 팔이나 어깨 터치하기 등이 포함된다.

② 요구하기의 기회 만들기

의사소통의 기회는 자연스러운 상호작용이나 역할놀이 등 맥락 중심의 상황을 활용하여 만든다. 그러나 자연스러운 환경만으로는 의사소통의 기회가 충족되지 않으므로 학생이 선호하거나 선호하지 않은 물건이나 활동의 목록을 만들거나, 동기를 부여하는 책, 물건 및 활동 상자를 언제든지 사용할 수 있도록 준비한다.

③ 음성출력 스위치를 활용한 요구하기 교수

㉠ 음성출력 스위치는 메시지를 녹음하고 재생하여 사용할 수 있는 가장 간단한 의사소통 도구로, 지체장애가 있거나, 중도의 지적장애 학생, AAC를 처음 사용하는 학생들도 작동 방법이 간단하여 쉽게 사용할 수 있다.

㉡ 스위치를 누르는 간단한 동작으로 목소리, 음악, 또는 주변의 여러 가지 소리를 녹음하여 사용할 수 있다. 직접 목소리를 녹음할 때는 사용하는 학생의 연령, 성별을 고려하여 가능한 한 유사한 수준의 목소리로 녹음해 주면 친근하게 사용할 수 있다.

기출 POINT 11

❶ 22유아A8

㉠과 ㉡에서 동호의 행동에 나타난 의사소통의 기능을 각각 쓰시오.

신혜 :	(동호에게 모래를 파는 행동을 보이며) 이렇게. 이렇게 파면 구덩이가 생겨.
민수 :	우리처럼 이렇게 모래를 파는 거야.
동호 :	㉠ (<u>신혜가 가진 꽃삽을 향해 손을 내민다.</u>)
민수 :	응? 뭐가 필요해?
신혜 :	(옆의 나뭇가지를 동호에게 주며) 자, 이거!
동호 :	(㉡ <u>나뭇가지를 밀어내며</u>, 다시 한번 꽃삽을 향해 손을 내민다.)
민수 :	(신혜를 바라보며) 동호가 꽃삽이 필요한가 봐.

㉢ 음성출력 스위치를 사용할 때는 스위치에 메시지를 표현하는 사물이나 상징카드를 붙여 사용한다. 예를 들어, '주세요'라는 1개의 메시지만으로도 여러 상황에서 사용할 수 있다. 쉬는 시간에 "우유 주세요.", 수업 시간에 "색종이 주세요.", 교실 이동을 해야 할 때 "휠체어 밀어 주세요." 등 1개의 메시지만으로도 다양하게 표현할 기회를 만들 수 있다. 초기 지도 단계에서 수용언어 이해 수준이 낮아 스위치에서 출력되는 메시지의 뜻을 이해하지 못하더라도 반복해서 사용하면 상황에 적절한 인과관계를 학습할 수 있으며 의사소통의 기본 개념을 배울 기회가 된다.

(4) 거절하기 교수 22유아A8

① 요구하기와 함께 초기 의사소통 교육에서 먼저 지도해야 하는 것은 거절하기 기술이다. 거절하기 기술은 '예, 아니요'를 묻는 질문에 답하는 것보다 더 기본적인 의사소통 기술이다.

② 장애학생의 의사소통 행동에 대한 지속적이고 일관성 있는 반응과 해석은 의사소통의 기초를 형성하도록 돕는다. 장애가 심한 학생일수록 수용과 거절을 나타내는 표현이 미세하여 인식이 어렵기 때문에 효과적으로 의사소통을 시작하기 위해 가르쳐야 하는 기술이다.

③ 거절하기 표현은 '주세요'와 같은 요구하기 기술과 함께 지도한다. 예를 들어, 학생이 물을 마시고 싶어 할 때, 학생의 앞에 물컵을 놓고 "물을 줄까?"라고 묻는다. 동시에 '예'를 의미하는 그림상징카드를 같이 제시한다. 학생이 그림상징카드를 지적하도록 신체적 촉진을 한다. 학생이 정반응을 하면 즉각적으로 물을 준다. 이러한 과정을 반복하며, '예'와 반대의 의미인 '아니요'를 표현하여 거절하는 방법을 가르친다. '아니오' 또는 '싫어요'의 표현은 그림상징카드 외에도 제스처나 손짓기호 등 다양한 상징으로 지도할 수 있다.

(5) 선택하기 교수

① 선택하기(choice making) 기술

㉠ 선택하기는 초기 단계에서 지도해야 하는 기술이지만, 수용과 거절을 정확하게 표현할 수 있어야 사용할 수 있다.

㉡ 선택하기는 2개 이상의 선택권을 주었을 때 그중 하나를 고르는 기술이다. 학생과 익숙한 사람들은 대개 표정, 발성, 몸짓 등 비구어적인 표현을 관찰하는 것만으로도 의미를 변별할 수 있으나, 선택할 기회가 주어지지 않으면 선호에 대한 개념을 학습할 수 없다. ❶ 23초등B5

㉢ 선호하는 것이 없는 학생에게 선택하기를 지도하는 것은 매우 어렵기 때문에, 선택하기를 지도하려면 우선 음식, 물건, 활동, 장소 등에 관한 여러 경험을 통해 좋아하는 것이 생겨야 지도할 수 있으며, 선택사항을 제시했을 때 '수용하기'와 '거절하기'의 표현을 지도할 수 있다.

기출 POINT 12

❶ 23초등B5
ⓒ에서 향상시키고자 하는 의사소통 기술을 쓰시오.

- 여러 가지 물건이나 타악기로 소리 내기
  - 교실 물건으로 소리 내기(연필, 책 등)
  - 타악기로 소리 내기(큰북, 작은북 등)

민수는 ⓒ 자신의 의사를 잘 전달하지 못하므로 사전에 선호도를 파악한 후 원하는 사물 중 하나를 고르도록 함

㉣ 또한 선택하기는 학생이 먼저 시작하는 의사소통 기술이 아니므로 교사가 먼저 선택할 수 있는 항목을 제공하고 학생에게 '주세요', '하고 싶어요' 등의 요구하기에 해당하는 어휘를 사용하도록 지도한다.

② 선택 기회 만들기

㉠ 선택하기를 지도하기 위해서는 일과 중에서 선택할 수 있게 의미 있는 기회를 찾아야 한다. 학생의 연령, 흥미, 일과를 고려하여 명확하게 선택할 수 있는 상황과 기회를 찾는다.

㉡ '예/아니오' 질문을 활용하여 표현할 수 있는 가능한 방법(예 신체의 움직임이나 시선 등)으로 시도하도록 지도한다. '예/아니오'의 표현은 고개 끄덕임 등 쉽게 표현할 수 있는 동작이나 신호를 정하여 일관되게 사용하도록 유도한다.

㉢ 그러나 선택하기 기술을 가르칠 때 정확하게 선택하도록 지도하기 위해 집중시도(massed trial)를 사용하는 것은 효과적이지 않다. 동일한 선택하기에 대한 집중시도는 학생을 혼란스럽게 만든다. 선택하기 행동을 증가시킬 수 있는 가장 좋은 지도 방법은 선택할 기회를 많이 만들어 주고 선택한 후에 자연적 결과가 나타나도록 하는 것이다.

Key word

집중시도(massed trial)
단일과제를 집중적으로 여러 차례에 걸쳐서 가르치는 것이다.

③ 선택 항목 구성하기

㉠ 선택하기를 처음 지도하는 단계에서는 선택하기 쉽도록 선택 항목을 구성한다. 시각장애 학생이나 중도의 지적장애 학생은 쉽게 선택할 수 있도록 실물이나 만질 수 있는 상징을 제공하고, 학생의 인지 능력에 따라 사진, 그림, 글자 등을 사용한다.

㉡ 지도의 초기 단계에서는 추상적인 상징보다는 구체적인 상징을 사용하는 것이 선택의 오류를 줄일 수 있다.

㉢ 선택 항목을 구성할 때 1단계에서 빈칸이나 잘못된 항목을 포함하여 제시한다. 1단계에서의 목표는 선택한 것에 대한 즉각적인 강화로 선택하기 행동을 촉진하기 위함이다. 그러므로 좋아하는 것과 싫어하는 것으로 구성하지 않아야 한다. 만약 1단계에서 학생이 싫어하는 항목을 선택하여 선택한 결과를 받게 된다면, 선택하기 행동은 더 이상 나타나지 않을 것이다. 각 단계에서의 선택 항목은 학생이 선택한 것을 긍정적으로 강화 받을 수 있도록 구성한다.

선택 항목의 구성

단계	선택 항목의 구성	예시
1단계	빈칸이나 잘못된 항목을 포함하여 구성함	"어떤 간식을 먹을까?" 하는 상황에서 빵과 블록을 제시하고 선택하게 하거나, 혹은 한쪽엔 빵, 다른 한쪽에는 아무것도 없는 채로 제시하고 선택하게 함
2단계	2개의 선호하는 항목으로 구성함	"어떤 간식을 먹을까?" 하는 상황에서 빵과 과자를 제시하고 오답이 없는 상황에서 선택하게 함
3단계	선호하는 항목과 선호하지 않는 항목으로 구성함	선호하는 빵과 선호하지 않는 당근을 제시하고 그중 한 가지를 선택하게 함
4단계	선호도가 유사한 항목으로 구성함	오렌지주스와 포도주스 중에서 그날의 선호도에 따라 선택하게 함

④ 선택 항목 배열하기

㉠ 선택하기에 어려움이 있는 학생은 선택 항목을 조정하여 제시하는 방법을 사용한다. 2개의 항목 중 어느 하나만 손에 닿게 거리를 조정해 준다. 수평보다는 수직으로 배열하는 것이 선택하기 쉬우며, 항목 간 간격은 선택이 예측되는 항목에 쉽게 손이 닿도록 가깝게 배치한다.

㉡ 선택 항목은 처음에는 2개로 하고, 익숙해지면 항목의 수를 늘려 간다.

⑤ 평가 척도를 활용한 선택하기 교수

㉠ 선택하기를 지도하기 위해 평가 척도를 사용하는 것은 빠른 답을 받을 수 있는 좋은 방법이다. 단순히 좋고 싫음에 대한 '예/아니오'의 선택하기 외에 좀 더 구체적인 의견의 표시가 필요한 경우 등급 척도를 사용할 수 있다. 음식의 맛, 활동에 참여하고 싶은 마음, 여행에 대한 의견 등을 등급 척도를 이용하여 대화하면 좀 더 구체적인 소통을 할 수 있다.

㉡ 평가 척도를 활용하기 위해서는 최소한 리커트 척도를 이해할 수 있어야 한다.

CHAPTER 02

의사소통장애의 정의 및 분류

01 「장애인 등에 대한 특수교육법」의 정의

02 ASHA(미국언어청각장애협회)의 분류

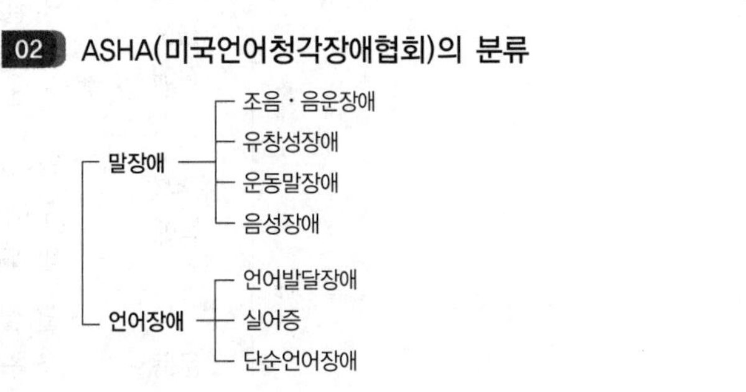

01 「장애인 등에 대한 특수교육법」의 정의

의사소통장애를 가진 사람은 다음 각 목의 어느 하나에 해당하여 특별한 교육적 조치가 필요한 사람을 말한다.

가. 언어의 수용 및 표현능력이 인지능력에 비하여 현저하게 부족한 사람 ❶ 10중등35
나. 조음 능력이 현저하게 부족하여 의사소통이 어려운 사람
다. 말 유창성이 현저히 부족하여 의사소통이 어려운 사람
라. 기능적 음성장애가 있어 의사소통이 어려운 사람

선별검사 및 진단 평가 영역: 구문검사, 음운검사, 언어발달검사

기출 POINT 1

❶ 10중등35

「장애인 등에 대한 특수교육법 시행령」의 의사소통장애를 지닌 특수교육대상자 선정 기준 중 '언어의 수용 및 표현능력이 인지능력에 비해 현저하게 부족하여 특별한 교육적 조치가 필요한' 학생의 언어적 특성과 가장 거리가 먼 것은?

① 조음 발달의 어려움을 동반하는 경우가 많다.
② 문법 형태소 습득과 사용에 특별한 어려움을 겪는다.
③ 대화할 때 사용할 적절한 낱말을 찾는 데 어려움을 겪는다.
④ 대화할 때 낱말의 반복, 회피, 막힘과 같은 발화 특성이 나타난다.
⑤ 동사의 과거형과 같은 활용형의 습득과 사용에 곤란을 겪는다.

02 의사소통장애의 분류

구분	영역	주요 증상
말장애	조음 음운 장애	• **조음장애**: 조음기관을 통한 말소리 구성 과정의 결함을 나타내는 것으로, 기질적 혹은 기능적 원인으로 야기된다. • **음운장애**: 발달연령에 맞는 음운 지식 혹은 능력이 부족하여 부정확한 음운 패턴을 사용한다.
	유창성 장애	• **말더듬**: 말소리의 반복, 연장, 막힘 등으로 말의 흐름이 순조롭지 않으며 부수행동(탈출행동, 회피행동)을 수반한다. • **말 빠름증**: 말의 속도가 너무 빨라서 유창성이 깨진다.
	운동 말장애	• **말 실행증**: 중추 및 말초신경계의 손상으로 근육의 마비 혹은 약화 없이 조음운동의 프로그래밍과 체계적인 수행에 어려움을 가지는 것이다. • **마비말장애**: 중추 및 말초신경계의 손상으로 조음기관의 근육 조정에 장애를 나타내는 것이다.
	음성 장애	• 성대, 호흡기관 등의 구조적 혹은 기능적 문제로 음성의 음도, 강도 및 음질에 비정상적 변화를 가져오는 말장애이다. • 기능적 음성장애와 기질적 음성장애로 분류한다.
언어 장애	언어 발달 장애	• 영·유아기에는 기본적인 의사소통 기능이 미숙하다. • 심한 정도에 따라 언어이해 및 언어표현 모두에서 어려움을 보인다. • 언어의 의미, 구문, 화용 영역에서 발달지체를 보이며 장애 원인과 중증도에 따라 매우 다양한 특성을 보인다. • 학령기에는 언어학습에도 문제를 나타낸다.
	실어증	• 신경계 손상으로 말하기, 듣기, 쓰기, 읽기의 모든 언어능력에 손상을 입은 후천적 장애이다. • 뇌손상의 부위와 정도에 따라 베르니케 실어증, 브로카 실어증, 전도실어증, 명칭실어증 등의 다양한 유형으로 분류되며 유형마다 언어손상의 특성이 다르다.
	단순 언어 장애	• 언어 이외의 다른 발달 영역에서는 어려움이 없다. • 동작성 지능은 정상범위에 있다. • 학령기에는 학습장애 혹은 읽기장애로 진단되기도 한다. • 의미, 구문, 화용 영역이 모두 영향을 받는다.

CHAPTER 03

조음 · 음운장애

01 조음 · 음운장애의 이해

- 조음 · 음운장애의 정의
- 조음 · 음운장애의 원인
  - 기질적 요인
  - 기능적 요인

02 조음 · 음운장애의 평가

- 말소리검사 방법
  - 선별검사
  - 진단검사
    - 표준화 검사도구
      - 한국어 표준 그림 조음 · 음운검사
      - 우리말 조음 · 음운평가(U-TAP)
    - 비표준화 검사도구
      - 말 명료도 검사
      - 자발화검사
  - 조음 · 음운 평가 시 주의사항
- 진단에 필요한 평가기준
  - 자음정확도와 오류음소
  - 음운과정의 오류 형태
  - 발달연령
  - 자극반응도
  - 오류 자질 분석
  - 말 명료도와 말 용인도
- 목표음소 설정 시 고려사항
  - 아동의 연령
  - 음소의 빈도
  - 자극반응도
  - 조음오류 정도

03 조음 · 음운장애 중재방법

- 전통적 접근법(운동기반 접근법)
  - 개관
  - 치료 단계
  - 유형
    - 청지각을 이용한 훈련법
    - 조음점 지시법
    - 조음조절 프로그램
    - 짝자극 기법
- 언어 인지적 접근법(음운적 접근)
  - 개관
  - 유형
    - 변별자질 접근법
    - 음운변동 접근법
- 조음중재의 일반화 유형
  - 위치 일반화
  - 문맥 일반화
  - 언어학적 일반화
  - 변별자질 일반화
  - 상황 일반화
- 교실에서 조음 · 음운장애 중재 시 고려사항

01 조음 · 음운장애의 이해

1. 조음 · 음운장애의 정의

① 조음 · 음운장애는 지속적인 말소리 산출 문제로 구어 의사소통의 효율성이 떨어지는 경우를 말한다. 저하된 의사소통 효율성은 학업, 직업 등 사회적 참여에 지장을 초래하게 된다.

② 조음장애는 장애의 원인이 주로 화자의 운동적 · 생리적 차원에 있는 경우를 말하며, 음운장애는 장애의 원인이 주로 화자의 언어적 차원에 있는 경우를 말한다.

③ 1990년대 이후 임상현장에서 조음장애와 음운장애를 엄격하게 나누는 것이 어렵다는 지적이 있었기 때문에 두 가지를 합하여 '조음 · 음운장애'라는 용어를 사용하게 되었고, 이제는 말소리장애라는 명칭을 사용하는 것이 더 일반적이 된 것이다(김수진 · 신지영, 2015).

조음장애와 음운장애의 비교 ❶ 24초등A3

조음장애	음운장애 ❷ 15초등A3, ❸ 15유아A7
• 몇 개의 특정 음에서만 오류를 보인다. • 특정 음에서 일관적인 오류를 보인다. • 말을 산출하는 조음기관의 이상으로 나타난다. • 조음기관을 통해 말소리가 만들어지는 과정(호흡, 발성, 조음, 공명 등)에서의 결함을 의미한다.	• 복합적인 조음오류를 보인다. • 오류가 일관적이지 않다. 예) 단어의 초성 'ㅅ'은 오조음을 보이나 종성 'ㅅ'은 정조음함 • 음운과정에서 일관적인 오류를 보인다. 예) 종성 'ㅅ'을 생략하는 오류를 보이는 아동은 항상 종성 'ㅅ'을 생략함 • 문맥이나 단어의 위치에 따라 오류가 나타난다. • 음운지식이나 능력의 부족으로 정상적인 음운규칙을 사용하지 못하고 오류음은 패턴을 사용한다. • 조음기관에 이상이 없지만 적절한 위치에서 소리를 내지 못한다. • 언어의 다른 부분도 지체되어 있다.
예) /ㅅ/에 문제를 가지고 있는 아동은 "엄마랑 동생이랑 사과와 수박을 사러 시장에 가요."라고 말할 때 '동생' '사과' '수박' '사러' '시장'에서 모두 오류를 보인다.	예) "정식이가 어제 전화를 준다고 했지!"를 "덩식이가 어제 던화 둔다고 했지!"라고 발음한다.

기출 POINT 1

❶ 24초등A3

[A]와 [C]에 나타난 의사소통장애의 특성을 비교하였을 때, 오조음의 일관성 측면에서 차이점 1가지를 쓰시오.

준우	• 조음기관의 협응이 잘 이루어지지 않음 • 특정 음소에서 발음이 부정확함 • 구강 운동 기능에 결함을 가지고 있음	[A]
영호	• 조음기관의 결함은 보이지 않음 • 문장으로 말할 때 음운상의 오류를 더 많이 보임 • 말소리를 듣고 말소리의 구조를 인지하거나 변별하는 능력에 결함을 보임	[C]

❷ 15초등A3

㉣의 이유를 쓰시오.

> 최 교사: 선생님, 정우는 틀린 발음을 하고도 본인이 틀렸다는 것을 잘 모르는 것 같아요.
> 오 교사: 정우가 말소리를 듣고 오조음과 목표음 자체를 다르다고 인식하지 못하는 것일 수도 있습니다.
> 최 교사: 그렇군요. 그런데 정우는 청력도 정상이고 조음기관에도 이상이 없다고 하는데, 왜 발음에 문제를 보이나요?
> 오 교사: 정우의 경우는 조음장애보다 ㉣ 음운장애에 가깝다고 볼 수 있습니다.

❸ 15유아A7

㉡에 나타난 언어장애 유형을 쓰시오.

> 최 교사: 그런데 아직까지도 지수의 발음이 정확하지 않아서 친구들이 잘 알아듣지 못하는 것 같아요. 친구들하고 이야기할 때 ㉡ 지속적으로 '풍선'을 '푸선'이라고 하고, '사탕'을 '아탕'이라고 하거든요.

2. 조음 · 음운장애의 원인

기질적 원인은 청각장애, 조음기관 구조장애, 신경계 조절장애로 인해 조음오류를 보이는 경우이다. 기능적 원인은 음운지식이나 능력 부족 또는 잘못된 습관으로 인해 조음오류를 보이는 경우로서, 특별한 원인을 규명하는 것은 기질적 원인과 달리 매우 어렵다. ❶ 25중등B5

원인		결함
기질적 요인 ❷ 15중등A2	신경운동 결함	중추신경과 말초신경계의 이상으로 생겨나는 마비말장애 또는 말실행증 • **마비말장애**: 말 메커니즘의 근육에 대한 통제가 상실되거나 약화됨으로써 조음점을 찾거나 연속적으로 조음기관을 움직이는 기능이 떨어진다. 즉, 구어를 산출하기 위한 근육운동의 결함이라고 볼 수 있다. • **말실행증**: 뇌손상으로 인해 말소리 산출에 요구되는 프로그램과 말 운동 연쇄능력이 손상된 상태이다. 조음기관운동에 문제가 없기 때문에 혼잣말이나 지시받지 않은 말은 산출하지만, 의도적으로 발화하려고 하면 비정상적으로 음이 산출되는 경우이다.
	구개 이상 (구개파열)	구강과 비강이 완전히 닫히지 않음으로 인하여 폐쇄음, 마찰음, 파찰음에서 특히 오류가 많음
	부정교합	치열, 특히 윗니와 아랫니 사이의 부정교합은 심미적인 문제뿐만 아니라 /ㅅ/과 /ㅈ/음의 오류를 보임
	혀의 이상	대설증 또는 소설증, 설소대 단축증 등으로 말소리 산출에 제약이 따름
	청력 손실	정확히 듣지 못함으로 인하여 말소리를 정확하게 산출하지 못함
기능적 요인 ❶ 25중등B5	낮은 지능	인지능력의 결함으로 말소리의 차이를 청각적으로 잘 변별하지 못함
	입 근육의 운동능력	교호운동검사('퍼, 터, 커'와 같은 동일한 음절을 반복하게 함으로써 음절조합의 속도와 정확성을 측정하는 검사)에서 비교적 낮은 수행능력을 보임
	어음지각 및 음운인식능력의 결함	청력은 정상이나, 청지각과 관련된 처리능력이 부족함
	잘못된 습관	가족과 주변 사람들은 아동의 조음에 영향을 미칠 수 있음 예 지나치게 큰 소리로 말을 한다거나 너무 빨리 말을 하는 부모를 둔 아동은 불명료한 말을 사용하는 경우가 많음
	문화적 영향	가정에서 사용하는 언어의 영향으로 다른 언어의 조음을 잘 산출하지 못하는 경우임. 문화적인 요인은 조음장애로 간주하지 않으나, 지속적으로 문제를 보일 경우에는 치료의 대상이 됨

기출 POINT 2

❶ 25중등B5

(가)를 참고하여 (나)의 괄호 안의 ㉠에 해당하는 용어를 쓰고, 괄호 안의 ㉡에 해당하는 언어학적 영역을 순서대로 쓰시오.

(가) 학생 A의 특성

- 몇 개의 특정 음만이 아니라 복합적인 조음 오류를 보임
- 하나 이상의 말소리에 영향을 미치는 규칙 기반 오류를 보임
- 말소리를 산출하는 조음 기관에 이상이 없음

(나) 두 교사의 대화

통합학급 교사: 선생님, 학생 A가 저와 대화할 때 종종 조음 오류를 보여요. 왜 이런 오류가 나타나는 걸까요?
특수 교사: 학생 A는 조음 기관에 이상이 없기 때문에, (㉠) 조음·음운 장애를 보인다고 할 수 있어요. 학생 A의 조음 오류에 대해 이해하려면 말소리 및 말소리의 조합을 규정하는 규칙을 다루는 (㉡)에 대한 지식이 필요해요.

❷ 15중등A2

㉠을 3가지 제시하시오.

김 교사: 학생 A는 발음에 문제가 많은데, 왜 그런지 모르겠어요.
박 교사: 이런 경우를 조음·음운장애라고 해요. 조음·음운장애는 ㉠ <u>기질적 원인</u>과 기능적 원인이 있습니다. 우선 기질적 원인이 있는지 알아봐야 할 것 같아요.

더 알아보기

- 일반적으로 구개파열은 비강 통로를 막아주는 연인두폐쇄 기능이 떨어져 비음 산출이 많으며, 특히 충분한 구강압을 형성하는 데 어려움을 보인다. 따라서 단어를 산출할 때 지나치게 콧소리가 나며 마찰음과 폐쇄음 그리고 파찰음에서 보상조음이 나타난다.
- 보상조음(compensatory articulation)이란 조음구조에 장애를 가진 아동이 보통과 다른 조음방법을 통해 정확하거나 현저히 올바른 말소리를 산출하는 것으로서 자신의 구조적인 결함으로 인한 발음문제를 최소화하려고 자신도 모르게 개발한 조음형태다. 보상조음은 말 명료도를 저하시킬 뿐만 아니라 말 산출에 필요한 기관의 정상적인 움직임을 방해하는 결과를 초래한다.

02 조음 · 음운장애의 평가

1. 말소리검사 방법

(1) 선별검사

① 선별검사는 일반적으로 언어치료사나 언어전문가가 아닌, 아동을 가까이에서 돌보는 교사들이 주로 실시한다. 따라서 짧은 시간 동안 간편하게 이루어질 수 있도록 절차가 간단하고 어렵지 않아야 한다.

② 선별검사는 조음 · 음운장애로 발전할 수 있는 가능성이 조금이라도 있는 아동들을 조기에 선별해 내는 기능을 가지고 있어야 한다.

③ 선별검사는 비공식적인 절차에 따라 이루어진다.

④ 조음 · 음운장애검사를 필요로 하는지를 알아보기 위해서는 교사가 간단한 말 샘플을 수집하여 판단하게 되는데, 만약 선별검사 결과 이상이 있을 것 같은 아동은 전문가에게 정확한 진단을 의뢰하여야 한다.

⑤ 예를 들어, 자신의 이름과 사는 곳 그리고 가족에 대해 자유롭게 말하기, 숫자를 세어 보기, 조음오류가 많이 나타나는 /ㅅ/, /ㅆ/, /ㅈ/, /ㅊ/, /ㄱ/음이 포함된 단어로 문장을 말하거나 읽도록 하는 방법을 많이 사용한다.

(2) 진단검사

조음 · 음운장애의 진단검사에는 자발화검사와 표준화된 조음 · 음운검사 도구를 사용하는 두 가지 방법이 있다. 표준화검사와 자발화검사는 서로 다른 장단점을 가지고 있다. 검사는 아동의 연령과 발달 수준 등을 고려하여 결정하되, 많은 경우에 목적에 따라 표준화검사와 자발화검사를 더불어 시행하기도 한다.

① 표준화된 조음 · 음운 검사도구

㉠ 한국어 표준 그림 조음 · 음운검사

검사 목적 및 대상	• 개별음소 오류뿐만 아니라 음운변동 분석을 통해 조음패턴 분석이 가능한 검사이다. • 어두, 어중, 어말의 세 위치가 아닌 어중을 다시 어중초성과 어중종성으로 나눈 네 위치의 검사가 가능하다는 특징이 있다.
실시방법	• 한국어 표준 그림 조음 · 음운검사는 그림 명명하기(예 "선생님이 가리키는 그림의 이름을 말하세요. 이것은 무엇입니까?")로 이루어지며, 자발적인 대답이 어려울 경우에는 모방을 통한 검사가 가능하다. • 어두, 어중초성, 어중종성, 어말의 위치에 대해 총 30개 어휘로 된 선별검사와 45개 어휘가 추가로 포함된 총 75개의 정밀검사로 나뉘어 있다. 표준편차 −1 이하(16%tile 이하)에 놓일 경우 정밀검사 실시가 권고된다.

더알아보기

자음정확도 분석

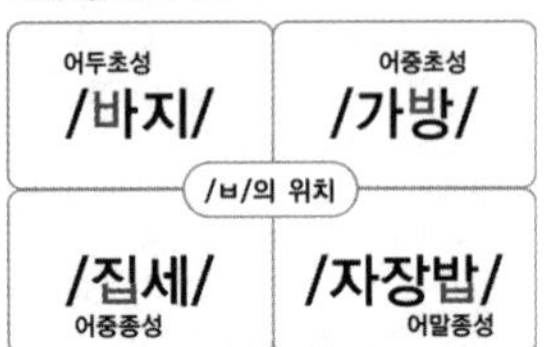

음소별 산출 정확도는 단어 내 위치(어두, 어중, 어말)와 음절 내 위치(초성, 종성)를 고려해야 한다. 자음이 산출되는 단어와 음절 위치 조건을 조합하여 어두초성, 어중초성, 어중종성, 어말종성의 네 가지 조건이 된다.

결과 및 해석	• 선별검사의 자음정확도는 (정조음한 자음 수/50×100), 모음정확도는 (정조음한 모음 수/7×100)로 계산한다. • 정밀검사는 (정조음한 자음 수/122×100) 그리고 (정조음한 모음 수/7×100)이다.

㉡ 우리말 조음 · 음운평가(U-TAP) ❶ 22중등B10

검사 목적 및 대상	• 만 2세부터 12세 아동을 대상으로 한다. • 낱말 수준과 문장 수준, 두 가지로 구성되어 있으며 검사 결과 중 자음 및 모음정확도와 음운오류 패턴을 분석한다.
실시방법	• 검사자가 그림을 보여주면서 목표 문장을 들려주면 아동이 이를 모방하거나 재구성해서 말하게 하여 조음능력을 평가한다. • 목표음소 유도 방법 – 피검사자의 일반적인 정보(이름, 생년월일)를 기재한다. – 검사자는 "여기에 있는 그림들을 잘 보세요."라고 말하면서 피검사자에게 그림을 보여준다. – 다음에는 "이제 선생님이 손가락으로 가리키는 그림의 이름을 말하세요. 이것은 무엇입니까?"라고 물으며 손가락으로 하나의 그림을 지적한다. 피검사자가 질문에 대답하지 못하면 검사자는 해당 어휘의 단서("추울 때 손에 끼는 것은 무엇입니까?")를 제시한다. – 표현이 70%에 도달하지 못한 어휘는 단서를 두 번 제시할 수 있다. 예 목표단어가 낙타인 경우, 검사자의 질문에 피검사자가 대답하지 못하면, 첫 번째 단서인 "사막에 살고, 등에 혹이 달린 동물은 무엇입니까?"라고 제시한다. 그런 후에도 피검사자가 대답하지 못하면 두 번째 단서인 "사막에서는 말을 타지 않고 이 동물을 타고 다녀요. 무엇입니까?"를 제시한다. 피검사자가 단서 제시 후에도 명명하지 못하면 검사자가 검사 어휘를 발화한 다음 피검사자가 모방할 수 있도록 유도한다. "따라 해보세요, 낙타." – 검사를 실시한 후 오반응한 어휘는 자극반응도를 알아보기 위해서 다양한 자극으로 모방검사를 실시한다.
결과 및 해석 ❶ 24중등A3	• U-TAP는 문장발음전사와 낱말발음전사를 통해 어두초성, 어중초성, 종성에서의 오류 분석을 실시하며 낱말 수준과 문장 수준에서의 오류 횟수를 계산하여 자음정확도와 모음정확도를 산출한다. – 자음정확도 = (43－오류음소 수)/43×100 – 모음정확도 = (10－오류음소 수)/10×100 • 오류가 없는 경우 '+', 목표음소를 대치한 경우 대치음소를 기록하고, 목표음소를 왜곡한 경우 'D', 생략한 경우 'Ø'로 표시한다. • 피검사자의 자음정확도가 －1 표준편차 이하인 경우 조음치료의 고려가 필요하며, －2 표준편차 이하인 경우 조음치료가 반드시 요구된다. • 음운변동 분석을 통해 생략 및 첨가 음운변동, 대치 음운변동에 대한 오류를 분석할 수 있다.

기출 POINT 3

❶ 24중등A3
(제시문 참고)

1. 우리말 조음 · 음운 평가(U-TAP) 결과
1) 개별 음소 분석표 *음소정확도

		자음 정확도	모음 정확도
낱말 수준		38/43	9/10
		88.3%	90.0%
문장 수준		34/43	9/10
		79.0%	90.0%

2) 음운 오류 분석 결과
…(중략)…

② 비표준화된 조음·음운 검사도구

㉠ 말 명료도 검사

- 말 명료도는 청자가 화자의 말을 얼마나 이해할 수 있는지를 보여 주는 지표로서, 청자의 입장에서는 똑같은 자음정확도를 가지고 있는 화자의 말일지라도 좀 더 쉽게 이해되는 말이 있는데, 그것은 바로 말의 명료도가 다음과 같은 요소의 영향을 받기 때문이다.
  - 오류음소의 수가 많을수록 이해하기 어려움
  - 오류를 보이는 음소가 일관되지 않은 패턴을 보이면 이해하기 어려움
  - 오류를 보이는 음소가 우리말에서 사용 빈도가 높으면 이해하기 어려움
  - 목표음과 오조음 사이에 변별자질이 클수록 이해하기 어려움
  - 첨가나 생략 부분이 많을 때 이해하기 어려움
  - 운율적 요소의 결합이 동반될 때 이해하기 어려움
  - 내용의 친숙도가 낮을수록 이해하기 어려움
- 말 명료도에 대한 청자변인으로는 화자와 청자 간의 친숙도, 청자의 언어이해력과 추리력 그리고 듣고자 하는 동기부여 등이 해당한다.
- 말 명료도는 아동의 말 자료를 아동의 말에 익숙하지 않은 성인에게 들려주고 음운, 단어, 문장 수준에서 4점 척도 또는 5점 척도로 평가하여 평균점수를 산출하는 방법을 사용할 수 있다. 또는 아동의 발화를 전사한 후 자음정확도와 모음정확도 그리고 낱말명료도 등을 산출할 수도 있다.

목표발화	전사	분석방법
사탕, 친구, 이모, 딸기, 포도	[다땅], [잉끄], [이모], [**], [*또]	낱말 명료도 1/5×100 = 20%

- 이때 조음 샘플은 검사자 간 신뢰도가 중요하다. 검사자 간 신뢰도는 검사자 간에 일치한 항목의 수를 전체 항목의 수로 나누는 계산법이다. 예를 들어, A검사자와 B검사자가 총 40개 항목 가운데 34개 항목에 대해 일치하고 6개 항목에 대해 불일치했다면, 검사자 간 신뢰도는 .85이다. 일반적으로 .85 이상은 신뢰할 수 있는 수준으로 본다.

㉡ 자발화검사

- 자발화검사는 Chapter 10에서 자세하게 제시하였다.

더알아보기

말 명료도검사

일반적으로 말 명료도는 말에 오류가 있는 화자가 산출한 음향학적 신호가 청자에게 음절이나 낱말 단위로 얼마나 잘 전달되는가를 평가 기준으로 삼는다. 이를 평가하는 방법에는 화자가 한 말을 청자가 전사하는 받아 적기 방법을 사용하거나, 또 다른 방법으로는 화자의 말을 청자가 얼마나 알아들을 수 있는가를 평가하는 척도평가가 있다. 척도평정법의 경우는 일반적으로 '매우 잘 알아들을 수 있다'에서 '전혀 알아들을 수 없다'의 3점 혹은 5점 등으로 구분된 등간척도에 의한 방법을 사용한다.

말 명료도

$$= \frac{\text{청자가 바르게 받아 적은 발화 낱말 수(음절 수)}}{\text{화자가 의도한 발화 낱말 수 (음절 수)}} \times 100$$

- 아동의 발화 의도: 엄마 시소를 타고 싶어요.
- 아동의 발화: 엄마 이오를 아오 싶어요.
- 청자 전사: 엄마 이오 먹고 싶어요.
- 음절 수준에서 평가한 말 명료도 $=\frac{6}{10}\times 100 = 60(\%)$
- 낱말 수준에서 평가한 말 명료도 $=\frac{2}{4}\times 100 = 50(\%)$

(3) 조음 · 음운평가 시 주의사항

① 검사 전에 조음기관의 이상이나 청력 이상 등의 구조적 결함 여부를 비롯하여 인지기능의 결함이나 다문화와 같은 사회문화적 배경요인 등을 파악하는 것이 좋다.

② 교사가 아동의 조음음운능력을 평가하고자 할 경우에는 표준화된 검사를 실시할 수도 있고, 대화나 읽기 자료 등을 통해 발화를 수집하여 분석하는 비표준화 검사를 실시할 수도 있다.

③ 실제적인 조음음운능력을 파악하기 위해서는 낱말 수준의 검사보다는 이야기 나누기 등의 활동을 통해 연결 발화를 수집하고 분석하는 것이 더 효과적이다. 그러나 이 경우에는 아동이 침묵할 수 있으므로 발화를 유도할 수 있는 놀이상황이나 적절한 주제 등을 사전에 준비해 놓는 것이 좋다.

④ 표준화된 검사를 실시할 경우에는 '맞음'과 '틀림'에 아동이 민감할 수 있으므로 반응 기록지에 '×'나 'O'로 표기하지 않도록 하여야 한다. 중립적인 반응을 하되, 조음 · 음운평가에서는 아동이 목표 낱말을 쉽게 산출하지 못한다면 모방하도록 하거나, 한 번 더 말해 달라고 요청하는 것도 허용이 된다. ❶ 22중등B10

⑤ 심도 있는 평가를 위해서는 청지각 검사를 실시하는 것이 좋다. 예를 들어, 아동이 낱말 '토끼'를 '오끼'라고 발음한다면 '토끼'와 '오끼'를 다르게 지각하는지의 여부를 파악해야 한다.

⑥ 자극 반응도를 알아보기 위하여 "선생님이 하는 말을 잘 듣고 따라 해보세요." 혹은 "입 모양을 잘 보고 따라 해보세요."라고 한 후 아동의 발음이 달라지는지를 알아볼 필요가 있다. ❶ 22중등B10

⑦ 무엇보다도 교사는 검사를 하면서 발음을 수정해 주려고 하는 행동은 피해야 하며, 특히 아동이 시험 보는 느낌을 갖지 않도록 주의하여야 한다.

기출 POINT 4

❶ 22중등B10

(가)는 의사소통장애 학생 I의 현행 언어 수준의 일부이고, (나)는 우리말 조음 · 음운평가(U-TAP)의 실시 방법이다. ⓒ에 해당하는 용어를 쓰고, ⓒ~ⓢ 중 틀린 것 2가지를 찾아 기호와 함께 바르게 고쳐 각각 서술하시오.

(가) 현행 언어 수준

- 우리말 조음 · 음운평가(U-TAP) 결과, 낱말 수준에서 자음정확도는 65.1%이며, 모음정확도는 90%임
- 음절 수준의 음세기 과제에서는 총 20문항 중 19개에서 정반응을 보임
- 모방이나 청각적 혹은 시각적 단서를 주었을 때, 정조음하는지를 알아보는 (ⓛ) 검사에서 /ㄱ/음소는 10회 중 6회 정반응을 보임

(나) 실시 방법

ⓒ 정반응을 하면, "정답이야."라고 말해준다.
ⓡ 적절한 유대관계를 형성한 후 검사를 실시한다.
ⓜ 단어의 이름을 모를 때에는 유도 문장을 말해준다.
ⓑ 반응을 보이지 않으면 단어를 따라 말해 보도록 한다.
ⓢ 정반응을 보인 단어를 '+'로, 오조음을 보인 단어는 '−'로 표기한다.

2. 진단에 필요한 평가기준

(1) 자음정확도와 오류음소

① 자음정확도는 전체 음소 중 바르게 조음된 음소의 수의 비율을 의미한다. 예를 들어, 10개의 자음을 발음해야 하는 상황에서 8개를 정확하게 산출하였다면 자음정확도는 80%이다.

② 오류음소는 잘못 발음하는 음소의 수를 의미하므로 오류음소 발생빈도 혹은 정확도 중 한 가지를 선택하여 보고한다.

개별음소의 조음오류 형태 ❶ 20유아A5, ❷ 17유아A5, ❸ 13추가중등A3, ❹ 13초등A5

조음오류 형태	내용 및 예시
생략	생략은 단어에서 특정 음소가 빠져 버리거나 음가가 없이 발음되는 경우로서, 생략은 초성을 생략할 수도, 종성을 생략할 수도 있다. 예 '사과'를 [아과]로, '둘리'를 [두리]로, '공룡'을 [고용]으로 발음한다.
첨가	첨가는 필요 없는 음소나 음절이 삽입된 것으로 모음 또는 자음이 첨가될 수 있다. 예 '전화'를 [전우화]로 발음하거나 '알레지'를 [알레레지]라고 발음한다.
대치	대치는 목표음이 다른 음으로 바뀌어 나오는 경우다. 대치는 자신이 발음하기 어려운 음소를 자신이 발음할 수 있는 음소로 산출하는 것이다. 예 '자장면'을 [다당면]으로, '포도'를 [보도]라고 발음한다.
왜곡	왜곡은 임상에서 대치와 명확하게 구분하기 어려운 경우가 많다. 일반적으로 말의 명료도가 낮아서 이해하기 어려움에도 불구하고 목표음소와 뚜렷하게 대치된 음소를 찾기 어려울 때 왜곡으로 간주한다. 대부분 모국어에서 잘 사용하지 않는 음소로 대치되거나, 마치 청각장애아동의 조음 패턴, 예를 들면 혀가 구강에 꽉 찬 소리나 혀가 입 밖으로 나오는 소리 등과 같이 소음이나 콧소리가 첨가되어 발음하는 경우가 해당한다.

[출처] 고은, 의사소통장애아 교육 3판(2021)

(2) 음운과정의 오류 형태

① 한 음운이 일정한 환경에서 변하는 현상을 '음운변동'이라고 한다. 힘을 덜 들이고 발음하려는 경향 때문에 소리의 변화가 생기게 되는데 놓이는 위치에 따라 혹은 인접하는 음운끼리 변할 수도 있다.

② 오류 음운변동 분석은 음소 정확도 분석으로는 찾을 수 없는 오류의 패턴을 찾을 수 있다는 장점이 있다. 예를 들어, 어떤 아동이 연구개음(/ㄱ, ㄲ, ㅋ, ㅇ/) 네 가지 음소를 /ㄷ, ㄸ, ㅌ, ㅈ, ㅉ, ㅊ, ㄴ/ 등으로 바꾸어 산출하는 경향을 보일 수 있다. 개별음소 /ㄱ/의 정확도나 /ㅇ/의 정확도로 파악하는 것보다는 '연구개음 전방화' 패턴을 가지고 있다는 것을 파악하는 것이 치료에 효율적이다. ❶ 18초등B6

기출 POINT 5

❶ 20유아A5
㉣에 나타난 조음오류 현상을 쓰시오.

> ㉣ /곰인형/을 /돔인형/이라고 조음

❷ 17유아A5
㉠의 조음오류 형태를 쓰시오.

> 어머니: 우리 세호는 발음이 정확하지 않아요. ㉠ 사탕을 [타탕], 참새를 [참때], 풍선을 [풍턴]이라고 발음한다니까요.

❸ 13추가중등A3
괄호 안에 알맞은 용어를 순서대로 쓰시오.

> 조음장애는 말소리 산출의 결과에 따라 그 유형을 4가지로 나눌 수 있다. 그 유형으로는 /가위/를 /아위/라고 하는 음의 (①), /아기/를 /가기/라고 하는 음의 (②), 산출된 음과 일치하지 않는 부정확한 소리를 내는 음의 (③), /사과/를 /다과/라고 하는 음의 (④)이(가) 있다.

❹ 13초등A5
아래에서 가장 많이 나타난 자음의 발음 오류 형태를 쓰시오.

> 〈오류 현상〉
> '호랑이'를 /호앙이/, '원숭이'를 /원충이/, '꼬리'를 /꼬디/, '동물원'을 /동물런/으로 발음

기출 POINT 6

❶ 18초등B6
㉦과 ㉧의 실시 목적의 차이점을 쓰시오.

> 〈지도 교사의 피드백〉
> ㉦ 자음 정확도 분석뿐만 아니라 ㉧ 음운변동 분석도 해 볼 필요가 있음. 이때 검사자 간 신뢰도 확보에 주의해야 함

기출 POINT 7

❶ 25초등B3
밑줄 친 ㉠에서 공통으로 나타난 대치 음운변동 현상을 조음 방법의 측면에서 쓰시오.

> ㉠ /오징어/를 /오딩어/로, /사자/를 /타다/로, /치마/를 /티마/로 발음함. 모음 오류는 없는 것으로 보임

음운오류 형태 (기출 POINT 7)

오류	정의		유형	예시
생략 및 첨가 음운변동	음절구조에 따른 초성·종성 생략 및 첨가		초성·종성 생략	시계－이계, 발－바
	조음방법에 따른 생략 및 첨가		폐쇄음 생략	김밥－임밥
	조음위치에 따른 생략 및 첨가		연구개음 생략	크레파스－으레파스
대치 음운변동	조음 위치	조음점보다 혀를 앞으로	전설음화	자가용－다가용
		조음점보다 혀를 뒤로	후설음화	다람쥐－자람쥐
		목표음을 경구개음으로 대치	경구개음화	바다－바자
		목표음을 치조음으로 대치	치조음화	기차－기따
	조음 방법	목표음을 파찰음으로 대치	파찰음화	거북이－저북이
		목표음을 마찰음으로 대치	마찰음화	도깨비－소깨비
		목표음을 유음으로 대치	유음화	문방구－문방루
	동화	앞의 음소의 영향을 받음	순행동화	책상－책강
		뒤의 음소의 영향을 받음	역행동화	가방－바방
		조음방법에 영향을 받음	폐쇄음동화	짝꿍－딱꿍
			파찰음동화	자전거－자전저
			마찰음동화	소시지－소시시
		조음위치에 영향을 받음	양순음동화	연필－염필
			치조음동화	비디오－비디도
			성문음동화	호랑이－호랑히
	긴장음 변동	성대의 긴장 여부에 따름	긴장음화	과자－꽈자
			이완음화	빨강색－발강색
	기식도 변동	말소리의 기식성 동반 여부에 따름	기식음화	세발－체발
			탈기식음화	파도－바도

[출처] 고은, 의사소통장애아 교육 3판(2021)

❷ 24유아A5
㉠과 ㉡에 공통적으로 나타난 대치음운변동 현상을 쓰시오.

- 뽕 → ㉠ 퐁
- 방구 → ㉡ 탕구

❸ 23중등A8
다음에 공통적으로 나타난 대치음운변동의 오류 형태를 쓰시오.

- /풀/을 /불/로 발음
- /통/을 /동/으로 발음
- /콩/을 /공/으로 발음

❹ 23초등A4
㉢의 예시를 〈보기〉와 같은 형식으로 1가지 쓰시오.

- 우리말 조음·음운평가 검사 결과: ㉢ 초성에서 연구개음 생략이 잦음

〈보기〉
/나비/를 /다비/로 발음함

❺ 20중등A3
다음에서 공통적으로 나타난 오조음 유형을 조음방법에 근거하여 쓰시오.

정조음	오조음
풍선	풍턴
책상	책강
반바지	밥바디
자전거	다던거

❻ 20유아A5
㉣의 음운변동을 조음위치 측면에서 쓰시오.

㉣ /곰인형/을 /돔인형/이라고 조음

❼ 18초등B6
'땅콩'을 /강공/으로 '장구'를 /앙쿠/로 발음한다. 첫 음절과 둘째 음절에서 나타난 오류 각각 1가지씩을 [A]에서 찾아 순서대로 쓰시오.

목표 단어	발음 전사	[A]					
		생략	첨가	긴장음화	탈긴장음화*	기식음화	탈기식음화

* 이완음화와 동일한 용어임

❽ 17초등A1
우리말 조음·음운평가에서 다음과 같은 자음 오류를 보이는 것으로 나타났다. 민규가 공통적으로 보이는 자음 오류 형태를 조음위치 측면에서 쓰시오.

'가방'을 /다방/, '토끼'를 /토띠/, '꼬리'를 /토리/라고 발음함

더알아보기
- 평음(이완음): /ㄱ ㄷ ㅂ ㅅ ㅈ/
- 격음(기식음): /ㅋ ㅌ ㅍ ㅊ/
- 경음(긴장음): /ㄲ ㄸ ㅃ ㅆ ㅉ/

❾ 15초등A3
다음에서 나타난 공통적인 대치 오류 유형 1가지를 쓰시오.

〈오류 현상〉
- 주전자 → 두던다
- 공부 → 동부

❿ 13추가중등A3
한국어 음소 체계의 특징에 따라 철수에게 나타나는 조음 오류 현상을 ①과 ②에 쓰시오.

바른 조음 → 틀린 조음	
바람 → /마람/	파열음 /ㅂ/ → 비음 /ㅁ/
사자 → /다자/	(①)
기린 → /디린/	(②)

기출 POINT 8
❶ 13유아A6
유아특수교사인 김 교사는 만 4세 발달 지체 유아 미나의 말하기 지도 방향을 구상하고 있다. (나)에서 적절하지 않은 내용 2가지를 찾아 기호를 쓰고, 적절하지 않은 공통된 이유 1가지를 쓰시오.
(나) 미나의 말하기 지도 방향

① 문장 길이를 늘일 수 있도록 지도한다.
② /ㄹ/을 정확하게 발음할 수 있도록 지도한다.
③ 다양한 연결어미를 사용할 수 있도록 지도한다.
④ 어휘 습득을 위해 새로운 낱말에 관심을 갖게 한다.

기출 POINT 9
❶ 22중등B10
㉡에 해당하는 용어를 쓰시오.

모방이나 청각적 혹은 시각적 단서를 주었을 때, 정조음하는지를 알아보는 (㉡) 검사에서 /ㄱ/음소는 10회 중 6회 정반응을 보임

❷ 17중등A8
㉠이 설명하는 것의 명칭을 쓰시오.

김 교사: 학교에서 자주 사용하는 음소부터 살펴볼게요. 그리고 ㉠ <u>오류를 보이는 음소에 대하여 청각적, 시각적, 촉각적인 단서나 자극을 주었을 때 목표하는 음소와 유사하게 반응하는 능력</u>이 어떤지 알아보겠습니다.

국어의 자음분류표

조음위치 / 조음방법	양순음 (두 입술)	치조음 (잇몸)	경구개음 (센입천장)	연구개음 (여린입천장)	성문음 (목구멍)
폐쇄음	ㅂ, ㅍ, ㅃ	ㄷ, ㅌ, ㄸ		ㄱ, ㅋ, ㄲ	
마찰음		ㅅ, ㅆ			ㅎ
파찰음			ㅈ, ㅊ, ㅉ		
비음	ㅁ	ㄴ		ㅇ	
유음		ㄹ			

(3) 발달연령

① 발달연령 기준을 사용하는 것은 정상 아동들의 발달연령과 비교하는 방법이다.

② 흔히 습득연령과 습관적 연령 같은 말소리 발달연령을 언급하고 있다. 습득연령은 특정 음소를 75~90% 이상의 아동들이 바르게 발음하는 발달시기를 말하며, 습관적 연령은 특정 음소를 50% 정도의 아동들이 바르게 발음하는 발달시기, 즉 아동들이 오류보다는 바르게 발음하는 것이 많아지기 시작하는 발달시기를 말한다.

③ 가장 늦게 발달하는 /ㅅ/ 음소도 습관적 연령은 2세이고, 습득연령은 4세이다. 이것은 2세 아동의 50% 정도, 4세 아동의 75~90%가 /ㅅ/를 바르게 발음한다는 것이다.

음소 발달단계 ❶ 13유아A6

연령	완전습득 단계 (95~100%)	숙달 단계 (75~94%)	관습적 단계 (50~74%)	출현 단계 (25~49%)
2;0~2;11	ㅍ, ㅁ, ㅇ	ㅂ, ㅃ, ㄴ, ㄷ, ㄸ, ㅌ, ㄱ, ㄲ, ㅋ, ㅎ	ㅈ, ㅉ, ㅊ, ㄹ	ㅅ, ㅆ
3;0~3;11	+ㅂ, ㅃ, ㄸ, ㅌ	+ㅈ, ㅉ, ㅊ, ㅆ	+ㅅ	
4;0~4;11	+ㄴ, ㄲ, ㄷ	+ㅅ		
5;0~5;11	+ㄱ, ㅋ, ㅈ, ㅉ	+ㄹ		
6;0~6;11	+ㅅ			

[출처] 심현섭 외, 의사소통장애의 이해 3판(2017)

(4) 자극반응도(stimulability)

① <u>자극반응도는 아동이 오류를 보인 특정 음소에 대하여 청각적·시각적·촉각적인 단서나 자극을 주었을 때, 어느 정도로 목표음소와 유사하게 산출할 수 있는가를 의미한다.</u> ❶ 22중등B10, ❷ 17중등A8

② 흔히 자극반응도를 검사할 때는 우선 말소리목록 검사를 하고 나서 그때 보인 오류 음소들에 대해서만 검사하게 된다.

(5) 오류 자질 분석

① 오류 자질 분석은 오류를 보이는 음소들을 조음위치, 조음방법, 발성유형에 따라 구별하여 오류음소의 공통된 자질을 찾아내는 방법이다.

② 오류 자질 분석은 독립적으로 이루어질 수도 있고 오류 음운변동 분석과 함께 이루어질 수도 있다. 잘못 산출된 음소의 자질에서 공통점을 찾아내는 것은 음운변동 분석처럼 보다 효율적인 치료접근 방법을 제안할 수 있다.

③ 예를 들어, /ㅍ, ㅌ, ㅋ, ㅊ/에서 오류를 보이는 아동은 '기식성' 자질의 습득이 잘되지 않았다고 볼 수 있다.

(6) 말 명료도와 말 용인도

① 말 명료도(intelligibility)와 말 용인도(acceptability)는 듣는 사람의 입장에서 느끼는 주관적인 기준을 반영하는 평가지표이다.

㉠ 말 명료도는 화자의 의도를 표현한 것에서 청자가 이해한 정도를 의미하며 말소리의 정확도가 크게 영향을 미친다. ❶ 24중등A3

㉡ 말 용인도는 화자의 말에 대한 호감의 정도, 즉 '문제없이 정상적인 발화로 받아들일 수 있는 마음에 드는 정도'로 정의하였는데, 분절적 요소뿐 아니라 초분절적 요소도 크게 영향을 준다.

② 일반적으로 말소리의 치료 순서를 정할 때, 전반적인 말 명료도에 영향을 많이 주는 오류부터 치료할 것을 권한다. 같은 음소의 오류라 하더라도 음소별 빈도나 위치 등 다양한 요소가 작용하여 다른 영향을 미칠 수 있다.

기출 POINT 10

❶ 24중등A3

괄호 안의 ㉠에 해당하는 용어를 쓰시오.

일반교사: 학생 A는 말할 때 입을 크게 벌리지 않고 우물거리며 말을 하는 습관이 있어서 수업 시간에 말을 알아듣기 힘들 때가 많습니다.
특수교사: 네, (㉠)이/가 낮아서 문제이군요.
일반교사: 그게 무슨 뜻인가요?
특수교사: 이것은 학생 A가 발음하는 것을 선생님이 알아듣는 정도를 의미해요.

3. 목표음소 설정 시 고려사항

(1) 아동의 연령

① 해당 아동의 발달단계에서 반드시 습득하여야 하는 음소와 그렇지 않은 음소를 고려하여야 한다.

② 예를 들어, 3세 아동에게 /ㄷ/, /ㅈ/, /ㅅ/의 오류가 있다면 /ㄷ/은 목표음소로 적절하지만 /ㅈ/, /ㅅ/은 목표음소로 적절하지 않다.

(2) 한국어에서 사용되는 음소의 빈도

① 일상적인 대화에서 자주 쓰이는 음소를 먼저 훈련하면 말의 명료도를 우선 높일 수 있다.

② 한국 성인의 일상적인 대화에 포함된 말소리 빈도는 /ㄴ/, /ㄹ/, /ㄱ/, /ㄷ/, /ㅁ/, /ㅈ/, /ㅅ/, /ㅎ/, /ㅇ/, /ㅂ/의 순이다.

(3) 아동의 자극반응도

① 자극반응도는 단서나 자극을 주었을 때 아동이 얼마나 유사한 발음을 낼 수 있느냐 하는 정도를 말한다.

② 자극반응도가 높은 음소는 그렇지 않은 음소보다 좀 더 쉽게 습득될 수 있다.

(4) 조음오류를 보이는 정도

① 오류의 일관성, 오류의 형태 등과 관련된 요인이다.

② 예를 들어, 어떤 때에는 바르게 발음하고 어떤 때에는 오류를 나타내는 음소는 매번 오류를 나타내는 음소보다 치료의 순서를 앞당길 수 있다. 또한 대치나 생략을 하는 음소보다는 왜곡을 하는 음소부터 치료하는 것이 바람직하다.

03 조음 · 음운장애 중재방법

1. 전통적 접근법(운동기반 접근법)

(1) 전통적 치료 방법의 개관

① 전통적 치료 방법에서는 목표음소를 선정하고 목표음소를 유도하기 위한 프로그램을 활용하여 모델링과 훈련을 통해 음소의 정확도를 높이는 것을 목표로 한다.

② 그러나 최근에는 기존의 치료법들이 독립된 특정 음소에만 치중함으로써 조음장애에만 적합한 치료 기법이라는 지적을 받고 있다.

③ 전통적 치료 방법에는 청지각 훈련, 조음점 지시법, 조음조절 프로그램, 짝자극 기법 등이 있다. ❶ 15중등A2

기출 POINT 11

❶ 15중등A2
박 교사가 제안한 ⓒ의 4가지 지도 방법을 전통적(말 운동) 접근법과 언어인지 접근법으로 구분하여 쓰고, 두 접근법의 차이점을 비교하여 설명하시오.

> 김 교사: 그럼 학생 A의 조음 · 음운장애를 지도하는 방법에는 어떤 것들이 있나요?
> 박 교사: 현재 많이 활용되는 지도 방법은 ⓒ 짝자극 기법, 변별자질 접근법, 음운변동 접근법, 조음점 자극법(지시법)이 있습니다.

(2) 전통적 접근법의 치료 단계

치료 단계	목표
음소 습득 단계	목표음소의 조음 정확도를 높인다.
확립 단계	습득된 음소를 안정화시킨다.
전이 단계	치료에서 사용하지 않은 문맥이나 상황으로 확대시켜 나간다.
유지 단계	훈련 자극 없이도 조음 정확도를 지속시킨다.

(3) 전통적 접근법의 유형

① **청지각을 이용한 훈련법(Van Riper의 전통적 치료기법)**

㉠ 청각적 변별훈련에서는 목표음소의 발음을 훈련하기에 앞서, 청각적으로 아동 자신의 오류 발음을 판별하고 목표음소를 다른 음소와 변별해 낼 수 있도록 훈련한다.

㉡ 집중적인 귀 훈련을 통하여 개별 음소에서 시작하여 음절, 낱말, 구, 문장, 대화로 대상을 넓혀가며 체계적인 훈련을 한다.

🏳 Van Riper의 전통적 치료 단계

단계	내용
확인	무엇이 오조음이고 무엇이 목표음(정조음)인지를 확인한다. 아동들은 아직 오조음과 목표음의 차이를 인식하지 못하기 때문에 이 단계에서는 말소리에 대한 청지각과 주의를 기울이는 법을 배운다.
비교	자신의 발음을 스스로 듣고 자신의 오조음을 인식한다. 치료사는 청각적 피드백을 정확하게 할 수 있도록 도와주어야 한다.
변화	목표음이 형성될 때까지 조음방법을 변화시킨다. 치료사는 조음점을 지시해 주고, 아동은 자신의 감각을 활용하여 정확한 발음 산출을 위한 조음운동 훈련이 필요하다.
수정	새로 학습한 조음방법을 확립하는 데 초점을 둔다. 아직은 상황에 따라 오조음이 나올 수도 있기 때문에 반복해서 훈련해야 한다. 처음에는 독립된 음소를 훈련하여 아동이 음소에 대한 감각·청각적 특성에 집중할 수 있도록 하고, 점차적으로 음절-단어-문장 순으로 훈련한다.
안정	단어에서 사용되는 음소들을 다양한 입술과 혀의 위치에서 산출하도록 학습한다. 예를 들면, [슐레]에서 조음점을 변화시키면서 [쥴레], [질레], [숄레] 등으로 바꾸어 가면서 감각적인 피드백을 가볍게 변화시킬 수 있다. 시간적 압박과 스트레스 상황에서도 목표음을 산출할 수 있을 때, 비로소 안정적이 되었다고 할 수 있다.

② 조음점 지시법

㉠ 조음점 지시법은 수동적 방법의 하나로서 치료사가 지시해 주는 대로 조음위치와 방법을 지각하는 훈련을 말한다.

㉡ 치료사는 설압자나 면봉 등을 이용하여 조음점을 지적해 주거나, 구강모형이나 그림 등을 사용하여 입술과 혀의 위치를 지도할 수 있다. ❶ 24초등A3

㉢ 조음점 지시법은 개별음의 정확도는 높일 수 있으나 전후 문맥에서 발생되는 오류를 중재하기는 어렵다는 제한점을 갖는다.

③ 조음조절 프로그램

㉠ 조음조절 프로그램은 /ㅂ/, /ㄴ/, /ㄷ/, /ㅅ/, /ㄹ/, /ㅈ/, /ㄱ/, /ㅎ/ 등 총 8개의 음소를 무의미 음절부터 단어 수준, 구 수준, 문장 수준, 이야기 수준, 읽기 그리고 대화로 나누어 단계별 학습으로 구성되어 있다.

㉡ 특정 음소의 어두와 어말을 학습한 후에는 어중과 중복으로 확장시켜 나간다. 중복은 예를 들면, 단어 '비겁'이나 '바보'처럼 어두와 어말 혹은 어두와 어중 또는 어중과 어말에 동일한 음소가 들어간 단어를 말한다. 이렇게 단어 수준이 끝나면 다음 수준으로 넘어가게 된다.

기출 POINT 12

❶ 24초등A3

[B]에서 사용된 중재 방법의 명칭을 쓰시오.

- 개별 음소 중재에 주안점을 둠
  - 발음할 때 설압자나 면봉 등을 이용하여 입술, 혀, 턱 등의 바른 위치를 지적하여 알려줌 [B]
  - 발음의 정확도를 높이기 위해 거울이나 구강 모형을 활용함 [B]

기출 POINT 13

❶ 24유아A5

ⓑ으로 조음 오류를 중재할 때, ① 사용할 수 있는 핵심단어의 조건을 쓰고, ② 단어 수준으로 지도하는 방법을 민지가 산출한 단어(핵심단어 : 뽀이)를 활용하여 쓰시오.

민지: 뽀이다. (바른 정조음: 뽀이)
민지: 둥(바른 정조음: 뽕)
민지: 탕(바른 정조음: 뽕)
민지: 탕구(바른 정조음: 방구)

• 일관되지 않은 조음 오류를 지도함
• 목표 음소를 개별적으로 지도하는 ⓑ 짝자극 기법이나 언어인지적으로 접근하는 음운변동 접근법을 활용할 수 있음

❷ 23초등A4

ⓔ에 사용된 중재기법을 쓰시오.

ⓔ 나희가 발음할 수 있는 '고기'를 핵심단어로 하고 발음하지 못하는 단어를 훈련단어로 선정하여 서로 연결해 발음하도록 함

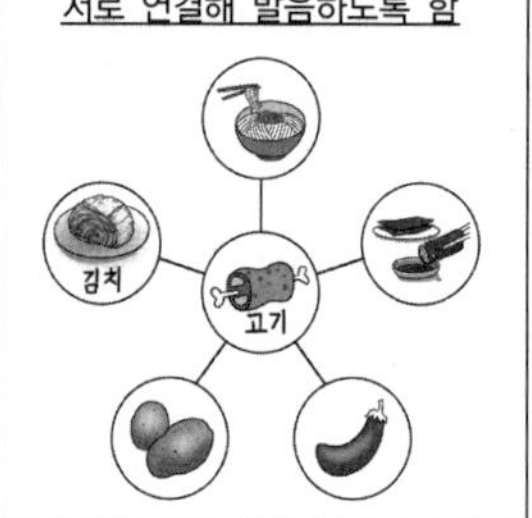

❸ 18유아A4

다음에서 기술된 중재방법을 쓰고, ⓜ~ⓞ 중 틀린 것을 찾아 기호를 쓰고 바르게 고쳐 쓰시오.

ⓜ 유아가 발음하지 못하는 음소가 무엇인지를 확인한다.
ⓑ 핵심단어(열쇠단어)는 유아가 표적음을 10번 중 적어도 9번은 사회적으로 수용되는 방법으로 발음할 수 있는 단어로 한다.
ⓢ 훈련단어(목표단어)는 유아가 표적음을 3번 중 2번은 바르게 발음하지 못하는 단어로 한다.
ⓞ 핵심단어(열쇠단어)는 어두와 어말 위치에 각각 표적음을 내포하고 있어야 한다.

④ 짝자극 기법 ❷ 23초등A4, ❸ 18유아A4

㉠ 짝자극 기법은 정확하게 산출할 수 있는 표적음소가 들어 있는 단어 하나(핵심단어)와 표적음소가 들어 있는 훈련단어들로 하나의 짝을 만들어 훈련하는 방법이다.

㉡ 핵심단어와 훈련단어의 조건

구분	핵심단어	훈련단어
공통점	• 아동이 이미 가지고 있는 어휘 목록 내에 있어야 한다. • 어두와 어말 위치에 단 한 번 표적음을 내포해야 한다. 이때 어두 또는 어말 위치에 적절한 단어가 없을 경우 어중 위치의 단어를 선택할 수 있다. • 구체적인 물질명사이다.	
차이점	목표음소가 포함된 10번 중 9번 정조음할 수 있는 단어 ❶ 24유아A5	목표음소가 포함된 3번 중 2번 오조음을 보이는 단어

㉢ 짝자극 기법의 핵심은 하나의 말소리에 지나치게 집중하기보다는 아동이 정확히 산출하는 단어를 이용하여 다른 단어로 자연스럽게 정조음이 전이될 수 있다는 것이다.

㉣ 짝자극 기법의 장점은 다음과 같다.

- 짝자극 기법은 정확하게 발음하는 단어를 활용한 치료법으로 다양한 연령층을 대상으로 사용 가능하며 준전문가도 치료에 쉽게 적용할 수 있다는 장점이 있다.
- 치료는 과제분석을 통해 단계적으로 이루어지면 단어 수준에서 치료를 시작함으로써 문맥 활용을 통해 의사소통적 기능을 할 수 있어 내적 동기 유발 및 활용이 쉽고 일반화에 유용하다.
- 학습된 목표음소는 전이속도가 빠르고 일관되게 나타난다.

㉤ 짝자극 기법의 단점은 다음과 같다.

- 만약 핵심단어가 없어 일차적으로 핵심단어를 만들어야 할 경우 너무 많은 시간과 노력이 요구된다.
- 짝자극 기법은 자연스러운 일상생활 상황을 반영하기에는 제한이 있다.

㉥ 짝자극 기법의 실시방법은 다음과 같다(신혜정 외, 2023).

- 짝자극 기법을 실시하기 위해서는 핵심단어와 훈련단어의 조작적 개념을 익히는 것이 필요하다.
- 이 기법에 사용하는 핵심단어의 의미는 10회 중 9회 이상 목표음소를 바르게 발음할 수 있는 낱말이다. 만약, 이런 낱말을 찾을 수 없는 경우에는 전통적 기법의 확립 단계에 제시된 훈련방법으로 핵심단어를 만들어 사용한다.
- 훈련단어는 3회 발음 중 2회 이상 오류 발음을 나타내는 단어로 선정한다.
- 핵심단어 하나에 10개의 훈련단어로 훈련조를 구성하는데 일반적으로 한 목표음소에 대해 핵심단어 4개, 훈련단어 40개로 연습을 한다.
- 또한 핵심단어와 훈련단어는 모두 그림으로 그릴 수 있는 것으로 선택하여 나이 어린 아동도 쉽게 연습할 수 있도록 한다.

• 이 기법은 조음점 지시법처럼 목표음소의 조음위치나 조음방법을 설명하지 않는다. 핵심단어에서 정조음되는 음소가 그대로 훈련단어에서 일반화되도록 한다.

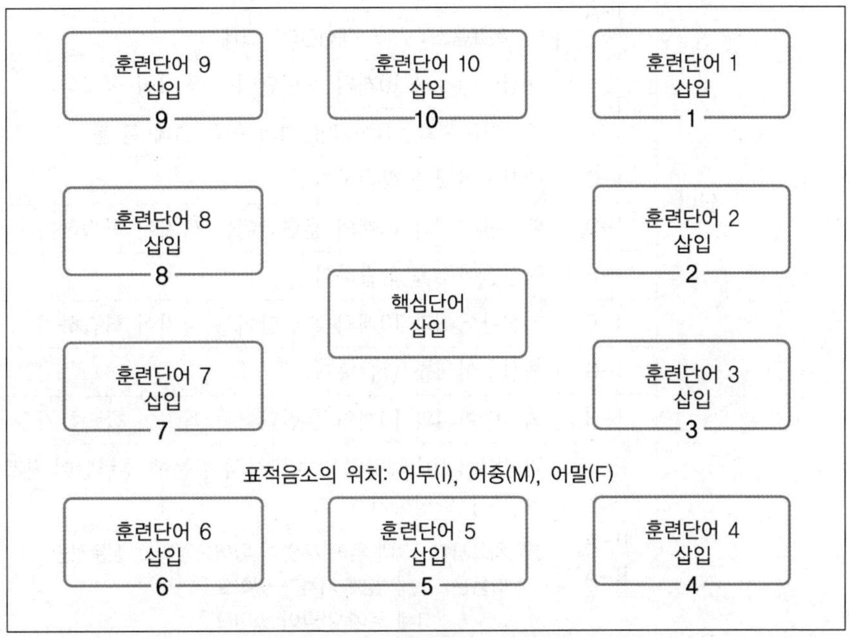

짝자극 프로그램의 시트지 예

• 이 기법은 전통적 기법에서 감각지각 훈련 단계에 많은 치료시간을 할애하는 것을 비판하며 감각지각 훈련 및 청각 훈련 없이 바로 단어 단계에서 확립 훈련을 한다.
• 짝자극 기법의 단계는 단어 수준, 문장 수준, 회화 수준의 세 단계로 이루어져 있는데 프로그램의 단계별 내용은 다음과 같다.

수준	단계	단계 내용
단어	I-A	핵심단어 1을 학습하기 예 목표음소: /ㄱ/, 핵심단어: 그네
	I-B	핵심단어 1과 10개의 훈련단어를 짝지어 학습하기 예 그네-기차, 그네-가방, 그네-구름, 그네-굴 등
	I-C	핵심단어 2를 학습하기
	I-D	핵심단어 2와 10개의 훈련단어를 짝지어 학습하기
	I-E	핵심단어 3을 학습하기
	I-F	핵심단어 3과 10개의 훈련단어를 짝지어 학습하기
	I-G	핵심단어 4를 학습하기
	I-H	핵심단어 4와 10개의 훈련단어를 짝지어 학습하기
문장	II-A II-A	핵심단어 1에 해당하는 치료사의 질문에 훈련단어 세트 1을 삽입하여 문장 완성하기 예 치료사가 "그네 옆에 무엇이 있어요?"라고 질문하면, 아동은 "그네 옆에 기차가 있어요." "그네 옆에 가방이 있어요." "그네 옆에 구름이 있어요." 등으로 대답한다.
	II-B	핵심단어 2와 3에 해당하는 치료사의 질문에 훈련단어 세트 1과 2를 교대로 삽입하여 문장 완성하기
	II-C	핵심단어와 훈련단어 세트 1, 2, 3, 4를 사용하여 4개의 질문을 번갈아 하기
회화	III-A III-A	표적음소를 포함하는 회화에 참여하여 4개의 연속 바른 발음하기 예 "누가 그네를 타지요?"라 질문하면 "친구랑 아기랑 엄마가 그네를 타요."라고 대답할 때 표적음인 /ㄱ/음이 4개 연속하여 정조음되도록 한다.
	III-B	표적음소를 포함하는 회화에 참여하여 7개의 연속 바른 발음하기
	III-C	표적음소를 포함하는 회화에 참여하여 10개의 연속 바른 발음하기
	III-D	표적음소를 포함하는 회화에 참여하여 13개의 연속 바른 발음하기

[출처] 석동일 외(2013)

2. 언어 인지적 접근법(음운적 접근)

(1) 언어 인지적 접근법의 개관

① 기존의 전통적인 치료방법들이 단일 음소에서 나타난 오류에 독립적으로 접근하였다면, 언어 인지적 접근법에서는 언어의 공통적 요인에 주목한다. 즉, 오류음의 음소를 음성적 측면에서 교정하는 것이 아니라 언어적·인지적 요소에 관심을 갖고 오류 패턴을 찾아서 교정하는 것이다. ❶ 15중등A2

② 변별자질 접근법과 음운변동 접근법으로 구분되는 언어 인지적 접근법은 자음이나 모음의 정확도만으로 찾아내기 어려운 학생의 조음오류 양상을 찾을 수 있고, 그 오류 양상을 제거하면 여러 개의 오류음을 동시에 수정할 수 있다는 장점을 갖는다.

(2) 언어 인지적 접근법의 유형

① 변별자질 접근법

㉠ 변별자질

- 변별자질이란 어떤 음성요소를 다른 음성요소로부터 구별하는 데 필요한 음운상의 특징이다.
- 자음의 변별자질별 분류 ❶ 13추시중등A3

구분	ㄱ(k)	ㄴ(n)	ㄷ(d)	ㅌ(t)	ㄹ(l)	ㅁ(m)	ㅂ(b)	ㅍ(p)	ㅅ(s)
자음성	+	+	+	+	+	+	+	+	+
공명성	−	+	−	−	+	+	−	−	−
지속성	−	−	−	−	+	−	−	−	+
소음성	−	−	−	−	−	−	−	−	+

기출 POINT 14

❶ 15중등A2

박 교사가 제안한 ㉡의 4가지 지도 방법을 전통적(말 운동) 접근법과 언어인지 접근법으로 구분하여 쓰고, 두 접근법의 차이점을 비교하여 설명하시오.

김 교사: 그럼 학생 A의 조음·음운장애를 지도하는 방법에는 어떤 것들이 있나요?
박 교사: 현재 많이 활용되는 지도 방법은 ㉡ 짝자극 기법, 변별자질 접근법, 음운변동 접근법, 조음점 자극법(지시법)이 있습니다.

기출 POINT 15

❶ 13추시중등A3

최소대립쌍 훈련에 대한 설명으로 적절하지 않은 것 2가지를 찾아 번호를 쓰고, 바르게 수정하시오.

② 철수의 조음 오류 /다자/는 현재 지속성(+)를 보이는 조음을 지속성(−)로 수정해 주어야 한다.
③ 철수의 조음 오류 /디린/은 현재 전방성(+)를 보이는 조음을 전방성(−)로 수정해 주어야 한다.

주요 자음분류 자질	• 공명성: 비음(ㅁㄴㅇ), 유음(ㄹ)과 같이 자발적인 유성성이 가능한 성도강 형태의 소리 • 자음성: 모든 자음 소리 • 성절성: 모든 모음 소리
조음위치 자질	• 설정성: 치조음(ㅅㅆ/ㄷㅌㄸ), 경구개음(ㅈㅊㅉ)과 같이 혀가 위로 들리면서 치조를 건드려 만들어지는 소리 • 전방성: 치조보다 앞에서 나는 소리(치조음, 순음)
조음방법 자질	• 지속성: 마찰음(ㅅㅆㅎ)과 같이 기류가 막히지 않고 지속적으로 흐르는 소리 • 지연개방성: 파찰음(ㅈㅉㅊ)과 같이 폐쇄가 점진적으로 방출되는 특성을 가진 소리 • 설측성: 유음(ㄹ)과 같이 혀의 측면 통로에서 기류가 빠져나가면서 만들어지는 소리
발성유형 자질	• 긴장성: 된소리(ㅃㄸㄲㅆㅉ)와 같이 성대의 긴장을 동반하고 만들어지는 소리 • 기식성: 기식음(ㅍㅌㅋㅊ)과 같이 두 성대를 멀리 떨어뜨려 성문을 크게 연 상태에서 만들어지는 소리

모음 삼각도

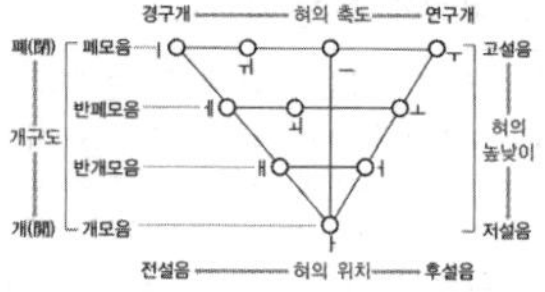

• 모음의 변별자질별 분류

자질	이(i)	에(e)	애(ɛ)	아(a)	우(u)	오(ɔ)	어(ʌ)
자음성	−	−	−	−	−	−	−
공명성	+	+	+	+	+	+	+
고설성	+	−	−	−	+	−	−
원순성	−	−	−	−	+	+	−
후설성	−	−	−	−	+	+	+

주요 모음분류 자질	− 고설성: 혓몸이 중립 위치보다 들어올려서 만들어지는 소리 − 저설성: 혓몸이 중립 위치보다 내려가며 만들어지는 소리 − 후설성: 혓몸이 뒤로 밀리면서 만들어지는 소리
입술 관련 자질	원순성: 입술의 둥근 모양에 의해 만들어지는 소리

/ㄷ/, /ㅅ/, /ㅈ/의 주요 자질

자음성	조음기관의 조음점 간의 폐쇄나 마찰을 일으킬 정도의 심한 접촉으로 나는 소리이다. 이는 일반적으로 자음에서 [+]를 가지며, 본 연구에서는 자음은 음소 /ㄷ/, /ㅅ/, /ㅈ/ 모두가 [+자음성]이다.
전방성	치조보다 앞에서 나는 소리의 속성을 말한다. 순음, 치음, 치조음이 [+]의 값을 가지며, 본 연구에서는 음소 /ㄷ/, /ㅅ/이 [+전방성]이다.
설정성	혀끝이나 전설을 들어올려 부분적이거나 잇몸 및 경구개와 관련된 소리를 낼 때 사용된다. 치간음, 치조음, 경구개음이 [+]의 값을 가지며, 본 연구에서는 음소 /ㄷ/, /ㅅ/, /ㅈ/ 모두가 [설정성]이다.
소음성	성도의 중앙으로 좁은 틈을 통해서만 기류가 통과되도록 하여 조음되는 소리이다. 마찰음이 [+]값을 가지며, 본 연구에서는 음소 /ㅅ/이 [+소음성]이다.
지속성	조음하는 동안 기류가 완전히 차단되지 않고 계속 밀어내면서 내는 소리의 특성을 말한다. 마찰음, 유음, 모음이 [+]값을 가지며, 본 연구에서는 음소 /ㅅ/이 [+지속성]이다.
지연개방성	폐쇄가 점진적으로 방출되는 특성을 지닌다. 파찰음만이 [+]의 값을 가지며, 본 연구에서는 음소 /ㅈ/이 [+지연개방성]이다.

[출처] 금란경, 변별자질접근을 이용한 조음장애아의 /ㅅ/조음지도 프로그램이 일반화에 미치는 영향(2008)

㉡ 변별자질 접근법은 아동이 보이는 오류 패턴에 어떤 자질적 특성이 있는가를 분석하는 방법이다.

예 '점수'를 [첨수]라고 발음한다면, 이는 평음과 격음의 변별자질을 지키지 않아서 발생한 오류다. '고마워요'를 '꼬마워요'라고 한다면 평음과 경음의 자질을 구별하지 못한 것이다. '구두'를 [그두]로 발음하는 것은 입술모양에 의한 변별자질을 구별하지 못한 것이다.

㉢ 변별자질 접근법은 언어 인지적 접근법에 기초한 방법으로서 하나의 음소에는 여러 가지 변별자질이 있고, 하나의 자질의 오류를 개선하게 되면 동일한 자질을 가지고 있는 음소들이 동시에 개선된다는 데에 초점을 둔다. ❶ 17중등A8

예 변별자질 접근법에서는 /ㅅ/음이 치료의 목표음이 되는 것이 아니라 /ㅅ/음이 가지고 있는 변별자질에 초점을 두고, 오류에 깔려 있는 음운론적 양식을 발견할 수 있도록 돕는다.

기출 POINT 16

❶ 17중등A8

㉡에 해당하는 조음음운지도 방법을 쓰시오.

> 일반교사: H는 /ㅅ/가 들어가는 단어들을 /ㄷ/로 발음하는 경향을 보입니다.
> 특수교사: ㉡ H는 조음음운지도가 필요한 듯합니다. 다양한 접근법 중에서 H에게는 오류를 보이는 음소가 가지고 있는 음운론적 규칙이나 양식을 알게 하는 방법을 적용해 보겠습니다. 이 접근법은 /ㅅ/가 포함된 어휘를 선정하여 낱말짝을 구성하고, 낱말짝을 이루는 두 어휘의 뜻을 H가 이해하는지 확인하는 단계부터 시작합니다.

더알아보기

변별자질을 가르치기 위해 최소 대조를 이해하는 것이 중요하다. 따라서 이에 쓰는 어휘 항목의 개념을 아동이 아는지 모르는지 확인해야 한다(심현섭 외).

기출 POINT 17

❶ 23중등A8

괄호 안의 ㉠에 해당하는 용어를 쓰고, 그 의미를 서술하고, 괄호 안의 ㉡의 명칭을 쓰시오.

중재 방법	변별자질 접근법	
중재 초점	오류의 패턴을 찾아서 교정하면 동일한 자질을 가진 다른 음소들의 오류가 동시에 개선됨	
중재 단어	(㉠): '불'–'풀'	
중재 단계	구분	내용
	(㉡)	학생에게 '불', '풀' 사진을 보여주면서 학생이 단어를 아는지 알아봄
	변별	교사가 '불'–'풀'을 발음하면 학생이 해당 사진을 가리킴
	훈련	학생이 '불'–'풀'을 발음하면 교사가 해당 사진을 가리킴
	전이–훈련	학생이 '풀'을 정조음할 수 있게 되면, 구와 문장에서 연습하도록 지도함

기출 POINT 18

❶ 15초등A3

단순언어장애 학생 정우에 관해 ㉢을 확인하기 위한 활동을 아래의 〈조건〉에 맞게 1가지 쓰시오.

> ㉢ 말소리를 듣고 오조음과 목표음 자체를 다르다고 인식하지 못하는 것

〈조건〉

- 첫음절이 모두 파찰음인 단어 활용
- 최소대립쌍(최소낱말짝) 활용

❷ 13추시중등A3

최소대립쌍 훈련에 대한 설명으로 적절하지 않은 것 2가지를 찾아 번호를 쓰고, 바르게 수정하시오.

> ① 훈련 목적은 철수의 말소리 오류 패턴을 찾아 음운론적 규칙을 확립시키는 것이다.
> ④ 철수에게 적용하는 최소대립쌍은 초분절적 요소부터 시작하는 것이 효과적이다.

㉣ 변별자질 접근법은 네 가지 기본단계로 구성된다.

확인 단계	아동이 치료에 사용될 어휘의 개념을 아는지 본다. ❶ 23중등A8
변별 단계	아동이 변별자질을 지각할 수 있는지를 알아본다. 예를 들면, /마늘/과 /바늘/, /불/과 /붓/과 같은 최소대립쌍을 제시하고 아동이 해당 그림 또는 단어를 선택한다.
훈련 단계	최소대조를 인식하고 단어를 발음한다. 아동에게 그 단어를 말하도록 하고 교사는 아동이 발음한 단어와 일치하는 그림을 가리킨다.
전이–훈련 단계	아동이 표적단어를 발음할 수 있게 되면 길고 복잡한 문장에서 훈련한다.

㉤ 변별자질의 차이에 따라 최소대립자질, 최대대립자질로 구분할 수 있다.

최소대립자질 ❶ 15초등A3, ❷ 13추시중등A3	• 최소한으로 변별자질의 차이가 나지만 의미적으로는 분명하게 차이 나는 두 개의 낱말을 짝으로 만들어 치료한다. • 최소대립쌍이란 말소리 하나를 교체함으로써 의미의 변별이 생기는 음절이나 단어의 쌍이다. ❶ 23중등A8 예 '강'과 '방'은 /ㄱ/과 /ㅂ/ 때문에 뜻이 달라진다. 또한 '불'과 '발'도 한 음소에서만 차이가 나는 최소대립어 또는 최소대립쌍을 이루고 있다. 그러나 '오리'와 '고리'는 분절음의 수가 같지 않기 때문에 최소대립쌍을 이루지 못한다. 따라서 두 단어가 최소대립쌍을 이루려면 단어를 구성하고 있는 분절음의 수가 같아야 하며, 같은 위치에 있는 단 하나의 분절음만이 차이를 보여야 한다.
최대대립자질	• 최대대조를 이용하는 이 기법은 더 복잡하고 미세한 운동을 요하는 음소의 종류를 먼저 배우면 좀 더 단순한 운동을 요하는 음소는 쉽게 습득할 수 있다는 전제에 기초한 것이다. 예를 들어, 같은 연구개파열음이 치경파열음이나 경구개파찰음 등으로 대치되는 아동에게 있어서 조음방법이 같은 파열음보다 조음방법과 조음장소가 모두 다른 경구개파찰음을 먼저 대조시켜 훈련하는 것이다. • 이런 훈련과정을 통해 연구개파열음과 경구개파찰음을 성공적으로 구별하여 산출할 수 있게 되면, 조음장소만 다른 대조는 훈련하지 않아도 일반화되어 잘 산출할 수 있게 된다는 것이다.

② 음운변동 접근법

㉠ 음운변동이란 음운발달이 진행되는 과정에서 발음을 편리하게 하기 위해 음운체계를 수정하거나 단순화하는 것으로 '안+밖'이 '안팎'이 되는 것 따위다. ❷ 20중등A3

㉡ 우리가 일반적으로 말하는 음운변동규칙이란 하나의 음소가 다른 음소로 바뀌거나 탈락하거나 첨가되는 음운현상이다.

예 '국민'이 [궁민]으로 발음되는 것은 비음동화, '좋은'이 [조은]으로 발음되는 것은 /ㅎ/탈락 또는 '막일'이 [망닐]로 발음되는 것은 /ㄴ/첨가현상이다. 이러한 음운변동은 국어에서 표준발음으로 인정되는 변이다.

㉢ 음운론적인 기술이 향상되면서 비정상적인 음운변동은 대부분 취학연령이 되면 사라지게 된다. 그러나 음운발달이 정상적으로 이루어지지 않은 경우에는 여전히 단어를 단순화하여 발음하는 현상을 보인다. 조음·음운장애 아동의 경우에는 국어의 이러한 정상적인 음운변동이 아니라, 연령이 지남에 따라 버려야 하는 음운변동 현상을 그대로 가지고 있다.

㉣ 음운변동 접근법에서는 특정 음소 정확도만으로 찾아내기 어려운 아동의 조음 패턴을 찾아 치료의 초점을 개개의 다른 음을 가르치기보다 아동에게 나타나는 비정상적인 음운변동을 제거함으로써 여러 개의 오류음을 동시에 수정하는 데 둔다. 이것이 효과적인 이유는 개별 조음 오류 현상에 접근하는 것보다 일반화 가능성이 높아지기 때문이다. ❶ 24중등A3, ❸ 17초등A1

㉤ 변별자질 접근법과 음운변동 접근법은 모두 개별음소를 목표로 하지 않으며, 반응 일반화가 용이하다는 장점을 갖는다.

변별자질 접근법	/ㄷ/과 /ㄱ/의 대치가 자주 나타나는 것은 설정성과 전방성 자질의 오류라고 판단한다. 즉, [+설정성] [+전방성] 자질을 가진 음소 /ㄷ/과 [-설정성] [-전방성]의 자질을 가진 음소 /ㄱ/을 최소단어짝으로 선정하며 훈련할 수 있다. 이 경우 비슷한 자질을 가지고 있는 음소에서도 중재의 효과를 기대할 수 있다.
음운변동 접근법	'ㄱ/ㅋ, ㄷ/ㅌ, ㅈ/ㅊ, ㅂ/ㅍ'과 같은 오류패턴의 경우에는 탈기식음화 현상을 없애는 데 초점을 두고 중재를 할 수 있다. 이 경우에도 한 번에 여러 개의 음소를 동시에 수정할 수 있는 장점이 있다.

기출 POINT 19

❶ 24중등A3

다음에서 학생 A에게 적용할 조음·음운 중재 기법의 유형을 쓰시오.

> 1. 중재 진행 방향
>   1) 음운 오류인 탈기식음화 감소를 중재 목표로 설정함
>   2) 목표음을 지도할 때 문맥적 훈련에 중점을 두어 진행함
>   3) 한 번에 여러 개 음소를 동시에 수정하고자 함

❷ 20중등A3

아래 대화에서 ㉠에 해당하는 용어를 쓰시오.

> 교육실습생: 선생님, 학생 B는 발음이 정확하지 않아요.
> 특수교사: 그런가요?
> 교육실습생: '자가용', '장난감'처럼 /ㅈ/음소가 포함되는 단어를 잘 발음하지 못하더라고요. 이를 지도하는 방법이 있나요?
> 특수교사: 네, 이를 지도하는 다양한 접근법이 있는데, 언어 인지적 접근법 중 하나인 (㉠) 접근법이 있어요. 이 방법은 말소리 발달 과정에서 남아 있는, 발음을 단순화하는 비정상적인 (㉠)현상을 제거해 주는 방법이에요.
> 교육실습생: 이 접근법은 어떤 장점이 있나요?
> 특수교사: 자음이나 모음의 정확도만으로 찾아내기 어려운 학생의 조음 오류 양상을 찾을 수 있고, 그 오류 양상을 제거하면 여러 개의 오류음을 동시에 수정할 수 있어요.

❸ 17초등A1

우리말 조음·음운평가에서 다음과 같은 자음 오류를 보이는 것으로 나타났다. 이러한 오류가 자주 나타날 때 음운변동 접근법이 효과적인 이유 1가지를 쓰시오.

> '가방'을 /다방/, '토끼'를 /토띠/, '꼬리'를 /토리/라고 발음함

3. 조음중재의 일반화 유형

조음오류를 중재하는 데 있어서 무엇보다 중요한 것은 일반화이다. 조음중재 시 고려해야 할 일반화의 유형은 다음과 같다.

위치 일반화	단어 안의 특정 위치에서 다른 위치로 일반화하는 것으로 특정 음소를 어두 초성에서 산출하는 것을 배운 후 어중 또는 어말에서도 바르게 발음한다.
문맥 일반화	음성적 환경으로의 일반화로서 특정 음소를 모음 /ㅣ/ 앞에서 산출하는 것을 배운 후 다른 모음 앞에서도 바르게 발음한다.
언어학적 일반화	독립된 말소리에서 음절, 단어, 구 그리고 문장 등 복잡성이 증가해 가는 언어학적 단위로의 일반화로서 그, 저, 거 등을 학습한 후 '그네' '저울' '그네를 타고 싶어요.' 등의 단어와 문장에서도 바르게 발음한다.
변별자질 일반화	특정 변별자질을 공유한 말소리의 일반화로서 특정 음소, 예를 들면 /ㄱ/을 산출하는 법을 배운 후 동일한 변별자질을 가지고 있는 음소도 바르게 발음한다.
상황 일반화	구조화된 장소에서 학습한 후 가정이나 일상생활에서도 바르게 발음한다.

4. 교실에서의 조음·음운장애 중재 시 고려사항

조음·음운장애를 가지고 있는 아동을 지도할 때 교사는 다음과 같은 점을 고려하여 접근하여야 한다.

① 아동의 발달단계에서 습득시기가 빠른 음소부터 지도한다.

② 일상생활에서 사용 빈도수가 높은 음소부터 지도한다.

③ 자극반응도가 높은 음소부터 지도한다.

④ 오류의 일관성이 없는, 즉 가끔 올바르게 발음하기도 하는 음소부터 지도한다.

⑤ 음절구조 CV(자음+모음)가 CVC(자음+모음+자음)보다 조음하기 쉽다.

⑥ 첫 음절에 가장 집중이 되기 때문에 가르치고 싶은 음소는 초성에 놓인 것부터 하는 것이 좋다. 예를 들면, /ㅊ/음소가 목표음이라면 /갈치/보다 /치약/을 먼저 지도한다.

❶ 11초등18

⑦ 단음절이 다음절 단어보다 조음하기 쉬우므로 일음절 또는 이음절 단어 중심으로 시작한다.

⑧ 명사, 단단어, 의미적으로 쉬운 개념을 갖는 단어를 먼저 가르친다.

⑨ 음운인식에 대한 지식이 형성되지 않은 혹은 결함을 가지고 있는 아동에게는 행위와 함께 전달하는 것도 효과적이다. 손바닥에 철자를 쓴다거나, 전체 몸을 이용하여 /i/, /a/, /o/ 등의 모음을 모방한다거나, /h/음 같은 경우에는 숨을 뱉을 때 가슴에 손을 얹고 기류를 느끼게 하는 것도 좋다. 무성음과 유성음에 문제를 보이는 아동은 자신의 손을 후두에 대고 떨림을 인지하도록 하는 것도 도움이 된다.

기출 POINT 20

❶ 11초등18

(나)는 경호의 어려움에 대해 특수교사에게 조언을 요청한 내용이다. 특수교사가 조언한 내용으로 적절한 것을 모두 고른 것은?

(나)

> 경호가 '음식'은 /음식/으로, '석현이'는 /억현이/로, 또 '심부름'이나 '인사'는 /임부음/과 /인다/라고 발음하더군요.

〈보기〉

㉣ 언어치료가 진행되고 있다면 훈련된 낱말 중심으로 다양한 상황에서 일반화가 일어날 수 있도록 국어시간에 적극 활용하라고 권한다.
㉤ 경호의 어휘력이 풍부해지고, 발음 능력이 향상되도록 첫 낱말이 /시/로 시작되는 '끝말잇기' 같은 말놀이를 말하기 수업시간에 적용해 보라고 권한다.

⑩ 우선 교사가 목표로 하는 음소나 단어 앞에서 잠깐 휴지를 두어야 한다. 아동이 집중할 수 있는 시간을 준 다음 천천히 그러나 약간 강세를 두고 반복해서 조음을 해주어야 한다. 그래야만 아동이 교사가 주는 수정 모델에 청각적으로 주의를 기울일 수 있다.

⑪ 선택 질문을 줌으로써 아동이 특정 발음을 하되, 교사의 발음을 한 번 듣고 발음할 수 있는 기회를 준다. "이것은 어떤 나무일까요?"라고 질문하기보다는 "이것은 사과나무일까요, 이과나무일까요?"라고 물어봄으로써 아동이 음의 차이를 스스로 지각하고 목표음을 산출할 수 있도록 한다.

⑫ 아동이 잘못된 조음을 하였을 때 교사는 즉시 피드백을 해주어야 한다. "아니야, 틀렸어. 다시 말해봐."식의 피드백은 아동이 자신의 오류에 대해 정확하게 인식하지 못하게 하며, 오히려 회피행동을 유도할 수 있으므로 피해야 한다. 물론 아동이 발음을 잘했을 때는 칭찬해야 하지만, 너무 의도적으로 과장하여 그때그때 칭찬을 하는 것보다는 "오늘은 /ㅅ/발음이 참 좋았어." 등의 자연스러운 강화가 바람직하다.

⑬ 아동이 틀리게 발음했을 때는 다양한 교정적 피드백을 제공할 수 있는데, 아동이 "떤땡님 이거 해둬요."라고 말하면 "선생님이 이거 해줄까요?"라고 반복해서 천천히 또박또박 말해주는 것이 필요하다.

CHAPTER 04

유창성장애

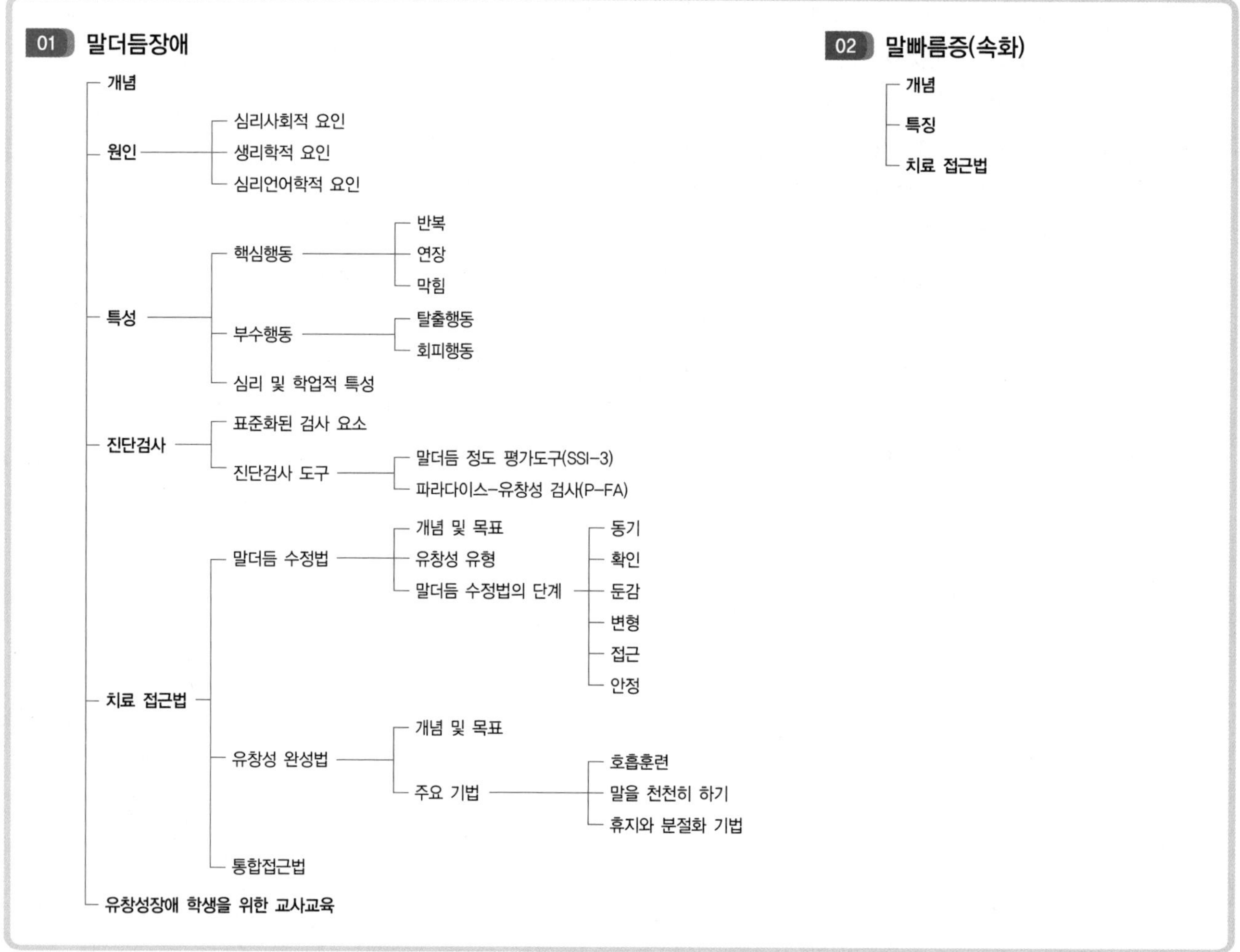

> **기출 POINT 1**
>
> ❶ 20유아A8
>
> **㉠에 해당하는 말장애(구어장애) 유형을 쓰시오.**
>
> 영주는 ㉠ 말의 흐름이 자연스럽지 않고, 말 리듬이 특이해서 무슨 말을 하는지 이해하기가 힘들어요. 특정 음절을 반복, 연장하고, 말이 막히기도 해요.

말의 흐름이 자연스럽지 않아서 말의 내용보다는 그 사람의 말이 갖는 리듬 자체에 집중하게 될 때 유창성장애라고 말한다. 유창성장애는 말더듬증과 말빠름증(속화)으로 나눌 수 있다. ❶ 20유아A8

말더듬	말더듬이란 말의 흐름이 운동신경학적으로 잘못된 음, 음절 또는 단어로 인하여 방해를 받거나, 화자의 반응으로 인하여 방해를 받을 때 일어나는 현상이다.
말빠름증	말빠름증이란 말의 속도가 너무 빨라서 말의 유창성이 깨어진 경우이다. 말의 반복이나 머뭇거림 등은 나타나지 않지만, 자연스럽지 않은 동시조음, 말소리의 생략, 대치 또는 왜곡 등으로 인해 청자에게 내용 전달이 되지 않는다.

01 말더듬장애

1. 말더듬장애의 개념

(1) 말더듬장애의 정의

① 음, 음절, 단어 등이 의도하지 않은 막힘, 반복, 연장 등의 방해로 인하여 말의 흐름이 수시로 깨어지는 경우를 말한다. ❶ 15유아A7

② 말더듬은 언어 현상뿐 아니라 이로 인한 상대방의 반응이나 자기 내부 갈등으로 인해 부정적 심리를 갖게 되기도 한다.

기출 POINT 2

❶ 15유아A7

ⓒ에 나타난 언어장애 유형을 쓰시오.

> 대부분의 수업활동에 잘 참여하고 있어요. 그러나 자기의 느낌이나 생각을 말하는 시간에는 어려움이 있어요. 작년에는 ⓒ 말이 막히거나 말을 더듬는 현상이 종종 있었는데, 올해는 많이 좋아졌어요.

(2) 정상적인 비유창성과 병리적인 말더듬

① 정상적인 비유창성의 특징

㉠ 정상적인 비유창성은 병리적인 비유창성과 비교하였을 때, 우선 청자가 비정상적이라고 느끼지 않는다.

㉡ 정상적인 비유창성은 음이나 음절의 반복보다 단어의 반복이 주로 관찰되며 근육의 긴장이 나타나지 않는다.

삽입	음.... 그러니까...
수정	최 선생님이 아니 아니 강 선생님이...
미완성 구	학교에 갔는데....
쉼	교육의 철학을 (....쉼) 논하자면
구의 반복	느낌에 대해서는 느낌에 대해서는...

- 구어의 흐름이 간혹 깨지기는 하지만, 말을 할 때 근육의 긴장이 느껴지지 않는다.
- 비유창성을 보인 것에 대해 긴장과 고통이 나타나지 않는다.

② 병리적인 비유창성의 특징

㉠ 정상적인 비유창성과 달리 병리적인 비유창성은 음이나 음절의 반복과 연장 그리고 막힘 증상이 자주 나타난다.

㉡ 병리적 비유창성의 전형적인 특징으로는 탈출행동으로서 말을 할 때 손, 발, 얼굴, 때로는 몸 전체를 움직인다는 것과 지속 정도에 따라 말에 대한 공포심과 회피 증상이 동반된다는 것이다.

2. 말더듬장애의 원인

(1) 심리사회적 요인

① 말더듬의 심리사회적 요인

심리역학적 이론	프로이트의 정신분석적 관점에서 그 원인을 찾고자 한다.
진단기인론 (진단착오론)	부모가 아동의 정상적인 비유창성을 말더듬으로 진단하고 그에 대해 부정적인 반응을 보임으로써 말더듬이 진행된다고 본다.
상호작용가설	말을 더듬는 화자와 말을 듣는 청자 간의 상호작용으로 말을 더듬게 된다.
예기투쟁가설	말을 더듬을 것이라고 스스로 예견하고, 더듬지 않으려고 노력함으로써 말을 더듬게 된다.
학습이론	말더듬에 대해 심한 야단을 맞거나 주변으로부터 모멸감을 받은 아동은 그 후 비슷한 상황에서 항상 말을 더듬게 된다. 우연히 말을 더듬는 행위가 잘못 강화를 받고 고착된다.

② 말더듬의 심리사회적 요인의 예시

단어공포	처음에 더듬기 시작한 단어의 첫 음과 동일한 음으로 시작되는 모든 단어에서 더듬게 될 것이라는 공포를 말한다.
상황공포	경험했던 상황뿐만 아니라 유사한 상황에서도 말을 더듬게 될 것이라는 공포를 말한다.

(2) 생리학적 요인

유전적 요인	말더듬은 유전적 소인으로 인해 발생한다.
근육의 불협응	• 말더듬은 미세한 근육조절능력의 결함으로 생겨난다. • 심한 말더듬의 경우에는 비정상적인 호흡 패턴이 나타난다. 말을 더듬을 때는 더욱 호흡이 빨라지고 막히면서 불규칙한 호흡이 생겨나며, 말더듬은 호흡-발성-조음 간의 불협응으로 발생한다.
뇌기능의 장애	• 좌반구와 우반구 간의 협응이 잘 이루어지지 않는다. • 언어를 관장하는 뇌조직 간의 신호전달이 문제다. • 왼손잡이를 오른손잡이로 강요할 때 좌반구와 우반구의 불균형으로 말더듬이 유발될 수 있다. • 우반구의 지배를 받는 것으로 알려진 노래를 부를 때는 말더듬 증상이 나타나지 않는다.

(3) 심리언어학적 요인

① 말더듬의 심리언어학적 관점

㉠ 심리언어학적 측면에서는 말더듬 증상이 나타나는 발화지점에 초점을 둔다.

㉡ 심리언어학적 요인은 말더듬의 직접적인 원인이 된다기보다는 말더듬을 가중시키는 언어적 요인이라는 측면으로 접근하는 관점도 있다.

② 말더듬의 심리언어학적 요인

음운론적 측면 ❶ 19중등B4	• 첫 단어, 단어의 첫음절, 초성에서 발생한다. • 모음인 경우보다 자음에서 더 자주 더듬는다. • 특정 음에서 특히 말을 자주 더듬는다. • 폐쇄음이나 파찰음에서 막힘이 자주 나타난다. • 마찰음에서는 연장이 자주 나타난다.
형태론적 측면	• 기능어(조사나 접속사)보다 내용어(명사, 동사, 형용사, 부사)에서 더 자주 더듬는다. • 비교적 긴 단어에서 더 많이 나타난다. • 사용빈도가 높은 단어보다 잘 사용하지 않는 단어에서 더 더듬는다.
구문론적 측면	• 문장의 길이가 길수록 출현빈도가 높아진다. • 문장구성이 복잡할수록 출현빈도가 높아진다.
화용론적 측면	• 대화 상대자가 친숙하고 허용적일수록 말을 더듬는 빈도가 낮아진다. • 의사소통 스트레스 정도가 높을수록 빈도가 높아진다.

기출 POINT 3

❶ 19중등B4

㉢~㉤에서 나타난 말더듬 행동 특성을 심리언어학적 요인 중 음운론적 측면에서 2가지 서술하시오.

㉢ ㅂㅂㅂ바닷가입니다.
㉣ ㅊㅊ척추.
㉤ (입모양만 보이고 소리가 나오지 않다가) ㅍㅍㅍ포유류는 폐로 호흡합니다.

3. 말더듬장애의 특성

말더듬은 크게 핵심행동과 부수행동으로 나눌 수 있다. 핵심행동은 초기 말더듬에서 나타나기 때문에 1차적 증상이라고도 하며 반복, 연장, 막힘의 세 가지 특징이 구어에서 나타난다. 초기 말더듬 단계에서는 반복이 주로 나타나고, 연장과 막힘 순으로 나타난다. 말더듬이 심화되면서 핵심행동과 더불어 부수행동이 함께 나타나기 시작하는데, 핵심행동 이후 출현한다는 의미에서, 그리고 핵심행동에 대한 반응으로 나타나기 때문에 2차적 증상이라고도 부른다.

(1) 핵심행동

말더듬의 초기 단계에서는 일반적으로 긴장이 동반되지 않은 반복이 나타나고 말더듬 증상이 지속되면서 점차 연장과 막힘으로 진행되며, 후두 근육의 긴장이 동반되는 현상이 나타난다.

반복 ❶ 24유아A5	• 말더듬 초기에 가장 빈번하게 관찰되는 행동으로 말소리나 음절 또는 낱말을 1회 이상 되풀이하는 것을 말한다. 즉, 다음 말소리가 나올 때까지 한 소리나 낱말에 고착되어 계속적으로 되풀이한다. 예 'ㄱㄱㄱ그러니까'는 음의 반복, '머머머머리가 아파요'는 음절 반복이다. • 반복횟수: 말소리, 음절, 낱말 등을 전체적으로 반복한 수를 뜻한다. 예 "ㅈㅈ집에 오기 전에 ㄱㄱ가게에 가가갔는데, 바밤바가 없없었어요."라고 했다면 반복횟수는 4번이다. • 단위반복수: 각각의 반복횟수에서 반복의 단위를 되풀이한 수를 의미한다. 위의 경우 'ㅈ'이 2번, 'ㄱ'이 2번, '가'가 2번, '없'이 1번이다. 말더듬 초기에는 단위반복수가 적고, 말더듬이 심해질수록 증가한다.
연장 ❸ 14중등A11	• 일반적으로 지속음이 계속 연장되어 발음하는 현상을 '연장'이라고 한다. 연장은 일반적으로 반복보다 늦게 나타나는 말더듬 유형으로 연장을 보이는 경우는 반복을 보이는 경우보다 좀 더 심화된 말더듬 단계에 도달한 것으로 본다. • 연장이란 소리나 공기의 흐름은 계속되나 한 소리에 머물러 있는 상태를 말한다. 한 번의 날숨에서 하나의 같은 소리를 길게 지속시키면서 발음하는 것이다. 예 '수~~(우)박 주세요.' • 연장은 마찰음과 단모음에서 대부분 발생하게 되는데, 일반적으로 화자의 말소리가 0.5초 이상 연장되면 들었을 때 유창성이 깨어졌다고 인식하게 된다.
막힘 ❷ 22중등B2	• 막힘은 기류가 완전히 차단되었다가 나오는 폐쇄음과 차단되었다가 천천히 산출되는 파찰음에서 많이 발생하는데, 이때 조음기관의 운동은 멈춘 듯하고 후두의 긴장된 막힘은 화자나 청자 모두에게 고통스럽게 느껴진다. • 막힘은 강직성 고정이라고도 하며, 조음의 포즈는 취하고 있지만 소리가 나지 않을 때 '막힘'이라고 한다.

(2) 부수행동

탈출행동과 회피행동은 말을 더듬지 않으려는 지나친 노력에서 만들어지는 2차적 증상으로서 말더듬 초기 단계에서는 뚜렷하게 관찰되지 않지만 말더듬의 기간이 길어지면 길어질수록, 증상이 심해지면 심해질수록 신체 · 행동적 특성이 두드러지는 경향이 나타난다.

① 탈출행동 ❶ 19중등B4, ❷ 17유아A5, ❸ 14중등A11

㉠ 말더듬이 고착화되면서 말더듬에서 빠져나오려는 보상행동으로 나타나는 신체적인 행동을 말한다.

㉡ 말을 더듬기 시작하면 자기가 의도하지 않았는데도 말더듬이 멈추지 않고 계속된다. 이러한 말더듬에서 탈출하려고 발을 구르거나 갑자기 고개를 뒤로 젖히면서 말더듬에서 빠져나온다.

② 회피행동

㉠ 말을 더듬을 가능성이 있는 '상황'을 피하는 행동을 의미한다.

㉡ 사람과 마주치지 않도록 주의하는 노력, 자주 더듬는 낱말을 피하면서 말하거나, 그 낱말 앞에 다른 표현을 붙여 말하거나, 에두르기를 하는 일 등이 모두 회피행동에 포함된다.

기출 POINT 4

❶ 24유아A5
㉢에 해당하는 말더듬의 핵심행동 유형을 쓰시오.

> 시우: (얼굴을 한쪽으로 찌푸리면서) ㉢ ㅂㅂㅂ 방구요.

❷ 22중등B2
밑줄 친 ㉤에 나타난 말더듬 핵심행동의 유형을 쓰시오.

> 특수교사: 수업을 보니까 학생 B가 부쩍 말을 더 더듬는 것 같아요.
> 일반교사: 맞아요. 실어증 진단을 받고 나서 말을 더 더듬는 것 같아요.
> 특수교사: 뇌손상 이후에 그런 경우들이 종종 있어요.
> 일반교사: 얼마 전에는 학생 B가 말을 하는데 ㉤ 목에서 말소리는 안 나오고 후두가 긴장되어 있는 것처럼 보였어요.

❸ 14중등A11
㉠의 말더듬 핵심행동을 쓰시오.

> 김 교사: 예를 들면, 학생 A는 말을 할 때 "ㅂㅂㅂㅂ보여요"라고 하기도 하고, ㉠ "보---------여요."라고 하기도 하고, "---------보여요"라고 하기도 해요.

기출 POINT 5

❶ 19중등B4
㉡의 말더듬 행동 유형을 쓰고, 특성을 서술하시오.

> ㉡ 커피 종류를 말할 때 눈을 깜빡이거나 아래턱을 떠는 행동이 나타남

❷ 17유아A5
민규가 ㉢의 행동을 하는 이유를 쓰시오.

> 어머니: 민규는 발음은 괜찮은데 작년부터 말을 더듬기 시작하더니 요즘에는 ㉢ 말을 할 때 얼굴을 찌푸리기도 하고 아랫입술을 심하게 움직이기도 해서 걱정이에요. 말을 더듬고 있을 때 천천히 부드럽게 말하도록 하는 방법이 있다고 하던데 선생님께 여쭈어 봐야겠어요.

❸ 14중등A11
㉡의 말더듬 부수행동의 명칭을 쓰시오.

> 김 교사: 학생 A가 말을 더듬다가 ㉡ 갑자기 고개를 뒤로 젖히기도 해요.

회피행동의 유형 ❶ 23초등A4

순서 바꿔 말하기	문장의 첫 단어가 어려울 경우에는 문장 안에서 순서를 바꾸어 말한다. '소풍 가니까 좋다' 대신 '좋아 소풍 가니까'라고 말한다.
대용어 사용하기	명사 대신 대명사 등을 사용한다.
간투사 사용하기	어려운 단어 앞에 '어', '그', '음' 등의 무의미한 말소리를 넣어서 불안감을 감추려고 한다.
에둘러 말하기	말을 더듬을 확률이 높은 단어 대신 다른 단어를 사용한다. 예 고향이 어디세요? → 이쪽 사람이세요? 박○○ 선생님이 → 영어 선생님이
동의어로 바꿔 말하기	똑같은 의미를 가지고 있는 단어로 바꿔 말한다. ❷ 19중등B4 예 진짜? → 리얼리? 식사 → 밥
상황회피	전화벨이 울리면 얼른 화장실 가는 척하거나 끊어 버린다.
사람회피	전혀 대화에 끼고 싶지 않다는 듯 눈을 마주치지 않거나 딴전을 부린다.

더알아보기 Van Riper(1982)의 낱말회피 기제

연기하기	말더듬이 예상될 때 몇 박자 기다려서 말하는 것이다.
대치	말하고자 하는 단어가 나오지 않을 것 같을 때, 이를 다른 말이나 구로 바꾸어 말하는 것이다. 예 '삼촌'이라는 말이 안 나올 것을 예상하고, '우리 아버지 동생'과 같은 다른 말이나 구로 바꾼다.
에두르기	더듬을 것이 예상될 때 여러 가지 다른 말을 덧붙여 돌려 말하는 것이다. 예 '우리 아빠가 선물을 사오셨어요.'라는 문장을 이야기할 때 "그러니까 어제... 그래 굉장히 좋은 일이 있었는데 말이지, 우리 아빠가 선물을 사오셨거든요."라고 말한다.

(3) 심리 및 학업적 특성

① 말을 더듬는 사람들이 가지는 대표적인 심리적 특성으로는 부모의 기대에 미치지 못한다는 죄책감과 사람들과의 접촉에서 느끼는 수치심, 좌절감 그리고 낮은 자아개념 등을 들 수 있다. 말을 할 때 늘 긴장되어 있고 불안해 보이는 모습은 마치 성격이 내성적이고 소극적인 것처럼 보일 수 있으며, 말에 대한 심리적 부담감으로 인해 불안심리가 크다.

② 언어와 관련된 교과에서 낮은 수행능력을 보이는 것을 제외하고 학업적 능력에서는 뚜렷한 차이를 보이지 않는다.

기출 POINT 6

❶ 23초등A4

㉤에 해당하는 말더듬의 부수행동 유형을 쓰시오.

> • 파라다이스-유창성 검사 결과: 말더듬 정도 '심함'으로 나타남
> • 발표할 차례가 되면 자꾸 화장실이나 보건실에 다녀오겠다고 함
> • 원하지 않는 사람들과의 대화 중에는 눈을 마주치지 않고 딴 곳을 보거나 대화에 끼지 않고 싶어함 ㉤

❷ 19중등B4

㉠의 말더듬 행동 유형을 쓰고, 특성을 서술하시오.

> ㉠ 더듬는 단어를 말할 때 동의어로 자주 바꾸어 말함

4. 말더듬장애 진단검사

말더듬 진단검사는 자유로운 주제나 대화에서 나타나는 말더듬을 관찰하고 평가하는 방식으로 진행하거나 혹은 표준화된 검사도구를 활용할 수 있다. 비표준화 검사는 자연스러운 환경에서 대화상황을 관찰하거나 동화책이나 그림카드를 보고 말하기 또는 일상생활을 묻고 답하는 과정을 통해 말더듬을 평가한다.

(1) 표준화된 검사 요소

말을 더듬는 비율	• 말을 더듬는 비율은 일반적으로 단어나 음절수로 계산한다. • 말더듬 증상은 수시로 변할 수 있는, 즉 검사에서 말을 더듬는 비율의 수치가 절댓값은 아니다. 이를 감안하여 100단어 발화 시 10회 이상의 비유창성이 나오면 말더듬으로 간주하고, 그 이하는 정상적인 비유창성으로 분류한다. • 그러나 말더듬의 비율만으로 말더듬의 정도를 평가할 수 없다. 왜냐하면 단순히 막힘이나 투쟁을 보이지 않으면서 음의 반복을 많이 보이는 아동이 있는가 하면, 한 번 막힐 때 투쟁행동이 심하지만 비율이 그보다 높지 않은 경우가 있기 때문이다. 그래서 말을 더듬을 때 말의 속도를 중요한 변수로 함께 보기도 한다.
말을 더듬는 시간	전체 발화시간이 측정되고 발화 도중에 나타나는 말더듬 시간이 별도로 측정된다.
부수행동	• 탈출행동과 회피행동은 말더듬의 정도를 짐작할 수 있는 중요한 요소이다. • 부수행동은 말더듬 초반에는 거의 나타나지 않다가 말더듬이 어느 정도 고착화되거나 질적인 변화 단계에서 많이 나타나며, 말더듬을 스스로 지각하면서 나타난다.

(2) 진단검사 도구

① 말더듬 정도 평가도구(SSI-3)

㉠ 성인과 아동의 말더듬 정도를 평가하는 표준화된 공식 평가도구 가운데 가장 많이 사용된다.

㉡ 연령에 맞도록(성인 및 글을 읽을 줄 아는 대상/글을 읽지 못하는 대상) 말하기, 읽기, 그림 설명하기 가운데 적절한 발화주제를 주고, 읽기과제와 이야기 과제에서 각 200음절 정도의 발화자료를 수집한 후, 말더듬의 횟수, 막힘의 길이, 부수행동으로 나누어 평가하도록 되어 있다.

㉢ 전체 총점에 따라 아주 약함, 약함, 중간, 심함, 아주 심함으로 평가된다.

② 파라다이스-유창성 검사(P-FA)

㉠ 취학 전 아동, 초등학생, 중학생 이상의 연령대별로 나누어 검사과제의 종류, 문항 그리고 그림형식들을 달리한다.

㉡ 검사는 구어평가와 의사소통 태도평가로 구성된다.

㉢ 시간상 제약이 있거나 간단하게 평가를 해야 할 시에는 필수과제만 실시 가능하며, 부수행동 평가는 부수행동 정도에 따라 0~4점으로 평가하도록 되어 있다.

구어평가(P-TA)

과제	취학 전 아동	초등학생	중학생 이상
필수 과제	문장 그림	읽기	읽기
	그림을 보고 "○○가 ○○을 하고 있어요."라고 말한다.	읽기자료를 주고 평소처럼 읽어 보도록 한다.	읽기자료를 주고 평소처럼 읽어 보도록 한다.
	말하기 그림	말하기 그림	말하기 그림
	'유치원', '놀이터' 그림을 보고 누가 무엇을 하고 있는지에 대해 자세히 말하도록 한다.	'운동회', '우리 동네' 그림을 보고 누가 무엇을 하는지 자세히 말하도록 한다.	'공원', '시장' 그림을 보고 그림에 대해 자세히 말하도록 한다.
	그림책	이야기 그림	대화
	평가자가 그림책을 보면서 '토끼와 거북이' 이야기를 들려준 후 아동은 보호자에게 다시 그 이야기를 들려주도록 한다.	읽기 내용에 따라 이야기 그림카드의 순서를 올바르게 배열하고 적절한 문장으로 말하도록 한다.	평가자는 '말더듬'에 관련된 질문으로 대화를 시작하고, 피평가자는 주제에 따라 자신의 이야기를 이어가도록 한다.
선택 과제	낱말 그림	낱말 그림	낱말 그림
	그림을 보여주면 그것이 무엇인지 곧바로 이름을 말한다.		
	따라말하기	따라말하기	따라말하기
	짧고 쉬운 것부터 시작해서 평가자가 하는 말을 그대로 따라 말한다.		

의사소통태도 평가

초등학생 의사소통태도 평가기록지		
1. 내 목소리는 듣기 좋아요.	예	아니오
2. 다른 사람에게 내 이름을 말하는 것이 어려워요.	예	아니오
3. 말을 잘해요.	예	아니오
4. 처음 보는 사람에게 말하는 것이 어려워요.	예	아니오
5. 수업시간에 큰 소리로 책을 읽는 것이 쉬워요.	예	아니오

중학생 이상 의사소통태도 평가기록지		
1. 나는 사람들과 잘 어울린다.	예	아니오
2. 여러 사람들 앞에서 말하는 것은 생각만 해도 두렵다.	예	아니오
3. 선생님 또는 상사 앞에서 말을 잘한다.	예	아니오
4. 모르는 사람과 말을 잘한다.	예	아니오
5. 어떤 단어는 다른 단어보다 말하기 더 어렵다.	예	아니오

구분	유형	정의
정상적 비유창성 (ND)	주저(H)	발화 중간이나 발화 간에 나타나는 1~3초의 침묵을 말하며, 별다른 질적 양상이 동반되지 않는다.
	간투사(I)	의미전달 내용과 관계없이 낱말이나 구를 사용하며, 별다른 질적 양상이 동반되지 않는다.
	미완성 또는 수정(Ur)	발화나 낱말을 끝맺지 않거나 이미 산출한 말의 낱말이나 구조를 바꾸어 다시 말한다.
	반복 (R1)	다음절의 낱말이나 구 또는 어절 등을 1~2회 반복하지만 질적 양상이 동반되지 않는다.
비정상적 비유창성 (AD)	주저-비정상적 (Ha)	주저함이 3초 이상 지속되거나 말을 시작하기 전에 긴장하는 등의 질적 양상이 동반된다.
	간투사-비정상적 (Ia)	간투사를 3회 이상 반복하거나 간투사를 말할 때 시각적 긴장과 같은 양상이 동반된다.
	미완성 또는 수정-비정상적 (URa)	미완성 또는 수정이 연속적으로 일어나거나 긴장과 같은 양상이 동반된다.
	반복-비정상적 (R1a)	다음절의 낱말이나 구 또는 어절 등이 3회 이상 반복되거나 긴장 등을 동반하여 나타난다.
	반복 (R2)	낱말보다 작은 단위에서 일어나는 모든 반복으로서 음소, 음절, 단어 등의 반복
	비운율적 발성 (Dp)	연장, 막힘, 깨진 낱말(낱말 내에서 나타나는 막힘)

㉣ 만약 목표 음절 수 50개 가운데 정상적 비유창성에 속하는 유형의 합계가 총 5개였다면 5/50×100으로 10.0이 ND 점수가 된다. 반면에 AD는 가중치 1.5를 곱한다. 예를 들어, 목표 음절 수 50개 가운데 비정상적 비유창성에 속하는 유형의 합계가 총 5개였다면 5/50×100×1.5가 바로 AD 점수다.

> 발화: 코코코로나 때때때문에 정말 (막힘) 답답해서, 어디 어디 음 놀러 가고 싶~~~~어.
>
> ⬇
>
> 목표 음절 수: 20
> ND: 간투사(I), 반복(R1)
> AD: 반복(R2) 2회, 막힘, 연장
>
> ⬇
>
> ND 점수: 2/20×100 = 10
> AD 점수: 4/20×100×1.5 = 30

산출 예시

ⓜ 말더듬은 상황에 따라 변화가 심하기 때문에 한 번의 평가로 그 특성을 모두 파악하기 어렵다. 아동의 경우에는 친밀감을 형성한 후 검사를 실시해야 하며 반드시 연령별 검사지침에 따라야 한다. 발화를 모두 녹화 또는 녹음을 한 후 전사절차를 거쳐 유형을 분석하고 말더듬 정도를 최종 평가하는데, 이때 평가자 간 신뢰도가 중요하다.

ⓑ 구어평가에서는 필수과제 총점과 두 가지 선택과제(낱말 그림, 따라말하기)에 대한 백분위점수를 제공하며, 의사소통 태도평가에서도 총점에 대한 백분위점수를 제공한다. ❶ 23초등A4

검사 결과 예시

	영역	ND점수	AD점수	총점수	백분위 (%ile)	말더듬 정도
필수과제	① 문장 그림	1.0	46.9	47.9	–	–
	② 말하기 그림	1.4	35.0	36.4		
	③ 그림책	4.1	26.9	31.0		
	필수과제 점수 (①+②+③)	6.5	108.8	115.3	90~100	심함
선택과제	④ 낱말 그림	0	19.6	19.6	70~80	중간
	⑤ 따라말하기	0	37.8	37.8	90~100	심함
부수행동 정도		0-1-2-3-4			70~80	중간

5. 말더듬장애의 치료 접근법

언어 산출에서 유창성을 결정짓는 네 가지 기본 요소로 말의 계속성, 말의 속도, 말의 리듬, 말을 산출할 때의 노력이 있다. 유창한 말이란 말하는 사람이 편안하고, 불필요한 노력 없이 계속적으로 정상적인 속도를 유지하여 산출하는 말을 의미한다.

(1) 말더듬 수정법

① 말더듬 수정법의 개념 및 목표

㉠ 말더듬 수정법은 말을 더듬는 순간에 화자가 가능한 한 긴장과 투쟁 없이 말을 더듬는 방법을 지도한다.

㉡ 말더듬 수정법의 목표는 다음과 같다. ❶ 24유아A5, ❷ 23초등A4, ❸ 13중등37

- 수치심과 두려움을 감소시킨다.
- 의사소통에서 좀 더 부드러운 방법으로 말을 더듬도록 한다.
- '더 쉽게 더듬는 것을 허용하는 것'은 새로운 방식으로 더 쉽고 편하게 말을 더듬는 방법을 배우는 것이기도 하고, 궁극적으로는 심리적 압박을 제거하여 2차적 증상인 탈출행동이나 회피행동을 감소시켜 줄 수 있다.

기출 POINT 7

❶ 23초등A4
(제시문 참고)

- 파라다이스-유창성 검사 결과: 말더듬 정도 '심함'으로 나타남

기출 POINT 8

❶ 24유아A5
ⓡ의 이유를 시우의 의사소통 특성을 참고하여 쓰시오.

(가) 시우 특성

시우: (입술을 긴장하며 대답하지 않는다.)
…(중략)…
시우: (대답하지 않고 다른 곳을 쳐다본다.)
…(중략)…
시우: (얼굴을 한쪽으로 찌푸리면서) ㅂㅂㅂ 방구요.

(나) 의사소통 지도 방안

- 말하는 기회를 많이 가질 수 있도록 함
- 유창성 완성법보다는 ⓡ 말더듬 수정법을 활용하는 것이 효과적임

❷ 23초등A4
ⓑ에 해당하는 지도 방안을 1가지 쓰시오.

- 심리적으로 불안하면 말더듬 정도가 심해짐
- 수업에서 말하기 활동을 할 때 긴장을 많이 하고 불안한 모습을 보임
- ⓑ 강우의 심리적 특성을 고려하여 지도함

❸ 13중등37
교사는 A를 위해 말 더듬는 순간을 수정하는 '말더듬 수정법'을 적용하고자 한다. 이 중재법에 대한 설명으로 옳은 것을 있는 대로 고르시오.

㉠ 자신의 말과 관련된 두려움을 줄이도록 지도한다.
㉡ 말을 더듬을 때의 이차행동을 다루기보다는 편하게 말하기에 초점을 둔다.

② 유창성 유형

말더듬 수정법은 다음 세 가지 유창성 유형을 얻는 것을 목표로 한다. 궁극적으로 자발 유창성을 목표로 하지만 이 중 어떠한 유형을 목표로 하는가는 말을 더듬는 사람의 상태에 따라, 그리고 치료자의 신념에 따라 달라질 수 있다.

자발 유창성	• 이는 정상 언어 사용자의 유창성을 말한다. • 긴장이나 투쟁행동, 반복이나 막힘과 같은 비정상적 말더듬을 보이지 않고 말을 힘들이지 않고 하는 것이다. • 즉, 말에 별도의 노력을 들이거나 주의를 기울이지 않고도 자신의 생각에 집중하여 계속적으로, 리듬감 있게, 적절한 속도로 유창하게 말하는 것이다.
조절 유창성	• 자발 유창성과 비슷하지만 말하는 사람이 자신의 말을 계속 들으면서 비교적 정상으로 말을 유창하게 유지하기 위해 말하는 방법을 바꾸는 것을 말한다. • 조절 유창성에서는 말의 속도나 리듬이 이따금 변화하는 것을 관찰할 수 있으며, 말을 더듬는 사람은 이를 위해 노력을 기울이게 된다.
수용 말더듬	• 이는 말더듬이 지각되기는 하지만 아주 심한 막힘은 아니며, 막히는 순간이 있지만 말을 더듬는 사람 자신은 이에 대해 당황이나 공포를 느끼지 않고 편안하게 더듬는 것을 말한다. • 즉, 말하는 사람은 자신의 말을 바꾸려고 노력을 기울이지 않으며 말더듬에 구애받지 않고 말하는 것을 의미한다.

③ 말더듬 수정법의 단계(Van Riper)

동기	• 치료사에 대한 신뢰를 갖는다. • 자신의 말더듬을 직시하고 수용한다.
확인 ❶ 13중등37	• 자신의 말더듬 증상을 스스로 확인한다. • 1차적 증상, 2차적 증상, 느낌, 태도를 스스로 확인한다. - 거울이나 비디오 또는 치료사가 보여주는 모방을 통해 자신이 어떻게 말하는지를 보고 듣는다. - 말을 더듬을 때 자신에게 나타나는 탈출행동과 회피행동을 확인한다. - 이제까지 주변 사람들이 자기 말에 어떻게 반응했었는지, 스트레스를 유발했던 의사소통 상황은 무엇이었는지, 힘든 단어는 무엇인지 등에 대해 솔직하게 이야기한다.
둔감	• 두려움과 부정적인 감정을 감소시킨다. • 자신이 말을 더듬는다는 사실을 인정하고 청자의 반응에 무감각해지도록 한다. - 말을 더듬는 증상을 보이면 치료사의 신호에 따라 말을 멈춘다. - 두 번째 신호를 주면 음이나 음절을 연장하거나 반복하면서 편하게 말을 더듬는다. - 말을 더듬으면서 갖게 되었던 긴장을 점차 해제시킨다. - 치료사-전화 통화-낯선 사람 등으로 대화상황을 바꾸어 가면서 주변 반응에 둔감해지는 훈련을 한다.

<table>
<tr><td rowspan="2">변형</td><td colspan="2">고착된 말더듬의 형태를 변형시킨다.</td></tr>
<tr><td colspan="2">– 낱말공포: 예상되는 단어를 빼고 읽는다.
– 긴장된 연장 대신에 모든 단어를 반복한다.</td></tr>
<tr><td rowspan="5">접근
(수정)</td><td colspan="2">말더듬의 증상을 취소, 이끌어 내기, 준비하기 기법을 사용하여 쉽게 더듬는 형태로 접근해 나간다.</td></tr>
<tr><td>취소
기법</td><td>말을 더듬을 때 그 말을 더듬어서 끝낸 후, 잠시 말을 쉬었다가 다시 그 낱말을 편안하게 시도하는 것이다. 이때 치료사는 더듬는 말을 완전히 끝내는지 확실히 해주고, 말을 더듬는 그 순간에 멈추지 않게 한다. 이를 통해 자신의 말더듬을 분석하고 동시에 자신을 안정시키면서 멈춤을 잠시 가진 뒤 쉽게 다시 말을 하게 한다.
예 저는 서서서서울역……(멈춤)…… *서울역으로 갑니다.</td></tr>
<tr><td>이끌어
내기</td><td>이끌어 내기에서 이전 방법대로 더듬는 것이 아니라 아직 말을 더듬는 상황에 있을 때 그 나머지 말을 쉽게 이끌어 내는 것을 말한다. 예 저는 서서서*서울역으로 갑니다.</td></tr>
<tr><td>준비
하기</td><td>준비하기는 자신이 공포를 느끼거나 말을 더듬을 것으로 예상되는 낱말에서 천천히 쉽게 시작하고 조절하는 것을 말한다.
❶ 13중등37, ❷ 10중등37
예 저는 *서울역으로 갑니다.</td></tr>
<tr><td colspan="2">* 서울역은 쉽게 시작한 말을 나타낸다.</td></tr>
<tr><td rowspan="2">안정</td><td colspan="2">치료실 밖에서 효과를 검증해 본다.</td></tr>
<tr><td colspan="2">– 두려운 상황에 들어가서 일부러 말을 해본다.
– 거짓 말더듬을 일부러 연출해 본다.
– 스스로 치료사의 역할을 한다.</td></tr>
</table>

(2) 유창성 완성법

① 유창성 완성법의 개념 및 목표

㉠ 유창성 완성법은 유창한 말을 체계적으로 수립하여 차츰 말 더듬는 순간을 유창한 말로 바꾸도록 하는 방법이다. 즉, 행동수정이론의 조작적 조건화와 프로그램 원리를 기초로 하여 특정한 상황에서 유창한 말을 하도록 확립시킨 후, 차츰 일반 상황에서도 유지할 수 있도록 유도하는 방법이다. ❶ 13중등37

㉡ 유창성 완성법은 말에 대한 공포나 회피를 직접적인 목표로 삼지 않는다. 유창성이 증가하면 공포감도 더불어 감소되며 부수적으로 말에 대한 태도도 긍정적으로 바뀐다고 보기 때문이다.

㉢ 유창성 완성법의 치료목표 역시 자발 유창성을 얻는 것을 궁극적 목표로 하고 있다. 또 이들이 획득되지 않았거나 그것이 불가능할 때 조절된 유창성을 사용하는 것을 목표로 한다. 그러나 말더듬 수정법과 달리 수용 말더듬을 치료목표로 하지 않으며, 철저히 통제된 상황에서 말이 더듬어지지 않도록 한다.

기출 POINT 9

❶ 13중등37

교사는 A를 위해 말더듬는 순간을 수정하는 '말더듬 수정법'을 적용하고자 한다. 이 중재법에 대한 설명으로 옳은 것을 있는 대로 고르시오.

> ㉢ 말할 때 자신의 말더듬 행동과 말에 대한 심리 및 태도를 스스로 확인하는 단계를 거치도록 한다.
> ㉤ 말을 더듬을 것으로 예상되는 단어를 천천히 쉽게 시작하고 조절하는 준비하기(preparation set) 기법으로 지도한다.

❷ 10중등37

밑줄 친 부분에 해당하는 지도 방법을 쓰시오.

> 먼저 A에게 말을 잘하는 사람도 때때로 말을 더듬을 수 있다고 말해 주고, A가 자신의 비유창성을 수용하고 부정적인 감정과 태도를 갖지 않도록 격려해 주세요. 또, A에게 말을 더듬을 것으로 예상하는 낱말을 천천히 쉽게 시작하고 조절하도록 지도해 보세요. 특히 쉽게 천천히 말을 시작하면 갑자기 고개가 뒤로 젖혀지는 행동도 줄어들 거라고 말해 주세요. 그러면 선생님도 좀 더 편안한 마음으로 A와 대화할 수 있을 거예요.

더 알아보기

취소기법과 이끌어 내기 기법의 차이점

- **취소기법**: 막혔던 단어에서 말하기를 멈춤. 말하기를 멈추는 쉼 단계에서는 긴장된 구어 메커니즘을 이완시키고 스스로 문제점을 재검토하고 변화시켜야 함. 집중적으로 자신의 말더듬을 성찰한 후에 더듬었던 단어를 다시 시도하되, 이때에는 처음과는 다른 방식으로 단어를 발화하여야 함
- **이끌어 내기(말소) 기법**: 말을 더듬는 순간을 수정하는 전략으로서 느린 속도와 이완된 상태를 되찾아가면서 부드럽고 천천히 연장된 느낌으로 단어를 끝까지 말하는 것임. 말이 경직된 상태로 시작되면 의도적으로 더듬은 말이 부드럽게 빠져나간다는 느낌으로 문장을 이어 나가는 것이 중요함

기출 POINT 10

❶ 13중등37

교사는 A를 위해 말더듬는 순간을 수정하는 '말더듬 수정법'을 적용하고자 한다. 이 중재법에 대한 설명으로 옳은 것을 있는 대로 고르시오.

> ㉣ 초반에는 짧은 발화 내용을 말하도록 하고 점차 긴 발화 내용을 유창하게 말하도록 유도하는 방법이다.

㉣ 심리 및 태도 측면에서 일반적으로 유창성 완성법 치료자들은 말더듬에 관련된 심리나 태도를 바꾸기 위해 직접적인 노력을 하지 않는다. 그 대신 유창한 말을 할 수 있는 경험이 증가되면 저절로 부정적 감정은 사라질 것이라고 본다.

② 유창성 완성법의 주요 기법

호흡 훈련	• 호흡과 발성을 별도로 훈련하는 것보다는 호흡과 발성을 함께 하는 것이 좋다. 올바른 호흡훈련은 새로운 언어 패턴을 학습하기 전에 필수적으로 선행되어야 하지만, 호흡법만을 가지고 훈련하는 것은 말의 유창성을 증진시키는 데 도움이 되지 않는다. • 호흡이 중요한 이유는 말더듬이 고착된 경우에는 흡기과정에서 발성을 하는 비정상적인 발성이 나타나기 때문이다. 호흡과 발성의 협응이 깨어져 버린 발화는 우선 지속시간이 짧고 억압된 음성으로 산출된다. 따라서 이완된 발성은 말의 유창성에 영향을 주기 때문에 적절한 호흡훈련이 필요하다.
말을 천천히 하기 (DAF 기기의 활용)	• 말을 천천히 하는 기법은 말더듬 증상을 어느 정도 완화시키는 효과를 갖는다. 그 방법으로 메트로놈이나 지연청각 피드백이 사용되기도 한다. • DAF는 말을 하고 나서 몇 초 후에 다시 이어폰을 통해서 스스로 자기 말을 듣는 기기로서, 지연되는 시간은 1/5~1/4초 정도로 스스로 조절할 수 있다. • 지연된 말을 듣기 위해서 화자는 말의 속도를 늦추게 되고 탈출행동을 감소시키는 효과를 기대할 수 있다. • 지연시간을 단축시키게 되면 말의 속도가 좀 더 빨라지면서 유창성이 높아지는데, 지연시간은 개인의 말더듬 정도와 선호도에 따라 달리해야 한다.
휴지와 분절화 기법	• 말더듬의 경우에는 증상의 경중에 상관없이 모두 단어와 단어 사이 혹은 발화 첫음절 앞에 비의도적인 음이 삽입되어 있다. 휴지와 분절화 기법은 이러한 비의도적인 음을 제거하는 것을 기본목적으로 한다. • 결국 말더듬에서 가장 중요한 것은 말을 분절시켜 주는 것이다. • 말 막힘상태에서 말을 산출하려고 하면 할수록 더욱 탈출행동이 가중되고 말더듬 증상을 악화시키므로 완전히 말에서 빠져나오는 것을 기초로 한다. • 문장 내 휴지가 소음으로 채워지고 호흡이 들숨상태로 머무르게 되면, 후두의 압박감을 가중시키면서 다음에 오는 단어에서 다시 막힘 증상이 오기 때문에 발성기관의 근긴장도의 완화가 이루어져야 한다.

(3) 통합접근법

① 통합접근법의 개념 및 목표

㉠ 통합접근법은 한 가지 치료에 치우치는 것보다 개별적인 원인과 지속되는 요인을 살펴 종합적인 도움을 주어야 한다는 입장이다. 말더듬 수정법과 유창성 완성법을 통합하여 대상자는 유창하게 말할 수 있는 기술을 배울 뿐만 아니라 자신의 말더듬는 순간을 수정하도록 배운다. 자신의 언어행동과 습관을 변화시키는 동시에 자신의 언어에 대한 부정적인 감정을 없애고 말을 더듬는 상황을 피하지 않게 한다.

㉡ 치료의 궁극적 목표는 자발 유창성이나 조절된 유창성, 수용 말더듬을 선택할 수도 있다.

ⓒ 이 접근법에서는 말더듬에 관련된 부정적 감정과 회피행동에 주목하게 된다. 그리고 회피행동을 없애도록 하는데, 이는 계속 회피할 경우 단어에 대한 공포나 상황에 대한 공포를 줄일 수 없기 때문이다. 공포 역시 줄이도록 하여 신체 긴장이 줄어들 수 있게 한다.

ⓔ 초기 말더듬 아동에게는 심리나 태도에 치료초점을 두지 않아도 아동이 경험하는 유창성을 방해하는 것들에 대한 둔감화를 유도한다.

② 통합접근법의 단계

1단계	유창성을 확립하고 전이시키는 단계
2단계	유창성을 방해하는 요인에 둔감해지는 단계
3단계	말을 더듬는 순간 이를 수정할 수 있도록 하는 단계
4단계	유창성을 유지하는 단계

6. 유창성장애 학생을 위한 교사교육

① 부정적 정서(벌, 좌절, 불안, 죄의식, 적의)를 감소시켜 주어야 한다.

② 말을 더듬어도 괜찮다는 허용적 분위기를 조성해 준다. 필요한 경우 교사가 약간 말을 어눌하게 하는 모습을 보여주는 것도 괜찮다.

③ 질문할 때는 짧고 간단한 문장으로 한다.

④ 잘 알지 못하는 답을 할 때는 말더듬의 빈도가 높아지므로 예상치 못한 질문은 피하는 것이 좋고, 다른 아동에게 먼저 질문함으로써 아동이 준비할 수 있는 시간을 준다. ❶ 19유아A7

⑤ 아동이 말을 하려고 할 때는 절대로 중단하거나 다른 아동이 끼어들지 않도록 하고, 교사가 충분히 그 아동에게만 집중하는 모습을 보여준다.

⑥ 놀림을 당하지 않도록 반 아이들을 대상으로 사전교육을 시킨다. 우리는 모두 다 조금씩 말을 더듬는다는 사실과, 상대방의 태도에 따라 더 말을 더듬을 수 있다는 주의도 함께 준다.

⑦ '말더듬이'라는 용어를 사용하지 않도록 한다.

⑧ 듣기가 답답하거나 아동이 힘들게 말하더라도 "이 말을 하려는 거지?" 하면서 대신 나머지 말을 해주지 않는다.

⑨ 수업시간에 '읽기'순서를 면제해 주기보다는, 짝을 이루어 2명씩 함께 읽도록 하는 방법을 사용하는 것이 좋다. 이때 다른 아이들과 동일한 규칙을 주어야 한다.

⑩ 교사가 치료사처럼 "다시 말해 봐."라든지, "이렇게 해 봐."라고 말하지 않는다.

⑪ 아이의 말을 이해하지 못했다면 이해한 척하지 말고, "미안해, 중간 단어를 이해 못했어." 라든지, "철수가 뭘 어쨌다고? 다시 한번 말해 줄래?"라고 구체적으로 요구하는 것이 좋다.

기출 POINT 11

❶ 19유아A7

ⓔ의 내용을 고려할 때, 교사가 종호에게 질문 시 유의해야 할 점을 2가지 쓰시오.

> 종호가 몇 달 전부터 가끔씩 말을 더듬기 시작했다. ⓔ 오늘 종호 짝꿍 수빈이가 종호에게 갑자기 양말을 어디서 샀냐고 물으니 종호가 말을 더듬으며 "마마마마트"라고 대답했다. 그런데 다른 친구들과 함께 놀이를 하면서 이야기할 때는 더듬지 않았다. 그리고 이야기 나누기 시간에 내가 종호에게 먼저 질문하면 말을 더듬으며 대답했는데, 다른 친구들에게 질문한 후 종호에게 질문하면 더듬지 않고 대답했다.

⑫ 말을 더듬는 아이들은 말로 자신의 부당함이나 상황을 잘 표현하지 못한다. 구두적 직면을 두려워하기 때문에 사실이 드러나지 않는 경우가 많다. 따라서 또래 아이들과의 갈등상황이 발생할 경우 교사는 아이에게 해명할 수 있는 시간을 충분히 주고 들어주려는 자세가 필요하다.

⑬ 편안하고 수용적인 학급 분위기를 조성한다.

⑭ 교사는 말의 속도를 늦추고, 아동의 발화가 끝난 후 바로 대답하지 말고 시간 간격을 둔 후에 반응한다.

02 말빠름증(속화)

1. 말빠름증의 개념

(1) 말빠름증의 정의 ❶ 17유아A5

기출 POINT 12

❶ 17유아A5

㉡에 해당하는 유창성 장애의 유형을 쓰시오.

> 우리 민지는 ㉡ 말이 너무 빨라서 발음이 뒤섞이고 심지어 말소리의 위치를 바꾸는 실수를 자주 해서 무슨 말을 하는지 못 알아듣겠어요.

① 속화란 말의 속도가 너무 빨라서 말의 유창성이 깨어진 경우를 말한다.

② 말의 리듬이 불규칙하고 발음이 엉키는 듯하며, 강세나 높낮이가 없이 단조로운 어조의 말이 특징이다.

(2) 말더듬과 말빠름증의 비교

구분	말더듬	속화
주요 증상	음/음절의 반복 및 연장	• 말의 빠른 속도 • 불규칙적인 말의 비율
문제 인식	인식한다.	별로 인식하지 못한다.
말의 속도	정상 또는 느리다.	빠르다.
말에 대한 공포	있다.	별로 없다.
조음장애	없다.	나타난다.
말을 할 때		
1. 집중할수록	더 많이 더듬는다.	증상이 더 좋아진다.
2. 외국어의 경우	더 많이 더듬는다.	증상이 더 좋아진다.
3. 알코올 섭취 시	더 나아진다.	더 나빠진다.
4. 반복 요구 시	더 나빠진다.	더 좋아진다.
5. 낯선 대화 상대자	더 나빠진다.	더 좋아진다.
읽기		
1. 모르는 텍스트	더 좋지 않다.	증상이 더 나아진다.
2. 잘 아는 텍스트	더 나아진다.	더 나빠진다.
글씨	경직되고 힘이 들어간다.	• 흘려쓰는 경향이 있다. • 읽기와 받아쓰기 오류가 많다.

행동	경직되고 소극적인 모습	참을성이 없고 조심성이 없는 모습
증상의 진행	변화가 심하다.	일정하다.
치료동기	높다.	별로 없다.
치료	• 자신의 말에 둔감해지도록 한다. • 발음에 집중하지 않는다.	• 자신의 말을 끊임없이 모니터링 하면서 조절하도록 한다. • 정확한 발음에 집중하도록 한다.

2. 말빠름증의 특징

① 속화를 보이는 사람은 종종 말소리 위치를 바꾸는 실수(spoonerisms)를 보이기도 한다. 예를 들면, '오늘 날씨가 매우 좋아요.'를 '오늘 맬씨가 나우 좋아요.'로 말한다.

② '아, 저, 그리고, 근데'와 같은 간투사나 필요 없는 접속사를 첨가하고 표현을 반복하는 경우가 많다.

③ 빠르고 불규칙적인 구어 비율, 비조직적인 문장 구조, 단어와 구 반복, 조음오류, 스코핑, 스푸너리즘, 말라프로프리즘, 제한된 어휘, 장황한 발화, 단조로운 억양 등의 구어 문제가 나타난다.

스코핑 (scoping)	두 개 이상의 단어를 축약해서 발화 예 내가 어제 집에 갈 때 그랬다 → 내어집가따
스푸너리즘 (spoonerisms)	두 개 이상의 단어에서 어두음을 무의식적으로 바꾸어서 발화 예 바지 다려 → 다지 바려
말라프로프리즘 (malaproprisms)	문장에서 단어를 우스꽝스럽게 잘못 사용하거나 부정확하게 사용하는 것

④ 말더듬과 다른 특징 중 하나는, 자신의 언어 문제에 대해 의식하지 않는다는 것이다. 이는 자신의 언어 문제를 자발적으로 고치겠다는 동기가 약해 치료에 어려움을 겪게 되는 원인이 되기도 한다.

⑤ 일반적으로 속화를 보이는 아동들은 읽기, 쓰기 문제를 동반하는 경우가 많다.

3. 말빠름증의 치료 접근법

① 속화는 자신의 의지에 따라 어느 정도 조절이 가능하기 때문에 속화의 문제를 가지고 있는 아동에게 천천히 말하라고 요구하면 잠시 동안 정상적인 속도를 되찾는다.

② 속화를 위한 근본적인 중재는 아이가 시간을 두고 말할 수 있는 조용하고 편안한 분위기를 조성해 주는 것이다. 상대방의 말이 빠르면 빠를수록 아동의 말은 함께 빨라지고, 상대방이 초조해하면 할수록 아동의 말은 더욱 빨라지기 때문에, 대화 상대자는 스스로 말을 천천히 하는 모델링을 보여주어야 한다.

③ 자기모니터링 기법이 효과적이다.

CHAPTER 05

운동말장애

01 마비말장애
- 정의 및 특성
- 치료

02 말실행증
- 정의 및 특성
- 치료

더 알아보기

뇌성마비로 인한 마비말장애 또는 말실행증은 출생 전, 출생 시에 혹은 출생 직후에 나타나므로 발달적 신경운동 결함으로 여겨지는 반면, 순수한 마비말장애 또는 말실행증은 대부분 신경운동체계가 완전히 성숙한 후에 나타나기 때문에 후천적 장애로 여겨진다.

기출 POINT 1

❶ 13중등39

마비말장애에 관한 내용 중 옳은 것을 〈보기〉에서 고르시오.

〈보기〉

ⓒ 마비말장애는 체계적인 호흡 훈련, 조음지도 및 운율 지도 등을 통해 말 명료도를 향상시킬 수 있다.

ⓔ 말 산출과 관련된 근육의 약화, 불협응 등에 의한 말장애로 정확한 말소리 산출에 어려움을 보인다.

운동말장애(motor speech disorders ; MSD)는 신경학적 원인에 의해 발생하는 말장애로 마비말장애와 말실행증이 있다. 신경계 조절장애가 원인이 되어 말소리에 문제가 있는 경우에는 말소리 자체의 정확도보다는 전반적인 명료도를 향상시키거나, 의사소통의 성공 확률을 높이기 위하여 보완대체의사소통 지원 전략을 사용해야 한다.

01 마비말장애(dysarthria)

1. 마비말장애의 정의 및 특성

① 마비말장애는 중추 및 말초신경계의 손상으로 인한 말기제의 근육조정 장애로 나타나는 말장애를 말한다. ❶ 13중등39

② 중추 및 말초신경계의 손상은 발화 하부체계에 부정적인 영향을 미치게 되며, 그 결과 호흡, 발성, 조음, 공명, 운율 등을 포함한 말기능의 요소, 즉 속도, 강도, 범위, 타이밍 그리고 정확성이 비정상적이게 된다.

③ 마비말장애 아동이 보이는 조음오류는 단어 대 문장, 읽기 대 대화, 자동적인 구어 대 자발적인 구어 등과 상관없이 일관되게 나타나는 것이 특징이다.

2. 마비말장애의 치료

(1) 화자중심적 치료

① 마비말장애의 하위 유형별(이완형, 경직형, 실조형, 운동과잉형, 운동저하형, 편측 상부운동신경세포형, 혼합형 등 7가지)로 이루어질 수 있다. 이완형의 경우에는 말기관이 전반적으로 약화되어 있으므로 직접적으로 힘을 기르거나 약화된 부분을 보충해 주는 간접 운용이 바람직한 데 비해서 경직형 환자에게는 긴장완화를 유발할 수 있는 치료가 바람직하다.

② 산출 체계별(호흡, 발성, 공명, 조음, 말속도, 운율 및 자연스러움)로 이루어질 수 있다. 그러나 마비말장애에 대한 치료는 전통적으로 조음단계에 집중되어 있다. 조음치료 시 병행되는 훈련은 말속도를 줄이는 것으로 말속도를 줄임으로써 조음을 정확하게 하여 말 명료도를 향상시킬 수 있다.

(2) 의사소통중심적 치료

마비말장애 화자와 청자 간의 의사소통을 증진시키기 위한 전략을 구사하는 치료로, 말 명료도 증진이 목적이 아니라 말의 이해 가능도를 향상시키고자 화자 전략, 청자 전략, 상호작용 전략을 구사한다.

① 화자 전략으로는 청자에게 신호를 보내 준비시키기, 의사소통이 어떻게 이루어져야 하는지 알리기, 문맥을 정하고 주제 확인하기 등이 있다.

② 청자 전략으로는 눈맞춤 유지하기, 물리적 환경을 변화시키기, 청력 및 시력을 극대화하기 등이 있다.

③ 상호작용 전략으로는 상호작용 시간 조정하기, 말하기 및 듣기의 최적 환경 조성하기, 피드백 방법 정립하기 등이 있다.

02 말실행증(apraxiz of speech ; AOS)

1. 말실행증의 정의 및 특성

① 말실행증은 후천적인 뇌손상으로 인한 근육의 마비나 약화 현상 없이, 조음기관의 위치를 프로그래밍하거나 일련의 조음운동을 체계적으로 수행하는 데 어려움을 보이는 말장애를 말한다.

② 전반적으로 변이성이 높으며, 발화 시 입술을 끊임없이 움직이면서 정확한 조음의 위치나 방법을 찾는 듯한 모색현상이 관찰된다. ❶ 13중등39

③ 말실행증의 특성으로는 구강실행증, 명제발화의 어려움, 자극어의 길이 및 복잡성에 따른 어려움, 일련운동속도 과제에서의 어려움, 쓰기에서의 오류 등이 있다.

㉠ 구강실행증이란 자신의 입술을 오므리거나, 혀를 내밀거나 혹은 휘파람을 불어 보라고 할 때 어려움을 보이는 경우이다. 이는 말실행증 학생 모두에게서 관찰되는 것은 아니므로 먼저 그 동반 여부를 평가해 보아야 한다.

㉡ 숫자세기, 인사말하기 등의 자동발화에 비해 그 자리에서 즉각적인 반응을 보여야 하는 명제발화에 어려움이 있다.

㉢ 말실행증 학생의 말 오류 정도는 일반적으로 자극어 자체가 복잡할수록, 자극어 길이가 길수록 심해진다. 예를 들어, '진흙탕 길'처럼 종성 자음이 모두 포함되어 단어가 복잡하거나 단어 길이가 차례대로 길어지는 일련의 자극들(예 이층집 → 이층집창 → 이층집창문 → 이층집창문틀)에서는 점차 많은 오류를 보이게 된다.

㉣ 일정한 음절을 반복하는 과제, 예를 들어 '퍼', '터', '커' 등의 한 음절을 계속적으로 반복하게 하는 '교대운동속도' 과제와 '퍼터커' 세 음절을 계속적으로 반복하게 하는 '일련운동속도' 과제 간의 수행력 차이를 보인다. 즉, 일반적으로 말실행증 학생들은 교대운동속도 과제보다는 일련운동속도 과제에 더욱 어려움을 보인다.

㉤ 말실행증 학생들은 말하기뿐만 아니라 쓰기에서도 오류를 보인다.

기출 POINT 2

❶ 13중등39

마비말장애에 관한 내용 중 옳은 것을 〈보기〉에서 고르시오.

〈보기〉

㉤ 노래 형식으로 발화 길이를 늘려가는 방식을 통해 표현력을 향상시킬 수 있다.

㉥ 말실행증은 근육 약화나 협응 곤란은 없지만 말 산출 근육의 프로그래밍 문제로 조음 및 운율 오류를 보이고, 정확한 조음 위치를 찾으려는 모색행동(groping)이 관찰된다.

2. 말실행증의 치료

말실행증의 치료 원칙은 운동학습에 근거하며 반복연습이 치료의 주요 부분이다.

① 반복연습의 과제는 집중적이면서도 광범위하게 구성하는 것이 필요한데, 특히 주의해야 할 것은 자극이 복잡하고 길수록 오류가 많아지므로 소리, 단음절, 단어 등 비교적 단순한 자극에서 시작하여 그 복잡성과 길이를 점차 늘려나가도록 해야 한다.

② 만일 소리, 단음절 등의 단계에서도 모색이 두드러지거나 오류가 많이 관찰되면 비구어적 구강운동 과제를 사용하여 집중적인 훈련을 해야 한다.

③ 말실행증의 정도가 아주 심하여 자발화가 거의 불가능하다면 기침하기, 웃기, 노래부르기 등의 과제를 활용하여 반사적인 단계에서 점차 수의적인 단계로 옮겨 가야 한다.

❶ 13중등39

④ 학생의 말속도를 느리게 하여 조음의 정확도를 높여야 한다.

⑤ 훈련을 할 때는 시각적 단서를 활용하는 것이 좋다. 또한 학생의 반응에 대한 피드백을 제공하여 자가수정을 하도록 지도하는 것이 중요하다.

CHAPTER 06

음성장애

음성장애란 음성을 산출하는 기관의 기질적인 문제나 심리적인 문제 또는 성대의 잘못된 습관으로 인하여 강도, 음도, 음질 그리고 유동 등이 성과 연령, 체구와 사회적 환경들에 적합하지 않은 음성을 말한다. 이 가운데 한 가지 이상이 정상범위에서 벗어날 때 음성장애가 있다고 말한다. ❶ 20유아A8

> **기출 POINT 1**
> ❶ 20유아A8
> ㉡에 해당하는 말장애(구어장애) 유형을 쓰시오.
>
> 선미는 말을 할 때 ㉡ 부자연스러운 고음과 쥐어짜는 듯한 거칠고 거센 소리를 내요.

01 음성장애의 정의

1. 강도장애

① 음성을 전혀 낼 수 없거나, 음성이 지나치게 크거나 너무 작아서 상대방에게 유쾌하지 않은 느낌을 주거나, 이야기의 내용이 충분히 전달되지 않는 경우이다.

② 성문하압의 압력이 커서 성대가 열릴 때 큰 소리가 나고 반대로 성문하압의 압력이 너무 낮을 경우에는 음성의 크기가 비정상적으로 작아진다.

③ 그러나 대부분의 강도장애는 신체적인 문제를 가지고 있지 않는 한 심리적인 문제가 대부분이다.

2. 음도장애

기본주파수는 남성의 경우 125±20Hz이고, 여성의 경우 225±20Hz 정도인데, 음도장애란 이러한 연령과 성에 따라 기대되는 음도보다 지나치게 높거나 낮은 경우를 말한다.

① **단조로운 음성**: 말을 할 때 음도의 변화가 거의 없다.

② **음도이탈**: 말하는 동안 음도가 갑자기 위아래로 변한다.

3. 음질장애

① 좋은 음질이란 음향학적으로 소음이 적고 배음이 많은 목소리를 말한다. 배음이 없는 음은 순음이라고 하며 배음을 포함하는 음은 복합음이다.

② 음질장애에는 목쉰 소리, 과대비성, 무비성, 숨찬 음성(기식성 음성), 성대프라이 등이 있다.

③ 음질장애의 유형은 다음과 같다.

거친 소리	과도한 근육긴장과 근육 사용으로 인하여 성대가 너무 단단하게 서로 누르면서 나오는 소리이다.
숨 새는 소리	성대가 서로 접촉할 때 완전히 가까이 접촉하지 못한 상태에서 나오는 소리로 마치 바람 빠진 소리처럼 깨끗하지 않다.
목쉰 소리	성대가 규칙적으로 진동하지 못할 때 생겨나는 소리이다. 거칠고 기식성의 소리가 함께 섞여 있다.
이중음성	성대의 좌우 크기가 다르거나 비대칭적으로 움직이게 되면 상이한 주파수로 진동하게 되고, 따라서 두 개의 음도를 가진 음성이 산출된다.
과다비음	성대에서는 정상적인 소리를 만들어 내지만 구강음을 산출할 때 비강으로 가는 연구개를 열어 두어서 기류가 코로 빠져나가게 될 때 산출되는 코맹맹이 소리이다.

더 알아보기

성대프라이

성대프라이는 성대가 이완된 상태에서 개인의 생리적 주파수 영역 가운데 최저 음역 수준에서 산출되는 음성을 말한다. 국내에서는 적절한 전공 용어가 정립되지 않아 성대프라이, 성대튀김, 음성튀김소리 등 다양한 용어로 불린다.

02 음성장애의 원인 및 분류

음성장애는 원인에 따라 기질적, 기능적, 신경학적 음성장애로 분류된다. 그러나 최근 음성장애를 기질적 음성장애와 기능적 음성장애로 엄격하게 이분법적으로 분류하는 것은 임상적으로 타당하지 않다는 의견이 제기되고 있다. 즉, 극단적인 이분법의 입장보다는 두 음성장애 유형을 각각 연속선상의 양극단에 놓고, 특정 음성장애가 양극단 중 어느 유형에 상대적으로 치우쳐 있는가에 따라 음성장애를 분류하는 것이 음성장애 진단 및 치료에 더 많은 정보를 제공해 준다는 것이다.

음성장애의 분류 및 특성

기질적 음성장애	발성기관의 구조적 손상이나 기질적 질병에 기인된 음성장애를 통칭한다.
기능적 음성장애	성대에는 특별한 병변이 없으나 성대의 오용(갑작스러운 발성 시작, 높은 후두 위치, 음도의 변화 등)이나 남용(비명 지르기, 과도한 음주, 과도한 목청 다듬기와 기침 등) 등과 같은 음성 과기능으로 발생한 음성장애를 통칭한다.
신경학적 음성장애	발성이나 호흡에 관련된 근육이 신경학적 문제로 인해 정상적으로 작동하지 못할 때 발생하는 음성장애를 통칭한다.

1. 기질적 음성장애

기질적 음성장애는 「장애인 등에 대한 특수교육법」에서 장애의 하위 유형으로 포함시키고 있지 않다. 기질적 원인에 의해 발생하는 음성장애의 종류는 다양하며 대부분 의학적 또는 수술적 처치가 요구된다.

후두암	후두암은 성문상부, 성문하부, 성문 중 한 군데 혹은 세 군데 모두에 걸쳐 발생한다. 갑자기 쉰 소리가 나거나, 삼킬 때 통증이 동반되는 증상을 보인다.
편측성 · 양측성 성대마비	후두근육의 움직임을 담당하는 신경섬유의 손상으로 성대의 한쪽이 마비되어 성문폐쇄가 완전히 이루어지지 않는다.
경련실성증	신경학적 요인으로 인해 자기도 모르게 경련이 발생하여 갑자기 성대가 닫히거나, 열리거나 또는 두 개의 혼합형이 있다. • 내전형은 말을 하는 데 힘이 많이 들어가고, 쥐어짜는 듯한 소리를 낸다. • 외전형은 갑자기 성대가 열려 공기가 성대로 흘러나오기 때문에 목소리에 바람 새는 소리가 많이 들린다.
라인케 부종	라인케 공간은 성대상피의 바로 밑에 자리 잡고 있는 막이다. 성대의 조직 변화로 인해 그 공간에 액체가 고여 성대가 부은 상태를 말한다. 성대부종으로 인해 매우 낮은 목소리가 산출된다.
유두종	바이러스로 발병하며 혹처럼 생겨서 성문을 막을 경우 기류 통과가 어렵다. 아동기에 발병하기 쉽다.

2. 기능적 음성장애

심리적인 원인을 제외하고는 대부분 성대를 잘못 사용하는 습관(오용)과 과도한 성대사용(남용)이 그 원인이 된다.

기능적 부전실성증 (기능적 발성장애)	• 기능적 발성장애는 기질적 또는 구조적 병리현상 없이 발생하는 음성장애로 성대 접촉이 잘못된 방법으로 이루어져 성대가 너무 느슨하거나 또는 너무 과도하게 접촉함으로써 발생한다. – 과기능 실성증: 성대 부분뿐만 아니라 성대의 윗부분도 과도하게 긴장되어 성대가 제대로 열리지 않아 쥐어짜는 소리, 거친 소리 등이 산출된다. – 과소기능 실성증: 성대가 느슨하게 접촉하여 바람 새는 소리, 기식성의 소리가 많이 들린다.
기능적 실성증 (무성증)	• 기능적 무성증은 히스테리나 스트레스와 같은 심리적 요인에 의해 발생하며 일반적으로 갑작스럽게 나타난다. • 후두검사에서는 정상이나 전혀 소리를 낼 수 없고, 속삭이는 목소리로 말하는 것이 특징이다.

성대결절	• 성대결절은 일반적으로 양측성이며 약 1/3 지점으로 돌출하는 작은 결절이다. • 성대결절을 유발하는 상황은 다양하나 주로 지속적인 음성 남용이나 무리한 발성에 의해 생긴다. • 증상으로는 지속적으로 쉰 목소리, 그리고 잦은 음성피로 현상을 들 수 있다. • 성대결절이 있는 상태에서 성대가 장기간 혹사당하게 되면 결절이 딱딱해지고 목소리가 더 나빠지게 된다.
성대폴립	• 성대폴립은 성대결절과 마찬가지로 대부분 성대의 앞쪽 약 1/3 지점에서 발생하지만 편측성이 많다. 그러나 결절이 좁쌀 모양의 굳은살이라고 한다면, 폴립은 성대 한쪽으로 점막을 뚫고 연조직인 둥근 모양으로 돌출된 형태이다. • 폴립은 장기간의 성대오용보다는 한 번의 성대 외상으로 발생할 수도 있는데, 폴립의 크기가 계속 커질 수 있으므로 외과적 치료가 효과적이다.
변성기 음성장애	• 변성기가 2년 이상 지속되고 16세가 지나도록 변성기를 거치지 않을 경우에는 '변성기 음성장애'라고 한다. • 자주 나타나는 증상으로는 후두에는 이상이 없음에도 불구하고 음도가 완전히 내려가지 않고 1/2 옥타브 정도만 내려감으로써 상대적으로 자신의 음성이 또래에 비해 높다고 느끼게 되는 증상이 있다. • 원인은 후두근육 협응이 잘 이루어지지 않거나 청각적 조절에서의 문제 때문이다.

3. 신경학적 음성장애

신경학적 음성장애는 호흡과 성대근육이 제대로 통제가 되지 않아 성대가 과도하게 닫히거나, 제대로 닫히지 못하는 경우가 많다.

성대마비	• 후두근육의 움직임을 담당하는 신경섬유가 손상을 입어 한쪽 또는 양쪽 성대가 움직이지 못하는 현상이다. • 교통사고, 목 또는 심장 수술, 바이러스 감염, 뇌내출혈 등이 원인이다. • 성대마비는 성대 사이에 틈을 만들어 바람이 새는 쉰 목소리가 난다.
파킨슨병	• 대뇌의 기저핵에 도파민이라는 신경전달물질의 부족으로 발생한다. • 신체의 근육운동과 정상적인 음성 산출을 위한 근육운동에도 영향을 미쳐 목소리의 크기가 눈에 띄게 작아지고 바람 새는 소리가 많이 들리며, 말의 억양이 매우 단조롭고 발음도 부정확하다.
근무력증	• 신경-근육 접촉기능의 문제로 인한 대표적인 음성장애이다. • 말을 처음 시작할 때는 큰소리로 하지만 시간이 지날수록 말 산출 관련 근육이 극도로 피로해져 말소리가 거의 들리지 않게 된다.

연축성 발성장애	• 경직형 발성장애라고도 불리며, 자신도 모르게 성대에 '경련'이 발생하여 말이 갑자기 막히거나 열리는 현상이다. • 내전형과 외전형이 있다.
후두암	• 후두암은 50~70세 사이의 성인에게서 주로 발생하며, 주요 원인으로는 과다한 흡연, 알코올 섭취 등이 있다. • 심한 악성종양의 경우 후두를 떼어 내야 하는데, 이 경우 대체 발성법으로 식도발성을 배우거나 전기인공후두를 착용해야 한다.

03 음성장애의 치료방법

1. 성대 남용 및 오용으로 인한 음성장애의 치료방법

(1) 직접 치료 ❶ 11중등34

저작하기 (씹기 기법)	얼굴, 턱, 혀 등의 구강 구조물을 움직이는 근육의 사용과 후두와 인두의 발성 기능까지 이완시켜 주는 총체적인 치료법이다.
하품-한숨 기법	하품-한숨 기법은 음성 과기능 아동에게 가장 효과적인 방법으로 후두가 저하되고, 혀가 뒤로 밀리면서 인두가 확장되는 효과가 있다.
부드러운 시작	부드러운 시작은 하품-한숨 기법의 한숨과 비슷한 방법이다. 발성을 시작하기 전에 약간의 숨을 내쉬어 성대가 강하게 닫히는 것을 막는다.
노래조로 말하기 기법	노래조로 말하기의 특징은 음도의 상승, 모음의 연장, 음절의 강세 약화 혹은 제거, 부드러운 발성 시작 등을 들 수 있다.

(2) 간접 치료

① 음성 위생 교육은 성대건강에 나쁜 영향을 미치는 습관과 생활방식을 구분하고 제거하며 음성을 더 건강한 방법으로 산출할 수 있도록 촉진한다. 이는 특정 치료기법(예 씹기 기법 또는 하품-한숨 기법)들을 사용하여 음성치료를 하는 직접 치료 방법보다는 아동에게 정상적인 음성 유지법, 효율적인 음성 사용법, 성대 남용 습관의 제거법에 대한 설명을 해주는 간접 치료 방법을 이용하는 것이다.

② 음성 남용 및 오용의 행동을 감소시키기 위해서 아동에게 많이 사용하는 방법 중 하나는 하루 동안 얼마나 자주 큰 소리로 말하였는가, 매우 흥분된 상태에서 얼마나 자주 말하였는가를 스스로 기록하게 하는 것이다.

③ 적절한 수분 섭취는 건강한 성대기능의 핵심이다.

기출 POINT 2

❶ 11중등34

학생 A의 음성 산출 행동을 관찰한 것이다. 김 교사가 학생 A를 위해 교실 내에서 적용할 수 있는 음성 관리 방법에 대한 설명으로 가장 적절한 것은?

〈학생 A의 음성 산출 행동〉
- 쉬는 시간에 자주 큰 소리로 노래를 부른다.
- 수업시간에 습관적으로 과도한 기침이나 헛기침을 한다.
- 운동 경기를 보며 지나치게 큰 소리로 응원하는 경우가 많다.
- 수업시간에 다른 학생들에 비해 지나치게 큰 소리로 말하여 자주 목쉰 소리가 난다.

① 책상을 손바닥으로 강하게 밀면서 음을 시작하게 한다.
② 숨을 들이마시면서 목에 긴장을 주며 음을 시작하게 한다.
③ 목청을 가다듬으며 내는 소리를 길게 늘여 음을 시작하게 한다.
④ 말을 적게 하게 하고, 빠르게 숨을 쉬며 힘주어 음을 시작하게 한다.
⑤ 하품이나 한숨을 쉬는 것처럼 부드럽게 속삭이듯이 음을 시작하게 한다.

2. 신경손상으로 인한 음성장애의 치료방법

(1) 성대마비

① 편측성 성대내전마비 아동의 경우, 한쪽 성대가 마비되어 있기 때문에 성문이 꽉 닫히지 않아 공기가 새어 숨소리가 많이 들리며 쉰 소리도 들린다. 이러한 음성장애 아동에게는 '밀기 접근법'이 사용된다.

목적	아동이 손으로 벽이나 책상을 밀면서 발성하게 함으로써, 마비되지 않은 성대를 마비된 쪽의 성대 대신 평상시보다 더 움직이게 하여 성대의 접촉을 돕는 것이다. ❶ 11중등34
효과	성대 이외의 힘을 성대로 이동시켜 성대 후반부의 접촉과 가성대의 접촉이 일어나며, 성대 접촉 시간을 증가시킨다.

② 양측성 성대내전마비 아동의 경우, 수술과 음성치료가 동시에 요구된다.

(2) 연축성 발성장애

① 일반적으로 연축성 발성장애 아동은 음성치료를 우선적으로 시도하고, 만약 치료효과가 거의 나타나지 않으면 외과적 수술을 권유한다.

② 보톡스 치료법은 묽게 희석된 보툴리눔 독소를 소량 성대근육에 주사하여 성대를 마비시켜서 성대근육의 불수의적 수축을 막는 방법이다.

③ 치료효과를 극대화하기 위해서는 보톡스 주사 후에 이완요법과 하품-한숨 기법을 사용하는 음성치료가 계속 진행되어야 한다는 주장도 있다.

3. 심리적 이상으로 인한 음성장애의 치료방법

심리적 이상으로 인한 음성장애의 치료방법은 대개 스트레스 원인에 대한 상담과 근육긴장완화를 위한 방법이다.

기능적 발성장애	• 음성의 완전한 회복이 가능하며, 성대를 가능한 내전시켜야 해서 기침하기, 목 가다듬기, 하품하기, '아' 발성하기 등의 방법이 사용된다. • 행동수정 접근법이 유용하다.
근긴장성 발성장애	긴장된 근육을 이완하기 위해 하품-한숨 기법과 손가락 조작접근법 등을 사용한다.
변성기 가성 음성치료	성대의 크기가 나이에 적합한지, 성 호르몬 분비에 이상은 없는지에 대한 전문의의 소견이 전제되어야 하며, 나이나 성별에 맞지 않는 높은 소리를 낮추는 데 목적을 둔 치료방법을 사용한다.

더 알아보기

손가락 조작법

음도를 낮추기 위해 혹은 후두의 움직임을 느끼기 위한 목적 등으로 손가락으로 환자의 갑상연골을 누르는 기법

04 기능적 음성장애를 위한 학교에서의 중재방안

① 학급 안의 소음을 줄인다. ❶ 16초등B6

② 학급 밖의 소음이 클 경우에는 음성 사용을 자제하도록 한다.

③ 교사 스스로 좋은 음성을 모델링해 준다.

④ 학급 내에서 귓속말을 하지 않도록 한다.

⑤ 생수를 자주 마실 수 있도록 교실에 비치해 둔다.

⑥ 체육시간에 응원을 할 때는 음성 대신 손뼉이나 도구(깃발 등)를 사용하도록 한다.

⑦ 음악시간에는 과도하게 음도를 높이거나 힘을 주지 않도록 한다.

⑧ 친구를 부를 때는 다가가서 말하거나 손을 흔들어서 신호하도록 한다.

⑨ 운동하는 동안 음성 남용이 쉽게 발생할 수 있다는 것을 염두에 두고 음성보다는 손 신호를 사용하도록 한다.

⑩ 교실 내에서 음성 오용과 남용을 줄일 수 있는 방법을 개발한다.

기출 POINT 3

❶ 16초등B6

성대를 습관적으로 남용하는 선우는 ㉥과 같은 음성적 특성을 보인다. 박 교사가 선우를 위해 할 수 있는 교실 내의 물리적 환경 개선 방안을 1가지 쓰시오.

> 박 교사: 풀은 어디에 사용되는 걸까요? 선우가 한번 말해 볼까요?
> 선우: (㉥ 매우 거칠고 쉰 목소리로) 붙여요! 붙여요!
> 박 교사: (소란스러운 아이들을 조용히 시키며) 선우야! 다시 한 번 말해 볼까?
> 선우: (더 큰 소리로) 붙여요!

CHAPTER 07

실어증

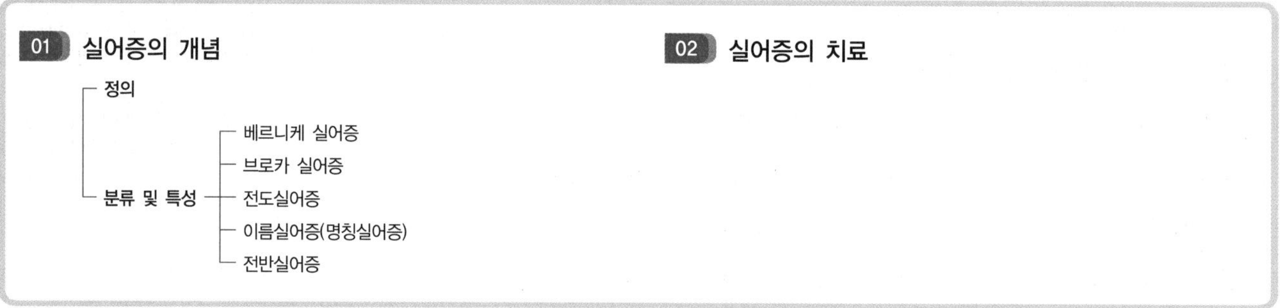

01 실어증의 개념

1. 실어증의 정의

① 실어증은 신경계 손상으로 인해 후천적으로 생기는 언어장애로 듣기, 말하기, 읽기, 쓰기 네 가지 언어영역 모두에서 관찰되는 언어장애이다.

② 실어증은 언어의 능력이 완전히 없어진 상태가 아닌 언어를 사용하는, 즉 수행하는 데 있어 효율성이 떨어진 상태이다. 여기서 효율성이란 얼마나 능률적으로 언어정보를 저장하거나 유출할 수 있는지를 의미한다.

③ 실어증은 언어학적 영역뿐만 아니라 심한 경우에는 몸짓과 상징물을 통한 의사전달도 어렵다. 신호등의 빨간불을 '멈추시오'로 인식하지 못하거나, 남·여 화장실의 표지를 구별하지 못하기도 한다.

④ 실어증은 다른 인지기능장애나 지각기능 감소, 운동기능 감소 등에 기인하여 생기는 언어장애를 뜻하지 않는다. 또한 실어증은 언어습득 후에 발생하는 뇌손상으로 인한 후천성 언어장애라는 점에서 심리적 충격으로 인한 실성증이나 함묵증, 치매와 같은 뇌의 퇴행성 질환과는 전혀 다르다.

> **더 알아보기**
>
> **'실어증'의 정의**
> - 기억력 등과 같은 인지기능에 뚜렷한 장애를 보이는 치매환자들에게 관찰되는 언어장애는 엄밀한 의미에서 실어증이라고 할 수 없다.
> - 특정 신경계의 손상으로 인하여 상지운동이나 구강기관운동 등의 속도가 느리게 되어 전반적으로 언어반응속도가 저하된 경우도 실어증으로 간주하지 않는다.
> - 어떤 환자가 말장애로 인하여 자신의 생각을 말로 표현하는 데 어려움이 있지만 글로써는 정상적으로 표현할 수 있다면 실어증이 아닌 말장애이다.

2. 실어증의 분류 및 특성

미국 보스턴 실어증학파의 분류기준에 근거하여 4가지 과제의 수행력(발화의 유창성, 청각적 이해력, 따라말하기 능력 그리고 이름대기 능력)에 따라 8가지 유형으로 나눌 수 있다.

구분	베르니케 실어증	브로카 실어증	이름 실어증	전도 실어증	초피질 감각실어증	초피질 운동실어증	혼합초피질 실어증	전반 실어증
유창성	+	−	+	+	+	−	−	−
청각적 이해력	−	+	+	+	−	+	−	−
따라말하기 능력	−	−	+	−	+	+	+	−
이름대기 능력	−	−	−	+	−	−	−	−

(1) 베르니케 실어증

더 알아보기 베르니케 실어증의 예시

> 내가 지금 하 이렇게 해 본 것이 한 뭘라 될까 한 한 일곱, 일, 아..... 일곱? 한 일곱도 모대한 아 일곱도 모대한 여섯 아 그때 전부 생절 노랄 게 나아기아서 아 아러게 인자 생기기 이레 그래 부럽니다 생전 이레 앴는데 그래 갑자기 그양 오래 되부럽니다요.

① 베르니케 실어증은 유창실어증, 감각실어증, 수용실어증, 뇌후반구실어증 등에 속한다.

② 주로 상부측두엽의 후반 1/3을 차지하는 뇌영역, 즉 베르니케 영역을 중심으로 한 뇌손상이 있을 때 관찰된다.

③ 베르니케 실어증의 가장 대표적인 특징은 청각적 이해력이 두드러지게 떨어진다는 것이다. 특히, 제시되는 자극어가 문법적으로 복잡하거나 그 길이가 길어질수록 오류가 증가한다. 자발적인 발화가 형태상 유창하다 할지라도 그 내용을 살펴보면 대부분 무의미 발화인 경우가 많다.

④ 베르니케 실어증의 또 다른 언어적 특징은 다음과 같다. ❶ 22중등B2, 13중등39

언어상동증	청각적 이해력이 떨어질수록 여러 가지 질문에 거의 비슷한 문구만을 되풀이하여 반응하는 현상이다. 예 "어디가 가장 불편하세요?"라고 물었을 때 "할머니가 돌아가셨어, 할머니가."라고 대답하고 검사하는 내내 다른 질문에도 비슷한 문구로 계속해서 반응하는 경우
과유창성	지나치게 많은 말을 늘어놓는 것이다. 대화 또는 그림을 설명할 때 비교적 유창하게 말한다. 대개 정상적인 운율이나 발음을 유지하고 비교적 문법에 맞게 말을 하나, 기능어를 과도하게 사용하는 경향을 보이기도 한다.
의미착어	의미착어란 목표단어 대신 그 단어와 의미적으로 연관된 단어로 대치된 발음을 하는 것이다. 예 '딸기'를 '사과'라고 말하는 경우, '과일'이라는 공통된 의미범주에 속한 단어로 대신 발음한 것임
음소착어	• 목표 단어의 일부 음소를 다른 음소로 대치하여 반응하는 것이다. 예 '장화'를 '갑화'라고 하거나 '소화기'를 '소자기'라고 하는 경우 • 음소착어 반응이 우연히 다른 일정한 다른 의미를 지니고 있는 실제 단어로 대치되는 타단어화 음소착어(형식착어)가 있다. 예 '목발'을 '목침'이라고 하는 경우

기출 POINT 1

❶ 22중등B2

밑줄 친 ㉠과 ㉡, 그리고 ㉢과 ㉣에서 실어증으로 인해 공통적으로 나타난 언어적 특징의 명칭을 쓰시오.

신조착어 (신조어)	목표단어와 그 의미와 발음이 전혀 유사하지 않고 그 나라말의 어휘에도 속하지 않는 반응이다. 예 '가위'를 '열비'라고 한다든지 '명함'을 '짐매'라고 하는 경우
자곤	명료하지 않은 태도로 웅얼거리는 발화이다.
자가수정	자가수정이 거의 관찰되지 않는다.
언어 하위영역	읽기 과제를 주었을 때 전혀 읽지 못하거나, 비록 소리 내어 약간 읽을 수 있더라도 그 의미를 이해하지 못하는 경우가 많다. 또한 쓰기 수행력도 상당히 저하되어 있다.
이름대기장애	말하고자 하는 단어가 떠오르지 않아 둘러 말하기를 사용한다.
실서증	신경쓰기장애로서 쓰기 능력이 상실되는 경우를 말한다.
실독증	신경읽기장애로서 읽기 능력이 상실되는 경우를 말한다.
보속증	바로 앞에서 발음된 말소리나 단어를 반복하여 말한다.

더알아보기

보속증

자극이 바뀌어도 같은 반응을 되풀이 하는 경향, 또는 자극으로 생긴 심리적 활동이 그 자극이 없어져도 일정하게 지속되는 증상이다. 예를 들어, "손을 들어 보시오."라고 지시하면 손을 들어 올리지만, 다음 지시로 "코를 만져 보시오."라고 지시하면 앞에서와 같은 상태로 여전히 손을 들고 있는 상태를 유지하거나, 또는 반복 행동을 수행하는 경우를 말한다. 생산적인 주제, 행동에 대하여 오랫동안 꾸물거리는 아동의 경향성을 의미하기도 한다. 뇌손상이 있는 경우에 특정한 내용을 반복하여 말하는 보속증을 이상언행반복증이라고도 한다.

[출처] 특수교육학 용어사전(2018)

기출 POINT 2

❶ 13중등39

(가) 브로카 실어증과 (나) 베르니케 실어증의 유형에 따른 내용 중 옳은 것을 고르시오.

㉠ (가)는 유창하지만 청각적 이해력에서 어려움을 보이고, 느린 발화 속도와 단조로운 운율 특성 등을 보인다.
㉡ (나)는 청각적 이해력, 유창성, 따라말하기는 좋은 편이나 이름대기 수행력이 낮고, 착어가 자주 관찰된다.

(2) 브로카 실어증

더알아보기 **브로카 실어증의 예시**

자체를 말, 말, 개 개 개 보이는데, 엄마 아빠, 아빠, 아빠 두 아이 보고 있다에 공놀이

① 브로카 실어증은 비유창실어증, 운동실어증, 표현실어증, 전뇌반구실어증 등에 속한다.

② 전뇌반구상, 주로 하부전두엽의 후반 1/3을 차지하는 영역, 즉 브로카 영역을 포함한 인근 전두엽 영역의 손상에서 기인된 것이다.

③ 청각적 이해력은 유지되나, 유창성, 따라말하기 능력, 이름대기 능력에서 현저한 저하를 보인다. ❶ 13중등39

④ 브로카 실어증의 언어적 특징은 다음과 같다.

㉠ 대화나 그림 설명 등에서 표현능력이 상당히 저하되며, 특히 유창성이 떨어진다. 심한 경우에는 전혀 의미 전달이 안 될 정도로 '아, 이, 저저……우……저……' 식으로 무의미한 음절이나 모음만 반복하기도 하며, 발화의 길이가 2~3음절에 머물기도 한다.

㉡ 말할 때 운율이 비정상적으로 단조로우며, 속도가 느리고 단어 사이의 쉼이 길다.

㉢ 전보식 문장 사용: 조사 등의 기능어가 많이 생략되고 발화길이가 짧은 전보문 형식을 사용한다.

㉣ 음소착어를 보인다.

㉤ 쓰기능력 역시 상당히 저하되는 것으로 관찰되나 대부분의 아동에게서 읽기능력은 말하기나 쓰기에 비해 좋은 편이다.

⑤ 브로카 실어증과 베르니케 실어증의 비교

브로카 실어증	전두엽 영역의 손상을 가진 브로카 실어증은 말의 산출에 특히 어려움을 보이며 실문법증 현상이 많이 나타난다. 실문법증이란 전보식 문장과 같이 발화가 짧고 문장에서 꼭 필요한 내용어만 열거하는 식의 발화를 말한다.
베르니케 실어증	측두엽 영역의 손상과 관련되며 상대방의 말을 이해하는 데에 특히 어려움이 있고 탈문법증 현상이 많이 나타난다. 탈문법증이란 문장 내의 단어 배열이 제대로 되지 않으며 문장이 교착되는 현상이다.

(3) 전도실어증

① 전도실어증은 브로카와 베르니케 영역 사이를 이어 주는 영역에서의 병변에 손상이 있다.

② 청각적 이해력은 유지되고 발화 역시 유창한 편이나, 유창한 발화 속에 음소착어가 자주 관찰되며, '어……아……음'과 같은 삽입어가 많이 등장하면서 발화의 흐름이 끊기기도 한다.

③ 자극의 길이가 같더라도 유의미 자극보다는 무의미 자극에서 오류 현상이 두드러진다.

④ 이름대기 과제에서도 흔히 음소착어가 관찰되며, 오류 단어에 대해 여러 차례에 걸친 자가수정을 보인다.

⑤ 쓰기능력에서도 전체적인 문법구조나 내용의 완성도는 어느 정도 유지되나 음소착어 현상이 관찰된다.

더알아보기 전도실어증 아동에게 실시한 따라말하기 과제의 반응 예시

검사자	아동
해바라기	해배 해바라기
돌아온 철새	온 철, 철, 철새는 나온데 돌아돈 거 철새
겨우 잠이 들었다	잠이 잠이 다 자, 잠이 도 돌아왔
칼날같이 날카로운 바위	칼라 칼라는 바 큰 바위가
아니 땐 굴뚝에 연기 나랴	아니 궁, 아니 국대 아니 국댄 따라
창밖에 부슬부슬 비가 온다	창밖은 비슬브실 어 비가 온다
대한 고교 야구 연맹	다 대한 고규 야쥬 왕

(4) 이름실어증(명칭실어증)

① 청각적 이해력, 유창성, 따라말하기 능력에 비해 이름대기 수행력이 상대적으로 유난히 떨어지는 경우이다.

② 이름실어증은 특정 뇌 부위의 손상에 기인한 것이 아니므로, 그 증세만으로는 뇌손상 부위를 변별하기 어렵다.

③ 보편적으로 청각적 이해력은 좋은 편이나 내용적인 단서가 없으면 이해에 어려움을 보이기도 한다.

④ 발화 자체는 유창한 편이나 단어찾기에서 어려움이 두드러지며, 음소착어도 자주 관찰된다. 예를 들어, '선인장' 그림을 보여주고 그 이름을 말해보라고 하면, '선인창, 선이짱, 선인작'처럼 계속해서 음소착어와 자가수정을 보인다.

⑤ 이름실어증은 모든 실어증 아동에게서 관찰될 수 있는 언어장애의 특징이므로 아동이 조금이라도 이름실어증을 보이지 않는다면 그 아동은 실어증이 아닐 가능성이 크다.

⑥ 이름실어증을 보이는 아동에게는 주어진 자극의 기능이나 형태 등을 설명하는 의미적 단서를 제공하는 것이 도움이 되는데, 예를 들어 '장화'를 보여주고 "이거 비 올 때 신는 거죠?"라고 말한다.

⑦ 스스로 의미적 단서를 파악하였으나 여전히 어려움을 보이는 경우에는 음소적 단서를 제시해 주면 더욱 용이하게 정반응을 보일 수 있다. 예를 들어, '손톱깎이'를 보여주며 아동이 "그거 손톱 깎을 때 쓰는 건데 이름이 뭐더라."라고 했다가, 교사가 '손 → 손톱 → 손톱깎……' 등의 음소 힌트를 주면 "맞아, 손톱깎이야."라고 한다.

(5) 전반실어증

① 뇌의 광범위한 손상으로 인하여 브로카와 베르니케 실어증이 결합된 가장 심한 형태의 실어증 유형이다. 일반적으로 구어적·비구어적 의사소통이 거의 이루어지지 않는다.

② 모든 과제의 수행력이 상당히 떨어지나 몸동작, 손동작, 얼굴표정 등에 대한 이해력을 보이거나 아동 스스로 동작이나 표정을 짓는 것이 가능하기도 하다.

02 실어증의 치료

평가결과에 따라 달라지기는 하나 치료방법을 구성하는 데는 일반적으로 몇 가지 원칙이 있다.

- 모든 실어증 아동은 어느 정도 청각적 이해력에 장애를 보이므로 이해력 증진을 위한 치료를 포함해야 한다.
- 아동에게 주어지는 자극을 아동의 상태에 맞게 조정하되 자극의 길이, 연관 관계, 단서, 입력방법 선택 등을 고려하여야 한다.
- 모든 자극은 반응을 유도할 수 있도록 구성되어야 하고 최대한의 반응 수를 목표로 하여야 한다.

1. 청각적 자극요법

모든 실어증 아동이 청각적 이해력에 장애가 있으므로 치료의 목표를 이해력 증진에 두는 기법이다.

2. 멜로디 억양 치료법

① 브로카 실어증처럼 비유창하고 청각적 이해력이 유지되는 아동에게 유용하게 사용된다.

② 이 치료법은 손상되지 않은 비언어적 기능(예 소리의 길이, 소리의 높낮이 등)을 사용하여 언어재활을 하는 재조직 방법이다.

③ 멜로디를 함께 조합하여 노래 형식으로 발화를 유도하면서 점차 목표 발화의 길이를 늘려간다.

3. 단어인출치료

① 이름대기에 어려움을 보이는 아동에게 도움이 되는 치료법이다.

② 의미단서나 음소단서를 제시하여 해당 명칭을 인출하도록 돕는 방법이다.

4. 시각동작치료

① 전반실어증 아동에게 사용하는 대표적인 치료법이다.

② 이 방법에서는 아동에게 동작만을 사용하게 하여 치료를 돕는다.

단순언어장애

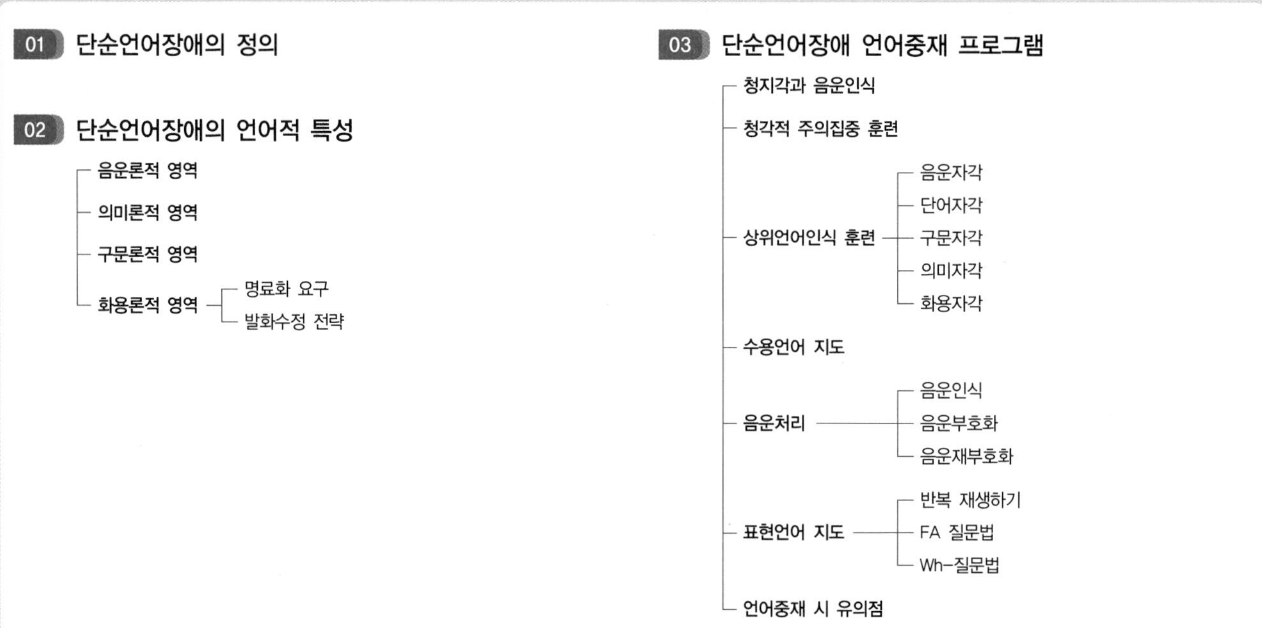

01 단순언어장애의 정의

① 단순언어장애란 감각적 · 신경학적 · 정서적 · 인지적 장애를 전혀 가지고 있지 않고 언어발달에만 문제를 보이는 경우를 말한다. 단순언어장애는 일차적으로 수용언어나 표현언어상의 심각한 결함을 보이는 발달적 언어장애이며, 동시에 언어발달상의 지체 현상을 가지고 있다.

② 다른 장애의 정의와는 달리, 단순언어장애는 배타적인 진단준거를 사용한다.

더알아보기 Leonard(1998)가 제시한 단순언어장애의 진단준거 ❶ 21중등B8, ❷ 09초등 · 유아12

1. 표준화된 언어검사에서 −1.25SD 이하
2. 비언어성 지능검사결과가 85 이상
3. 청력검사에서 이상이 없음
4. 최근 중이염에 걸린 적이 없음
5. 신경학적인 이상이 없음
6. 구강구조 및 구강운동기능에 이상이 없음
7. 사회적 상호작용에 어려움이 없음

기출 POINT 1

❶ 21중등B8

다음에 근거하여 학생 J의 언어장애 유형을 쓰시오.

- 언어 능력에 영향을 미칠 수 있는 지능이나 청력, 신경학적인 손상 등이 없음
- 사회·정서적 영역의 발달에 이상이 없음
- 표준화된 언어검사 결과 −1.5SD임

❷ 09초등·유아12

소라가 가진 문제와 가장 관련이 깊은 장애 명칭을 쓰시오.

- 이비인후과적 검사
  - 평균청력손실 15dB　　– 중이염 없음　　– 구강구조 정상
- 신경학적 검사
  - MRI(뇌손상) 검사 정상　　– 뇌파검사(간질) 정상
- 언어심리학적 검사
  - K-WISC-Ⅲ의 언어성(75), 동작성 지능(102)
  - 언어학습능력진단검사(ITPA): 5세
- 기타
  - 정서, 사회성 발달에 심각한 문제 없음
  - 감각에 심각한 문제 없음

02 단순언어장애의 언어적 특성

아동기 언어장애의 대표적인 유형인 단순언어장애는 일차적인 장애를 가지고 있지 않으면서도 언어를 습득하고 발달시키는 과정에서 현저한 언어적 결함을 보이는 경우를 말한다.

1. 음운론적 영역

① 대부분의 단순언어장애 아동은 외부 사람들이 아동의 말을 이해하는 데 어려울 정도로 발음에 문제를 보인다.

② 이들은 기질적으로는 문제가 없음에도 불구하고, 문장 내에서 음운상의 오류를 자주 보이는 특성이 있다. 즉, 음운규칙과 음운변동 현상을 이해하고 정확하게 발음하는 데 어려움을 갖는다. ❶ 24초등A3

기출 POINT 2

❶ 24초등A3

[A]와 [C]에 나타난 의사소통장애의 특성을 비교하였을 때, 오조음의 일관성 측면에서 차이점 1가지를 쓰시오.

준우	•조음기관의 협응이 잘 이루어지지 않음 •특정 음소에서 발음이 부정확함 •구강 운동 기능에 결함을 가지고 있음	[A]
영호	•조음기관의 결함은 보이지 않음 •문장으로 말할 때 음운상의 오류를 더 많이 보임 •말소리를 듣고 말소리의 구조를 인지하거나 변별하는 능력에 결함을 보임	[C]

2. 의미론적 영역

① 단순언어장애는 어휘습득에서 특히 결함을 보이기 때문에 일상적인 대화상황이나 낱말 찾기와 같은 과제에서 큰 어려움을 보인다.

② 단순언어장애 아동은 어휘습득 전략으로서의 빠른 연결(fast mapping)을 형성하는 능력이 뒤떨어진다.

③ 단순언어장애 아동의 어휘 사용은 양적으로나 질적으로 빈약하다.

더알아보기 빠른 이름 연결하기 전략(김영태, 2014)

아동이 새로운 낱말을 습득하기 시작할 때 빠른 이름 연결하기 전략(일견낱말 습득 전략, fast mapping)을 사용하는 경우가 많다. 이 전략은 아동이 사물에 대한 인지적 직관력이나 통찰력에 의존하여 새로운 낱말의 뜻을 추측하거나 학습하는 것으로, 어떤 낱말을 단 한 번 듣고도 그 낱말과 참조물(사물이나 동작)과의 관계를 빠르게 연결하는 것이다. 물론 이렇게 제한된(1~2회 정도) 노출만으로 실제적인 학습이 이루어지는 것은 아니며 다시 여러 가지 전략(예 반복, 연습, 조직화)을 사용하여 장기기억에 저장함으로써 아동의 어휘지식으로 전환될 수 있다. 실제로 빠른 이름 연결하기 전략 사용의 능력을 평가할 때는 무의미 낱말을 사용하는 경우가 많다. 이 전략을 잘 사용할 수 있는 아동은 새로운 낱말을 습득하는 데 유리한 것으로 보인다.

이 전략 자체는 아동이 어떻게 그 낱말의 뜻을 추측하는가, 즉 수용어휘 습득 전략이라고 할 수 있으나, 때로는 낱말을 표현할 때에도 이러한 직관적 전략을 사용하는 것이 관찰된다. 예를 들어, 운전하는 사람의 그림을 가리키며, "운전하는 운전수"라고 하고 운동하는 사람의 사진을 가리키며, "운동하는"이라고 할 때, "운동수"라고 대답한다면, 이 아동의 반응은 틀렸어도 빠른 이름 연결하기 전략을 사용한 것을 알 수 있다. 낱말의 이해이든 표현이든, 아동이 새로운 낱말을 습득할 때 이러한 인지적 직관을 활용한 전략을 사용하는 것으로 보인다.

더알아보기

빠른 연결(고은, 2021)

빠른 연결이란 아동이 새로운 단어에 대해 최소한의 노출만으로도 그 단어가 어떠한 대상을 지칭하는지 빠르게 찾아내어 이를 해당 단어의 음운형태와 연합시켜 내는 것을 말한다. 빠른 연결에 영향을 주는 변인에는 자극빈도, 시각적 단서, 음운적 단서, 의미적 단서 등이 있다.

새로운 어휘	몽키
시각적 단서	
음운적 단서	'몽' 더하기 '키' '몽키'야. 두 글자지?
의미적 단서	무엇을 조립할 때 이걸로 조이거나 풀 수 있어.

빠른 연결(심현섭 외, 2017)

빠른 연결이란 낱말습득과정의 초기단계에서 아동이 낱말을 처음 접할 때 낱말의 음운적 표상을 창출하고, 그것의 의미에 대해 가설을 형성하여 이러한 표상 간에 음운적·의미적 연결을 창출하는 과정이다.

3. 구문론적 영역

① 단순언어장애 학생은 두 단어를 조합하는 시기가 일반적으로 1년 이상 지체될 뿐만 아니라, 아동이 점차 문장형식으로 만들어 내는 단어들의 조합은 매우 비문법적이다.

② 문법형태소 사용에 취약하고, 상대적으로 짧은 문장을 사용하며, 내포문 사용빈도가 낮다.

③ 취학 아동의 경우에는 사동·피동 표현에 의해 의미가 달라지는 과제나, 형태소를 이용해서 단어를 형성하거나, 문장성분에 따라 문장의 구조를 분석하는 과제에서 어려움을 겪는다.

4. 화용론적 영역

① 또래와의 상호작용이 일반아동보다 적고 대화 중간에 끼어들지 못하는 경우가 많다.

② 대화 상대방이 충분한 정보를 주지 않았을 때 하는 명료화 요구와 상대방이 명료화 요구를 했을 때 수정해서 이야기할 수 있는 발화수정 전략과 같은 능력이 일반아동에 비해 지체되어 있다. ❶ 22중등A1

③ 일반적인 상식이나 이전 발화를 바탕으로 지금의 발화를 이해하는 전제나 참조적 기능과 추론능력이 지체되어 있다.

기출 POINT 3

❶ 22중등A1

( ) 안에 들어갈 명료화 전략을 사용한 대화의 예를 1가지 쓰시오.

- 친구가 바로 대답하거나 표현하지 못하더라도 조금만 기다려 주세요.
- 친구의 말을 알아듣기 힘들 땐 (　　)(이)라고 말해 주세요.

더알아보기 의사소통 실패 해결 능력

두 사람 이상이 서로 대화를 할 때 의사소통의 실패(혹은 단절)가 일어날 수 있는데, 이런 상황을 해결하는 능력을 습득하는 것 또한 대화기술에서 매우 중요하다. 말하는 사람 입장에서는 자신이 무엇을 잘못 말했는지 분석해서 수정해야 하고(발화 수정 전략), 듣는 사람의 입장에서는 자신이 이해할 수 없었던 부분에 대하여 수정해서 다시 말해줄 것을 요구해야 한다(명료화 요구 전략). ❷ 21중등A7, ❸ 17중등B4

발화 수정 전략	정의
반복	이전 발화 전체 혹은 부분을 반복하는 것
개정	이전 발화의 문장 형태를 구조적으로 변화시키는 것
첨가	이번 발화에 특정 정보를 더하는 것
단서 추가	이전 발화의 용어를 정의, 배경정보에 대한 설명, 발화 수정 자체에 대해 말하는 것

명료화 요구 유형	정의	예
일반적 요구	원래 발화의 의미를 다시 묻는 경우로, 끝을 올리는 억양으로 이전 발화의 어떤 부분에 대해 반복해 줄 것을 요구함. 주로 "응?" "뭐라고?" "못 알아듣겠다."	A: "나 어제 할머니 집에 갔어요." B: "응?" 또는 "뭐라고?"
확인을 위한 요구	화자의 발화의 일부 혹은 전체를 반복함으로써 원래 발화의 의미를 확인하는 것. 주로 끝을 올리는 억양이므로 '예/아니오' 질문과 비슷함	A: "나 어제 할머니 집에 갔어요." B: "어제?" 또는 "할머니 집?"
발화의 특별한 부분 반복 요구	원래 발화의 구성요소의 일부를 의문사로 바꾸어 질문하여 특별한 부분을 반복해 줄 것을 요구하는 경우	A: "나 어제 할머니 집에 갔어요." B: "어제 어디에 갔어?"

❷ 21중등A7

밑줄 친 ⓒ, ⓔ에 공통적으로 나타난 대화참여자들의 의사소통 전략을 1가지 쓰시오.

> 특수교사: 그래. ⓒ <u>코끼리에게 '과자'를 주었다는 거지?</u>
> 학생 C: 네. 과자 줬어요.
> 특수교사: 그랬구나. 코끼리는 '우리' 안에 다른 동물들과 함께 있었니?
> 학생 C: …….
> 특수교사: 코끼리 '우리'에 다른 동물도 있었니?
> 학생 C: …….
> 특수교사: 코끼리 '우리'에 누가 있었니?
> 학생 C: ⓔ <u>'우리요?'</u>
> 특수교사: 그래. 코끼리 집 말이야.

❸ 17중등B4

(제시문 참고)

> 일반교사: D는 친구들과 대화할 때 상대방의 말이 끝나기 전에 끼어들거나 대답을 듣지도 않고 질문만 합니다. 그래서 대화의 내용을 잘 따라 가지 못해서 주제를 놓치는 경우가 많습니다. 그리고 반 친구들이 하는 간접적이고 완곡한 표현을 이해하지 못하기도 합니다.
> 특수교사: 네. D가 대화할 때, '명료화 요구하기' 전략을 활용할 수 있겠네요.

03 단순언어장애 언어중재 프로그램

1. 청지각과 음운인식

(1) 청지각

① 청지각이란 귀로 듣고, 정확히 인식하고, 변별하고, 이해하는 과정을 말한다.

② 청지각의 결함은 말소리를 정확하게 이해하지 못하고 정확하게 발음하지 못하는 주요 원인이 된다.

(2) 음운인식

① 음운인식이란 말소리의 구조를 인식하고 분석하는 것으로서, 음절단위의 음운인식 능력을 갖추었다는 것은 단어를 음절단위로 인지하고, 초성 자음과 각운 등을 인지하며, 음절단위로 말소리를 조작하는 등의 능력이라고 할 수 있다.

더알아보기

청지각의 하위개념

청각적 이해력	소리를 듣고 의미를 알고, 말을 듣고 이해하는 능력
청각적 변별력	같은 소리인지, 같은 음절인지, 같은 음소인지 등을 구별하는 능력
청각적 기억력	들은 말을 그대로 재현하거나, 청각적 정보를 순서대로 기억하는 능력
청각적 종결력	단어 중에서 빠진 소리를 인식하고 찾아내는 능력
청각적 혼성력	각각의 소리를 단어로 연결하고 종합하는 능력

② 음운인식 능력은 생활연령이 높아짐에 따라 발달하는데, 음절 수준의 음운인식은 약 4세경에 습득되고, 음소 수준의 음운인식은 6세가 되어서야 본격적으로 발달한다.

③ 음운인식 과제 유형으로는 수세기, 합성, 탈락, 변별, 대치 등이 있다.

④ 청지각 훈련은 음운인식 능력을 향상시키기 때문에 함께 묶어서 프로그램이 구성되는 것이 효과적이다.

청지각 훈련을 바탕으로 한 음운인식 프로그램의 예시

단계	활동 및 예시	
I (소리 수준)	• 주변에서 나는 소리를 집중해서 듣고, 그 소리가 무엇인지 안다. • 주변에서 나는 소리와 말소리를 구별할 줄 안다. • 남자/여자 목소리를 구별할 줄 안다.	
II (문장 수준)	문장을 듣고 해당하는 그림을 고를 수 있다. (밥을 먹어요.) (달리기를 해요.) (공부를 해요.)	
III (단어 수준)	문장에서 단어를 쪼갤 줄 안다.	예 호랑이와 토끼가 만났어요. → /호랑이와/ /토끼가/ /만났어요/
	단어를 듣고 그림카드를 고를 수 있다.	예 딸기가 어디 있을까요?
IV (음절 수준)	단어를 듣고 음절 수를 셀 줄 안다.	예 /호랑이/는 몇 개의 음절로 이루어졌을까요?
	같은 음절로 시작되는 단어를 찾을 수 있다(두운인식).	예 /사과/ /사슴/ /나비/ 중 첫음절이 다른 것은 무엇일까요?
	같은 음절로 끝나는 단어를 찾을 수 있다(각운인식).	예 /가방/ /나방/ /가을/ 중 끝음절이 다른 것은 무엇일까요?
	두 개의 음절이 합해지면 만들어지는 소리를 안다.	예 /나/와 /무/를 합치면 어떤 소리가 될까요?
	하나의 음절을 빼면 만들어지는 소리를 안다.	예 /사마귀/에서 /마/를 빼면 어떤 소리가 될까요?
	다른 음절로 바꾸어 만들어지는 소리를 안다.	예 /바다/의 /바/를 /자/로 바꾸면 어떤 소리가 될까요?

V (음소 수준)	음절을 듣고 음소 수를 셀 줄 안다.	예 /창/은 몇 개의 소리로 이루어졌을까요?
	같은 음소로 시작되는 단어를 찾을 수 있다.	예 /고기/ /기차/ /오리/ 중 첫소리가 다른 것은 무엇일까요?
	같은 음소로 끝나는 단어를 찾을 수 있다.	예 /수박/ /주먹/ /구멍/ 중 끝소리가 다른 것은 무엇일까요?
	두 개의 음소가 합해지면 만들어지는 소리를 안다.	예 /ㄱ/과 /ㅗ/를 합하면 어떤 소리가 될까요?
	하나의 음소를 빼면 만들어지는 소리를 안다.	예 /나비/의 /ㄴ/을 빼면 어떤 소리가 될까요?
	다른 음소로 바꾸어 만들어지는 소리를 안다. ❶ 15초등B7	예 /방/의 /ㅂ/을 /ㄱ/으로 바꾸면 어떤 소리가 될까요?

2. 청각적 주의집중 훈련

(1) 듣기의 과정

① hearing(들리기)은 귀를 통해 소리를 인지하는 물리적인 단계로, 내 의지와 관계없이 소리가 들리는 것이다.

② listening(듣기)은 귀를 통해 들어온 소리에서 의미를 구성해 내는 심리적 단계이다.

③ auding(청해)은 청각적으로 들어온 정보를 종합적으로 이해하고 해석하는 단계로서 가장 높은 수준의 듣기 단계이다.

(2) 청각적 주의집중 훈련

청각적 주의집중은 놀이활동 속에서 이루어지는 것이 좋다. 놀이는 아동이 지루해하지 않고 자연스러운 방법으로 집중을 유도할 수 있다는 장점이 있다.

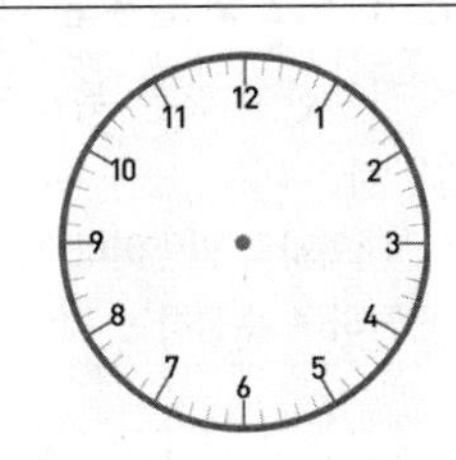

"선생님이 말하는 시간을 잘 듣고 그려 보세요"

기출 POINT 4

❶ 15초등B7

다음은 소망이가 듣기 어려워하는 말소리를 중심으로 청지각 훈련을 적용한 예이다. 빈 칸에 들어갈 내용을 쓰시오.

청지각 훈련	소망이를 위한 활동의 예
1) 자음과 모음카드를 가지고 글자를 구성한다.	/ㅅ/과 /ㅏ/가 만나면 무슨 소리가 될까요?
2) 같은 음절로 시작되는 단어를 찾는다.	'사자' '사과' '아빠' 중에서 시작하는 말이 같은 것은 무엇일까요?
3) 첫소리가 같은 글자를 찾는다.	'상자' '송편' '책상' 중에서 시작하는 말소리가 같은 것은 무엇일까요?
4) (　　　　)	'살'에서 'ㅅ' 대신 'ㅆ'을 넣으면 무슨 소리가 날까요?

3. 상위언어인식 훈련

(1) 상위언어인식

① 상위언어인식이란 언어를 대상으로 하는 사고능력으로서 인지능력과도 상관이 있다.

② 즉, 언어가 전달하는 내용과는 별개로 언어의 구조적 속성에 대해 생각할 수 있는 능력을 말한다.

(2) 상위언어기술의 영역

상위언어의 하위영역은 언어의 어떤 부분을 사고대상으로 하느냐에 따라 음운자각, 단어자각, 구문자각, 화용자각 등으로 분류할 수 있다.

하위영역	정의 및 예시
음운자각	음운자각은 구어에서 사용되는 단어들 속에 들어 있는 여러 가지 단위들을 분리하거나, 이런 단위들을 다시 결합하여 재합성될 수 있다는 것을 아는 것이다. ❶ 21중등B8 예 '돼지'라는 단어를 듣고 2음절로 만들어졌다는 것을 판단하거나, '다람쥐'와 '도깨비'의 첫 글자 초성이 동일한 음소임을 아는 것
단어자각	• 단어자각은 단어가 가지고 있는 물리적 속성과 추상적 속성을 이해하는 능력이다. 예 '돼지'라는 단서 속에서 포유동물 돼지가 갖는 물리적 속성과 '많이 먹는 사람' 등의 추상적 속성을 아는 것 • 또는 사물의 이름이 바뀌어도 속성이 바뀌지 않는다는 것을 아는 능력이다. 예 '서점−책방'
구문자각	• 구문자각은 문법에 맞는 문장을 사용하는지에 대해 자각할 수 있는 능력이다. 예 "밥이가 맛있어요."나 "선생님이 철수에게 책을 읽었다."와 같은 문장이 문법적으로 맞는지를 판단하는 것 • 반면에 문법적으로는 맞지만 의미가 맞지 않는 문장의 오류를 판단하는 것은 의미자각에 해당하며 구문자각과 함께 분석할 수 있다. 예 "동생이 아빠를 낳았다."나 "밥을 마셔요."와 같은 문장의 오류를 판단하는 것
화용자각	화용자각은 자신의 발화가 상황에 적절한지 혹은 목적달성에 적합한지 등을 스스로 점검하고 조절하는 것을 말한다. 예 적절치 못한 말이 튀어나왔을 경우, 대화자의 연령이나 지위에 맞지 않는 단어나 존칭을 썼을 때 스스로 옳고 그름을 판단하여 수정하는 것

기출 POINT 5

❶ 21중등B8

'활동 1'을 통해 향상시킬 수 있는 상위언어기술의 영역을 1가지 쓰고, ㉠에 들어갈 활동 내용을 1가지 제시할 것

활동 1
(㉠) • /ㅁ/, /ㅏ/, /ㅊ/, /ㅏ/를 듣고 '마차'라고 답하기 • /ㅅ/, /ㅏ/, /ㅈ/, /ㅣ/, /ㄴ/을 듣고 '사진'이라고 답하기

(3) 상위언어인식 훈련

일반적으로 상위언어인식 능력은 음운, 의미 또는 구문영역에 오류가 있는 문항을 제시하여 문장의 오류 여부를 판단하여 잘못된 부분을 수정하는 과제 수행을 통해 알아볼 수 있다.

구분	검사자	반응의 예
음운영역	연필로 동가미를 그려요.	틀렸어요, 동그라미를 그려요.
	시장에서 살을 사요.	틀렸어요, 쌀을 사요.
	친구하고 술래잡기를 했어요.	맞았어요.
의미영역	아빠가 화장을 해요.	틀렸어요, 엄마가 화장을 해요.
	다리를 건너다가 다리를 다쳤어요.	맞았어요.
	시장에 가면 동물들이 많아요.	틀렸어요, 동물원이에요.
구문영역	학교를 공부를 해요.	틀렸어요, 학교에서 공부를 해요.
	토끼가 당근에게 먹어요.	틀렸어요, 토끼가 당근을 먹어요.
	목욕탕에서 세수를 해요.	맞았어요.
화용영역	'할머니는 잘 있니?'라고 말해요.	틀렸어요, '잘 계시니?'예요.
	'너무 시끄럽지 않아요?'는 무슨 뜻일까요?	조용히 하라는 말이에요.
	생일에 친구가 선물을 주자 '안녕하세요.' 라고 해요.	틀렸어요, '고마워'라고 말해요.

4. 수용언어 지도

① 목표단어는 독립된 명사 혹은 동사 중심이 아닌 문맥상에서 가르친다. 그림카드를 이용하여 사물의 이름을 배우는 것이 아니라 놀이 형식으로 반복해서 새로운 단어를 듣고 이해하도록 한다.

② 단어를 미리 말해준다. 교사는 행위나 사건을 보여주기 전에 먼저 학습해야 할 단어를 명명해 준다.

③ 아동이 목표어휘를 정확히 이해했는지 못했는지는 아동의 반응으로 알 수 있다. 이때 교사는 비구어적 단서를 모두 제거한 상태에서 확인해야 한다.

더알아보기 수용언어 지도의 예시

[목표어휘] 트럭

교사: "우리는 트럭이 필요해요." (교사와 아동은 함께 공사장 놀이를 한다. 박스에 담겨 있던 작은 돌들을 교실 구석에 쏟고 교사는 아동에게 묻는다.) "이제 어떻게 이 돌들을 저쪽으로 옮기지요? 트럭에 실어 볼까요?" (교사와 아동은 준비된 모형 트럭에 돌들을 옮긴다.) "자, 이제 트럭을 어디로 몰까요?" (이때 비구어적 단서를 전혀 주지 않는다.)

아동: "저기" (손가락으로 가리킨다.)

5. 음운처리

(1) 음운처리 능력의 결함

① 음운처리(phonological processing)란 구어(음성언어)와 문어(시각언어)를 포함한 언어적 정보처리를 위하여 음운에 기초한 정보를 활용하는 것을 말한다.

② 음운처리에 결함을 가진 경우에는 소리를 지각하거나 소리 체계의 규칙을 사용하고, 기억 속에 있는 음운정보를 기호화하여 인출하는 것에 문제를 보인다.

Key word

음운작업기억

음운작업기억(phonological working memory) 혹은 음운기억(phonological memory)이란 새로운 낱말을 들었을 때 청각적으로 제시된 음운정보를 음운적 표상으로 부호화할 수 있는 능력으로, 어휘습득에 있어 중요한 역할을 하는 것으로 여겨진다. 즉, 청각적으로 제시된 새로운 낱말을 더 잘 기억하는 아동은 그렇지 않은 아동보다 어휘를 더 빨리 습득할 수 있기 때문이다.

(2) 음운처리 과정

① **음운인식**: 말소리의 구조를 인식하고 분석하는 것을 의미한다.

② **음운부호화**: 음운정보를 일시적으로 저장하는 작업기억을 의미한다.

③ **음운재부호화**: 장기기억으로부터 음운부호의 인출을 의미한다.

구성요소	활동명	활동내용
음운부호화	• 순서대로 반응하기 • 거꾸로 반응하기	• 선생님이 말한 것을 잘 기억한 다음에 순서대로 똑같이 따라 말해 보세요. /사과/, /토끼/, /트럭/ • 선생님이 말한 것을 잘 듣고 거꾸로 말해 보세요. /바/, /고/, /디/
음운재부호화(음운부호의 인출)	• 단어 말하기 • 끝말잇기	지금부터 선생님이 시간을 잴 거예요. 그만할 때까지 /바/ 소리로 시작되는 단어를 모두 말해 보세요.

6. 표현언어 지도

표현언어 지도는 수용언어와 병행적으로 이루어지는데, 우선은 어휘에 대한 이해 여부를 확인해야 한다.

(1) 반복 재생하기

① 교사가 하나의 문장을 계속 모델링해 주다가, 어느 순간에 마지막 단어를 말하지 않고 아동을 (기다린다는 눈빛으로) 응시한다.

② 아동이 반복된 단어를 말하도록 하는 것이 목적이며, 아동이 목표단어를 산출하지 않을 경우에는 교사가 단어를 말해준다.

더알아보기 반복 재생하기의 예시

목표어휘 던지자

(교사와 아동은 '퐁당 퐁당 돌을 던지자'를 말하면서 작은 연못에 돌 던지기 놀이를 한다.)

교사: "퐁당 퐁당 돌을 던지자." (몇 번을 반복한다.)

"퐁당 퐁당 돌을 ……." (잠시 쉼을 주고 아동을 기다린다는 듯 쳐다본다.)

아동: "……던지자."

(2) FA(forced alternative) 질문법

① 두 개의 단어 가운데 하나를 선택할 수 있는 질문을 던지는 방법이다.

② 단순언어장애 아동은 주로 실제 의사와 무관하게 "응."이라는 답변을 가장 많이 하는데, 이는 아동이 질문을 제대로 이해하지 못했거나 다른 말로 표현할 수 있는 방법을 모르기 때문이다.

③ FA 질문법은 일어문과 이어문 단계에서 주로 사용된다.

더알아보기 FA 질문법의 예시

> [목표어휘] 수박
> (교사와 아동이 과일가게 놀이를 한다)
> 교사: 오늘은 어떤 과일을 드릴까요? 수박이 참 맛있어요.
> 아동: …….
> 교사: 어떤 과일을 드릴까요? 수박이 참 맛있어요.
> 아동: 응.
> 교사: 수박 아니면 라면?
> 아동: 수박.

(3) Wh-질문법(who, what, where, when, why) ❶ 20초등B5

① 아동의 발화를 자극하는 가장 좋은 동기부여는 관심을 가지고 아동으로부터 답을 알고자 하는 것이다.

② 교사는 아동의 어휘발달 수준에 적합한 질문을 하여야 하는데, 단순언어장애의 경우에는 Wh-질문법이 효과적이다.

③ Wh-질문법 가운데 '왜'에 해당하는 질문은 답변이 매우 어려울 수 있으며, '어떻게'라는 질문은 아동이 답변을 구성하는 데 있어서 혼란스러울 수 있으므로, 폐쇄형 질문과 단답형 질문에서 단계적으로 접근하는 것이 좋다.

Wh-질문	질문내용
누가	이 사람은 누구예요?
어디	어디로 소풍을 간 거예요?
무엇을	소풍 가서 무엇을 하고 놀았어요?
언제	소풍을 언제 간 거예요?
왜	왜 이 친구는 앉아 있어요?

기출 POINT 6

❶ 20초등B5

ⓜ의 개선을 위한 지도를 할 때 다음의 ⓐ에 들어갈 교사의 말을 ⓗ을 활용하여 쓰시오.

> ⓜ 주어를 빼고 말하는 경우가 자주 있음
> ⓗ W-질문법을 활용하면 좋음

> 인호: 먹어요 사과.
> 교사: (ⓐ)

기출 POINT 7

❶ 18초등B6

㉧을 위한 방법 중 적절하지 않은 것의 기호를 쓰고, 바르게 고치시오.

> ㉧ 지우의 언어 발달 수준을 고려한 언어 자극을 주는 것이 중요함

〈㉧을 위한 방법〉

ⓐ 말을 약간 천천히 하고, 중요한 단어에는 강세를 준다.
ⓑ 발음을 분명하게 하고, 질문이나 지시문의 경우에는 짧은 문장으로 말한다.
ⓒ 구체적이고 일상적인 단어를 사용하며, 복잡하고 어려운 단어는 이미 알고 있는 말로 바꾸어 들려준다.
ⓓ 새로운 단어는 전보식 문장으로 반복하여 말해주고, 의사소통의 기회를 충분히 주기 위해서 폐쇄형 질문을 주로 해준다.

더 알아보기

폐쇄형 질문과 개방형 질문

구어에서 폐쇄형 질문은 "예" 또는 "아니오" 등의 긍정과 부정의 대답을 요구하거나 선택적 답지 가운데 하나의 응답을 요구하는 질문 형태를 말한다. 반면에 개방형 질문은 다양한 대답이 나올 수 있는 질문으로서 학생의 참여와 동기가 높아지는 장점이 있다. 그러나 읽기 질문의 형태에서는 질문의 답을 바로 찾을 수 있는 경우(무엇, 어디, 언제, 누구 등의 의문사)를 폐쇄형 질문이라 하고, 개방형은 대개 '어떻게', '왜' 등의 의문사를 사용하여 학습자의 추론을 요구하는 경우를 말한다.

7. 언어중재 시 유의점 ❶ 18초등B6

좀 더 의미가 있는 언어자극이 되기 위해서는 대화를 할 때 다음과 같은 점에 유의해야 한다.

① 아이가 받아들이기 쉽도록 짧고 구체적인 단어를 사용하는 것이 좋다. 이때 구체적인 단어란, 예를 들면 '과일'보다는 '수박', '포도', '운동하러 가자.'보다는 '달리기하러 가자.' 등으로 표현하는 것을 말한다. 그리고 동일한 단어를 반복해서 말해주는 것이 좋다. 예를 들면, "신문 좀 가져와."라는 말을 한다면, "저기 신문 있지? 저 신문 좀 가져와." 라고 단어를 반복해 준다.

② 부모는 주변에 있는 사람이나 사물 그리고 행동 등에 대해 늘 이름을 붙여 이야기해 준다. 이때 항상 동일한 이름으로 불러 주는 것이 좋다. 상황에 따라 '운전수－기사, 기차－KTX, 시장－마트' 등 대상과 단어가 일치되지 않는 것은 바람직하지 않다.

③ 아이의 연령에 맞는 어휘를 사용한다. 초기 발달 단계에서는 의성어, 의태어 사용을 적극적으로 활용하며, 아이가 일상생활에서 자주 접하는 사물을 반복해서 말해주는 것이 좋다.

④ 목소리의 높이를 다양하게 해서 말한다. 아이들은 단어의 뜻을 이해하기 이전에 말의 운율을 가지고 이해한다. 따라서 음도 변화가 거의 없는 단음도보다는 훨씬 아이에게 언어자극이 된다. 그냥 "잘 잤어?"라는 것보다는 "와~↗ 우리 ○○, 잘 잤어?↗"처럼 음도를 높였다 낮추었다 하며 말한다.

⑤ 중요한 단어에서는 억양을 높이고 강세를 준다. 강세를 준 단어를 더 쉽게 배울 수 있기 때문이다. 이때 목소리는 밝고 즐거워야 한다.

⑥ 의성어와 의태어를 사용해서 다소 과장되게 표현한다. 아이가 받아들이기 쉽도록 의성어나 의태어를 함께 사용한다. "여기 토끼가 있네."라는 표현보다는 "여기 깡충깡충 토끼가 있네."라든지, "새가 울어요."보다는 "새가 짹짹 울어요." 등으로 말한다.

⑦ 천천히 그리고 발음은 분명하게 말한다. 말은 천천히 하되, 아기말투로 이야기하는 것은 피해야 한다. "그랬쪄?"라든지, 아이가 형을 '찡아'라고 한다고 해서 엄마도 '찡아' 라고 해서는 안 된다. 아이와 이야기할 때는 지나친 유아어는 삼가고 특히 일반적으로 수용되지 않는, 예를 들면 아이가 스스로 만든 신조어는 사용하지 않는 것이 좋다.

⑧ 문법적으로 완전한 문장을 사용한다. 짧고 단순한 문장으로 말하되, 문법적으로 완성된 문장을 말한다. 예를 들면, "내일은 엄마랑 동물원에 가자."라는 문장을 쉽게 전달하기 위해서 "내일 가 동물원 엄마랑."이라고 하는 것은 잘못된 것이다.

⑨ 이어문 또는 삼어문으로 아이가 말을 하더라도 부모는 늘 완전한 문장으로 대답해 주어야 한다. 예를 들면, 밥상에 있는 고기를 보고 "하진이 꼬꼬"라고 하면, "하진이 꼬꼬 줘?"라고 대답한다. 이때 꼬꼬는 일반적으로 통용되는 유아어이므로 아이가 '고기' 라는 어휘를 이해하기 전까지는 사용하여도 무방하다.

⑩ 참조적 반응보다는 표현적 반응을 한다. 사물의 이름을 단순히 명명하는 것은 참조적 반응이며, 사물의 특성이나 기능을 설명하는 것은 표현적 반응이다. 예를 들면, "이것은 꽃이야."라고 말하기보다는 "꽃이 참 예쁘다."라고 말해주어야 한다. 일반적으로 장애아동의 부모는 사물의 이름을 가르쳐 주려는 욕심이 앞서서 참조적 반응을 많이 사용하는 경향이 있다.

⑪ 몸짓으로 의사소통하는 것을 격려해 준다. 아이가 말을 하지 않고 손으로 냉장고를 가리킨다고 해서 "너 뭐가 먹고 싶어? 말을 해!"라는 등의 강요보다는 몸짓으로도 의사소통이 가능하다는 것을 아이가 느끼게 해주어야 한다. 특히 장애아동의 경우에는 자신의 의도를 타인에게 표현하는 것 자체를 어려워한다. 이때 자신의 신체가 의사소통을 가능하게 하는 수단이 된다는 것을 느끼게 해주는 것이 중요하다.

⑫ 동작 모방을 많이 해준다. 동작 모방이 잘 이루어져야 말소리 모방도 쉬워질 수 있으므로 '머리를 빗는 모습'을 서로 흉내를 낸다거나, '손에 뽀뽀하기' 동작을 모방하는 등 재미있는 놀이활동을 일상생활 속에서 많이 해주는 것이 좋다. 신체적인 체험과 정신적인 체험은 모두 총체적으로 언어를 구성하는 힘이 된다.

⑬ 아이에게 마음껏 말할 수 있도록 해주어야 한다. 설령 발음이 틀리고 심하게 말을 더듬거나 이해가 되지 않을 정도로 부정확할지라도 아이는 언제든지 자기가 하고 싶을 때 말할 수 있어야 하며, 그것은 허공 속에 메아리가 되어서는 안 된다. 즉, 아이가 말을 하려고 할 때에는 눈을 맞추고 기다려 주고 아이의 말을 경청하고 있다는 반응을 보여주어야 한다.

⑭ 노래를 불러 주고 함께 노래를 부르는 것은 단지 '재미'가 아니라 언어를 발달시키는 데 매우 효과적이다. 노래가사 속에 나오는 단어를 익히는 것이 목적이 아니라, 멜로디와 운율을 느끼는 것만으로도 충분히 의미가 있다. 그러한 준언어적 요소는 우리가 문장에서 사용하는 단어보다 더 중요한 의미를 내포하기 때문이다.

CHAPTER
09 의사소통장애 교육

01 문자언어 지도방법

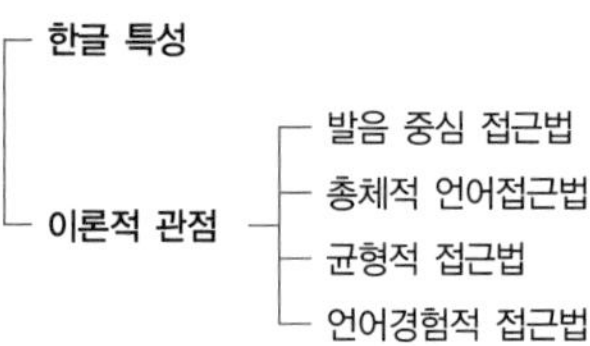

02 교사의 발화 전략

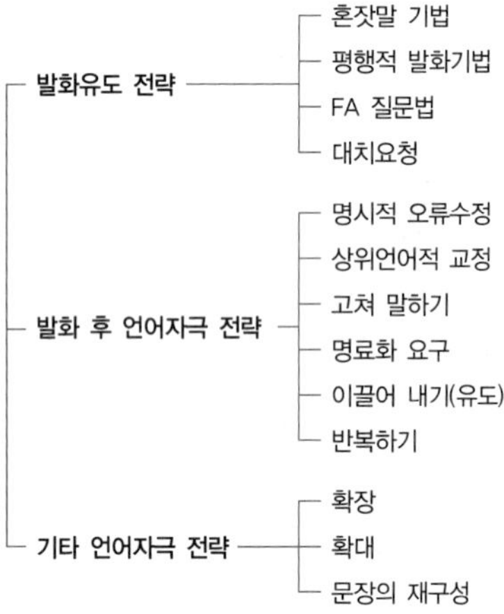

03 기능적인 언어치료

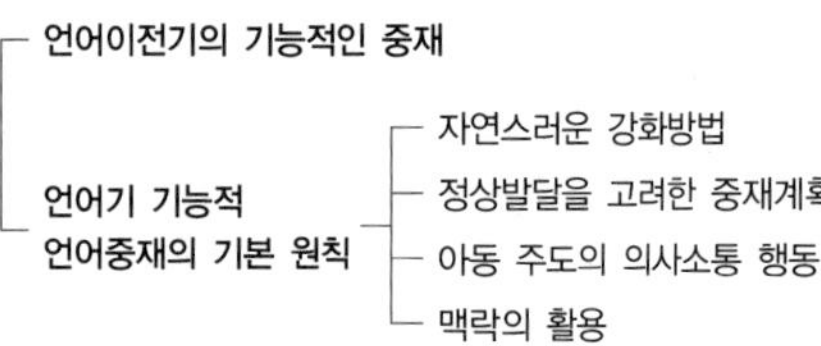

04 자연적 언어중재

- 개념
- 특징

05 강화된 환경중심 언어중재

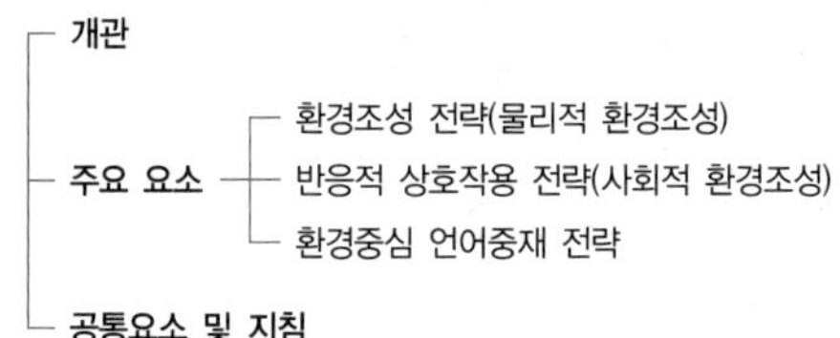

06 스크립트 문맥을 이용한 언어중재

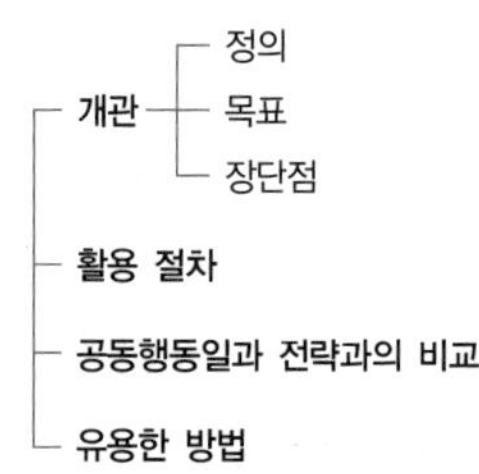

07 낱말찾기 훈련

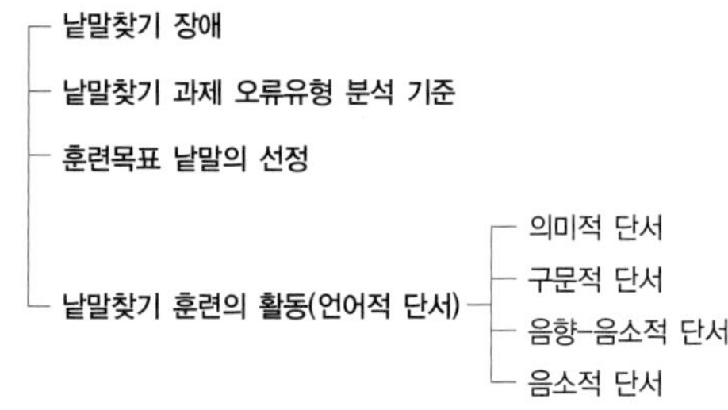

08 참조적 의사소통 훈련

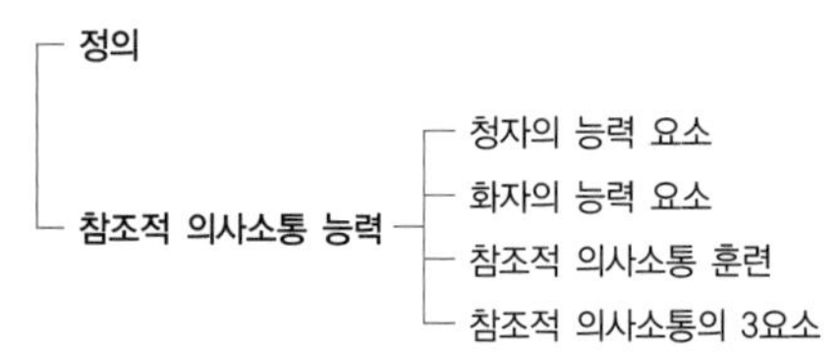

01 문자언어 지도방법

1. 한글 특성

① 한글은 음소문자이다. 음소문자란 글자의 가장 기본단위가 음소로 이루어져 있는 문자로서 '자음+모음'의 구조만 인식하게 되면 읽기가 매우 수월하다. 그런 부분에서 초기 문자해독에 해당하는 읽기학습의 경우 상향식 모델이 적합하다고 할 수 있다.

② 한글은 음절단위로 모아쓰기를 한다. 영어는 'stu-den-t'를 읽기 위해서는 음소를 인지하고 음절을 인지한 다음에 단어로 인지하지만, 한글 '학생'은 음운분석 없이 바로 '학+생'으로 쉽게 읽을 수 있기 때문에 영어에 비해 기본원리를 쉽게 배울 수 있다. 따라서 한글은 영어와 비교하여 음절이 말을 하거나 쓸 때 매우 중요한 단위로 기능한다.

③ 한글은 자음과 모음을 소리 나는 대로 표현하는 표음문자이다. 모음 /ㅏ/는 항상 음가 [a]를 갖는다. 반대로 영어는 어떤 자음과 결합하느냐에 따라 달라지기 때문에 음운원리를 터득하기 어렵다. 한글은 소리와 글자 대응규칙이 분명하다는 장점을 가지고 있으며, 따라서 발음 중심 언어교육이 효과적으로 적용될 수 있다.

④ 한글은 표기상 표의주의이다. 표의주의란 소리 나는 대로 표기하지 않고 기본형태의 원형을 둔 채 분절하여 표기하는 것을 말한다. 예를 들어, '같이'는 '가치'라고 소리 나는 대로 쓰지 않고 '같'과 '이'를 분절하여 표기한다.

더 알아보기

문자언어 지도 모델

상향식 모델	문자해독이 기초이며 음소와 같은 작은 요소에서 시작해서 단어, 구, 절, 문장과 같은 큰 단위로 학습한다.
하향식 모델	글 자체의 언어적 요소보다는 글이 포함하고 있는 맥락에 의존한다. 독자의 경험으로부터 배경지식이 글 이해에 주도적으로 작용하는 방식이다.

2. 언어교육 프로그램에 적용된 이론적 관점

(1) 발음 중심 접근법

① 행동주의 심리학의 영향을 받은 구조주의 언어학자들이 고안한 발음 중심법은 언어의 하위기능부터 위계적인 학습계획하에 이루어지며, 읽기 초보 단계에서 문자해독 기술을 습득하는 데 효과적인 방법이다.

② 특히 문자언어는 음성언어와 달리 자연스러운 방법으로 습득되지 않으므로 이러한 직접적인 지도가 필요하다.

③ "/ㄱ/에 /ㅏ/를 더하면 '가', /ㅑ/를 더하면 '갸', 거기에 /ㄹ/을 붙이면 '갹'이 된다."는 식의 지도방법이다. 즉, 자모체계를 배우고 대응관계에 대한 원리를 가르치면서 문자해독을 지도하고, 이때 단어, 문장 그리고 이야기 순으로 지도를 하기 때문에 전형적인 상향식 접근방법에 해당한다. ❶ 17유아B7

④ 발음 중심법은 기본 음절표를 활용하여 한글 구조를 체계적이고 논리적으로 지도할 수 있다는 장점이 있다.

기출 POINT 1

❶ 17유아B7

ⓒ에 해당하는 언어교육방법을 쓰시오.

> ⓒ 아이들에게 자음 'ㅎ'은 [ㅎ]로, 모음 'ㅐ'는 [ㅐ]로 발음하고, 'ㅎ'과 'ㅐ'가 더해지면 [해]라고 발음한다고 가르쳐 주고 '해'라는 낱말 그림카드를 보여주며 그 의미를 알려주었다.

(2) 총체적 언어접근법 ❹ 19초등A7

① 총체적 언어접근법은 발음 중심 접근법과 상반된 접근법으로, 언어의 구성요소들을 음소나 자모체계로 분리하지 않고 하나의 전체로 가르치는 언어교육법이다. ❷ 17유아B7

② 언어를 부분으로 나누어 습득을 하게 되면 전체적인 맥락을 이해하지 못하고, 글을 읽을 때에도 이러한 부분적인 요소에 집중하여 전체적인 의미를 파악하는 데 방해가 된다고 본다. 따라서 총체적 언어접근법에서는 의미 이해에 중점을 두고 실제 생활에 활용되는 문자언어 자료를 활용하고 학습자 중심 과정으로 지도한다. ❸ 10유아29

③ 듣기, 말하기, 읽기, 쓰기를 순서에 따라 각각 제시하지 않고 통합적으로 지도하며, 전체 이야기에서 문장과 단어 순으로 지도하는 하향식 접근방법을 사용한다.

④ 총체적 언어접근법은 자발성과 능동적인 언어경험 그리고 아동의 흥미를 강조한다.

❶ 25유아A7

발음 중심 접근법과 총체적 언어접근법의 비교

발음 중심 언어접근법	총체적 언어접근법
단어 중심으로 지도	문장 중심으로 지도
발음과 음가를 중시	의미 파악을 중시
인위적인 방법으로 지도	자연주의적 원칙
단어카드, 철자카드 사용	그림 이야기책 사용
그림과 삽화는 발음지도에 장애가 됨	의미 파악을 위해 그림과 삽화 활용을 적극 권장
내용 파악을 위한 질문은 가능한 하지 않음	내용 파악을 위한 예측을 적극 권장

기출 POINT 2

❶ 25유아A7

[C]에 해당하는 유아 언어지도 접근법의 장점을 1가지 쓰시오.

> 하윤이가 문자에 관심을 보이므로 언어에 대한 경험을 더 많이 제공하려고 한다. 그래서 지도할 때 처음부터 낱자를 지도하기보다는 전체 이야기, 문장, 단어, 낱자 순으로 지도하고자 한다. 그리고 이를 위하여 음악 동화 듣기, 동화 속 등장인물 막대 인형으로 극놀이 하기, 우리 반 친구들의 사진과 이름이 있는 카드로 놀이하기, 낱말 띠 벽지 붙여 놓기 등의 다양한 활동들을 제공해야겠다. [C]

❷ 17유아B7

㉣에 해당하는 언어교육방법을 쓰시오.

> ㉣ 아이들의 경험이나 이야기, 그림 동화책으로 문장 전체 맥락에서 적절하게 '해'의 의미를 가르쳤다.

❸ 10유아29

〈보기〉에서 '총체적 언어교수법'에 근거한 활동을 모두 고르시오.

〈보기〉

- ㉠ 좋아하는 노래를 반복해서 들려주고 부르도록 하였다.
- ㉡ 낱말카드를 주고 '다'로 시작하는 단어를 찾도록 하였다.
- ㉢ 팸플릿, 광고지 등을 이용하여 간단한 단어를 읽도록 하였다.
- ㉣ 녹음 동화를 듣고 생각나는 단어의 음운을 결합하도록 하였다.
- ㉤ 노래가 읽어 주는 간단한 이야기를 듣고 지시에 따라 그림 문장을 완성하도록 하였다.

기출 POINT 2

❹ 19초등A7

최 교사가 [A]에서 활용하려는 ① 입문기 문자 지도 방법을 쓰고, ② 학습목표와 〈활동 3〉을 근거로 이 지도 방법의 장점을 1가지 쓰시오.

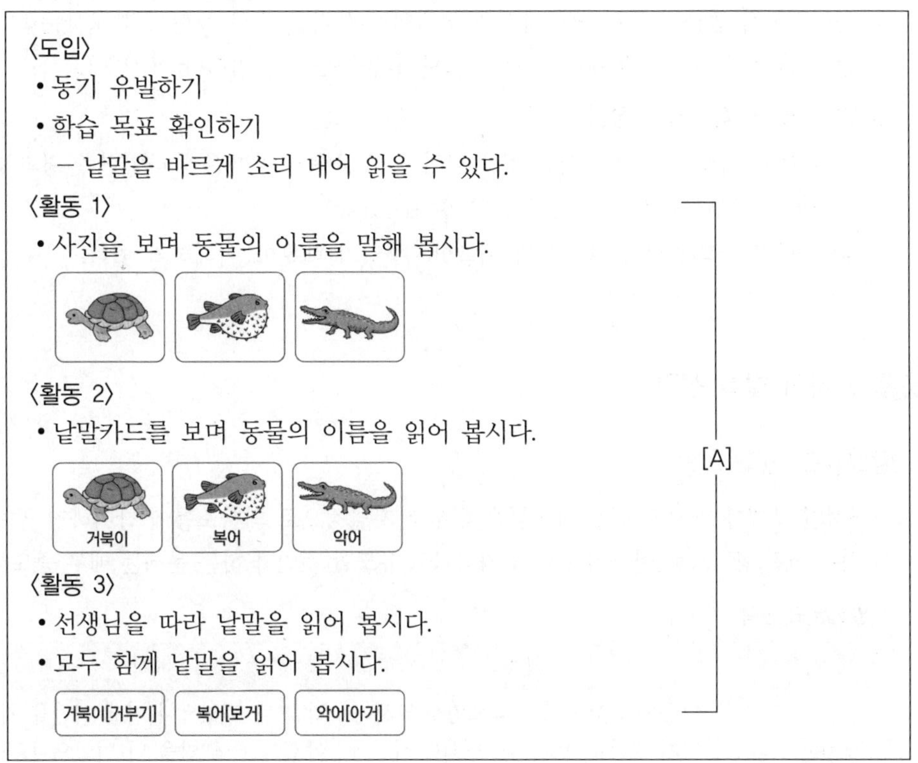
〈도입〉
- 동기 유발하기
- 학습 목표 확인하기
  - 낱말을 바르게 소리 내어 읽을 수 있다.

〈활동 1〉
- 사진을 보며 동물의 이름을 말해 봅시다.

〈활동 2〉
- 낱말카드를 보며 동물의 이름을 읽어 봅시다.

거북이 / 복어 / 악어

〈활동 3〉
- 선생님을 따라 낱말을 읽어 봅시다.
- 모두 함께 낱말을 읽어 봅시다.

거북이[거부기] / 복어[보거] / 악어[아거]

[A]

(3) 균형적 접근법

① 균형적 접근법은 발음 중심 접근법과 총체적 언어접근법의 적절한 균형을 강조한다.

② 때로는 글자의 기본원리를 쉽게 배울 수 있는 한글의 장점을 살려서 자모체계의 이해와 자소와 음소의 대응관계 등에 초점을 맞춘 발음 중심 지도를 하고, 때로는 아동의 경험과 흥미를 고려한 익숙한 단어들을 중심으로 의미 이해에 관한 지도에 초점을 맞춘 의미 중심 전략을 사용하는 지도방법이다. ❶ 19유아A7

③ 균형적 접근법은 소리를 해독하는 기술과 글의 의미를 파악하고 이해하는 능력을 모두 강조함으로써, 언어발달에 긍정적인 교수법으로 강조된다.

④ 예를 들어, 교사와 함께 그림책을 읽으면서 자신의 이름 속에 포함된 음절을 찾는다거나, 자신의 이름 속 음절을 활용하여 새로운 단어 말하기 등으로 구성될 수 있다.

기출 POINT 3

❶ 19유아A7

ⓒ이 의미하는 언어교육방법이 무엇인지 쓰시오.

> 인규의 언어 습득에 도움을 주고자 ⓒ 이야기나 동화 등과 같은 의미 있는 맥락에서 문자를 경험하게 하면서 직접적으로 읽기 하위 기술에 대한 지도를 병행하는 방법을 적용해 보기로 했다.

(4) 언어경험적 접근법

① 언어경험적 접근법은 큰 틀에서는 위에서 언급한 총체적 언어접근법에 포함된다. 문자의 해독보다는 자연스러운 환경에서 풍부한 생활경험과 학생들의 사고 그리고 상호작용을 중시한다는 점에서 그러하다.

② 언어경험적 접근법은 아동이 자신의 경험이나 생각을 말로 표현하면 교사는 그것을 글로 옮겨 적어서 아동에게 읽기 자료로 활용하는 교수법이다. ❶ 14유아B7

③ 언어경험적 접근법의 장점

㉠ 아동이 직접 자신이 경험한 것을 말과 글로 표현하기 때문에 다양한 연령과 아동 자신의 발달 단계에 맞는 활동을 할 수 있다.

㉡ 아동이 글의 내용을 더 쉽게 예측할 수 있기 때문에 이해하기 쉽다.

기출 POINT 4

❶ 14유아B7

아래의 내용에 비추어 ㉣에 해당하는 언어교육 접근법 1가지를 쓰시오.

> 오늘 산책을 가서 보았던 꽃에 대해 이야기를 나누고, 동시 짓기와 산책길 그리기를 하였다. 유아들이 직접 경험했던 것을 바탕으로 해서 그런지, 3세 유아들도 재미있어 하며 자신의 생각을 쉽게 표현할 수 있었던 것 같다. 유아가 유치원 안팎에서 겪는 일상적인 경험이 언어교육의 좋은 자료가 될 수 있다는 것을 알게 되었다. 총체적 언어접근법과 함께 ㉣ 이 접근법을 자주 활용하는 것도 유아들에게 유용할 것 같다.

02 교사의 발화 전략

1. 발화유도 전략

언어적인 문제를 가지고 있는 아동들은 대부분 자발적으로 의사소통에 참여하지 않는다. 이 경우 어떤 방법으로 아동의 언어를 자극하고 유도할 것인가 하는 문제는 매우 중요하다.

발화유도 전략

기법	기능	예시
혼잣말 기법 ❶ 25유아B5,	아동에게 요구하지 않으면서 교사가 자기 행위에 대해 혼자 대화를 하듯이 말을 한다.	밥을 다 먹었으니 이제 식판을 치워야겠다. (…) 밥을 다 먹었으니 이제 칫솔에 치약을 짜고, 오른쪽, 왼쪽 쓱싹쓱싹 해야지.
평행적 발화기법 기출 POINT 6	아동의 행위에 대해 아동의 입장에서 말한다.	(과자를 물끄러미 바라본다.) 교사: 선생님, 지수 과자 주세요. (말없이 과자를 받자) 교사: 선생님, 감사합니다.
FA 질문법	아동에게 대답할 수 있는 2개의 모델을 제시한다.	어떤 색깔로 꾸며 보고 싶어요? 빨간색, 아니면 파란색?
대치요청	목표언어가 나올 때까지 아동의 말을 고쳐 나가도록 유도한다.	아동: 이거? 교사: 이거, 뭐?

① 스스로 묻고 답하는 과제 전략적인 혼잣말을 교사가 교사 자신의 입장에서 스스로 모델링해 주는 것은 아동에게 직접적인 지시를 하지 않고도 언어적 대화의 상호작용을 유도하는 효과를 기대할 수 있다. ❷ 24중등B7

② 반면에 평행적 발화기법은 아동 입장에서 과제 관련 혼잣말을 교사가 사용하는 것이다.

③ FA 질문법은 폐쇄형 질문법의 하나로서 반드시 문법적으로 완전할 필요가 없다.

기출 POINT 5

❶ 25유아B5

[C]에 나타난 김 교사의 발화 유도 전략 1가지를 쓰시오.

> (유아들이 종이집에 그림을 붙여 한옥을 꾸미고 있다.)
> 수지: (나무, 돌 그림을 만지작거리고 있다.)
> 김 교사: (수지의 옆에서 나무 그림을 종이집에 붙이며) 나는 나무 그림 붙여야지.
> 수지: (나무 그림을 붙이는 김 교사를 바라본다.)
> 김 교사: (수지의 옆에서 돌 그림을 종이집에 붙이며) 나는 이제 돌 그림 붙여야지.
> [C]

❷ 24중등B7

㉣에 해당하는 기법을 적용했을 때, 기대 효과를 1가지 서술하시오.

> 실습생: 수업 시간에 보니까 학생 B는 말을 잘 하지 않으려고 해요. 어떻게 지도할까요?
> 특수교사: 발화하기 전에 시범을 보이면서 자극을 주는 전략이 있어요.
> 실습생: 학생 B에게 발화를 이끌어 낼 때 적용해 볼 수 있는 전략이 있으면 알려주시겠어요?
> 특수교사: 네, 발화를 유도하는 전략 중에는 선생님이 ㉣ 자신이 하는 행동에 대하여 자신의 입장에서 혼잣말하는 것을 학생에게 들려주는 방법이 있어요. 예를 들어 선생님이 책장에 책을 넣으면서 "책을 넣어요."라고 말해주는 기법입니다.

④ 대치요청은 명료화 요구의 한 전략으로서 발화 자체를 불완전하게 하면 수정하여 발화하도록 돕는 전략이다.

기출 POINT 6

❶ 24초등A3

ⓒ에 들어갈 언어 중재 전략의 명칭을 쓰시오.

> 특수교사: 영호가 어떤 행동을 할 때 어머니께서 영호의 입장에서 말로 표현해 주시는 방법도 있습니다. 예를 들면 식사 시간에 영호가 반찬을 집을 때마다 "시금치 먹어요.", "고등어 먹어요."와 같이 영호의 입장에서 말씀해 주시는 거예요. 이런 방법을 (ⓒ)(이)라고 해요.

❷ 22유아A7

[A]에서 평행적 발화기법에 해당하는 김 교사의 말을 찾아 쓰시오.

> 박 교사: 선생님, 석우에게 자연스러운 놀이 상황에서 의사소통을 지도하는 방법에는 무엇이 있을까요?
> 김 교사: 제가 자주 사용하는 자연적인 의사소통 지도방법인 촉진적 언어 전략을 소개해 드릴게요. 이 활동기록을 한번 봐 주세요.

	교사의 말	석우의 말
[A]	석우야, 뭐하고 있어요?	
		㉠ 석우 요리해요.
	(㉡)	
		(생략)
	무슨 재료 줄까요?	
		김.
	('네모난'을 강조해서 말하며) 네모난 김?	
		네.
	…(중략)… (석우가 김밥을 자르고 있다.)	
	(석우의 모습을 보며) 김밥을 자르고 있어요.	
		김밥을 자르고 있어요.

기출 POINT 6

❸ 18유아A6

㉠과 ㉡에 사용된 발화 유도 전략을 각각 쓰고, 두 전략의 차이점을 비교하여 쓰시오.

> ㉠ 통합학급 교실로 준혁이가 들어오며 말없이 고개만 끄덕이자 통합학급 담임교사가 준혁이에게 "선생님, 안녕하세요?"라고 말한다. 미술 영역에서 유아특수교사는 준혁이와 '소방차 색칠하기' 활동을 하고 있다. 준혁이의 자발적 발화를 유도하기 위해서 ㉡ 교사는 소방차를 색칠하면서 "소방차는 빨간색이니까 빨간색으로 칠해야겠다."라고 말한다.

❹ 17유아B7

㉠에 해당하는 교사의 발화 유도 전략을 쓰고, 이 전략을 사용하여 ㉡의 상황에서 최 교사가 할 수 있는 적절한 발화의 예를 쓰시오.

> 의사소통에 자발적으로 참여하지 않는 연지를 위해 유아특수교사인 김 교사에게 조언을 구했다. 김 교사는 연지에게 자연스러운 상황에서 말할 수 있는 기회를 주는 것이 필요하다고 강조하며, ㉠ 교사가 유아의 입장에서 유아가 하고 있는 말과 행동을 말로 묘사하는 방법을 알려 주었다. 다음 시간에 연지가 ㉡ 바구니에 공을 넣고 있을 때 이 방법을 사용해서 말을 해 보아야겠다.

❺ 16초등B6

ⓐ에 들어갈 교사의 말을 아래의 〈조건〉에 맞추어 쓰시오.

> 박 교사: 지금부터 풀로 색종이를 붙여볼 거예요. 영미야, 선생님에게 무엇을 달라고 해야 하지?
> 영미: (대답을 하지 않고 도구 상자만 바라본다.)
> 박 교사: (영미에게 풀을 건네주며) (ⓐ)
> 영미: (분명하지 않은 발음으로) ⓞ 풀 주세요.

〈조건〉
- 영미가 발화한 ⓞ과 관련지어야 함
- 평행적 발화기법을 사용해야 함

❻ 13중등22

학생의 효과적인 발화를 유도하기 위해 적용한 언어중재 기법의 예이다. 옳은 것은?

> 학생 A: (색연필로 그림을 그리고 있다.)
> 정교사: 색연필로 그림을 그려요.

① 정교사는 A의 행동을 A의 입장에서 말하고 있는데 이는 평행적 발화기법이다.

2. 발화 후 언어자극 전략

아동의 발화 후 교사가 적용할 수 있는 언어자극 전략으로 교정적 피드백이 있다. 교정적 피드백은 피드백이 보다 확대된 것으로서, "맞았어." 혹은 "틀렸어."에 그치지 않고 무엇이 틀렸는지에 대한 피드백이 함께 이루어진다.

유형	설명 및 예시
명시적 오류수정	발화에 오류가 있음을 명확하게 알려주고 올바른 발화를 직접 제시해 주는 형태이다. 예 고양이를 보고 "저기 멍멍이!"라고 말하면, "멍멍이가 아니라 고양이야."라고 정확한 표현을 제시해 준다.
상위언어적 교정	오류에 대해 명확하게 수정하는 대신에 오류에 대한 힌트를 주거나 정확한 형태에 대한 코멘트, 정보나 질문을 제공하는 형태이다. 예 "나 줘."라고 말하면, "어른들한테 말할 때는 어떻게 하라고 했지?"라고 하면서 존댓말을 유도한다.
고쳐 말하기	오류가 있는 말의 일부나 전부를 수정해 주는 형태로서, 오류를 명시적으로 지적하지 않고, 교정한 상태로 말해준다. ❶ 23중등B4 예 아동: 띤발(발음오류) 있어. 교사: 아~ 여기 신발이 있구나?
명료화 요구	교사가 아동의 말을 잘 이해하지 못했거나 잘못된 발화를 하였을 때, 발화를 다시 한번 반복하거나 수정할 것을 요구한다. 중립적인 언어를 사용할 수도 있고, '무엇을 주라고' 등의 특정적인 어휘를 요구할 수도 있다. ❷ 22중등A1 예 아동: 선생님, &8^% 있어요. 교사: 미안해, 뭐라고? (또는) 저기 뭐가 있다고?
이끌어 내기 (유도)	학생 스스로가 정확한 형태를 발화하도록 유도하여 제공하는 피드백이다. 언급한 것을 완성하게 하거나 올바른 언어형태를 이끌어 내기 위해 질문을 할 수 있다. 예 교사: (그림책을 보면서) 여기 큰 호랑이가 있네. 호랑이가 뭐 하고 있어? 아동: 아~ 벌려(어휘오류). 교사: 입을 크게 벌리고 뭐 하고 있지? 아동: 하품
반복하기	잘못된 발화 부분을 반복하여 말해준다. 이때는 억양을 다르게 해주는 것이 좋다. 예 교사: 내 엄마의 엄마는 뭐라고 부르지? 아동: 엄마엄마(어휘오류) 교사: 엄마엄마? ↗

더 알아보기

- **긍정적 피드백**: 칭찬과 격려 등의 언어적 정보를 의미함

> 교사: 여름에는 어떤 벌레가 많아요?
> 민채: 모기 많아.
> 교사: 우리 민채, 참 잘했어요.

- **부정적 피드백**: 수행이나 행동이 부적절하거나 부정확한 경우 그것을 알려주기 위해 사용함

> 교사: 여름에는 어떤 벌레가 많아요?
> 주혜: 수박이요.
> 교사: 주혜는 수박이 벌레구나? 얘들아, 수박이 벌레일까?

- **교정적 피드백**: 특정한 문제를 고쳐 줄 의도로 사용되는 피드백과 보충 설명 그리고 시범들을 포함하는 개념. 즉, 정답과 오답에 대한 정보뿐만 아니라 오답을 수정하기 위해 보충적인 교수를 제공함

> 교사: 여름에는 어떤 벌레가 많아요?
> 민채: 새가 밥 먹어.
> 교사: 새가 밥 먹는 것 같아요? 다시 한번 잘 보도록 하자.
> 민채: 닭이야.
> 교사: 맞아요. 닭이 모이를 먹고 있는 모습이지요.

기출 POINT 7

❶ 23중등B4

괄호 안의 ㉠에 해당하는 발화의 예시를 각각 1가지 쓰시오. (단, 학생 A와 B의 특성을 참고할 것)

(가) 학생의 의사소통 특성

학생	의사소통 특성
A	• 일관적이지 않은 조음 오류를 나타냄 • 언어 규칙의 습득이 지체됨

(나) 지도 교사의 메모

상황	대화	관찰
학생 A가 간식 시간에 '사과'를 먹은 후 교육실습생과 대화함	• 교육실습생: 간식 시간에 어떤 과일을 먹었어요? • 학생 A: /따가/ 먹을래. • 교육실습생: (㉠)	교정적 피드백 유형 중 고쳐 말하기 전략을 사용하여 지도함

❷ 22중등A1

( ) 안에 들어갈 명료화 전략을 사용한 대화의 예를 1가지 쓰시오.

> • 친구가 바로 대답하거나 표현하지 못하더라도 조금만 기다려 주세요.
> • 친구의 말을 알아듣기 힘들 땐 (   )(이)라고 말해 주세요.

3. 기타 언어자극 전략 기출 POINT 8

그 밖의 언어자극 방법으로 확장, 확대 그리고 문장의 재구성 등의 전략이 사용될 수 있다.

기법	기능	예시
확장	확장은 아동의 발화를 문법적으로 완전한 문장으로 바꾸어 말해주는 것이다. 특히 조사나 어미 사용이 잘못되거나 생략된 경우에 많이 사용된다.	(그림카드를 보며) 아동: 아가 밥 먹어. 교사: 아가가 밥을 먹네.
확대	확대는 아동의 발화에서 단어의 의미를 보완해 주는 데에 초점을 맞춘다. 아동이 어휘를 습득하는 과정에서 성인들은 코멘트의 형식으로 자주 확대전략을 사용한다.	아동: 자동차! 교사: 빨간 자동차네!
문장의 재구성	문장의 재구성은 문장 자체를 바꾸어서 교정해 주는 형태다.	아동: 날라가 뱅기 저기. 교사: 저기 비행기가 날아가요?

기출 POINT 8

❶ 13중등22

학생의 효과적인 발화를 유도하기 위해 적용한 언어중재 기법의 예이다. 옳은 것은?

> (나) 학생 B : (소방차 그림을 보고) 경찰차다.
> 최 교사: 아니, 이건 소방차예요.
> (다) 학생 C : 사과를 먹어요.
> 김 교사: 맛있는 사과를 먹어요.
> (라) 학생 D : 어제 책 읽어요.
> 박 교사: 어제 책을 읽었어요.
> (마) 학생 E : 당근 못 좋아요.
> 이 교사: 당근 안 좋아해요.

② (나)에서 최 교사는 B가 말한 틀린 단어를 지적하고 바른 단어로 고쳐서 제시하고 있는데, 이는 '재구성' 기법을 적용한 것이다.
③ (다)에서 김 교사는 C의 발화에 의미적 정보를 첨가하고 있는데, 이는 '확장' 기법을 적용한 것이다.
④ (라)에서 박 교사는 D의 발화에 문법적 표지를 첨가하고 있는데, 이는 '확대' 기법을 적용한 것이다.
⑤ (마)에서 이 교사는 E의 발화에서 나타난 오류를 맥락 안에서 다른 형태로 바꾸어 말하고 있는데, 이는 '수정' 기법을 적용한 것이다.

기출 POINT 8

❷ 24초등A3

㉡에 들어갈 언어 중재 전략의 명칭을 쓰시오.

> 특수교사: 영호에게는 발화 주제는 그대로 유지한 상태에서 어휘만 첨가해서 들려주시는 (㉡)이/가 효과적일 수 있을 것 같습니다. 예를 들면 영호가 "우유"라고 말하면 "초코 우유", "딸기 우유", "바나나 우유"라고 말해주시면 됩니다.
> 어머니: 그렇군요. 그러니까 선생님 말씀은 영호가 자동차 놀이를 할 때, "자동차"라고 말하면, "빨간 자동차"라고 말해주라는 거죠?

❸ 23중등B4

괄호 안의 ㉡에 해당하는 발화의 예시를 각각 1가지 쓰시오. (단, 학생 B의 특성을 참고할 것)

(가) 학생의 의사소통 특성

학생	의사소통 특성
B	• 어휘력이 매우 낮음 • 형용사나 부사의 사용 빈도가 낮음

(나) 지도 교사의 메모

상황	대화	관찰
학생 B가 주말에 영화를 봤다는 정보를 사전에 듣고 대화를 유도함	• 교육실습생: 주말에 뭐했어요? • 학생 B: 영화 봤어요. • 교육실습생: (㉡)	확대 전략을 사용하여 지도함

❹ 16중등A2

(가)에 사용된 기법의 명칭을 쓰고, (나)에 사용된 기법의 특성을 (가)에 사용된 기법의 특성과 비교하여 쓰시오.

> (가) 민호: (색종이를 만지며) 종이 붙여요.
> 교사: 색종이 붙여요.

> (나) 은지: (선생님이 보여주는 재료를 보며) 은지 파랑 좋아.
> 교사: 은지가 파란색을 좋아해요.

❻ 14유아B4
지도방법 ㉡과 ㉢을 각각 쓰시오.

(㉡)	유아: (새로 산 신발을 자랑하듯 교사에게 보여주며) "신발, 신발" 교사: "예쁜 신발이네"
(㉢)	유아의 발화를 문법적으로 바르게 고쳐서 다시 들려주는 것 유아: (교사가 간식을 나눠주자) "간식, 먹어" 교사: (교사가 유아를 보며) "간식을 먹어요."

❼ 10유아31
아래에 제시한 사례별 언어중재 전략을 쓰시오.

㉡ 자유놀이 시간에 소꿉놀이 영역에서 민희가 모자를 가리키며 "모자"라고 말하면 교사는 "모자?"라고 말하여 민희의 의사를 확인한 후 민희의 말을 "모자 주세요."로 반복하여 말해준다.

❺ 11유아15
김 교사가 사용한 교수 방법을 바르게 설명한 것을 〈보기〉에서 모두 고른 것은?

㉠ 김 교사는 준호 옆에서 블록을 만지면서 혼잣말로 "나는 블록을 만져. 블록, 나는 블록을 만져."라고 말하였다.
㉡ 준호가 장난감 자동차를 가리키며 "자동차."라고 말하면 김 교사는 준호의 의도를 알고 "자동차 줘."라고 말해주었다.
㉢ 준호가 장난감 자동차를 갖고 놀면 김 교사는 "자동차 운전하네. 자동차, 준호는 자동차 운전하네."라고 말해주었다

〈보기〉

ㄱ. ㉠은 '혼잣말하기'로, 김 교사는 자신이 무엇을 하고 있는지 말하여 주어 준호가 즉시 따라 하게 하였다.
ㄴ. ㉡은 '확장하기'로, 김 교사는 준호가 의사소통하려는 내용을 이해하여 준호의 현재 수준보다 조금 더 복잡한 언어로 말해주었다.
ㄷ. ㉢은 '상황설명하기(평행말)'로, 김 교사는 준호의 행동을 말로 표현해 줌으로써 준호가 자신의 행동을 나타낸 말을 들을 수 있게 하였다.

03 기능적인 언어치료

언어장애 아동에게 언어를 훈련할 때 구문적인 형식이나 어휘에만 치중하던 언어훈련법들은 일상생활에서 일반화가 잘되지 않는 단점이 있다. 한정된 훈련상황에서는 언어적인 반응을 잘하던 아동들이 실제 자연 환경 속에서는 거의 일반화하지 못하는 문제가 있다. 이러한 문제점들은 화용론적인 이론들을 기초로 하는 언어훈련 접근법들을 발달시키는 계기가 되었다.

기능론적 접근법, 생태학적 접근법, 화용론적 접근법, 대화적 접근법, 일반화 접근법, 환경언어 접근법 등은 모두 언어의 사용이나 사회적 기능에 초점을 맞춘 이론들로, 서로 많은 근거와 기법을 공유한다. 이러한 접근법들은 언어 또는 다른 의사소통 방법을 통한 타인과의 상호작용을 중시하고, 언어의 훈련상황이 아동의 실제 생활환경과 가능한 유사하게 될 수 있도록 구성한다. 또한 언어훈련의 목표가 낱말이나 문장, 의미나 구조, 표현언어나 수용언어라 하더라도 목표언어의 기능적인 측면을 언제나 고려한다.

1. 언어이전기의 기능적인 중재

언어이전기에는 일반적인 의사소통 규칙의 인식과 의사소통 기능의 향상 등에 초점을 맞추어 중재가 이루어져야 한다.

2. 언어기 기능적 언어중재의 기본 원칙

(1) 자연스러운 강화방법

① 기능적인 접근법은 언어의 기능성에 초점을 두므로 자연스러운 상황 속에서 언어훈련을 실시하는 것이 중요하다. 따라서 기능적인 접근법에서는 기존에 사용되어 온 강화방법을 좀 더 자연스러운 상황에서 문맥과 이어지게 사용하도록 권고한다. 예를 들면, 배고플 때, 목마를 때, 다른 장난감을 갖고 놀고 싶을 때, 남에게 자랑하고 싶을 때, 또는 무엇에 대해 평가하고 싶을 때 사용할 적절한 표현을 실제 그 상황과 유사한 상황 속에서 습득하게 하는 것이 좋다.

② 이러한 훈련 방법에서의 강화물 역시 과자나 토큰과 같이 인위적인 것보다는 실제 생활에서 얻을 수 있는 강화물과 유사한 것이 좋다. 예를 들어, 아동이 무엇을 요구하면 그 요구한 물건을 주는 것이 가장 효과적인 강화가 될 것이며, 아동이 무엇을 자랑하려고 하였다면 그 물건이나 행동에 대해 칭찬해 주는 것이 가장 좋은 강화가 될 것이다. ❶ 25중등B5

기출 POINT 9

❶ 25중등B5

[B]를 고려하여 괄호 안의 ©에 해당하는 교사 강화의 예를 1가지 서술하시오.

> 의사소통 자체를 중요시하고, 자연스럽게 언어를 사용하는 환경에서 말소리를 가르치는 의사소통중심법을 사용해 보세요. 이 방법에서는 의사소통에 기초한 반응과 강화를 강조해요. 예를 들어, 학생이 오류를 보이는 /ㅅ/의 발음을 "손 소독해 주세요."라고 정확하게 소리 내었다면, 선생님이 (©)와/과 같이 반응하시는 겁니다. [B]

(2) 정상발달을 고려한 중재계획

① 일반아동들이 화용론적 능력을 발달시켜 나가는 과정을 토대로 언어기능을 가르치는 것이 바람직하다.

② 아동에게 의미적인 측면을 가르칠 때도 정상적인 과정을 토대로 하는 것이 바람직하다.

더알아보기 첫 낱말단계 아동의 지도 목표문장 선정 시 유의점

1. 아동의 생활환경에서 많이 들을 수 있고 또래아동들이 많이 사용하는 고빈도 어휘를 선택한다.
2. 어휘발달문헌을 참고하여 아동이 직접 만지거나 조작해 볼 수 있는 사물, 즉 감각적으로 두드러진 사물의 이름, 가족의 호칭, 일상생활에서 많이 접하는 어휘(예 옷입기, 씻기, 먹기, 잠자기) 등을 먼저 훈련한다.
3. 사물 간의 상대적인 관계를 나타내거나 심리적인 상태를 나타내는 위치어(예 위, 아래), 관형어(예 큰, 작은), 상태어(예 슬픈, 기쁜)는 아동이 인지적으로 그 관계를 먼저 이해했는지 확인하고 훈련한다.

③ 구문적인 측면을 가르칠 때도 정상발달 과정을 토대로 하는 것이 바람직하다.

더알아보기 초기 문장단계에서 고려할 점

1. 교사는 일반아동의 조사나 문장어미, 시제 등을 나타내는 문법형태소 발달단계에 익숙해야 한다.
2. 의문사를 사용한 질문을 이용하여 그에 적절한 조사 및 형태소를 유도할 수 있다. 그러나 의문사를 이용하여 아동의 반응을 유도할 경우 먼저 아동이 의문사와 목표단어의 관계를 이해할 수 있도록 지도해야 하며, 한 의문사에 대해 충분한 습득기간을 허용해야 한다.
3. 시제를 나타내는 형태소를 지도하기 위해서는 먼저 아동이 과거, 현재, 미래에 대한 개념정립이 되어 있는지 확인한다.

4. 지체 아동에게 시제 동사를 지도할 때는 실제 상황에 맞도록 상황을 조절해야 한다. 상황 문맥을 조절하지 않고 단지 목표문장을 암기시킨다면 전이나 일반화를 기대하기 어렵다. 예를 들어, 과거형을 지도하기 위해 계획된 행동이나 활동을 하고, 그것이 끝나자마자 그 행동에 대해 질문을 한다(예 잘린 종이를 들고, "가위로 뭐 했죠?"). 진행형을 지도하려면 교사도 아동과 함께 계획된 행동이나 활동을 하면서 진행형 문장을 유도한다(예 "뭘 할거죠?"). 또한 다음 시제에 대해 배울 때는 전에 배운 것과 비교할 수 있도록 대조시키는 것이 좋다. 시제는 상대적인 개념이므로 따로 떼어서 학습하는 것은 의미가 없기 때문이다.

5. 문장의 습득속도가 느린 아동에게는 문법적인 완벽함을 추구하지 않도록 조심해야 한다. 지나친 교정은 아동의 구어의욕을 감소시키기 때문이다. 목표 조사나 형태소가 아니면 지나치게 교정하지 말아야 하며, 이미 습득했던 형태소에 대해 오류를 범하더라도 그 치료회기의 목표가 아니면 교정하지 않는다. 이러한 오류가 자주 나타나면 기록하였다가 그 형태소에 대한 유지회기를 다시 계획한다.

(3) 아동 주도의 의사소통 행동

① 기능적인 언어 사용을 가르치는 데 있어서 아동의 주도에 따르는 것은 일반화를 위해 매우 중요하다. 아동의 주도적인 행동은 훈련 교재의 선택이나 대화의 시도 등에서 이루어질 수 있으며 이렇게 아동이 선택한 교재나 과업, 또는 대화의 주제는 아동의 참여를 도와주며 적극적인 의사소통자의 역할을 촉진해 줄 수 있다.

② 그러나 아동의 주도적인 의사소통 행동을 따른다는 것이 결코 소극적인 부모나 언어치료사의 역할을 의미하는 것은 아니다.

(4) 맥락의 활용

구조적이고 반복적인 분위기에서는 아동의 언어 기능이 한정될 수밖에 없다. 그러므로 아동의 일상생활 속에서 의사소통을 하기에 충분한 여러 가지 기능들을 습득시키기 위해서는 훈련의 맥락을 잘 계획하여야 하는데, 교사 또는 언어치료사가 통제하여야 하는 맥락에는 비구어적 맥락과 구어적 맥락이 있다.

① 비구어적 맥락

구분	설명 및 예시
주고받기 및 물건 요구하기 기능을 위한 맥락	두 아동이 함께하는 활동(머리빗기)에 필요한 도구(빗)를 한 개만 준비한다.
지시 따르기 및 지시하기 기능을 위한 맥락	종이컵에 구멍을 뚫고 흙을 담아 씨를 뿌리는 활동을 하면서, 처음에는 교사의 지시에 따르고, 두 번째는 아동의 지시에 따라 교사가 실시한다.
정보 요청하기 기능을 위한 맥락	흥미롭게 생긴 물건이나 그림을 아동 앞에 보여주되, 아동이 질문할 때까지는 그것이 무엇인지 말을 하지 않는다.
정보 제공하기 기능을 위한 맥락	아동이 만든 찰흙이나 그림에 대해 교사가 궁금한 태도를 취하거나 질문함으로써 설명하게 한다.
도움 요청하기 기능을 위한 맥락	아동이 하기 어려운 물리적인 일을 요청하게 유도한다.
저항하기 기능을 위한 맥락	아동에게 불가능한 것을 요구한다.

② 구어적 맥락

구어적 맥락은 아동의 바른 구어를 유도하기 위해 어떠한 단서나 연계반응을 사용하는 것이다. 기능적인 중재에서도 전통적인 시범이나 강화 방법을 사용하는데, 단지 이러한 방법들을 좀 더 실생활에 가까운 상황이나 소재로 유도한다.

구분	설명 및 예시
시범 ❷ 20초등B5	아동의 모방을 요구하는 시범과 그렇지 않은 시범이 있다. 기능적 접근법에서는 직접적인 모방을 요구하기보다는 집중적인 자극을 주는 방법을 선호한다. 집중적인 자극에는 다음과 같은 방법이 있다. • **혼잣말 기법**: 아동이 표현할 말을 직접 시범 보이기보다는 교사나 부모가 자신의 입장에서 말하는 것을 들려주는 것이다. 예를 들어, 차를 밀면서 "차가 가네."라고 하거나 물을 마시면서 "물 마셔요."라고 하는 것이다. • **평행적 발화 기법**: 의사소통 상황에서 아동이 말할 만한 문장을 아동의 입장에서 말해주는 것이다. 예를 들어, 장난감 차를 아동에게 주면서, "차 주세요."라고 말한다. 반향어를 하는 아동이나 모방에 익숙한 아동에게는 좋은 효과를 보이기도 하지만 표현 자체가 부자연스럽기 때문에 조심해서 사용한다.
직접적 구어적 단서	목표언어를 유도하기 위해 흔히 사용하는 구어적 단서로는 질문, 대치요청, 선반응요구-후시범 방법 등이 있다. • **질문**: 단답형, 선택형, 개방 또는 과정형 질문과 훈련자가 시작한 문장에 목표 낱말이나 구를 삽입시켜서 문장을 완성하는 방법들이 있다. • **대치요청**: 아동의 말에서 목표가 되는 언어를 유도하는 방법으로, 목표 낱말이나 문장이 표현될 때까지 아동의 말을 고쳐나가도록 유도하는 것이다. 예를 들어, 아동이 "그걸 땄어요."라고 할 때 "그게 어떤 건데?"라든가 "그걸 따지 않으면 어떻게 되었을까?"와 같은 질문을 하여 더 많은 발화를 유도할 수 있다. • **선반응요구-후시범**: 목표언어를 시범 보이기 전에 아동이 자발적으로 반응할 기회를 요구한 후 시범을 보이는 방법이다. ❶ 25초등A6
간접적 구어적 단서	목표언어를 유도하기 위한 간접적인 구어적 단서로는 아동의 반응을 요구하는 것과 요구하지 않는 것이 있다. 1. 반응을 요구하는 것 • **수정모델 후 재시도 요청하기**: 아동이 잘못 말한 부분이나 전체 문장을 수정한 상태로 다시 말해주고 나서 아동이 다시 말하도록 요청하는 방법이다. • **오류반복 후 재시도 요청하기**: 아동이 잘못 말한 부분이나 문장을 그대로 반복한 후 아동에게 다시 말하도록 요청하는 방법이다. • **자기교정 요청하기**: 교사가 아동의 말을 되묻거나 맞는지를 물음으로써 아동이 자신의 말을 스스로 교정하도록 하는 방법이다. • **이해하지 못했음을 표현하기**: 아동의 말을 못 알아들었다고 말하거나 "응?"과 같이 말함으로써 아동이 다시 또는 수정하여 말하도록 한다. 이 방법은 자기교정 요청하기보다 다소 자연스럽다.

기출 POINT 10

❶ 25초등A6

밑줄 친 ㉠에 사용된 구어적 맥락의 지도방법을 쓰시오.

> 일반 교사: 제가 생각할 때 은수는 말을 전혀 못하는 학생은 아닌데, 수업 시간에 자발적으로 말을 하거나 대화에 주도적으로 참여하지 않아서 걱정입니다.
> 특수교사: 선생님, 그럴 때는 이런 방법을 써 보세요. 예를 들면, ㉠ 연필이 바닥에 떨어졌을 때 은수가 표현하기를 기다려요. 잠시 기다렸다가 "은수야, 뭐가 떨어졌어요?"라고 질문을 하고, 은수가 대답을 하지 않으면 그때 "연필이 떨어졌어요."라고 말해 주세요.

❷ 20초등B5

㉡의 예로 적절하지 않은 것을 찾아 바르게 고쳐 쓰시오.

> ㉡ 언어지도 시 일상생활과 관련하여 잘 계획되고 통제된 맥락의 활용

> ⓐ 혼잣말 기법: 교사가 물을 마시며 "물을 마셔요."라고 말한다.
> ⓑ 평행적 발화: 교사가 학생에게 빵을 주면서 "빵 주세요."라고 말한다.

- **확장 요청하기**: 아동에게 완성된 구나 문장을 말하도록 요청하는 것이다.
- **반복 요청하기**: 아동이 바르게 말했을 경우에 다시 반복하도록 요청한다. ❶ 20초등B5
- **주제 확대하기**: 아동의 말을 알아들었다는 표시를 해주고 나서 아동에게 좀 더 이야기를 하도록 요청하는 것으로, 반복 요청보다 좀 더 자연스러운 방법이다.

2. 반응을 요구하지 않는 것
- **아동의 요구 들어주기**: 아동이 요구한 사물을 집어주거나 행동을 수행함으로써 아동에게 그 메시지가 전달되었다는 것을 알려주는 것이다.
- **이해했음을 표현하기**: 아동이 한 말에 대해 고개를 끄덕이거나 "응", "그래", "그렇지", "그랬어?"와 같은 말을 해줌으로써 아동의 말을 이해했다는 것을 알려주는 것이다.
- **모방**: 아동의 말을 그대로 모방함으로써 아동에게 자신의 말이 전달되었다는 것을 알려주는 것이다. 특히, 아동이 목표언어를 바르게 사용했을 때 "맞아", "그래" 등의 긍정적 표현과 함께 아동의 말을 모방해 주면 효과적이다.
- **확장**: 아동의 문장구조는 유지한 채 문법적으로 바르게 고쳐서 다시 들려주는 것이다. 예를 들어, 아동이 "누나"라고 했을 때 "누나가"라고 문법적 확장을 해준다. 확장에는 구를 문장의 형태로 완성시켜서 다시 말해주는 문장완성방법과 문장의 형태나 기능을 바꾸어서 말해주는 문장변형방법이 있다. ❶ 22유아A7, ❶ 20초등B5
- **확대**: 아동의 발화주제는 유지한 채, 정보를 더 첨가하여 들려주는 것이다. 예를 들어, 아동이 "공"이라고 했을 때 "큰 공"이나 "축구공"이라고 어휘를 확대한다.
- **분리 및 합성**: 아동의 발화를 구문의 작은 단위들로 쪼개서 말했다가 다시 합쳐서 들려주는 것이다. 예를 들어, 아동이 "형이 유리로 발을 찔렸어."라고 하면 "형이 찔렸구나.", "유리에 찔렸구나."와 같이 작은 단위의 문장으로 쪼개서 말하고 나서 "형이 유리에 발이 찔렸구나."라고 합쳐서 말한다.
- **문장의 재구성**: 아동 문장의 뜻은 유지한 채, 문장의 형태를 재구성해서 들려주는 것이다. 예를 들어, "미영이가 민이를 찼어."라는 말에 대해 "민이가 미영이한테 맞았어?"라고 새 형태의 문장을 말해준다. ❷ 25중등B5

기출 POINT 11

❶ 20초등B5

㉡의 예로 적절하지 않은 것을 찾아 바르게 고쳐 쓰시오.

> ㉡ 언어지도 시 일상생활과 관련하여 잘 계획되고 통제된 맥락의 활용

> ⓒ 확장하기: 학생이 "신어."라고 말하면 교사는 "그게 맞아요."라고 말한다.
> ⓓ 반복 요청하기: 학생이 "공을 던져요."라고 바르게 말했을 때 교사가 "공을 던져요.", "다시 말해 볼래요?"라고 말한다.

기출 POINT 12

❶ 22유아A7

[A]에서 ① ㉠을 구문확장(expansion)하여 ㉡에 들어갈 말을 쓰고, ② 김 교사가 어휘확대(extension)를 시도한 말을 찾아 쓰시오.

> 박 교사: 선생님, 석우에게 자연스러운 놀이 상황에서 의사소통을 지도하는 방법에는 무엇이 있을까요?
> 김 교사: 제가 자주 사용하는 자연적인 의사소통 지도방법인 촉진적 언어 전략을 소개해 드릴게요. 이 활동기록을 한번 봐 주세요.

	교사의 말	석우의 말
[A]	석우야, 뭐하고 있어요?	
		㉠ 석우 요리해요.
	(㉡)	
		(생략)
	무슨 재료 줄까요?	
		김.
	('네모난'을 강조해서 말하며) 네모난 김?	
		네.
	…(중략)… (석우가 김밥을 자르고 있다.)	
	(석우의 모습을 보며) 김밥을 자르고 있어요.	
		김밥을 자르고 있어요.

기출 POINT 12

❷ 25중등B5

밑줄 친 ㉣에 해당하는 맥락 활용 언어 지도 전략을 쓰시오.

> 통합학급 교사: 선생님, 그런데 학생 A가 조음 오류뿐 아니라 사동과 피동 표현에도 어려움을 보여요. 이럴 경우에는 어떻게 지도하면 좋을까요?
>
> 특 수 교 사: 이렇게 한번 해 보시면 어떨까요? 예를 들어, 학생 A가 ㉣ "수찬이가 병호에게 손 소독제를 빌려주었어요."라고 말하면 선생님께서는 "병호가 수찬이에게 손 소독제를 빌렸구나."라고 새 형태의 문장으로 말해 주는 거예요. 그렇게 하면, 학생 A가 자주 오류를 보이는 /ㅅ/ 발음의 모델링도 자연스럽게 제공할 수 있어요.

04 자연적 언어중재

1. 자연적 언어중재의 개념 ❶ 09중등32

① 자연적 언어중재란 학생 중심의 언어중재로 학생이 좋아하는 주제나 활동을 중심으로 하여 이루어지는 것을 말한다.

② 자연적 언어중재에서는 일상생활 속에서 만나는 사람들이 중재자가 되며, 중재환경은 일상적인 자연스러운 환경, 그리고 중재목표는 일상생활 속에서의 사회적 의사소통 능력 증진에 있다.

2. 자연적 언어중재의 특징

① 자연적 언어중재는 의사소통하고자 하는 의도를 학생이 보일 때부터 시작하며, 적절한 의사소통 형태의 모델과 의사소통 시도에 대한 의미 있는 후속 결과를 체계적으로 제공한다.

② 자연적 언어중재를 활용하여 전언어기 환경교수, 환경중심 언어중재, 강화된 환경중심 언어중재, 우발교수 및 반응적 상호작용 등의 교수가 이루어진다. 자연적 언어중재에서 교수는 우발적이고, 하루에 걸쳐 분산되고, 특정 기술 교수를 위한 집중적인 훈련을 하기보다는 일상 활동에 삽입되므로 이러한 학습기회가 자주 일어나는 것이 아니다.

③ 자연적 언어중재는 사회적 의사소통에 기초를 두고 매일의 대화 상황에서의 사회적 의사소통을 증진하고자 고안되었다.

기출 POINT 13

❶ 09중등32

'자연적 언어중재'에 대하여 설명하고 있는 내용을 〈보기〉에서 모두 고른 것은?

〈보기〉

> ㉠ 학생이 좋아하는 주제나 활동을 사용한다.
> ㉡ 학생이 자주 만나는 사람들을 중재자로 포함한다.
> ㉢ 사회적 상호작용이 일어나기 쉬운 중재환경을 조성한다.
> ㉣ 학생의 언어행동을 구체적으로 조절하는 중재자 중심의 조작적 모델이다.
> ㉤ 자연적 언어중재의 목적은 일상생활 속에서 사회적 의사소통을 향상시키는 것이다.
> ㉥ 최근에는 컴퓨터 프로그램을 사용하여 특정한 언어기술을 집중적으로 지도하고 스스로 배우도록 한다.

05 강화된 환경중심 언어중재

1. 강화된 환경중심 언어중재의 개관

(1) 강화된 환경중심 언어중재의 등장배경

① 환경중심 언어중재법은 기능적인 의사소통을 자연스럽게 유도할 수 있도록 아동의 환경 속에서 아동의 관심과 흥미에 따라서 언어중재를 한다는 다소 포괄적인 중재 접근법이다.

② 환경중심 언어중재법은 행동주의의 '선행사건(자극)－반응－후속결과(강화)'의 체제 속에서 진행된다. 그러나 전통적인 행동주의적 접근법과 다른 것은 첫째, 선행사건이 훈련자의 촉진이 아닌 아동의 관심표현이라는 점과, 둘째, 후속사건이 언제나 똑같은 것이 아니라 아동의 반응과 기능적으로 연관된 것이라는 점이다.

③ 이제까지의 전통적인 언어치료에서는 대부분 아동이 학습한 것을 치료실에서는 사용하지만 그 밖의 환경에서는 그 기능을 일반화시키지 못하는 것이 문제로 지적되었는데, 그에 반해 환경중심 언어중재법은 언어훈련장소를 교실이나 가정, 그리고 일상생활로 옮겨서 지도하기 때문에 일반화가 용이하다는 가장 큰 장점을 갖는다.

④ 그러나 환경중심 언어중재만으로는 아동이 언어를 습득하기에 학습의 기회가 충분하지 않다는 제한점들이 인식되면서, 강화된 환경중심 언어중재(enhanced milieu teaching ; EMT)가 등장하였다.

(2) 의사소통 교수를 위한 자연적 접근 : 강화된 환경중심 언어중재(강혜경 외)

① 강화된 환경중심 언어중재는 환경중심 언어중재의 기존 전략을 바탕으로 하되, 일반화와 충분한 의사소통의 기회를 증진시키는 데에 보다 많은 초점을 두고 있다. 이를 위해 물리적 환경 조성과 반응적 상호작용 전략이 중심을 이룬다. ❷ 16중등A10

㉠ 먼저 의사소통을 위한 자연적 접근 가운데에서도 환경중심 언어중재는 교실이나 다른 학교 상황에서 학생의 흥미를 따라가면서 교사와 학생의 지속적인 상호작용 내에 교수 에피소드를 삽입하는 방법으로 대화하는 동안 학생의 언어사용을 증진시키고자 촉진과 지원을 하는 포괄적인 중재방법이다.

㉡ 자연적 의사소통에서 가장 중요한 발전은 반응적 대화양식에 더욱 중점을 두게 된 것이다. 학생의 의사소통 시도에 민감성을 길러 빠르고 의미 있게 반응하는 것은 매우 중요하다.

② 즉, 강화된 환경중심 언어중재는 아동이 활동에 참여하는 상대자와 의사소통을 할 수 있도록 환경을 조절하는 전략과 대화 상대자와 새로운 언어 형태를 만들 수 있는 반응적 상호작용을 포함하며, 일상생활의 맥락 안에서 환경중심 언어중재를 사용한다.
❶ 21초등A5

기출 POINT 14

❶ 21초등A5
[A]에 해당하는 교수법을 쓰시오.

> 교육실습생: 민지의 의사소통 능력 증진을 위한 교수전략을 추천해 주실 수 있을까요?
> 지도 교사: 일상의 의사소통 상황을 자연스럽게 구조화하여 지속적인 반응적 상호작용을 통해 의사소통을 촉진하는 대화 중심의 교수법을 추천하고 싶습니다. [A]

❷ 16중등A10
'환경중심 언어중재'와 비교하여 '강화된 환경중심 언어중재'가 가지는 차이점 2가지를 쓰시오.

구분	내용 및 절차
환경조성 전략 ❶ 13유아A8	• 아동의 언어를 촉진하기 위한 물리적 상황을 제공하는 것이다. • 학생의 자발성과 기능성을 높이기 위해 학생이 가장 크게 의사소통적 필요를 느낄 수 있도록 미리 기회를 만들어 지도하는 방법이다. – 흥미 있는 자료의 선택 – 요구를 불러일으킬 수 있는 자료의 배치 – 환경과의 조화 – 아동과 함께 활동에 참여하기
반응적 상호작용 전략	• 학생의 의사소통 시도에 민감성을 길러 빠르고 의미 있게 반응해 주는 것이다. • 시도를 인정하고 관심을 나타내는 반응적인 교사는 이미 대화를 촉진하고 있는 것이다. 반면, 의도한 것이 아니라고 하더라도 목소리의 크기, 대화 속도나 의사소통 양식 등을 맞추지 못한다면 의사소통을 저해할 수 있다. – 공동관심 및 상호관심의 형성 – 차례 주고받기 – 아동의 주제나 복잡성의 수준을 아동 중심으로 유지하기 – 구어적·비구어적 의사소통 시도에 의사소통적으로 반응하기 – 긍정적인 정서 표현
환경중심 언어중재 전략	기존의 환경중심 언어중재법의 기법과 동일(시범 기법, 요구 모델, 시간지연 기법, 우연교수 등)

기출 POINT 15

❶ 13유아A8

다음은 최 교사가 영지 어머니에게 제안한 내용이다. 괄호 안에 알맞은 말을 쓰시오.

> 환경중심 언어중재를 실행하기 위해서는 (   )이/가 중요합니다. 이는 영지의 의사소통 욕구를 촉진하기 위한 전략입니다. 예를 들어, 영지가 원하는 것을 약간 부족하게 주거나 원하는 물건을 눈에 보이지만 손이 닿지 않는 곳에 두는 것입니다.

기출 POINT 16

❶ 25중등A8
밑줄 친 ㉠에서 제시하고 있는 물리적 환경 조절 전략 중 1가지를 쓰시오.

특수 교사 B: 물리적인 환경을 조절하는 것도 도움이 돼요. 예를 들어, ㉠ 학생 K의 경우에는 이 학생이 좋아하는 단어 카드를 학생 K의 눈에 잘 보이는 곳에 두는 거예요. 학생 M의 경우에는 붉은색 공과 푸른색 공을 제시하고 나서 학생 M이 무엇을 원하는지, 어떻게 행동하는지 잠시 기다려 보실 수도 있어요.

❷ 21유아A8
다영이가 ㉢ 발화를 산출할 수 있도록 김 교사가 ㉡에서 계획해야 하는 교수적 상황을 쓰시오.

김 교사: 다영아, 우리 무슨 놀이 할까? (찰흙통과 비눗방울 통을 보여주며) 찰흙? 비눗방울?
다영: 찰흙
김 교사: (찰흙이 아니라 비눗방울 통을 주며) 여기 있어.
다영: 싫어.
김 교사: (찰흙을 아주 조금만 주며) 여기 있어.
다영: (손을 내밀며) 더.
김 교사: (㉡) 여기 있어.
다영: (찰흙통을 내밀며) ㉢ 열어.
김 교사: (뚜껑을 열어 주며) 여기 있어.

❸ 19중등A13
'EMT 환경구성 전략'과 '활동'을 고려하여 ㉠, ㉣에 해당하는 예를 한 가지 쓰시오.

- EMT 환경구성 전략: 도움
- 활동: 보드 게임
- 예시: (㉠)

- EMT 환경구성 전략: 불충분한 자료
- 활동: 라면 끓이기
- 예시: (㉣)

❹ 15초등B3
교사가 환경중심 교수의 환경조성 전략을 적용한 사례를 1가지 찾아 쓰시오.

(교사는 민호가 볼 수 있으나 손이 닿지 않는 책상 위에 장난감 자동차가 움직이도록 태엽을 감아 놓아두고 다음 시간 수업을 준비하고 있다. 장난감 자동차가 소리 내며 움직이다 멈춘다.)

2. 강화된 환경중심 언어중재의 주요 요소

(1) 충분한 의사소통 기회를 만들기 위한 환경조성 전략(물리적 환경조성)

① 물리적 환경조성 전략의 핵심은 아동의 언어를 촉진하기 위한 물리적인 전략으로서 아동이 선호하는 자료를 중심으로 물리적 환경을 설정하여야 한다. 13유아A8

② 대상 아동의 인지와 언어 수준 등을 잘 고려하되 다양한 방법으로 환경조성 전략을 시도할 수 있으며, 이를 통해 아동의 의사소통 기능이 향상되거나 산출이 이루어지면 중재를 완료할 수 있다.

전략	방법	예시
손이 닿지 않는 위치 ❹ 15초등B3, ❺ 14유아B4	아동의 시야 안에 두되, 아동의 손에 닿지 않는 곳에 둔다.	아동이 볼 수 있는 투명한 플라스틱 상자 안에 사물을 넣고 아동의 키보다 조금 더 높은 교구장 위에 둔다.
흥미 있는 자료 ❶ 25중등A8	아동이 흥미를 가지고 있는 자료를 이용한다.	• 아동이 좋아하는 사물을 교실에 미리 배치한다. • 아동이 평소 좋아하는 공을 슬그머니 아동 쪽으로 굴려 준다.
예상치 못한 상황	아동의 기대에 맞지 않는 비상식적이거나 우스꽝스러운 요소를 만들어 준다.	• 인형 옷을 입히면서 양말을 머리에 씌우거나, 풀 대신 지우개를 준다. • 성인이 아동의 작은 옷을 입는 상황을 연출한다.
선택의 기회 제공	비슷한 물건을 제시하여 선택할 수 있는 기회를 제공한다.	염색활동을 하는데, 어떤 색으로 하고 싶은지 선택하도록 한다.
부족한(불충분한) 자료 제공 ❸ 19중등A13	아동이 추가적인 자료를 요구하도록 수와 양을 적게 제공한다.	• 신발을 주는데 한 짝만 주거나, 미술활동 시간에 만들기에 필요한 재료보다 적은 양의 재료를 준다. • 색칠하기를 좋아하는 아동의 경우, 밑그림 하나만 주고 더 요구하기를 기다린다.
도움이 필요한 상황 ❷ 21유아A8, ❸ 19중등A13	성인의 도움이 필요한 상황을 만든다.	아동이 좋아하는 간식을 잘 열리지 않는 투명한 병에 담아 놓는다.
중요 요소 빼기	활동 과제에 필요한 중요 요소를 빼고 과제수행을 요구한다.	퍼즐 완성에 꼭 필요한 한 조각을 빼고 과제를 준다.

(2) 반응적 상호작용 전략(사회적 환경조성)

① 환경조성 전략이 물리적인 상황을 조성하는 것이라면 반응적 상호작용 전략은 의사소통을 위한 사회적 환경을 조성한다.

② 반응적 상호작용 전략은 아동의 행동에 성인 대상자가 어떻게 반응해야 하는지에 대한 것으로서, 아동의 언어적 또는 비언어적 행동에 반응하는 방법이다. 아동의 눈높이에서 공동관심, 공동활동 그리고 주고받기 등을 통해 아동이 더 많은 의사소통 기회를 가질 수 있도록 하는 데에 주목적이 있다. 이때에는 지시나 질문은 가급적 피하고 성인이 아동의 행동을 모방하거나 상호작용을 하여 반응을 기다려 주는 것이 중요하다.

③ 반응적 상호작용 전략에서 언어촉진은 자발성을 저해하므로 언어촉진을 사용하지 않는 대신 반응을 요구하지 않는 간접적 구어 단서(확장, 확대, 분리 및 합성, 문장의 재구성, 모방, 이해했음을 표현 등)를 제공한다.

전략	기능
공동관심 및 상호관심 형성 기출 POINT 17	• 공동관심은 교사와 학생이 같은 사물이나 활동에 집중하고 있을 때 일어난다. 공동관심을 통해 교사는 학생이 흥미를 갖는 사물이나 활동에 대해 즉각적인 언어적 요구를 하거나 코멘트를 할 수 있다. • 상호관심은 학생과 교사가 서로 바라보며 대화할 때 형성된다. 상호관심은 대화하는 사람들 간의 의사소통 참여를 유지하게 하고, 요구나 코멘트가 이해될 가능성과 그에 따라 적절하게 반응할 가능성을 높여 준다.
차례 주고받기	• 대화에서 학생과 교사가 의사소통하는 차례를 교환하는 것을 말한다. • 의사소통에서 차례를 교환하는 것은 비구어적·구어적 모두에서 이루어진다. • 대부분의 중도장애 학생들은 자발적으로 말하는 경우가 적기 때문에, 보다 균형 있는 대화의 차례 교환을 위해서 교사는 덜 말하거나 짧게 자기 차례를 마칠 수 있다. • 학생에게 반응할 시간을 주기 위해서 교사가 잠시 멈추는 것은 의사소통 기회를 증가시키는 좋은 방법이다. • 교사가 질문을 하면서 자기 차례를 마치는 것도 학생의 반응을 증가시키는 좋은 방법이다.
상대방의 행동에 따른 반응	• 교사가 학생의 의사소통 시도에 빠르고 의미 있게 반응하는 것을 말한다. • 이러한 반응은 학생의 의사소통 시도를 강화하고, 교사가 항상 대화상대자가 되어 줄 수 있음을 알려주는 기능을 한다.
긍정적인 감정 표현	• 긍정적인 감정 표현에는 미소, 가벼운 신체적 접촉, 학생의 이름 부르기, 따뜻한 목소리 톤, 긍정적인 상호작용 스타일 등이 포함된다. • 긍정적인 감정 표현은 환경교수를 위한 사회적 상황을 만들 때뿐만 아니라 중도장애 학생과의 상호작용에서 지속적으로 존재해야 한다.

❺ 14유아B4

아래의 내용과 사례의 지도방법을 쓰시오.

■ 내용: 우발교수를 실시하기 전, 유아의 의사소통 동기를 유도하기 위해 의도적으로 상황을 만드는 것

〈사례〉

교사: (지후가 좋아하는 파란색 블록을 눈에는 보이지만 손이 닿지 않는 교구장 위에 올려놓고) "지후가 블록놀이를 하는구나."
지후: (파란색 블록을 보고 교사의 팔을 잡아당기며) "아, 아, 줘, 줘."

기출 POINT 17

❶ 19유아A8

㉡에서 민 교사가 의도한 초기 의사소통 기능을 쓰시오.

민 교사: 유치원에서도 승우에게는 아직 의도적인 의사소통 행동이 명확하게 잘 나타나지 않아서, 승우의 행동이 뭔가를 의미한다고 생각하고 반응해 주고 있어요. 그리고 ㉡ 승우가 어떤 사물을 관심을 가지고 바라보고 있을 때, 그것을 함께 바라봐 주는 반응을 해주고 있어요.

❷ 17유아A1

㉣에서 김 교사가 동우 어머니에게 제시하고 있는 반응적 대화요소를 쓰시오.

어머니: 그러면 집에서 동우를 위해 우리 가족이 해야 하는 일은 무엇인가요?
김 교사: 가족들이 반응적인 의사소통 환경을 만들어 주시면 동우의 의사소통 기술이 발달하는 데 도움이 될 수 있어요. 예를 들어, ㉣ 동우가 장난감 트럭을 앞뒤로 밀고 있다면 어머님도 동우가 밀고 있는 장난감 트럭을 보고 있다는 것을 동우에게 알려주시고, 동우가 보이는 행동에 즉각적으로 의미 있게 반응해 주세요.

❸ 17초등B2

교사가 ㉥과 같이 행동한 이유를 쓰시오.

학생: (하교할 준비를 마치고 닫혀 있는 교실 문을 바라본다.)
교사: (㉥ 학생이 바라보고 있는 교실 문을 바라본다.) 뭘 하고 싶어?
학생: ('집' 소리가 녹음된 버튼을 누른다.) [집]
교사: 그렇구나! 집에 가고 싶구나! (학생을 통학버스 타는 곳까지 데려다 준다.)

❹ 13유아A8
㉠에서 어머니는 의사소통 참여자로서 상호작용에 필요한 (   )을/를 이루지 못하고 있다. 괄호 안에 알맞은 말을 쓰시오.

> 영지: (장난감 자동차를 가지고 놀고 있다.)
> 어머니: ㉠ (그림책을 가지고 와서) 영지야, 엄마랑 책 보자.
> 영지: (어머니를 보지 않고 계속 장난감 자동차를 가지고 논다.)

기출 POINT 18

❶ 24유아A2
(나)에서 지호 어머니가 사용한 상호작용 전략이 무엇인지 쓰시오.

> 지호: 드럼을 향해 손을 뻗는다. 손바닥으로 드럼을 2번 두드린다.
> 엄마: 지호처럼 손바닥으로 드럼을 2번 두드린다.
> 지호: 엄마를 바라보며 미소를 짓고 손을 흔든다.
> 엄마: 미소를 지으며 지호처럼 손을 흔든다.
> 지호: 엄마에게 손을 뻗는다.
> 엄마: 손을 뻗어 지호의 손바닥과 맞닿자 깍지를 껴서 잡는다.
> 지호와 엄마: 서로 눈을 마주치고 웃으며 잡은 손을 흔든다.
> 지호: 흔들던 손을 내려놓고 환하게 웃으며 "아앙~"하고 소리를 낸다.
> 엄마: 지호처럼 웃으며 "아앙~"하고 소리를 낸다.

❷ 22초등A3
(가)의 ㉡ 방법 중에서 다음에 해당되는 전략의 명칭을 쓰시오.
(가) ㉡ 강화된 환경중심 언어중재 적용

> • 혼자 블록 쌓기를 하고 있으면 교사가 "상우야, 무슨 모양을 쌓은 거야? 좋아하는 버스 모양으로 쌓았네." 하며 대화를 이끌어 가기
> • 색칠하기 책을 쳐다보고 있으면 "상우야, 선생님이랑 칠하기 놀이를 해 볼까? 무슨 색을 칠해 볼까?" 하며 놀이하기
> • 퍼즐을 하나씩 번갈아 맞추며 "상우야, 이번에는 네 차례야."라며 교대로 대화 주고받기
> • 손등을 긁으며 가렵다는 표현을 하면 교사도 자신의 손등을 긁으며 "상우야, 가려워?"라고 말하기

반응적 상호작용 전략(고은, 3판) ❷ 22초등A3, ❸ 13유아A8

전략	방법	예시
아동 주도 따르기	아동의 말이나 행동과 유사한 언어적·비언어적 행동을 하며 아동 주도에 따른다. 아동이 말하도록 기다려 주고, 아동이 하는 말이나 행동을 모방한다. 아동의 관심에 기초하여 활동을 시작하고 다른 활동으로 전이할 때도 아동의 흥미를 관찰한다.	구어를 산출하지 못하는 지수는 지도를 좋아해서 교실에 들어오면 지도에 늘 관심을 보인다. "선생님이랑 지도 볼까? 경상도는 어디 있을까?" 하며 지명 이름 찾기 놀이를 한다.
공동 관심 형성하기	아동이 하는 활동에 교사가 관심을 보이며 참여한다. 아동이 활동을 바꾸면 성인도 아동이 선택한 활동으로 바꾼다.	아이가 혼자 그림을 그리고 있으면, "우리 깐보, 무슨 그림 그린 거야? 어, 깐보가 좋아하는 둘리를 그렸네." 하면서 대화를 이끌어 간다.
정서 일치시키기	아동의 정서에 맞추어 반응한다. 그러나 아동의 정서가 부적절하면 맞추지 않는다.	아동이 즐겁게 이야기하면 함께 즐거움을 표현하고, 흥분되어 말하면 흥분됨을, 아동이 얼굴을 찡그리면 함께 속상한 표정을 짓고 이야기한다.
상호적 주고받기	상호작용을 할 때는 아동과 성인이 교대로 대화나 사물을 주고받는다.	퍼즐을 하나씩 번갈아가며 맞추거나, 대화를 교대로 주고받는다. • **사물 주고받기**: 서로 공 굴리며 주고받기 • **대화 주고받기** 아동: (공을 굴리며) "공" 성인: (공을 굴리며) "공을 굴려요." 아동: (공을 굴리며) "공" 성인: (공을 던지며) "공을 던져요."
시범 보이기	먼저 모델링이 되어 준다. 혼잣말 기법이나 평행적 발화기법을 사용한다.	"밥 먹으러 가야지."라고 말하거나 과제를 하다가 어렵다고 발을 동동거리는 아동을 향해 "선생님, 도와주세요."라고 말한다. • **혼잣말 기법**: (차를 밀면서) "차가 가네.", (물을 마시며) "물을 마셔요." • **평행적 발화기법**: (아동이 블록을 쌓고 있는 상황에서) "블록을 쌓아요."
확장하기	아동의 발화에 적절한 정보를 추가하여 보다 완성된 형태로 다시 들려준다.	아동이 길가의 차를 보고 "차 가"라고 말하면 "차가 가네."라고 말한다.

아동을 모방하기 ❶ 24유아A2	아동의 행동 또는 말을 모방하여 아동과 공동관심을 형성하거나 아동에게 자신의 말이 전달되었음을 알려준다.	아동이 손가락을 만지며 아프다는 표현을 하면, 교사도 손가락을 만지면서 "아파?"라고 말해준다. 아동이 자동차를 가지고 탁자 위에서 놀 때 교사도 탁자 위에서 자동차를 움직인다. 아동이 멈추면 따라 멈춘다. 아동 : "공" 성인 : "맞아, 공이야." 또는 "공을 굴리자."
아동 발화에 반응하기	아동이 한 말에 대해 고개를 끄덕이거나 '응' '옳지' '그래' 등과 같은 말을 해주면서 아동의 말을 이해했다는 것을 알려주고 인정해 준다.	아동이 "이거 (먹어)."라고 말하면, 고개를 끄덕이면서 "그래, 우리 이거 먹자."라고 말해 준다.
아동 반응 기다리기 ❹ 12유아28	아동이 언어적 자극에 반응할 수 있도록 적어도 5초 정도의 반응시간을 기다려 준다.	"물감 줄까?"라고 묻고 반응하지 않더라도 5초 정도 기다렸다가 다시 질문한다.

❸ 13유아A8
교사는 ㉡의 행동을 긍정적으로 판단하여 어머니를 격려하였다. 최 교사의 판단 근거 2가지를 쓰시오.

> 영지 : (장난감 자동차를 굴리며) 빠~.
> 엄마 : ㉡ <u>빠~ 그래 그건 큰 빵빵이야.</u>

❹ 12유아28
강화된 환경교수에 포함되는 반응적 상호작용 전략을 적용하여 '두 낱말로 말하기'를 지도하고자 한다. 이 전략을 가장 옳게 적용한 것은?

⑤ 현아가 빗으로 머리 빗는 시늉을 하며 '머리'라고 말하면, 현아의 행동을 따라 하며 '머리 빗어'라고 말한 후 현아가 반응할 수 있게 잠시 기다린다.

기출 POINT 19

❶ 24유아A1

교사들이 지도하고 있는 공동관심 행동의 목표를 (가)를 참고하여 쓰시오.

(가)

상호작용 중 상대방이 가리키거나 쳐다보는 사물, 사람 혹은 사건을 함께 쳐다볼 수 있음

(나)

동주: (배 교사를 쳐다보지만 통을 보여주지는 않는다.) 배 교사: 동주 왔구나. 동주: (반응하지 않는다.) 임 교사: 동주야, 무당벌레 보여 드리자. 동주: (반응하지 않는다.) 임 교사: (통을 든 동주의 팔꿈치를 살짝 밀어 주며) 보여 드리자. 동주: (반응하지 않는다.) 임 교사: (동주의 손을 겹쳐 잡아 통에 든 무당벌레를 배 교사에게 보여주며) 보여 드리자. 배 교사: 와, 동주가 좋아하는 무당벌레구나! 동주: (교사를 쳐다보며 환하게 웃는다.)

❷ 23유아A8

ⓒ에 나타난 의사소통 행동이 무엇인지 쓰시오.

ⓒ 친구가 민서를 부르며 펭귄 인형을 가리키면 민서도 펭귄 인형을 보고 AAC 기기에서 펭귄을 찾아서 놀러요.

❸ 19중등A13

ⓒ과 ⓓ에 들어갈 수 있는 '학생의 공동관심 유형'의 명칭을 순서대로 쓰고 각 유형에 따라 ⓒ과 ⓗ에 해당하는 '교사와 학생의 행동'의 예를 1가지씩 쓰시오. (단, ⓒ과 ⓓ은 교사와 학생의 행동 순서와 관련하여 서로 다른 유형임. ㉠-ⓒ-ⓒ, ㉣-ⓓ-ⓗ의 내용 연계성을 고려하여 작성할 것)

• EMT 환경구성 전략: 도움 • 활동: 보드 게임 • 예시: (㉠) • 학생의 공동관심 유형: (ⓒ) • 교사와 학생의 행동: (ⓒ)

• EMT 환경구성 전략: 불충분한 자료 • 활동: 라면 끓이기 • 예시: (㉣) • 학생의 공동관심 유형: (ⓓ) • 교사와 학생의 행동: (ⓗ)

더 알아보기 공동관심 기술

공동관심 기술은 관심을 사물로 가져오는 데에 사용되지만 반드시 그 사물이나 사건을 얻기 위한 것은 아니다. 비구어 공동관심 기술 또는 몸짓의 특정 사례로는 협동적인 공동주시, 사물 보여주기, 공유하기 위해 건네주기, 흥미로운 장면을 공유하기 위해 가리키기 등이 있다. ❸ 19중등A13

공동관심	기술	정의
공동관심 시작하기 ❶ 24유아A1	협동적인 공동주시	아동과 성인은 사물을 번갈아 쳐다보고 관심을 공유하기 위해서 다시 성인을 바라본다. 이러한 몸짓은 "저거 봐, 재미있는데!"라는 뜻이다.
	보여주기	아동은 손에 놀잇감을 들고 관심을 끌기 위해서 성인 앞에 들고 보여준다. 아동은 성인에게 놀잇감을 주지는 않는다. 이러한 몸짓은 "내가 뭐 가졌는지 봐!"를 의미한다.
	공유하기 위해 건네주기	아동은 놀잇감에 대한 도움을 얻기 위해서가 아니라 단순히 공유하기 위해서 성인에게 놀잇감을 준다. 이러한 몸짓은 "여기 놀잇감이 있으니까 너도 놀아도 돼!" 또는 "네 차례야!"라는 뜻이다.
	가리키기	아동은 단순히 성인의 관심을 흥미로운 어떤 것으로 이끌기 위해서 사물을 가리킨다. 아동은 성인이 놀잇감에 대해 행동하기를 원하지 않는다. 이러한 몸짓은 "저거 봐요! 재미있어요."라고 의사소통하는 것이다.
공동관심 반응하기 ❷ 23유아A8	가리키는 곳 따르기	성인이 사물을 가리킨 후에 아동은 가리킨 곳을 따라 동일한 사물을 바라보는 것으로 반응한다.
	시선 따르기	아동은 성인이 바라보고 있는 것으로 성인의 시선을 따른다.

더 알아보기 공동관심과 공동참여 비교

- 공동관심(joint attention)은 공유하기 위해서 사용하는 일련의 특정 몸짓을 의미하기 위해 사용된다.
- 공동참여(joint engagement)는 상호작용의 매우 중요한 질과 유대감을 의미한다. 개인의 공동참여 상태는 상호작용의 다양한 질을 나타낸다. 상태는 아동이 돌아다니거나 한 가지 활동 또는 사람에게 집중하지 않는 '비참여'부터 활동의 단계를 스스로 시작하는 '협동적인 공동참여'에 이르기까지 다양하다.

참여 상태	정의
비참여 (unengagement)	하나의 사물이나 사람에게 적극적으로 관심을 기울이지 않는다.
대물 참여 (object engagement)	놀잇감이나 사물을 가지고 기능적인 방법으로 적극적으로 놀이한다. 다른 사람은 이 활동에 참여하지 않는다.
대인 참여 (person engagement)	놀잇감이나 사물 없이 다른 사람과 적극적으로 상호작용을 한다(노래 부르기, 손바닥치기 놀이하기).
지원된 공동참여 (supported joint engagement)	아동과 성인이 놀잇감이나 사물을 가지고 상호작용을 한다. 그러나 아동은 상호작용을 시작하거나 성인의 상호작용을 분명하게 의식하지는 않으며 상호작용의 결과도 의식하지 않는다. 성인은 상호작용을 지원한다.
협동적인 공동참여 (coordinated joint engagement)	아동과 성인 모두가 적극적으로 상호작용을 한다. 아동은 성인의 존재를 분명하게 의식하며 양쪽 모두 상호작용 중에 시작행동을 보인다.

(3) 환경중심 언어중재 전략(환경중심 언어절차)

강화된 환경중심 언어중재의 가장 핵심적인 전략으로 다음 네 가지 기법이 있으며, 모델링부터 우발교수까지 각 단계를 처음부터 사용할 수도 있고, 아동의 언어능력에 따라 해당하는 단계만 사용할 수도 있다.

① 아동중심의 시범 기법

㉠ 환경중심 언어중재의 가장 초기 단계에 실시하는 것으로, 아동이 어떻게 표현해야 할지 모를 때 사용된다.

㉡ 환경중심 언어중재에서의 시범은 아동위주의 언어적 시범을 의미하는데, 이 기법에서 교사는 우선 아동의 관심이 어디에 가 있는지를 살피다가 그 물건이나 행동에 같이 참여하면서, 그에 적절한 언어를 시범 보이는 것이다.

㉢ 흔히 시범을 보이기 전에는 강화가 될 수 있는 교재나 활동을 통제하다가, 아동이 바르게 반응하면 언어적 확장과 강화(교재나 활동)를 제공한다. 아동이 바르게 반응하지 못하였을 때는 다시 시범을 보이고 그에 따른 강화를 제공한다.

❶ 10유아31, ❷ 09유아30

② 요구-모델링(선반응요구-후시범) 기법 22유아A8

㉠ 시범 방법에서와 같이 아동과 교사가 함께 활동을 하다가, 아동에게 언어적인 반응을 구두로 요구해 본 후에 시범을 보이는 것이다. ❸ 25중등A8, ❶ 10유아31, ❷ 10초등35

㉡ 시범 방법과 다른 점은 아동에게 반응할 기회를 우선 주고 나서 언어적인 시범을 보이는 것이다. ❹ 19초등B6

㉢ 반응을 요구할 때는 흔히 명령 후에 시범을 보이거나, 의문사 질문 후 시범을 보이거나 또는 선택형 질문 후에 시범을 보인다.

㉣ 그러나 일부 연구자들은 아동이 지나치게 교사의 요구촉진에 의존함으로써 자발적인 의사소통을 저해할 수 있다는 위험성을 제기하기도 한다.

기출 POINT 20

❶ 10유아31

아래에 제시한 사례별 언어중재 전략을 순서대로 쓰시오.

> 이야기 나누기 시간에 융천으로 만든 물고기를 들고 바라보는 민희에게 교사는 "물고기"라고 시범을 보인 후 민희가 모방하면 "그래 이건 물고기야, 물고기 여기에 붙이렴."이라고 말한다. 오반응이나 무반응을 보이면 시범을 보인다.

❷ 09유아30

<보기>는 환경중심 언어중재(환경 교수법)의 하나인 아동중심 시범 절차를 사용하여 윤희에게 '상황에 적절한 말로 요구하기'를 지도한 과정의 예시이다. 지도과정에서 바르지 않은 것은?

> 〈보기〉
> ㉠ 윤희가 좋아하는 비눗방울 놀이 활동에서 용기에 비눗물을 조금만 채워 주었다.
> ㉡ 비눗물을 다 쓴 윤희는 교사가 들고 있는 비눗물 용기를 쳐다보았다. 교사는 즉시 윤희 앞에서 앉으며 눈높이를 맞추었다.
> ㉢ 윤희가 "더, 더!"하자, 교사는 "윤희야, '더, 더'하지 말고 '더 주세요' 해봐."라고 하였다.
> ㉣ 윤희가 모방하지 않자, 교사는 구어적 시범을 제공하였다.
> ㉤ 윤희가 "더 주세요."하자 교사는 활짝 웃으며 "비눗물 더 주세요." 라고 하면서 비눗물을 주었다.

기출 POINT 21

❶ 10유아31

아래에 제시한 사례별 언어중재 전략을 순서대로 쓰시오.

> 간식시간에 마실 것을 선택해야 하는 민희에게 "뭘 마시고 싶니?"라고 한 후 "주스"라고 말하면 "주스가 마시고 싶구나, 여기 주스 줄게."라고 말하고 주스를 준다. 민희가 오반응이나 무반응을 보이면 시범을 보인다.

❷ 10초등35

다음에서 교사가 적용한 환경교수(환경중심 언어중재) 방법을 순서대로 쓰시오.

> 교사: (연필을 보여주며) 어제 은희가 배웠는데, 이걸 영어로 뭐라고 하지?
> 은희: (모른다는 표정을 지으며 대답을 하지 않는다.)
> 교사: pencil이지? pencil이라고 말해봐.
> 은희: Pencil.
> 교사: 잘했어요.

기출 POINT 21

❸ 25중등A8

강화된 환경중심 언어중재(EMT)에 근거하여 [A]에서 교사가 사용한 교수 기법의 명칭을 쓰시오.

> 특수 교사 A: 선생님, 올해 우리 반에 자폐성장애 학생이 3명 있어요. 3명 모두 구어를 사용할 수 있는데도, 필요한 상황에서 말을 하지 않아요. 어떻게 지도하면 좋을까요?
> 특수 교사 B: 학생들이 좋아하는 물건들을 활용해 보세요.
> 예를 들어, 학생 K의 경우, 이 학생이 좋아하는 공을 보여주면서 "뭐라고 해야 하지?"라고 말해보세요. 그때 학생 K가 "공 주세요."라고 말을 하면 공을 주면 돼요. 그런데 학생 K가 아무 말도 하지 않으면 "공 주세요 해야지."라고 하면서 선생님께서 시범을 보여 주세요. [A]

❹ 19초등B6

㉣에 해당하는 언어중재 방법에서 사용되는 요구모델이 모델링과 다른 점을 1가지 쓰시오.

> 중요한 것은 어떤 전략이든 ㉣ 자연스러운 환경에서 적용해야 일반화가 쉽다는 겁니다. 언어중재도 마찬가지예요.

기출 POINT 22

❶ 13유아A8

최 교사는 ㉢과 관련해서 어머니에게 "영지가 반응을 보일 수 있도록 기다려 주세요."라고 조언하였다. 이는 환경중심 언어중재의 전략 중 무엇인지 쓰시오.

> 영지: (장난감 자동차를 가지고 놀고 있다.)
> 어머니: (그림책을 가지고 와서) 영지야, 엄마랑 책 보자.
> 영지: (어머니를 보지 않고 계속 장난감 자동차를 가지고 논다.)
> 어머니: (그림책을 펴며) 동물원이네. 사자와 호랑이랑 있네.
> 영지: (장난감 자동차를 굴리며) 빠~.
> 어머니: 빠~, 그래 그건 큰 빵빵이야.
> 어머니: ㉢ 영지야, 빵빵 해볼까? 빵빵.

❷ 10유아31

아래에 제시한 사례별 언어중재 전략을 순서대로 쓰시오.

> 미술활동 중에 민희가 요구행동을 할 상황을 만들고 기대하는 표정으로 바라보며 일정시간 기다린다. 민희가 "풀"하고 요구하면 풀을 준다. 오반응이나 무반응을 보이면 시범을 보인다.

③ 시간지연 기법

㉠ 시간지연 기법은 교사가 아동과 함께 쳐다보거나 활동하다가 아동의 언어적 반응을 가만히 기다려 주는 것이다.

㉡ 아동이 말해야 하는 상황임을 눈치채고 말을 하게 되면 그에 적절하게 교정 또는 시범을 보인다.

㉢ 환경자극으로부터 의사소통을 시도하는 데 목적이 있으며 아동이 반응할 때까지 잠깐 멈추어 기다려 주는 것이다. 시간지연은 어느 정도 언어적 표현은 가능하지만 반응하기까지 시간이 걸리는 경우 보다 자발적인 의사소통을 위해 사용된다.

㉣ 지연은 보통 3~5초간 하는데, 좀 더 나이가 많은 아동의 경우에는 10초 이상 지연을 하기도 한다. 만약 아동이 지연에 반응하지 않으면, 교사는 다른 지연을 제시하거나, 선반응요구-후시범 절차나 시범 절차를 사용한다. ❶ 13유아A8, ❷ 10유아31

④ 우발교수(우연교수) 기출 POINT 23

㉠ 우발교수는 환경중심 언어중재의 핵심적인 부분으로 아동의 의사소통 기능 및 기술을 증진시키는 데 매우 효과적인 방법이다.

㉡ 아동은 우발적 상황에서 먼저 의사소통을 시도하는데, 아동이 의사소통을 할 수 있도록 교사에 의한 환경구조화가 필요하다.

㉢ 우발학습이란 아동의 생활환경에서 우연히 일어나는 의사소통의 기회 또는 언어학습의 기회를 이용하여 언어훈련을 하는 것이다. 그러나 '우연한 학습기회'가 그리 자주 포착되지 않을 수도 있고, 언어치료사를 가정이나 학교에 파견하기 어렵기 때문에 아동의 환경이나 그와 유사한 상황에서 우발적인 학습의 기회를 만들어 주는 것을 허용한다. 따라서 목표하는 의사소통 기능(예 거부하기)을 가진 언어적 표현(예 "싫어요, 치워요.")을 자연스럽게 유도하는 상황(예 흥미로운 장난감을 가지고 노는데 갑자기 그림책을 제시)을 만들어 그 상황에서 바람직한 언어 또는 의사소통 행동을 학습한다.

더알아보기 우발적 교수(incidental teaching 또는 자연적 중재)

우연한 상황 혹은 학습자가 우연히 어떤 상황이 발생하였다고 생각하는 것을 이용하여 목표로 하는 교육효과가 일어나도록 하는 교수법이다. 우발적 교수를 사용하여 사회성 및 의사소통 행동을 증진시키기 위한 예는 다음과 같다.

① 먼저 아동이 다른 아동들이 놀이하고 있을 때 그 근처에 있게 함으로써 또래 상호작용에 참여할 수 있는 기회를 만든다.
② 그리고 아동이 다른 아동의 놀이나 장난감에 관심을 보일 때까지 기다린 후 사회성 및 의사소통 행동을 보이도록 촉진하고 필요하다면 아동의 반응을 정교화하거나 교사가 시범을 보인다.
③ 마지막으로 긍정적 피드백이나 칭찬을 제공한다. 이 방법은 아동 주도적이며, 자연적인 후속 결과에 의해 적절한 행동이 강화되고 유지될 수 있다는 장점을 지닌다.

그러나 우연한 학습 기회가 자주 발생하기 어려우므로 교사가 아동의 환경이나 그와 유사한 환경에서 우발적인 학습의 기회를 만들어서 교수할 필요가 있다.

[출처] 특수교육학 용어사전(2018)

기출 POINT 23

❹ 10초등35

다음에서 교사가 적용한 환경교수(환경중심 언어중재)방법을 순서대로 쓰시오.

> 은희: (연필 옆에 교사가 구조화하기 위해 놓아둔 지우개에 관심을 보이며 지우개를 쳐다본 후 교사의 눈을 응시한다.) 지우개.
> 교사: (지우개를 영어로 뭐라고 하는지 알고 싶다는 은희의 요구를 이해하고 웃으며) 지우개는 영어로 eraser이라고 해.

기출 POINT 23

❶ 24유아A6

환경중심언어중재(MLT)에 근거하여 ① [A]에서 적용한 교수기법을 쓰고, ② ㉡에 들어갈 내용을 쓰시오.

> (안 교사는 유희실 천장에 줄이 달린 헬륨 풍선을 띄워 놓았다.)
>
> 단　비: (천장에 붙어 있는 풍선을 바라본다.)
> 안 교사: (풍선을 같이 바라본다.)
> 단　비: (안 교사를 바라본다.)
> 안 교사: 단비야, 뭐 줄까?
> 단　비: (손가락으로 풍선을 가리킨다.)
> 안 교사: ______㉡______
> 단　비: 풍. 선.
> 안 교사: 자, 풍선 줄게. (풍선을 건넨다.)
>
> [A]

❷ 18유아A6

교사가 준혁이의 자발적 발화를 증진하기 위하여 아래에서 사용한 환경중심 의사소통 전략을 쓰시오.

> 준혁이의 자발적 의사소통 지도를 위해 교사는 준혁이가 볼 수 있지만 손이 닿지 않는 선반에 준혁이가 좋아하는 모형 자동차를 올려놓는다. 준혁이가 선반 아래에 와서 교사와 자동차를 번갈아 쳐다보며 교사의 팔을 잡아 당긴다. 교사는 준형이가 말하기를 기대에 찬 눈으로 바라본다. 잠시 후 준혁이는 모형 자동차를 가리키며 "자동차"라고 말한다. 교사가 준혁이에게 모형 자동차를 꺼내주니 자동차를 바닥에 굴리며 논다.

❸ 13추시초등B3

아래의 의사소통 전략과 이 전략의 장점을 1가지만 쓰시오.

> 교사는 축구공을 진수의 손이 닿지 않는 높은 진열대 위에 올려놓았고, 진수는 그 곳을 물끄러미 바라본다.
>
> 진수: (으~우~소리를 내며 손가락으로 축구공이 있는 곳을 가리킨다.)
> 교사: 축구공 갖고 싶어?
> 진수: (축구공이 있는 진열대 쪽으로 교사의 손을 잡아끈다.)
> 교사: 진수야, 그래 이건 축구공이야.
> 진수: (축구공을 바라보면서) 추-우-!
> 교사: 그래, 축구공. 잘했어! 축구공 줄게.

환경교수전략의 절차 및 유의점(강혜경 외)

전략	내용 및 절차	과정 및 예시
모델링	아동의 관심이 어디 있는지 관찰하고 관심사(물건 또는 행동 등)에 함께 참여하면서 그와 관련된 적절한 모델링(시범 보이기)을 함으로써 새로운 행동을 학습하는 것이다.	좋아하는 그림책을 바라보고 있는 상황에서 교사는 아동과 같이 그림책에 공동관심을 형성하면서(예 "그림책" 또는 "그림책 주세요.") 시범을 보인다.
요구-모델링	• 아동에게 구두로 언어적 반응을 요구해 본 후 시범을 보이는 것이다. • 비모방적 구어촉진을 한다는 점에서 모델링과 차이가 있다. • 새롭거나 어려운 형태를 훈련하거나 명료성 향상을 위해 주로 사용한다.	• 공동관심 형성 후, 아동에게 먼저 반응을 요구(예 "뭐 줄까?", "뭐 하고 싶어?")한 후 시범을 보인다(예 "그림책", 또는 "그림책 주세요."). • 무반응이나 오반응을 보이면 두 번째 요구-모델링을 하며 이에 대해서도 부정확하면 교정적 피드백을 해 준다.
시간지연	• 아동과 함께 활동하는 중 아동의 반응을 기다려 주는 것으로 반복적 일과의 단계 중 잠깐 진행을 멈추고 학생을 바라보고 의사소통하기를 기다리는 것이다. • 목표행동이 이미 학생의 행동 레퍼토리에 있는 경우 효과적이며 초기 단계보다는 자발적 언어사용을 유도할 때 효과적이다.	• 아동이 자료나 요구를 필요로 하기 쉬운 상황에서 언어적 반응을 수 초간 기다린다. • 정확한 반응을 보이면 즉각적인 칭찬, 언어적 확장, 자료나 도움 등이 주어진다. • 부정확한 반응을 보이면 두 번째 시간지연, 요구-모델링 또는 모델링 절차로 진행한다.
우연교수	• 생활환경에서 우연히 일어나는 의사소통이나 언어학습의 기회를 이용하여 학습을 시키는 것이다. • 아동 주도적이며, 자연적인 후속결과에 의해 적절한 행동이 강화되고 유지될 수 있다는 장점이 있으나 어느 정도 모방할 수 있는 능력이 선행되어야 한다. 또한 우연한 학습 기회가 자주 발생하기 어려우므로 교사가 아동의 환경이나 그와 유사한 환경에서 우발적인 학습의 기회를 만들어서 교수할 필요가 있다.	아동이 언어적 또는 비언어적 도움이나 자료를 요구할 만한 상황에서 시작(예 다른 아동들이 놀이하고 있을 때 그 근처에 있게 함으로써 또래 상호작용에 참여할 수 있는 기회를 만들고 아동이 다른 아동의 놀이나 장난감에 관심을 보일 때까지 기다린 후)하며, 아동의 요구에 모델링, 요구-모델링, 시간지연 중 한 가지 방법을 사용한다.

3. 강화된 환경중심 언어중재의 공통요소 및 지침

① 훈련은 아동의 흥미나 주도에 따른다. ❷ 17유아B7, ❸ 15초등B3

② 언어의 형태를 가르칠 때 일상생활에서 흔히 접할 수 있는 많은 사례들을 이용한다.

③ 아동의 반응을 확실하게 촉진해 준다.

④ 아동의 반응에 대한 강화는 특정 언어 형태와 연결된 것으로 하고, 훈련 문맥 속에서 자연스럽게 한다. ❶ 22유아A8

⑤ 훈련은 교사-학생 간의 상호작용 속에서 다양하게 실시한다.

기출 POINT 24

❸ 15초등B3

민호의 행동 ㉢을 고려한다면 교사 행동 ㉡이 어떻게 바뀌어야 하는지 1가지 쓰시오.

(교사는 민호가 볼 수 있으나 손이 닿지 않는 책상 위에 장난감 자동차가 움직이도록 태엽을 감아 놓아두고 다음 시간 수업을 준비하고 있다. 장난감 자동차가 소리 내며 움직이다 멈춘다.)

민호: (교사를 바라보며 크게 발성한다.) 으으~으으~
교사: 민호야 왜 그러니? 화장실 가고 싶어?
민호: (고개를 푹 떨구고 가만히 있는다.)
교사: 화장실 가고 싶은 게 아니구나.
민호: (고개를 들어 장난감 자동차와 교사를 번갈아 바라보며 발성한다.) 으으응~응~
교사: (장난감 자동차를 바라보며) 아! 자동차가 멈추었구나.
민호: (몸을 뒤로 뻗치며) 으으응~
교사: 자동차를 다시 움직여 줄게. (자동차를 움직이게 한 후 잠시 민호를 보고 있다.) 이번에는 민호가 한번 해볼까? (교사가 자동차에 스위치를 연결하여 휠체어 트레이 위에 놓은 뒤 민호의 손을 잡고 함께 누른다.)
민호: (오른손으로 천천히 스위치를 눌러 자동차가 움직이자 교사를 바라보며 웃는다.)
교사: 민호 잘하네. ㉡ (강아지와 고양이 장난감이 놓인 책상에서 강아지 장난감을 집어 들고) 민호야, 이것도 한번 움직여 봐. (강아지 장난감을 스위치에 연결해 준다.)
민호: ㉢ (고양이 장난감 쪽을 바라본다.)

기출 POINT 24

❶ 22유아A8

① 최 교사가 적용한 환경 언어중재(Milieu Language Learning: MLT) 방법이 무엇인지 쓰고, ② ㉢에 대해 최 교사가 해주어야 할 반응을 쓰시오.

학기 초, 동호가 친구들과 의사소통을 하고 싶어 하는 모습을 보여, 자연스러운 놀이 상황에서 동호에게 반응이나 행동을 먼저 요구한 후 그에 대해 적절한 반응을 보이는 방법을 적용했다. 나와 통합학급 선생님은 기회가 주어질 때마다 이 방법을 동호에게 적용하려고 노력했다. 특히 동호가 좋아하는 퍼즐놀이 시간에 자주 활용했다. 동호가 퍼즐놀이를 할 때 동호와 공동관심을 형성하고 동호에게 뭐가 필요한지, 무엇을 찾고 있는지 물어보면서 동호의 반응을 유도했다. 처음에는 동호가 아무런 반응을 하지 않아서 손을 뻗거나 내미는 모습을 보여주었다. 요즘 동호가 퍼즐놀이 할 때 뭐가 필요한지 질문을 하면 ㉢ 퍼즐 조각을 향해 손을 뻗거나 내미는 행동을 한다. 자주는 아니지만, 친구들에게 의사소통을 시도하는 동호의 모습을 보니 대견스럽고 뿌듯하다.

❷ 17유아B7

아래에서 민호의 특성을 고려할 때, 교사의 의사소통 지도 방법으로 적절하지 않은 내용 2가지를 찾아 쓰시오.

의사소통 욕구가 부족한 민호를 위해서는 몇 가지 방법을 사용하였다. 자유놀이 시간에는 민호가 좋아할 만한 놀잇감을 제공하여, 그중에서 민호가 원하는 것을 선택할 수 있도록 해주었다. 이야기 나누기 활동시간에는 민호가 하고 싶어 하는 말을 내가 대신 해주었다. 미술활동 시간에는 활동자료를 약간 부족하게 주어서 민호가 다른 친구들에게 자료를 빌려 달라고 요청할 수 있는 기회를 제공하였다. 그 외에도 민호가 발음을 잘못했을 경우에는 틀린 발음을 반복적으로 지적하여 계속 연습하게 하였다. 그리고 가끔 민호의 손이 닿지 않는 곳에 민호가 좋아하는 놀잇감을 볼 수 있게 두어서 나에게 도움을 요청할 수 있도록 하였다.

06 스크립트 문맥을 이용한 언어중재

1. 스크립트 문맥을 이용한 언어중재의 개관

(1) 스크립트 문맥을 이용한 언어중재의 정의 ❸ 12중등25

① 스크립트(script)란 어떤 특정한 문맥 속에서 진행되는 단계적인 일련의 사건을 말한다.

② 취학 전 어린 유아들은 자주 경험하는 일상생활에서의 상황일 경우에는 시간적－인과적 위계에 따른 순서화된 구조를 형성한다. 즉, 친숙한 일상 상황에 대해서는 잘 조직된 스크립트를 가지고 있는 것이다.

③ 스크립트 문맥을 이용한 언어중재는 일상적으로 사용되는 상황에 적합한 언어를 사용하기 위해서 그 상황이 그려진 대본의 도움을 받아 지도하는 전략이다.

예 전화가 오면 "여보세요."라고 전화를 받는다. 장애학생에게 그것을 가르치기 위해서 "여+보+세+요" 식의 구문적인 형식이나 어휘를 강조하는 식이 전통적인 언어지도 방법이었다면 스크립트를 이용한 전략은 전화를 받는(소꿉놀이와 같은) 구조화된 상황을 만들고, 그 안에서 실제로 상호작용하면서 필요한 어휘와 문장을 습득하는 접근법이다.

(2) 스크립트 문맥을 이용한 언어중재의 목표 ❷ 14중등B1

① 스크립트 활용은 구어능력을 증진시키는 전략으로서, 사회가 요구하는 방식의 의사소통과 행동양식을 습득하여 적절한 의사소통을 하는 것을 목표로 한다.

② 보완대체의사소통(AAC)이 구어적 결함을 비구어적 방법을 통해 의사소통을 지도하는 것이라면, 스크립트 활용은 일반적으로 구어사용에 초점을 두고 있다.

(3) 스크립트 문맥을 이용한 언어중재의 장단점

① 스크립트 활용의 가장 큰 장점은 상황에 맞는 언어를 가장 일반화된 형태로 지도할 수 있다는 것이다. ❶ 18중등A12

② 그러나 최소한의 구어적 능력을 가지고 있어야 실시할 수 있다는 단점이 있다. 그러나 최근에는 스크립트의 활용이 보완대체의사소통이나 다른 매체와 결합하여 사용되기도 한다.

기출 POINT 25

❶ 18중등A12

ⓒ에 해당하는 의사소통 중재 방법의 명칭을 쓰고, 이 중재 방법의 장점을 교사 입장에서 1가지 서술하시오.

> p.s. 다음과 같은 패스트푸드점을 이용하는 상황을 구조화한 내용으로 의사소통 중재를 시작할 예정입니다.
> 점원 : 안녕하세요?
> 학생 : [안녕하세요?]
> 점원 : 무엇을 주문하시겠어요?
> 학생 : [치즈버거] [주세요]
> 점원 : 2500원입니다.
> 학생 : (카드를 꺼내며) [카드 여기 있어요.]
> 점원 : 예, 맛있게 드십시오.
> 학생 : [감사합니다.]
> ** [ ]는 상징을 눌렀을 때 출력된 음성을 의미함

❷ 14중등B1

의사소통장애 학생 A에게 스크립트 문맥을 이용하여 언어중재를 실시한 장면이다. 교사가 스크립트 문맥을 이용하여 언어중재를 실시한 목적을 2가지 쓰시오.

❸ 12중등25

학생들의 의사소통 능력 향상을 위한 가장 적절한 중재 방법은?

> 학생 B는 학교 일과에서 교사나 친구들과 이야기할 때에 주로 두 단어(이어문)로 의사소통을 할 수 있다. 그러나 어떤 특정한 활동 속에서 요구되는 상황적 언어를 논리적인 순서에 따라 말하는 데 어려움이 있다. 특히 지역사회 참여활동, 복지관 실습, 가사실습 시간에 요구되는 상황적 언어들을 그 활동 맥락 안에서 표현하는 데 어려움이 있다.

기출 POINT 26

❶ 19중등A11

다음은 학생 M을 위한 스크립트 중재 계획의 일부이다. ㉠의 이유를 인지부하 측면에서 1가지 서술하시오. (단, 목표언어와 관련지어 서술할 것)

1. 상황 선정 시 점검 사항

- ㉠ 학생이 상황 맥락을 이해하는 데 신경 쓰지 않도록, 화자 간에 공유하는 상황지식을 제공하는 상황으로 선정
- 학생에게 익숙하고 자연스러운 상황으로 선정

2. 상황언어 선정 및 중재 적용 점검 사항

- 일상적이고 익숙한 상황언어를 선택
- 기능적 언어 사용을 향상시킬 수 있도록 지도
- 수용 및 표현언어의 습득 효율성을 고려한 지도

2. 스크립트 문맥의 활용 절차

절차	특징
(1) 단기적인 목표언어의 구조를 계획한다.	스크립트 문맥을 통해 계획할 수 있는 언어구조는 수용언어/표현언어, 의미론/구문론/화용론 등 다양하다.
(2) 아동에게 익숙하며 주제가 있는 일상적인 활동(스크립트)을 선정한다.	아동의 머릿속에서 그 활동의 순서가 이미 익숙한 활동을 선택한다. 예를 들어, 생일잔치라는 주제활동은 생일 축하 노래를 부르고 나서 케이크에 꽂혀 있는 촛불을 불고, 케이크를 자르는 일련의 행동들을 떠올릴 것이다. 목욕 스크립트도 자주 사용되는데 인형을 목욕시킬 때 비누칠하는 행동, 물로 헹구는 행동, 머리감는 행동, 마른 수건으로 몸을 닦는 행동들이 자연스럽게 떠오르기 때문이다. 이러한 익숙한 활동을 선택하는 것은 아동이 상황이나 문맥을 이해하는 데 신경 쓰느라 막상 말에는 주의를 집중하지 않는 문제를 없애기 위한 것이다. ❶ 19중등A11
(3) 선택한 스크립트 속에 포함될 하위행동들을 나열한다.	생일잔치나 목욕하기 등의 익숙한 스크립트라도 아동의 경험에 따라서 그 하위행동들은 조금씩 다를 수 있으며, 주제에 핵심적인 하위행동이 있는가 하면 부수적인 하위행동들도 있다. 예를 들어, 폭죽 터트리기나 선물 열어보기 등의 하위행동은 촛불 끄기, 케이크 먹기 등의 하위행동에 비해서는 부수적이다. 하위행동의 범위를 정하는 것은 해당 하위행동이 목표언어를 유도해 내는 데 필요한지 여부에 따라서 정하는 것이 바람직하다. 신체결함으로 인하여 전체 스크립트를 다 끝내는 데 시간이 오래 걸리는 경우나 인지 및 언어 수준이 매우 낮아서 다양한 하위행동들보다는 짧은 스크립트를 여러 번 반복하는 것이 더 나은 경우에는 하위행동들을 최소한으로 줄이는 것도 좋은 방법이다. 자폐아동처럼 일상의 변화를 싫어하는 경우에는 너무 똑같은 하위행동들만 반복해서 고착되지 않도록 매 회기 약간씩의 변화를 주는 것도 좋은 방법이다.
(4) 선택한 하위행동마다 구체적인 목표언어를 계획한다.	하위행동 옆에 목표언어를 기재한다. 목표언어는 실제 아동이 배울 말로서, 지시를 따르게 하거나(수용언어 증진이 목표인 경우) 말하게(표현언어 증진이 목표인 경우) 할 내용이다. 예를 들어, 생일파티 스크립트에서 목표언어구조가 두 낱말 의미관계 '장소－행위'의 표현이라면, "머리에 (모자를) 써", "케이크에 (초를) 꽂아", "접시에 (케이크를) 담아", "냅킨 위에 놔", "휴지통에 넣어" 등의 목표언어를 설정할 수 있다.
(5) 불필요한 하위행동을 삭제한다.	목표언어를 끼워넣기에 적절하지 않은 하위행동들은 스크립트에서 제외시킨다. 이때 설정한 스크립트의 핵심행동이나 아동이 특히 좋아하는 하위행동은 가능한 유지하도록 하고, 그 외 목표언어를 유도할 수 없는 하위행동들은 시간을 절약하기 위해 제외시키는 것이 좋다.

(6) 목표언어를 유도할 수 있는 상황이나 발화를 계획한다.	목표언어구조나 기능에 따라서 하위행동을 하면서 유도해야 하는 말이나 상황이 있을 수 있다. 이러한 유도 상황이나 말은 미리 계획을 하되, 치료회기 동안에는 아동의 반응에 따라 그 표현이나 상황을 융통성 있게 활용하는 것이 좋다. 예를 들어, '부정/거부' 기능을 유도하기 위해서는 아동이 선호하는 컵 대신 다른 컵을 우선 제시하는 것이 적절하고, '주장하기' 기능을 유도하기 위해서는 두 가지 이상의 컵을 제시해서 "이거/그거(주세요)"라고 주장할 수 있는 상황을 만들어 주는 것이 중요하다.
(7) 계획한 활동들을 체계적으로 변화시키면서 여러 회기 동안 반복하여 실시한다.	계획한 목표언어의 사용 수준(종료준거)을 미리 정하여 아동이 그 준거에 도달할 때까지 매 회기 같은 활동을 반복하거나 아동이 싫증 내지 않도록 세 가지 정도의 유사한 스크립트 활동을 매번 바꿔가면서 실시한다.

생일잔치 스크립트의 예 ❶ 22초등A3, ❷ 19중등A11

스크립트	하위행동	유도상황/발화	가능한 목표언어	목표언어구조	
				의미관계	화용적 기능
생일잔치	상자에서 케이크/작은빵 꺼내기	잘 안 열리는 케이크 상자를 아동에게 준다.	"케이크/빵 꺼내 주세요." "이거 열어 주세요."	대상-행위	물건 요구
	상자 위에 케이크 올려놓기	케이크를 다시 상자 속이나 책상 아래에 놓으려고 한다.	"위에 놓아요."	장소-행위	행동 요구
	초 꽂기	초를 꽂지도 않고 성냥을 켜려고 한다.	"초/이거 꽂아요."	대상-행위	행동 요구
	성냥으로 촛불 부치기	"이걸로 뭐할까?"	"성냥 켜요." "촛불 붙여요."	대상-행위	행동 요구
	생일 노래 부르기	"누가 노래 부를까?"	"선생님이 부르세요."	행위자-행위	행동 요구
	촛불 끄기		"내가 불래요."	행위자-행위	주장
	초 빼기	"누가 뺄까?"	"내가 뺄래요."	행위자-행위	주장
	칼로 자르기	"선생님이 자를까?"	"내가 자를래요."	행위자-행위	주장
	접시에 놓기	케이크를 들고 두리번거린다.	"접시에/여기에 주세요."	장소-행위	행동 요구
	포크로 먹기	포크를 꺼내 놓지 않는다.	"포크 주세요." "포크로 먹을래요."	대상-행위 도구-행위	물건 요구, 주장
	휴지로 입 닦기	휴지와 종이, 또는 수건을 선택하게 한다.	"휴지 주세요." "휴지로 닦을래요."	대상-행위 도구-행위	행동 요구, 주장

기출 POINT 27

❶ 22초등A3

㉣에 들어갈 목표언어 유도상황을 ㉤, ㉥, ㉦을 고려하여 쓰시오.

(다) 상우를 위한 '신발 신기' 스크립트 문맥 활용

하위행동	유도 상황	목표 언어		
		언어 사용 기능	의미 관계	가능한 목표 발화
신발장 문 열기	(㉣)	㉤ 요구하기	㉥ 대상-행위	㉦ "신발장 열어 주세요." "이거 열어."
바닥에 신발 내려놓기	교사가 신발을 다시 신발장 안이나 위에 놓으려고 한다.	ⓞ 요구하기	㉧ 장소-행위	(㉨)
신발 신기	교사가 신발 위에 발을 올려놓고 신지는 않는다.	요구하기	대상-행위	"신발 신어요." "이거 신어."

❷ 19중등A11

괄호 안의 ㉡에 해당하는 의미관계를 쓰고, 괄호 안의 ㉢에 해당하는 '가능한 목표언어'를 밑줄 친 ㉣에 근거하여 쓰시오.

〈활용할 스크립트〉

상황	하교 시 학교버스 이용하기			
하위행동	유도 상황/발화	가능한 목표언어	목표언어 구조	
			의미관계	화용적 기능
교실에서 하교 준비하기	겉옷을 입도록 한다.	"옷 주세요."	대상-행위	행동 요구
교실에서 복도로 이동하기	"누가 교실 문을 열까요?"	"제가 열래요."	(㉡)	주장
… (중략) …				
자리에 앉기	"어디에 앉을까요?"	"(㉢)"	장소-행위 (㉣)	질문에 대한 반응 (㉣)

휴지통에 휴지 넣기	닦은 휴지를 들고 두리번거린다.	"휴지통에 버리세요/넣으세요."	장소-행위	행동 요구
	휴지통으로 던진다.	"(안)들어갔어요."	(부정)-상태	서술
주스를 컵에 따르기	좋은 컵과 낡은 컵, 색이 다른 컵 등을 준비한다.	"그 컵 싫어요." "빨간 컵 주세요."	체언수식-실체-서술, 체언수식-대상-행위	거부, 물건 요구
주스 마시기	주스를 마시며 맛없는 척을 한다.	"이거/이 주스 맛있어요." "이거/이 주스 시원해요."	체언수식-실체-상태	서술

3. 스크립트 문맥 중재와 공동행동일과 전략과의 비교

① Mclean과 그의 동료들이 효율적인 언어치료 방법으로 제시하고 있는 일상적 공동 활동(joint action routine) 역시 스크립트 상황의 일종이다. 스크립트와 일상적 결합 활동은 다음과 같은 공통적 특징을 가진다.

> ㉠ 아동에게 일상화된 상황
> ㉡ 특정적이고 통일된 주제
> ㉢ 논리적인 순서에 따른 구성 행동들
> ㉣ 예견할 수 있는 활동의 결말

② 그러나 JARs와 비교했을 때 스크립트는 더 구체적이고 구조화되어 대본이 주어지고 이를 반복하는 연습절차가 포함되어 있다는 차이가 있다.

4. 스크립트 문맥 활용의 유용한 방법

① 스크립트 안에서 주고받는 대화(turn-taking)의 기회를 많이 가질 것

② 상황적 언어를 활동 속에서 많이 사용할 것

③ 아동이 일단 스크립트에 익숙해지면 의도적으로 스크립트를 위반하는 사건을 만들어 자발적인 언어를 유도할 것 ❶ 14중등B1

기출 POINT 28

❶ 14중등B1

학생 A가 바닐라 아이스크림을 사는 스크립트에 익숙해진 후 다시 언어중재를 실시한 장면이다. 교사가 ㉠과 같이 행동한 이유를 쓰시오.

> 교사: 2,800원입니다. 카드로 계산할 거예요, 현금으로 계산할 거예요?
> 학생: 현금으로요. (돈을 건네며) 여기 있어요.
> 교사: (㉠ 딸기 아이스크림을 콘에 담아 학생에게 건넨다.)
> 학생: (의아한 표정을 지으며) 어.... 바닐라 아이스크림 주세요.
> 교사: (바닐라 아이스크림을 콘에 담아 건넨다.)

07 낱말찾기 훈련

1. 낱말찾기 장애

① 낱말찾기 장애(word-finding deficit)는 어떤 상황이나 자극하에서 특정한 낱말을 산출하는 데 어려움을 갖는다. ❶ 24중등B7

② 언어습득이나 사용에 있어서 어휘습득 및 사용의 역할이 매우 중요하기 때문에 이처럼 낱말찾기에 장애를 갖는 아동은 다른 언어영역에서도 어려움을 갖는 경우가 많다.

③ 낱말찾기 장애는 특히, 지적 능력이나 사회적 능력, 그리고 말 산출과 관련된 구조적 결함이 없음에도 불구하고 언어발달에 장애를 보이는 단순언어장애 아동에게서 많이 나타났다. 선행연구의 결과들에서 대체로 단순언어장애 아동이 일반아동에 비하여 그림 이름대기 과제에서 반응정확도가 뒤떨어지며 반응시간도 지연된다는 결과가 보고되었다.

2. 낱말찾기 과제 오류유형 분석 기준

구분		정의	예
의미적	상위개념어	목표어를 포함하는 상위범주어로 대치하는 경우	양파 → 채소
	대등어	동일한 수준의 다른 낱말이나 동일 의미범주의 낱말로 대치하는 경우	그네 → 미끄럼틀
	하위개념어	목표어를 나타내는 하위범주어로 대치하는 경우	가구 → 책상
	기능적	목표어의 기능적 속성을 나타내는 낱말로 대치하는 경우	달력 → 날짜
	장소적	목표어와 관련된 장소를 나타내는 낱말로 대치하는 경우	그네 → 놀이터
	구성요소	목표어를 구성하는 낱말로 대치하는 경우	주사기 → 바늘
	연합	목표어와 같이 사용되는 낱말이나 개념으로 대치하는 경우	낙하산 → 비행기
	의미적 에두르기	목표어의 의미적 특성을 여러 낱말로 설명하거나 묘사하는 경우	국자 → 국 떠 주는 것

기출 POINT 29

❶ 24중등B7

밑줄 친 ㉠과 같은 어려움을 보이는 언어학적 영역을 쓰시오.

> 실습생: 선생님, 우리 반 학생 A는 '컵'이라는 이름이 잘 생각나지 않을 때 "어, 어, 그거 있잖아요." 라고 하거나, 손으로 마시는 흉내를 내면서 표현하는 경우가 있어요. 왜 낱말의 이름을 떠올리는 것을 어려워하나요?
> 특수교사: 학생 A는 ㉠ 어휘 수도 부족하고 낱말을 확실하게 기억하지 못해서, 낱말의 이름을 떠올려 산출하는 것을 어려워합니다.

더알아보기

그림 이름대기 장애

목표낱말을 그림으로 제시하고 가능한 빠르고 정확하게 산출하도록 하는 것으로, 주로 반응정확도와 반응시간을 통하여 그 수행 결과를 측정한다.

음운적	음운대치	목표어를 구성하는 음소를 다른 유사 음소로 대치하는 경우	분수 → 푼수 기타 → 치타
	음운첨가	목표어에 다른 음소를 첨가하는 경우	그네 → 근네
	음운생략	목표어에 포함된 음소나 음절을 생략하는 경우	우표 → 표
	음운유사 낱말대치	음소적으로 유사한 다른 실제 낱말로 대치하는 경우	주사위 → 주사기 마이크 → 마스크
	음소(절) 반복	목표어의 첫 번째 음소 또는 음절을 반복하는 경우	그네 → 그그네
시각적	시각적 대치	시각적으로 유사한 낱말로 대치하는 경우	우표 → 그림
	시각적 부분 대치	목표어를 묘사한 그림의 일부분을 지칭하는 낱말로 대치하는 경우	분수 → 물 화장대 → 거울
	시각적 에두르기	목표어의 시각적 특성을 여러 낱말로 설명하거나 묘사하는 경우	꼬리 → 동그라미에 뭐 달려 있어
기타	모르겠다	'모른다'고 응답한 경우	
	무반응	그림을 제시한 후 8초가 경과될 때까지 반응을 보이지 않은 경우	
	보속반응	이전 문항에서의 반응을 되풀이하는 경우	
	무관련 반응	목표어와 전혀 관련되지 않은 낱말로 반응하는 경우	

[출처] 고은, 의사소통장애아 교육 3판(2021)

3. 훈련목표 낱말의 선정

① 훈련목표 낱말은 아동의 연령에 적합한 어휘를 선택하는 것이 중요하다.

② 또한 개별적인 낱말보다는 유사한 주제나 아동의 선호도와 관련된 낱말이 좋다. 주제를 중심으로 하는 낱말들은 한 낱말에서 확장시키거나 대조시켜서 새로운 낱말들을 훈련하는 데 유리하다.

③ 아동이 어려움을 보이는 특정 낱말군에 대해서 집중적인 훈련을 하는 것이 더 효율적이다.

4. 낱말찾기 훈련의 활동

① 낱말찾기 훈련은 기억용량을 늘리는 활동(기억확장활동)과 기억창고에서 기억을 효율적으로 끄집어내는 책략활동(기억인출활동)들로 이루어진다. 대체로 목표낱말에 대해 의미적인 단서를 제공하는 것은 기억확장활동과 관련된 것이고, 소리정보를 제공하는 것은 기억인출활동과 관련된 것이다.

② 그러나 낱말찾기 장애가 정보저장과 관련된 것인지, 정보인출과 관련된 것인지 구별하기가 쉽지 않기 때문에 중재를 어느 한 활동에만 초점을 맞추어서 하기보다는 두 과정을 병행하는 것이 더 나은 일반화 효과를 가져온다고 보고되었다.

언어적 단서 ❶ 24중등B7, ❸ 11중등37

구분	정의	예
의미적 단서 ❷ 17중등B4	동의어	'선생님'에 대해 '교사'
	반의어	'선생님'에 대해 '학생'
	연상어	'팥'에 대해 '빙수'
	동음이의어	'사과'에 대해 손바닥으로 싹싹 비는 흉내
	목표낱말의 상위범주어 또는 하위범주어	'모자'에 대해 '옷' '옷'에 대해 '바지, 치마'
	목표낱말의 기능	'자동차'에 대해 '타는 거'
	몸짓으로 낱말을 흉내 내는 것	
구문적 단서	그 낱말이 자주 사용되는 문맥이나 상용구 활용하기	'고추'는 '○○ 먹고 맴맴'
음향-음소적 단서	첫 음절 말해주기	'자동차'의 경우 '자'
	음절수를 손으로 두드리기 또는 손가락으로 알려주기	
음소적 단서	첫 글자 써주기	

기출 POINT 30

❶ 24중등B7

㉡과 ㉢의 예를 1가지씩 각각 서술하시오. (단, 명사를 활용하여 제시할 것)

> 실습생: 학생 A를 위한 낱말 찾기 지도 방법은 무엇이 있을까요?
> 특수교사: ㉡ 음운적 단서, ㉢ 범주어의 이름이나 기능을 설명하는 단서, 상용구를 활용하는 단서로 낱말을 떠올려서 산출할 수 있어요.

❷ 17중등B4

학생 K에게 적용할 수 있는 ㉡의 유형 1가지와 그 예 1가지를 순서대로 제시하시오.

> 일반교사: 요즘 K는 표현하려는 단어의 이름을 잘 말하지 못해요. 예를 들면, "어.. 그거 있잖아..그거.." 라고 말해요.
> 특수교사: K가 단어를 떠올리는 데 어려움을 보일 때는 ㉡ 의미 단서나 구문 단서와 같은 다양한 단서를 사용하는 활동이 도움이 됩니다.

❸ 11중등37

학생 A의 문제를 해결하기 위해 제시할 수 있는 언어적 단서와 그에 따른 교수 활동이 바르게 연결된 것을 (가)~(라)에서 고른 것은?

> (가) 의미적 단서: "이건 문구의 종류인데요."라고 학생 A에게 말하기
> (나) 구문적 단서: 학생 A 앞에서 '가위'의 음절 수만큼 손으로 책상 두드리기
> (다) 형태적 단서: (손동작으로 '가위 바위 보'를 하며) "○○ 바위 보" 라고 말하기
> (라) 음소적 단서: 학생 A의 손바닥에 'ㄱ'를 적어 주며 "선생님이 쓴 글자로 시작합니다."라고 말하기

08 참조적 의사소통 훈련(referential communication)

1. 참조적 의사소통의 정의

① 참조적 의사소통은 언어의 화용적인 기술로 사물이나 장소, 또는 생각과 같은 특정한 참조물에 대해 다른 사람과 정보를 주고받는 것이다. 즉, 여러 대상 중에서 하나의 참조물을 정확하게 파악할 수 있도록 화자가 참조물의 특징이나 속성을 선택하여 언어적으로 기술하는 능력이다.

② 참조적인 의사소통을 성공적으로 수행하기 위해서는 화자와 청자 모두 정보와 그 정보가 언급하는 참조물의 관계를 이해할 수 있어야 한다.

2. 참조적 의사소통 능력

(1) 청자의 참조적 의사소통 능력 요소

대상	역할	필요 기술
청자	• 화자의 정보를 이해 • 화자 정보의 적절성에 대해 피드백 • 불충분한 정보를 들었을 때 그것에 대해 적절하게 질문	• 청자의 정보분석기술 – 화자가 산출한 정보를 듣고 그 정보를 분석하는 청자의 능력을 말한다.

(2) 화자의 참조적 의사소통 능력 요소

대상	역할	필요 기술
화자	• 특정한 정보를 제공하고 이해 • 청자가 파악할 수 있도록 사물의 특징들을 변별하여 일관성 있는 메시지로 제시 • 도움이 되지 않는 중복적인 정보는 제외 • 청자가 자신에게 주목하도록 조절 • 청자가 자신의 말을 이해하지 못할 경우 자신의 말을 수정	• 화자의 청자에 대한 분석기술 – 화자가 청자의 관점을 분석하여 청자의 관점에서 메시지를 구성할 수 있는 능력을 말한다. – 한 주제에 대해 가지고 있는 정보의 양은 사람마다 다름을 알고, 효율적인 의사소통을 위해 화자는 청자가 정보를 얼마나 필요로 하느냐에 따라 메시지를 수정할 수 있어야 한다. • 화자의 과제분석기술 – 특정한 의사소통 과제에 대한 정보 처리 요구에 대처하는 화자의 능력을 말한다. – 화자는 자신이 말하려고 하는 정보가 참조물과 비참조물을 구별할 수 있는 것으로 구성되어야 한다는 것을 이해하고 있어야 한다.

화자의 참조적 의사소통 능력은 말하는 사람이 듣는 상대방으로 하여금 특정 대상을 정확하게 파악할 수 있도록 언어적으로 표현하는 능력을 말한다. 상대방에게 말하는 내용을 정확히 전달하기 위해서는 다음과 같은 능력이 필요하다.

① 듣는 사람에게 어떠한 정보가 필요한가를 결정하는 전제기술

② 결속표지와 같은 특정한 방식으로 그 정보를 전달하는 능력

③ 상대방의 반응에 대해 적절한 피드백을 줄 수 있는 능력

전제	문맥이나 상대방의 사전지식에 대해 말하는 사람이 어떻게 가정하고 있는지를 말하며, 이러한 가정에 의해서 말하는 방식이나 내용이 수정되는 것이다. 예 도둑질은 나쁘다는 것을 아는 아동에게는 "그걸 가져가면 도둑질이 되니까 안 되겠지?"라고 할 수 있지만, 그렇지 못한 아동에게는 "그걸 가져가면 주인이 슬퍼하니까 안 되겠지?"라고 하는 것이 더 효과적으로 전달될 것이다.
결속표지	결속표지(cohesive device)는 가리킴말(dexis)을 써서 문장 속에 포함된 낱말을 이해하기 쉽게 만들기도 하고, 접속사나 연결어미를 써서 문장과 문장 사이의 관계를 명확하게 해주기도 하며, 때로는 중복되는 부분을 생략해서 불필요한 부분까지 다 듣지 않아도 되게 해준다. ❶ 21중등A7 • 가리킴말은 다양한 품사에서 쓰일 수 있어서 대명사(나/너/우리/너희), 지시형용사(이/그/저), 시간부사(지금/아까/나중에), 장소부사(여기/저기), 그리고 동사(오다/가다)에도 사용된다. • 문장과 문장 사이에 접속사나 연결어미를 사용하면 각각의 문장을 듣고 그 관계를 유추하는 것보다 훨씬 효과적이다. 추가(그리고, -고), 반전(그러나, -지만), 원인(-니까)이나 이유(-려고) 등의 다양한 문장 간 관계를 좀 더 정확하게 전달해 준다. • 중복되는 부분의 생략은 말의 의미를 전달하는 중요한 기술이다. 예 수업시간에 "선생님, 화장실 가고 싶은데 (화장실) 갔다 와도 돼요?"라고 낱말을 생략하는 것이 도리어 자연스럽다. 또한 아침에 부은 얼굴을 쳐다보며 "너 어제 저녁에 라면 먹고 잤지? 내가 (너 어제 저녁에 라면 먹고 잔 거) 다 알아."에서처럼 중복되는 문장을 생략하는 것이 더 효율적으로 전달된다.
상대방의 반응에 대한 적절한 피드백	상대방의 지식에 대한 전제를 바탕으로 말을 했는데 상대방의 대답이나 반응이 적절치 못하다면 말하는 사람은 자신의 전제를 바꾸어 다시 표현할 수 있어야 한다. 예 "그걸 가져가면 도둑질이 되니까 안 되겠지?"에 대한 반응이 "그럼 도둑질하지 않고 가져갈 거야."라면 우리는 아동의 '도둑질' 개념에 대한 전제를 바꾸어 다시 말해야 할 것이다.

기출 POINT 31

❶ 21중등A7

(가)는 ○○중학교 특수학급에 재학 중인 학생 C의 특성이고, (나)는 학생 C와 특수교사가 나눈 대화의 일부이다. 〈작성 방법〉에 따라 서술하시오.

(가) 학생 C의 언어 및 의사소통 특성

- 어휘력은 부족하나 이야기하기를 좋아함
- 문장 안에서 형태소를 생략하는 경우가 많음
- 상대방과 함께 알고 있는 지식을 바탕으로 대화할 수 있음
- 이야기를 구성할 때 ㉠ 결속표지를 사용할 수 있음
- 상대방이 특정 대상을 파악할 수 있도록 특정한 정보를 언어적으로 표현할 수 있음

(나) 학생 C와 특수교사의 대화

특수교사: 그럼, 지난 주말에는 어디 갔었는지 이야기해 주겠니?
학생 C: 어저께는요, 엄마랑 아빠랑요, 동물원에 갔어요. 거기서 코끼리 봤는데요. 저번에 선생님이랑 봤던 코끼리요. 코끼리가 자고 일어났어요. 귀가 정말 커요. 코가 되게 길어요. 코끼리는 코가 손이에요. 코끼리 '가자' 줬어요. ㉡

〈작성 방법〉

- (가)의 밑줄 친 ㉠의 기능을 서술하고, ㉠에 해당하는 표현을 (나)에서 찾아 1가지 쓰시오.
- (가)에 제시된 학생 C의 언어 및 의사소통 특성에 근거할 때, ㉡에서 볼 수 있는 '언어의 화용적 능력'에 해당하는 용어를 1가지 쓸 것

3. 참조적 의사소통 훈련

언어발달은 일반적으로 이해능력이 산출능력에 선행한다. 그러나 참조적 의사소통에서는 화자기술이 청자기술보다 먼저 발달한다.

과제	예시
옷 입히기	남자 아동이 그려져 있는 기본판에 잠바, 가방, 모자, 목도리 그리고 신발 그림을 놓는 과제로, 각각의 사물은 네 가지의 선택이 가능하였다. 예를 들어 '잠바'의 경우, 초록색 네모 무늬, 초록색 둥근 무늬, 노란색 네모 무늬, 노란색 둥근 무늬 잠바의 네 가지 선택이 가능하였다. 화자는 자신이 집어든 그림카드에 있는 참조물을 보고 청자가 정확한 선택을 할 수 있도록 기술하는 것이다.
집 꾸미기	집이 그려져 있는 기본판에 지붕, 벽, 굴뚝, 창문, 강아지 그림을 놓게 하였으며 옷 꾸미기와 마찬가지로 각각의 사물은 네 가지 선택이 가능하였다. '굴뚝'의 경우, 빨간색 작은 굴뚝, 빨간색 큰 굴뚝, 노란색 작은 굴뚝, 노란색 큰 굴뚝의 네 가지 선택이 가능하였다.
얼굴 꾸미기	다른 두 과제와 달리 기본판에는 그림이 그려져 있지 않고 얼굴, 머리, 안경, 코, 입, 귀 그림을 조합하여 놓게 하였다. 각각의 사물은 네 가지의 선택이 가능하여 안경의 경우, 별 모양 큰 안경, 별 모양 작은 안경, 하트 모양 큰 안경, 하트 모양 작은 안경을 제시하였다.

4. 참조적 의사소통의 3요소

① 본질적 지식은 의사소통하려는 참조물에 대한 지식을 의미한다. 예를 들어, 3세 아동이 새로운 장난감을 어떻게 조립하는지 친구에게 설명하기 위해서는 아동 자신이 조립하는 방법에 대해 알고 있어야 하는데, 이를 본질적 지식이라고 한다.

② 수행기술은 어휘능력, 지각 및 운동능력을 포함하는 기술을 의미한다.

③ 절차에 대한 지식은 다양한 의사소통 상황에 필요한 규칙에 대한 지식을 말한다. 어떤 의미에서는 메타커뮤니케이션의 하위기술이라고도 할 수 있다. 절차에 대한 지식에는 차별화 규칙과 역할 조정이 있다.

절차적 지식의 하위요소	정의
차별화 규칙	참조물과 혼동될 수 있는 주변 사건 간의 차이를 기술하는 규칙이다.
역할 조정	• 역할 조정이란 화자로서 자신의 수행을 지배하는 규칙을 청자가 되어서도 적용할 수 있으며, 청자로서 자신의 수행을 지배하는 규칙을 화자가 되어서도 적용할 수 있는 능력을 의미한다. • 즉, 참조적 의사소통의 성공적 수행을 위해서 화자와 청자의 역할이 상호보완적이라는 것을 이해하는 것이다.

CHAPTER 10

자발화 분석

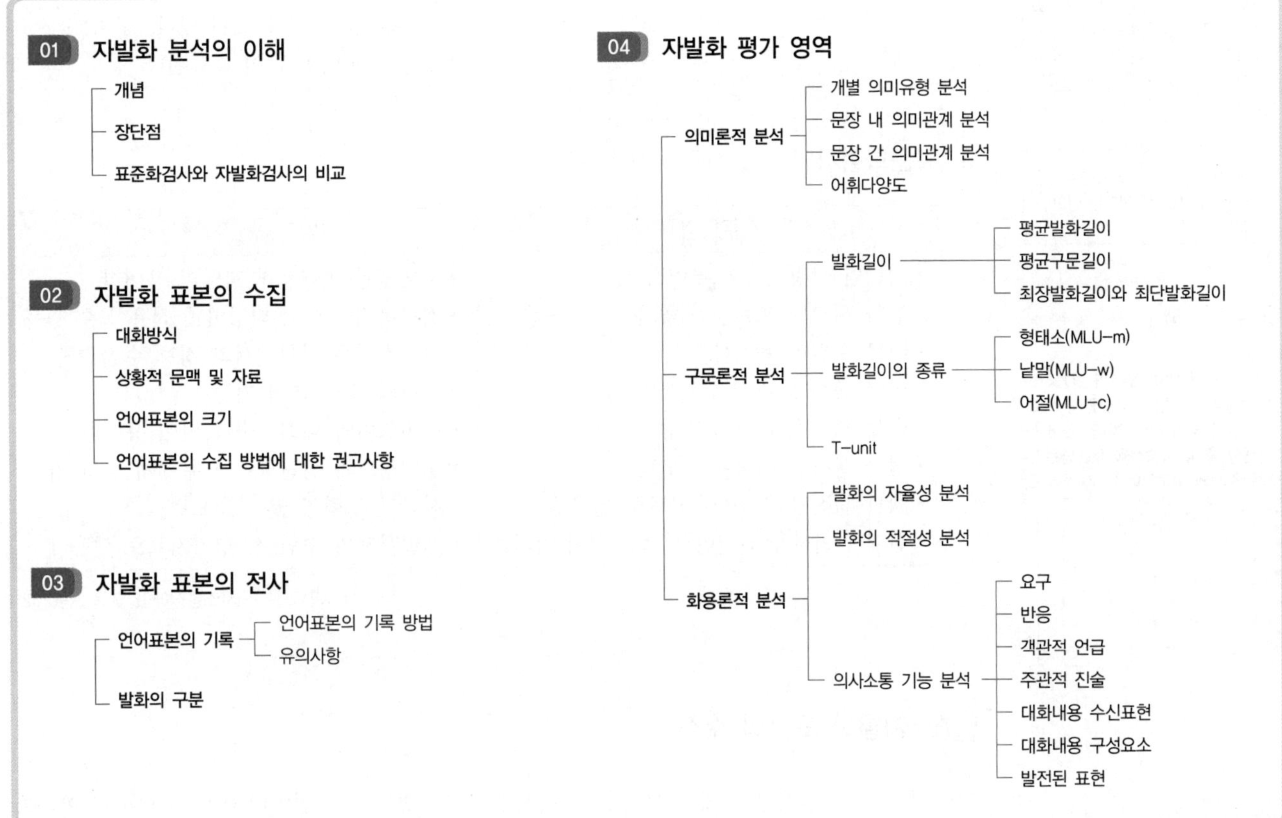

01 자발화 분석의 이해

1. 자발화 분석의 개념

① 자발화 분석은 비표준화 검사로 아동의 평상시의 언어 수준을 알 수 있으며, 아직 의미 있는 언어를 사용하기 이전 아동의 언어발달 수준을 알 수 있다.

② 교사는 자발화 검사를 통해 각 언어 영역별로 발달 수준을 알 수 있으며, 몸짓 언어를 비롯한 비구어적 의사소통 발달 정도도 평가할 수 있다.

③ 또한 표준화된 검사도구를 사용할 수 없는 아동의 언어 수준을 평가할 수 있다.

④ 자발화 분석은 일반적으로 자발화 표본 수집 → 자발화 표본 전사 → 자발화 표본 평가의 절차를 따른다.

기출 POINT 1

❶ 13중등38
자발화 평가에 대한 내용이다. 설명 중 옳은 것은?

자발화 평가는 각 언어 영역별 능력, 즉 의미론적 능력, 구문론적 능력, 화용론적 능력 등을 측정할 수 있다. 자발화 분석은 많은 시간과 노력이 요구된다는 단점이 있지만, ㉣ 교육적 장점도 포함하고 있다.

〈보기〉
바. ㉣에는 성취 수준 및 교수 목표를 파악하는 데 유용하다는 점이 포함된다.

기출 POINT 2

❶ 25유아A3
① [B]와 같은 언어 표본을 활용하는 언어발달검사 방법이 무엇인지 쓰고, ② 이 검사 방법으로 유아의 언어 능력을 평가할 때의 장점을 표준화된 언어발달검사와 비교하여 1가지 쓰시오.

지혜의 언어 표본
1. 두 개.
2. 피자 다음에 더 줄게.
3. 피자 다음에 더 줄게.
4. 피자 다음에 더 줄게.
5. 피자 다음에 더 줄게.
…(하략)…
[B]

기출 POINT 3

❶ 16유아A5
자발화 수집 시 고려할 사항에 근거하여 적절하지 않은 이유를 쓰시오.

"은미는 좋아하는 동화책을 외워 그 내용을 혼자 계속 중얼거리는데, 그것도 자발화 수집에 포함시켜야겠네요."

2. 자발화 분석의 장단점 ❶ 13중등38

장점	단점
구체적인 교수목표, 학생의 일간·주간 진보 정도를 점검할 때 사용할 수 있다.	• 의도적으로 특정 단어 또는 발화 자체를 피할 수 있다. • 말 표본을 얻기가 쉽지 않다. • 시간과 노력이 많이 소요된다.

3. 표준화검사와 자발화검사의 비교

표준화검사	자발화검사 ❶ 25유아A3
• 정적인 상황에서 이루어짐 • 검사 시간의 효율성이 좋음 • 자료 수집이 용이함 • 언어 측정에 대한 신뢰도가 높음 • 반복적인 검사 실시 가능 • 검사 실시와 분석이 간단함 • 객관적 진단 및 평가 자료로 활용됨 • 실제 언어사용에 대한 정보 수집이 어려움	• 실제적인 언어능력 파악이 용이함 • 검사목적에 따라 다양하게 적용할 수 있음 • 자연스러운 상황에서의 정보 수집 가능 • 발화의 질적 분석 가능 • 표현언어와 대화기술 파악이 용이함 • 장애정도와 상관없이 모두에게 실시 가능 • 시간과 노력이 많이 소요됨 • 개별화계획 수립 시 평가지표로 활용

[출처] 고은, 의사소통장애아 교육 3판(2021)

02 자발화 표본의 수집

자발화 표본을 수집하는 데 있어서 가장 중요한 것은 그 표본이 얼마나 아동의 평상시 언어를 대표할 수 있느냐 하는 점이다. 예를 들어, 아동이 수줍어하거나 화가 나서 잘 반응하지 않고 간단하게 대답한 말을 표본으로 잡거나, 아동이 외우고 있는 이야기나 선전 문구를 표본으로 잡는다면 그 표본을 분석한 결과는 아동의 표현언어 능력을 과소 또는 과대평가하는 결과를 초래한다. 따라서 아동의 '대표적'이고 '자연스러운' 언어표본을 수집하기 위해서는 검사자와 아동 사이의 의사소통 방식이나 상황적 문맥, 언어 수집을 위해 사용되는 자료들, 그리고 표본의 크기 등이 고려되어야 한다. ❶ 16유아A5

1. 대화방식

① 아동은 대체로 낯선 사람보다는 익숙한 사람에게 많은 말을 하는 경향이 있으므로, 교사가 아동의 언어표본을 수집할 때는 아동이 마음을 열고 대화할 수 있도록 우선 친밀감(라포, rapport)을 형성하는 것이 중요하다.

② 아동의 발화는 대화 상대방이 어떤 방식으로 대화를 이끄는가에 따라 달라진다. 즉, 대화 상대방이 계속 질문을 하면 아동의 발화는 주로 대답하는 것이 될 수밖에 없다. 그러므로 발화를 유도할 때는 아동 스스로 말을 하도록 호기심을 자극하는 것이 좋다.

③ 스스로 발화를 시작하지 않을 때는 여러 단계의 질문으로 유도해 볼 수 있다. 높은 수준의 발화를 유도하기에는 개방형 질문(예 "어때?", "어떻게?", "왜?")이 폐쇄형 질문(예 "뭐야?", "어디서?", "어떤 거?")보다 더 효과적이다. 특히, '예/아니오' 질문이나 단답식 질문(예 "은주는 몇 살?")은 자발적인 발화를 유도하기에는 적절하지 않다.

④ 대화를 이끌어 갈 때는 아동이 발화를 끝내거나 새로 시작할 시간을 충분히 주어야 한다. 언어표본을 위해 대화 상대방은 대화 도중의 침묵에 너무 민감하게 반응하지 말고 아동의 주도를 따라가는 것이 중요하다.

⑤ 대표적인 언어표본을 수집하기 위해서는 여러 사람과의 대화를 골고루 수집해야 한다. ❶ 09유아33

2. 상황적 문맥 및 자료

① 아동의 언어는 장소나 상황에 따라서 달라질 수가 있으므로 다양한 장소에서 수집된 표본이 더욱 대표성을 가질 수 있다. ❶ 16유아A5

② 흔히 사용되는 상황과 자료들은 동화책 보고 이야기하기, 사건 위주의 그림을 보고 상황 설명하기, 사진첩을 보고 이야기하기, 소꿉놀이, 의사놀이 등이다. 나이가 좀 더 있는 아동에게는 가족, 반려동물, 친구, 좋아하는 놀이나 프로그램, 경험 등을 물어보는 것도 좋다.

③ 자발화 수집방식은 자유놀이, 대화, 이야기 등이 있으며, 가장 이상적인 것은 아동과의 대화를 통해 연속적인 자발화를 수집하는 것이다. 그것이 여의치 않을 경우 그림을 보고 대화를 유도할 수도 있다. ❷ 13중등38

3. 언어표본의 크기

① 연구자들마다 차이가 있지만 추천하는 언어표본의 크기는 50~200개 발화 또는 녹음한 테이프로 30분 정도이다.

② 약 100~200개 정도의 발화를 수집한 후에 대화를 시작하기 위해 다소 어색했던 앞부분이나 아동이 자발성을 잃은 부분을 삭제한 후, 나머지 70~100개 문장 정도를 분석하는 것이 합리적이다.

기출 POINT 4

❶ 09유아33

자발화 표본 수집에 사용한 방법으로 적절한 것을 고르시오.

> ⓒ 어머니와의 대화, 친구나 형제와의 대화와 같은 다양한 대화 상대자들과의 발화 자료를 수집하였다.

기출 POINT 5

❶ 16유아A5

자발화 수집 시 고려할 사항에 근거하여 적절하지 않은 이유를 쓰시오.

> "은미가 가장 말을 많이 하는 영역인 도서영역 한 곳에서 자발화 수집을 하면 되겠네요."

❷ 13중등38

자발화 평가에 대한 내용이다. 설명 중 옳은 것은?

> ㉠ 자발화 평가는 각 언어 영역별 능력, 즉 의미론적 능력, 구문론적 능력, 화용론적 능력 등을 측정할 수 있다.

〈보기〉

> 가. ㉠을 통해 언어 영역별 능력을 알아보기 위해서는 구조화된 상황에서의 자발화 수집이 요구된다.

4. 언어표본의 수집 방법에 대한 권고사항

목표는 평소 아동의 언어능력에 대해 가장 '대표적'이고 '자연스러운' 표본을 잡는 것으로 이러한 표본 수집 방법을 위해 다음과 같은 사항이 제언된다.

① 가능하면 아동의 표현에 대해 질문을 하거나 모방을 강요하기보다는 아동의 말을 유도하는 간접적인 말이나 아동의 행동을 표현하는 말 또는 독백으로 시작한다.

② 아동의 수준에 맞는 질문이나 놀이를 통해서 아동을 대화 속으로 끌어들인다.

③ 교사가 대화의 주제를 선택하기보다는 아동이 주도하는 대로 따라가 주는 것이 좋다.

④ 교사는 가능한 한 질문을 자제한다. 직접적인 질문보다는 아동의 발화에 대해 "더 말해봐라"와 같은 대응이 더 적절하다.

⑤ 교사는 아동의 발화 수준에 맞춰 자신의 말을 조절해야 한다.

⑥ 발화 사이의 쉼(pause)에 대해 너무 민감하게 반응하지 않는 것이 좋다.

⑦ 언어표본을 수집하기 위해서 교사는 다양한 장난감을 준비하는 것이 좋다.

⑧ 아동의 자발적인 발화를 유도하기 위해서는 교사가 다소 어리석은 행동이나 말을 하는 것도 도움이 된다.

03 자발화 표본의 전사

1. 언어표본의 기록

(1) 언어표본의 기록 방법

① 언어표본을 기록하는 방법

㉠ 즉석에서 전사하는 방법은 발화가 많지 않은 경우에만 한정적으로 가능하다.

㉡ 오디오 녹음은 발화와 함께 동반된 몸짓이나 태도 등을 놓칠 수 있다.

㉢ 비디오 촬영은 실제 상황을 그대로 재생할 수 있다는 장점이 있으나, 아동의 행동반경이 클 경우 촬영자가 따로 있어야 하며, 말 명료도가 떨어지는 아동의 발화는 전사하기 어려울 수 있다.

② 표본을 수집할 때는 아동의 발화 자체만 기록하기보다는 그 말을 할 때의 상황과 아동의 말을 유도한 대화 상대자의 말(예 질문)도 같이 기록한다. 이는 발화를 통해 의미분석이나 화용분석을 할 때 아동발화의 언어적, 또는 상황적 문맥을 이해하는 것이 중요하기 때문이다.

③ 아동이 말과 함께 한 소리나 몸짓도 중요한 자료가 될 수 있다. 그러나 이러한 동반소리, 몸짓은 주로 1~2낱말 발화를 하는 아동에게는 중요한 자료가 되지만 말을 많이 하는 아동에게는 굳이 필요하지 않을 수도 있다.

④ 또한 아동의 발화가 자발적인 것인지 모방에 의한 것인지를 기록해 놓는 것도 화용분석에 좋은 자료가 될 수 있다.

(2) 언어표본 수집 후 낱개의 발화로 정리할 때의 유의사항

① 아동의 발화뿐 아니라 아동이 말하기 이전의 상대자의 말이나 행동, 그때의 상황 등을 기입한다. 그러나 오직 아동의 문장에만 문장번호를 붙인다. ❶ 09유아33

② 아동과 상대자의 모든 발화는 한글의 철자법에 맞춰 기록하되, 불분명한 발음이나 아동 특유의 발음 등은 국제음성기호(IPA)를 써서 기록하여 그 옆에 추측되는 낱말을 써넣는다[예 엄마, 나 ki(김) 줘]. 그러나 아동이 뭔가 낱말을 말하긴 했지만 알아들을 수 없을 때는 그 음절 수만큼 'X'를 표시해서 기록하고 이러한 불명료한 음절이 전체 50% 이상을 차지할 때는 문장번호를 붙이지 않는다(예 엄마 XXX).

발화 기록의 예

상황	상대자의 말	발화 번호	아동의 말	아동이 하는 말의 자발성*	아동이 하는 말의 적절성	동반된 소리 또는 몸짓
의사 놀이	누가 의사 할까?	1	재민이가	자발	적절	자신을 가리킴
	그럼 내가 환자다.	2	내가 환자다	즉각모방	부적절	

* 자발성은 즉각모방, 지연모방, 자발로 구분함

2. 발화의 구분

전사한 말들을 발화로 구분할 때의 구분원칙 ❶ 16중등B6

발화의 구분원칙	예시
① 발화는 문장이나 그보다 작은 언어적 단위로 이루어진다. 발화는 대화의 차례와는 구별되기 때문에 아동이 한숨에 말한 것을 모두 하나의 발화로 분석하지 않는다.	"갔대. 그래서 만났대. 그다음에는 나도 몰라."라고 아동이 한숨에 말했어도 "갔대" "그래서 만났대" "그다음에는 나도 몰라"의 세 발화로 분석한다.
말 차례가 바뀌지 않았으나 종결어미, 종결억양, 휴지의 출현 그리고 내용의 완결성이 있을 경우 발화로 구분한다.	비 오면 못 놀아? 왜? 발화 1: 비 오면 못 놀아 발화 2: 왜
② 시간의 경과(대략 3~5초)나 두드러진 운율의 변화, 주제의 변화가 있을 때는 발화 수를 나눈다.	너 진짜, 선생님! 발화 1: 너 진짜 발화 2: 선생님
③ 같은 말이라도 다른 상황이나 문맥에서 표현되거나, 새로운 의미로 표현되었을 때는 다른 발화로 취급한다.	(사진 속 엄마를 가리키며) 엄마! (이때 엄마가 들어오자) 엄마! 발화 1: 엄마 발화 2: 엄마
④ 2회 이상 동일한 발화가 단순반복되었을 때는 최초 발화만 분석한다.	빵, 빵, 빵, 빵, 빵 주세요. 발화 1: 빵 주세요
⑤ 자기수정을 하였을 때는 최종 수정된 발화만 분석한다.	이거 아니 저거 줘. 발화 1: 저거 줘.

기출 POINT 6

❶ 09유아33

자발화 표본 수집에 사용한 방법으로 적절한 것을 고르시오.

> ㉣ 영지의 발화와 대화 상대자의 말이나 행동, 의사소통 시의 상황 등을 기입한 후, 영지와 상대자의 문장에 순서대로 문장 번호를 붙였다.

기출 POINT 7

❶ 16중등B6

다음의 발화 구분에서 잘못된 점을 2가지 찾고 그 이유를 각각 설명하시오.

> ① 성우 주차장에서 뛰면 안 돼
> ② 일 이 삼 사 오 육 칠
> ③ 칠 육 오 사 삼 이 일
> ④ 육층 눌러야지
> ⑤ 성우 아이스크림 먹고 싶어요
> ⑥ 네
> ⑦ 오늘 비 왔어요
> ⑧ 물 냄새나요
> ⑨ 물 냄새나요
> ⑩ 김밥 먹을래

⑥ 습관적으로 사용하는 간투사는 분석에서 제외한다. 간투사를 많이 쓴 아동에 대해서는 표본 자료의 10%에 해당하는 발화까지만 간투사를 포함해서 분석하고 나머지는 괄호 처리하여 분석에서 제외한다.	음 그니까 내가 할 거야. 그니까 내가 혼자 한다고. 발화 1: 내가 할 거야 발화 2: 내가 혼자 한다고
⑦ '아' '오' 등의 감탄하는 소리나 문장을 이어 가기 위한 무의미 소리들은 분석에서 제외한다.	아~밖에 나가 아~~ 발화 1: 밖에 나가
⑧ 불명료한 발화나 의미파악이 어려운 중얼거림 또는 의미가 없는 단순반응 등의 말은 제외한다.	뿌두뿌두뿌두 이거 뭐야? 발화 1: 이거 뭐야?
⑨ 노래하기, 숫자세기 등과 같이 자동구어는 발화로 구분하지 않고 분석에서 제외한다.	(블럭을 쌓으며) 하나 둘 셋 넷 나 잘했지? 발화 1: 나 잘했지?

기출 POINT 8

❶ 13중등38

자발화 평가에 대한 내용이다. 설명 중 옳은 것은?

자발화 평가는 각 언어 영역별 능력, 즉 의미론적 능력, ㉡ 구문론적 능력, ㉢ 화용론적 능력 등을 측정할 수 있다. 자발화 분석은 많은 시간과 노력이 요구된다는 단점이 있지만, ㉣ 교육적 장점도 포함하고 있다.

〈보기〉

나. ㉡을 알아보기 위해서 복문은 문장 간 의미관계를 분석한 후, 각 단문의 문장 내 의미관계를 분석한다.
다. ㉡을 알아보기 위해서 학령기 아동의 문장능력과 문장 성숙도는 T-unit(terminable unit)를 활용하여 분석한다.
라. ㉢을 알아보기 위해서 의사소통의 의도와 대화능력을 분석한다.
마. ㉢을 알아보기 위해서 어휘다양도를 통해 다양한 낱말의 사용 정도에 대하여 살펴본다.
바. ㉣에는 성취 수준 및 교수 목표를 파악하는 데 유용하다는 점이 포함된다.

❷ 09유아33

김 교사는 발달지체 유아인 영지의 표현언어 수준을 평가하려고 자발화 표본을 수집하였다. 김 교사가 자발화 표본 수집에 사용한 방법으로 적절한 것을 〈보기〉에서 고른 것은?

〈보기〉

㉡ 발화 자료를 사용하여 영지의 의미 발달과 구문 발달, 화용론에서의 발달을 분석하였다.

04 자발화 평가 영역

아동이 일상적으로 사용하는 언어를 파악하기 위해서는 자발화 분석이 가장 타당한 방법이다. 수집된 언어표본에는 의미론적 측면(한 사람이 다른 사람에게 전달하고자 하는 생각을 적절한 어휘로 구성한 내용), 구문론적 측면(문법이나 구문의 형식을 빌려 다른 사람에게 전달하는 것)과 화용적 측면(구문 구조를 갖추고 의미적인 내용을 포함한 발화를 어떠한 목적을 가지고 사용하는 것)이 모두 포함된다. ❶ 13중등38, ❷ 09유아33

1. 의미론적 분석

(1) 개별 의미유형 분석

개별 의미유형 분석은 발화 속에 있는 모든 의미유형을 개별적으로 분석하여 아동의 전반적인 의미 패턴을 찾고자 하는 것이다. 즉, 아동이 사용한 의미들의 유형 빈도를 산출해서 아동이 어떤 의미유형을 많이 사용하는지, 어떤 의미유형이 아직 나타나지 않는지를 분석한다. 이러한 분석의 결과는 일반 또래아동의 발달형태와 비교하여 치료목표를 설정할 때 참고자료로 사용할 수 있다.

유형	내용	구성요소
체언	문장 속의 주체나 객체의 역할을 하는 의미들	행위자, 경험자, 소유자, 공존자, 수혜자, 대상, 실체, 인용/창조문
용언	문장 속에서 행위나 서술의 역할을 하는 의미들	행위, 서술
수식언	문장 속에서 체언이나 용언, 또는 수식언을 수식하는 의미들	체언 수식, 용언 수식, 배경
기능적 구성요소	문장 속의 다른 낱말들과는 관계를 형성하지 않고 독립적인 기능을 하는 의미들	주의끌기, 되묻기, 감탄, 예/아니오, 강조, 동반소리, 인사, 접속, 자동구, 기타

① 체언: 문장 속의 주체나 객체의 역할

유형	정의	예시
행위자	동작을 하는 주체로, 동사에 대한 주어의 역할을 함. 행위자는 행위의 주체이며 그때의 행위는 관찰 가능한 동작이어야 함. 행위자는 사람이나 동물, 의인화된 인형이나 사물일 수 있음	상황 ❶ 밥그릇이 엎어져 있고 아동이 인형을 안고 있음 성인: "누가 그랬어?" 아동: (인형을 가리키며) "아가" → "아가"는 [행위자]로 분석함 상황 ❷ 아동이 인형에게 이불을 덮어 주고 등을 두드리며 아동: "아가 자" → "아가"는 [행위자]로 분석함 상황 ❸ 아동이 움직이는 그림책의 달님을 움직이면서 아동: "달님 가" → "달님"은 의인화된 [행위자]로 분석함
경험자	어떤 경험이나 상태/상황을 겪는 사람으로 동작보다는 감정이나 상태의 주어 역할을 함. 사람, 사물, 의인화된 사물일 수 있음	상황 ❶ 꽃을 꺾는 그림책을 보며 아동: "나무가 아파요." → "나무"는 [경험자]로 분석함 상황 ❷ 괴물 인형을 아동에게 주면서 성인: "너 이거 가질래?" 아동: (고개를 돌리며) "난 싫어." → "난"은 [경험자]로 분석함
소유자	대상을 소유하거나 대상이 소속되어 있는 사람이나 사물을 의미함. 소유자는 주어나 목적어의 역할을 함	상황 ❶ 성인이 인형의 신발을 들어올리며 성인: "이거 ○○(아동 이름) 신발이니?" 아동: "아가 신발" → "아가"는 [소유자]로 분석함 상황 ❷ 아동과 함께 모형집에 들어가며 성인: "여긴 누구네 집이지?" 아동: "○○(아동 이름) 집" → "○○"는 [소유자]로 분석함
공존자	행위자와 함께 행위를 수행하는 사람이나 상태를 경험하는 사람. 주로 공존격 조사 '고' '하고' 등과 같이 쓰이나, 조사가 없더라도 공존자 의미이면 '공존자'로 분석함	상황 ❶ 성인이 인형을 뉘이며 성인: "누구하고 잘까?" 아동: (인형 옆에 누우며) "엄마하고 자지." → "엄마"는 [공존자]로 분석함 상황 ❷ 성인이 인형의 손에 밴드를 붙여 주며 성인: "많이 아프지?" 아동: (손가락을 들어올리며) "나하고 아가 하고 아파요." → "나"와 "아가"는 [공존자]로 분석하거나 "나"는 [공존자], "아가"는 [경험자]로도 분석할 수 있음

수혜자	행위의 대상이 되는 사람이나 사물을 의미함. 주로 '에게' '한테'와 같은 여격 조사와 함께 쓰이나, 조사가 없더라도 '수혜자'로 분석함	상황 ❶ 성인이 주전자를 들어 보이며 성인: "누구 물 마실 사람 있어요?" 아동: (커피잔을 들어올리며) "나 물 줘." → "나"는 [수혜자]로 분석함 상황 ❷ 장난감 아이스크림을 소 인형에게 주면서 아동: (강아지 인형을 보며) "똘똘이 안 줘." → "똘똘이"는 [수혜자]로 분석함
대상 21유아A8	행위의 대상이 되는 사람 또는 사물	상황 ❶ 백설공주 책을 보며 성인: "공주님이 왜 쓰러졌어?" 아동: "사과 먹었어요." → "사과"는 [대상]으로 분석함 상황 ❷ 성인이 주전자를 들어 보이며 성인: "누구 물 마실 사람 있어요?" 아동: (커피잔을 들어올리며) "나 물 줘." → "물"은 [대상]으로 분석함
실체	행위 없이 명명된 사물이나 소유물, 또는 일부 서술의 대상	상황 ❶ 요리하는 놀이를 하면서 성인: "어? 이거 썰어야 하는데." 아동: "이게 칼이야." → "칼이야"는 [실체서술]이므로 "이게"는 [실체]로 분석함 상황 ❷ 청개구리 이야기책을 보여주면서 이야기를 시작함 아동: "그 얘기 알아." → "알아"는 [상태서술]이므로 "얘기"는 [실체]로 분석함
인용/ 창조물	어떠한 행동이나 현상을 인용하거나 그로 인해 만들어진 것을 의미하는 것으로 보어의 역할을 함	상황 ❶ 피노키오 이야기책을 가리키며 성인: "피노키오 얘기 아니?" 아동: "피노키오가 사람이 되었어." → "피노키오"는 [경험자]로, "사람"은 [인용/창조물]로, "되었어"는 [상태서술]로 분석함 상황 ❷ 아가 사진을 보며 성인: "이건 누구지?" 아동: "나 오빠 되었지?" → "나"는 [경험자]로, "오빠"는 [인용/창조물]로, "되었지"는 [상태서술]로 분석함

② 용언: 문장 속에서 행위나 서술의 역할

유형	정의		예시
행위 ❶ 25초등A6, ❷ 22초등A3, ❸ 21유아A8, ❹ 19중등A11	행위자에 의해 관찰될 수 있는 움직임이나 활동을 나타내는 의미로, 동사의 역할을 함		상황 ❶ 아동이 인형의 엉덩이를 때리고 나서 안아주며 아동: "아가가 우네." → "아가"는 [행위자]로, "우네"는 [행위]로 분석함 상황 ❷ 물건을 건네주며 아동: "쥐고 있어 봐 이거." → "이거"는 [대상]으로, "쥐고 있어 봐"는 [행위]로 분석함 상황 ❸ 장난감 가스레인지를 보며 성인: "이거 어떻게 틀어?" 아동: "이거 돌려야 돼." → "이거"는 [대상]으로, "돌려야 돼"는 [행위]로 분석함 상황 ❹ 그림책에서 빗질하는 아저씨를 보며 성인: "이 아저씨는 뭘 쓸고 있니?" 아동: "아저씨 마당을 청소를 해." → "아저씨"는 [행위자], "마당을"은 [대상], "청소를 해"는 [행위]로 분석함
서술	사물이나 사람이 경험하는 소극적인 상태나 느낌으로, 상태동사나 형용사의 역할을 함	상태서술 마음이나 느낌, 상태를 나타내는 의미로, 동사나 형용사의 역할을 함	상황 ❶ 물건 숨기고 찾기 놀이를 하며 아동: "나는 알지." → "알지"는 [상태서술], "나"는 [경험자]로 분석 상황 ❷ 물의 형태가 변하는 그림책을 보며 아동: "물이 얼음이 되었어." → "되었어"는 [상태서술], "물"은 [경험자], "얼음"은 [창조물]로 분석함 상황 ❸ 숨바꼭질을 하며 아동: "머리가 보여." → "(나) 머리가 보여"의 의미이므로 "보여"는 [상태서술], "나"는 [경험자], "머리가"는 [실체]로 분석함

기출 POINT 9

❶ 25초등A6

밑줄 친 ㉣의 예를 '행위자-대상-행위' 의미관계에 맞게 1가지 쓰시오.

일반 교사가 작성한 수업 계획의 초안	은수의 학습 활동을 위한 특수교사의 조언
• 감정 사전 만들기 • '감정, 조절, 이해, 욕구, 대상, 실천' 등의 단어를 활용해 짧은 글 쓰기	• ㉣ 3어문으로 말하기

❷ 22초등A3

㉧과 ㉨에 근거하여 ㉩에 들어갈 가능한 목표 발화를 쓰시오.

목표언어		
언어사용 기능	의미관계	가능한 목표 발화
㉤ 요구하기	㉥ 대상-행위	㉦ "신발장 열어 주세요." "이거 열어."
㉧ 요구하기	㉨ 장소-행위	(㉩)
요구하기	대상-행위	"신발 신어요." "이거 신어."

❸ 21유아A8

㉣에 해당하는 의미관계 유형을 쓰시오.

> 다영: (도장 찍기 놀이통을 갖고 오면서) 도장.
> 김 교사: (고개를 끄덕이며) 도장 찍어.
> 다영: (꽃을 찍으면서) 꽃.
> 김 교사: 꽃 찍어.
> 다영: (자동차 도장을 찍으면서) 빠방.
> 김 교사: 빠방 찍어.
> 다영: (강아지 도장을 찍으면서) 멍멍이.
> 김 교사: 멍멍이 찍어.
> 다영: (소 도장을 찍으면서) ㉣ 음매 찍어.
> 김 교사: 그렇지. 잘했어.

❹ 19중등A11

㉡에 해당하는 의미관계를 쓰고, ㉢에 해당하는 '가능한 목표언어'를 ㉣에 근거하여 쓰시오.

> • 상황: 교실에서 복도로 이동하기
> • 유도 발화: "누가 문을 열까요?"
> • 가능한 목표언어: "제가 열래요."
> • 의미관계: (㉡)
> • 화용적 기능: 주장

> • 상황: 자리에 앉기
> • 유도 발화: "어디에 앉을까요?"
> • 가능한 목표언어: "(㉢)"
> • 의미관계: ㉣ 장소-행위
> • 화용적 기능: 질문에 대한 반응

		유형	정의	예시
		실체서술	보어의 역할을 하며 '-이다'를 붙일 수 있는 의미유형	상황 ❶ 그림책을 보면서 아동: "이건 사과야." → "사과야"는 [실체서술], "이건"은 [실체]로 분석함
		부정서술	서술어 역할을 하면서 부정이나 부재 등의 뜻을 내포하는 의미유형	상황 ❶ 당근을 보며 아동: "이게 아니야." → "아니야"는 [부정서술], "이게"는 [실체]로 분석함 cf. (당근을 보며) "못 먹어." → [부정-행위]로 분석함

③ 수식언: 문장 속에서 체언이나 용언 또는 수식언을 수식

유형		정의	예시
체언 수식		사물이나 사람을 지시하거나 그 크기, 모양, 질 등을 나타내는 의미유형으로 주로 관형사의 역할을 함. 체언수식 대상은 실체, 대상, 행위자, 경험자, 소유자 등 체언으로 사용되는 의미유형	상황 ❶ 새 신발을 자랑하며 아동: "예쁜 신발" → "신발"은 [실체]로, "예쁜"은 [체언수식]으로 분석함 cf. "예쁜 신발이야."라면 "신발이야"는 [실체서술]로, "예쁜"은 [용언수식]으로 분석함
용언 수식		행위나 서술, 또는 부사를 수식하는 의미유형으로 부사의 역할을 함. 행위를 수식하는 경우는 시간, 방법, 기간, 방향, 빈도 등으로 행동을 꾸며주는 것이며, 서술을 수식하는 경우는 서술의 시간, 방법, 질, 강도를 나타냄	상황 ❶ 그림책을 보며 아동: "멍멍이가 빨리 온대." → "온대"는 [행위], "멍멍이"는 [행위자], "빨리"는 [용언수식]으로 분석함 ❶ 11중등35 상황 ❷ "언니가 좋아? 오빠가 좋아?" 아동: "언니 정말 미워." → 해당 문장은 "나는 언니가 정말 미워"라는 의미이므로 "미워"는 [상태서술], "나"는 [경험자], "언니"는 [실체], "정말"은 [용언수식]으로 분석함
배경	부정	거부, 거절, 부인, 부재, 중단 등의 의미로 행위나 상태서술에 대한 부정으로 사용됨	상황 ❶ 찰흙놀이를 하다가 잘 안 되니까 아동: "나 안 해." → "해"는 [행위], "나"는 [행위자], "안"은 [부정]으로 분석함
	비교	대상이나 실체를 직·간접적으로 대조시켜서 표현하는 의미유형	상황 ❶ 엄마와 함께 아기를 바라보다가 아동: "나보다 밉지?" → "밉지"는 [상태서술], "나보다"는 [비교]로 분석함

기출 POINT 10

❶ 11중등35

아래의 대화 내용을 분석한 것으로 옳은 것을 고르시오.

학생 A: 나는 책이 이렇게 많아.
학생 B: ㉠ 엄마가 빨리 온대.

〈보기〉

ㄱ. ㉠의 의미관계는 '행위자-용언수식-행위'이다.

재현	사람, 사물, 사건 등이 반복되는 것을 나타내는 의미유형	상황 ❶ 아동이 곰 인형에게 밥 먹이는 놀이를 하며 아동: "또 먹어." → "먹어"는 [행위], "또"는 [재현]으로 분석함
때	행위나 서술과 관련된 시기를 나타내는 의미	상황 ❶ 우산을 가리키며 성인: "이거 뭐 하는 거야?" 아동: "비 올 때 우산 써." → "나 비 올 때 우산 써."의 의미이므로 "써"는 [행위], "나"는 [행위자], "우산"은 [대상], "비 올 때"는 [배경-때]로 분석함
조건	행위나 서술에 전제되는 의미유형	상황 ❶ 아빠 안경을 쓰고 인형에게 아동: "그러면 안 돼." → "돼"는 [상태서술], "안"은 [부정], "그러면"은 [조건]으로 분석함
이유	행위나 서술과 관련된 이유나 의도 또는 원인을 나타내는 의미유형	상황 ❶ 아동이 인형을 두드려 주며 성인: "아가가 자니?" 아동: "자려고 눈 감았어요." → "감았어요"는 [행위], "눈"은 [대상], "자려고"는 [이유]로 분석함. 또는 "눈 감았어요" 전체를 [행위]로 분석할 수 있음
양보	행위나 상태서술을 양보하거나 허용하는 의미유형	상황 ❶ 엄마가 손을 씻으라고 자꾸 말하니까 아동: "더러워도 돼." → "돼"는 [상태서술], "더러워도"는 [양보]로 분석함
도구	행위자나 경험자가 그것을 가지고 특정한 행위나 상태를 보이는 의미유형	상황 ❶ 색종이로 모양 오리기를 하면서 아동: "가위로 잘라." → "잘라"는 [행위], "가위로"는 [도구]로 분석함
장소	사물이나 사람이 놓여 있는 곳이나 어떤 행동이 취하여지는 지점을 나타내는 의미유형 ❷ 22초등A3, ❹ 19중등A11	상황 ❶ 아동이 아빠의 가방을 들고 나옴 성인: "아빠 어디 가세요?" 아동: "아빠 회사 가." → "가"는 [행위], "아빠"는 [행위자], "회사"는 [장소]로 분석함

④ 기능적 구성요소: 문장 속의 다른 낱말들과는 관계를 형성하지 않는 독립적인 역할

유형	정의	예
주의끌기	주의를 끌기 위해 이름이나 다른 표현을 사용하는 것	상황 ❶ 장난감 상자를 보고 엄마를 부르며 아동: "엄마, 장난감요." → "장난감요"는 [실체서술], "엄마"는 [주의끌기]로 분석함
되묻기	앞에 말한 것을 되묻는 표현	상황 ❶ 아동이 가자고 조르면서 아동: "가자, 응?" → "가자"는 [행위], "응?"은 [되묻기]로 분석함
감탄	감탄할 때 나오는 소리	상황 ❶ 선물상자 뚜껑을 열어 보고 아동: "와! 이거 내 거야?" → "거야"는 [실체서술], "내"는 [소유자], "이거"는 [실체], "와"는 [감탄]으로 분석함
예/아니오 대답	'예/아니오'질문에 수긍하는 표현	상황 ❶ "너 과자 다 먹었어?" 아동: "응, 먹었어." → "먹었어"는 [행위], "응"은 [대답]으로 분석함
강조	본 진술을 강조하는 부분	상황 ❶ 아동의 머리핀을 들어올리며 성인: "이거 네 거야?" 아동: "맞아, 내 거야." → "맞아"와 "내 거야"는 같은 내용을 중복하므로 "거야"는 [실체서술], "내"는 [소유자], "맞아"는 [강조]로 분석함
동반소리	의성어, 의태어의 기능을 가진 소리로 독립적인 부분	상황 ❶ 동생을 안고 있는 엄마를 보며 성인: "네가 ○○(동생 이름) 동생이지?" 아동: "치, 아냐." → "아냐"는 [부정서술], "치"는 [동반소리]로 분석함
인사	자동화된 인사 부분	상황 ❶ 등교놀이를 할 때 다른 친구를 보며 아동: "안녕, 잘 있었어?" → "있었어"는 [상태서술], "잘"은 [용언수식], "안녕"은 [인사]로 분석함
접속	단문 속에 나타난 접속사	상황 ❶ 엄마가 토라진 척을 하니까 아동: "그런데 내가 나빴어." → "나빴어"는 [상태서술], "내"는 [경험자], "그런데"는 [접속]으로 분석함
자동구	숫자세기, 철자 외우기, 노래 등 독립적인 의미 없이 외워서 사용하는 상용구	상황 ❶ 검사자와 함께 그림책을 보다가 아동: "일, 이, 삼, 사, 오" → "일, 이, 삼, 사, 오"는 [자동구]로 분석함 자동구는 처음부터 발화구분에서 제외되나, 아동 말의 대부분이 자동구일 경우 기록하여 [자동구]로 분석함
기타	기타 유형으로 분류되지 않는 의미들	

개별 의미유형 분석표

문장 구성요소	개별 의미유형		출현빈도	문장구성요소 내에서의 비율(%)
체언부	실체		✓✓✓ 3	12.5%
	대상		✓✓✓✓✓✓✓✓ 8	33.3%
	행위자		✓✓✓✓✓✓✓✓✓✓ 10	41.7%
	소유자		✓✓ 2	8.3%
	공존자		✓ 1	4.2%
	경험자		0	0%
	수혜자		0	0%
	인용/창조물		0	0%
	계		24	0%
용언부	행위			
	서술	상태서술		
		실체서술		
		부정서술		
		계		

(2) 문장 내 의미관계 분석

① 의미관계 분석은 각 발화 속에 내포된 개별 의미유형들의 관계를 분석하는 것이다. 의미분석을 할 때는 먼저 의미관계로 분석한 후 그 속에 포함된 개별 의미유형을 분석하면 된다.

② 의미관계를 분석할 때는 아래의 표를 이용하여 각 의미관계의 빈도 및 백분율을 산출한다. 백분율 분석이 끝나면 그 아동이 어떤 의미관계를 많이 사용하는지를 분석할 수 있다.

③ 아동이 사용한 의미관계의 비율이 기록되면, 일반아동의 의미유형 발달순서나 연령에 따른 빈도와 비교하여 그 결과를 해석할 수 있다.

2낱말 의미관계			3낱말 의미관계			4낱말 의미관계		
의미관계	빈도	백분율	의미관계	빈도	백분율	의미관계	빈도	백분율
실체-서술			실체-배경-서술			행위자-배경-대상-행위		
대상-행위			대상-배경-행위			행위자-대상-용언수식-행위		
배경-행위			행위자-대상-행위			채언수식-대상-배경-행위		

(3) 문장 간 의미관계 분석

① 복문의 구별요령

㉠ 단문과 복문의 차이는 주어와 용언(행위 또는 서술) 간의 관계에 있다. 관계가 한 번 맺어지면 단문, 두 번 이상 맺어지면 복문이다.

㉡ 아동의 불완전한 복문의 경우에는 단문취급을 한다. 예를 들어, "내가 그걸 먹으려고"는 [행위자-대상-행위]로 분석한다.

㉢ '(동사)+(-싶다)'는 영어로는 'want to V'로 복문이지만 우리말에서는 '싶다'가 독립적으로 쓰일 수 없으므로 '상태서술'의 의미유형으로 처리한다. 예를 들어, "먹고 싶다"는 단문으로 처리하여 [상태서술]이다.

㉣ 복합동사는 1개의 의미유형으로 분석한다. 그러나 행위를 나열한 경우에는 복문으로 취급한다.

> 예를 들어, ㉠ "빠져나갔어", ㉡ "우리 공부하고 놀았어", ㉢ "비디오 보면서 놀았어"의 경우, ㉠은 복합동사이므로 [행위]로 분석한다. 그러나 ㉡과 ㉢의 경우는 두 개의 용언을 갖는 복문으로 분석한다. 특히 ㉡의 문장 간의 의미관계는 '시간연결'이고 ㉢의 문장 간의 의미관계는 '동시연결'이다.

㉤ 의존명사(예 '거', '것', '지' 등)가 발화에 있을 경우, 의존명사가 이끄는 명사구 속에 체언-용언으로 이루어진 의미관계가 있으면 복문으로, 없으면 단문으로 처리한다.

> 예를 들어, "이거는 집을 고치는 거야."라는 발화에서, 발화 전체의 큰 의미관계는 "이거는 ○○○야."라는 [실체-실체서술]의 관계이다. 여기서 "○○○야" 부분에는 "집을 고친다"의 [대상-행위]의 의미관계가 더 들어 있다. 그러므로 이 발화는 복문으로 분석한다. 즉, "이거는 집을 고치는 거야."는 [실체-실체서술내포(대상-행위)]로 분석한다.

㉥ 배경어(예 부사구)의 경우 그 구 속에 주부-술부의 의미관계가 있으면 복문으로, 그렇지 않으면 단문으로 처리한다.

> 예를 들어, ㉠ "배불러서 못 먹어.", ㉡ "나는 배불러서 못 먹어.", ㉢ "엄마는 내가 배부르면 밥을 안 주셔."의 경우 ㉠과 ㉡은 단문으로 취급한다. 그러나 ㉢은 복문으로, [이유연결(행위자-상태서술)-대상-부정-행위]로 분석한다.

㉦ 인용구 속에도 주부-술부의 의미관계가 있으면 복문으로, 그렇지 않으면 단문으로 처리한다. 단문으로 처리할 때는 '인용'으로 하고 복문으로 처리할 때는 '인용내포'로 분석한다. 예를 들어, "'우우' 그랬어." [인용-행위], "'너 가' 그랬어." [인용내포(행위자-행위)-행위]이다.

㉧ 접속구 속에도 주부-술부의 의미관계가 있으면 복문으로, 그렇지 않으면 단문으로 처리한다. 예를 들어, "그럼 죽어." [조건-상태서술], "네가 그러면 아가가 아파." [조건연결(행위자-행위)-경험자-상태서술]이다.

② 문장 간 의미관계 분석 방법

- 분석할 발화가 단문인지, 복문인지를 구분한다.
- 단문일 경우에는 문장 내 의미유형 및 의미관계를 분석한다.
- 복문일 경우에는 우선 문장 간 의미관계를 분석하고, 다음에 각 단문의 문장 내 의미유형 및 의미관계를 분석한다. ❶ 13중등38

<table>
<tr><th>문장 간 의미관계</th><th colspan="2">정의</th><th>예</th></tr>
<tr><td>나열</td><td colspan="2">같은 의미유형들이 나열되어 있거나, '-(하)고'와 같은 연결어미에 의해 나열되어 주부-술부의 관계가 2개 이상 나타난 경우</td><td>"내가 아기를 안아 주고 뽀뽀해 주고."
• 문장 간 의미관계: 나열
• 문장 내 의미관계:
[행위자-대상-행위]</td></tr>
<tr><td rowspan="5">연결</td><td colspan="3">접속사나 연결어미에 의해 한 발화가 두 개 이상의 절로 구성된 것으로 두 절이 의미적으로 대등한 경우</td></tr>
<tr><td>①
때 연결</td><td>한 구나 절에서 나타난 사건이 다른 구나 절에서 나타난 사건과 시간적 선후관계('-고', '-고 나서', '-한 후에')나 동시성('-하다가', '-하면서')을 나타내는 의미관계인 경우</td><td>"미끄럼 타고 나서 그네를 타요."
• 문장 간 의미관계: 때 연결
• 문장 내 의미관계:
[배경(때)-대상-행위],
[대상-행위]</td></tr>
<tr><td>②
조건 연결</td><td>한 구나 절에서 나타난 사건이 다른 구나 절에서 나타난 사건과 상반되거나('-나', '-아도', '-지만', '-라도'), 가정이나 조건을 나타내거나('-라면', '-거든', '-더라도'), 첨가의 관계를 나타내거나('-뿐 아니라', 'ㄹ수록'), 혹은 배경을 나타내는('-는데') 의미관계인 경우</td><td>"거기 올라가면 교회가 보여."
• 문장 간 의미관계: 조건 연결
• 문장 내 의미관계:
[배경(조건)-실체-상태서술],
[장소-행위]</td></tr>
<tr><td>③
이유 연결</td><td>한 문장이 다른 문장의 의도나('-려고', '-고자', '-러') 이유 또는 원인이 되는('-으니까', '-으려고', '-아서') 의미관계인 경우</td><td>"친구가 때려서 발로 찼어."
• 문장 간 의미관계: 이유 연결
• 문장 내 의미관계:
[배경(이유)-도구-행위],
[행위자-행위]</td></tr>
<tr><td>④
양보 연결</td><td>한 사건이 다른 사건에 대한 양보('-아도', '-할지라도')나 무관심을 나타내는('-거나', '-든지') 의미관계인 경우</td><td>"네가 가든지 맘대로 해."
• 문장 간 의미관계: 양보 연결
• 문장 내 의미관계:
[배경(양보)-용언수식-행위],
[행위자-행위]</td></tr>
</table>

기출 POINT 11

❶ 13중등38

자발화 평가에 대한 내용이다. 설명 중 옳은 것은?

> 자발화 평가는 각 언어 영역별 능력, 즉 의미론적 능력, ㉡ 구문론적 능력, 화용론적 능력 등을 측정할 수 있다.

〈보기〉

나. ㉡을 알아보기 위해서 복문은 문장 간 의미관계를 분석한 후, 각 단문의 문장 내 의미관계를 분석한다.

내포	한 발화가 다른 문장의 절의 형식을 안고 있는 것으로 대체로 한 절이 다른 절의 주부와 술부 사이에 위치하지만 때로는 주부가 생략될 수 있음. 꾸밈절이 있는 모든 개별 의미유형은 'ㅇㅇ내포'로 분석할 수 있음	"아프던 아기가 이제 나았대." • 문장 간 의미관계: 경험자 내포 • 문장 내 의미관계: [경험자-용언수식-상태서술], [상태서술-경험자]

[출처] 김영태, 아동언어장애의 진단 및 치료(2014), p.333

기출 POINT 12

❶ 22초등A3
자발화 표본 수집 후, 총 낱말 중에서 여러 다른 낱말의 사용 정도를 분석하는 방법을 쓰시오.

❷ 17중등B4
학생 K의 ㉠을 알아보는 방법을 제시하시오.

일반교사: K는 많은 단어를 사용하지 못하고 같은 단어들만 반복하는 것 같아요.
특수교사: 그래요? 그럼 K의 어휘력을 알아보는 것이 좋겠네요. K에게 TV프로그램에 대해 말하게 한 후 ㉠ 어휘다양도를 살펴봐야겠어요.

❸ 16유아A5
㉢에서 측정하고자 하는 것이 무엇인지 쓰시오.

김 교사: 은미가 하는 말이 계속 같은 낱말을 반복하는 것인지, 아니면 여러 가지 어휘를 사용하는 것인지도 알아보고 싶어요. 그것은 어떻게 알 수 있을까요?
최 교사: 그건 은미가 ㉢ 사용한 총 낱말 중에서 서로 다른 낱말의 비율을 산출해 보면 알 수 있어요.

❹ 13중등38
자발화 평가에 대한 내용이다. 설명 중 옳은 것은?

자발화 평가는 각 언어 영역별 능력, 즉 의미론적 능력, 구문론적 능력, ㉢ 화용론적 능력 등을 측정할 수 있다.

〈보기〉
마. ㉢을 알아보기 위해서 어휘다양도를 통해 다양한 낱말의 사용 정도에 대하여 살펴본다.

❺ 10중등24
㉠~㉣에서 옳은 것을 모두 고르시오.

특수교사: 학생 A의 자발화를 분석한 결과입니다. ㉠ 어휘다양도 수준을 고려하면 형태론 발달은 문제가 없다고 봅니다. ㉣ 다른 낱말의 수(NDW)를 살펴보니 의미론 발달에 문제가 있는 것 같습니다.

(4) **어휘다양도**(type-token ratio; TTR)

① 얼마나 다양한 낱말을 사용하는가를 측정하는 방법으로, 아동이 사용한 총 낱말 중에서 다른 낱말의 비율이 얼마나 되는가를 산출한다. 기출 POINT 12

② Miler(1991)은 다른 낱말 수(number of different words; NDW)는 의미적 능력을, 전체 낱말 수(number of total words; NTW)는 말속도, 발화구성 능력, 말운동 능력 등과 같은 좀 더 전반적인 언어능력을, MLU은 구문적 능력을 나타내는 척도로 사용할 것을 제안하였다.

③ 자폐성장애 아동과 일반아동은 NTW에서는 유의한 차이가 없었으나, NDW에서는 유의한 차이가 있었다. 이러한 결과는 자폐성장애 아동이 언어연령을 일치시킨 일반아동에 비해 산출한 전체 낱말 수는 적지 않지만, 제한된 어휘를 반복해서 사용한다는 것을 의미한다.

④ 어휘다양도(TTR)가 .50보다 클 경우 어휘를 다양하게 사용한다는 것을 의미하고, .42보다 작은 경우 단어를 반복적으로 사용한다는 것을 의미한다.

기출 POINT 12

❻ 11중등35
아래의 대화 내용을 분석한 것으로 옳은 것을 〈보기〉에서 고른 것은?

학생 A: 나는 책이 이렇게 많아.
학생 B: 엄마가 빨리 온대.
학생 A: 나랑 같이 볼래?
학생 B: (책을 쳐다본다.)
학생 A: 나하고 책 같이 보자.
학생 B: (고개를 가로저으며) 나하고 책 같이 보자.
학생 A: 여기서 무슨 책 볼 거야?
학생 B: 응.
학생 A: 네가 그러면 너랑 안 본다!
학생 B: 응. (같이 본다.)

〈보기〉
ㅁ. 학생 A의 모든 발화에서 어휘다양도(TTR)는 .50이다.

어휘다양도 분석의 예

명사		대명사		형용사/관형사		동사		부사		조사		기타	
낱말	빈도	낱말	빈도	낱말	빈도	낱말	빈도	낱말	빈도	낱말	빈도	낱말	빈도
엄마	2	이거	1			사 주셨어요 사 줬는데	3	예	1	가	3		
의신이	1	거	2			있어요	1	언제	1	도	1		
홍용이	1					앉는	1			에	1		
인수	1					먹었어요 먹어 먹을	4			랑	1		
의자	1									예요 요	3		
포크	1									로	1		
케이크	3												
선생님	1												
집	1												
아빠	2												
10	14	2	3	0	0	4	9	2	2	6	10	0	0

다른 낱말 수(NDW)	전체 낱말 수(NTW)
명사: 10 대명사: 2 형용사/관형사: 0 동사: 4 부사: 2 조사: 6 계: 24	명사: 14 대명사: 3 형용사/관형사: 0 동사: 9 부사: 2 조사: 10 계: 38
TTR = NDW / NTW(24/38) = 0.63	

2. 구문론적 분석

아동 발화의 구문론적인 측면은 언어의 형식적인 측면을 의미한다. 즉, 상대방에게 전달하고자 하는 메시지(내용) 자체보다는 그 내용을 어떠한 낱말구조 또는 문장구조 속에 담아서 전달하고 있는가 하는 측면이다.

(1) 발화길이

① 평균발화길이(MLU)

㉠ 평균발화길이(mean length of utterance ; MLU)란 아동의 자발적인 발화의 길이를 측정하는 척도로서, 아동의 표현언어 발달에 대한 지표일 뿐 아니라 언어장애아동을 진단 · 평가하거나 연구 집단을 선정하는 기준으로 흔히 사용된다.
❶ 20유아A5, ❷ 10중등24

㉡ 평균발화길이를 분석할 때는 '아, 오, 음, 어' 등의 감탄사나 무의미한 발화는 제외하는 것이 일반적이다.

㉢ 평균발화길이는 아동의 각 발화 속에 포함된 형태소, 낱말, 어절의 수를 평균 내어 구한다.

- 평균형태소길이(mean length of utterance in morphemes ; MLU-m)
- 평균낱말길이(mean length of utterance in words ; MLU-w 또는 MLR)
- 평균어절길이(mean length of utterance in clutters ; MLU-c)

② 평균구문길이(MSL)

한 개의 낱말이나 형태소로 이루어진 발화는 제외하고, 2개 이상의 낱말이나 형태소로 된 발화만을 분석하여 그 발화들에 포함된 낱말의 수나 형태소의 수를 발화 수로 나누어 평균을 구한 것이다.

③ 최장발화길이(UBL)와 최단발화길이(LBL)

가장 긴 낱말이나 형태소의 길이를 나타내는 최장발화길이(upper bound length ; UBL)나 가장 짧은 낱말이나 형태소의 길이를 나타내는 최단발화길이(lower bound length ; LBL)가 있다. 최장발화길이나 최단발화길이에 대해서는 체계적인 연구가 별로 없으며 평균발화길이에 대한 참고자료로 흔히 사용되어 왔다.

(2) 발화길이의 종류

① 형태소에 의한 발화길이 산출

㉠ 평균형태소길이(MLU-m) ❶ 20유아A5

- 총 형태소의 수를 총 발화 수로 나누어 산출한다.

$$\text{MLU-m} = \frac{\text{총 형태소 수의 합}}{\text{총 발화 수}}$$

- 평균형태소길이에 대한 해석은 또래의 평균과 비교하여 −2SD 이하로 떨어지면 구문적인 발달이 '지체'되었다고 해석하고, −1SD와 −2SD 사이에 있으면 '약간 지체된 수준'으로 해석한다.

기출 POINT 13

❶ 20유아A5
㉢에서 틀린 내용을 찾아 바르게 고쳐 쓰시오.

최 교사: 평균발화길이 분석은 ㉢ 유아의 수용언어 능력을 평가하고, 교육진단에 목적을 두며, 구문론적 특성을 알아보기 위해서 하는 것이군요.

❷ 10중등24
㉠~㉣에서 옳은 것을 모두 고르시오.

특수교사: ㉡ 평균발화길이를 평가한 결과 화용론 발달에는 별 문제가 없습니다. ㉢ 조사나 연결어미의 발달을 확인한 결과 구문론 발달에는 문제가 없는 것 같습니다.

기출 POINT 14

❶ 20유아A5
㉠에 들어갈 평균발화길이(MLU)의 유형을 쓰시오.

■ 평균발화길이 : (㉠)

① 아빠-가 | 주-었-어	(5)
② 돔-인형 | 좋-아	(4)
③ 아빠 | 돔	(2)
④ 이 | 돔-인형 | 은지 | 돔	(5)

• 평균형태소길이가 증가한다는 것은 문장의 길이가 길어지고 구조적으로 복잡한 문장을 산출한다는 것을 의미한다.

MLU-m 분석의 예시

교사발화	아동발화	형태소 분석	형태소 수
경근아	응	응	1
뭐 하는 그림일까?	아빠랑 밥 먹어	아빠+랑+밥+먹+어	5
아빠만?	동생도 동생도 함께	동생+도+함께	3
엄마는?	아니	아니	1
그럼?	엄마도 같이	엄마+도+같이	3
MLU-m = 13/5			

ⓛ 평균구문길이(MSL-m)

• 평균구문길이는 한 개의 형태소로 이루어진 발화는 제외하고, 2개 이상의 형태소로 된 발화만을 분석하여, 총 형태소의 수를 총 발화 수로 나누어 평균을 구한 것이다.

$$\text{MSL-m} = \frac{\text{2개 이상의 형태소로 된 각 발화의 형태소 수의 합}}{\text{2개 이상의 형태소로 된 총 발화 수}}$$

• 평균구문길이는 "예", "응"과 같은 한 개의 형태소로 이루어진 발화가 평균발화길이에 주는 영향을 최소화하기 위한 방법이다.

MSL-m 분석의 예시

교사발화	아동발화	형태소 분석	형태소 수
경근아	응		
뭐 하고 있어?	경근이 꽃 그렸어요.	경근+이+꽃+그리+었+어요	6
	이렇게 망쳤어요.	이러하+게+망치+었+어요	5
예쁜데?	봐봐	보+아+보+아	4
아니야, 예뻐	내가 또 할게	내+가+또+하+ㄹ+게	6
MSL-m = 21/4			

ⓒ 최장형태소길이(UBL) ❶ 11중등35

분석한 발화 중 가장 긴 발화의 형태소 수를 의미한다.

기출 POINT 15

❶ 11중등35

아래 대화 내용을 분석한 것으로 옳은 것을 고르시오.

학생 A: 나는 책이 이렇게 많아.
학생 B: 엄마가 빨리 온대.
학생 A: 나랑 같이 볼래?
학생 B: (책을 쳐다본다.)
학생 A: 나하고 책 같이 보자.
학생 B: (고개를 저으며) 나하고 같이 보자.
학생 A: 여기서 무슨 책 볼 거야?
학생 B: 응.
학생 A: 네가 그러면 너랑 안 본다!
학생 B: 응. (같이 본다.)

〈보기〉

ㄹ. 학생 A의 발화 중 최장형태소 길이는 10.0이다.

형태소에 의한 발화길이 산출의 예시

발화	형태소 길이
① 우리 | 엄마-가 | 주-셨(시-었)-어요	(7)
② 이-거 | 엄마-가 | 줬(주-었)-는데	(7)
③ 의신이	(1)
④ 홍용이	(1)
⑤ 인수-도 | 있-어요	(4)
⑥ 의자	(1)
⑦ 앉-는 | 거-예요	(4)
⑧ 케이크	(1)
⑨ 언제 | 먹-어	(3)
⑩ 포크-로 | 먹-을 | 거-예요	(6)
⑪ 케이크	(1)
⑫ 선생-님 | 케이크-요	(4)
⑬ 집-에 | 케이크 | 먹-었-어요	(6)
⑭ 아빠-랑 | 먹-었-어요	(5)
⑮ 아빠-가 | 주-셨(시-었)-어요	(6)
MLU-m	57/15 = 3.8
최장형태소길이(UBL)	7
평균구문길이(MSL)	52/10 = 5.20

형태소 구분 방법

구분 방법	예시
한 언어 내에서 의미를 내포하고 있는 가장 작은 단위로, 더 분석하면 그 뜻을 잃어버리는 말을 하나의 형태소로 분류한다.	'같이'와 '많이'의 경우 '함께'라는 뜻의 '같이'는 '같다'의 파생어가 아니므로 '같'과 '이'는 나눌 수 없다. 그러므로 1개의 형태소로 분석한다. 그러나 '많다'에서 파생된 '많이'는 '많'과 '이' 2개의 형태소로 분석한다.
모든 문법형태소를 독립된 형태소로 계산한다.	'좋아서'는 '좋-아서' 2개의 형태소로 분석한다.
말의 구성성분이 하나의 음소로 사용되었을지라도 개별적인 의미를 가지고 사용되면 개별적인 형태소로 분류한다.	• '갔다 올게'는 '가-았-다-오-ㄹ게'의 5개의 형태소로 분석한다. • '수박인 것'은 '수박-이-ㄴ-것'의 4개의 형태소로 분석한다.
한 의미를 가지고 중복되어 표현한 어휘는 하나의 형태소로 계산한다.	깡충깡충, 빵빵, 칙칙폭폭은 각각 1개의 형태소로 분석한다.

중복된 의미의 문법형태소[예 '-(에)서', '다(가)', '아(서)', '네(들)']는 하나의 형태소로 계산한다.	• "-때에"의 경우, '갈 때'와 '갈 때에' 사이에 뜻의 변화가 없기 때문에 '때'와 '에'를 각각의 형태소로 분석하지 않고 하나의 형태소로 취급한다. • '먹-다'와 '먹-다가' 모두 2개의 형태소로 분석한다. • '좋-아-죽-겠-네'와 '좋-아서-죽-겠-네' 모두 5개의 형태소로 분석한다.
각 형태소를 잇기 위해 발음상 매개되는 모음 또는 자음은 개별적인 형태소로 분류하지 않는다.	'몰라'는 '몰'의 'ㄹ'은 어간 '모르'의 'ㄹ'이 붙게 된 것이다. 그러므로 여기에서 'ㄹ'은 하나의 형태소로 분석하지 않는다.
이름 등의 고유명사는 하나의 형태소로 분류하지만, 호칭에 있어서 발음을 위해 관습적으로 붙이는 '-이'는 개별적인 형태소로 분석하지 않는다.	'하정 언니'와 '하정이 언니'에서 '하정'과 '하정이'는 그 의미가 똑같으므로 1개의 형태소로 분석한다.
우리말에는 여러 형태의 문장종결어미들이 있다. 문장의 끝에 오는 것은 어말종결어미(예 '다', '소/오', '네', '아/어', '으마/마', '-지' 등)라고 하고, 문장의 중간에 오는 것은 비어말종결어미(예 '습/읍', '-았/었/렀', '-겠', '-(으)시' 등)라고 한다.	

② 낱말에 의한 발화길이 산출

㉠ 평균낱말길이(MLU-w) ❶ 20유아A5, ❷ 17유아A7, ❸ 13유아A6, ❹ 09유아33

• 총 낱말의 수를 총 발화 수로 나누어 산출한다.

$$\text{MLU-w} = \frac{\text{총 낱말 수의 합}}{\text{총 발화 수}}$$

• 평균낱말길이에 대한 해석은 또래의 평균과 비교하여 −2SD 이하로 떨어지면 구문적인 발달이 '지체'되었다고 해석하고, −1SD와 −2SD 사이에 있으면 '약간 지체된 수준'으로 해석한다.

MLU-w 분석의 예시

교사발화	아동발화	낱말 분석	낱말 수
경근아	왜요	왜요	1
어제 뭐 했어?	할머니 집 갔어요	할머니+집+갔어요	3
	용돈도 받았는데	용돈도+받았는데	2
	선생님 돈 많아요?	선생님+돈+많아요?	3
아니	난 돈 많아요	난+돈+많아요	3
MLU-w = 12/5			

기출 POINT 16

❶ 20유아A5
㉡에 들어갈 평균발화길이(MLU)의 유형을 쓰시오.
■ 평균발화길이 : (㉡)

① 아빠-가 | 주었어	(3)
② 돔인형 | 좋아	(2)
③ 아빠 | 돔	(2)
④ 이 | 돔인형 | 은지 | 돔	(4)

❷ 17유아A7
영미의 평균발화길이를 낱말 수준(MLU-w)에서 산출하여 쓰시오.

교사 : 영미야, 뭐 하니?
영미 : 돌 쌓아.
교사 : 어머! 영미가 돌탑을 쌓고 있구나!
영미 : 큰 돌 많이 쌓아.
교사 : 돌을 몇 개나 쌓았니?
영미 : 많이.
교사 : 선생님이랑 함께 세어 볼까?
영미 : 이거 같이 세.
교사 : 그래, 같이 세어 보자.

❸ 13유아A6
(가) 미나의 평균발화길이를 낱말 단위(MLU-w)로 산출하고, (나)의 ㉠과 ㉡에 들어갈 말을 쓰시오.
(가) 미나의 말을 수집한 자료

교사 : 미나 거기서 뭐 하니?
미나 : 이거 이거 보고 이떠.
교사 : 어머, 나비구나.
미나 : 나비 와떠.
미나 : 어 노난 나비.
교사 : 나비가 진짜 예쁜데?
미나 : 애뻐.
미나 : 나비 음 조아.

(나) 언어평가 방법

미나가 한 말을 수집하여 분석하는 언어평가 방법을 (㉠)이라 하며, 이를 통해 평균발화길이를 측정할 수 있다. 평균발화길이는 어절, 낱말, (㉡)단위로 측정한다.

❹ 09유아33
자발화 표본 수집에 사용한 방법으로 적절한 것을 고르시오.

㉠ 총 발화 수를 총 낱말 수로 나누어 평균발화길이를 구하였다.

㉡ 평균구문길이(MSL-w)

평균구문길이는 한 개의 낱말로 이루어진 발화는 제외하고, 2개 이상의 낱말로 된 발화만을 분석하여, 총 낱말의 수를 총 발화 수로 나누어 평균을 구한 것이다.

$$\text{MSL-w} = \frac{\text{2개 이상의 낱말로 된 각 발화의 낱말 수의 합}}{\text{2개 이상의 낱말로 된 총 발화 수}}$$

㉢ 최장낱말길이(UBL)

분석한 발화 중 가장 긴 발화의 낱말 수를 의미한다.

낱말에 의한 발화길이 산출의 예시

발화	낱말 길이
① 우리 | 엄마-가 | 주셨어요	(4)
② 이거 | 엄마-가 | 줬는데	(4)
③ 의신이	(1)
④ 홍용이	(1)
⑤ 인수-도 | 있어요	(3)
⑥ 의자	(1)
⑦ 앉는 | 거-예요	(3)
⑧ 케이크	(1)
⑨ 언제 | 먹어	(2)
⑩ 포크-로 | 먹-을 | 거예요	(5)
⑪ 케이크	(1)
⑫ 선생님 | 케이크-요	(3)
⑬ 집-에 | 케이크 | 먹었어요	(4)
⑭ 아빠-랑 | 먹었어요	(3)
⑮ 아빠-가 | 주셨어요	(3)
MLU-w	39/15 = 2.6
최장낱말길이(UBL)	5

'앉는 거예요'와 '포크로 먹을 거예요'는 문장성분이 다르기 때문에 낱말 수가 달라짐. '앉는 거-예요'는 [의존명사 '-거'+서술격 조사 '-예요']가 합쳐진 것이므로 2개의 낱말이고, '먹을 거예요'에서의 '거예요'는 동사 1개의 낱말임

낱말 구분 방법

구분 방법	예
자립성과 분절성의 원칙에 따라 다음과 같은 경우 낱말로 계산한다.	• 모든 자립형태소는 개별적인 낱말로 계산한다. • 자립형태소에 붙는 의존형태소(예 조사)는 개별적인 낱말로 계산한다. • 준자립어(의존명사, 보조용언)는 개별적인 낱말로 계산한다.
낱말 또는 어절에 붙어 그 말과 다른 말과의 관계를 표시하는 조사의 종류는 다음과 같다. 해당 종류는 하나의 낱말 수로 계산한다.	• **격조사**: 주격, 서술격, 목적격, 보격, 관형격, 부사격, 호격 • **접속조사**: 와, 과, 하고, 이며, 에다, 랑 • **보조사**: 만, 도, 는, 부터, 까지, 마다, (이)나, (이)든지, (이)라도, 마저, (이)나마
다른 품사라도 동사로 전성되었을 경우에는 문장어미와 함께 한 낱말로 취급한다.	㉠ 어른-이　㉡ 어른답다 → ㉠은 명사('어른')와 조사('가')로 되어 있으므로 2개의 낱말로 분석하지만, ㉡은 '-답다'와 합쳐져서 동사로 전성된 형태이므로 1개의 낱말로 분석한다.
의존명사는 자립성은 결여되어 있지만 준자립어로 분류되므로 한 낱말로 분석한다.	• **대명사 역할**: 것, 거, 수, 바, 지 • **단위 역할**: 마리, 켤레, 채 ㉠ 먹는-거-야　㉡ 한 마리 → ㉠은 3개의 낱말, ㉡은 2개의 낱말로 분석한다.
보조동사나 보조형용사와 같은 보조용언도 자립성은 결여되어 있으나 준자립어로 분류되므로 본용언과 분리하여 낱말로 분석한다.	'들고 간다'의 경우 2개의 낱말로 분석하는데, 본용언 '들다'와 보조용언 '간다'의 경우 본용언이 전체의 뜻을 많이 담고 있고, 보조용언은 그 전체 의미에 미치는 영향이 다소 약하다.
통상적으로 하나의 개념으로 쓰여 굳어진 복합용언은 보조용언을 따로 떼어서 계산하지 않고, 전체를 1개의 낱말 수로 분석한다.	'달아나다'의 경우 1개의 낱말로 분석하는데, 각 용언의 뜻과 용언 전체의 뜻이 다소 다르므로, 본용언과 보조용언은 함께 결합되어 한 개념, 한 상태, 한 동작을 나타낸다.
홀로 설 수 있는 동사의 어간이 의존형태소와 만난 경우, 동사 활용의 법칙과 일치성이 없으므로 그 각각을 낱말로 간주하지 않고 하나로 묶는다.	'자고(는)', '가고(는)'은 1개의 낱말로 분석한다.
'-이다'에 대한 존대적 표현인 '-요'의 경우, 서술격조사의 분류에 포함되므로 개별 낱말로 취급한다. 단, '요'가 간투사로 사용되었을 경우 낱말로 분류하지 않는다.	㉠ 이거 사과예요 ㉡ 이거요 사과가요 아니에요 → ㉠의 '-예요'는 서술격조사로 사용되어 3개의 낱말로 분석하나, ㉡은 앞쪽의 2개의 '요'는 간투어이므로 [이거 | 사과-가 | 아니-에요]의 5개의 낱말로 분석한다.
복합어라도 일반적인 고유명사의 경우 한 낱말로 취급한다.	서울대공원, 디딤유치원의 경우 1개의 낱말로 분석한다.

기출 POINT 17

❶ 20유아A5

다음의 평균발화길이(MLU)의 유형을 쓰시오.

■ 평균발화길이 : (　　)

① 아빠가 | 주었어	(2)
② 돔인형 | 좋아	(2)
③ 아빠 | 돔	(2)
④ 이 | 돔인형 | 은지 | 돔	(4)

③ 어절에 의한 발화길이 산출

㉠ 평균어절길이(MLU-c) ❶ 20유아A5

- 총 어절의 수를 총 발화 수로 나누어 산출한다.

$$\text{MLU-c} = \frac{\text{총 어절 수의 합}}{\text{총 발화 수}}$$

- 띄어쓰기를 중심으로 한 분류 방법이 곧 어절을 중심으로 발화를 분석하는 방법이다.
- 평균어절길이에 대한 결과 역시 평균낱말길이에 대한 해석과 마찬가지로 해석한다.

㉡ 최장어절길이(UBL)

분석한 발화 중 가장 긴 발화의 어절 수를 의미한다.

어절에 의한 발화길이 산출의 예시

발화	어절 길이
① 우리 | 엄마가 | 주셨어요	(3)
② 이거 | 엄마가 | 줬는데	(3)
③ 의신이	(1)
④ 홍용이	(1)
⑤ 인수도 | 있어요	(2)
⑥ 의자	(1)
⑦ 앉는 | 거예요	(2)
⑧ 케이크	(1)
⑨ 언제 | 먹어	(2)
⑩ 포크로 | 먹을 | 거예요	(3)
⑪ 케이크	(1)
⑫ 선생님 | 케이크요	(2)
⑬ 집에 | 케이크 | 먹었어요	(3)
⑭ 아빠랑 | 먹었어요	(2)
⑮ 아빠가 | 주셨어요	(2)
MLU-c	29/15 = 1.9
최장어절길이(UBL)	3

(3) T-unit(terminable unit : 최소종결단위)

① 학령기 아동을 대상으로 작문이나 발화에 쓰인 문장의 길이와 문장의 복잡성을 조사하여 질적 분석척도로 활용한다.

② T-unit을 통해 문장능력과 문장성숙도를 알 수 있다. ❶ 13중등38

③ 한 문장 내에서 주어가 유지되면 1개의 T-unit이고, 바뀌면 바뀐 만큼의 T-unit 수가 된다.

예 "나는 이거 먹고 저거 먹었어." → 1개의 T-unit
"나 이거 먹고 언니는 저거 먹었어." → 2개의 T-unit
"나 이거 먹고 언니는 저거 먹었는데 그건 매웠어." → 3개의 T-unit

기출 POINT 18

❶ 13중등38

자발화 평가에 대한 내용이다. 설명 중 옳은 것은?

자발화 평가는 각 언어 영역별 능력, 즉 의미론적 능력, ⓒ 구문론적 능력, 화용론적 능력 등을 측정할 수 있다.

〈보기〉

다. ⓒ을 알아보기 위해서 학령기 아동의 문장능력과 문장성숙도는 T-unit를 활용하여 분석한다.

3. 화용론적 분석

많은 언어발달 연구자들은 화용적 영역의 발달은 문법 및 의미 영역들과 서로 상호작용하며, 언어발달은 인지 및 사회적 능력의 발달과도 밀접한 관계가 있다고 본다. 따라서 문법 및 의미 영역에 대한 정확한 평가가 어려운 어린 아동의 화용발달에 대한 평가는 아동의 화용발달뿐만 아니라 전반적인 언어발달 및 인지적·사회적 기능을 예측할 수 있다는 점에서 매우 중요하다.

(1) 발화의 자율성 분석

문장의 자율성 분석은 아동이 얼마만큼 자율적인 대화를 하는지를 분석하는 것이다. 이 경우 수집된 언어표본이 그 아동의 자연스럽고 대표적인 표본임을 전제한다.

① 자발적 문장

자발적 시도 발화	아동이 대화를 시작하거나, 선행되는 질문이 없어도 서술이나 질문 등으로 대화를 이어나간다.
질문에 대한 자발적 발화	선행되는 질문에 대해 자발적으로 대답한다.

② 모방

㉠ 선행발화 후 얼마나 빨리 모방하느냐에 따라

즉각모방	상대방의 말을 즉시 모방한다.
지연모방	상대방이 한 말을 시간이 경과한 후에 모방한다.

㉡ 선행발화와 얼마나 유사하게 모방하느냐에 따라

완전모방	상대방의 문장을 그대로, 똑같이 모방한다. 완전모방은 흔히 반사적인 경우가 많아서 완전, 즉각 모방의 형태를 띤다.
부분모방	상대방의 문장 중 일부분만을 모방한다.
변형모방	상대방의 문장 형태나 내용을 일부 바꾸어 모방한다. 흔히 반향어에서 진정한 발화로 넘어가는 전환시기에 나타나는 형태이다. 예 민규에게 "나 보고 싶었니?"라고 하면 "민규 보고 싶었니?" 또는 "나 보고 싶었어."라고 대답한다.

(2) 발화의 적절성 분석

문장의 화용적 적절성 분석은 아동의 발화가 선행발화나 문맥상 적절한지, 적절하지 않은지를 분석하는 것이다.

화용적으로 적절한 문장	문맥에 적절하며 선행발화가 요구하는 기능에 맞는 발화이다. 예 질문에 대해서는 대답하고, 요구에 대해서는 수긍하거나 거부, 또는 부정하는 발화의 경우
화용적으로 부적절한 문장	문맥에 적절하지 못하거나, 선행발화가 요구하는 기능에 부적절한 발화이다. 예 주제에 어긋난 발화를 한다거나, 엉뚱한 대답이나 질문을 하는 발화의 경우

(3) 의사소통 기능 분석

아동이 사용하는 문장의 기능이 하나나 두 가지로 제한되어 있는지, 혹은 다양한지를 분석하여 그 아동이 자신의 의사표현을 얼마나 자유롭게 할 수 있는지를 평가하여야 한다.

① 의사소통 기능 분석 방법

㉠ 의사소통 행동은 상호작용에서 나타나는 행동으로 비상호작용적인 행동은 포함하지 않는다. 상호작용 행동이란 신체적으로 근접한 상황에서 나타나는 행동, 몸짓이나 발성 또는 접근이 일어난 경우, 의사소통 의도가 있고 난 후 아동이 3초 이내에 응시 또는 반응한 경우이다.

㉡ 의사소통 의도 분석은 크게 7개의 상위범주로 분류하고 각 범주 안에 하위범주를 두어 분류한다.

㉢ 의사소통 의도의 산출 형태는 '몸짓이나 발성'이 동반된 형태, 또는 '말' 형태로 구분하여 분석한다. 단, 말에 동반되는 몸짓이나 발성은 '말' 형태로 분석한다. 그러나 알아들을 수 없는 자곤은 분석하지 않는다. ❶ 13중등38, ❷ 11중등35

㉣ 의미 없는 상투적인 부르기(예 의미 없이 "엄마")는 전체 자료의 10%만 분석에 포함한다.

㉤ 동일한 대상 또는 행위를 연속하여 반복적으로 지칭하는 행동들은 한 번만 기록한다.

기출 POINT 19

❷ 11중등35

대화 내용을 분석한 것으로 옳은 것을 〈보기〉에서 고른 것은?

학생 A: 나는 책이 이렇게 많아.
학생 B: 엄마가 빨리 온대.
학생 A: 나랑 같이 볼래?
학생 B: ㉡ (책을 쳐다 본다.)
학생 A: 나하고 책 같이 보자.
학생 B: (고개를 저으며) 나하고 같이 보자.
학생 A: 여기서 무슨 책 볼 거야?
학생 B: ㉢ 응.
학생 A: 네가 그러면 너랑 안 본다!
학생 B: 응. (같이 본다.)

〈보기〉

ㄴ. ㉡은 행동에 해당하므로 화용론적 능력을 분석하는 데 포함하지 않는다.
ㄷ. ㉢은 화용론적 분석의 대화 기능에서 '반응하기'에 해당한다.

기출 POINT 19

❶ 13중등38

자발화 평가에 대한 내용이다. 설명 중 옳은 것은?

자발화 평가는 각 언어 영역별 능력, 즉 의미론적 능력, 구문론적 능력, ㉢ 화용론적 능력 등을 측정할 수 있다.

〈보기〉

라. ㉢을 알아보기 위해서 의사소통의 의도와 대화능력을 분석한다.
마. ㉢을 알아보기 위해서 어휘다양도를 통해 다양한 낱말의 사용 정도에 대하여 살펴본다.

② 의사소통 의도의 분석 유형(대화기능 분석) ❶ 12중등33

상위기능	하위기능		내용
요구 상대방에게 정보, 행위, 사물, 허락을 요구하는 기능	정보 요구	예/아니오 질문	아동: "사탕이야?" 엄마: "응."
		의문사 질문	아동: "이거 뭐야?"
		명료화 질문	엄마: "가자." 아동: "뭐라고?"
		확인 질문	아동: (질문의 억양으로 공을 보며) "공이지?"
	행위 요구		아동: (자동차를 밀어달라는 의미로) "가."
	사물 요구		아동: (달라는 시늉을 하며) 풍선 가리키기
	허락		아동: (엄마가 물을 틀지 말라고 한 후, 수도꼭지를 돌리려고 하면서 엄마를 쳐다보고) "물?"
반응 상대의 요구에 답하고 대응하는 기능	질문에 대한 반응	예/수용	엄마: "먹을래?" 아동: "응."
		아니오/저항, 부정	엄마: "먹을래?" 아동: "아니."
		의문사 대답	엄마: "뭐 먹을래?" 아동: "과자."
	요구에 대한 반응	명료화	아동: "달기." 엄마: "딸기?" 아동: "딸기."
		순응	엄마: "뽀뽀해 줄래?" 아동: "해 줄게."
		거부/저항	엄마: "뽀뽀." 아동: "안 해."
	반복		엄마: "뭐 줄까?" 아동: "뭐 줄까?"
	의례적 반응		엄마: "그게 뭐야?" 아동: "응."
객관적 언급 객관적 사실에 대한 언급이나 현재 관찰 가능한 사물, 사건에 대한 인지/묘사, 아동이 의도적으로 사물이나 행위에 대해 상대의 주의를 끄는 행동	사물 주의집중		아동: 장난감 전화기를 보고 엄마를 쳐다보며 전화기를 가리키기
	이름 대기		아동: (강아지 인형을 보며) "멍멍."
	사건 · 상태		아동: (빈 통을 보며) "없네."
	고유의 특성		아동: (공을 보며) "동그라네."
	기능		아동: (축구공을 보며) "빵 차는 거야."
	위치		아동: (장난감을 가리키며) "저기 있다."
	시간		아동: "잠깐만", "그다음에"

<table>
<tr><td rowspan="6">주관적 진술
직접적으로 관찰이 가능하지 않은 사실, 규칙, 태도, 느낌, 믿음에 대한 행동이나 진술</td><td>규칙</td><td>아동: “(-하면) 안 돼.”</td></tr>
<tr><td>평가</td><td>아동: “잘했어.”</td></tr>
<tr><td>내적 상태</td><td>아동: “그거 좋아.”, “맛있다.”</td></tr>
<tr><td>속성</td><td>아동: “와, 크다.”, “많다.”, “뜨겁다.”</td></tr>
<tr><td>주장</td><td>아동: “내 거야.”, “이거 할 거야.”</td></tr>
<tr><td>설명</td><td>아동: (뭔가를 그리고 나서) “이건 공이야.”</td></tr>
<tr><td rowspan="3">대화내용 수신표현
상대방의 말을 들었다는 것을 나타내는 반응</td><td>수용</td><td>상대방의 말을 들으며 경청의 의미로 고개를 끄덕이거나 “어” 또는 상대의 이전 발화를 단순히 반복</td></tr>
<tr><td>승인/동의</td><td>엄마: “고맙습니다.”
아동: “네.”</td></tr>
<tr><td>부인/반대</td><td>엄마: “물 없어.”
아동: “물 있어.”, “아니야.”</td></tr>
<tr><td rowspan="5">대화내용 구성요소
개별적 접촉과 대화의 흐름을 조절하는 기능</td><td>의례적 인사</td><td>아동: (상대방의 반응을 기대하지 않고) “안녕.”</td></tr>
<tr><td>부르기</td><td>아동: “엄마.”</td></tr>
<tr><td>화자 선택</td><td>아동: “엄마가 말해.”</td></tr>
<tr><td>동반</td><td>아동: (물건을 보여주며) “여기.”</td></tr>
<tr><td>감탄</td><td>아동: (엄마가 만든 블록모형을 보고) “우와.”</td></tr>
<tr><td rowspan="3">발전된 표현
말 산출만으로 성취되는 기능</td><td>농담</td><td>아동: (아들인지 알면서 장난치려고) “나 아들 아니고 딸이지.”</td></tr>
<tr><td>경고</td><td>아동: “조심해.”, “위험해.”</td></tr>
<tr><td>놀림</td><td>아동: (상대를 쳐다보며) “메롱.”, “바보.”</td></tr>
</table>

[출처] 김영태, 아동언어장애의 진단 및 치료(2014)

기출 POINT 20

❶ 12중등33

다음은 패스트푸드점 주문대 앞에서 교사와 정신지체 학생이 나눈 대화이다. 화용론적 관점에서 학생의 대화 내용을 분석한 결과가 적절한 것을 〈보기〉에서 고른 것은?

교사: 뭐 먹을래?
학생: 햄버거요.
교사: 무슨 햄버거 먹을래?
학생: 햄버거 먹고 싶어요.
교사: 뭐라고? 무슨 햄버거?
학생: 햄버거 먹고 싶어요. 햄버거 맛있어요.
교사: 주스 먹을래?
학생: 네. 주스 좋아요. 집에 엄마 있어요. 엄마 집에서 살아요.
교사: 나도 알아.
학생: 가방 주세요. 집에 갈래요.
교사: 갑자기 어딜 간다고 그래? 햄버거 먹고 학교에 가야지.

〈보기〉

㉠ '행위 요구'는 가능하지만, 자기중심적이어서 대화 상황에 부적절하다.
㉡ '질문에 대한 반응'은 나타나지만, 상황에 부적절한 대답을 하는 경우가 있다.
㉢ 상대방에게 '명료화 요구하기'는 가능하나, '주관적 진술'은 나타나지 않는다.
㉣ 단순한 '요구에 대한 반응'은 하지만, 상대방의 '명료화 요구'에는 적절하게 응답하지 못한다.
㉤ 상황에 적절한 '주제 유지'가 가능하나, '전제 기술(presuppositional skills)'은 나타나지 않는다.

CHAPTER 11

언어발달

01 언어습득이론

- 행동주의 이론
  - 주요 학습이론
    - 파블로브
    - 왓슨
    - 스키너
    - 반두라
  - 스키너의 언어행동이론
    - 맨드
    - 택트
    - 모방
    - 오토클래티스
    - 언어자극-언어반응
- 생득주의 이론
  - 언어습득장치
  - 변형문법이론
  - 최초상태
  - 언어습득의 결정적 시기
- 구성주의 이론
  - 피아제의 인지적 상호작용주의 이론
  - 비고츠키의 사회적 상호작용주의 이론
    - 주요 개념
    - 언어발달 단계

02 언어발달 단계

- 영아 초기 단계
  - 울음 단계
  - 쿠잉 단계
  - 옹알이 단계
  - 몸짓 언어 단계
    - 개념
    - 유형
    - 기능
- 영아 후기 단계
  - 한 단어 시기
  - 두 언어 시기
    - 과잉확대 현상
    - 과잉축소 현상
    - 과잉일반화
    - 주축문법
    - 수평적 어휘확장과 수직적 어휘확장
    - 전보식 문장

01 언어습득이론

1. 행동주의 이론

- 행동주의는 인간의 마음보다는 객관적 관찰이 가능한 행동 그 자체를 연구 대상으로 한다.
- 파블로브, 왓슨에서 출발한 행동주의는 스키너의 조작적 조건화와 반두라의 사회학습이론으로 발전하였다.
- 그러나 인간의 모든 행동을 자극과 반응의 연합으로 설명하고자 하였던 행동주의는 언어습득을 설명하는 데 많은 한계를 보였다.

(1) 주요 학습이론

학자	내용
파블로브 (Pavlov)	• 연합적 학습의 기본 원리들을 발견하였다. • 그의 유명한 고전적 조건화 이론은 자극과 반응을 연합하는 실험 결과를 근거로 하고 있다. 예 파블로브의 개 실험
왓슨 (Watson)	• '행동주의'라는 용어를 최초로 제안한 학자로서 반복과 습관에 의한 학습 과정을 설명하였다. • 단어형성이론이란 반복과 습관에 의해 언어를 터득한다고 보는 이론이다. 예 영아가 우연히 'ma' 혹은 'pa'라는 소리를 내자, 부모로부터 아주 긍정적인 보상을 받았고, 이것을 반복적으로 경험하게 되면 ('mama'라고 했더니 엄마가 아빠보다 더 좋아하고, 'papa'라고 했더니 아빠가 더 좋아하며 반응하는 것) 엄마는 'mama'로, 아빠는 'papa'라는 것을 터득하게 된다는 것이다.
스키너 (Skinner)	• 스키너는 행동이란 완전히 환경(강화요인)에 의해 결정된다고 주장하였다. 즉, 환경을 통제하면 행동도 통제된다는 것이다. • 스키너에 따르면 언어발달에 있어서 강화는 어휘발달을 설명하는 강력한 도구이다. 예 영아가 의미 없이 "마마마마"라고 옹알이를 하는데, 엄마가 즐거워하면서 "와! 우리 아이가 엄마 불렀어? 그래, 엄마 여기 있어."라는 등의 긍정적인 보상을 해주면 영아는 자신의 행동에 대해 강화를 경험하고 그 행동이 촉진된다.
반두라 (Bandura)	• 행동주의가 지나치게 행동의 결과에만 집착한다는 점을 지적하면서, 아동은 직접적인 강화 없이도 스스로 관찰하면서 모방한다는 사회학습이론을 주장하였다. • 즉, 자극이나 보상 없이도 의식 또는 무의식으로 행하는 부모의 언어행동을 보고 모방함으로써 언어를 습득한다고 설명하였다.

(2) 스키너의 언어행동이론

스키너의 언어행동이론에 따르면, 다음과 같은 몇 가지의 언어획득을 위한 언어유형이 있다. 그 가운데 맨드, 택트 그리고 모방은 연령이 증가하면서 점차 감소하는 반면에, 오토클래티스와 언어자극-언어반응은 사용횟수가 증가하는 경향을 보인다(최성규, 1999).

기출 POINT 1

❶ 25유아B4

스키너의 행동주의 이론에 근거하여 [A]에 제시된 대호의 말에 해당하는 언어 행동 유형을 쓰시오.

> (은서가 색깔 실로폰을 치고 있다.)
>
> 대호: (실로폰 소리를 들으며) 소리 나.
> 은서: 응. 예쁜 소리가 나.
> 대호: (은서가 빨간색 음판을 치고 있는 모습을 보며) 빨간색.
> 은서: (고개를 끄덕이며) 맞아! 빨간색 치고 있어.
> [A]

스키너의 언어 유형

맨드 (mand)	'mand'는 'command'와 'demand' 등의 단어에서 만들어진 용어로, 아이가 무엇인가를 요구하고 부모가 그 요구를 충족시켜 주는 과정에서 만들어지는 언어행동이다. 맨드는 언어습득 시 가장 먼저 사용되는 방법으로 자연스러운 강화를 통해 나타난다. 예 손으로 원하는 것을 가리키자 엄마가 그것을 꺼내 주거나, 못되게 구는 친구에게 "하지 마!"라고 말했더니 그 친구가 나쁜 행동을 중지했다면, 청자의 행동에 의해 형성된 언어기능으로서 맨드에 해당한다.
택트 (tact)	'tact'는 'contact'의 단어에서 유래된 용어로, 대상이나 사건에 대해 이름을 붙이는 기능을 하는 언어반응을 말한다. '접촉' 또는 '지칭'의 의미를 가지고 있는 택트는 단순히 욕구충족이 아니라 어떤 사물과 접촉하였을 때 이루어지는 방법이다. ❶ 25유아B4 예 창 밖에 눈이 내리는 것을 보고 "눈"이라고 말하자 엄마가 "정말 눈이 펑펑 오네!"라고 말하거나, TV에 나온 사자를 보고 "사자"라고 하자 엄마가 "그렇지" 등의 칭찬을 하거나 혹은 놀이터의 그네를 보고 "그네네."라고 말하자 엄마가 그 말에 의미를 실고 "저기 그네가 있네, 한번 가 볼까?"라고 반응해 주는 것처럼 사물과 접촉하면서 습득되는 언어유형이다.
모방 (echoic)	• 교사가 "사탕"이라고 하자 학생이 "사탕"이라고 반복하는 것처럼 말소리를 듣고 우연한 기회에 또는 의도적으로 비슷하게 소리를 내는 과정에서 만들어진다. 예 동화책을 보면서 엄마가 "옛날에 토끼가 살았어요."라고 말하자 아동이 "오끼"라고 그 말을 따라하는 것이다. 이때에는 정확한 발음이 아니더라도 그 반응 자체에 강화를 주는 것이 좋다. • 모방은 부모가 초기 단계에서 아동에게 많이 사용하며, 맨드와 택트를 교육할 때도 많이 사용된다.
오토클래티스 (autoclitics)	• 언어발달 초기 단계에서는 거의 나타나지 않던 문법이 성인의 발화를 통해 점차 문법적인 규칙을 습득하고 상황적 맥락 속에서 청자의 반응을 고려하여 발화하게 된다. 예 처음에는 "줘."라고만 말하던 아이가 "빨리 주세요." 혹은 "뽀로로 인형 주세요." 등으로 말함으로써 청자에게 자신이 원하는 바를 더 정확하게 전달할 수 있다. • 언어행동분석에서 말하는 꾸밈어는 택트나 맨드와 같이 다른 언어행동의 효과를 구체적이고 효과적으로 변화시키는 역할을 한다.
언어자극-언어반응 (intraverbal)	• 다른 언어행동에 의해 생겨나는 언어행동이다. 예 "너의 이름이 뭐니?" "오늘은 뭐가 먹고 싶어?" 등과 같은 질문에 대한 답변을 말한다. • 언어자극-언어반응은 "안녕하세요?"라고 말하면 "네, 안녕하세요?"라고 답을 하는 것부터 "왜?"라는 질문에 "왜냐하면...."으로 답하거나, 어떤 사람이 "실과 ○○"라고 말할 때 "바늘"이라는 단어를 결합하는 것까지 아이가 언어환경에서 직접 경험함으로써 그 상황에 적절한 언어표현을 터득하게 된다.

언어행동 기능의 조작

언어행동	전제조건	결과	조작활동
mand	특정한 동기나 상황	직접적 효력	교사: 왜, 뭐 하고 싶어? 아동: 화(소리를 내지 않고 입모양으로) 교사: 우리 ○○이, 화장실 가고 싶구나!
tact ❶ 25유아B4	물리적 환경과의 접촉	사회적 효력	교사: (그림카드를 보여주며) 이건 무엇일까요? 아동: 토끼 교사: 참 잘했어요.
echoic	다른 사람의 언어적 행동	사회적 효력	교사: 완전 잘했어요. (박수치며) 훌륭해! 아동: 훈늉해?
autoclitics	자신의 언어적 행동	직접적 효력	아동: 아이스크림 줘. 아동: 아이스크림 하나 더 먹고 싶어요. 아동: 딸기 말고 민트로 주세요.
intraverbal	다른 사람의 언어적 행동	사회적 효력	교사: (신체놀이 시간에 익숙한 멜로디와 함께 ♩♪♬) 코는 어디 있나? 아동: 여기. 교사: 입은 어디 있나? 아동: 여기

2. 생득주의 이론

• 생득주의에서는 인간의 언어습득이 경험에 의한 축적이 아니라 인간 고유의 타고난 능력에 의해 가능하다고 주장하였다.
• 변형생성문법의 창시자이자 생득주의 대표학자인 촘스키(Chomsky)는 언어발달에 대한 행동주의 견해를 병에 물을 채워 넣는 것에 비유하였는데, 언어발달은 단지 적절한 경험으로 '채워 넣는' 것이 아니라 '꽃이 자신의 방식대로 성장하도록 도와주는 것'과 같다는 견해 속에서 언어가 적절한 환경에서 자연스럽게 발생한다는 것을 내포하고 있다(신현정, 김비아 역, 2008). 이렇게 선천적으로 타고난 능력은 지능과는 무관하며, 모든 언어에는 보편문법(universal grammar)이 있고, 문법은 인간 정신에 내재하는 특성을 반영하고 있다는 데에서부터 생득주의는 출발하고 있다.

(1) 언어습득장치(language acquisition device ; LAD)

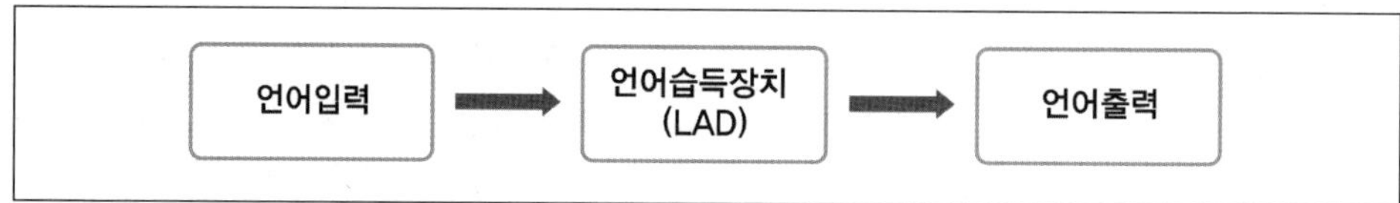

촘스키의 언어습득 경로

① 인간은 언어를 학습할 수 있도록 준비된 장치, 즉 언어습득장치(language acquisition device ; LAD)를 가지고 태어난다. 따라서 특별히 배우지 않고도 최소한의 언어환경에 노출되면 누구나 언어를 습득할 수 있다. 인간은 LAD에 의해 문법규칙을 습득하고, 무한대의 문장을 생성하며, 지능과 상관없이 모국어를 습득할 수 있다(심성경 외, 2010).

② LAD가 존재한다는 증거를 다음의 네 가지로 설명한다. ❶ 17유아A7

㉠ 모든 언어의 심층구조는 같다. LAD에 의해서 심층구조를 표층구조로 바꿀 수 있다.
㉡ 모든 유아는 언어입력이 충분하지 않아도 언어와 문법규칙을 습득하고 무한대의 문장을 생성해 낼 수 있다.
㉢ 최소한의 언어환경에 노출되면, 계획적인 언어훈련 없이도 언어를 습득한다.
㉣ 지능이 뛰어난 유아와 그렇지 않은 유아 모두 언어를 습득할 수 있다.

기출 POINT 2

❶ 17유아A7
㉠과 관련하여 촘스키는 인간에게 언어를 학습할 수 있도록 준비된 장치가 있다고 한다. 이 장치의 명칭을 쓰고, 이 장치가 존재하는 근거 중 2가지를 쓰시오.

㉠ 영유아의 언어는 환경적 요인뿐만 아니라 생물학적 능력에 의해서도 발달한다.

(2) 변형문법이론(transformational grammar)

① 촘스키는 언어에 대한 지식을 '언어능력', 언어의 실제 사용을 '언어수행'으로 구분하고, 추상적 언어지식인 언어능력에 초점을 두었다.

㉠ 언어능력(linguistic competence) : 사람이 태어날 때부터 가지고 있는 언어에 대한 잠재적 지식
㉡ 언어수행(linguistic performance) : 실제로 말을 할 때 자신이 가지고 있는 언어능력을 사용하는 발화

② 변형문법 학자들은 언어능력을 크게 네 가지로 설명한다.

㉠ 한 번도 들어본 적 없는 문장을 우리는 무한대로 만들고 이해하는 창조적인 면을 가지고 있다.

㉡ 모국어의 경우 문법적인지 비문법적인지를 직관적으로 알 수 있다.

㉢ 문장의 구조를 이해할 수 있다. (다른 구조 같은 의미의 문장을 알 수 있다.)

㉣ 중의성을 식별하는 능력이다. 하나의 문장이 지니는 여러 가지 의미를 깨닫는 능력이다.

③ 변형문법에는 심층구조와 표층구조가 자리하고 있다.

㉠ 인간이 사용하는 모든 언어에는 보편적인 구조가 있는데, 머릿속에서 어떻게 해야겠다는 생각을 하게 하는 문장이 바로 심층구조이다. 그리고 이러한 심층구조가 언어습득장치에 의해 생활 속에서 쓰이는 문장으로 나타난 것이 표층구조이다.

㉡ 심층구조는 여러 가지의 표층구조로 나타날 수 있는데, 능동태 문장이 수동태의 형태로 연관되기도 하고 내포문의 형식으로 구성되기도 한다. 즉, 심층구조에 변형이 적용되어 문장의 표층구조가 만들어진 것이다.

더알아보기

심층구조와 표층구조의 예

- 돈을 줘
  → 돈 좀 가진 것 있니?
- 내 차가 택시를 박았다.
  → 택시가 내 차에 받혔다.
- 남자는 안경을 썼다. 그 남자는 멋있다.
  → 안경을 쓴 그 남자는 멋있다.
- I goed school
  → I went to the school.
- 배가 고프다. 자장면이 먹고 싶다.
  → 배가 고프니 자장면이 먹고 싶다.

(3) 최초상태

① 최초상태란 우리가 이 세상에 태어날 때 보편문법을 학습할 수 있도록 선천적으로 결정되어 있는 상태를 뜻한다.

② 최초상태를 안정상태로 발전시키기 위해서는 언어경험이 필요하지만, 이때 언어경험이란 촉매제의 역할을 할 뿐 본질적인 변화를 가져오는 것은 아니며, 언어습득의 본질은 LAD에 있다는 것이 생득주의 이론의 핵심이다.

(4) 언어습득의 결정적 시기 ❶ 17유아A7

① 결정적 시기는 최근 민감기(sensitive period)라는 용어로 불리기도 한다.

② 언어발달의 생물학적 기반을 중요시한 레너버그는 언어가 생리기관의 성숙에 의존한다고 보았는데, 그는 태어날 때 이미 60%의 선천적 지식을 가지고 태어나며, 결정적 시기는 생후 2세부터 사춘기까지로 보았다.

기출 POINT 3

❶ 17유아A7

㉡과 관련하여 언어습득을 위한 특정 시기를 지칭하는 용어를 쓰시오.

㉡ 영유아기는 언어습득에 중요한 시기이므로 풍부한 언어자극이 필요하다.

더알아보기 **결정적 시기**

1970년 미국 캘리포니아에서 발견된 지니는 학대하는 아버지에 의해 생후 20개월부터 13세가 넘을 때까지 작은 방에 격리되어 유아용 작은 의자에 묶여 정상적인 사람과의 접촉을 단절당한 채 지내다가 발견되었다. 발견 당시 지니는 건강상태가 좋지 않고 극도로 불안정한 상태를 보였다. 지니의 어머니의 진술에 따르면, 지니는 생후 20개월 이전까지는 언어를 습득하였던 것으로 추정된다. 지니는 '이제 그만', '그만 둬' 등과 같은 몇 개의 발화와 단어들을 이해하고 산출하기 시작하였지만 매우 제한적이고 거의 진전을 보이지 않았다. 지니는 8년 동안 양부모로부터 극진한 보살핌과 집중적인 언어훈련을 받았지만 결국 정상적인 수준의 말을 배우지 못하고 문법을 이해하지 못했다.

3. 구성주의 이론

- 구성주의란 환경과의 상호작용을 통해 개인이 지식을 재구성한다는 이론이다. 즉, 지식이라는 것은 환경으로부터 수동적으로 받아들여지는 것이 아니라, 경험하는 학습자 개인이 능동적으로 습득하고 해석해 나가는 것이다.
- 피아제의 인지적 상호작용주의 이론과 비고츠키의 사회적 상호작용주의 이론이 있다.

(1) 피아제의 인지적 상호작용주의 이론

① 피아제는 지식의 발달을 연구한 학자로, 유아기에서부터 성인기에 이르기까지 진행되는 지적 성장을 '인지발달'이라고 보았다. 피아제에 따르면 언어는 인지적 성숙의 결과로 획득되는 것 중 하나이다.

② 언어발달은 인지의 기본적이고 일반적인 변화(감각운동기－전조작기－구체적 조작기－형식적 조작기)에 기초하는데, 언어가 감각운동 발달과정과 밀접한 관계를 가지고 있으며, 인지는 언어획득에 선행된다고 주장하였다.

피아제의 인지발달이론에 사용되는 개념

개념	설명
도식	사물이나 사건 또는 사실에 대한 전체적인 윤곽이나 개념을 말한다.
동화	이미 경험이나 학습을 통해 형성된 기존의 도식에 맞게 새로운 자극을 이해하는 것을 말한다.
조절	이전에 가지고 있던 개념을 환경에 대처하기 위해 변화시키는 것을 말한다.
평형화	동화와 조절 간의 균형이 잡힌 상태로, 아동은 평형상태를 이루기 위해 새로운 지식을 자신의 기존 구조에 적응시키거나(동화) 혹은 새로운 인지구조를 발달시키고(조절), 이를 통해 이전보다 더 높은 수준의 평형을 이루게 된다. 그러므로 인지발달은 평형과 불평형의 상태가 지속적으로 일어나는 과정에서 이루어진다.
대상영속성	시야에서 대상이 사라져도 그 대상이 어딘가에 계속 존재한다는 인식이다.
모방	모방능력은 언어습득을 위한 필수적인 요건으로서, 음성 모방의 초기 형태는 모델이 되는 사람이 소리를 내면 그 소리를 재생하려고 노력하는 것이다.
자기중심적 언어 ❶ 25초등A6, ❷ 25유아B3	'자기중심적'이란 다른 사람의 입장에서 볼 수 없는 유아들의 사고 경향이다. 세상을 자신의 방식으로 이해하고, 다른 사람이 자기와 똑같이 생각한다고 믿기 때문에 타인의 마음을 읽을 수 없다. 이러한 자아중심성은 언어에서도 나타난다. 피아제는 자기중심적 언어에서 사회화된 언어로 언어발달이 이루어진다고 본다. 자기중심적 언어에는 반복, 개인적 독백 그리고 집단적 독백이 있다. • 반복: 특정한 누군가에게 말하려는 의도 없이 단지 즐거움을 얻기 위해 단어를 되풀이하는 형태이다. • 개인적 독백: 혼자 있을 때 큰 소리로 자기 자신에게 말하는 것이다. • 집단적 독백: 두 명 이상의 아이들이 함께 있는 상태에서 서로에게 말을 하고 있는 것 같지만, 실제로는 한 명의 아동이 혼잣말을 하고 다른 아동은 주의를 기울여 듣지 않고 있는 형태이다.

기출 POINT 4

❶ 25초등A6

밑줄 친 ㉡의 언어 유형을 피아제 이론에 근거하여 쓰시오.

> 일반교사: 은수는 세상을 자신의 방식으로 이해하고, 다른 사람이 자기와 똑같이 생각한다고 믿는 것 같아요. 그리고 말할 때 보면 ㉡ 상대방과 대화를 한다기보다는 자신에게 말하는 것처럼 독백 느낌의 말을 해요.

❷ 25유아B3

피아제의 인지발달이론에 근거하여 승호에게 해당하는 전조작기 단계의 특징 1가지를 쓰시오.

> (승호와 예리가 햄버거 가게 놀이를 한다.)
> 예리: 사장님! 맛있는 햄버거 주세요.
> 승호: (빵 모형 위에 고기 모형 3개를 쌓아서 준다.)
> 예리: 토마토가 없어요. 토마토 넣어 주세요.
> 승호: (고기 모형만 쌓은 햄버거를 주며) 이거! 최고!
> 예리: 토마토가 없잖아! 승호는 점심시간에 나온 토마토도 안 먹더니 놀이할 때도 안 먹네.
> 승호: (고기 모형만 쌓은 햄버거를 가리키며) 나 좋아! 고기 햄버거! 예리야, 고기 햄버거 먹어.
> 예리: 안 먹어!
> 승호: (손가락으로 고기 햄버거를 튕기자 고기 햄버거가 바닥에 떨어진다.)
> 예리: 어, 햄버거가 떨어졌네. 이거 못 먹어. 에이, 재미없어. 난 블록 놀이나 하러 갈래. (블록이 있는 곳으로 이동한다.)
> 승호: (예리를 따라간다.)

(2) 비고츠키의 사회적 상호작용주의 이론

① 부모나 다른 사람이 유아와 언어적 상호작용을 함으로써 언어습득이 이루어진다고 보는 이론이다.

② 비고츠키는 인지발달의 근원을 사회적 환경, 즉 한 문화권 내의 사람들과의 상호작용에서 찾았는데, 그에 따르면 유아는 능동적이며 구체적인 언어처리자로서 순서적이고 복잡한 상호작용과정을 거쳐 언어를 습득한다.

③ 의사소통 초기 단계에서 나타나는 비구어적 행위(눈맞춤, 함께 주의집중하기, 몸짓으로 가리키기)들은 정상적인 언어발달을 가능하게 해주는 토대가 된다. 특히 이러한 경험의 원천이 되는 어머니의 존재를 언어습득 과정에서 매우 중요한 요인으로 강조한다.

비고츠키 이론의 주요 개념

근접발달영역 (ZPD)	• 근접발달영역이란 실제적 발달 수준과 잠재적 발달 수준 간의 차이를 말한다. 실제적 발달 수준이란 이미 완성된 지적 발달 수준이며, 잠재적 발달 수준은 현재는 혼자 해결하지 못하지만 다른 사람의 도움을 받아 학습하면 주어진 문제를 해결할 수 있는 수준이다. ❶ 22초등A2 • 실제적 발달 수준이 같더라도 잠재적 발달 수준은 개인에 따라 다를 수 있으므로, 아동의 ZPD 영역을 찾아서 가르치는 것은 인지발달을 촉진시키는 데 매우 중요하다.
비계 (scaffording)	• 비계는 학습자가 처음 과제를 대할 때 문제에 쉽게 접근할 수 있도록 기호나 언어적 장치를 통해서 제시해 주는 교수학습방법을 말한다. • 비계설정은 학습자의 근접발달영역 내에서 계획되어야 한다.
외적 언어와 내적 언어	• 외적 언어는 다른 사람에게 소리 내어 하는 말로서, 의사소통 의도를 가지는 것이다. • 내적 언어는 자기 자신에게 소리 없이 하는 말로서, 자신의 행동과 사고를 조절하는 기능을 가지고 있다. • 비고츠키는 혼잣말은 아동의 사고발달에 매우 중요하며 쉬운 과제보다는 어려운 과제를 할 때 혼잣말을 더 자주 하게 되고, 사회적 상호작용의 기회를 많이 가질수록 혼잣말이 늘어난다고 주장하였다. 즉, 초기 단계에서는 외적 언어가 나타나고 점차적으로 내적 언어가 출현한다는 것이다. ❸ 14유아B7, ❹ 13추가유아B5
아동지향적 말 또는 엄마말투	• 아동지향적 말은 유아와 대화를 할 때 나타나는 성인의 말에 포함된 특성으로 사회적 상호작용주의 이론에서 부모나 성인들이 아기들에게 말할 때 무의식적으로 천천히 큰소리로 또박또박 말하며, 말할 때 중간에 쉬는 간격이 많고 과장된 억양을 사용하는데, 이러한 아동지향적인 말이 아동의 언어습득에 결정적인 영향을 미친다. ❷ 16유아B5 • 엄마말투 가설은 성인이 어린 유아와 대화할 때 무의식적으로 조정된 언어를 사용함으로써 언어발달을 촉진시킨다는 것이다. 그러나 아버지나 다른 성인들도 이러한 언어를 사용하기 때문에 '아동지향어'라는 용어로도 사용되고 있다. 영아와 유아를 상대로 이야기할 때 사용되는 성인의 독특한 말투는 언어습득 초기 단계에서 하나의 '비계'로 작용한다.

기출 POINT 5

❶ 22초등A2

㉡을 위해 지수에게 [B]를 실행함으로써 파악하고자 하는 것을 쓰시오.

> 박 교사: 선생님이 지수와 함께 그림책을 읽으면서 선생님의 사과하는 말을 따라해 보게 하는 식으로 ㉡ 비계를 제공(scaffolding) 하는 건 어때요?

> • 관찰 날짜: 2021년 ○월 ○일
> • 관찰 시간: 체육(10:00~10:40)
> • 대　　상: 박지수(11세 10월)
> • 장　　소: 놀이실
> • 기록
> 지수가 볼풀장에서 놀다가 옆에 있던 현우에게 "비켜!"라고 소리치며 밀었다. 현우가 넘어져서 소리를 지르며 울기 시작했다. 지수는 공을 던지면서 놀고 있었다.
> 내(교사)가 "지수야, 현우가 아파서 울고 있잖아. 사과해야지."하고 말하자 지수는 현우를 잠시 쳐다보다가 "싫어!"하고 다시 공을 던지기 시작했다.
> • 요약
> 말을 할 수 있지만 상황에 맞는 말을 하지 않는 것이 지수의 실제적 수준이다.
> • 수행 목표
> 친구의 마음을 이해하고 자기의 잘못을 친구에게 사과하는 수준에 도달할 수 있다.
> [B]

❷ 16유아B5

㉡에 들어갈 용어를 쓰시오.

> 최 교사: 혜주에게 말할 때 높고 과정된 억양으로 천천히 말해 주세요. 그리고 쉬운 단어와 간단한 문장으로 반복해서 말해 주세요. 이렇게 어린 아이들과 상호작용할 때 어른이 사용하는 독특한 말투를 (㉡)이라고 하지요.

❸ 14유아B7

㉢에 나타난 유아의 혼잣말에 대한 설명 중 A에 들어갈 용어 1가지를 쓰시오.

> 윤정: ㉢ (혼자 중얼거리며) 음.. 이쪽으로 길이 주~욱 있어. 이쪽이야. (싸인펜으로 몇 개의 선을 그리더니 계속 중얼거린다.) 근데... 진달래가 어디에 많았지? 개울 옆에. 개울...(종이 위에 또 다른 선을 하나 그린다.)

> ㉢에 대한 설명: 비고츠키에 의하면 혼잣말은 자기지향적인 언어이며, 연령이 증가함에 따라 점점 축약되고, 사고와 융합되면서 (A)로 발달해 간다.

❹ 13추가유아B5
비고츠키에 의하면 준호의 혼잣말은 (①)이(가) 점차 내면화되어 (②)(으)로 발달하는 과정에서 생겨나는 과도기적 언어이다. ①과 ②에 해당하는 용어를 각각 쓰시오.

	• 엄마말투의 특징은 음운적 측면에서 볼 때, 음도가 높고 음도의 변화가 크다는 것이다. 의미적 측면에서는 제한된 단어를 사용하고 쉬운 단어로 이야기한다는 특징이 있다. 그리고 구문적 측면에서는 짧고 단문식 발화를 하지만, 비문법적 문장은 사용하지 않는다. • 엄마말투가 아동의 언어발달을 촉진시키는 데 효과적이라는 것은 주로 사회적 상호작용주의에서 강조하고 있다. 사회적 상호작용주의 관점에 따르면, 교사나 부모를 포함한 성인의 반응과 촉진은 아동이 가지고 있는 정신적 도구를 좀 더 높은 발달 수준에 도달시키는 매개체이다.

비고츠키의 언어발달 단계

단계	특징
전언어적 단계 (초보적 단계, 원시적 단계) ❶ 24유아A2	• 0~2세의 영아기 • 울음과 같은 정서 방출 • 타인의 목소리에 대한 사회적 반응 • 부모가 어떤 대상을 특정 단어와 빈번히 짝지어 줌으로써 단어들의 조건반사적 학습 • 언어와 인지가 독립적인 형태로 나타남
상징적 언어 단계 (소박한 심리 단계) ❷ 17유아A7	• 약 2세 • 의사소통을 위한 외적 언어(사회적 언어) 단계 • 사고가 단어로 변형 • 문법의 내면적 기능은 인식하지 못함 • 언어와 인지가 만남
자기중심적 언어 단계	• 약 3~6세 • 외적 기호를 내적 문제해결의 보조수단으로 사용 예 손가락으로 수를 세거나, 자신이 활동하는 동안 독백을 하는 형태 • 스스로에게 조용하게 말하는 혼잣말 형태가 나타남 ❸ 16유아B5
내적 언어 단계	• 말이 사고로 내면화되는 단계 • 자기중심적 언어의 성숙으로 나타남 예 머릿속으로 수를 세며 논리적 기억을 사용

더알아보기 내적 언어, 자기중심적 언어 그리고 사회적 언어

1. 피아제는 아동의 언어가 자기중심적 언어에서 사회화된 언어로 발달한다고 보았다. 예를 들어, 블록 쌓기 놀이를 하면서 "내가 로켓 만들 거야."라고 중얼거린다거나, 산수문제를 풀면서 "2 더하기 2는 4, 맞았다!"와 같은 단계의 언어는 '자기중심적 언어'이며, 인지가 발달하면서 점차 사회적 언어로 발달해 나간다고 주장하였다. 즉, 아동의 혼잣말은 인지적으로 미숙한 상태에서 나오며, 자기중심적인 사고의 반영이라고 본다.
2. 반면 비고츠키는 혼잣말은 아동의 사고발달에 매우 중요하며, 쉬운 과제보다는 어려운 과제를 처리할 때 혼잣말을 더 자주 사용하고, 오히려 사회적 상호작용의 기회를 많이 가질수록 혼잣말이 더 많이 발생한다고 주장하였다. 즉, 초기에는 외적 언어가 나타나고 점차적으로 내적 언어가 출현한다는 것이다.
3. 비고츠키는 피아제가 말하는 자기중심적 언어가 유아기의 자기중심적 사고의 반영이라는 주장을 부정하였다. 비고츠키는 오히려 자기중심적 언어는 자기중심적 사고를 억제하는 기능을 가지고 있으며, 성인의 내적 언어는 학령 전 아동의 자기중심적 언어와 비슷한 기능을 하고 있다고 보았다.

기출 POINT 6

❶ 24유아A2
① 지호의 의사소통 행동이 비고츠키의 언어 발달 단계 중 어느 단계에 해당하는지 쓰고, ② 그렇게 판단한 근거를 쓰시오.

> 지호: 드럼을 향해 손을 뻗는다. 손바닥으로 드럼을 2번 두드린다.
> 엄마: 지호처럼 손바닥으로 드럼을 2번 두드린다.
> 지호: 엄마를 바라보며 미소를 짓고 손을 흔든다.
> 엄마: 미소를 지으며 지호처럼 손을 흔든다.
> 지호: 엄마에게 손을 뻗는다.
> 엄마: 손을 뻗어 지호의 손바닥과 맞닿자 깍지를 껴서 잡는다.
> 지호와 엄마: 서로 눈을 마주치고 웃으며 잡은 손을 흔든다.
> 지호: 흔들던 손을 내려놓고 환하게 웃으며 "아앙~" 하고 소리를 낸다.
> 엄마: 지호처럼 웃으며 "아앙~" 하고 소리를 낸다.

❷ 17유아A7
ⓒ과 관련하여 비고츠키의 언어와 사고발달 4단계에서 언어와 사고가 점차 결합되기 시작하는 두 번째 단계의 명칭을 쓰고, 네 번째 내적 언어 단계의 특징을 쓰시오.

> ⓒ 사회문화적 배경, 상호작용 등과 같은 환경 요인은 언어 발달에 중요한 영향을 미친다.

❸ 16유아B5
㉠에 해당하는 ① 비고츠키(L. Vygotsky)의 언어발달 단계가 무엇인지 쓰고, ② 그렇게 판단한 근거를 쓰시오.

> 재민: ㉠ (중얼거리며) 어떻게 말할까… "친구야, 한번 빌려 줄래?"라고 해야지.

02 언어발달 단계

1. 영아 초기 단계

(1) 울음 단계

① 신생아의 울음은 반사적 반응으로 나타나며, 출생 후 약 1개월까지의 울음은 미분화된 울음이다. 그러나 점차 영아의 울음소리에는 상황에 따른 메시지를 담게 된다.

② 울음소리가 분화됨에 따라 영아들은 자신의 욕구를 다른 사람에게 전달할 수 있다.

(2) 쿠잉(cooing) 단계

① 생후 약 2개월 정도가 되면 '목젖소리'라고 하는 /aaah/, /oooo/, /ggggg/와 같은 대부분 후두와 연구개에서 만들어지는 울음 외의 소리를 내기 시작하는데, 이를 쿠잉이라고 한다.

② 초기 쿠잉은 우연히 산출되는 소리지만, 점차 자신의 의도에 따라 발성의 폭을 넓혀 간다. 이는 발성기관을 가지고 노는 것처럼 보이며 기분이 좋을 때 더 자주 나타난다.

③ 이때부터 엄마는 아기의 소리에 반응을 보이면서 아기는 엄마의 말소리에, 엄마는 아기의 말소리에 주의를 기울이고, 서로 눈을 맞추고, 경청하는 등의 상호교환적 의사소통을 시작한다.

(3) 옹알이(babbling) 단계

① 6개월 정도가 되면 영아의 발성소리는 점차 옹알이 형태로 바뀐다. 모음과 자음이 결합되어 나오는 소리, 예를 들면 '마마마마', '으마마마', '아부부부' 등과 같은 전형적인 옹알이 소리를 내기 시작한다.

② 옹알이의 구체적 단계는 다음과 같다.

단계	특징
초기 옹알이 단계 (6~8개월)	• 초기 옹알이는 반복적 옹알이 단계로 '바바', '마마'와 같이 동일한 자음반복이 특징적이다. • 전 세계 공통적으로 초기 옹알이 시기에 폐쇄음(p, b, t, d, k, g)과 비음(m, n)이 약 80% 이상을 차지한다. 그러나 어떤 음소를 먼저 시작하고 어떤 음소들의 조합이 나중에 이루어지는가는 동일한 문화권 내에서도 개인차가 존재한다.
음절성 옹알이 단계 (9~12개월)	• 자음과 모음이 말소리와 비슷하게 조합되는 양상을 보인다. • 부모들은 그 소리를 마치 아이가 단어를 산출한 것으로 착각하기도 한다. 주위 사람들이 옹알이에 열띤 반응을 보이고, 영아는 자신의 옹알이 소리를 듣고 즐기면서 점차 복잡한 소리들을 만들어 낸다. • 양육자가 적극적으로 영아의 옹알이에 반응할수록 횟수와 사용하는 음소가 증가한다.

기출 POINT 7

❶ 22유아A8

언어 발달 과정에 근거하여, 다음에 공통적으로 나타난 동호의 의사소통 수단은 무엇인지 쓰시오.

신혜: 동호야, 너도 같이 할래?
동호: (고개를 끄덕인다.)
민수: 그래. 동호야, 우리 같이 모래 구덩이 만들자.
신혜: (동호에게 모래를 파는 행동을 보이며) 이렇게. 이렇게 파면 구덩이가 생겨.
민수: 우리처럼 이렇게 모래를 파는 거야.
동호: (신혜가 가진 꽃삽을 향해 손을 내민다.)
민수: 응? 뭐가 필요해?
신혜: (옆의 나뭇가지를 동호에게 주며) 자, 이거!
동호: (나뭇가지를 밀어내며, 다시 한 번 꽃삽을 향해 손을 내민다.)
민수: (신혜를 바라보며) 동호가 꽃삽이 필요한가봐.
신혜: 아, 꽃삽! 자. 동호야, 너도 해봐.

기출 POINT 8

❶ 25초등A6

밑줄 친 ©에 나타난 몸짓 언어 유형을 쓰시오.

은수의 경우에는 구어와 함께 몸짓 언어를 활용해 주시면 은수가 말의 의미를 이해하는 데 도움이 됩니다. 예를 들면, © 전화하기는 휴대전화를 손으로 쥐고 귀에 대서 통화하는 동작을 한다든지, 컴퓨터는 자판을 타자하는 동작을 보여 주시면 좋아요.

(4) 몸짓 언어 단계

① 일반적으로 영아기, 특히 첫 단어가 출현하기 이전에 나타나는 의사소통 형태는 몸짓 언어다. 몸짓이나 제스처를 통한 비구어적 의사소통 능력은 선천적으로 내재된 범언어적 능력이며, 모든 아이들은 태어날 때부터 표현적 몸짓을 가지고 태어난다. ❶ 22유아A8

② 울음이나 소리를 통해 혹은 눈맞춤과 몸짓 등을 통해 영아들은 자신의 욕구와 흥미 등을 표현한다. 물론 그러한 비구어적 의사소통은 상황적 맥락에 의해서만 이해가 되고 주변 양육자의 해석에 의존해야 하는 한계가 있다. 영아는 그의 음성적 표현, 몸짓 또는 일정한 행동에 대해 부모가 반응하는 것을 경험하고, 부모와의 상호작용을 통해 주고-받는(turn-taking) 것을 배우게 된다.

③ 이러한 몸짓 언어를 통한 비구어적 의사소통 행동들은 사회성 발달과, 특히 정서적 영역에서 매우 중요한 역할을 한다.

④ 몸짓 언어는 지시적 · 표상적 · 관습적 몸짓으로 구분할 수 있다.

지시적 몸짓	• 뻗기, 건네주기, 보여주기, 가리키기 등으로 맥락에 의해 화자의 의도를 파악할 수 있는 몸짓을 말한다. • 대개 8~10개월 사이에 나타나는데, 어떤 사물이나 사건이 존재할 때 수행되는 몸짓이다.
표상적 몸짓 ❶ 25초등A6	• 이 닦기, 머리 빗기, 잠자기, 전화하기 등과 같이 상징적 의미가 일관성 있게 보이는 몸짓을 말한다. 어떤 대상이나 행위의 특성을 표상해서 행동으로 묘사하는 몸짓이다. • 일반적으로 12개월경에 나타나며, 연령이 높아질수록 지시적 몸짓이 줄고 표상적 몸짓의 출현이 높아진다.
관습적 몸짓	손 흔들기, 고개 끄덕이기, 고개 젓기 등과 같이 몸짓의 형태와 의미가 문화적으로 정해진 몸짓을 말한다. 예 우리나라에서는 엄지를 위로 들어 보이면 '아주 잘했어', '최고야'의 의미를 갖지만, 방글라데시에서는 여자를 유혹할 때 사용하는 몸짓으로 전혀 다른 의미를 가지고 있다(최윤희, 2006). 또는 고개를 위아래로 끄덕이는 것은 우리에게는 '예'의 의미이지만, 불가리아나 그리스에서는 '아니요'의 의미를 갖는다(강옥미, 2006).

⑤ 이러한 몸짓을 통한 의사소통 형태는 유아가 단어를 통해 사물을 지시하고 단어로 의미를 조합해 나가기 시작하면서 점차 사라지는 양상을 보인다. 그러나 장애로 인해 음성언어를 사용하는 데 어려움이 있는 유아들은 여전히 비구어적 의사소통에 의존하게 된다.

⑥ 비구어적 의사소통 수단으로서의 몸짓 언어는 다음과 같은 기능들이 있다.

상징적 기능	실제적인 의사소통에서 음성언어와 동일한 기능을 갖는다. 예 주먹으로 위협하는 동작
참조적 기능	손가락이나 머리 또는 눈으로 대상을 가리키는 기능을 한다. 예 가까이 있는 물컵이 필요할 때 상대방에게 머리나 손가락으로 가리킨다.
의미론적 기능	몸짓을 구어 표현에 첨가함으로써 구어적 표현을 강조하고 보충해 주는 기능이 있으며 또는 구두 표현과 상반된 의미를 전달하는 기능을 한다. 예 보충의미: 긍정적 답변에 머리를 끄덕이는 몸짓 상반된 의미: 상대방이 심각하게 말하고 있는데 미소를 짓는 몸짓
화용론적 기능	대화를 유지시키는 수단이 된다. 예 누군가가 말을 끊으려고 할 때 손을 들어 가볍게 제지하는 몸짓, 역으로 상대방의 말을 제어할 때도 신호를 주는 몸짓

2. 영아 후기 단계

(1) 한 단어 시기

① 생후 12개월 정도가 되면 유아는 하나의 단어로 자신의 의사를 표현하기 시작하는데, 이때 한 단어가 한 문장을 대표하므로 '일어문 시기'라고도 한다.

② 이 시기에 영아가 사용하는 한 단어는 많은 의미를 가지고 있기 때문에 상황적 맥락 속에서만 이해될 수 있다. 예를 들면, "엄마"라는 문장은 상황과 운율에 따라 "내 엄마야.", "엄마 어디 있어?", "엄마 옷이야." 등 다양한 의미를 갖는다.

③ 초기 일어문에서 등장하는 단어들은 대부분 친숙한 사물이나 대상의 이름이 대부분이다.

더알아보기 첫 낱말 발화기(10~14개월)

초기 낱말은 흔히 특정 상황이나 문맥에 의존하는 경우가 많다. 예를 들어, 손을 흔들며 "빠이빠이"라고 하거나, 업히면서 "어부바"라고 한다. 즉, 아동의 첫 낱말들은 그 아동이 자주 접하는 경험적 상황과 연계되어 습득되는 것이다. 이러한 첫 낱말들은 너무 한정된 문맥 속에서만 사용되기 때문에 엄밀한 의미에서 상징적이거나 참조적이라고 볼 수 없다. 진정한 어휘의 습득이란 특정한 문맥이 아니더라도 일반화시켜서 사용할 수 있는 탈문맥적 사용이 가능할 때 이루어지기 때문이다. 흔히 이 시기의 낱말들은 상황 전체를 나타내며 상황이 바뀌면 그 낱말을 사용하지 못하는 경우가 많다. 탈문맥적 어휘의 사용은 약 13~16개월 정도에 나타난다.

탈문맥 과정에서 아동은 과대일반화(overextension or overgeneralization)나 과소일반화(underextension or undergeneralization) 현상을 보이는데, 이는 언어습득 과정에서 나타나는 정상적인 오류형태이다. Barrett(1986)은 첫 낱말 중 아동이 사용하는 사물 이름의 10~30%에서 과대일반화 또는 과소일반화 현상이 나타난다고 보고하였다.

- **과대일반화**: 자신이 배운 낱말을 너무 넓은 범위까지 적용시켜서 사용하는 것으로 다리가 4개 있는 동물은 모두 '개'라고 부른다든지, 탈것은 모두 '차'라고 부르는 경우이다.
- **과소일반화**: 자신이 경험한 제한된 상황에서만 그 낱말을 사용하는 것으로 자기 집 강아지만 '개'고 다른 종류의 개는 '개'라고 하지 않거나, 자가용만 '차'고 택시는 '차'가 아니라고 하는 경우이다. ❶ 22초등A3

기출 POINT 9

❶ 22초등A3

©과 같이 탈문맥 과정에서 나타나는 정상적인 어휘발달 과정에서의 오류형태를 쓰시오.

단계	목표	유의점
일어문	친숙한 사물이나 대상의 이름을 이용하여 한 단어 산출	© 자기 집 강아지만 '강아지'라고 하고, 다른 강아지는 '강아지'라고 하지 않음

(2) 두 단어 시기

① 두 단어 시기는 '이어문 시기'라고도 하며, 약 18개월이 되면 두 개의 단어를 연결하여 아주 초보적 문장으로 말한다. 예를 들면, "엄마 맘마", "아빠 차" 등의 문장이 등장한다.

② 두 단어 시기가 시작되고 약 2~3개월이 지나면 세 단어를 조합하여 말하기 시작하고 이때부터 실질적인 어휘폭발기가 시작된다.

③ 이 시기에 나타나는 어휘발달의 특징은 다음과 같다.

특징	내용
과잉확대 현상 (overextension) ❸ 19유아A7, ❺ 13초등A5	과잉확대는 유아가 아직 알고 있는 어휘의 양이 부족하고 정확한 지식이 형성되지 않아서 생기는 현상이다. 이러한 현상은 잠깐 나타났다가 어휘력과 지식이 증가하면서 점차 사라진다. 예 성인 남자를 모두 '아빠'라고 한다거나, 네 발 달린 동물들은 모두 '개'라고 말하는 것이다.
과잉축소 현상 (underextension)	단어가 가지고 있는 본래의 뜻보다도 더 좁은 의미로 사용하는 현상으로, 자신이 가지고 있는 경험 속에서만 단어의 의미를 제한하는 것이다. 이 현상은 어휘력이 증가하고 지식이 증가하면서 곧 사라진다. 예 자기가 지칭하는 특정한 신발만 '신발'이라고 말하는 것이다.
과잉일반화 (overgeneralization) ❶ 25초등A3, ❷ 24유아A4, ❹ 14유아B7	유아가 언어를 배우는 과정에서 사용규칙을 일반화시키는 것이다. 이러한 과잉일반화는 특히 문법습득 과정에서 많이 나타나는데, 가장 대표적인 것은 주격조사의 과잉일반화이다. 한국어에서 주격의 명사에 받침이 있으면 '-이'가 되고 없는 경우에는 '-가'가 되는데, 아이들은 초기 단계에서는 모든 단어에 '-가'를 붙이는 경향이 나타난다. 예 '삼춘이가...' 또는 '선생님이가...'
주축문법	주축문법은 주축이 되는 단어를 중심으로 새로운 단어를 조합하여 문장을 표현하는 것이다. • 주축어: 두 단어 조합에서 축이 되는 단어로, 고정된 위치를 취하며, 개방어에 비해 증가속도가 느리고, 단독으로 사용되지 않으며, 모든 개방어와 조합될 수 있다는 특징이 있다. • 개방어: 주축어에 합쳐지는 단어를 말한다. 예 "엄마+쉬", "엄마+어부바" 또는 "안+가", "안+밥"이라고 했을 때 '엄마'와 '안'은 주축어이고, '쉬', '어부바', '가', '밥'은 개방어이다.

더 알아보기

어휘폭발기

느린 어휘의 습득은 대략 18~24개월이 되면 갑자기 그 습득 속도가 빨라진다. 이러한 갑작스러운 어휘습득기를 어휘폭발기 또는 어휘도약기라고 부른다. 이러한 어휘폭발기는 탈문맥적이고 전형적인 낱말이 양적으로 늘어나는 시기라고 볼 수 있다.

기출 POINT 10

❶ 25초등A3

[B]와 같은 언어적 특성을 쓰시오.

> • 2어문 수준에서 말할 수 있음
> • 문장으로 말을 할 때, "선생님이 와요."를 "선생님이가 와요.", "밥이 맛있어요."를 "밥이가 맛있어요."라고 말함 [B]

❷ 24유아A4

㉣에 해당하는 언어 발달 과정에서의 특성이 무엇인지 쓰시오.

> 박 교사: 진우가 ㉣ 어른에게 '안녕하세요'라고 인사를 해야 한다고 배웠잖아요. 그런데 또래나 어린 동생에게도 '안녕하세요'라고 인사를 하더라고요.
> 최 교사: 그럼 또래나 어린 동생에게 적절히 인사할 수 있도록 변별 훈련을 하면 되겠네요.

❸ 19유아A7

㉠은 언어발달 과정에서 나타나는 특징 중 무엇에 해당하는지 각각 쓰시오.

> ㉠ 교실 어항의 공기 펌프에서 나오는 공기 방울을 가리키며 "콜라"라고 말했다. 영희 어머니와 통화를 하다가 그 이유를 알게 되었다. 며칠 전 집에서 컵에 따라놓은 콜라의 기포를 본 후로 공기 방울만 보면 "콜라"라고 한다는 것이었다.

❹ 14유아B7

초기 문법발달 과정에서 나타나는 ㉠의 특징을 쓰시오.

> 호연(3세): 민들레가 있어요. ㉠ 벚꽃이가 있어요.

❺ 13초등A5

일반적인 어휘발달 과정에서 흔히 나타나는 아래와 같은 현상이 무엇인지 쓰시오.

> 표범, 치타, 호랑이를 모두 '호랑이'라고 말함

수평적 어휘확장과 수직적 어휘확장	• 수평적 어휘확장은 유아가 단어의 여러 가지 속성을 알고 다양한 상황에서 그 단어의 의미를 경험함으로써 한 단어의 관습적 의미를 이해하며 이를 통해 어휘를 배우는 것을 말한다. 예 개의 여러 가지 속성(크기, 털, 생김새, 촉감, 형태 등)을 연결하여 '개'라는 단어의 의미를 풍부하게 한다. 처음에는 집에서 기르는 반려견만 알다가 기능에 따라 안내견 등이 있음을 알게 되면서 그 단어의 의미를 확장해 간다. • 수직적 어휘확장은 유아가 어떤 어휘의 개념 속성을 학습하게 되면 이와 관련된 단어들을 하나의 의미 집합체로 구성할 수 있게 되어 어휘를 학습하게 되는 것을 말한다. 예 개의 속성을 알게 된 유아가 개와 염소, 말, 양과 같은 동물과의 관계를 알게 되면서 동물이라는 집합체로 이해하게 되는 경우를 말한다. • 의미의 수평적 발달은 자신이 사용하는 어휘에 새로운 속성을 나란히 덧붙여 나가는, 즉 자신이 알고 있는 한 단어의 의미를 보다 분명하게 알아가는 것을 말하고, 수직적 발달은 위계적이며 어휘들이 군집화되는 것을 의미한다.
전보식 문장 ❶ 22중등B10, ❷ 19유아A7	유아는 2세에 접어들면서 어휘의 수가 급격하게 증가하고, 단어들을 함께 결합하여 초보적인 문장을 만들어 가기 시작한다. 이 단계에서 아이들은 소위 말하는 전보식 문장을 사용하는데, 조사나 문법적 의미를 가진 단어들은 모두 생략하고 대부분 핵심단어로만 이루어진 문장을 말한다. 예 "나는 바나나가 좋아요."라고 말하기보다는 "나 바나나 좋아", 또는 "고모가 커피를 좀 더 달래요." 대신 "고모 커피 줘"라고 줄여서 말하는 것이다.

더 알아보기

과잉확대와 과잉일반화

'과하다(over-)'의 의미에서는 동일하지만, '과잉확대'는 언어의 의미론적 측면에서 어떤 단어에서 그 단어가 의미하는 것보다 광범위하게 사용하는 경우이고, '과잉일반화'란 아동이 과거시제, 단수와 복수 등 구문기능을 사용하는 법을 배울 때 나타난다. 즉, 과잉확대는 초기 어휘발달 과정에서 모든 단어들의 1/4을 실제보다 더 큰 의미범주의 단어로 사용하는 현상이며, 과잉일반화는 문법습득 과정에서 나타나는 시스템적인 오류를 말한다.

기출 POINT 11

❶ 22중등B10

㉠에 해당하는 용어를 쓰시오.

> 오랫동안 조사나 연결어 등을 생략하고 명사와 동사 중심으로 짧게 말하는 (㉠)(으)로 말을 하는 경향이 있었음

❷ 19유아A7

㉡은 언어발달 과정에서 나타나는 특징 중 무엇에 해당하는지 각각 쓰시오.

> ㉡ 놀이터에 가고 싶을 때는 "선생님 놀이터 가", 과자를 좋아한다는 표현에 대해 "나 과자 좋아"라고 말한다.

김은진 스페듀 기본이론서

Vol. 1

Special Education

PART

02

정서·행동장애

정서 및 행동장애의 이해

기출 POINT 1

❶ 09중등6

「장애인 등에 대한 특수교육법 시행령」에 명시된 정서 · 행동장애를 지닌 특수교육대상자 선정기준에 해당하는 것을 〈보기〉에서 고른 것은?

〈보기〉

장기간에 걸쳐 다음 각 목의 어느 하나에 해당하여, 특별한 교육적 조치가 필요한 사람

㉠ 또래나 교사와의 대인관계에 어려움이 있어 학습에 어려움을 겪는 사람
㉡ 지적 · 감각적 · 건강상의 이유로 설명할 수 없는 학습상의 어려움을 지닌 사람
㉢ 인지능력에 비하여 언어 수용 및 표현능력이 낮아 학습에 어려움이 있는 사람
㉣ 사회적 상호작용과 의사소통에 결함이 있어 학교생활 적응에 어려움이 있는 사람
㉤ 일반적인 상황에서 부적절한 행동이나 감정을 나타내어 학습에 어려움이 있는 사람
㉥ 학교나 개인 문제에 관련된 신체적인 통증이나 공포를 나타내어 학습에 어려움이 있는 사람

01 정서 및 행동장애의 정의

1. 「장애인 등에 대한 특수교육법」의 정의 ❶ 09중등6

정서 · 행동장애를 가진 사람은 장기간에 걸쳐 다음 각 목의 어느 하나에 해당하여, 특별한 교육적 조치가 필요한 사람을 말한다.

가. 지적 · 감각적 · 건강상의 이유로 설명할 수 없는 학습상의 어려움을 지닌 사람
나. 또래나 교사와의 대인관계에 어려움이 있어 학습에 어려움을 겪는 사람
다. 일반적인 상황에서 부적절한 행동이나 감정을 나타내어 학습에 어려움이 있는 사람
라. 전반적인 불행감이나 우울증을 나타내어 학습에 어려움이 있는 사람
마. 학교나 개인 문제에 관련된 신체적인 통증이나 공포를 나타내어 학습에 어려움이 있는 사람

선별검사 및 진단평가 영역: 적응행동검사, 성격진단검사, 행동발달평가, 학습준비도검사

특수교육법의 특징

- 정서 및 행동의 문제를 가졌을 뿐 아니라 그 문제가 '학습에 어려움을 초래'해야 한다는 조건이 모든 항목에 추가되어 있다.
- '장기간에 걸쳐'라는 표현이 추가되어 정서 및 행동 문제의 지속 기간이 개인의 장애를 판단하는 데 주요 기준이 되어야 함을 시사한다.
- '특별한 교육적 조치'를 필요로 한다는 표현을 추가하여 이 분야의 핵심 관련자들이 장애를 개인이 가진 문제 위주로 보는 대신, 지원 요구를 위주로 보게 하였다.

2. 정서 및 행동장애의 정의를 어렵게 하는 요인

① 사람들마다 행동을 바라보는 관점, 행동에 대한 반응, 행동에 대한 이해 정도가 매우 다양하다. 따라서 몇몇 특성을 기준으로 정서 및 행동장애를 정의하는 것은 합당하지 않을 수 있다.

② 정서 및 행동장애를 바라보는 관점은 행동적 관점, 신체생리학적 관점, 심리역동적 관점, 생태학적 관점, 인지적 관점 등과 같이 매우 다양하다. 여러 관점에서 바라본 정서 및 행동장애는 서로 다른 특성으로 규정될 수밖에 없다.

③ 정서 및 행동장애 용어가 낙인을 찍고 편견을 조장하여 개인의 권리를 침해할 수 있다.

④ 똑같은 행동이라도 문화, 연령, 성 등에 따라 어떤 배경에서는 수용 가능한 행동이 어떤 배경에서는 부적절한 것으로 여겨질 수도 있다.

더 알아보기

특수교육법의 제한점

- '장기간, 특별한, 일반적인, 전반적인' 등과 같은 모호한 표현들이 포함됨
- 학습에 어려움이 있음을 표현하는 '지닌, 겪는, 있는'의 세 가지 서술어를 일관성 없이 혼용함
- 정서행동 문제의 '정도(severity)'에 대한 언급이 없음

3. 학자 및 법적 정의의 공통성

① 학자 및 법적 정의를 종합하였을 때 일반적으로 정서 및 행동장애란 정서·행동 표현방법이 또래집단의 규준에 비해 강도나 빈도, 지속성, 상황 적합성 등의 측면에서 편향된 특성을 보이며, 자신의 의지로는 통제하기가 곤란할 뿐만 아니라 이런 특성이 지속됨으로 인해 개인적·사회적 적응 능력에 곤란을 초래하는 상태라고 할 수 있다. ❶ 17초등B1

② 일반아동도 정서 및 행동장애 아동과 같이 부적절한 행동을 하지만, 정서 및 행동장애 아동은 그 행동이 보다 심각하고 장기간 지속되며 발생 빈도가 높고 복합적이라는 점에서 다르다.

기출 POINT 2

❶ 17초등B1

㉠에 들어갈 말을 문제행동 양상(차원) 측면에서 쓰시오.

일반교사: 우리 반에 또래와 다르게 문제행동을 자주 보이는 학생이 있어요. 이 학생이 혹시 정서·행동장애가 있는 것은 아닌지 궁금합니다. 특수교사: 정서·행동장애 학생으로 진단하기 위해서는 문제행동의 발생빈도나 강도가 높은 심각성, (㉠), 교육적 성취의 어려움을 종합적으로 고려해요.

02 정서 및 행동장애의 선별 및 진단

1. 행동장애의 체계적 선별(다관문 절차 ; SSBD)

① SSBD는 교사의 추천, 리커트 척도를 이용한 평정, 직접 관찰을 모두 활용하는 통합적 선별 절차이다.

② SSBD는 개별 차원이 아닌 학급, 학교, 교육청과 같은 대규모의 선별을 염두에 두고 개발된 모델이므로, 단기간에 국내에 도입될 수 있는 성격의 모델은 아니다. 그러나 학급, 학년, 학교 단위에서 정서 및 행동장애 위험학생을 선별하여 중재프로그램을 실시하고자 하면 유용하게 활용할 수 있을 것이다.

③ SSBD를 '모델'이라고 부르는 이유는 SSBD가 질문지 형태의 평정척도가 아니라 다수의 학생 중 정서나 행동의 문제를 가진 학생을 체계적으로 선별하는 '과정'이기 때문이다.

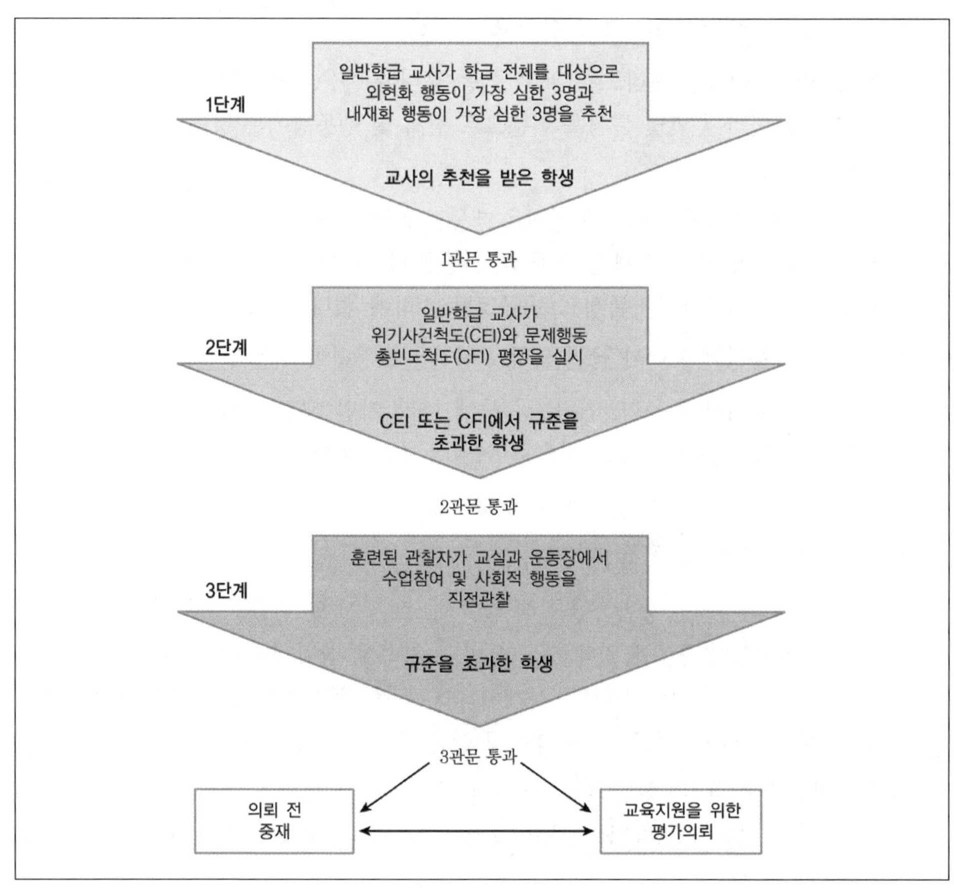

SSBD의 절차

1단계	• 각 학급 담임교사는 자신의 학급에서 외현화 행동(예 공격행동, 과잉행동 등)을 심하게 보인다고 생각되는 3명과 내재화 행동(예 위축, 우울 등)을 가장 심하게 보인다고 생각되는 3명을 추천함 • 이때 내재화 행동과 외현화 행동에 대한 교사의 이해를 돕기 위해 안내문이 제공됨 • 이 단계를 통해 학급마다 6명의 학생이 선별되므로, 학교 내 학급 수의 6배에 해당하는 학생들이 2단계 절차의 대상이 됨
2단계	• 각 담임교사가 자신이 추천한 6명의 학생을 대상으로 위기사건척도(critical event index ; CEI)와 문제행동 총빈도척도(combined frequency index ; CFI)를 작성함 – CEI는 33문항으로 이루어진 체크리스트로, 자주 일어나지는 않지만 매우 심각한 행동들(예 절도, 방화, 식후 구토 등)을 포함하는데, 교사는 그 행동이 지난 6개월 이내에 발생한 적이 있는지의 여부를 체크함 – CFI는 12개의 적응행동과 11개의 부적응 행동이 얼마나 자주 발생하는지를 5점 리커트 방식으로 평정함 • CEI, CFI를 실시한 결과로 얻은 점수가 SSBD 매뉴얼에 제시된 분할점수를 초과한 학생은 3단계 절차의 대상이 됨

3단계	• 훈련된 관찰자가 학생의 수업 참여(교실)와 쉬는 시간의 사회적 행동(운동장)을 직접 관찰함 • 관찰은 교실에서 두 번, 운동장에서 두 번 실시하며 매 관찰은 15분간 실시함 • 3단계의 관찰에서 성별, 연령별 규준을 초과한 학생은 개별화교육지원을 위한 평가팀에 의뢰되거나 일반학급에서 의뢰 전 중재를 받음

④ SSBD의 장점

㉠ 모든 아동을 대상으로 선별의 과정을 적용한다.

㉡ 외현적 문제를 가진 아동뿐만 아니라 내재적 문제를 가진 아동도 선별할 수 있고 이를 통해 불필요한 배치를 최소화할 수 있다.

㉢ 선별의 과정에서 교사의 판단을 활용할 수 있다.

2. 유아 · 아동 · 청소년 행동평가척도(ASEBA)

ASEBA 검사군은 부모보고형, 자기보고형, 교사보고형으로 구성되어 있으며 부모보고형(CBCL 6-18)이 가장 흔히 사용된다.

부모보고형 (CBCL)	부모의 보고를 통해 아동 · 청소년기의 행동 문제들을 평가하여 문제를 조기에 감별하고, 진단에 활용하며 적응의 경과를 비교 · 판단하는 데 활용하기 위한 목적으로 개발된 검사이다.
자기보고형 (YSR)	청소년 본인의 보고를 통해 정서 및 행동 문제를 평가하도록 개발되었다. 청소년기에는 자아성찰 능력의 성장으로 본인의 문제를 스스로 평가하는 것이 가능하며, 가정 외에서 활동하는 시간이 증가하기 때문에 자기보고식 평가가 유용한 정보를 제공할 수 있다.
교사보고형 (TRF)	학생을 잘 알고 있는 교사, 보조 교사 또는 학교 상담원들이 해당 학생의 적응 상태 및 문제행동을 평가하도록 표준화된 도구이다. 한 명의 자녀에 대해 보고하는 부모와 달리, 여러 또래 아동 · 청소년들을 함께 관찰하는 교사의 평가는 보다 객관적일 수 있다.

03 정서 및 행동장애의 분류

1. 의학적 분류(임상적 · 범주적 분류)

① 의학적 분류는 정신의학 분야에서 다양한 정신장애를 체계화하고 의사들 간의 의사소통을 용이하게 하기 위해 만들어진 것이다.

② 의사들이 사용하는 분류체계에는 정신장애진단통계편람(DSM)과 국제질병분류(ICD)의 두 가지가 있다.

③ DSM은 범주적(categorical)으로 정신장애를 분류하기 때문에 아동이 진단에 의뢰될 경우 진단준거를 충족시키거나 충족시키지 않는 것으로 판단한다. 따라서 정상과 이상의 차이는 양적 차이가 아닌 질적 차이로 본다.

④ 의학적 분류는 정서 및 행동장애의 각 하위 유형을 식별하는 데 초점을 두는 분류체계로 특수교육대상자에 대한 표찰 문제가 발생할 수 있다. ❷ 13중등33

2. 교육적 분류(행동적 · 차원적 · 경험적 분류) ❷ 13중등33

① 교육적 분류에는 내재화 요인과 외현화 요인이 있다. 두 범주는 상호배타적인 것은 아니며, 한 아동이 각 범주의 특성을 동시에 혹은 번갈아가면서 보일 수도 있다.

내재화 요인	외현화 요인
• 과잉통제라고도 하며, 우울, 불안, 위축 등과 같이 개인의 정서 및 행동상의 어려움이 외적으로 표출되기보다는 내면적인 어려움을 야기하는 상태들을 포함한다. • 내재화 문제를 가진 학생들은 가시적인 문제행동을 일으키지 않는 경우가 많아 교사의 주목을 받지 못할 가능성이 크고, 이로 인해 적절한 중재와 지원을 받지 못하는 가운데 내재화 문제가 더욱 심각해질 수 있다. • 내재화 문제가 심해지면 어느 시점에 이르러 자살 또는 폭력성의 형태로 나타나기도 한다.	통제결여라고도 부르며, 공격성이나 반항행동 등과 같이 개인의 정서 및 행동상의 어려움이 타인이나 환경을 향해 표출되는 상태이다. ❶ 18초등A2
우울, 불안, 위축 등의 내면적인 어려움	공격성, 반항행동 등의 외현적인 어려움

② 이 분류에 의한 대표적인 분류체계는 ASEBA다.

㉠ ASEBA는 각 차원에서 특정 수준을 초과하는 경우 그 행동차원에서 문제가 있는 것으로 판단한다. 즉, 표본으로부터 수집된 자료로 작성된 각 차원별 규준을 통해 점수를 산출하고, 그 점수가 기준으로 제시된 분할점수를 초과하는지를 살펴봄으로써 각 차원에서의 문제 여부를 판단하게 된다.

㉡ ASEBA는 차원적으로 문제행동을 분류하기 때문에 아동들은 모든 차원에서 높은 수준, 중간 수준, 낮은 수준을 보일 수 있다. 즉, 모든 아동과 청소년들은 정도만 다를 뿐 모든 차원에서 특성을 나타낸다. 따라서 정상과 이상의 차이는 질적 차이가 아닌 양적 차이로 본다.

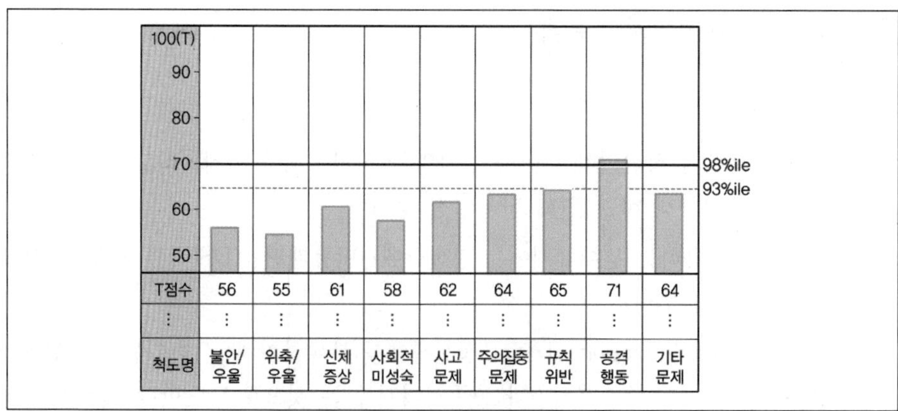

'CBCL 6-18' 문제행동증후군 하위 척도

기출 POINT 3

❶ 18초등A2

정서 · 행동장애를 이분하는 교육적 분류 중 어느 유형에 해당하는지 쓰시오.

- 친구들을 자주 때리고 친구들에게 물건을 집어던짐
- 교사의 지시에 대해 소리를 지르고 거친 말을 하며 저항함
- 수업 시작종이 울려도 제자리에 앉지 않고 교실을 돌아다님

❷ 13중등33

정서 · 행동장애의 진단 · 분류체계와 관련된 설명 중 옳은 것만을 〈보기〉에서 있는 대로 고르시오.

〈보기〉

㉠ 행동적 · 차원적 분류체계는 문제행동의 유형을 두 가지 차원으로 범주화하는데, 그중 하나는 외현화 문제행동의 범주로 과잉통제 행동이라고 하며, 반항, 불복종, 불안 등이 포함된다.

㉡ 행동적 · 차원적 분류체계의 내재화 문제행동 범주에는 사회적 위축, 우울 등과 같이 개인의 정서 및 행동적 어려움을 야기하는 문제가 포함된다.

㉢ 정서 · 행동장애가 학습장애 등과 같이 다른 장애와 함께 나타나거나, 정서 · 행동장애의 하위 유형인 품행장애와 우울장애 등이 함께 나타나는 경우, 이를 장애의 공존 또는 동시발생이라고 한다.

㉣ 정신장애진단통계편람(DSM-IV-TR)과 같은 의학적 분류체계는 정서 · 행동장애의 각 하위 유형을 식별하는 데 초점을 두는 분류체계로 특수교육대상학생들에 대한 표찰 문제를 줄일 수 있다.

③ 교육적 분류의 장단점은 다음과 같다.

㉠ 교육적 분류는 낙인의 효과를 줄이고, 좀 더 구체적이고 세분화된 중재를 제공할 수 있으며, 특수교육에서 상대적으로 덜 관심을 받아 온 내재화 문제에 대해 관심을 높일 수 있다는 점에서 중요하다.

㉡ 그러나 두 가지 문제를 모두 보이는 상당수의 학생들을 어떻게 분류할 것인지에 대한 문제가 있고, 정신의학적 분류체계와 마찬가지로 단독 분류만으로 특수교육 서비스의 적합성을 결정하는 것은 충분한 조건이 되지 못한다는 단점이 있다.

④ 의학적 분류와 교육적 분류의 차이점은 다음과 같다.

㉠ 의학적 분류에서는 정서 및 행동장애의 각 유형을 매우 특이한 하나의 현상으로 보지만, 교육적 분류에서는 정서와 행동의 문제는 누구나 경험하는 것이나 이를 매우 심한 정도로 나타내는 것이 정서 및 행동장애라고 본다.

㉡ 의학적 분류는 장애의 유형을 식별하는 데 초점을 맞추지만, 교육적 분류에서는 하나의 행동 유형을 나타내는 정도가 얼마나 서로 다른지를 설명해 준다.

더알아보기 임상적 분류와 교육적 분류의 비교

임상적 분류	교육적 분류
임상적 합의에 의한 정신의학적 분류	통계적 기법에 의한 경험적 분류
정서행동장애를 범주(category)로 분류	정서행동장애를 차원(dimension)으로 분류
어떤 범주에서의 진단준거 충족 여부에 의해 정서행동장애가 판별됨	어떤 차원에서의 특정 수준 초과 여부에 의해 정서행동장애가 판별됨
정상과 이상의 차이를 종류(kind)의 차이로 간주하여 질적으로 구분함	정상과 이상의 차이를 정도(degree)의 차이로 간주하여 양적으로 구분함
정서행동장애를 진단하는 정신건강전문가에게 유용함	정서행동장애를 예방하고 중재하는 교육전문가에게 유용함

3. 장애의 공존

① 장애의 공존이란 한 개인에게 두 가지 이상의 장애 상태가 동시에 나타나는 것을 말한다. ❷ 13중등33

② 이 용어는 정서 및 행동장애가 다른 장애(예 학습장애)와 함께 나타나는 것뿐 아니라 정서 및 행동장애에 포함되는 하위 범주들이 함께 나타나는 것(예 우울장애와 품행장애)도 의미한다.

CHAPTER 02

정서 및 행동장애의 원인

01 위험요인

① 위험요인이란 한 아동이 나중에 정서 · 행동장애를 보일 가능성을 증가시키는 변인이다.

② 위험요인을 분류하는 범주는 학자마다 다양하나 크게 두 가지 범주(생물학적 위험요인과 심리사회적 위험요인)로 분류할 수 있다.

구분		영역	위험요인의 예
생물학적 요인		유전	유전적 영향
		뇌손상	뇌장애
		기질	까다로운 기질
심리 · 사회적 위험요인	심리적 위험요인	정서	낮은 자아존중감
		학습	부적절한 행동의 학습
		인지	인지적 왜곡 / 인지적 결함
	사회적 (환경적) 위험요인	가족	• 부적절한 양육방식(애착, 훈육 등) • 부부갈등 • 부모의 정신병리 • 아동학대 • 빈곤
		또래	• 긍정적 또래관계의 부재 • 바람직하지 않은 또래사회화
		학교	• 학생－교사 간 갈등관계 • 부적절한 행동관리
		지역사회	사회적으로 불리한 지역사회
		대중매체	대중매체의 부정적 영향

1. 생물학적 요인

(1) 유전

① 유전적 관련성은 가족과 친척, 쌍생아, 입양아 연구에 의해 확인된다.

② 특정 유전적 소인이 단일요인으로 유전되어 발병하기도 하지만 다양한 환경적 요인과 상호작용하여 발병을 초래하기도 한다.

(2) 뇌손상과 뇌기능 이상

① 정서 및 행동장애에 대한 위험을 높이는 뇌와 관련된 생물학적 원인에는 뇌손상과 뇌기능 이상이 있다.

② 뇌는 출생 전, 출생 시, 출생 후 다양한 원인들로 인해 손상을 입을 수 있다. 예를 들어, 임신 중에 산모가 섭취한 약물이나 독물이 뇌손상을 일으킬 수 있고, 출생 시 저산소증으로 인해 뇌조직이 파괴되기도 한다. 외상성 뇌손상은 선천적인 조건으로 인해 생긴 것이 아니라, 폭행, 사고, 수술 등 후천적인 문제로 인해 생긴 손상으로 뇌기능에 이상이 생긴 것이다. 선천적인 원인이나 질병으로 생긴 뇌의 구조적인 비정상(뇌의 크기 이상, 특정 부위의 기형 등) 역시 뇌기능 이상을 초래하여 정서 및 행동 문제를 야기할 수 있다.

(3) 기질

① 기질은 성인기 성격의 토대가 되는 심리적인 특성으로 행동양식과 정서적 반응 유형을 의미한다. 환경의 영향을 거의 받지 않은 영아들이 나타내는 저마다 독특한 개성과 행동양식은 기질이 선천적으로 타고나는 생물학적 특성임을 보여주는 증거이다. 특정 기질이 환경과 상호작용한 결과로 미래의 성격을 형성하게 된다.

② Thomas와 Chess(1986)는 기질을 구성하는 9가지 특성을 밝히고, 이 특성들을 기준으로 순한 기질, 까다로운 기질, 느린 기질로 구분하였다.

㉠ 기질을 구성하는 9가지 특성

특성	내용
규칙성	수유시간, 수면주기, 배변 습관 등에서 어느 정도 규칙적이고 예측 가능한가?
활동 수준	일상활동(수유, 목욕, 잠, 놀이 등) 중에 어느 정도로 움직이는가?
접근/회피	새로운 사건이나 자극(사람, 장난감, 음식)에 어떤 방식으로 반응하는가?
적응성	변화된 상황이나 자극에 얼마나 쉽게 적응하는가?
기분의 질	슬프고 불쾌한 행동(부정적 기분)과 대조되는 행복하고 기분 좋은 행동(긍정적 기분)을 얼마나 많이 보이는가?
반응 역치	어느 정도의 자극의 양에서 반응하는가?
반응 강도	긍정적 기분이든 부정적 기분이든 어느 정도로 강하게 표현하는가?
주의산만	예기치 않은 외부 사건이나 자극에 의해 얼마나 쉽게 산만해지는가?
지속성	장애물에도 불구하고 활동을 포기하지 않고 얼마나 오래 지속하는가?

기출 POINT 1

❶ 13추가중등6(초등3 · 유아2)
토마스와 체스가 분류한 기질의 3가지 유형을 쓰시오.

더 알아보기

조화의 부적합성

- 조화의 부적합성이란 영아의 기질과 부모의 양육방식이 적절한 균형을 이루지 못하는 상태로, 예를 들면 까다로운 기질의 아이에게 강압적인 상호작용을 사용하여 부정적 상호작용의 악순환이 계속되거나, 느린 기질의 아이에게 빨리 행동할 것을 요구하고 다그치면 자신감과 자존감이 결여된 아이로 성장하기 쉽다.
- 결국 어떤 기질이든 그 자체로 좋고 나쁜 기질은 없으며, 조화의 적합성 모델에 따르면 부모가 자녀의 기질을 잘 이해하고 그에 맞는 상호작용을 하는 것이 중요하다.

ⓑ 3가지 기질의 유형 ❶ 13추가중등6(초등3 · 유아2)

순한 기질 (easy child)	• 40% 정도의 영아가 순한 기질을 가지고 태어난다. • 규칙적인 수유나 수면주기를 보이며, 새로운 생활습관에 잘 적응하고 좌절에도 적절히 순응한다. • 즐거운 기분으로 혼자서도 잘 놀며, 사람들과도 잘 어울린다.
까다로운 기질 (difficult child)	• 약 10%의 영아가 까다로운 기질을 가지고 태어난다. • 불규칙한 수유, 수면, 배변 습관을 보인다. • 활동성이 높으며, 하나의 장난감을 가지고 노는 시간이 짧고 자리 옮김이 심하다. 고집이 세고 자주 불행해 하며, 적대적인 정서를 많이 표현하고 조그만 좌절에도 강한 반응을 보인다. 새로운 상황이나 사람에게 적응하는 데도 시간이 많이 필요하다.
느린 기질 (slow to warm up)	• 약 15%의 영아가 느린 기질을 보인다. • 생물학적 규칙성을 보이며, 활동성이 높지 않으며 수동적이다. • 새로운 사건이나 사물을 접할 때 경계심을 가지고 불안해하지만, 탐색할 시간이 주어지면 느리지만 조심스럽게 접근하면서 결국에는 적응하여 흥미를 가지고 참여하는 편이다.

③ 특정 기질 자체가 장애를 유발하는 것이라기보다는 기질과 부모의 양육방식 간의 상호작용에 의한 결과이다.

2. 사회적(환경적) 원인

(1) 가족 요인

아동과 청소년의 정서 및 행동문제에 대한 위험성을 증가시키는 가족 요인으로는 부모 갈등, 강압적이고 예측하기 어려운 양육방식, 정서적 지지의 결여, 가족 내 심한 증오와 경쟁, 가족 및 부모 관련 스트레스, 부적응적 가정환경, 문제가 많은 가족 체계, 부모의 부정적 정서와 부정적 통제 등이 있다.

가족 요인들은 때로 다른 위험요인들과 함께 나타나기 때문에 아동은 가정환경 내에서 다수의 위험요인에 쉽게 노출되기도 한다(Phares, 2003). 이는 가족 요인 그 자체로 절대적인 영향력을 가진다고 보긴 어려우며, 생물학적 요인이나 다른 환경적 요인들과의 복잡한 상호작용 관점에서 그 영향력을 이해해야 함을 의미한다. 아울러 가족 요인은 정서 및 행동장애를 일으키는 직접적인 요인이 아니라 장애의 심각성에 영향을 주는 요인으로 이해해야 한다.

① 가족의 구조

㉠ 과거에는 이혼한 가정의 아동이 양쪽 부모가 있는 가정의 아동에 비해 적응에 어려움을 겪는 것으로 보았으나, 최근에는 가족의 형태를 아동의 기능에 가장 결정적인 영향을 주는 변인으로 보지 않는다(Kelly, 2000).

ⓑ 부부 갈등은 아동과 청소년의 외현화 문제, 내재화 문제, 사회성 문제나 대인관계 문제와 관련성이 높고, 특히 내재화 문제보다는 외현화 문제와의 연관성이 보다 높다.

② 애착(attachment)

㉠ 애착은 생애 초기 영아와 양육자 사이에 형성되는 친밀한 정서적 유대감이다.

㉡ 애착의 발달은 이후의 또래관계 형성에 영향을 준다. 안정애착을 형성한 아동은 부모에 대한 신뢰를 바탕으로 다른 사람과의 관계에서도 신뢰를 형성한다.

㉢ 애착은 크게 안정애착과 불안정애착으로 구분되며, 불안정애착에는 회피애착, 저항애착, 혼란애착이 포함된다.

유형	부모의 양육태도	아동의 특성
안정애착 (65%)	안정애착을 형성하는 부모는 아이가 보내는 신호에 민감하며, 아이의 신호에 즉각적으로 반응한다. 양육자의 규칙적이고 신뢰로운 반응을 받은 아이는 부모와 외부 세계에 대한 신뢰를 형성하게 된다.	안정애착 유형의 아동은 낯선 사람보다는 어머니에게 더 확실한 관심을 보인다. 어머니를 안전기지로 삼아 친숙하지 않은 상황에서도 주위를 탐색한다. 어머니와 분리된 상황에서 불안해하지만, 능동적으로 위안을 찾으며, 어머니가 돌아오면 반가워하고 쉽게 안정된다. ❷ 15유아A3
회피애착 (20%)	회피애착 유형에 속하는 어머니는 아이의 요구에 민감하게 반응하지 않고, 지속적으로 잘 돌보지 않는 경향이 있으며, 아이와의 신체 접촉을 회피하고 화를 잘 낸다. 아이는 어머니에게 거절당한 경험으로 인해 엄마가 자신을 안아주고 위안을 제공해 줄 것이라는 믿음을 갖지 못한다.	회피애착 유형의 아동은 어머니에게 별로 반응을 보이지 않는다. 어머니가 떠나고 낯선 사람과 있는 불안한 상황에서도 울지 않고, 어머니가 돌아와도 무시하거나 회피한다. 낯선 사람과 마찬가지로 어머니와의 친밀감을 추구하지 않는다. ❷ 15유아A3
저항애착 (10~15%)	저항애착 유형에 해당하는 어머니는 아이가 울면 어떨 때는 반응을 보여주고, 어떨 때는 무시하는 일관성 없는 양육을 하는 경향이 있다. 아이는 부모가 항상 반응해 줄 것이라는 믿음이 없어서 어머니와 있어도 불안해하고 과장된 의사표현을 한다.	저항애착 유형의 아동은 어머니와 함께 있는 중에도 불안해하며, 어머니 옆에 붙어서 주위를 별로 탐색하려 하지 않는다. 어머니와 헤어질 때 강하게 저항하며, 어머니가 돌아와도 안정감을 느끼지 못하고 화를 내며 거부한다. ❶ 20유아B4
혼란애착 (5~10%)	혼란애착 유형에 속하는 아동은 어머니가 위안의 대상인지 또 다른 불안의 대상인지 분간하지 못하고 극심한 혼란에 빠진다. 부모가 경제적인 큰 어려움에 빠져 있거나 심한 스트레스 또는 우울장애를 가진 어머니의 경우가 많다.	혼란애착 유형의 아동은 불안정애착의 가장 심한 형태로 부모가 보이지 않으면 계속 울지만 돌아왔을 때도 얼어붙은 표정으로 어머니에게 접근하거나 어머니가 안아줘도 먼 곳을 쳐다보는 등 혼란된 모습을 보인다.

기출 POINT 2

❶ 20유아B4

에인스워드(M. Ainsworth)의 애착 이론에 근거하여 ㉣에 해당하는 애착 유형 1가지를 쓰시오.

> 시우 부모님은 시우가 갓난아기 때부터 맞벌이를 하였고 주양육자도 자주 바뀌었대요. ㉣ 시우가 평소에 엄마랑 떨어지지 않고 꼭 붙어 있으려고 했대요. 엄마가 자리를 비우면 심하게 불안해하면서 울지만, 막상 엄마가 다시 돌아오면 반가워하기보다는 화를 냈대요. 그리고 엄마가 달래려 하면 엄마를 밀어내서 잘 달래지지 않았다고 해요.

❷ 15유아A3

에인스워드(M. Ainsworth)의 애착 이론에 근거하여 ㉢에 해당하는 애착 유형 1가지를 쓰고, ㉣에 알맞은 말을 쓰시오.

> 김 교사: 진수는 어머니가 데리러 와도 별 반응이 없어요. 어머니가 부르는데도 진수가 별로 반가워하는 것 같지 않아요. 아침에 헤어질 때 울지도 않고 어머니에 대한 반응이 별로 없어요. 어머니와 진수의 애착 관계가 괜찮은 걸까요?
> 박 교사: 글쎄요. 진수의 애착 행동은 (㉢)유형의 유아들이 나타내는 특성이긴 한데…. 안정 애착 유형의 유아들은 어머니가 돌아오면 반기며 좋아해요. 그리고 어머니를 (㉣)(으)로 생각하기 때문에 낯선 상황에서도 적극적으로 환경을 탐색하거든요.

③ 훈육

㉠ 부모의 주된 역할 중 하나인 훈육은 부모가 자녀에게 '품성이나 도덕 따위를 가르쳐 기르는' 것이다.

㉡ Patterson(1980)의 부적 강화의 덫(negative reinforcement trap)이란 강압적인 상호작용 패턴으로 공격적인 아동의 문제행동이 부적 강화에 의해 유지된다고 보았다.

예 아동이 밤늦도록 컴퓨터 게임을 하고 늦잠을 잔 날이면 부모는 아이에게 밤늦게까지 게임을 해 늦잠을 잔 것, 제때 학교에 가지 않은 것에 대한 심한 꾸중과 비난을 퍼붓는다. 아동은 듣기 싫은 잔소리에서 벗어나기 위해 소리를 지르며 울화를 터뜨린다. 과격한 아이의 반응에 놀란 부모는 야단치는 것을 멈추게 되고 이로써 아이는 부모의 야단에서 벗어나게 된다. 아이의 문제는 미해결된 채 남아있으므로 동일한 상황에서의 다툼이 또다시 되풀이된다. 이러한 혐오적인 상호작용은 그 빈도와 강도에 있어 점점 부적 강화를 받는다. 부모는 비효율적인 훈육방법인 강압적인 처벌의 수위를 점점 높여 가고, 아이 역시 울화에서 시작해 점차 기물을 파괴하고, 결국에는 부모를 신체적으로 공격하는 수준에까지 이를 수 있다.

㉢ Steinberg, Lamborn, Darling, Mounts와 Dornbusch는 통제와 수용의 정도에 따라 4가지 훈육의 유형으로 분류하고, 정서 및 행동장애 예방을 위한 가장 적절한 훈육으로 권위적 훈육을 들고 있다.

유형	내용
권위적 또는 신뢰적 훈육	• 권위적 훈육의 부모는 아동의 행동에 대해 반응적이고 요구적이다. 상호 호혜적이며 애착 형성이 이루어져 있고 자녀의 행동 발달에 가장 좋은 효과를 보이는 양육 형태로, 자녀의 약물 사용을 감소시키며 분노 및 정신적 문제를 감소시킨다. • 이러한 부모는 통제와 수용의 적절한 균형을 유지한다.
권위주의적 또는 독재적 훈육 ❶ 25유아B1	• 권위주의적 훈육의 부모는 아동의 요구에 반응은 하지 않으면서 자신의 요구만을 아동에게 강요하고 엄격한 통제를 하며 아동의 부적절한 행동에 대해 부정적인 후속결과를 제공한다. • 권위주의적 훈육을 받은 아동은 공격적인 행동을 보이거나 매우 낮은 자존감을 가질 수 있다.
관대한/허용적 훈육	• 부모는 아동이 스스로 자신을 조절하도록 하여 아동의 충동성에 대해 매우 관대한 태도를 보인다. • 이러한 훈육을 받은 아동은 충동적이고 공격적이며 의존적인 행동을 보인다.
무관심한 훈육	• 부모는 아동의 어떠한 행동에도 관여하지 않으며 아동을 위한 훈육에 부모의 시간을 쓰지 않고 관심을 보이지도 않는다. • 부모로부터 무관심한 훈육을 받은 아동은 또래 및 성인과의 부정적인 상호작용과 반사회적 행동을 보이며 정서 및 행동장애를 보일 위험성이 매우 높다.

Keyword

부적 강화란 표적행동에 수반하여 특정 자극을 제거 또는 회수함으로써 그 행동의 미래 발생률을 증가시킨다.

기출 POINT 3

❶ 25유아B1

밑줄 친 ㉡에 나타난 정후 아버지의 양육 태도 유형을 쓰시오.

> 어머니: ㉡ 정후 아빠가 이런 문제는 초등학교 가기 전에 해결해야 한다고 하면서 정후가 집에서 지켜야 할 규칙을 만들어서 무조건 지키게 해요. 그걸 지키지 못하면 심하게 야단을 쳐서 요즘 정후가 스트레스가 많아요.
> 김 교사: 무조건 못하게 한다고 행동이 나아지는 건 아닌데, 염려가 되네요.

④ 아동학대: 아동학대란 가족에 의해 행해지는 신체적 · 심리적 · 성적 학대를 포함한다.

신체적 학대	• 신체적 학대는 때리기와 부적절한 신체적 강압을 지속적으로 사용하는 것을 비롯하여 부모가 사용하는 혐오적이고 부적절한 통제 전략을 의미한다. 신체적 학대는 대게 아동의 몸에 남은 상처로 확인된다. • 신체적 학대는 아동기 우울장애, 품행장애, 적대적 반항장애, 광장공포증, 범불안장애, 낮은 사회적 능력, 전반적인 손상 등 거의 대부분의 정서 및 행동 문제와 연관될 수 있다.
심리적 학대	• 심리적 학대는 아동의 인지, 정서, 행동, 신체적 기능과 관련하여 아동에게 심리적으로 해를 가하는 행위나 구어 패턴으로 정의된다. 예 거부당하기, 위협받기, 고립당하기, 무시당하기, 잘못된 사회화 • 심리적 학대 또한 내재화 문제, 외현화 문제, 낮은 자존감과 같은 다양한 문제를 유발한다.
성적 학대	• 아동을 대상으로 한 성적 학대의 경우 가해자와 아동 사이의 권력(힘)의 차이로 인한 성적 착취이다. • 가슴을 만지는 것에서부터 아동의 나이에 부적절한 성행위나 성도구에의 노출, 직접적인 성관계를 포함한다.

(2) 학교 요인

① **지능과 학업 성취**: 대부분의 정서 및 행동장애 학생의 IQ평균은 정규분포상에서 낮은 평균 범위에 속하나, 심한 정신지체부터 높게는 영재 수준에 이르기까지 폭넓게 분포한다.

② **학습의 개별성에 민감하지 못함**

㉠ 개인차를 허용하지 않는 엄격한 학급 운영은 모든 학생에게 동일한 학업과 행동 수행을 요구함으로써 학업 실패나 사회적 일탈을 조장할 수 있다.

㉡ 통제와 억압적 학급 분위기는 학생으로 하여금 분노, 적대감, 파괴행위 또는 수동적 저항 등의 방식으로 반응하도록 만든다.

㉢ 적절하다 할지라도 명확하게 전달되지 않은 기대와 규칙은 학업의 실패나 반사회적 행동을 조장할 수 있다.

③ **학생에 대한 부적절한 기대**

㉠ '정서장애'라는 표찰이 교사로 하여금 아동의 부적응행동이나 낮은 학업 성취도를 기대하도록 만들 수 있다.

㉡ 교사의 낮은 기대는 결국 은연중에 아동에게 전달되고 아동은 이 기대를 성취시킨다는 것으로 장애 표찰이 갖는 보편적인 부정적 영향이다.

④ **일관성 없는 행동관리**: 교사의 일관성 없는 행동관리가 아동의 문제행동을 촉진하며 정서 및 행동 문제를 만성화하는 데 기여한다.

⑤ **비기능적 기술의 교수 및 비효과적 교수**: 학생들에게 소용이 없고 의미가 없는 것들을 가르치는 학교는 결국 학생들의 부적응행동, 결석, 중도 포기와 같은 문제를 일으킬 가능성을 증가시킨다.

⑥ **잘못된 강화 사용**: 학교에서 교사는 학생의 행동에 대한 후속 반응(학생의 부적절한 행동에 정적 및 부적강화를 제공하거나, 바람직한 행동에 정적강화를 제공하지 않음)을 적절하게 제공하지 못함으로써 정서 및 행동 문제 발생에 기여할 수 있다.

⑦ **바람직하지 못한 행동 모델**: 학생은 자신과 유사한 모델일 때, 능력 있게 잘 수행하는 모델일 때, 인기가 있고 명성이 있는 모델일 때 더 잘 모방한다. 만약 학급에 이러한 특성을 가지고 있으면서 문제행동을 하는 학생이 있다면 공격성을 가진 학생이 이 모델의 문제행동을 모방할 가능성이 커지게 된다.

(3) 문화적 요인

① **대중매체**: 연구결과에 의하면 폭력과 공격성, 자살을 다룬 대중매체가 지닌 정서 및 행동장애의 발생에 대한 영향력에 대해 명백히 밝히지는 못했지만, 행동발달에 어느 정도 부정적인 영향을 주는 것은 분명한 것으로 밝혀졌다.

② **인종**: 여전히 다문화 가정 출신의 아동이 경험하는 차별과 빈곤 등으로 인해 많은 문제들이 발생하고 있다.

③ **사회계층과 빈곤**: 사회계층은 흔히 부모의 직업, 수입 및 교육 수준으로 측정되며, 전반적인 정서 및 행동 문제와 관련성이 있는 것으로 알려져 있다.

④ **이웃과 지역사회**: 이웃과 같은 지역에 사는 거주자들의 사회계층과 거주지의 물리적 환경, 그곳에서 받을 수 있는 심리적 지원체계까지 포함하는 의미로 이웃과 지역사회는 아동과 청소년의 행동 문제와 관련성이 있다.

⑤ **또래집단**: 아동이 성장하면서 또래집단의 비중이 상대적으로 커지게 된다. 또래는 상호 간에 모방과 강화를 통해 영향을 주고받는데, 또래 모델은 성인 모델에 비해 자신과 보다 유사한 특성을 가진 모델이라는 점에서 그 영향력이 훨씬 강하다.

02 보호요인

① 보호요인은 한 아동이 나중에 정서·행동장애를 보일 가능성을 감소시키는 변인이다.

② 어떤 아동들은 다수의 위험요인에 노출되었음에도 불구하고 정서·행동장애를 보이지 않는데 이러한 특성을 탄력성(적응유연성, 회복력)이라고 한다. 즉, 탄력성이란 부정적인 상황에도 불구하고 역경 또는 위험요인들을 극복하고 적응적으로 기능하는 능력을 말한다.

범주	보호요인의 예	
개인	• 높은 지능 • 순한 기질 • 자아효능감	• 높은 자아존중감 • 사교적 성향
가족	• 권위적 양육 • 부모의 따뜻함	• 지지적 확대가족 구성원 • 경제적 혜택
가족 외부	• 또래와의 유대관계 • 친밀한 학생－교사관계	• 효율적인 학교 • 친사회적 단체와의 연계

CHAPTER 03

정서 및 행동장애의 개념적 모델

01 신체생리학적(생물학적) 모델

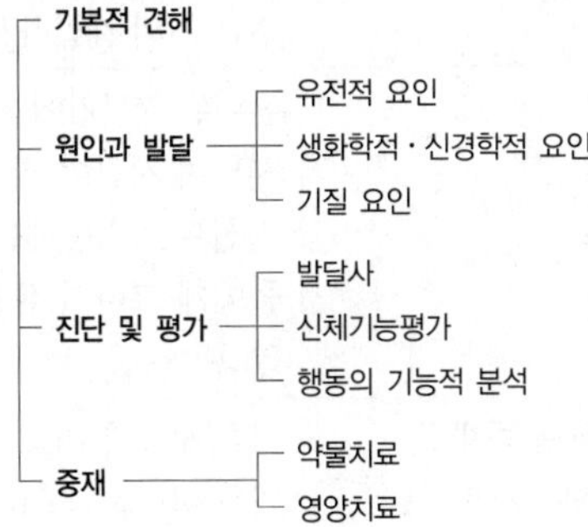

02 심리역동적(정신역동적) 모델

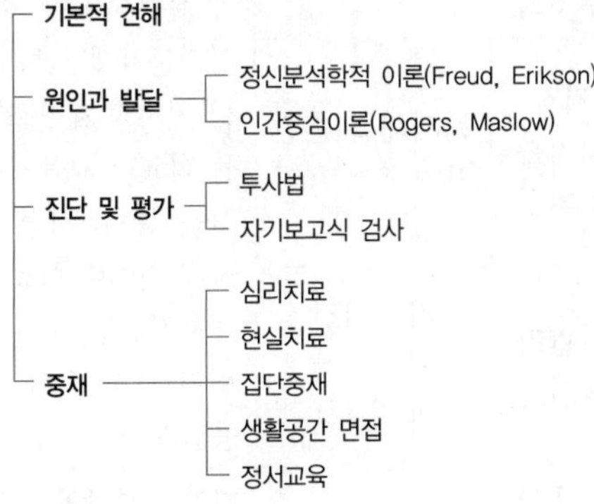

03 행동주의적 모델

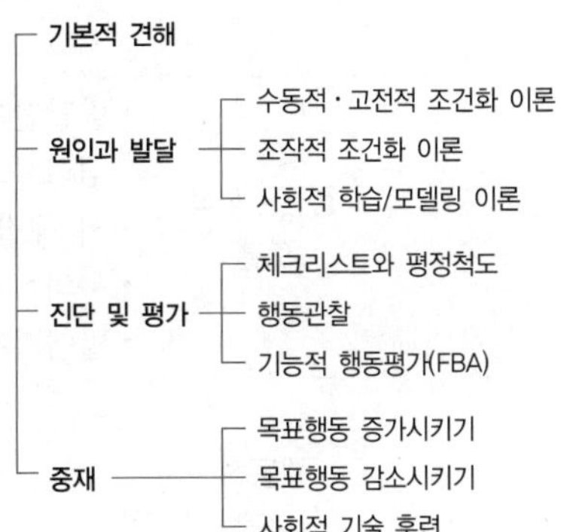

04 인지주의적 모델

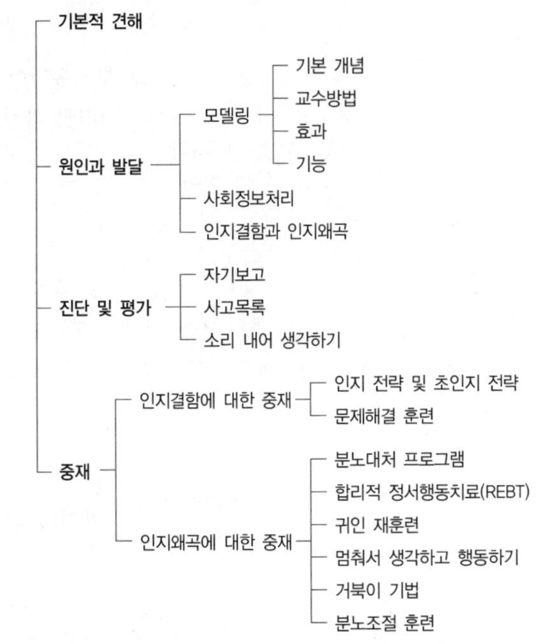

05 생태학적 모델

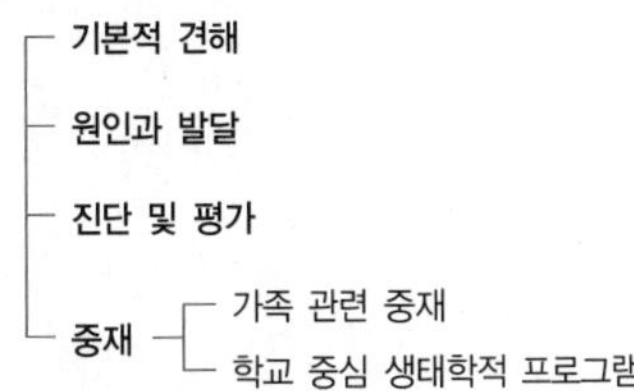

정서 및 행동장애의 개념적 모델

<table>
<tr><th>모델</th><th colspan="2">원인</th><th colspan="2">중재방법</th><th>교사를 위한 유용성</th></tr>
<tr><td>생물학적 모델</td><td colspan="2">• 유전적 영향
• 뇌장애
• 까다로운 기질</td><td colspan="2">• 약물치료
• 영양치료
• 감각통합치료</td><td>교사가 문제행동을 더 잘 이해할 수 있도록 도움을 주지만 교사들에게 직접적이고 실제적인 시사점은 거의 제공하지 못함</td></tr>
<tr><td>정신분석적 모델</td><td colspan="2">• 발달단계(심리성적 또는 심리사회적 발달단계)에서 해결되지 못한 갈등
• 무의식 수준의 갈등
• 방어기제의 과도한 사용</td><td colspan="2">• 심리치료
• 놀이치료
• 미술치료</td><td>훈련된 전문가에 의해 실시되며 시간이 집중되는 정신분석적 중재는 교사들에게 그다지 유용하지 않음</td></tr>
<tr><td>행동적 모델</td><td colspan="2">부적절한 학습</td><td colspan="2">• 전통적 행동중재
• 긍정적 행동지원
• 학교차원의 긍정적 행동지원</td><td>다른 모델과 비교해볼 때 가장 과학적인 증거에 기반하고 있을 뿐 아니라 교사들에게도 가장 유용함</td></tr>
<tr><td rowspan="3">인지적 모델</td><td rowspan="2">부적응적인 인지적 과정</td><td>인지왜곡</td><td>인지적 재구조화</td><td>REBT</td><td rowspan="3">인지적 중재는 교사들에게 유용하지만, 주로 임상전문가에 의해 실시되는 인지적 재구조화보다는 학교나 교육기관에서 사용되는 인지적 대처기술 훈련이나 학교중심의 중재기법인 자기관리 훈련이 특히 교사에게 유용함</td></tr>
<tr><td>인지결함</td><td>인지적 대처기술 훈련</td><td>문제해결 훈련
자기교수 훈련</td></tr>
<tr><td colspan="2">자기통제의 결여</td><td>자기관리 훈련</td><td>자기점검
자기평가
자기강화</td></tr>
<tr><td>생태학적 모델</td><td colspan="2">개인과 환경의 부조화</td><td colspan="2">• Re-ED
• 랩어라운드</td><td>다양한 분야의 협력과 작업을 전제로 하는 생태학적 중재는 교사의 책임 범위를 벗어나고 있으나, 교사 자신이 아동과의 관계나 아동에게 미치는 영향을 더 잘 이해할 수 있도록 함</td></tr>
</table>

01 신체생리학적(생물학적) 모델

원인	평가절차	중재방법
• 유전적 요인 • 생화학적 · 신경학적 요인 • 기질적 요인	• 발달력 조사 • DNA 검사, 신경학적 평가 • 기질 평가	• 유전공학 • 약물치료 • 영양치료(식이요법, 비타민 요법)

1. 기본적 견해

① 신체생리적 모델은 장애행동을 질병이나 의료적 모델, 즉 특정 병리적 특성이 개인 내부에 존재하기 때문이라고 설명한다.

② 따라서 생리학적 · 생물학적 비정상성으로 초래된 장애는 의료적 처치를 통해 상태가 완화 또는 치료될 수 있다고 가정한다. ❶ 24중등A12, ❷ 10중등19

2. 원인과 발달

① **유전적 요인**: 행동장애의 유전성은 50%를 넘지 않으므로 유전적으로 타고나더라도 환경의 중요성을 간과해서는 안 된다(Rutter, 2002).

② **생화학적 · 신경학적 요인**: 정서 및 행동장애의 원인을 밝히기 위해 수행되는 뇌와 신경생리학적 요인에 관련된 연구들은 뇌의 구조적 이상과 신경전달 체계의 불균형이 특정 장애를 초래할 수 있다는 것을 밝혔다.

③ **기질 요인**: 기질(temperament)이란 생득적 경향성뿐만 아니라 환경적인 영향으로 표출되는 행동 방식을 말한다. Thomas와 Chess(1977)는 9가지 기질적 특성과 그에 따른 3가지 주요 기질적 양상을 설명하였다. ❷ 10중등19

3. 진단 및 평가

① **발달사**: 아동의 발달사에 관련된 정보는 주로 부모나 보호자, 의료기록부, 학생기록부 등으로부터 얻으며, 정서 및 행동장애를 진단하는 데 매우 중요한 정보를 제공한다.

② **신체기능평가**

㉠ 일반적인 신체검사(예 혈액검사, 소변검사, 비만도)는 정서 및 행동장애를 가지고 있는 아동의 전반적인 건강상태를 이해하는 데 중요한 정보를 제공한다.

㉡ 심리생리적 진단은 각성 수준과 관련된 불안장애가 의심될 때 실시하며, 심장박동 수, 근육 긴장도, 호흡률 등에 관한 정보를 수집한다.

③ **행동의 기능적 분석**: 의학적인 중재를 실시하기 전에 아동의 문제가 학습된 부적응이 아니라 의학적인 치료를 필요로 한다는 확신을 가지기 위해 행동의 기능 분석을 실시한다.

기출 POINT 1

❶ 24중등A12

㉠의 정서 · 행동 문제를 바라보는 관점은 어떤 개념적 모델에 근거한 것인지 쓰시오.

> ㉠ 학생 A와 같은 행동이 나타나면 의사와 먼저 상담을 하고 진단을 받아 봐야 할 것 같아요. 혹시 특정 영양소가 결핍되어 그런 행동이 발생할 수도 있지 않나 싶습니다.

❷ 10중등19

정서 · 행동장애 학생의 문제행동에 대한 특수교사의 관점에 따른 지도 내용을 바르게 설명한 것을 〈보기〉에서 모두 고르시오.

> 〈보기〉
> ㉢ 문제행동은 개인의 기질 등에 기인하나 이러한 문제가 환경적 요인으로 발현될 수 있다고 보고, 문제행동을 직접 중재하기보다는 의사 등 관련 전문가에게 의뢰한다.

4. 신체생리학적 모델의 중재 ❶ 19중등A8, ❷ 12중등23

① 신체생리적 중재는 주로 의사나 알레르기 전문가, 신경학자 등의 전문가에 의해 이루어진다. 전통적으로 약물치료와 영양치료의 2가지 중재방법을 주로 적용한다.

② 교사의 역할은 관련 전문가들에게 의뢰하고 추후 관계를 유지하는 등 비교적 제한적이다. 그러나 교사는 약물치료나 특별한 식이요법 등의 중재로 인한 아동의 교실 내 행동을 점검하는 중요한 역할을 담당한다.

③ 부작용의 발생 형태는 매우 다양하며, 이러한 부작용이 확인되면 즉시 전문가와 상의해야 한다.

기출 POINT 2

❶ 19중등A8

괄호 안의 ⓒ에 해당하는 내용 1가지를 쓰시오.

> 보호자: 학생 K가 병원에서 처방받은 약을 복용해야 하는데, 건강관리 측면에서는 어떠한 지원이 가능한가요?
> 송 교사: 개별화교육지원팀에서 약물투여 담당자 지정을 포함하여 건강관리 제반 사항을 논의하고 결정할 것입니다. 교사들은 학생 K가 정해진 시간에 약을 복용하는지 확인할 것이고, 약물 복용에 따른 (ⓒ)을/를 관찰하겠습니다. 그리고 혹시 있을지 모르는 응급상황 대처 요령을 숙지할 것입니다.

❷ 12중등23

(가)~(마)의 정서 및 행동장애 학생들의 사례에 나타난 이론적 모델과 중재 방법으로 옳은 것은?

> (가) 학생 A는 학교에서 과잉행동과 충동성을 보였다. 이에 교사는 부모에게 병원에서 진단을 받도록 권유하였다. 학생 A는 병원에서 약물을 처방받아 복용하고 있다. 약물 처방 후의 학생 행동에 대해 교사는 주의를 기울였다.

① (가)는 신체생리학적 모델을 근거로 교사가 학교에서 약물요법을 실행한 것이다.

02 심리역동적(정신역동적) 모델

원인	평가절차	중재방법
• 무의식적 충동과 의식적 욕구 간의 갈등 • 개인과 사회적 가치 간의 갈등 • 방어기제의 과도한 사용 • 생물학적(심리성적) 혹은 대인관계(심리사회적) 발달상의 위기 해소 실패	• 투사적 기법(로르샤흐 검사, 아동용 주제통각검사 등) • 인물화 검사 • 문장완성검사 • 자기보고식 평정척도	• 인간중심교육 • 서비스 학습 프로그램 • 치료적 환경 • 생활공간 면접 • 현실치료, 심리치료 • 정서교육

1. 기본적 견해 ❶ 17중등B2 , ❷ 16유아A1

① 심리역동적 모델은 정서 및 행동 문제는 정신 내적 과정상의 기능장애에 기인한다는 가정하에 건강한 정서 발달을 촉진시키는 여러 방법들을 통해 치료한다.

② 심리역동적 모델에서는 정서 및 행동장애를 정서적 성숙이 지체된 것으로 간주하며, 아동은 정서적인 문제와 충족되지 않은 욕구 때문에 불안해하는 것으로 본다. 따라서 이 모델에 근거한 중재는 아동의 내적 갈등을 해결하여 건강한 심리적 기능을 촉진하고 발달하도록 돕는 것이다.

③ 정서 및 행동 문제는 해결되지 못한 갈등, 방어기제의 과도한 의존, 성격구조의 심한 일탈 등 정신 내적 장애가 가시적으로 드러난 것이다. 이 모델에서는 개인의 무의식적 충동, 욕구, 불안, 죄의식, 갈등 등을 주로 평가한다.

기출 POINT 3

❶ 17중등B2

김 교사가 A의 행동을 바라보는 정서 및 행동장애의 이론적 관점을 쓰시오.

> A는 생후 13개월 즈음에 위탁 가정에 맡겨져, 4살 때 지금의 가정으로 입양되어 성장했다고 합니다. A는 영아기 때 정서적 박탈을 경험하면서 불안정한 심리와 정서를 갖게 되었고, 유아기 때 안정애착이 형성되지 않아서 수업시간에 이상한 소리를 내며 주변 사람들의 주의를 끌려고 한 것 같습니다.

❷ 16유아A1

㉠에 반영된 이론적 관점이 무엇인지 쓰시오.

> 네, 어머니 말씀을 들어 보니, 현수가 아이일 때 가족과 떨어져 친척 집에 머물면서 ㉠ 심리적으로 무척 위축되고 불안한 시기를 보낸 것 같아요. 그러한 부정적인 경험들이 내재되어 있다가 지금 친구를 때리는 공격 행동으로 나타나는 것은 아닌가 생각되더군요.

2. 원인과 발달

(1) 정신분석학적 이론: Freud

① 정신분석적 관점에 따르면, 성격은 원초아, 자아, 초자아의 세 체계로 이루어져 있으며, 이들은 분리된 요소가 아닌 전체로서 기능한다.

② 방어기제는 개인이 불안을 극복하고 불안에 압도되지 않도록 자아를 보호하는 일을 돕는다.

③ Freud는 아동이 유아에서 청소년으로 성장하면서 5단계, 즉 구강기, 항문기, 남근기, 잠복기, 성기기 등의 심리성적 발달과정을 거치게 된다고 가정하였다. 생애 초기 이러한 심리성적 발달과정은 성격 형성을 결정하며, 이들 각 단계의 주요 발달적 과제를 잘 이행하지 못하고 특정 단계에 고착될 경우 비정상적 성격발달이 나타난다.

④ 신프로이트학파에 속하는 Erikson은 성격발달에 사회적·문화적 영역을 추가하여 자아의 역할을 새롭게 개념화하였다. 자아를 원초아(이드)의 수동적인 연장이 아니라 자율적이고 고유한 에너지 원천으로 보고 8단계의 심리사회적 발달 단계를 제안하였다. Freud가 생물학적 성적 본능에 초점을 맞춘 반면 Erikson은 대인 간 상호작용에 초점을 맞추어 각 단계에서 위기가 성공적으로 다루어지지 않으면 그보다 낮은 단계의 행동을 지속적으로 나타내므로 각 단계의 위기 해결이 중요하다고 강조하였다.

(2) 인간중심이론: Rogers, Maslow

① 인간은 본질적으로 선하며 사회적으로 주어지는 나쁜 경험과 좌절을 피할 수 있다면 자신의 잠재력을 스스로 실현할 수 있는 능력을 갖춘 존재라고 본다.

② Rogers에 따르면 유아는 자신의 기본적 욕구만족을 통해 가치화 과정을 습득하게 되고, 가치화 과정은 유아로 하여금 부정적 경험을 피하고 긍정적인 경험을 선택할 수 있게 한다.

③ Maslow의 욕구위계 이론에서는 인간은 음식과 안정 등에 대한 기본 욕구인 결핍 욕구와 정의와 선, 아름다움 등에 대한 성장 욕구인 자아실현 욕구를 가진다. 또한 인간의 욕구는 이전 단계가 충족되어야 다음 단계의 욕구를 추구하는 점증의 원리를 바탕으로 한다. ❶ 23중등B5

더 알아보기

Maslow 욕구위계이론

상위욕구 / 하위욕구
자아실현 — 성장욕구
자존의 욕구
사회적 욕구
안전의 욕구 — 결핍욕구
생리적 욕구

기출 POINT 4

❶ 23중등B5

괄호 안의 ©에 해당하는 내용을 서술하시오.

> 신규교사: 중도중복장애 학생의 보호자가 교과교육을 강하게 요구하고 있어요. 하지만 우리 반 학생들의 장애 정도가 너무 심하다 보니 교과지도보다는 식사지도와 배변지도에 치중하게 되는 것 같아요.
> 수석교사: 물론 교과지도도 중요합니다. 그러나 상위 욕구와 하위 욕구로 욕구의 위계를 설명하였던 매슬로우에 따르면 (©)(이)라고 합니다. 중도중복장애 학생의 생리 및 안전의 욕구를 고려하여 이를 충족하기 위한 기능적 기술을 우선적으로 가르치는 것이 중요합니다. 기본적인 생리·안전이 제공되었을 때 비로소 학습이 이뤄진다고 생각합니다.

3. 진단 및 평가

(1) 투사법

① 투사법은 중성적 또는 불분명한 자극이 주어졌을 때 사람은 자극에 대한 자신의 의식적 느낌과 무의식적 느낌을 왜곡 없이 투사한다고 가정한다.

② 그러나 다음과 같은 문제점이 있다(Anastasi & Urbina, 1997).

㉠ 투사법은 검사의 기준과 실시, 채점, 규준 등의 표준화에 문제가 있고 신뢰도나 타당도 등 기술의 적절성이 취약하다. 특히 로샤 잉크반점 검사와 인물화 검사의 타당도는 매우 낮다.

㉡ 대부분의 투사법은 이론적 근거가 미흡하다.

㉢ 투사적 검사의 해석은 피검자의 성격보다는 검사자의 배경, 훈련, 성격적 경향 등이 더 반영될 수 있다.

투사법의 유형

로샤 잉크반점 검사	대칭적 잉크반점이 있는 열 장의 카드를 한 장씩 보여주고, 피검자로 하여금 보이는 것을 자발적으로 표현하도록 하는 것이다. 피검자의 반응은 형태, 움직임, 색, 명암 등 영역에 따라 채점되며, 피검자의 현실의식, 자아개념, 정서 및 대처기제 등을 평가한다.
아동통각검사	10장의 동물 그림으로 된 일련의 삽화로 구성되어 있다. 3~10세 아동을 위해 개발된 도구로서 피검자에게 그림을 한 장씩 보여주면서 그림과 관련된 이야기를 말하게 하여 주제, 주인공, 주인공의 주된 욕구, 환경에 대한 개념, 다른 인물에 대한 견해, 주요 갈등, 불안의 본질, 주요 방어기제, 초자아의 엄격성, 자아통합 등 10개 영역에 대해 분석한다.
문장완성법	문장완성법은 미완성 문장(예 나는 ……때 가장 기쁘다)을 제시하고 피검자로 하여금 문장을 완성하게 하여 피검자의 대인관계, 학업, 불안, 태도 등에 관한 정보를 수집하는 방법이다.
인물화 검사	그림이 어휘보다 더 웅변적이라는 가정하에 아동의 인물화를 통해 성격측정, 타인과 관련된 자아측정, 집단 가치의 측정 및 타인을 향한 태도를 측정하는 것이다.
집-나무-사람 검사 (H-T-P)	HTP 검사는 인간에게 가장 친숙한 집, 나무, 사람을 자유롭게 그려, 피검자가 알지 못하는 자신 내부의 억제된 정서를 나타낼 수 있도록 하는 것이다.

(2) 자기보고식 검사

아동이 자신과 세상, 그리고 미래를 어떻게 지각하고 있는지에 대한 정보를 얻기 위해 자기보고식 검사를 사용한다.

자기보고식 검사의 유형

피어스-해리스 아동용 자아개념척도	행동, 지적 능력, 학교에서의 지위, 신체적 외모, 불안, 인기 등 6개의 영역에 관련된 80개 문항을 아동이 이분 척도(예/아니오)를 사용하여 응답하도록 한다. 점수가 높을수록 긍정적으로 해석한다.
자기인식 프로파일	학업능력, 운동능력, 사회적 수용, 신체적 외모, 품행 및 일반적 자아존중에 관한 36개 문항에 대해 아동으로 하여금 4점 척도로 응답하게 한다.

4. 심리역동적 모델의 중재 ❸ 10중등19

(1) 심리치료

심리치료는 내담자의 부정적인 증상을 줄이고 적응적이고 친사회적인 기능을 향상시키기 위하여 고안된 중재로서 특정 치료 계획에 따라 치료자와 내담자 간의 상호작용, 상담 및 활동을 포함한다. ❶ 13추가중등6(초등3 · 유아2)

(2) 현실치료

① 개인이 활동, 사고, 감정에 있어서 스스로 행동을 선택하고 결정하며 책임을 강조한다.

② 신경증이나 정신증적 행동에 대해 의학적 모형에서 벗어나 개인이 자신의 세계를 조절하기 위한 선택으로 본다.

(3) 집단중재 ❷ 12중등23

① 갈등의 원인을 집단중재를 통해 공개적으로 다룬다.

② 집단중재는 학생의 행동을 강화나 벌을 통한 외적 통제가 아닌, 학생이 자신의 행동에 대해 의견을 표현하고 자기통제 기술과 전략을 습득하여 행동을 내부적으로 통제할 수 있도록 돕는다.

(4) 생활공간 면접(life space interviewing ; LSI)

① 생활공간 면접은 학생에게 초점을 맞추는 직접적 중재 기법으로, 환경치료의 일부로 주거 장면에서 개발된 것이다.

② 면접은 아동의 일상에서 어떤 분명한 역할과 영향력이 있는, 일상 혹은 생활공간의 한 부분으로 지각된 성인이 담당한다. 성인의 역할은 권위를 행사하는 것이 아닌 아동이 주어진 시간을 어떻게 지각하는지에 대한 아이디어를 얻는 것이다.

③ 생활공간 면접은 즉각적 정서 응급치료와 생활사건의 임상적 개발로 구분된다.

㉠ **즉각적 정서 응급치료**: 학생이 눈앞의 장애물 혹은 어려운 상황의 과제를 극복하도록 교사가 도움을 주는 임시 지원이다. 이것은 임시적 위안과 지원 이상의 장기 계획이나 치료 전략이 있는 것은 아니다.

㉡ **생활사건에 대한 임상적 개발**: 특정 학생의 장기목표 촉진을 위해 순간의 경험을 개발한다.

(5) 정서교육

① 인간은 진(truth), 선(goodness), 미(beauty), 성(holiness)을 추구하려는 감정을 가지고 있고, 이러한 감정은 노여움, 미움, 두려움과 같은 부정적인 감정과 달리 이성을 통해 지속적으로 유지되는 고상한 정서이다. 이러한 감정을 키우기 위한 교육이 정서교육이다.

② 최근에는 지(intellect), 정(emotion), 의(will), 체(physical body) 등에 대한 조화로운 발달이 강조되고 있다.

기출 POINT 5

❶ 13추가중등6(초등3 · 유아2)

정서 · 행동장애 학생에게 적용 가능한 개념적 지도 모델 중 ©에 해당하는 모델을 쓰시오.

> 은지는 2년 전 자신을 키워 준 할머니가 돌아가신 후부터 수업 시간마다 눈을 깜빡이거나 코를 찡그리고 쉬는 시간에는 코를 킁킁거려서 친구들로부터 "조용히 해"라는 소리를 많이 듣는다. © 한동안 자신의 물건에 집착하는 행동을 보여서 심리극을 실시한 결과 집착 행동이 많이 줄어들었다. 그러나 학습에 대한 흥미는 점점 떨어지고 있다. 소아정신과 의사는 은지의 행동이 내과적 질환에 의한 것은 아니라고 했다.

❷ 12중등23

(가)~(마)의 정서 · 행동장애 학생들의 사례에 나타난 이론적 모델과 중재 방법으로 옳은 것은?

> (마) 학생 E는 경쟁적 학습과 스트레스 등으로 인해 스스로 좌절하고 친구들과 어울리지 못한다. 이에 교사는 타인 위로하기, 감정 공유하기 등과 같은 집단 프로그램을 통해 소외당하거나 우울해하는 학생 E가 자존감을 회복할 수 있도록 지도하였다.

⑤ (마)는 인지모델을 근거로 자기교수 절차를 적용한 것이다.

❸ 10중등19

정서 · 행동장애 학생의 문제행동에 대한 특수교사의 관점에 따른 지도 내용을 바르게 설명한 것을 〈보기〉에서 모두 고르시오.

> 〈보기〉
> ㉠ 문제행동의 원인을 정신 내적 과정상의 기능장애에 의한 것으로 보고, 자기점검 및 행동형성 절차를 적용하여 학생의 행동 변화를 이끌어 낸다.

PART 02

03 행동주의적 모델

원인	평가절차	중재방법
• 수동적(고전적) 조건화 • 조작적 조건화 • 사회적 학습 (관찰학습, 모델링)	• 검목표(체크리스트) • 행동평정척도 • 행동기록법 • 기능적 행동평가	• 사회적 기술 훈련 • 행동 증가 기법(강화자극 사용, 행동계약, 토큰강화 등) • 행동 감소 기법(차별강화, 타임아웃, 신체적 구속 등)

1. 기본적 견해 ❶ 17중등B2, ❷ 11초등 · 유아13, ❸ 10중등19

① 행동주의적 모델에서는 장애를 잘못된 학습에 기인된 결과라고 보며, 장애행동과 정상행동의 차이는 행동의 빈도, 강도, 사회적 적응성에 의해 설명될 수 있다고 가정한다.

② 행동주의 모델의 특징은 다음과 같다.

㉠ 부적응 행동을 포함한 모든 행동은 학습된 것이므로 잘못 학습된 행동을 제거하거나 새로운 학습을 통해 바람직한 다른 행동으로 대체할 수 있다.

㉡ 행동의 유발과 유지는 주로 환경에 의해 결정된다. 따라서 특정 행동이 일어나는 특정 환경과 특정 행동 발생 직전과 직후에 일어난 사건들이 중요하며, 모든 자연현상처럼 행동도 예측 가능하고 통제 가능하다고 믿는다.

㉢ 개인의 정신 내적인 힘이나 내적인 요인에 관심을 두기보다 관찰 가능한 행동을 강조한다. 따라서 성격발달이나 행동결정에 영향을 미치는 무의식, 전의식을 강조하는 정신역동적 모델과 상반된 관점을 가지고 있다.

2. 원인과 발달

(1) 수동적 · 고전적 조건화 이론

Pavlov와 Watson 등은 기존에 반사적 반응을 유발하는 자극과 새로운 자극이 반복해서 제시됨에 따라 새로운 자극만으로도 원하는 반응이 유발되며, 사람은 이러한 과정을 통해 새로운 자극이나 환경에 대한 반응을 학습하게 된다고 주장한다.

(2) 조작적 조건화 이론

Skinner 역시 수동적 조건화가 학습에 영향을 미치지만, 대부분의 행동은 조작적 조건화, 즉 새로운 반응은 강화라는 후속결과에 의해 산출되고 발달된다고 주장한다. 수동적 조건화는 불수의적이고 행동 발생 이전에 제시되는 자극에 의해 산출되는 반면, 조작적 조건화는 환경으로부터 특정의 바람직한 후속결과(강화)를 산출하는 수의적 반응이다. 따라서 조작적 조건화에서는 행동의 결과가 강조된다.

기출 POINT 6

❶ 17중등B2

박 교사가 A의 행동을 바라보는 정서 및 행동장애의 이론적 관점을 순서대로 쓰시오.

> A가 영유아기에 자신이 한 행동에 적절한 반응을 받지 못한 것 같아요. 잘 지내고 있을 때보다 부적절한 행동을 했을 때 선생님에게 관심을 더 받는다는 것을 알고, 지금의 부적절한 행동이 계속 유지되는 것 같습니다.

❷ 11초등 · 유아13

최 교사가 말하고 있는 관점에서 주장하는 학생 지도 내용으로 적절한 설명을 〈보기〉에서 고른 것은?

> 최 교사: 저는 학습이 경험의 결과로 나타나는 관찰 가능한 행동의 변화라고 생각해요. 그리고 자극과 반응의 관계를 중요하게 생각한답니다. 그러므로 학습 활동의 선행조건이나 결과를 조작함으로써 학습장애 학생의 학업성취를 향상시킬 수 있다고 봐요.

〈보기〉

㉠ 반복된 연습과 강화를 제공하여 학업성취를 향상시킨다.
㉡ 학습과제를 세분화하고, 학생의 학습 활동에 대한 피드백을 제공한다.
㉣ 후속자극의 변화가 어떻게 학생의 학습행동에 영향을 미치는지 체계적인 분석을 수행한다.

❸ 10중등19

정서 · 행동장애 학생의 문제행동에 대한 특수교사의 관점에 따른 지도 내용을 바르게 설명한 것을 〈보기〉에서 모두 고르시오.

〈보기〉

㉡ 문제행동의 원인을 잘못된 학습에 의한 것으로 보고, 문제행동과 관련된 환경적 변인을 파악하고, 이를 조작하여 학생들의 행동 변화를 이끌어 낸다.

(3) 사회적 학습/모델링 이론

사회학습이론에서는 행동은 관찰학습과 대리학습을 통해 학습될 수 있다고 본다. 즉, 개인이 특정 행동을 직접 수행하거나 학습에 필수적인 직접적인 강화가 주어지지 않아도 학습이 가능하다는 점에서 수동적 조건화나 조작적 조건화와 차별화된다.

더알아보기 Pavlov의 고전적 조건화

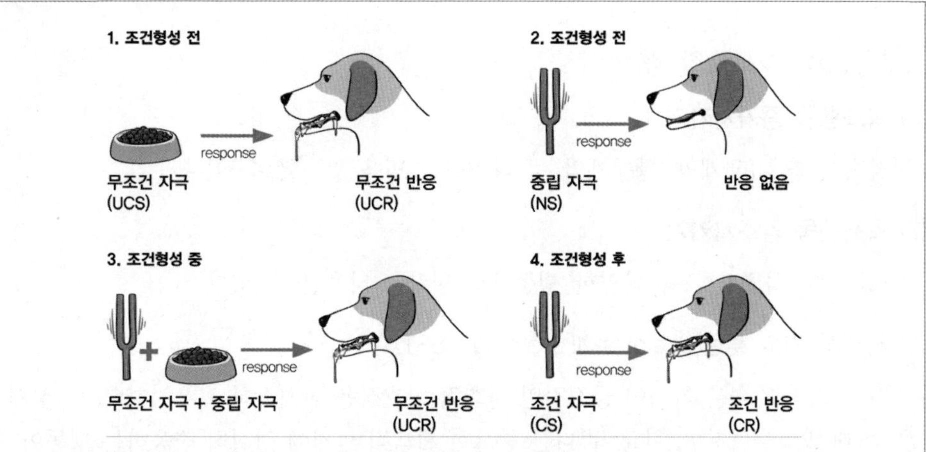

중립 자극이 무조건 자극과 반복적으로 연합되면서 무조건 반응을 유발시키는 과정이다. 조건화가 이루어지면 중립 자극은 조건 자극이 되어 조건 반응을 이끌어 낸다.

더알아보기 Skinner의 조작적 조건화

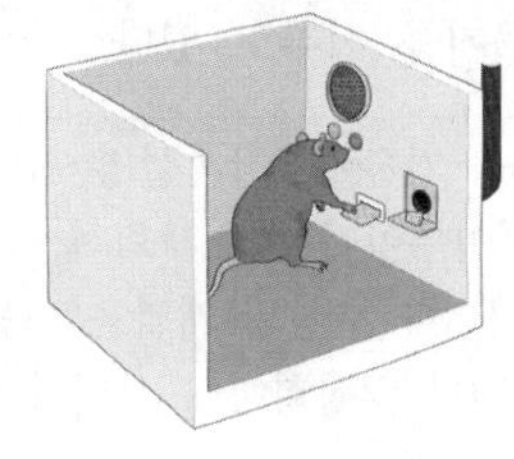

인간의 모든 행동(B)은 선행하는 사건에 자극(A)을 받으며 행동의 결과(C)로 어떠한 보상이나 벌을 받았는지에 따라 조건화된다.

3. 진단 및 평가

(1) 체크리스트와 평정척도

학생의 행동에 관한 정보를 얻기 위해서 체크리스트나 평정척도를 사용할 수 있는데, 체크리스트나 평정척도를 활용하여 양적인 정보를 얻기 위해서는 학생을 잘 알고 있는 교사나 부모가 평정해야 한다.

(2) 행동관찰

행동관찰의 목적은 자연스러운 장면에서 행동을 기록하고 측정하며, 그 행동과 관련된 변인을 파악하는 데 있다.

기출 POINT 7

❶ 24중등A12

㉡의 정서·행동 문제를 바라보는 관점은 어떤 개념적 모델에 근거한 것인지 쓰시오.

> ㉡ 학생 A가 2개월 전부터 갑자기 그런 행동을 했다고 하더라고요. 혹시 학생 A가 그 행동을 했을 때 누군가 관심을 줬고, 그 행동이 계속 관심을 받아서 지속되는 건 아닐까 하는 생각도 들어요. 일단 그 행동의 기능을 파악하는 것이 좋겠습니다.

(3) 기능적 행동평가(FBA)

학생이 정서 및 행동장애를 가지고 있는 경우 행동중재계획을 수립해야 하고, 행동중재계획 수립 시 기능적 행동평가를 실시하도록 명시하고 있다. 교사는 학생의 문제행동에 대한 행동중재계획을 수립하기 전에 학생 행동의 기능이 무엇인지를 먼저 알아야 한다. ❶ 24중등A12

4. 행동주의적 모델의 중재

(1) 목표행동 증가시키기

정적 강화, 유관계약, 행동계약 등 다양한 기법을 활용할 수 있다.

(2) 목표행동 감소시키기

소거, 벌, 차별강화 등 다양한 행동감소 전략을 사용할 수 있다.

(3) 사회적 기술 훈련(social skill training ; SST)

① 사회적 기술은 학생이 긍정적인 사회적 상호작용을 시작하고 유지하며, 다른 사람에게 받아들여지며, 학교 및 다른 중요한 사회적 환경에 적절히 적응하는 행동이다. 따라서 사회적 기술을 지도할 때는 학생의 사회적 상호작용, 사회적 수용, 학교 적응, 일상생활 적응 등을 개선하는 데 초점을 맞추어야 한다.

② 사회적 기술의 개념에 대한 정의는 학자에 따라 다소 차이가 있으며, 이러한 차이는 사회적 기술 요소를 설정하고 훈련 프로그램을 구성하는 데 영향을 미친다. ❶ 11중등20

③ 사회적 기술 훈련은 다음과 같은 4가지 과정이 근거를 이루고 있다.

언어적 지시와 모델링	• 언어적 지시는 사회적 기술을 기술·조장·설명·규정하며 요구하는 등 언어를 중심으로 이루어지는데, 사회적 기술 습득을 촉진할 수 있는 구체적 개념이나 추상적 개념을 이용함 • 모델링은 행동을 실제로 하거나 영상화하여 사회적 기술을 어떻게 수행하는지를 보여줌
시연	사회적 기술의 반복연습으로 언어적 시연, 사고적 시연, 행동적 시연의 3가지 유형이 있음 • 언어적 시연: 학생이 특정한 사회적 상황에서 무엇을 해야 하는지를 말하게 하는 것 • 사고적 시연: 학생이 사회적 기술을 실제로 행동하기보다 생각하고 상상하는 것 • 행동적 시연: 학생이 실제로 행동하는 것
피드백과 강화	• 피드백은 학생에게 사회적 기술의 실제 수행이 목표에 일치하는지에 대한 정보를 제공함 • 강화는 행동빈도를 증가시키기 위해 환경적 자극을 제시하거나 철회하는 것을 말하며 정적 강화와 부적 강화로 구분함

기출 POINT 8

❶ 11중등20

학생 A(중1, 13세)는 2년 전부터 다음과 같은 행동문제가 심화되었다. 학생 A의 행동에 대한 설명으로 옳은 것만을 〈보기〉에서 모두 고른 것은?

> • 친구의 농담이나 장난을 적대적으로 해석하여 친구와 자주 다툰다.
> • 행위의 결과에 대한 고려 없이 자주 타인의 물건을 훔치고 거짓말을 한다.
> • 부모와 교사에게 매우 반항적이며, 최근 1년 동안 가출이 잦고 학교에 무단결석하는 일이 빈번해졌다.
> • 부모의 금지에도 불구하고 자주 밤늦게까지 거리를 돌아다니며, 주차된 자동차의 유리를 부수고 다닌다.
> • 자신의 학업성적이 반에서 최하위권에 머무는 것을 공부 잘하는 급우 탓으로 돌리며 신체적 싸움을 건다.

〈보기〉

> ㉡ 학생 A의 대인관계 기술은 다양한 행동중재 기법을 종합적으로 적용하는 사회적 기술 훈련(SST)을 통하여 향상될 수 있다.

문제행동 감소 절차	• 문제행동은 효과적인 사회적 기술 지도를 방해하기 때문에 문제행동을 감소시키거나 제거하는 절차가 필요함 • 문제행동의 빈도를 감소시키기 위해 환경적 사건을 제시하거나 제거하는 것으로 차별강화, 소거, 반응대가, 과잉교정, 타임아웃 등이 있음

④ 사회적 기술 훈련 프로그램

McGinnis & Goldstein 스킬스트리밍	• 유아용, 초등학생용, 청소년용으로 구성됨 • 사회적 기술 훈련의 지도 절차는 ① 사회적 기술 정의 → ② 사회적 기술 모델링 → ③ 학생의 요구 파악 → ④ 연기자 선정 → ⑤ 역할극 준비 → ⑥ 역할극 수행 → ⑦ 피드백 제공 → ⑧ 과제 부여 → ⑨ 다음 연기자 선정의 9단계로 이루어짐
Gresham & Elliott 사회적 기술 평정체계	사회적 기술을 협력, 자기주장, 책임, 공감, 자기통제 등의 5가지 영역으로 나누어 평가함

04 인지주의적 모델

원인	평가절차	중재방법
• 부정적 사고는 부정적 기대, 평가, 귀인 그리고 비합리적인 신념으로 나타남 • 자기관리 또는 자기규제 기술의 결핍	• 자기보고식 질문지법 • 사고목록 기록법 • 소리 내어 생각하기 기법 • 면담	• 합리적 정서행동치료 (REBT) • 대인관계 문제해결 기술 • 자기관리 기술

1. 기본적 견해

① 인지주의적 모델에서는 정서 및 행동장애가 인지의 문제로 인해 발생한다고 본다. 따라서 인지주의 심리학자들은 지각이나 신념의 변화를 통해 개인들이 자신의 정서 및 행동 반응을 변화시킬 수 있다고 믿는다.

② 인지주의 심리학자들은 행동에 영향을 주는 개인의 사고, 신념, 기대, 태도에 주로 관심을 둔다. 인지상의 장애과정은 심리적 장애를 유발하며, 인지 변화를 통해 장애 행동이 개선되고 치유될 수 있다. ❶ 10중등19

③ 이 모델에서는 자신의 목표, 행동, 사고에 대해 정확하게 생각하도록 가르치는 방법 혹은 자신의 인지와 세계관을 재구조화하거나 새로운 인지 기술과 전략을 사용하여 이전과는 다르게 생각하는 것을 가르치는 방법을 제안한다.

④ 인지주의적 모델은 정서 및 행동에 대한 외적 사상의 영향은 인정하지만 인간의 내적 과정이 장애의 근본적 원인이라고 가정한다는 점에서 심리역동적 모델이나 신체생리학적 모델과 유사성을 가진다.

기출 POINT 9

❶ 10중등19

정서·행동장애 학생의 문제행동에 대한 특수교사의 관점에 따른 지도내용을 바르게 설명한 것을 <보기>에서 모두 고르시오.

<보기>

ⓔ 문제행동이 사고, 감정, 행동 간 상호작용에 의해 발생하는 것으로 보고 학생이 자신의 욕구와 갈등을 표현할 수 있도록 환경을 지원하여 건강한 성격발달이 이루어지도록 한다.

기출 POINT 10

❶ 16중등A4

다음은 정서 및 행동의 문제를 이해하기 위한 이론적 관점이 적용된 사례이다. 사용된 전략의 명칭을 쓰시오.

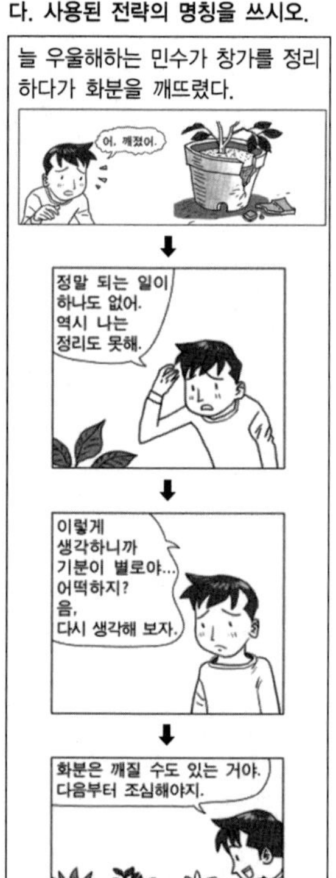

2. 원인과 발달

(1) 모델링

① 모델링의 기본 개념

㉠ 모델링은 개인, 행동, 환경적 요소의 상호작용을 강조하는 사회적 인지이론을 바탕으로 하고 있다.

㉡ 역사적으로 모델링은 모방(imitation)이라고 일컬어졌으나, 모델링이 훨씬 포괄적인 개념이다.

㉢ Bandura는 행동은 인간과 환경에 영향을 주고, 인간이나 환경 역시 행동에 영향을 주며, 사람들은 다른 사람들의 행동을 관찰함으로써 더 빨리 학습한다고 주장하였다.

㉣ 사회적 인지이론의 핵심 요소로서 모델링 과정은 하나 혹은 그 이상의 모델을 관찰함으로써 행동적·인지적·정서적 변화를 일으키게 하는 일반적인 의미이다.

② 모델링의 교수방법

㉠ 모델링은 학생들에게 새로운 과제를 제시할 때 유용하게 사용할 수 있는 전략으로서 학생의 주의를 집중시킨 후, 학생이 바라보는 동안 교사가 먼저 과제의 첫 부분을 완수하고 학생으로 하여금 그대로 따라 하도록 하는 것이다. 이러한 절차는 전체 과제가 완수될 때까지 계속된다. ❶ 16중등A4

㉡ 모델링은 학습자가 모델에게 주의를 기울이는 주의집중 과정, 모델의 행동을 상징적인 형태로 기억하는 파지과정, 모델의 행동을 따라 해 보는 운동재생 과정, 따라 해 보고 강화를 받게 되는 동기화 과정을 거쳐 이루어진다.

㉢ 모델이 학습자 자신과 비슷할수록 모델의 행동을 잘 모방할 수 있으므로, 또래 친구를 모델로 활용하는 경우가 많다. ❷ 20유아B1

㉣ 또한, 의도적으로 학습자 자신이 직접 모델이 되어 자기 자신을 사용하기도 하는데, 이를 자기모델링(self-modeling)이라고 한다. 이는 행동 변화를 이끄는 가장 강력한 형태의 모델링으로, 주어진 상황에서 적절하게 행동하는 잘 편집된 자신의 비디오테이프를 보게 된다.

③ 모델링의 효과

㉠ 충동성을 지닌 학생은 모델링을 사용하여 사려 깊음을 증가시킬 수 있는데, 실제 모델의 행동을 모방하는 경우 더욱 성공적이다.

㉡ 모델링은 읽기 이해, 계산 기술, 질문하고 답하는 행동, 문제해결기술 그리고 그 이상의 것들을 향상시키는 데 효과적이다.

기출 POINT 10

❷ 20유아B1

대화에서 ㉡의 이유를 2가지 찾아 쓰시오.

김 교사: 민수는 난타 놀이를 재미있어 해요. 민수가 좋아하는 가영이, 정호, 진아와 한 모둠이 되어 난타를 했어요. 그런데 다른 아이들만큼 잘 안 될 때는 무척 속상해 했어요.
박 교사: 생각만큼 난타가 잘 안 돼서 민수가 많이 속상했겠네요.
김 교사: 민수를 관찰하려고 표본기록이 아니라 일화기록을 해 보았어요. 제가 일주일간 자유선택활동 시간에 기록한 일화기록을 한번 보시겠어요?
박 교사: 이게 민수의 일화기록이군요. 민수가 난타를 잘하는 가영이 옆에서 따라 했네요. 그런데 그 정도로는 난타 실력이 많이 늘지는 않았나 봐요.
김 교사: 맞아요. 그래서 저도 걱정이에요.

…(중략)…

김 교사: 아까 말한 것처럼 민수는 난타 놀이를 더 잘하고 싶어 해요. 민수가 연습할 시간이 더 많았으면 좋겠는데, 현실적으로 힘든 점이 있네요. 이럴 때는 어떻게 하면 좋을까요?
박 교사: 시간이나 비용 면에서 경제적이고 반복해서 연습할 수 있는 비디오 모델링을 추천해 드려요. 민수는 컴퓨터로 학습하는 것을 좋아하니 더 주의 집중해서 잘할 거예요. 일화기록을 보니 ㉡ 가영이를 모델로 하면 좋겠네요.

---

④ 모델링의 기능

반응 촉진	• 모델링을 통한 반응 촉진(response facilitation)의 효과는 모델들이 장애학생의 행위를 위한 단서로 작용하는 경우로서, 장애학생들은 행동의 적절성에 관한 정보를 이끌어 내고 모델들이 긍정적인 결과를 얻었던 행동을 수행하도록 동기화될 수 있다. • 모델링을 통해 학생은 사회적 촉진을 받고 그에 상응하여 행동할 수 있다.
금지/ 탈금지	• 모델을 관찰하는 것은 이전에 학습한 행동을 하지 말 것을 강화하거나 약화할 수 있다. • 금지(inhibition)는 모델이 어떤 행위를 수행함으로써 벌을 받을 경우 발생한다(모델이 특정 행동을 한 다음, 처벌받는 장면을 관찰한 후 그 행동을 금지하거나 억제하는 것을 말한다). • 탈금지(disinhhibition)란 모델이 부정적인 결과를 경험하지 않고 위협적이고 금지된 활동을 수행했을 때 발생한다. 모델이 금지된 행동을 한 후, 보상을 받거나 부정적 결과를 받지 않는 것을 관찰한 후 평소 억제하고 있던 그 행동을 수행하는 것을 가리킨다. ❶ 25중등A10 예 실수에 대하여 벌 받지 않은 학생은 '탈금지'되어 행동이 지속되고, 반대로 교사가 한 학생을 실수 때문에 훈육했을 때 다른 학생들의 실수는 '금지'된다.

기출 POINT 11

❶ 25중등A10

괄호 안의 ㉢에 해당하는 관찰 학습 과정의 명칭을 쓰고, 밑줄 친 ㉣의 예를 서술하시오.

3. 학생 K에게 필요한 지시 따르기 기술을 지도하기 위해 반두라(A. Bandura)의 관찰 학습 방법 적용
- 관찰 학습의 과정인 주의집중 – (㉢) – 재생 – 동기화에 영향을 주는 요인 파악
- ㉣ 지시 따르기 기술을 배우기 위한 관찰 학습 중 탈금지(탈제지)가 나타나지 않도록 주의

	• 행동에 대한 금지/탈금지 효과는 장애학생에게 만일 그들이 모델행동을 수행한다면 유사한 결과가 발생할 것이라고 전달되기 때문에 발생한다. • 금지/탈금지는 행동이 다른 사람들에게 이미 학습한 행동들에 영향을 주는 것이라는 점에서 반응 촉진과 유사하다. 그러나 반응 촉진이 일반적으로 사회적으로 수용할 만한 행동들을 포함하는 반면, 금지/탈금지는 종종 도덕적 정서를 수반한다는 차이가 있다.
관찰학습	• 타인의 행동을 관찰함으로써 간접적으로 바람직한 행동을 학습하는 것으로, 핵심 기제는 모델이 보인 정보에 의해 학생들이 새로운 행동을 산출하는 방식이다. • 관찰학습은 네 가지 하위 과정으로 구성된다. ❶ 22초등B5, ❷ 22유아B4, ❸ 19유아A5 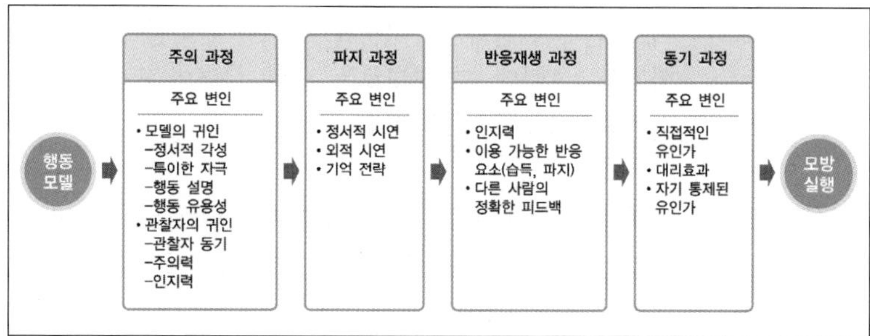 1) 주의집중(attention) – 장애학생이 의미 있게 지각하기 위해 관련 사건에 집중하는 것으로, 모델의 특성, 과제요소(특별한 크기, 형태, 색깔, 소리 등), 모델활동의 기능적 가치의 지각이 영향을 준다. – 사람들이 모델에 집중하는 것은 의존성, 자신의 능력에 대한 지각, 특성에 의해 영향을 받는다. 2) 파지(retention) – 기억 속에 저장된 정보를 인지적으로 조직, 시연화, 부호화 및 전송하는 것이다. – 관찰학습에서는 지식 저장의 두 가지 모델을 가정한다. 즉, 지식은 이미지나 언어적 형태로 저장되는데, 이미지적 부호화는 활동을 위해 특별히 중요하지만 단어로 쉽게 기술되지 않는다. 많은 인지기술 학습은 규칙이나 절차의 언어적 부호화에 의존한다. 시연이나 정보의 정신적 고찰(머릿속에 그려 봄)은 지식의 파지에 핵심적 역할을 한다. 3) 재생(production) – 모델 사건에 대해 외현적 행동으로 시각적·상징적 개념화를 통해 번영하는 것을 포함하는 행위이다. – 모델행동의 재생에서의 문제점은 학습자가 기억 속에 부호화된 정보를 외현적 행동으로 표현해 내는 데 있어 어려움이 있다는 것이다. 4) 동기화(motivation) 사람들이 '중요하다고 느끼는' 모델 행동에 주의집중을 유지하고 재생할 가능성이 높아지도록 하는 것이다.

기출 POINT 12

❶ 22초등B5
활동 1에서 실시한 반두라의 관찰학습 하위 과정(단계)의 명칭을 쓰시오.

> • 활동 1: 건강에 이로운 음식 알기
> – 교사가 도입 동영상에 나온 이로운 음식 설명하기
> – 도입의 동영상을 보고 학생이 어제 먹은 음식과 교사가 먹은 음식에서 이로운 음식 찾기
> – 제시된 그림에서 학생이 이로운 음식 찾아 붙임딱지 붙이며 범주화하기
> – 학생이 새롭게 배운 이로운 음식을 기억할 수 있도록 시연하고 노랫말 만들어 부르기

❷ 22유아B4
반두라의 관찰학습이론에 근거하여 ㉣에 해당하는 용어를 쓰시오.

> 김 교사: 저도 그렇게 느꼈어요. 다른 친구들이 나와서 각자 만든 리듬을 연주할 때마다 유심히 보더라고요. 가끔씩 ㉣ <u>영호는 혼잣말로 "두구두구 두구두구"라고 하며 중얼거리기도 하고, "요렇게, 아니, 아니."라고 하면서 고개를 가로젓다가 까딱거리며 리듬막대를 살살 움직여보기도 하더군요.</u>

❸ 19유아A5
반두라의 관찰학습이론에 근거하여 ㉡은 관찰학습 과정 중 어디에 해당하는지 쓰시오.

> 김 교사: 아이들은 교사의 말이나 행동을 그대로 따라 하는 것 같아요. 지난 번 현장체험학습 때 놀림을 받은 원기에게 아이들이 다가가 안아 주거나 토닥거려 주고, 함께 손을 잡고 다녔죠. ㉡ <u>평소 박 선생님과 제가 원기에게 하던 행동을 아이들이 자세히 본 것 같아요.</u> 교사의 행동이 아이들에게 참 중요하다는 것을 다시 알았어요.

더알아보기 모델링 과정

습득과 관찰학습	• 모델링 과정에서의 주의, 파지, 반응재생은 주로 모델을 관찰하면서 습득하는 새로운 행동과 관련이 있다. Bandura는 모델링에서 이러한 습득의 효과를 관찰학습이라 불렀다. ❶ 19초등A4 • 관찰학습을 통해 행동뿐만 아니라 정서도 습득한다. 이것은 정서가 관찰 가능한 인지·행동·심리적인 면을 포함하기 때문이다. • 관찰학습에서는 관찰과 대리적 벌에 의해 문제행동이 감소될 수 있고, 관찰과 대리적 강화에 의해 새로운 행동을 학습할 수 있다.
수행과 대리효과	• Bandura의 모델링 과정에서의 주의, 파지, 반응재생은 새로운 행동 습득과 관련 있으나 동기는 이론적으로 행동 습득에 포함시키지 않는다. 그러나 동기 과정은 어떠한 환경하에서 모델을 관찰한 결과에 따라 학생의 행동이 변화했는가와 관련 있다. 모델 관찰 결과로 학생의 행동이 변화하였다면 이를 대리효과라 부른다. • 대리효과는 모델 행동의 관찰 결과에 따라 학생의 행동이 더 나타나기도 하고 덜 나타나기도 한다. – 대리강화: 모델 행동으로부터 좋은 결과를 습득하여 학생이 그 행동을 모방하는 것이다. ❷ 19유아A5 – 대리처벌: 모델 행동으로부터 좋지 않은 결과를 얻었다면 학생은 모델과 비슷하게 행동하지 않을 것이다.

기출 POINT 13

❶ 19초등A4

민규의 행동 원인을 반두라의 사회학습관점에 근거하여 쓰시오.

• 자주 무단결석을 함
• 주차된 차에 흠집을 내고 달아남
• 자주 밤늦게까지 집에 들어오지 않고 동네를 배회함
• 남의 물건을 함부로 가져간 후, 거짓말을 함
• 반려동물을 발로 차고 집어던지는 등 잔인한 행동을 함
• 위와 같은 행동이 12개월 이상 지속되고 있음

❷ 19유아A5

ⓒ에 해당하는 강화의 유형을 쓰시오.

박 교사: 아이들끼리도 서로 영향을 주고받는 것 같아요. ⓒ 지난번 현장 체험학습 때 제가 원기를 도와주었던 친구들을 칭찬해 줬더니, 그 모습을 보고 몇몇 유아들은 원기를 도와주는 행동을 따라 하는 것 같아요.

(2) 사회정보처리

① Dodge 등(1998)은 정서 및 행동장애의 공격 패턴에서 발견되는 문제행동을 설명하기 위해 사회정보처리모델을 발전시켰다.

② 사회적 정보에는 사람의 행동, 말, 억양, 외모, 얼굴표정, 행동결과, 사람의 행동에 따라 발생하는 명확하거나 미묘한 정보가 있다.

사회정보처리모델의 단계

단계	설명
1. 부호화	• 부호화는 사회적 정보를 탐색하고, 주의집중하며, 파지하는 것을 포함한다. • 공격적인 학생은 공격적이지 않은 학생보다 관련된 사회적 정보를 탐색하고 주의를 기울이는 능력이 부족하기 쉽다. 또한 공격적인 학생은 가장 최근에 일어난 일이나 유행하는 것 등 사회적으로 일반적이지 않은 정보에 주의를 기울이는 경향이 있다.
2. 해석	• 해석은 의미를 판단하기 위해 자신의 경험과 사회적 정보를 비교하는 것이다. • 공격적인 학생은 주어진 상황에서 타인의 사고와 감정을 이해하는 능력이 부족하며, 다른 사람이 자신에게 어떻게 대할 것인지에 대한 판단을 잘하지 못한다. 공격적인 학생은 다른 사람의 진실된 말도 적대감 있는 말로 잘못 인식한다.

3. 반응 접근	• 반응 접근은 친근한 반응이 발견되지 않으면 적합한 반응을 만들기 위해 정신적인 탐색을 하는 것이다. • 공격적인 학생은 분쟁을 평화롭게 해결할 수 있는 대화 기술과 문제해결 방법과 같은 좋은 사회적 관계에 필요한 행동과 사고를 갖고 있지 않다. 공격적인 학생은 도전적인 상황에서 적절한 반응을 보이지 않고, 공격적인 반응을 하는 경향이 있다.
4. 반응 결정	• 반응 결정은 반응을 선택하는 것이다. 반응을 적절하게 선택하기 위해서 학생은 3단계에서 만들어진 반응의 결과를 예측해야 한다. 그리고 그가 원하는 목표가 무엇인지를 고려해야 한다. • 공격적인 학생은 타인에게 공격하는 것을 정당화하고, 상대방의 고통을 수용할 수 있는 반응 결과로 판단하기 위해 타인의 비열한 성격을 과장하고, 앙갚음을 하기 위해 공격행동을 선택하는 경향이 있다. 공격적인 학생은 공격행동에 대해 성공적이라고 생각할 수 있는데, 이는 단지 공격의 결과를 잘못 예측한 것이다.
5. 시행	• 시행은 선택된 반응을 행하는 것이다. • 공격적인 학생은 친사회적 언어 및 운동기능이 부족한 경향이 있다. 공격적인 학생은 친사회적 행동으로 발생하는 좋은 결과를 예상하지 못하고, 공격행동의 성공만을 예상한다.
6. 성과 평가	• 성과 평가는 시행의 효과를 평가하기 위해 반응 결과를 관찰하는 것이다. 이것은 유사한 환경이 다시 발생했을 때 학생이 과정을 수정할 필요가 있는지를 결정할 수 있게 한다. • 공격적인 학생은 공격적인 반응의 나쁜 결과를 간과하는 경향이 있다. 예를 들어, 공격을 당한 학생에 대한 부정적 반응 결과를 최소화하고, 단지 전체 결과 중에서 일부분만 관심을 갖는다.

(3) 인지결함과 인지왜곡

인지결함	• 인지결함의 관점에서 정서 및 행동장애는 필요한 인지처리 과정의 부재로부터 나타난다. • 공격성과 충동성을 포함한 정서 및 행동장애는 주로 인지결함을 수반한다. • 인지결함이 있는 경우 자기효능감, 자기확신, 자기교수 등 초인지적 전략 사용에 어려움이 있다.
인지왜곡	• 인지왜곡의 관점에서 정서 및 행동장애는 왜곡된 인지처리 과정에 따라 발생한다. • 불안과 우울은 인지왜곡으로 발생한다. • 우울증 치료에서 왜곡된 사고를 바꾸는 인지 재구조화 방법을 주로 사용한다.

3. 진단 및 평가

정서 및 행동장애의 인지적 평가는 학업수행 과정에서 다양하게 나타나는 인지 영역에서의 어려움을 측정하는 방법과, 정서 및 행동장애에서 나타나는 인지적 부적응행동을 진단하고 평가하는 방법이 있다. 인지적 평가에서는 타인에 대한 이해 및 지각, 자신과 타인의 행동에 대한 기대, 문제해결 능력, 조망능력, 귀인, 비합리적 사고, 자기통제 양식 등을 평가한다. 정서 및 행동장애 학생을 위한 평가 방법에는 자기보고, 사고목록, 소리 내어 생각하기 등이 있다.

(1) 자기보고

① 자기보고는 자기보고 형태의 체크리스트, 평정척도, 질문지 등을 통해 자기 자신, 세상, 미래에 대한 부정적 사고와 관련된 정보를 수집하는 방법이다. ❶ 25초등A6

② 이 접근법의 기본 가정은 학생이 자신의 사고와 행동을 관찰하고 기술하며, 자신의 다양한 경험을 이용하여 응답할 수 있다는 것이다. 자기보고는 외현적인 행동으로는 알 수 없는 정서와 반응을 평가할 수 있는 장점이 있다.

③ 자기보고의 한계점은 학생이 자신의 행동에 대한 객관적인 판단자가 아닐 수 있기 때문에 의식적·무의식적으로 자신의 반응을 왜곡할 수 있다는 점이다. 따라서 자기보고는 종합적인 평가의 일부분으로 활용하는 것이 바람직하다.

(2) 사고목록(thought listing)

① 사고목록은 개방형 인지기법으로 특정한 시간이나 활동을 하는 동안에 생각했던 모든 것을 목록화하는 방법이다.

② 사고목록은 기록된 반응들의 내용에 따라 정적 사고와 부적 사고의 비율로 점수화하여 평가한다.

③ 심층분석에서는 개인이 보고한 사고, 개념, 이미지, 감정 등의 내용에 대해 분석한다 (Cacioppo, von Hippel & Ernst, 1997).

(3) 소리 내어 생각하기(think aloud)

① 소리 내어 생각하기는 특정 상황에 대한 반응을 알아보는 개방형 인지기법으로, 자신의 마음속에 일어나고 있는 것을 모두 말하도록 한다.

② 소리 내어 생각하기는 우울증이나 가족 갈등과 같은 문제의 인지적 요인을 연구하기 위해 사용되어 왔으며, 학업에도 응용된다. 예를 들어, 학생들에게 수학문제를 풀 때 생각하는 것을 소리 내어 말하도록 하면, 교사는 어느 부분이 틀렸는지 파악할 수 있다.

기출 POINT 14

❶ 25초등A6

밑줄 친 ⓜ에 적용할 수 있는 평가방법을 1가지 쓰시오.

일반 교사가 작성한 수업 계획의 초안	은수의 학습 활동을 위한 특수교사의 조언
• ⓜ 자기보고법 - 자기보고서 쓰기 - 하루 동안 있었던 일 생각하며 나의 감정 일지 쓰기	• 하루 동안 있었던 일의 목록 만들기

더 알아보기

소리 내어 생각하기

생각하기가 성숙되기 이전에 이를 돕기 위한 방법으로, 외현적으로 말하면서 생각할 수 있도록 도움을 주어 인지기능과 기억력을 촉진하는 방법이다. 이 프로그램은 Camp & Bash가 개발하였으며 인지과제를 해결하는 과정에서 집중력이 떨어지거나 능동성이 있는 아동에게 해결방법을 큰 소리로 말하게 함으로써 집중하여 해결하게 한다. 이 프로그램의 중요 구성 요소 세 가지는 문제해결 접근법, 인지적 모델링, 자기교시법이다(특수교육학 용어사전, 2018).

4. 인지주의적 모델의 중재

(1) 인지결함에 대한 중재

인지결함으로 발생하는 문제행동을 지도하기 위해서는 문제행동과 동등한 기능을 가진 대안적인 행동을 지도하거나, 기술 습득의 방법을 통해 적응행동을 증진시켜야 한다.

① 인지 전략 및 초인지 전략

㉠ 인지 전략은 문제해결 과정 및 특정 과제수행을 용이하게 하기 위해서 사용하는 정신적인 전략을 말한다.

시연	단기기억에 저장된 정보가 사라지지 않게 하기 위한 전략(예 밑줄 그어 강조하기, 노트하기, 암송하기 등)
정교화	새롭게 유입되는 정보를 이전 지식과 관련을 맺도록 하여 장기기억 속에 저장하는 전략(예 다른 말로 바꾸어 자신의 것으로 만들어 보기, 요약하기, 질문하기, 심상법, 유추하기 등)
조직화	학습내용의 요소들 간 내적 연결 구조를 만들어 논리적으로 구성, 위계화시켜서 복잡한 내용을 쉽게 이해할 수 있게 하는 전략(예 주요 주제와 아이디어의 개요 작성하기, 지도나 개념지도, 흐름도와 같은 정보 도식화하기 등)

기출 POINT 15

❶ 15초등A4

㉡에 들어갈 용어를 쓰시오.

(㉡) 능력이 부족하여, 과제 해결을 위해 어떤 전략이 필요한지 잘 모르고, 하는 일에 대해 지속적으로 검토하지 못함

㉡ 초인지는 인지 자체라기보다는 자신의 인지에 관한 지식이며, 자신의 인지 과정을 통제하여 학습하는 능력이다(Brown, 1987). 따라서 초인지 전략은 '자신의 학습을 반성, 이해, 통제하는 능력'이며, 초인지적 지식과 자기조정으로 구성되어 있다. ❶ 15초등A4

초인지 전략의 개념과 구성

초인지 전략	정의	구성	내용
초인지적 지식	학습자가 학습에 영향을 주는 개인·과제·전략 변인을 아는 것	선언적 지식	자신과 전략에 대한 지식
		절차적 지식	전략 사용에 대한 지식
		조건적 지식	전략 사용 시기와 이유에 관한 지식
자기조정	인지과정을 스스로 조절하는 것으로 인지 전략을 효율적으로 선택 관리하고, 목표에 도달하기 위해 학습하는 동안 학습 활동을 점검하고 재지시하는 것	계획 활동	결과 예측, 전략 계획, 다양한 형태의 대리적 시행착오 등
		점검 활동	학습 전략의 점검, 수정, 재계획
		결과 점검	전략 효과에 대한 평가

ⓒ 초인지 전략 훈련에는 자기교수(self-instruction)가 있다.

- **자기교수의 개념**: 자기교수는 자신의 행동을 규제하기 위해 자기 자신에게 이야기하는 과정으로, 과제 수행에 필요한 의사결정과 행동 실행의 지침을 스스로 이야기해야 한다.
- **자기교수의 목적**: 내적 언어의 자기진술을 사용하여 잘못된 인지양식을 바꾸고 행동을 변화시키는 것이다.
- **교수절차(Meichenbaum & Goodman)** 기출 POINT 16

1. 인지적 모방	• 교사는 큰 소리로 과제 수행의 단계를 말하면서 시범을 보인다. • 학생은 이를 관찰한다.
2. 외적 모방	학생은 교사의 지시에 따라 교사가 말하는 자기교수의 내용을 그대로 소리 내어 따라 말하면서 교사가 수행하는 것과 똑같은 과제를 수행한다. 즉, 1단계에서 관찰한 내용을 지시에 따라 그대로 따라 하는 것이다.
3. 외적 자기교수	• 학생은 큰 소리로 과제 수행 단계를 말하면서 같은 과제를 수행한다. 즉, 2단계를 교사의 모델 없이 스스로 해보는 것이다. • 교사는 관찰하며 피드백을 제공한다.
4. 외적 자기교수 용암	• 학생은 작은 목소리로 과제 수행 단계를 속삭이면서 과제를 수행한다. • 교사는 관찰하며 피드백을 제공한다.
5. 내적 자기교수	학생은 소리 내지 않고 내적 언어를 사용하며 과제를 수행한다.

기출 POINT 16

❶ 23유아B4

입학 전 적응기술을 가르치기 위해 마이켄바움과 굿맨의 자기교수 훈련에 근거하여 ⓛ과 ⓒ에 해당하는 지우의 행동을 각각 쓰시오.

[자기교수 훈련 과정]	
박 교사의 행동	지우의 행동
"줄을 서서 차례를 기다려요."라고 큰 소리로 말하면서 줄을 선다.	ⓛ
(생략)	ⓒ
지우의 행동을 관찰하고 피드백을 제공한다.	(생략)
(생략)	(속삭이듯 작은 목소리로) "줄을 서서 차례를 기다려요."라고 말하면서 줄을 선다.
(생략)	('줄을 서서 차례를 기다려요.'라고 속으로 말하면서) 줄을 선다.

기출 POINT 16

❷ 18유아A3

민수에게 적용한 지도 방법의 명칭과 ( )에 들어갈 활동 내용을 쓰시오.

인지적 모델링	교사가 큰 소리로 "책을 꽂아요."라고 말하면서 책을 제자리에 꽂는다.
외현적 지도	교사가 큰 소리로 "책을 꽂아요."라고 말을 하고, 민수는 교사의 말을 큰 소리로 따라 하면서 책을 제자리에 꽂는다.
외현적 자기지도	( )
외현적 자기지도의 감소	민수가 점점 작은 목소리로 "책을 꽂아요."라고 말하고, 책을 제자리에 꽂는다.
내재적 자기지도	마음속으로 '책을 꽂아요.'를 생각하며 책을 제자리에 꽂는다.

❸ 15초등B6

ⓛ과 관련하여 아래의 괄호에 들어갈 교사의 활동을 쓰시오.

1단계: 인지적 모델링
2단계: 외현적 자기교수 안내
3단계: ⓛ 외현적 자기교수
4단계: 자기교수 용암
5단계: 내재적 자기교수

지우가 큰 소리로 자기교수를 말하면서 과제를 수행한다. 그리고 교사는 (   ).

❹ 13추가중등A6

①과 ②에 들어갈 알맞은 활동을 쓰시오.

1단계: 인지적 모델링
교 사: ① ____________
학 생: 이를 관찰한다.

4단계: 자기교수 용암
학 생: ② ____________
교 사: 이를 관찰하고 피드백을 제공한다.

- 자기교수에서 사용하는 진술문의 예시 ❶ 15초등B6

문제의 정의	문제가 무엇이지? 내가 할 것은 무엇이지?
주의집중과 행동의 지시	어떻게 해야 하지? 내 계획이 무엇이지?
자기강화	난 잘하고 있나? 난 계획대로 하고 있나?
자기평가와 오류수정	어떻게 끝낼 수 있었지? 내가 문제를 해결한 방법이 무엇이었지?

- 자기교수의 장점(Miller, 1987) ❶ 22유아B1
  - 아동이 과제수행을 위해 마음속으로 계속 반복하기 때문에 확신감이 증가한다.
  - 계속되는 사고 과정을 스스로 통제할 수 있으므로 적극적인 점검이 가능하다.
  - 이해 과정을 통해 아동의 수동적 행동을 적극적 행동으로 변화시킬 수 있다.
  - 훈련 방법을 오랫동안 유지하고 일반화할 수 있다.

② 문제해결 훈련(problem solving training, D'Zurilla & Goldfried)

㉠ 문제해결 훈련은 갈등, 선택, 문제 상황에 직면했을 때 효과적으로 대처하고 해결하는 능력을 지도하는 것으로, 학생은 문제에 대한 해결책을 배우는 것이 아니라 문제해결 과정에서 필요한 전략인 ① 문제 인식하기 – ② 문제 정의하기 – ③ 문제해결 방안 만들기 – ④ 해결 방안 검토하기 – ⑤ 해결 방안 실행하기 – ⑥ 결과 점검하기를 학습하는 것이다. ❶ 12중등23

㉡ 즉, 학생들은 필요한 문제를 인식하고, 문제를 정의하며, 문제를 해결할 방안을 만들고, 우선적으로 적용할 방안을 선정하며, 실행계획을 세우고, 해결 방안의 결과를 점검하는 문제해결 절차를 학습한다. 학생이 학습해야 할 문제해결 전략(2단계)을 학생들이 숙달할 수 있도록 하는 것이 매우 중요하다.

㉢ 학생들은 문제가 무엇인지를 인식하고 판별하는 데 어려움이 많으므로 문제 상황을 파악하는 데 도움이 되는 것으로 문제 일지(problem log)를 활용해 볼 수 있다.

문제 일지

1. 문제가 무엇인가? 문제를 적어 보세요.
2. 문제를 해결하기 위해 무엇을 했습니까?
3. 당신이 선택한 방법으로 문제가 해결되었나요?
4. 당신의 해결방법에 대해 점수를 준다면? (○표)
   좋지 않다　보통이다　좋다　매우 좋다
5. 만약 문제가 다시 발생한다면 어떻게 다루겠습니까?

기출 POINT 17

❶ 15초등B6

㉠단계의 명칭을 쓰시오.

〈자기진술문의 예시〉
- (㉠): "나는 지금 무엇을 해야 하지?"
- 계획: "이제 어떻게 해야 하지?"
- 자기평가: "어떻게 했지?"
- 자기강화: "잘했어."

기출 POINT 18

❶ 22유아B1

마이켄바움과 굿맨의 자기교수법에 근거하여 ㉡에 해당하는 자기교수법 단계의 명칭을 쓰고, ㉢에서 태호가 할 행동의 예를 쓰시오.

김 교사: 전에 태호가 좀 충동적이고 산만했었는데, 최근에는 ㉡ 태호가 속삭이듯 혼잣말로 "나는 조용히 그림책을 볼 거야."라고 말하며 그림책을 꽤 오랫동안 잘 보더라고요.
박 교사: 네, 사실은 얼마 전부터 태호에게 자기교수법으로 가르치고 있어요. 자기교수법은 충동적이고 주의산만한 아이에게 효과가 있다고 해요.
김 교사: 그럼 자기교수법은 어떻게 가르치나요?
박 교사: 자기교수법에는 5단계가 있어요. 첫 번째 인지적 모델링 단계에서는 교사가 유아 앞에서 "나는 조용히 그림책을 볼 거야."라고 말하며 책을 보는 거예요. 두 번째 외적 모방 단계에서는 교사가 말하는 자기 교수 내용을 유아가 그대로 따라 말하면서 그림책을 보는 것입니다.
…(중략)…
마지막으로 다섯 번째는 ㉢ 내적 자기교수 단계가 있어요.

기출 POINT 19

❶ 12중등23

정서·행동장애 학생들의 사례에 나타난 이론적 모델과 중재 방법으로 옳은 것은?

(다) 학생 C는 무단결석을 빈번히 하고, 친구들과 자주 싸운다. 이에 교사는 학생에게 자신이 처한 상황에서의 문제를 파악해 기록하게 한 후, 그 문제를 해결할 수 있는 여러 방법과 결과에 대해 생각해보게 하였다. 그리고 자신이 선택하여 실행한 방법과 결과를 기록하도록 지도하였다.

③ (다)는 심리역동적 모델을 근거로 합리적 정서치료의 절차를 적용한 것이다.

문제해결 훈련 단계

단계	정의	방법
1단계	문제해결 훈련의 중요성을 설명한다.	교사는 문제를 해결하는 방법을 학습하는 것이 왜 중요한지를 학생에게 설명한다. 학생은 문제해결 전략을 학습해야 하는 이유를 이해하고 최선을 다할 것을 다짐한다.
2단계	효과적인 문제해결 전략을 지도한다.	교사는 학생에게 문제해결 전략(예 문제 인식하기, 문제 정의하기, 가능한 해결 방안 만들기, 해결 방안 검토하기, 해결 방안 실행하기, 결과 점검하기)을 설명한다.
3단계	문제해결 전략의 시범을 보인다.	교사는 문제해결 전략을 사용할 수 있는 상황과 구체적인 전략을 설명하고, 보조원 또는 또래 학생과 함께 문제해결 전략의 시범을 보인다.
4단계	문제해결 전략을 사용할 수 있는 역할놀이 기회를 제공한다.	교사는 실생활에서 접할 수 있는 문제해결 전략 적용 상황을 준비하고, 학생들이 문제해결 전략을 사용할 수 있는 역할놀이에 참여할 수 있도록 한다. 교사는 학생들의 역할놀이에 대한 피드백을 제공한다.
5단계	문제해결 관련 숙제를 제공한다.	교사는 학생들에게 실생활 상황에서 문제해결 전략을 연습할 수 있는 숙제를 내준다.
6단계	피드백과 강화제를 제공한다.	교사는 학생이 사용한 문제해결 전략에 대한 피드백을 제공하고 적절한 강화제를 제공한다.

ⓔ 사회적 문제해결 전략(D'Zurilla & Goldfried)

단계	내용
1. 문제해결 방법 설정	• 교사는 정서적 · 행동적 문제에 대한 희망적인 해결 방법을 설정하고, 학생으로 하여금 사회적 문제해결을 할 수 있는 능력자로 생각할 수 있게 해야 한다. • 학생이 사회적 문제에 대해 성급하게 행동하거나 포기하기보다는 사려 깊은 사고방식으로 접근하도록 해야 한다. • 또한 학생에게 타인의 행동, 비사회적 신체적 사고, 자신만의 사고와 같은 다양한 문제 요소들을 식별하는 방법을 지도해야 한다.
2. 문제 정의	• 교사는 학생이 문제 상황의 외적인 면과 내적인 면을 검토할 수 있도록 한다. 그리고 문제와 관련된 외적인 면과 내적인 면에 집중할 수 있도록 한다. • 이를 통해 학생은 문제해결을 돕는 외적인 면과 내적인 면에서의 변화를 확인할 수 있다.

3. 대안적 일반화	• 교사는 문제 정의 단계에서 설정한 변화를 달성하도록 하기 위해서 학생에게 대안적인 해결 방법을 모색하도록 시킨다. • 더 나은 대안적인 방법을 찾는 데 시간이 걸린다면 대안적인 해결 방법의 평가 시기를 일시적으로 늦출 수도 있다.
4. 의사결정	• 교사는 각 대안적인 방법의 결과를 고려하여 학생을 지도한다. 그리고 교사는 실제 상황에서 학생이 각 대안을 수행할 수 있는지에 대한 가능성을 고려한다. • 이 시점에서 대안적인 방법이 첫 번째 문제해결 방법으로 선택될 때까지 3단계와 4단계의 교수과정을 반복한다.
5. 수행 및 확인	• 학생은 자신이 선택한 해결 방법을 시도한다. 이 단계에서 학생은 문제 상황, 문제해결 시도, 문제를 해결하는 동안의 감정 및 사고, 그리고 전략의 성과에 대한 정보를 기록한다. • 이러한 기록은 전략을 평가할 때 고려된다. 학생이 첫 번째 전략을 성공했다면, 다양한 방법으로 자기에게 보상한다. • 그러나 성공하지 못했다면, 선택하고 시도했던 대안이 가치 있었는지를 확인하고, 이전 단계로 되돌아가서 다시 시도한다.

ⓜ 대인관계 문제해결 전략

1. 문제 확인 및 정의	문제를 확인하고 정의한다.
2. 대안모색	가능한 한 많은 해결책을 끄집어낸다. (대안적 사고)
3. 대안분석	• 각각의 해결책이 채택되었을 때 산출될 수 있는 단기적 · 장기적 결과와 투자되어야 할 노력과 자원 등을 분석한다. (인과적 사고) • 각 해결책이 다른 사람에게 미치는 영향을 판단한다. (조망수용)
4. 수단-방법사고	하나의 해결책을 선택하고 해결을 위한 단계를 정한다. (수단목표사고)
5. 실행 및 평가	선택된 해결책을 실행하고, 그 결과를 평가한다. (자기평가)

(2) 인지왜곡에 대한 중재

정서 및 행동장애는 자신이나 타인과 관련된 주변의 사건에 대해 잘못 생각하는 왜곡된 사고로 나타날 수 있다. 따라서 정서 및 행동장애에 대한 인지중재는 학생의 부적응적 조망을 적응적 조망으로 변화시키도록 설계해야 한다. 인지왜곡에 대한 중재에는 왜곡된 정보처리를 수정하는 방법(예 분노대처 프로그램)과 왜곡된 신념 및 귀인을 수정하는 방법(예 합리적 정서행동치료)이 있다.

① 분노대처 프로그램(anger coping program)

분노대처의 주요 목표는 강한 정서적 각성과 공격행동을 초래하는 사회적 지각의 오류를 수정하는 것이다.

1. 목표 설정	목표 설정은 분노대처 수업을 시작할 때 검토해야 하는 기본 과제이다. 학생은 프로그램 초기에 수업과 관련된 목표를 세우고, 실천하며, 평가하는 방법을 배운다. 예를 들어, "누군가가 나를 놀렸을 때, 화나는 목소리와 행동을 멈춘다."라고 목표를 설정한다.
2. 자기대화	학생이 조롱과 경솔한 분노를 참는 방법을 배울 때, 인형과 역할극의 모델링을 통해 자기대화를 배운다. 자기교수와 유사한 자기대화는 학생의 분노를 진정시킬 수 있다.
3. 분노 개념	분노 개념은 분노와 연관된 행동(예 얼굴표정, 자세), 정서, 사고, 생리적 반응(예 뜨거운 것을 느낌, 근육 긴장)을 포함한다. 교사는 이러한 개인적인 반응들을 시청각 매체를 통해 정의하고, 논의하며, 조사한다.
4. 분노에 대한 대안행동	교사는 갈등 상황에서 분노에 대한 대안행동을 조사한다. 교사는 학생이 대안행동의 과정을 순서대로 생각할 수 있도록 돕는다.
5. 사회적 조망 수용	사회적 조망 수용은 분노대처 프로그램의 중요한 특징이다. 교사는 학생이 다양한 상황에서 수용할 수 있는 조망들을 찾게 하기 위해 다양한 수업과 기법을 사용한다. 이러한 수업에서는 각 조망의 잠재적인 결과를 강조한다.
6. 분노대처 실행의 활성화	학생은 분노 개념의 학습과 더불어 분노대처 실행을 활성화하기 위한 전략을 배운다. 학생은 자기 자신에게 다음과 같은 질문을 한다. • 무엇이 문제인가? • 나는 어떻게 느끼는가? • 내가 할 수 있는 대안은 무엇인가? • 결과는 어떠한가?

기출 POINT 20

❶ 20중등B1

(나)의 대화에서 괄호 안의 ㉠에 해당하는 용어를 쓰시오.

다양한 중재 방법이 있습니다. 그중 하나는 인지적 모델을 바탕으로 하는 (㉠)입니다. 이 중재 방법에서는 정서·행동장애 학생이 보이는 부정적 정서 반응과 행동의 원인을 비합리적 신념 때문이라고 봅니다. 그래서 학생 A의 비합리적 신념을 논박하면, 비합리적 신념이 합리적 신념으로 변화하여 바람직한 정서를 보이고 적절한 행동을 하게 된다고 봅니다.

❷ 16중등A4

다음은 정서 및 행동의 문제를 이해하기 위한 이론적 관점이 적용된 사례이다. 사용된 전략의 명칭을 순서대로 쓰시오.

늘 우울해하는 민수가 창가를 정리하다가 화분을 깨뜨렸다.

② 합리적 정서행동치료(REBT) ❶ 20중등B1, ❷ 16중등A4, ❸ 14초등B1, ❹ 14유아B2

㉠ 학생이 문제를 일으키는 것은 상황에 대한 학생의 비합리적 신념 때문인데, 이것은 합리적 정서행동치료의 'A—B—C 체계'이다. 학생은 불쾌한 정서와 부적응 행동(C)의 원인을 불행한 선행사건(A)의 탓으로 돌리는 경향이 있다.

㉡ 교사는 학생의 비합리적 신념을 논박하여 인지 재구조화를 촉진한다. 논박기법은 비합리적 신념의 논리, 증거, 유용성이 부족하다고 설명한다.

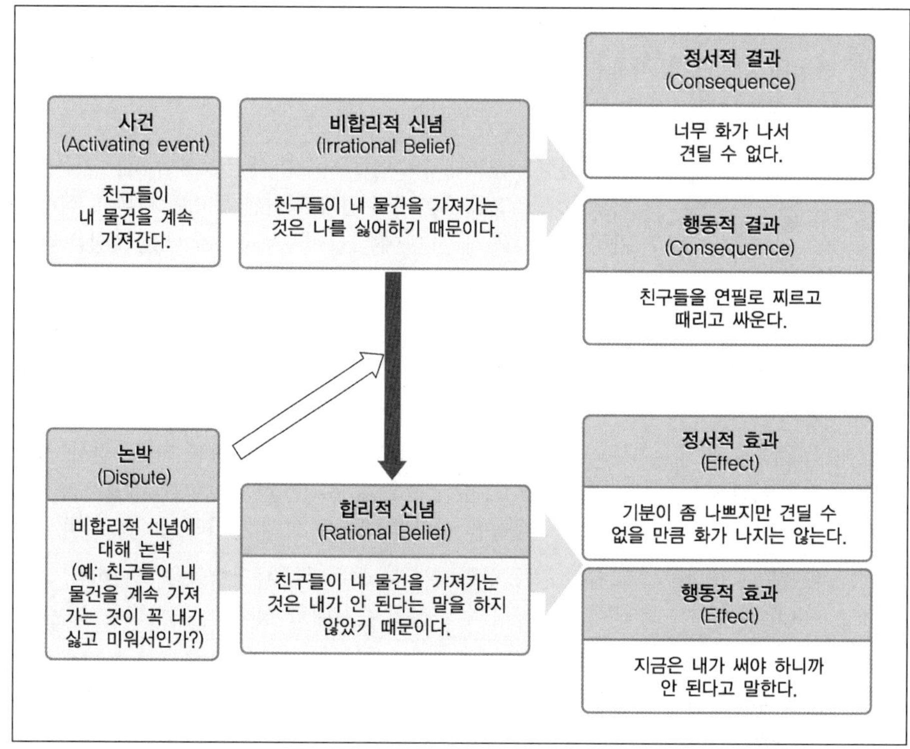

REBT

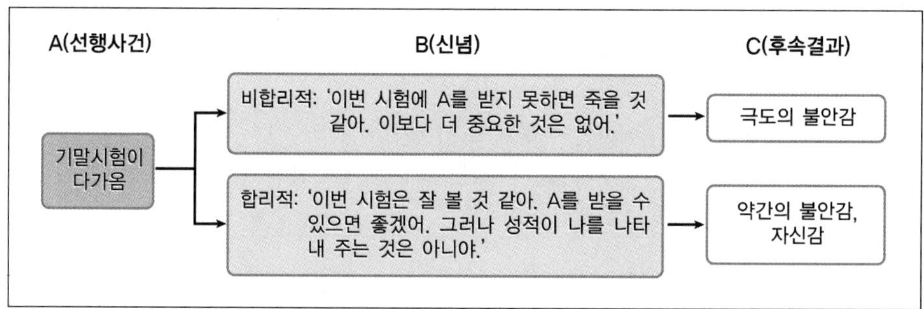

합리적 정서행동치료의 ABC 모형의 예

기출 POINT 20

❸ 14초등B1

다음은 영희의 특성이다. 김 교사가 영희에게 엘리스의 합리적 정서행동치료(REBT) 전략을 사용하여 수립한 지도 방안이다. ①에 들어갈 내용을 쓰고, ②~④에 들어갈 내용을 각각 쓰시오.

- 외국인 어머니에게 태어난 다문화 가정의 자녀임
- 친구들이 자신을 자꾸 쳐다보는 상황에 대해 '자신이 너무 이상하게 생겼기 때문'이라고 생각하여 친구들 눈에 띄지 않게 항상 혼자 다님
- 영희의 행동을 이해하지 못하는 친구들로부터 놀림과 따돌림을 당함

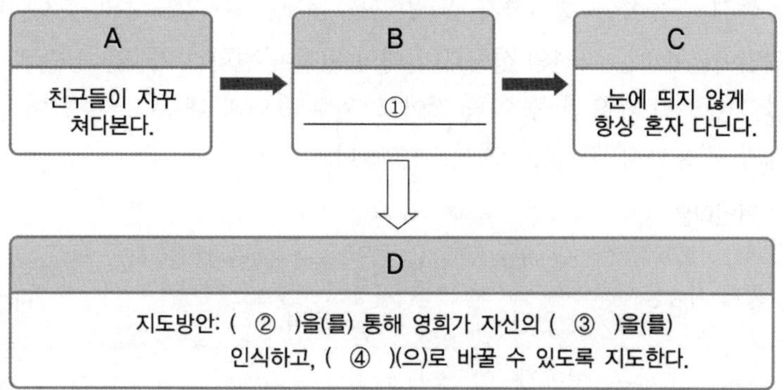

❹ 14유아B2

(가)는 은수의 행동 특성이고, (나)는 활동 계획안의 일부이다. ⓒ에 나타난 은수의 행동을 엘리스의 합리적 정서행동치료 이론에 근거하여 ABC를 작성한 것이다. ①과 ②에 해당하는 내용을 각각 쓰시오.

(가) 은수의 행동 특성

- 작은 실수에도 안절부절못하면서 울어버림
- 놀이 활동 시 주의를 기울이지 않고 규칙을 잘 따르지 않음

(나) 행동 관찰 내용

은수는 머리 위로 공을 전달하다 갑자기 ⓒ <u>공을 떨어뜨리자 "나는 바보야"라고 울며 공놀이를 하지 않겠다고 함</u>

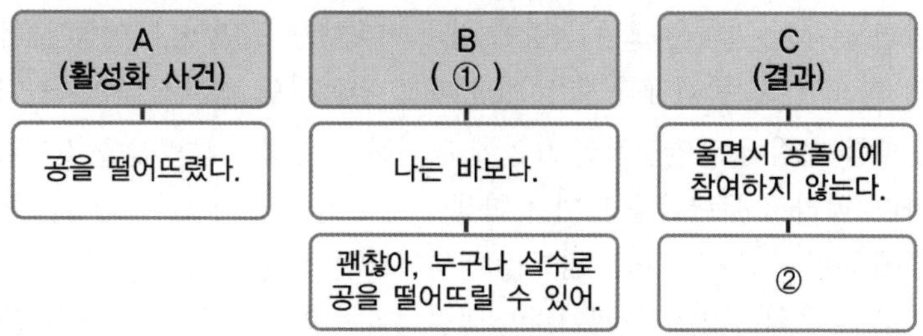

③ 귀인 재훈련

㉠ 귀인은 일상생활에서 경험하는 사건의 원인에 대해 학생이 생각하는 신념으로, 수행에 대한 성공과 실패의 원인이 어디에 있는지를 설명한다.

㉡ 귀인은 안정성, 원인의 소재, 통제성으로 분류하는데, 그 특성에 따라 능력, 노력, 과제 곤란도, 행운, 타인의 도움 등이 있다.

- 안정성의 차원은 지속성을 근거로 원인을 구별하는 것으로서, 시간의 흐름에 따라 그 요인이 변화하는지, 변화하지 않는지로 구분한다.
- 원인의 소재는 원인의 출처를 말한다. 즉, 특정한 행동이나 결과의 원인이 개인 내부에 있는지, 아니면 외부 요인에 의한 것인지에 따라 구분한다. ❶ 24유아A4
- 통제 가능성은 행위자가 그 원인을 통제할 수 있느냐의 문제이다.

㉢ 귀인이론에서는 자신의 성공과 실패의 원인이 변화가 가능한 불안정 요인과 변화가 불가능한 안정 요인 중 어느 것이고, 외부 요인과 내부 요인 중 어디에 있으며, 통제가 가능한지 불가능한지를 설명한다.

귀인이론 ❷ 17유아A4, ❸ 13추가중등B6, ❹ 12초등11 · 유아7

통제 가능성	내부		외부	
	안정적	불안정적	안정적	불안정적
통제 가능	평소의 노력 (지속적 노력)	일시적 노력	교사의 편견	타인의 부정기적 도움
통제 불가능	능력	기분	과제난이도	운

귀인	특성		
	원인의 소재	안정성	통제성
능력	내적	안정	통제 불가능
노력	내적	불안정	통제 가능
과제 곤란도	외적	안정	통제 불가능
행운	외적	불안정	통제 불가능
타인의 도움	외적	불안정	통제 가능

㉣ 특정적 귀인은 한 가지 과제나 사건에 관계된 귀인이다. 예를 들어, 학생이 이번 시험에서만 적절히 공부하는 것을 실패했다고 믿는다면 특정적 귀인을 가진 것이다. 반면 전체적 귀인은 모든 상황에 걸쳐 나타나는 귀인이다. 예를 들어, 학생이 자신이 학교의 모든 과제를 항상 못한다고 믿는다면 전체적 귀인을 가진 것이다.

㉤ 실패를 내적이고 안정적인 요인에 귀인하는 학생은 무력감을 갖거나 우울에 민감하다. 따라서 무력감을 느끼는 학생이나 우울 증상이 있는 학생을 위한 귀인 재훈련에서는 학생이 성공의 원인을 내적이고 안정된 원인인 자신의 능력으로 돌리게 하고, 실패의 원인을 내적이지만 불안정한 원인인 노력으로 귀인하도록 해야 한다.

기출 POINT 21

❶ 24유아A4

귀인 이론 중 통제 소재의 차원에서 ⓒ에 해당하는 특성을 쓰시오.

> 박 교사: ⓒ 소윤이가 친구들에게 "이것 봐. 이거 내가 했어. 혼자 만든 거야. 많이 연습했어. 잘했지? 예쁘지?"라고 자랑했어요. 소윤이가 자신의 노력 덕분에 잘 완성했다고 생각하더라고요.

❷ 17유아A4

강 교사의 대화를 근거로 ⓒ에 해당하는 인지적 중재기법을 쓰시오.

> 강 교사: 영우의 행동은 누적된 실패 경험에서 비롯된 것일 수 있어요. 그러므로 성공경험을 통해 ⓒ 영우의 귀인 성향을 바꿀 수 있도록 지도하는 것이 우선되어야 해요.

❸ 13추가중등B6

Weiner의 귀인이론에 근거하여 각각의 학생들의 귀인 성향에 대해 귀인, 통제 소재, 안정성 차원에서 쓰시오.

> 민지: 수영아! 나 시험 엉망이었어. ㉠ 나는 공부에 재능이 없나 봐.
> 수영: 나도 시험 잘 못 봤어. ㉡ 시험 공부를 열심히 안 했기 때문에 그런 것 같아.
> 진주: 이번 시험은 너무 어렵지 않았니? ㉢ 선생님이 문제를 너무 어렵게 냈기 때문에 시험을 잘 못 본 것 같아. 다음에는 쉬운 문제가 나왔으면 좋겠어.

학생	귀인	통제 소재	안정성
민지	①	학습자 내부	안정 (바꿀 수 없음)
수영	노력	학습자 내부	②
진주	과제 난이도	③	안정 (바꿀 수 없음)

Keyword

통제 소재

개인이 자신의 성공이나 실패의 원인을 어떻게 인식하는지를 나타내는 개념으로, 주로 내부적 요인(자신의 노력, 능력 등)과 외부적 요인(운, 상황 등)으로 나눌 수 있다(Slavin).

④ 멈춰서 생각하고 행동하기

㉠ 교실 상황에서 일어나는 아동의 충동적인 행동을 즉각적으로 다루기 위해 거리에 있는 교통신호 등을 활용한다. 22초등A6

㉡ 아동이 잘못된 행동을 할 때는 빨간불에 서 있도록 하고, 감정이완을 위해 1에서 100까지 세기, 숨쉬기 운동을 한다. 그다음에는 아동을 노란불로 가게 하여, 자신의 행동에 대해 생각하고 이야기하게 하며 다음으로 할 일이 무엇인지를 말하게 한다. 마지막으로 아동을 초록불에 서 있게 하고, 그의 행동에 대한 해결책을 시도하게 한다.

⑤ 거북이 기법

㉠ 거북이 기법은 어린 아동의 화를 통제하도록 돕기 위해 고안된 것이다.

㉡ 아동들이 화를 내거나 흥분할 때, 자신의 등껍질 속에 움츠려 있는 거북이처럼 머리를 숙이고 눈을 감고 팔과 다리를 단단히 당기며 몸을 움츠린다. 이런 자세에서는 아동이 공격적인 행동을 할 수 없다.

㉢ 보다 나이가 있는 아동의 경우에는 이 자세에서 당면한 문제에 대한 다른 해결책을 생각할 수 있도록 가르친다.

㉣ 거북이 기법은 다음의 4단계로 이루어진다.

- 첫째, 통상적으로 공격반응이 일어나는 특정한 상황이나 단서를 파악한다.
- 둘째, 역할연기 상황에서 거북이 반응의 적용을 연습시킨다.
- 셋째, 교사나 다른 성인의 '거북이'라는 언어적 단서 혹은 다른 형태의 신호에 반응하도록 연습시킨다. 예 엄지손가락을 아래로 구부리는 신호
- 넷째, 아동이 적절한 상황에서 거북이 기법을 사용할 때 강화를 제공하여 다른 상황에서도 이 기법을 적절히 활용하고 스스로 행동통제의 단서를 제시할 수 있도록 한다.

⑥ 분노조절 훈련(anger control training) 22초등A6

㉠ 분노조절은 문제해결 훈련과 크게 다르지 않지만 해결해야 할 문제가 분노로, 화가 난 상황에서 화를 조절하고 공격적인 행동을 자제할 수 있도록 가르치는 것이다.

㉡ 분노조절 훈련에서도 문제해결 훈련 과정과 같이 분노 상황을 인식하고, 분노를 일으키는 요인을 찾고, 여러 대안적인 대처 전략을 생각하여 하나를 선택하고 실행한 후 평가하는 것을 배운다.

㉢ 분노조절 훈련은 학생에게 자기교수를 통해 분노와 공격행동을 자제하거나 조절하는 것을 지도하는 것이다.

❹ 12초등11 · 유아7

귀인 유형(㉡~㉣)을 바르게 제시한 것은?

> 제가 보기에는 충분히 해낼 수 있는 과제에 대해서도 자신을 스스로 낮게 평가하고 과제를 회피하는 것 같습니다. 어제는 수업 중에 친구들과 게임을 하였는데, ㉡ 자기가 게임에서 진 것은 자신의 무능함 때문이라고 말하더군요. 또한 ㉢ 자기는 언제나 시험을 잘 치지 못하고, ㉣ 학급의 모든 활동에서 다른 친구들에게 뒤지고 잘하지 못한다고 하더군요.

	귀인 유형		
	㉡	㉢	㉣
①	내적	안정적	전체적
②	외적	불안정적	전체적
③	내적	안정적	특정적
④	외적	불안정적	특정적
⑤	내적	불안정적	전체적

분노조절 훈련 단계

인지 준비	인지 준비 단계에서 학생은 분노 각성과 분노 결정 요인, 분노를 유발하는 상황의 판별, 분노의 긍정적 및 부정적 기능, 그리고 대처 전략으로 분노조절 기법에 관해 학습한다.
기술 습득	기술 습득 단계에서 학생은 인지 및 행동 대처 기술을 학습한다. 학생은 분노를 인식하고 대안적인 대처 전략을 사용하는 것을 배운다. 이 단계에서 자기교수 요소의 훈련이 강조된다.
적용 훈련	적용 훈련 단계에서 학생은 역할 놀이와 숙제를 통해 기술을 연습한다. 분노조절 훈련은 시범, 역할놀이, 수행 피드백으로 구성되며, 특히 역할놀이에서는 학생이 자신의 분노가 언제 일어났고 어떤 일이 벌어졌으며 그 상황에 어떤 사람들이 있었고 그 사람들은 무엇을 했으며 자신의 감정을 어떻게 다루었는지 등에 관한 분노 일지를 활용한다.

분노조절 프로그램 지도의 예

분노 및 분노 상황에 대한 자각	• **감정 이해하기**: 감정의 의미와 중요성 이야기 나누기, 다양한 감정 표현하기, 감정곡선 그리기 • **나의 감정 이해하기**: 나의 감정 그래프 그리기, 나의 분노 감정 확인하기, 나의 분노 유형 찾고 이야기 나누기 • **타인의 감정 이해하기**: 타인의 감정 인식하기, 친구와의 대화 역할극하기, 친구의 마음 이해하기 • **분노 상황 이해하기**: 분노 상황의 원인 및 신체 변화 이야기 나누기, 나의 분노 상황 찾기, 분노 상황 토의하기 • **분노조절의 필요성 알기**: 분노 및 분노 표현의 긍정적 또는 부정적 예시 확인하기, 분노조절의 필요성 토의하기, 분노 경험 이야기 나누기
분노 감정 대처기술 훈련	• **감정이완 훈련하기**: 심호흡하기, 숫자 세기, 화난 상황 피해 있기, 기분이 좋아지는 상상하기, 분노 상황에서 모델링하기 • **자기교수, 자기통제하기**: 혼잣말하기, 분노 일지 쓰기, 마음속으로 생각하기, 분노 상황에서 모델링하기
분노 관련 사고 변화	• **합리적 사고하기 1**: 분노의 A–B–C 찾기(분노의 원인과 결과 찾기), 비합리적 생각 찾기, 나의 A–B–C 찾기 • **합리적 사고하기 2**: 또래, 가족 관련 분노 유발 상황 브레인스토밍하기, 분노 유발 상황에서 문제해결 방법 찾기
분노 유발 상황 해결을 위한 훈련	• **자기주장**: 자기주장의 필요성 알기, 주장적 대사와 행동 찾기, 분노 유발 상황에서 역할극하기 • **나–전달법 연습하기**: 나–전달법의 장점 알기, 너–전달법 대화를 찾고 나–전달법으로 바꾸기, 분노 유발 상황에서 역할극하기 • **적극적인 청자 되기**: 듣기 검목표 확인하기, 경청 및 공감 기술 찾기, 친구와의 대화 상황에서 경청 및 공감 기술 모델링하기 • **문제해결하기**: 문제 확인하기, 대안 적어 보기, 결과 확인하기, 적절한 대안 선택하기, 솔루션위원회 열기 • **분노조절 전략 정리 및 평가하기**: 분노조절 전략 토의하기, 나의 분노조절 실천 전략 목록 만들기, 적절한 분노조절 전략 사용 다짐하기

더알아보기 분노조절 훈련 방법(Goldstein et al)

- 분노조절 훈련은 학생이 훈련 과정에 참여함으로써 다른 대안들을 충분히 고려할 수 있게 되고, 자기도 모르게 나타나는 자신의 공격적 반응을 보다 잘 조절할 수 있게 될 것이라는 가정에 바탕을 둔다.
- 분노조절 훈련은 모델링, 역할극, 피드백, 전이 등의 행동주의적 기법을 적용하고, 자신의 분노와 공격성에 대한 이해를 증진시키기 위해 'ABC 분노 주기'를 활용한다. 이는 선행사건(A), 행동(B), 결과(C)로 연결되는 분노 주기에 근거하여 분노를 일으키는 상황을 이해하고, 이완 대처 훈련과 같은 분노 감소 시법을 사용하며, 자기지시, 자기평가, 자기강화 등을 수행하면서 결과를 예측하는 연습을 한다.
- 이 훈련에서는 자신에게 나타나는 정서적 반응인 분노의 단서를 민감하게 알아차리고 분노 감소 기법을 적용하는 것이 가장 중요한데, 주로 사용되는 감소 기법으로는 심호흡, 거꾸로 세기, 즐거운 이미지, 알림 목록, 예측되는 결과 미리 생각하기 등이 있다.
- 중재자는 프로그램의 핵심인 분노조절 기술의 적절한 사용을 모델링하고, 역할극과 같은 분노조절 단계의 연습을 이끌며, 연습의 결과에 대한 피드백을 제공하고 외부에서 이루어지는 학생의 연습을 감독한다.

기출 POINT 22

❶ 22초등A6

① 특수교사가 지호에게 적용한 분노조절 중재와 같이 인지 왜곡을 중재하는 목표를 쓰고, ② 지호에게 성공적으로 중재를 실시한 후, (다)의 ⓒ에 들어갈 지호의 합리적 신념을 자기 말(self-talk)로 쓰시오.

(나) 교수 · 학습 과정안

<table>
<tr><th>단원</th><td colspan="3">2. 내 안의 소중한 친구</td></tr>
<tr><th>학습목표</th><td colspan="3">감정과 욕구를 적절하고 바르게 표현하는 방법을 알고 실천할 수 있다.</td></tr>
<tr><th>단계</th><th colspan="3">교수 · 학습활동</th></tr>
<tr><td>학습 문제 인식 및 동기유발</td><td colspan="3">• 동기 유발하기
– 그림 속 인물들이 감정과 욕구를 표현하는 방식을 살펴보며 앞으로 일어날 결과 예상하기</td></tr>
<tr><td rowspan="4">모범 행동의 실습 실연</td><td colspan="3">• 감정과 욕구 조절 방법 실천하기
– 마음 신호등 3단계 활동</td></tr>
<tr><td>1단계</td><td>멈추기</td><td>상황을 있는 그대로 바라보고 감정과 욕구를 진정시키기</td></tr>
<tr><td>2단계</td><td>생각하기</td><td>상황에 맞는 행동을 생각하며 감정과 욕구를 긍정적으로 바꾸어 보기</td></tr>
<tr><td>3단계</td><td>표현하기</td><td>• 감정과 욕구를 조절하여 적절하게 표현하기
• '나 전달법'을 사용해 친구에게 마음을 전달하기</td></tr>
</table>

(다) 지호가 작성한 분노조절 기록지

나의 감정 기록지	
지난 수업시간 경험했던 부정적 느낌을 쓰세요.	너무 화가 나고 속상했어
부정적 느낌이 들기 직전에 무슨 일이 있었는지 쓰세요.	철수와 한 팀이 되어 게임했더니 져 버렸어
이 상황이 발생한 이후 든 생각을 쓰세요.	게임에서 지는 것은 절대 있을 수 없어
이 상황 이후에 나 자신에게 한 말을 쓰세요.	나는 항상 철수 때문에 게임에 져
…(중략)…	
현재 갖게 된 합리적 신념을 자기말로 쓰세요.	(ⓒ)

05 생태학적 모델

원인	평가절차	중재방법
생태체계 내의 장애	• 교실 교수 요구 분석 • 행동평정 프로파일-2 • 교수환경척도 • 기능적 행동평가	• 부모참여, 지원, 훈련집단 • 재통합 • Re-ED 프로젝트 • CASSP 모델 • 랩어라운드 서비스

1. 기본적 견해

① 생태학적 모델에서는 학생의 개인적인 특성뿐만 아니라 학생의 행동에 대한 환경과의 상호작용 요소가 일탈의 발생과 지속에 영향을 미친다고 보았다.

② 생태학적 모델에서는 학생이 문제행동을 보이면 문제행동만을 중재의 대상으로 삼는 것이 아닌 행동이 일어난 상황, 즉 학생을 중심으로 둘러싼 사회 및 물리적 환경을 함께 고려할 것을 강조한다. ❶ 16유아A1

③ Bronfenbrenner의 환경 구조 ❶ 23유아A3, ❷ 22중등A9, ❸ 21유아A3, ❹ 13추가유아A5

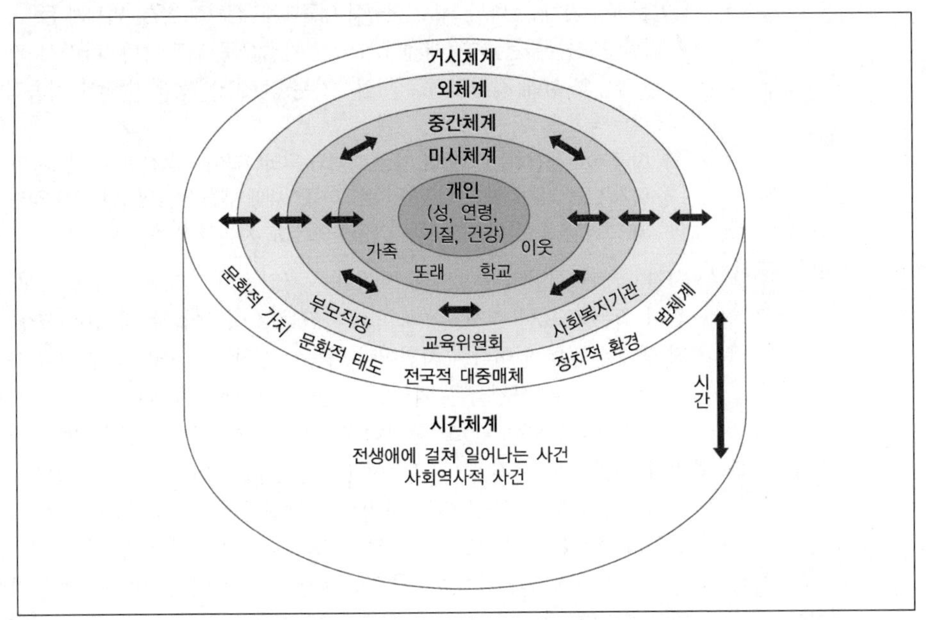

기출 POINT 23

❶ 16유아A1

㉡에 반영된 이론적 관점이 무엇인지 쓰시오.

> 현수의 행동을 어느 한 가지 이유가 아니라 ㉡ 가족 관계, 또래 관계, 유치원 생활, 지역사회 환경 등 현수와 직·간접적으로 연결되어 있는 다양한 환경 맥락과 상황 속에서 이해하는 것이 필요할 수도 있어요.

더 알아보기

대중매체의 경우 미시체계와 중간체계에 영향을 줄 수 있는 외체계로 분류되기도 한다.

생태체계	예시
미시체계	가족, 친구, 학교, 이웃, 놀이터, 종교, SNS 등
중간체계	부모와 교사의 관계, 형제관계, 가족과의 관계, 가족과 또래와의 관계 등
외체계	부모직장, 대중매체, 이웃환경, 학교시스템, 정부기관, 사회복지기관, 교육위원회, 직업세계, 교육제도 등
거시체계	사회 관습, 유행, 미의 기준, 성별에 따른 적절한 행동 정의 등
시간체계	이혼, 가정폭력, 남녀평등, 전쟁, 친한 타인의 죽음, 형제의 출생 등

기출 POINT 24

❶ 23유아A3

어머니와 교사의 대화에 근거하여 브론펜브레너의 생태학적 체계모델의 외체계에 해당하는 것을 1가지 쓰시오.

> 어머니: 제가 직장을 다녀서 낮에는 주로 서아 할머니께서 저희 집으로 오셔서 서아를 돌봐 주시고 있어요. 제가 다니는 직장은 일이 너무 많아 외출이나 휴가를 신청하는 데 눈치가 보여요. …(중략)… 직장에서 시간 내기도 어렵고, 서아를 일관성 있게 돌보려면 휴직을 해야 하나 고민을 하고 있어요.

❷ 22중등A9

밑줄 친 ⓒ에 해당하는 체계명을 브론펜브레너의 생태학적 모델에 근거하여 쓰시오.

> 통합교사: 선생님, 학생 D가 보이는 문제행동의 원인이 ⓒ 부모의 부적절한 양육 태도나 또래와의 부정적 경험과 관련이 있나요?

❸ 21유아A3

[A]와 같이 유아의 정서·행동문제를 바라보는 모델에 근거하여, ㉠에 해당하는 체계가 무엇인지 쓰시오.

> 최 교사: 지호를 둘러싼 사회적 맥락과의 상호작용도 중요한 것 같아요. 지호가 다녔던 기관은 소규모이고 굉장히 허용적인 곳이었다니, 지호에게 요구하는 것이 크게 달라진 것이죠. 지호뿐만 아니라 ㉠ 지호 어머니도 새 선생님들과 관계를 맺고 소통하는 것이 큰 부담이시래요. 이런 점도 영향이 있겠지요? [A]

❹ 13추가유아A5

다음 문장을 완성하시오.

> 영호의 사례를 접한 다른 가족들은 적극적인 교류를 통해 정보를 주고받으며 자녀의 성장과 발달을 위해 노력하게 되었다. 이러한 가족 간의 관계는 브론펜브레너의 생태학적 모델의 (　　) 체계에 해당한다.

미시체계	• 미시체계란 아동이 사는 환경, 즉 아동에게 가장 인접해 있는 환경이다. 예 가족, 또래, 학교, 이웃 등의 구성물이 포함됨 • 아동은 가족, 친구, 교사들과 대부분 직접적이고 능동적인 상호작용을 한다. 예 부모의 부적절한 양육방식이 아동의 문제행동을 초래하기도 하지만 아동의 문제행동이 부모에게서 엄격한 규칙과 벌을 유발할 수 있음
중간체계	• 중간체계란 미시체계 내에 있는 구성물 간의 관계로 이루어지는 환경이다. 예 부모와 친구의 관계, 부모와 교사의 관계 • 아동은 이러한 관계들로부터 영향을 받는다. 예 부모와 교사의 관계가 긍정적일 때와 부정적일 때 아동에게 미치는 영향이 다름
외체계	• 외체계란 아동이 직접 참여하지는 않지만, 아동에게 영향을 미치는 사회적 환경이다. 예 부모 직장, 교육위원회, 사회복지기관 등 • 아동은 이런 구성물들과 직접적인 상호작용을 하지 않지만 이런 구성물로부터 간접적인 영향을 받게 된다. 예 부모의 직장 환경이 불만족스럽고 억압적이면 부모와 자녀의 상호작용 방식에 영향을 줄 수 있으며, 육아휴직 가능 여부도 아동의 발달에 영향을 미침. 또한 교육위원회에 아동은 참여하지는 않지만 교육위원회의 결정(도서관 폐관, 방과 후 활동 폐지 등)에 의해 영향을 받음
거시체계	• 거시체계란 아동이 사는 문화적 환경이다. 예 문화적 가치, 문화적 태도, 전국적 대중매체, 정치적 환경, 법체계 등 • 이러한 구성물들은 하위체계에서도 일관적으로 나타난다. 따라서 거시체계는 아동의 삶에 직접적으로 개입하지는 않으나 아동의 발달에 지속적이고 강력한 영향을 미친다. 예 미국에서 성장하는 다문화 가정 자녀와 우리나라에서 성장하는 다문화 가정 자녀가 받는 거시체계의 영향은 다름. 아동학대에 대한 엄중한 법체계를 갖춘 나라와 그렇지 못한 나라에 사는 아동들의 삶도 차이가 있음
시간체계	• 시간체계란 개인의 환경에서 발생하는 사건들의 양식과 생애에 있어 전환점이 되는 중요한 역사적·사회적 사건들로 이루어지는 환경적 조건이다. • 전 생애에 걸쳐 일어나는 사건이란 아동이 성장함에 따라 겪게 되는 사건을 말한다. 이러한 사건들은 외적인 사건(예 동생의 출생)이거나 내적인 사건(예 첫 월경)일 수도 있고 통상적 사건(예 입학, 사춘기, 취업, 결혼, 은퇴)이거나 비통상적 사건(예 가족구성원의 죽음, 이혼, 이사)일 수도 있다. • 사회역사적 조건이란 사회역사적으로 발생하는 상황을 말하는데, 이러한 상황의 예로는 전쟁 또는 경제적 공황 등이 있다. 이와 같이 일생을 통해 일어나는 사건이나 사회역사적으로 발생하는 상황들은 아동발달에 영향을 주고 그러한 영향은 시간의 경과에 따라 변하게 된다. 예 부모의 이혼이 아동에게 미치는 부정적 영향은 아동의 성별에 따라 차이가 있을 뿐 아니라 시간의 경과에 따라 변함

2. 원인과 발달

생태학적 관점은 하나의 위험요인이 문제행동을 유발하는 것이 아니라 여러 위험요인이 상호 관련하여 영향을 미친다고 본다. 대표적인 요인은 다음과 같다.

유기체 요인	• 기질적 특성 • 인지적 특성	• 사회적 특성 • 언어 및 의사소통 특성
가족 요인	• 가족의 구조와 기능 • 대체 양육과 보호 • 가족의 상호작용	• 아동관리 • 아동학대
교사 요인	• 행동관리 관련 요인	• 교과지도 관련 요인
또래 요인	• 또래 관계	• 또래 압력과 일탈 집단에의 사회화
지역사회 요인	• 지역사회 환경(사회적 계층, 물리적 환경, 이용 가능한 심리적 자원체계 등) • 자원체계의 부재 또는 부족	
대중매체 요인	• 인쇄매체, 라디오, 텔레비전, 동영상, 인터넷 등	

3. 진단 및 평가

생태학적 모델은 학생의 행동에 관한 정보와 학생이 기능을 수행하는 생태체계에 관한 정보를 수집하는 생태학적 사정(ecological assessment)에 근거한다. 생태학적 사정은 대상 학생과 의미 있는 상호작용이 이루어지고 있는 생태체계에 관한 정보를 수집 및 평가하는 것이다. 생태학적 사정은 다음의 과정을 통해 이루어진다. ❶ 12중등23

(1) 의미 있는 환경 판별

① 생태학적 모델의 주요 요소는 개인이 기능을 수행하는 환경체계인 다양한 생태체계이다. 행동 문제에 대한 사정 및 평가를 할 때는 행동 발생과 관련 있는 생태체계에 대한 고려가 필요하다.

② 생태체계는 역동적이며 개별 학생에게 서로 다른 방식으로 영향을 미친다.

(2) 환경 내 기대 및 허용 한계와 요구 분석

① 생태학적 사정에서는 환경 내 개인의 기대와 허용 한계에 대한 분석이 반드시 이루어져야 한다.

② 분석은 행동문제가 나타나는 환경뿐 아니라 문제가 없는 생태체계에 대해서도 이루어져야 한다.

③ 생태체계가 행동 변인에 대해 보다 낮은 허용 한계를 가질수록 보다 많은 학생이 문제행동을 보이는 것으로 판별된다.

기출 POINT 25

❶ 12중등23

(가)~(마)의 정서 및 행동장애 학생들의 사례에서 나타난 이론적 모델과 중재 방법으로 옳은 것은?

> (나) 학생 B는 인근 작업장에서 일하고부터 감정 기복이 심하고 친구들에게 자주 분노를 표출하였다. 이에 교사는 작업장, 가정, 학교의 환경을 조사하고, 일어날 수 있는 사건에 대한 체크리스트를 만들었다.

② (나)는 생태학적 모델을 근거로 교사가 분노통제훈련을 실행한 것이다.

(3) 성공적 기능수행을 위해 필요한 기술 및 행동의 정의

① 중재는 대상학생뿐 아니라 대상학생과 관련 있는 생태체계에 대해서도 시행되어야 한다. 개인의 바람직한 발달을 위해 필요한 개별적인 기술의 지도뿐 아니라 가정, 학교, 직장, 지역사회 상황에서의 적절한 지원을 제공해야 한다.

② 환경에의 성공적인 적응은 개인과 환경의 관계에 달려 있다고 보는 생태학 모델에서는 개인과 환경 간의 조화를 극대화하기 위해 다음의 요소를 포함한다.

㉠ 활동 및 환경의 특정한 요구와 관련하여 개인의 행동 특성을 사정

㉡ 해당 환경에서 개인의 성공을 방해하는 장애 요인에 특별히 중점을 두어 분석

㉢ 장애 요인을 극복하기 위한 중재 개발

(4) 생태학적 사정도구

생태학적 사정도구로는 행동주의 모델에서 강조하는 기능적 행동평가(FBA)와 행동평정 프로파일(behavior rating profile ; BRP-S)을 활용할 수 있다.

4. 생태학적 모델의 중재

(1) 가족 관련 중재

① 교사는 학생의 가족 구성원을 학생 교육의 동반자로 인식하고 가족, 특히 부모에 대해 긍정적 관점을 유지해야 한다.

② 학생의 문제를 지원하는 데 있어 부모의 긍정적 역할과 관점은 매우 중요하다. 이를 위해 지원자로서 필요한 부모 및 가족의 기술에 대한 훈련이 필요하다.

(2) 학교 중심 생태학적 프로그램

① Re-ED 프로젝트

㉠ Re-ED 프로젝트는 학생이 기능을 수행하는 모든 환경(학교, 가정, 지역사회 등)에서 일관성을 길러 주는 것을 목적으로 하는 포괄적 접근이다. 따라서 학생뿐만 아니라 모든 환경에 대해 중재를 제공한다.

㉡ 치료의 철학은 학생들이 보다 적응적인 방법으로 자신의 행동을 조절하고 변화시킬 수 있다고 본다.

② 학교 차원의 긍정적 행동지원(SW-PBS)

㉠ 학생에게 있어서 미시체계인 학교가 정서 및 행동장애를 예방하고 문제행동 발생에 대한 적절한 지원을 하기 위해서는 학교의 물리적 · 사회적 환경에 대한 전반적인 변화를 모색하여 학교의 전반적인 체계의 변화를 이루어야 한다.

㉡ 궁극적으로 학교 차원의 긍정적 행동지원을 통한 학교 전반의 체계 변화가 이루어져야 하겠지만, 개별 차원의 지원과 학교 차원의 지원을 연계할 수 있는 중간단계로서 개별교사의 주도하에 학급 차원의 긍정적 행동지원을 적용하는 것도 바람직할 것이다.

③ 랩어라운드 서비스

㉠ 랩어라운드 모델은 심각한 정서 및 행동장애를 가진 아동의 문제를 지역사회 전문가, 가족, 학교의 공동협력으로 해결한다.

㉡ 필수 요소는 가족의 목소리와 선택에 대한 존중, 팀 접근, 자연적 지원, 협력, 지역사회 중심, 문화적 합당성, 개별화, 강점 중심 지속성, 결과 중심의 10가지 원칙들이다.

㉢ 준비 계획, 실행, 전이의 단계를 거쳐 체계적으로 실행한다.

CHAPTER 04

불안장애

01 불안장애의 유형

1. 분리불안장애

① 정상적으로 발달하는 영유아들도 주요 애착대상과 애착관계가 안정적으로 형성된 경우에 분리불안을 느끼므로 분리불안 자체는 정상 발달과정의 한 부분이라고 할 수 있다.

② 분리불안장애의 중요한 특성은 부모나 특정 애착대상, 또는 집으로부터의 분리에 대해 나이에 적절하지 않게 지속적으로 과도한 불안을 느끼며 비현실적인 걱정을 하는 것이다. ❶ 11초등11 · 유아9

> **기출 POINT 1**
>
> ❶ 11초등11 · 유아9
>
> **「정신장애 진단 및 통계 제4판(DSM-Ⅳ-TR)」에 제시된 이 장애의 진단 준거에 해당하는 것은?**
>
> ① 애착이 형성된 사람으로부터 분리되는 것에 대해 부적절하고 과다하게 반응하며, 이러한 반응은 4주 이상 지속되고 18세 이전에 나타난다.

③ 아동기에 분리불안장애를 경험한 경우, 청소년기에 더 심한 정서장애를 나타낼 수 있고, 성인기에는 공황장애 등 다른 유형의 불안장애를 나타낼 가능성이 있다.

④ 분리불안장애는 등교 거부와 밀접하게 관련되어 있다. 그러나 등교를 거부하는 모든 아동들이 분리불안장애를 가지고 있는 것은 아니다. 주요 애착대상으로 분리되는 것이 두려워서 등교를 거부할 수도 있고, 학교 환경의 특정 요소에 대한 두려움인 학교공포증으로 인해 등교를 거부할 수도 있다. 따라서 최근에는 등교를 거부하는 아동을 분리불안장애 아동과 학교공포증 아동으로 구분하고 있다.

DSM-5의 분리불안장애의 진단기준

A. 집이나 애착대상으로부터의 분리에 대해 발달적으로 부적절하게 과도한 불안을 느끼는 것으로 다음 여덟 가지 특성 중 세 가지 이상을 나타내야 한다.
  1. 집이나 주요 애착대상으로부터 분리되거나 분리를 예측할 때 극도의 불안을 반복적으로 나타낸다.
  2. 주요 애착대상을 잃거나 주요 애착대상이 해를 입을 거라는 걱정을 과도하게 지속적으로 한다.
  3. 곧 다가올 사건이 주요 애착대상으로부터 분리를 초래할 것이라는 걱정을 과도하게 지속적으로 한다.
  4. 분리불안 때문에 학교나 다른 곳에 가기를 지속적으로 꺼려하거나 거부한다.
  5. 집에 혼자 있거나 주요 애착대상 없이 집이나 다른 환경에 있는 것을 꺼려하며, 그에 대해 지속적으로 과도하게 두려움을 느낀다.
  6. 주요 애착대상 없이 잠을 자거나 집 이외의 장소에서 잠을 자는 것에 대해 지속적으로 꺼려하거나 거부한다.
  7. 주요 애착대상으로부터 분리되는 악몽을 반복해서 꾼다.
  8. 주요 애착대상으로부터 분리되거나 분리를 예측하는 경우에 신체적 증상들(예 두통, 복통, 구역질, 구토 등)을 반복해서 나타낸다.

B. 두려움, 불안, 또는 회피가 아동이나 청소년은 최소한 4주 이상, 성인은 6개월 이상 지속되어야 한다.

C. 이 장애가 사회적, 학업적, 직업적 및 다른 중요한 기능 영역에 임상적으로 중요한 손상 또는 결함을 초래한다.

D. 이러한 증상들이 자폐스펙트럼장애의 집 떠나기를 거부하는 저항, 정신장애의 분리에 대한 망상이나 환각, 광장 공포증의 신뢰하는 사람을 동반하지 않는 외출 거부, 범불안장애의 건강에 대한 염려, 질병 불안장애의 질병에 대한 걱정 등 다른 정신장애로 더 잘 설명되지 않는다.

2. **범불안장애**(일반화된 불안장애)

① 범불안장애는 특정 사물이나 상황에 초점이 맞추어지지 않은 불안으로서 통제할 수 없는 만성적 과도 불안을 의미한다. ❶ 20중등B1, ❷ 12중등24, ❸ 11초등11(유아9)

② 불안장애로 진단된 청소년의 85%가 범불안장애로 진단될 만큼 가장 보편적으로 나타나는 불안장애이며, 아동기에는 분리불안장애가 공존하여 나타나고 청소년기에는 우울장애나 사회적 공포증 등이 공존하여 나타나기도 한다.

③ 범불안장애를 가지고 있는 아동은 두통이나 복통을 자주 호소하고, 스스로에게 비현실적인 목표를 설정하는 경향이 있으며, 불안할 때마다 나타나는 신경성 습관(예 손톱을 물어뜯는 것)이 있고, 학업성취나 또래관계는 물론 자연재해나 가정의 경제형편 등에 대해서 걱정하며 불안해하기도 한다.

기출 POINT 2

❶ 20중등B1

(가)의 학생 A의 특성에 해당하는 장애 명칭을 「정신장애의 진단 및 통계편람(DSM-5)」 진단 기준에 근거하여 쓰시오.

(가) 학생 A의 특성

- 최근 7개월간 학교와 가정에서 과도한 불안을 보인 날이 그렇지 않은 날보다 더 많음
- 자신의 걱정을 스스로 통제하는 것이 어렵다고 호소함
- 과제에 집중하기 힘들어 하고 근육의 긴장을 보이며 쉽게 피곤해 함
- 학교, 가정 등 일상생활에서 불안이나 걱정 때문에 고통을 받고 있음
- 특정 물질의 생리적 영향이나 다른 의학적 상태 때문에 나타난 증상이 아님
- 이 장애는 다른 정신장애에 의해 더 잘 설명되지 않음

❷ 12중등24

「정신장애진단통계편람(DSM)」을 근거로 아래에 해당하는 장애 유형을 쓰시오.

(가) 여러 사건이나 활동에 대한 지나친 불안 또는 걱정(염려스러운 예견)이 적어도 6개월 동안, 최소한 한 번에 며칠 이상 발생한다. 걱정을 조절하는 것이 어렵다는 것을 스스로 인식한다. 안절부절못함, 쉽게 피로해짐, 집중 곤란, 쉽게 화냄, 과민 기분, 근육 긴장, 수면 문제 등과 같은 부수적 증상을 3개월 이상 동반한다.

❸ 11초등11(유아9)

「정신장애 진단 및 통계 제4판(DSM-Ⅳ-TR)」에 제시된 이 장애의 진단 준거에 해당하는 것은?

② 여러 사건이나 활동에 대한 과도한 불안이나 걱정이 적어도 6개월 이상, 최소한 한 번에 며칠 이상 일어난다.

DSM-5의 범불안장애의 진단기준

A. 최소한 6개월 이상 몇 개의 사건이나 활동에 대해 과도하게 불안해하며 걱정한다.

B. 자신이 걱정하는 것을 통제할 수 없다.

C. 불안이나 걱정은 다음 여섯 가지 중 세 가지(아동의 경우 한 가지) 이상이 최소한 6개월 동안 나타난다.

1. 안절부절못하거나 벼랑 끝에 서 있는 느낌이 든다.
2. 쉽게 피곤해진다.
3. 집중하기 어렵다.
4. 과민하다.
5. 근육이 긴장되어 있다.
6. 수면장애가 있다.

D. 불안, 걱정, 또는 신체적 증상들이 사회적, 학업적, 직업적 및 다른 중요한 기능 영역에 임상적으로 중요한 손상 또는 결함을 초래한다.

E. 이 증상들은 약물이나 다른 의학적 상태의 생리적인 효과에 기인한 것이 아니다.

F. 이 증상들은 공황장애의 공황발작에 대한 불안과 염려, 사회적 불안장애의 부정적 평가, 강박-충동장애의 강박, 분리불안장애의 애착대상으로부터의 분리, 외상후 스트레스 장애의 외상성 사건의 회상, 거식증의 체중 증가에 대한 염려, 신체증상장애의 신체적 고통 호소, 신체변형장애의 자각된 외모 결함, 질병 불안장애의 심각한 질병에 대한 걱정, 또는 정신분열증이나 망상장애의 망상적 신념 등 다른 정신장애로 더 잘 설명되지 않는다.

3. 공황발작과 공황장애

① 공황장애는 공황발작을 예기치 못하게 반복적으로 경험함으로써 공황발작이 재발할 것에 대해 불안해하는 것으로 갑작스러운 불안발작과 함께 두통, 현기증, 발한, 오한, 손발 저림 등과 같은 증세가 복합적으로 나타나는 것이다.

② 공황발작은 세 가지 유형으로 분류된다(정명숙 외 역, 2011).

㉠ **예기치 못한 공황발작**: 아무런 이유 없이 예기치 못하게 발작한다.

㉡ **단서에 근거한 공황발작**: 두려움의 대상인 사물이나 상황의 특정 단서에 노출되면 언제나 공황발작이 나타난다.

㉢ **상황적으로 내재된 공황발작**: 두려움의 대상인 사물이나 상황의 특정 단서에 노출되더라도 언제나 공황발작이 나타나는 것은 아니며, 일어나더라도 시간이 지연된 후에 일어날 수 있다.

③ 공황장애는 예기치 못한 공황발작이 재발할 것에 대해 불안해하는 것이다. 따라서 공황장애로 행동이나 생활 패턴이 심각하게 변하는 광장공포증이 수반될 수 있다. 즉, 공황발작이 일어날 수 있는 상황이나 환경을 피하게 되고, 자신의 활동 폭을 제한하게 되며, 심한 공황장애를 가지고 있는 청소년은 집 밖에 나가려고 하지 않을 수 있다.

DSM-5의 공황장애의 진단기준

A. 예기치 않은 공황발작이 반복된다. 몇 분 내에 두려움이나 불쾌감이 급등하여 절정에 달하는 동안에 다음 증상들 중 네 가지 이상이 나타난다.

주의: 두려움이나 불쾌감의 급등은 차분한 상태에서 나타날 수도 있고 걱정하는 상태에서 나타날 수도 있다.

1. 심장박동 수가 빨라지고 심장이 두근거린다.
2. 땀이 많이 난다.
3. 몸이 심하게 떨린다.
4. 숨이 가빠지고 숨을 못 쉴 것 같은 느낌이 든다.
5. 질식할 것 같은 느낌이 든다.
6. 가슴에 통증이 있거나 압박감이 있다.
7. 구토증이 나고 배 속이 불편하다.
8. 어지럽거나 기절할 것 같은 느낌이 든다.
9. 오한이 오거나 몸에서 열이 오른다.
10. 마비된 것 같거나 따끔거리는 느낌이 드는 등 지각에 이상이 있다.
11. 비현실감이나 이인증(자신으로부터 분리된 느낌)이 나타난다.
12. 통제력을 잃어버리거나 미쳐 버릴지도 모른다는 두려움이 있다.
13. 죽어가고 있다는 두려움이 엄습한다.

주의: 귀울림, 목의 통증, 두통, 통제할 수 없는 비명, 또는 울음 등의 증상이 나타날 수 있다. 그러나 이러한 증상들을 네 가지 진단기준의 한 가지로 간주해서는 안 된다.

B. 최소한 한 번 이상의 공황발작 후 한 달 이상 다음 두 가지 중 한 가지 또는 둘 다 발생한다.

1. 공황발작과 결과(예 통제력 상실, 심장마비, 정신 이상)에 대해 지속적으로 걱정하고 염려한다.
2. 공황발작과 관련하여 심각한 부적응적인 행동의 변화가 있다(예 공황발작을 피하기 위하여 운동이나 친숙하지 않은 상황을 회피하는 행동).

C. 이 증상들은 약물이나 다른 의학적 상태의 생리적인 효과에 기인한 것이 아니다.

D. 이 증상들은 사회적 불안장애처럼 두려운 사회적 상황, 특정 공포증처럼 공포를 유발하는 물건이나 상황, 강박-충동장애의 강박, 분리불안장애의 애착대상으로부터의 분리, 외상후 스트레스 장애의 외상성 사건의 회상 등의 다른 정신장애에 의해 더 잘 설명되지 않는다.

④ 공황발작과 공황장애는 차이가 있는데, 명백한 이유 없이 극단적인 불안이 매우 빨리 그리고 자주 일어나는 격렬하고 분명한 경험을 공황발작이라고 한다. 이것은 아동과 청소년이 경험하는 또 다른 형태의 불안이라고 할 수 있다. 공황발작은 갑작스럽게 시작되어 급속하게 최고조에 달하는 극심한 불안과 공포를 10분 미만 동안 짧게 경험하는 것을 말한다.

⑤ 아동기 공황장애에 대해서는 알려진 것이 거의 없다. 아동들은 자신의 공황 증세를 외부적인 원인에 돌리는 경향이 있고, 미래의 공황발작에 대한 염려를 하지 않는다. 따라서 공황장애에 대한 DSM-5의 진단기준을 충족시키지 못해, 아동기 공황장애를 진단하는 것은 매우 어렵다(방명애 · 이효신 역, 2013).

4. 특정 공포증

① 특정 공포증은 특정 상황이나 사물에 대해 만성적으로 심한 두려움을 느끼며 주요 생활기능에 결함을 초래하는 것이다. 아동들의 두려움의 대상은 그들의 인지적 발달과 현실에 대한 지식을 반영한다. 아동기 초기에는 두려움의 대상이 내부적이고 일반적이며 상상적인 대상(예 귀신, 괴물, 어두움 등)이었다가, 시간이 경과하면서 두려움의 대상이 외부적이고 특정적이며 현실에 기초한 대상(예 학교 수행평가, 또래관계 등)으로 변한다.

② 특정 공포증은 불안의 세 가지 영역인 행동적, 인지적 및 생리적 영역에서 특성이 나타난다.

㉠ **행동적 측면**: 특정 공포증을 가지고 있는 사람은 두려움의 대상이나 사물, 상황을 회피한다. 예를 들어, 비행기 여행에 대한 강한 공포증을 가지고 있는 사람은 아무리 바빠도 상대적으로 오랜 시간이 걸리는 기차, 버스, 자동차 등을 이용한다.

㉡ **인지적 측면**: 부정적이며 파국적인 사건이 일어날 것이라는 생각에 사로잡혀 있다. 예를 들어, 비행기 여행에 대한 공포증이 있는 경우 자신이 비행기를 타면 비행기 사고가 나거나 테러리스트가 비행기를 점거할 수도 있다는 생각에 두려워하고 불안해한다.

㉢ **생리적 측면**: 두려움의 대상인 사물이나 상황에 노출되면 심장 박동이 빨라지고 호흡이 곤란해지며 구토하는 등 불안반응을 나타낸다. 예를 들어, 비행기 탑승 시간이 다가오면 손발에 땀이 나고, 호흡하기 어려워지며 심장박동이 빨라지는 경우다.

③ 특정 공포증의 대상이 되는 사물이나 상황은 동물, 자연환경(예 물, 높은 곳), 피-주사-상해, 상황(예 비행기, 폐쇄된 공간), 기타(예 큰 소리, 분장한 극 중 인물들) 등이 있다.

DSM-5의 특정 공포증의 진단기준
A. 특정 사물이나 상황(예 비행기 여행, 동물, 주사)이 존재하거나 예상될 때 상황에 맞지 않을 만큼의 심한 두려움이나 불안을 지속적으로 나타낸다.
B. 공포의 대상인 사물이나 상황에 노출될 때마다 거의 매번 즉각적으로 두려움이나 불안을 나타낸다.
C. 특정 공포증을 가지고 있는 사람은 공포의 대상인 사물이나 상황을 회피하거나 또는 과도한 불안이나 두려움을 느끼면서도 견딘다.
D. 두려움이나 불안은 공포 대상인 특정 사물이나 상황이 야기하는 실제적인 위험이나 사회문화적 상황에 맞지 않을 정도로 심하게 나타난다.
E. 두려움, 불안, 또는 회피가 최소 6개월 이상 지속된다.
F. 두려움, 불안 또는 회피가 사회적, 학업적, 직업적 및 다른 중요한 기능 영역에 임상적으로 중요한 손상 또는 결함을 초래한다.
G. 이러한 두려움, 불안 또는 회피 증상들은 공황장애와 연관된 두려움, 불안, 또는 회피, 광장공포증의 무능력 상태, 강박-충동장애와 연관된 사물이나 상황, 분리불안장애의 애착대상으로부터의 분리, 외상후 스트레스 장애의 외상성 사건의 회상, 사회적 불안장애의 사회적 상황 등의 다른 정신장애에 의해 더 잘 설명되지 않는다.

5. 사회적 불안장애(사회공포증)

① 사회적 불안장애는 사회적 상황에서 자신이 당황스럽고 수치스럽게 행동할 것에 대한 강한 두려움을 지속적으로 나타내는 것이 특징이며, 사회적 공포증이라고도 한다.

② 사회적 불안장애를 가지고 있는 아동이나 청소년들은 사람들 앞에서 말하거나 글씨를 쓰거나 글을 읽는 것, 대화를 시작하고 유지하는 것, 권위적 인물 앞에서 이야기하는 것 및 사회적 상호작용을 해야 하는 상황에 대해 두려움을 느낀다.

③ 사회적 불안장애는 다른 사람이 자신의 외모와 행동을 평가한다는 것을 인식하기 시작하는 시기인 아동기 후기나 청소년기에 주로 나타나기 시작한다.

④ 사회적 불안장애를 가지고 있는 청소년은 다른 유형의 불안장애와 주요 우울장애를 중복하여 가지고 있을 수 있으며, 아동기 초기에 걱정이 많고 위축된 아동들이 청소년기와 성인기 초기에 사회적 불안장애를 나타낼 가능성이 많다.

DSM-5의 사회적 불안장애의 진단기준

A. 사회적 상황(예 대화 또는 친숙하지 않은 사람과의 만남), 관찰되는 상황(예 먹거나 마시는 것), 다른 사람 앞에서의 수행(예 발표) 등 타인으로부터 세심하게 관찰당할 가능성이 있는 한 가지 이상의 사회적 상황에 대해 현저한 두려움이나 불안을 나타낸다.
   주의: 아동의 경우, 사회적 불안장애로 진단받기 위해서는 성인과의 상호작용뿐만 아니라, 또래와의 상호작용에서도 불안 반응을 나타내야 한다.

B. 자신이 불안 증상을 보임으로써 부정적인 평가(예 굴욕을 당하거나 당황스럽게 되거나 거절당하거나 다른 사람을 기분 상하게 하는 등)를 받게 될 것을 두려워한다.

C. 두려워하는 사회적 상황에 노출되면 거의 예외 없이 두려움이나 불안 반응을 일으킨다.
   주의: 아동의 경우, 낯선 사람과의 사회적 상황에 노출될 때 울거나, 심술을 내거나, 몸을 움직이지 못하거나 위축되거나 말을 못하는 것으로 두려움이나 불안을 나타낼 수도 있다.

D. 두려워하는 사회적 상황을 회피하거나, 또는 심한 불안이나 두려움을 느끼면서도 인내한다.

E. 두려움이나 불안은 사회적 상황이 야기하는 실제적인 위협이나 사회문화적 상황에 맞지 않을 정도로 심하게 나타난다.

F. 두려움, 불안, 또는 회피가 최소한 6개월 이상 지속된다.

G. 두려움, 불안, 또는 회피가 사회적, 학업적, 직업적 및 다른 중요한 기능 영역에 임상적으로 중요한 손상 또는 결함을 초래한다.

H. 이 증상들은 약물이나 다른 의학적 상태의 생리적인 효과에 기인한 것이 아니다.

I. 이러한 두려움, 불안, 또는 회피 증상들은 공황장애, 신체변형장애, 또는 자폐스펙트럼장애 등의 다른 정신장애에 의해 더 잘 설명되지 않는다.

J. 다른 의학적 상태(예 파킨슨병, 비만, 화상이나 상해에 의한 손상)가 있는 경우에 두려움, 불안, 또는 회피가 이러한 의학적 상태와 관련된 것이 아니어야 사회적 불안장애로 진단받을 수 있다.

6. 광장공포증

① 광장공포증은 즉각적으로 피하기 어려운 또는 곤란한 장소나 상황에 처해 있다는 불안 또는 공황발작이나 공황과 유사한 증상(예 갑작스러운 현기증이나 설사에 대한 두려움 등)이 일어났을 때 도움을 받기 어려운 장소나 상황에 있다는 것에 대한 불안을 의미한다.

② 광장공포증은 사회공포증, 특정 공포증, 심한 분리불안장애와 변별하는 것이 매우 어렵다. 왜냐하면 이러한 장애들은 특정 상황에 대한 회피를 핵심적인 특징으로 가지고 있기 때문이다.

DSM-5의 광장공포증의 진단기준
A. 다음 다섯 가지 상황 중 두 가지 이상의 경우에서 극심한 공포와 불안을 느낀다. 1. 대중교통을 이용하는 것(예 자동차, 버스, 기차, 배, 비행기) 2. 열린 공간에 있는 것(예 주차장, 시장, 다리) 3. 밀폐된 공간에 있는 것 4. 줄을 서 있거나 군중 속에 있는 것 5. 집 밖에 혼자 있는 것
B. 공황 유사 증상이나 그들을 무능력하게 하거나 당혹스럽게 만드는 다른 증상(예 노인에서 낙상에 대한 공포, 실금에 대한 공포)이 발생했을 때 도움을 받기 어렵거나 그 상황에서 벗어나기 어려울 것이라는 생각 때문에 그런 상황을 두려워하고 피한다.
C. 광장공포증 상황은 거의 대부분 공포와 불안을 야기한다.
D. 광장공포증 상황을 피하거나, 동반자를 필요로 하거나, 극도의 공포와 불안 속에서 견딘다.
E. 광장공포증 상황과 그것의 사회문화적 맥락에서 봤을 때 실제로 주어지는 위험에 비해 공포와 불안의 정도가 극심하다.
F. 공포, 불안, 회피반응은 전형적으로 6개월 이상 지속된다.
G. 공포, 불안, 회피가 사회적, 직업적, 다른 개인의 중요한 기능에 임상적으로 뚜렷한 고통과 손상을 야기한다.
H. 만약 다른 의학적 상태(예 염증성 장질환, 파킨슨병)가 동반된다면, 공포, 불안, 회피 반응이 명백히 과도해야만 한다.
I. 공포, 불안, 회피가 다른 정신장애에 의한 것이 아니어야 한다. 예를 들어 증상이 특정 공포증의 상황 유형에 국한되어서는 안 된다. 사회불안장애에서처럼 사회적 상황에서만 나타나서는 안 된다. 강박장애에서처럼 강박사고에만 연관되거나 신체이형장애에서처럼 신체 외형의 손상이나 훼손에만 연관되거나 외상후 스트레스 장애에서처럼 외상 사건을 기억하게 할 만한 사건에만 국한되거나 분리불안장애에서처럼 분리에 대한 공포에만 국한되어서는 안 된다.

7. 선택적 함묵증

DSM-5의 선택적 함묵증의 진단기준
A. 다른 상황에서 말을 할 수 있음에도 불구하고 말하기가 예상되는 특정 사회적 상황(예 학교)에서 시종일관 말을 하지 않는다. ❶ 11초등11 · 유아9
B. 이러한 문제가 학업적, 직업적 성취나 사회적 의사소통을 저해한다.
C. 이러한 문제는 적어도 1개월은 지속되어야 한다(입학 후 첫 1개월은 포함하지 않음).
D. 말하지 못하는 이유가 사회생활에서 요구되는 언어에 대한 지식이 없거나 불편한 관계 때문은 아니어야 한다.
E. 이러한 문제가 의사소통장애(예 말더듬)로 잘 설명되지 않아야 하고, 자폐스펙트럼장애, 정신분열증, 다른 정신장애의 경과 중에 발생하지 않아야 한다.

기출 POINT 3

❶ 11초등11 · 유아9

「정신장애 진단 및 통계 제4판(DSM-Ⅳ-TR)」에 제시된 이 장애의 진단 준거에 해당하는 것은?

③ 말을 해야 하는 특정한 사회적 상황에서 말을 할 수 있음에도 불구하고 1개월 이상 지속적으로 말을 하지 않는다.

02 불안장애의 중재

1. 인지행동중재

행동수정 절차들은 수동적 조건형성, 조작적 조건형성 혹은 둘 간의 결합의 원리에 근거하고 있다(안병환 외, 2002).

더 알아보기 인지행동중재

> 인지행동중재는 학생에게 자신의 행동을 점검하고 평가하며 관리하는 것을 가르치거나 특정한 인지적 단계에 따라 자극에 반응하도록 교수하는 절차로, 교사는 강화 등과 같은 다양한 행동 원리를 사용하여 학생에게 인지적 전략을 지도한다.
> 정서 · 행동장애 학생을 대상으로 자기조절 능력의 향상에 주안점을 두어 적용 가능한 인지적 전략을 지도하는 중재로는 문제해결 훈련, 분노조절 훈련, 자기관리 훈련(자기점검, 자기평가, 자기강화), 자기교수, 대안반응 훈련, 귀인 재훈련, 합리적 정서행동치료 등이 있다.

(1) **이완훈련**(relaxation training)

① 이완훈련은 깊고 느린 호흡기법, 근육이완, 심상을 통해 불안장애를 가진 아동이나 청소년의 긴장 수준을 낮추는 것이다. ❶ 19중등A8

② 이완훈련은 공포와 불안 문제를 구성하는 자율적 각성의 경험을 감소시키는 전략이다. 특정한 이완행동에 참여하는 개인은 자율적 각성에 반대되는 신체적 반응을 하게 된다. 즉, 근육의 긴장, 빠른 심장박동, 차가운 손, 빠른 호흡 등 자율적 각성이 되는 신체 반응 대신 근육의 긴장을 감소시키고 호흡을 느리게 하며 손을 따뜻하게 하는 것이다.

③ 가장 많이 알려진 4가지 이완훈련으로는 점진적 근육이완, 횡격막 호흡, 주의집중 연습, 행동이완 훈련 등이 있다.

기출 POINT 4

❶ 19중등A8

㉠에 해당하는 인지행동중재 방법의 명칭을 쓰시오.

> 보호자: 선생님, 학생 K가 퇴원 후 학교에 복귀하게 되었는데, 학습 결손도 걱정이지만 오랜만에 학교에 가서 그런지 불안과 긴장이 심해지는 것 같아요.
> 송 교사: 개별적인 지원 방법을 고민해 봐야겠군요. 먼저, 학업 지원 측면에서 학습 결손 보충과 평가 조정 등을 고려하겠습니다. 불안과 긴장에 대해서는 ㉠ 깊고 느린 호흡, 심상(mental image) 등을 통해 근육의 긴장을 감소시키는 방법을 고려해보면 좋겠네요.

기출 POINT 5

❶ 23유아B2

① ⓒ에 해당하는 중재 방법이 무엇인지 쓰고, ② ⓒ과 관련하여 ⓔ에 들어갈 용어를 쓰시오.

김 교사: 주사가 무섭긴 하겠지만 지나치게 불안을 나타내는 것에 대해서는 걱정이 되네요. 무슨 좋은 방법이 있을까요?
박 교사: ⓒ 친구들이 주사기 놀잇감을 가지고 병원놀이하는 모습을 멀리서 지켜보는 낮은 자극 수준부터 점차 높은 자극 수준으로 올라가도록 단계를 만들고, 자극 단계 순서대로 차츰 노출시켜서 민지가 불안을 줄여갈 수 있도록 연습시켜 봐요.
김 교사: 네, 선생님. 그런데 민지가 각 단계마다 연습을 하다가 불안이 높아질 때에는 어떻게 하지요?
박 교사: 그럴 때를 대비해서 스스로 불안을 낮출 수 있도록 (ⓔ)을/를 가장 먼저 연습해야 해요.

❷ 19유아A5

ⓔ과 ⓜ의 장점을 1가지 쓰시오.

박 교사: 저는 원기의 불안감을 줄여 주는 것이 무엇보다 중요하다고 봐요. 불안감을 줄여 주는 방법에는 여러 가지가 있는데, 그중에 ⓔ 체계적 둔감법과 ⓜ 실제상황 둔감법이 생각나네요.

❸ 18중등A6

㉠에 해당하는 중재방법을 쓰시오.

방과후교사: 학생 B는 그리기 활동 후 감상 시간에 본인의 작품을 발표하는 순서가 되면 극도의 불안감을 나타내면서 손을 벌벌 떨거나 안절부절못하는 행동을 보입니다. 그러다 갑자기 화를 내고 심한 경우 소리 내며 우는 행동까지 이어집니다. 학생 B의 불안을 줄이기 위해 어떻게 하면 좋을까요?
특수교사: 여러 가지 방법이 있는데 첫 번째는 ㉠ 이완기술을 습득하고 유지하면서 짝, 모둠, 학급 전체로 점차 대상을 확대하여 발표를 해보도록 하는 방법입니다.

❹ 12중등23

(가)~(마)의 정서 및 행동장애 학생들의 사례에서 나타난 이론적 모델과 중재 방법으로 옳은 것은?

(라) 학생 D는 여러 사람 앞에서 소리 내어 책을 읽는 것을 두려워하여, 그런 상황을 자주 회피한다. 이에 교사는 두려움 유발 자극을 낮은 단계부터 높은 단계로 서서히 직면하도록 하는 이완훈련을 통해 두려움을 극복할 수 있도록 지도하였다.

④ (라)는 행동주의 모델을 근거로 체계적 둔감화 절차를 적용한 것이다.

(2) 체계적 둔감법(systematic desensitization)

① 체계적 둔감법은 불안을 야기하는 장면을 점진적으로 묘사하는 것을 상상하면서 이완하는 것을 학습하여 공포 반응을 감소시키는 전략이다. ❷ 19유아A5

예 체계적 둔감법을 이용한 거미공포증 치료에서 아동은 자신을 이완하고 치료자가 거미가 25미터에 떨어져 있는 장면을 묘사하는 것을 듣는다. 이 장면을 듣고 나서 이완이 유지되면 치료자는 거미가 20미터 떨어져 있는 장면을 묘사한다. 아동이 계속 이완을 유지한다면 치료자는 거미가 점점 더 가까이 있는 것으로 묘사할 것이다. 아동에게 중요한 것은 공포를 야기하는 자극을 상상하면서도 이완 반응을 유지하는 것이다.

② 체계적 둔감법 절차는 세 단계로 이루어진다.

㉠ 학생은 앞서 기술된 절차들 중 하나를 사용하는 이완기술을 학습한다.

㉡ 치료자와 학생은 공포를 야기하는 자극의 위계를 만든다.

㉢ 학생과 치료자가 위계에 따라 장면을 묘사하는 동안 이완기술을 연습한다. 학생이 위계에 따른 모든 장면을 상상하는 동안 이완 반응을 유지할 수 있게 되면 체계적 둔감법을 마친다.

(3) 실제상황 둔감법(접촉 둔감법, contact desensitization) ❶ 23유아B2, ❸ 18중등A6, ❹ 12중등23

① 실제상황 둔감법은 아동이 실제 공포를 야기하는 자극에 점진적으로 접근하거나, 점진적으로 노출된다는 점을 제외하고는 체계적 둔감법과 유사하다.

② 실제상황 둔감법에서는 아동이 위계의 각 장면을 상상하는 것이 아니라 공포 반응을 대체하는 반응으로서 이완을 유지하면서 각 위계 상황을 직접 경험하도록 한다.

더알아보기 체계적 둔감법과 실제상황 둔감법

1. 체계적 둔감법

- 체계적 둔감법은 학습이론 중 양립 불가능 반응법에 근거하여 Wolpe(1958, 1973)가 발전시켰다. Wolpe에 의하면 어떤 반응 유발 자극이 존재할 때 그 반응 유발 자극으로 인하여 일어난 불안 반응과 상반되는 한 반응이 일어나서 이 반응이 불안을 완전히 혹은 부분적으로 제지할 수 있다면 불안 유발 자극과 불안 반응 사이의 결합은 약화된다. 즉, 한 반응의 유발이 동시에 일어나는 다른 반응의 강도를 약화시킬 때, 이들 두 반응이 상호 제지한다는 것이다. 따라서 불안을 줄이는 한 방법은 불안과 양립할 수 없는 다른 한 반응을 찾아 그 강도를 높임으로써 가능해지는 것이다. Wolpe는 불안과 양립할 수 없는 반응을 유발시키는 한 방법으로 이완훈련이 적용될 수 있다고 보았다.
- 심한 불안이 야기되는 상황에서는 불안의 통제가 불가능하다고 본 Wolpe는 불안을 일으키는 자극을 현실적 장면에서가 아니라 상상을 통해 대응시킴으로서 실제적인 자극을 효과적으로 대치할 수 있다고 보고, 불안을 처리하는 일련의 방법으로 체계적 둔감법을 제안하였다. 이 원리는 근육의 이완과 불안은 양립할 수 없기 때문에, 불안을 가장 적게 일으키는 자극부터 불안을 가장 많이 일으키는 자극의 순서로, 상상을 통해 불안유발 자극을 제시함으로써 어떤 자극과 조건 형성된 불안을 줄일 수 있다는 것이다.

2. 실제상황 둔감법

- 실제상황 둔감법은 두려움을 유발하는 자극에 점진적으로 접근하거나 점진적으로 노출된다는 점을 제외하고는 체계적 둔감법과 유사하다. 실제상황 둔감법의 장점은 실제로 불안 상황과 접촉하게 만든다는 것이다. 이것은 불안 상황에서 더 일반화할 수 있으므로 체계적 둔감법보다 더 선호된다.
- 하지만 실제상황 둔감법은 체계적 둔감법보다 어렵고 시간과 비용이 많이 든다. 따라서 체계적 둔감법의 결과가 충분히 일반화되지 못한다면 체계적 둔감법의 효과를 증진시키고 일반화를 보장하기 위해 실제상황 둔감법을 부가적으로 사용할 수 있다.

(4) 정동홍수법(flooding)

① 중재 초기에 불안을 일으키는 정도가 가장 심한 자극에 아동을 오랫동안 노출시키는 절차로, 체계적 둔감법의 점진적인 접근 방법과는 대조된다.

② 이는 불안을 일으키는 정도가 가장 심한 자극에 노출되더라도, 사람은 계속 높은 각성상태를 유지할 수 없으므로 결국 불안 반응은 약화된다는 이론에 근거한다. 즉, 공포자극이 있을 때보다 높아진 불안을 경험하지만, 시간이 지나면서 수동적 소거의 과정을 통해 불안 수준이 감소하게 된다는 것이다.

예 개에 대한 공포가 있는 사람은 치료자와 함께 방에 앉아 오랫동안 개와 함께 있게 된다. 조건자극(개, 공포자극)이 무조건자극(물리거나 놀라게 되는 것) 없이 존재하기 때문에 오랫동안(2시간) 극복할 수 있고, 조건자극은 더 이상 조건반응(불안)을 야기하지 않게 된다.

(5) 모델링(modeling)

모델링 절차에서 아동은 다른 사람이 공포자극에 접근하거나 공포활동에 참여하는 것을 관찰한 후에 유사한 행동을 더욱 쉽게 수행할 수 있게 된다. ❶ 18중등A6

예 개를 두려워하는 아동으로 하여금 다른 아동이 개를 두려워하지 않고 친숙하게 노는 장면을 비디오나 실제 상황을 통해 역할 모델로 보여주어 아동의 두려움을 감소시킬 수 있다.

(6) 재노출요법

재노출요법은 아동으로 하여금 중재자와 함께 안전하고 지원적인 환경에서 아동에게 정신적인 충격을 일으킨 사건을 재검토하고 재생하는 것이다.

예 집에 불이 나서 가족과 집을 잃은 경험으로 외상후 스트레스 장애의 증상을 보이는 아동과 함께 불이 났던 상황에 재노출하여 재검토하며 아동으로 하여금 자신의 생각과 감정을 표현하게 한다. 그리고 아동이 주어진 상황에서 바람직하게 대처하며 자신의 스트레스를 관리할 수 있도록 돕는다.

(7) 인지적 재구조화

아동이나 청소년의 불안 또는 공포가 비현실적이고 비합리적인 인지적 왜곡에 근거한 것이므로 아동으로 하여금 현실적이고 합리적인 사고를 할 수 있도록 돕는 것이다(Beck, 1976).

예 개에 대한 공포증을 가지고 있는 아동은 쇠사슬에 묶여 있는 개를 보더라도, 그 개가 갑자기 자신에게 달려들고, 함께 걸어가는 부모는 도망칠 것이며, 결국 자신은 개에게 물려 치료받지 못한 채 죽게 될 것이라는 왜곡된 생각을 하면서 불안을 느낀다. 이때 아동으로 하여금 개는 쇠사슬을 풀 수 없고, 개가 갑자기 달려들어도 부모가 도와줄 것이며, 개에게 물리더라도 즉시 병원에 가서 치료를 받으면 죽지 않는다는 것을 인식하도록 돕는다.

(8) 자기통제 기술

병리적인 불안이나 두려움을 가지고 있는 아동으로 하여금 스스로 자기점검법, 자기강화법, 자기교수법, 긍정적 자기 말, 거울기법, 문제해결 기술, 사회성 기술 등을 적용하여 불안이나 두려움을 감소시키도록 하는 것이다.

더 알아보기

수동적 소거

Pavlov는 조건화된 자극이 무조건 자극 없이 계속 제시가 되면, 성립되었던 조건화된 반사가 약해져서 결국에는 사라진다는 것을 발견하였다. 예를 들어, 만약 계속해서 메트로놈 소리가 음식과 함께 제시되지 않으면 침 흘리는 반응을 이끌어 내던 힘이 점차적으로 사라진다. 즉, 조건화된 자극이 무조건자극 없이 계속적으로 제시되어 더 이상 조건화된 반응을 이끌어 내지 못하는 과정을 수동적 소거라고 부른다.

기출 POINT 6

❶ 18중등A6

ⓒ에 해당하는 중재방법을 쓰시오.

방과후교사: 학생 B는 그리기 활동 후 감상 시간에 본인의 작품을 발표하는 순서가 되면 극도의 불안감을 나타내면서 손을 벌벌 떨거나 안절부절못하는 행동을 보입니다. 그러다 갑자기 화를 내고 심한 경우 소리 내며 우는 행동까지 이어집니다. 학생 B의 불안을 줄이기 위해 어떻게 하면 좋을까요?
특수교사: 여러 가지 방법이 있는데 두 번째는 ⓒ '발표 성공사례' 영상을 보고 영상 속 주인공의 발표행동을 따라 하는 절차를 반복하는 방법이 있습니다.

2. 가족 중재

① 불안장애는 부모의 불안과 가정불화가 있는 가족관계에서 일어나기 쉽다. 가족 프로그램에는 부모에게 아동을 다루는 법, 불안을 다루는 법, 의사소통 및 문제해결 기술 등을 훈련시키는 것이 포함된다.

② 이러한 가족요인들을 다루는 중재법은 단기효과가 크며 또 그 효과도 지속된다.

3. 약물치료

① 아동 및 청소년의 불안장애 치료의 약물에는 선별적 세로토닌 재흡수 억제제, 삼환계 항우울제, 선택적 세로토닌 재흡수 억제제, 항불안제가 사용되고 있으나, 아동이나 청소년을 대상으로 한 약물치료의 효과와 부작용에 대한 연구는 미흡한 실정이다.

② 불안장애를 가지고 있는 아동이나 청소년들에게 약물치료를 하는 것은 매우 신중해야 하며, 약물치료를 하더라도 인지행동중재를 병행하는 것이 바람직하다.

4. 교사의 역할

① 불안장애 아동 및 청소년을 치료하기 위해서 정신건강 전문가들은 주로 행동치료와 약물치료를 한다.

② 교사의 역할은 약물의 부작용이나 행동의 변화를 점검하거나 교실과 다른 학교 환경에서 실시되는 행동치료를 돕는 일이다. 또한 아동의 학급에서의 기능과 관련된 인지행동치료를 돕고 강화한다.

③ 교사는 불안문제를 가진 학생들과 효율적이고 긍정적인 관계를 위해 변별적 수용과 공감능력이 필요하다.

㉠ 변별적 수용이란 교사가 아동의 분노, 증오, 공격과 같은 또 다른 극단적인 행동들을 받아들이는 것을 의미한다.

㉡ 공감능력이란 종종 불안장애 학생의 개인적 욕구들을 이해하는 열쇠인 많은 비언어적 단서들을 이해하고 인식하는 교사의 능력을 말한다.

외상 및 스트레스 관련 장애

01 외상 및 스트레스 관련 장애
- 외상 후 스트레스 장애(PTSD)
- 반응성 애착장애
- 탈억제 사회관여 장애

DSM-Ⅳ-TR에서 불안장애의 하위 유형으로 포함되었던 외상후 스트레스 장애가 DSM-5에서는 외상 및 스트레스 관련 장애라는 범주하에 외상후 스트레스 장애, 반응성 애착장애, 탈억제 사회적 관여 장애, 급성 스트레스 장애, 적응장애 등을 포함하고 있다.

1. 외상후 스트레스 장애(PTSD) ❶ 11초등11 · 유아9

① 외상후 스트레스 장애는 한 번 경험한 또는 반복된 치명적인 사건을 재경험하며 지속적으로 강한 불안 증상을 나타내는 것이다. 치명적인 사건이란 인간의 정상적인 경험의 범주에서 벗어난 것들로서 신체 폭력, 지진이나 해일 등의 자연재해 경험, 사랑하는 사람의 갑작스러운 죽음, 성폭력, 전쟁 및 테러로 희생되는 장면의 목격 등을 포함한다.

② 외상후 스트레스 장애의 주요한 특성은 충격적 사건에 대한 회상과 악몽 등을 재경험하며, 충격적 사건과 관련된 장소나 대상을 회피하고 충격적 사건에 대한 각성상태가 지나치게 높다는 것이다.

③ DSM-5에서 제시하는 외상후 스트레스 장애의 진단기준은 DSM-Ⅳ-TR과는 달리 만 6세를 기준으로 나누어져 있다.

DSM-5의 외상후 스트레스 장애의 진단기준

A. 다음 중 한 가지 이상의 죽음, 심각한 상해 또는 성폭행에 실제 노출되었거나 위협을 당한 적이 있다.
1. 외상성 사건을 직접 경험한 경우
2. 다른 사람에게 일어난 외상성 사건을 목격한 경우
3. 가까운 가족이나 친구에게 외상성 사건이 일어난 것을 알게 된 경우: 가까운 가족이나 친구에게 일어난 실제 죽음이나 죽음에 대한 위협을 알게 된 경우
4. 외상성 사건의 혐오적인 세부사항들의 반복적이거나 극단적인 노출을 경험하는 경우
   예 죽은 사람의 시체를 처리하는 최초의 대처자, 아동학대의 세부사항에 반복적으로 노출되는 경찰
   주의: 진단기준 A4는 전자매체, 텔레비전, 영화, 사진 등에 대한 노출을 의미하지 않는다.

기출 POINT 1

❶ 11초등11 · 유아9

다음의 영기와 인수는 공통된 장애가 있다. 「정신장애 진단 및 통계 제4판(DSM-Ⅳ-TR)」에 제시된 이 장애의 진단 준거에 해당하는 것은?

- 영기는 어느 날 집 앞에서 심한 교통사고를 당한 후, 지금까지 자동차를 보면 몹시 초조해하고 집 앞 도로를 혼자 다니지 못한다. 또한 혼자서 장난감 자동차 충돌을 재연하며 논다.
- 인수는 엄마와 함께 지하철을 타고 가다 화재로 심한 화상을 입은 후, 밤에 잠을 이루지 못하고 자주 악몽을 꾼다. 또한 텔레비전에서 불이 나오는 장면만 보면 심하게 울면서 안절부절못하며 엄마에게 안긴다.

④ 외상과 관련된 사건의 재경험, 그 사건과 관련된 자극의 회피, 일반적인 반응의 마비, 각성 상태의 증가가 1개월 이상 지속적으로 나타난다.

B. 외상성 사건이 발생한 이후 외상성 사건과 관련된 다음 중 한 가지 이상의 증상이 나타난다.
   1. 외상성 사건에 대한 반복적이고 무의식적이며 집요하게 떠오르는 고통스러운 회상
      주의: 6세 초과 아동은 외상성 사건과 관련된 주제의 놀이를 반복할 수도 있다.
   2. 외상성 사건의 내용과 정서에 대한 반복적이고 괴로운 꿈
      주의: 아동의 경우, 내용이 인지되지 않는 무서운 꿈
   3. 마치 외상성 사건이 재발하고 있는 것 같은 행동이나 느낌을 가지게 되는 분열적 반응(예 갑자기 너무 생생하게 떠오르는 회상)이 연속체상에서 나타나는데, 가장 극심한 경우에는 현실에 대한 자각 상실
      주의: 아동의 경우, 외상성 사건의 특유한 재연놀이를 통해 재경험한다.
   4. 외상성 사건과 유사하거나 상징적인 내적 또는 외적 단서에 노출되었을 때 심각한 심리적 고통
   5. 외상성 사건과 유사하거나 상징적인 내적 또는 외적 단서에 노출되었을 때 심각한 현저한 생리적 반응

C. 외상성 사건의 발생 후 다음 중 한 가지 이상 외상성 사건과 관련된 자극을 지속적으로 회피한다.
   1. 외상성 사건과 밀접하게 관련된 고통스러운 기억, 생각, 느낌을 회피하거나 회피하려고 노력
   2. 외상성 사건과 밀접하게 관련된 고통스러운 기억, 생각, 느낌을 상기시키는 외부적인 자극(예 사람, 장소, 대화, 활동, 사물, 상황)을 회피하거나 회피하려고 노력

D. 외상성 사건이 발생한 후, 사건과 관련된 인지와 기분이 부정적으로 변화되기 시작하거나 악화되며 다음 중 두 가지 이상이 나타난다.
   1. 뇌손상, 알코올, 약물과 같은 요인에 기인한 것이 아니고, 분열성 기억상실에 기인하여 외상성 사건의 중요한 측면을 기억하지 못함
   2. 자신과 타인 및 세상에 대한 부정적인 생각과 기대가 과장되어 지속됨
      예 "내가 나빠.", "아무도 믿을 수 없어.", "세상은 정말 위험해.", "내 몸의 신경계가 영원히 망가졌어."
   3. 외상성 사건의 원인이나 결과에 대해 왜곡된 인지를 지속적으로 가지게 됨으로써 자기 자신이나 타인을 비난
   4. 지속적인 부정적인 감정상태
      예 두려움, 공포, 분노, 죄책감, 또는 수치심
   5. 중요한 활동에 대한 흥미와 참여가 현저히 감소
   6. 사람들로부터 멀어지고 소외된 느낌
   7. 지속적으로 긍정적 정서를 경험할 수 없음
      예 행복, 만족, 사랑을 경험하지 못함

E. 외상성 사건의 발생 후 사건과 관련된 각성 반응이 현저하게 변화되며, 다음 증상 중 두 가지 이상이 나타난다.
   1. 사람이나 사물에 대한 언어적 또는 신체적 공격성(자극이 전혀 없거나 거의 없어도)이 과민한 행동이나 분노 폭발로 표출
   2. 난폭하거나 자기파괴적 행동
   3. 지나친 경계
   4. 과장된 놀람반응
   5. 집중의 어려움
   6. 수면장애
      예 잠들기 어렵거나 지속적으로 자기 어렵거나 숙면하기 어려움

F. 진단기준 B, C, D, E의 증상들은 최소한 1개월 이상 지속되어야 한다.

G. 이러한 증상들이 사회적, 학업적, 직업적 및 다른 중요한 기능 영역에 임상적으로 중요한 손상 또는 결함을 초래한다.

H. 이 증상들은 약물(예 투약, 알코올)이나 다른 의학적 상태의 생리적인 효과에 기인한 것은 아니다.

2. 반응성 애착장애

① 반응성 애착장애는 유아기 또는 초기 아동기에 발달적으로 부적절한 애착행동 양상을 나타내는 것으로서 아동은 위안, 지원, 보호, 돌봄과 배려를 얻기 위해 애착대상에게 거의 가지 않는다.

② 즉, 선택적 애착관계를 발달시킬 능력이 있다고 간주되는 아동과 주 양육자로 추정되는 성인과의 애착관계가 형성되지 않았다는 것이다.

DSM-5의 반응성 애착장애의 진단기준

A. 성인 양육자에 대해 정서적으로 억제되고 위축된 행동을 일관성 있는 양상으로 보이며 다음 두 가지로 나타난다.
   1. 괴로울 때도 거의 위안을 구하지 않는다.
   2. 괴로울 때 제공되는 위안에 거의 반응하지 않는다.

B. 지속적인 사회적 및 정서적 장애가 다음 중 두 가지 이상에서 나타난다.
   1. 다른 사람에 대한 최소의 사회적 및 정서적 반응
   2. 제한된 긍정적 정서
   3. 성인 양육자와 비위협적인 상호작용을 할 때에도 나타나는 설명할 수 없는 과민함, 슬픔 또는 두려움의 삽화

C. 아동이 다음 중 한 가지 이상의 극단적으로 불충분한 양육 양상을 경험하였다.
   1. 성인 양육자에 의해 제공되어야 하는 위안, 자극, 사랑 등 기본적인 정서적 필요가 지속적으로 제공되지 않는 사회적 방치 또는 사회적 박탈
   2. 주 양육자가 반복적으로 교체됨으로써 안정적인 애착관계를 형성할 기회 제한
      예 대리부모의 빈번한 교체
   3. 선택적 애착관계를 형성할 기회가 극도로 제한적인 비정상적 양육환경
      예 아동 대 양육자 비율이 높은 시설

D. 진단기준 C에 제시된 바와 같이 적절한 돌봄과 배려를 받지 못한 채 양육되어 진단기준 A에 제시된 행동양상을 보인다.

E. 진단기준이 자폐스펙트럼장애에 맞지 않는다.

F. 이 증상들이 만 5세 이전에 나타난다.

G. 아동의 발달연령이 9개월 이상이어야 한다.

3. 탈억제 사회관여 장애

DSM-5의 탈억제 사회관여 장애의 진단기준
A. 아동이 낯선 성인에게 활발하게 접근하고 소통하면서 다음 중 두 가지 이상으로 드러나는 행동 양식이 있다. 1. 낯선 성인에게 접근하고 소통하는 데 주의가 약하거나 없음 2. 과도하게 친숙한 언어적 또는 신체적 행동(문화적으로 허용되고 나이에 합당한 수준이 아님) 3. 낯선 환경에서 성인 보호자와 모험을 감행하는 데 있어 경계하는 정도가 떨어지거나 부재함 4. 낯선 성인을 따라가는 데 있어 주저함이 적거나 없음
B. 진단기준 A의 행동은 (주의력결핍 과잉행동장애의) 충동성에 국한되지 않고, 사회적으로 탈억제된 행동을 포함한다.
C. 아동이 불충분한 양육의 극단적인 양식을 경험했다는 것이 다음 중 최소 한 가지 이상에서 분명하게 드러난다. 1. 성인 보호자에 의해 충족되는 안락과 자극, 애정 등의 기본적인 감정적 요구에 대한 지속적인 결핍이 사회적 방임 또는 박탈의 형태로 나타남 2. 안정된 애착을 형성하는 기회를 제한하는 주 보호자의 반복적인 교체 예 위탁보육에서의 잦은 교체 3. 선택적 애착을 형성하는 기회를 고도로(심각하게) 제한하는 독특한 구조의 양육 예 아동이 많고 보호자가 적은 기관
D. 진단기준 C의 양육이 진단기준 A의 장애행동에 대한 원인이 되는 것으로 추정된다(예 진단기준 A의 장애는 진단기준 C의 적절한 양육 결핍 후에 시작했음).
E. 아동의 발달연령이 최소 9개월 이상 되어야 한다.

CHAPTER 06

강박-충동 및 관련 장애

01 강박-충동 및 관련 장애
- 강박-충동장애
- 신체추형장애

DSM-Ⅳ-TR에서 불안장애의 하위 유형으로 포함되었던 강박-충동장애가 DSM-5에서는 강박-충동 및 관련 장애라는 범주하에 강박-충동장애, 신체추형장애, 저장 강박장애, 모발뽑기 장애, 피부벗기기 장애 등을 포함한다. 여기서는 강박-충동장애와 신체추형장애를 살펴본다.

1. 강박-충동장애

① 강박-충동장애는 강박적 증상과 충동적 증상으로 구성되며, 일반적으로 이 두 증상이 함께 나타난다.
   ㉠ 강박(강박사고)은 비합리적인 생각을 반복하는 것
   ㉡ 충동(강박행동)은 특정 의식이나 행동을 반복하는 것

② 성인은 자신의 생각이 비이성적이고 비합리적인 것이라는 것을 인식하는 반면에, 대부분의 아동은 자신의 생각이 비합리적이라는 것을 깨닫지 못하거나 깨닫더라도 비합리적인 생각을 반복해서 해야 할 필요성을 강하게 느낀다.

③ 강박-충동장애로 진단되기 위해서는 자신의 생각이나 행동이 비합리적이라는 것을 스스로 인식하고 있어야 하고, 증상들이 매우 시간 소모적이며, 아동이나 청소년의 학업기능 또는 사회적 기능에 심각한 결함을 초래하여야 한다.

DSM-5의 강박-충동장애의 진단기준 ❶ 12중등24, ❷ 11초등11(유아9)

A. 강박, 충동 또는 둘 다 나타난다.
   강박은 다음 두 가지 증상에 의해 정의된다.
   1. 대부분의 사람에게 불안이나 고통을 일으킬 만한 생각, 충동 또는 영상을 지속적으로 반복하여 경험
   2. 본인 스스로 강박적인 생각, 충동 또는 영상을 무시하고 억누르려고 하거나 다른 생각이나 행동으로 중화시키려고 시도
   충동은 다음 두 가지 증상에 의해 정의된다.
   1. 강박 또는 규칙을 철저하게 지켜야 한다는 생각으로 인해 수행되는 반복적인 행동(예 손 씻기, 순서적 배열하기, 점검하기) 또는 정신적 활동(예 기도하기, 수 세기, 조용히 단어 반복하기)

기출 POINT 1

❶ 12중등24
다음의 사례에 나타난 학생의 장애유형을 「정신장애 진단 및 통계 제4판(DSM-Ⅳ-TR)」에 근거하여 쓰시오.

> (나) 비합리적인 생각을 반복하거나 특정 의식 또는 행동을 반복한다. 이러한 소모적이고 심각한 사고 또는 행동이 과도하거나 불합리하다는 것을 스스로 인식한다. 흔히 오염에 대한 생각, 반복적 의심 등과 더불어 반복적인 손씻기, 정돈하기 등의 행동을 한다.

❷ 11초등11(유아9)
「정신장애 진단 및 통계 제4판(DSM-Ⅳ-TR)」에 제시된 이 장애의 진단 준거에 해당하는 것은?
① 손씻기와 같은 반복적인 행동이 적어도 하루에 한 시간 이상 나타난다.

2. 이러한 행동이나 정신적 활동은 불안이나 고통을 예방하거나 감소시키기 위해서 또는 두려운 사건이나 상황을 예방하기 위해서 수행되지만, 현실에서 이러한 행동이나 정신적 활동은 예방하려는 사건이나 상황과는 무관

주의: 아동의 경우에는 자신의 행동과 정신적 활동의 목적을 말하지 못할 수도 있다.

B. 강박 또는 충동은 시간 소모적이며(예 하루에 한 시간 이상 소요), 사회적, 학업적, 직업적 및 다른 중요한 기능 영역에 임상적으로 중요한 손상 또는 결함을 초래한다.

C. 강박-충동 증상들은 약물(예 투약, 알코올)이나 다른 의학적 상태의 생리적인 효과에 기인한 것이 아니다.

D. 이러한 강박 또는 충동 증상들은 범불안장애, 신체추형장애, 저장 강박장애, 모발 뽑기 장애, 피부 벗기기 장애, 섭식장애, 질병 불안장애, 중독장애, 품행장애, 주요 우울장애, 망상장애, 정신분열 스펙트럼장애, 또는 자폐스펙트럼장애 등의 다른 정신장애에 의해 더 잘 설명되지 않는다.

2. 신체추형장애

① 신체추형장애는 자신의 외모 중에서 다른 사람이 관찰할 수 없거나 대수롭지 않은 일부분에 지나치게 집착하여 반복적인 행동(예 계속 거울 보기, 지나치게 머리 빗기, 피부 벗기기, 지속적으로 재확인하기) 또는 정신적 활동(예 자신의 외모와 다른 사람의 외모 비교하기 등)을 한다. 다만, 이러한 증상들이 섭식장애의 피하지방이나 체중에 대한 염려로는 설명될 수 없는 경우에 신체추형장애로 진단한다.

② 신체추형장애의 일종인 근육추형(muscle dysmorphia)은 자신의 체형이 너무 작고 근육이 불충분하다고 믿는 것인데 주로 남성에게서 나타난다.

③ 신체추형장애를 가지고 있는 성인, 청소년, 아동은 자살 시도율이 높으며, 특히 청소년의 경우에 자살의 위험이 높게 나타난다.

④ 신체추형장애를 가지고 있는 사람은 자신이 추하고 기형이라고 믿기도 하며, 주요 우울장애와 공존할 가능성이 높다.

DSM-5의 신체추형장애의 진단기준

A. 다른 사람들이 관찰할 수 없거나 대수롭지 않은 자신의 외모에서 한 가지 이상의 결함에 집착한다.

B. 장애가 진행되는 어떤 시점에 자신의 외모에 대한 걱정 때문에 반복적 행동(예 계속 거울 보기, 지나치게 머리 빗기, 피부 벗기기, 지속적으로 재확인하기) 또는 정신적 활동(예 자신의 외모와 다른 사람의 외모 비교하기)을 한다.

C. 이러한 외모에 대한 집착은 사회적, 학업적, 직업적 및 다른 중요한 기능 영역에 임상적으로 중요한 손상 또는 결함을 초래한다.

D. 이러한 외모에 대한 집착은 섭식장애를 가지고 있는 사람의 피하지방이나 체중에 대한 염려로는 설명될 수 없다.

CHAPTER 07

우울장애

01 우울장애의 유형	02 우울장애 중재
주요 우울장애	약물치료
지속성 우울장애	인지행동중재
파괴적 기분조절장애	

DSM-Ⅳ-TR에서는 우울장애와 조증이 기분장애로 묶여 있었으나, DSM-5에서는 두 장애가 분리되었다. DSM-5의 우울장애는 파괴적 기분조절장애, 주요 우울장애, 기분부전장애로 명명되었던 지속적 우울장애, 월경 전 불쾌장애, 약물에 기인한 우울장애, 다른 의학적 조건에 기인한 우울장애, 다른 특정 우울장애, 달리 분류되지 않는 우울장애를 포함한다. 우울장애에 포함되는 모든 하위 유형들의 공통적인 특징은 슬픔, 공허함, 초조함이며 개인의 기능할 수 있는 능력에 영향을 미칠 수 있는 신체적 및 인지적 변화를 수반한다. 각 하위 유형은 우울 정서가 얼마나 지속되는가, 우울 정서가 언제 나타나는가, 또는 우울 정서의 원인이 무엇인가에 따라 차이가 있다.

01 우울장애의 유형

1. 주요 우울장애

① 주요 우울장애의 핵심증상은 체중 변화와 자살 사고를 제외하고 우울 기분이 하루 중 대부분, 거의 매일 존재한다. 흔히 불면이나 피로를 자주 호소하는 경우 동반되는 우울 증상을 놓치기 쉽다. 따라서 신체 증상을 호소하는 경우 그러한 증상이 우울 증상과 관련 있는지를 파악해야 한다.

② 이 장애의 필수 증상은 적어도 2주 동안의 우울 기분 또는 거의 모든 활동에서의 흥미나 즐거움의 상실이다.

기출 POINT 1

❶ 12초등11 · 유아7

다음에서 민지가 보이는 DSM-Ⅳ 분류상의 장애 유형을 쓰시오.

> 민지는 평소 학급활동에 매우 소극적이고 수업에 잘 집중하지 못합니다. 사소한 일에도 부적절한 죄책감을 가지고 있으며, 또래들과 잘 어울리지 못하는 아이입니다. 민지 어머니도 민지가 지난 달 초부터는 매사 흥미를 잃고 피곤하다고 하면서 별로 먹지도 않고 과민해져서 걱정이 많으시더군요.

DSM-5의 주요 우울장애의 진단기준 ❶ 12초등11 · 유아7

A. 다음 증상 가운데 다섯 가지(또는 그 이상) 증상이 연속적으로 2주 기간 동안 지속되며, 이러한 상태가 이전 기능으로부터의 변화를 나타내는 경우: 위의 증상 가운데 적어도 하나는 (1) 우울 기분이거나, (2) 흥미나 즐거움의 상실이어야 한다.

주의: 분명한 다른 의학적 상태에 기인한 증상들은 포함하지 않는다.

1. 하루의 대부분, 그리고 거의 매일 지속되는 우울한 기분이 주관적인 보고(예 슬프거나 공허하게 느낀다)나 객관적인 관찰(예 울 것처럼 보인다)에서 드러난다.
   주의: 소아와 청소년의 경우는 초조하거나 과민한 기분으로 나타나기도 한다.
2. 모든 또는 거의 모든 일상 활동에 대한 흥미나 즐거움이 하루의 대부분 또는 거의 매일 같이 뚜렷하게 저하되어 있을 경우(주관적인 설명이나 타인에 의한 관찰에서 드러난다)
3. 체중 조절을 하고 있지 않은 상태(예 1개월 동안 체중 5% 이상의 변화)에서 의미 있는 체중 감소나 체중 증가, 거의 매일 나타나는 식욕 감소나 증가가 있을 때
   주의: 소아의 경우 체중 증가가 기대치에 미달되는 경우 주의할 것
4. 거의 매일 나타나는 불면이나 과다 수면
5. 거의 매일 나타나는 정신 운동성 초조나 지체(주관적인 좌불안석 또는 처진 느낌이 타인에 의해서도 관찰 가능하다)
6. 거의 매일 피로나 활력 상실
7. 거의 매일 무가치감 또는 과도하거나 부적절한 죄책감을 느낌(망상적일 수도 있으며, 단순히 병이 있다는 데 대한 자책이나 죄책감이 아님)
8. 거의 매일 나타나는 사고력이나 집중력의 감소, 또는 우유부단함(주관적인 호소나 관찰에서)
9. 반복되는 죽음에 대한 생각(단지 죽음에 대한 두려움뿐만 아니라), 특정한 계획 없이 반복되는 자살 생각 또는 자살 기도나 자살 수행에 대한 특정 계획

B. 이러한 증상들이 사회적 · 직업적 및 다른 중요한 기능 영역에서 임상적으로 심각한 고통이나 손상을 초래한다.

C. 우울증 삽화가 어떤 약물이나 다른 의학적 상태의 생리적 효과에 기인하지 않는다.

주의

- 진단기준 A~C가 주요 우울증 삽화를 나타낸다.
- 중대한 상실(예 가족의 사망, 재정적 파산, 자연재해, 심각한 질병이나 장애)에 대한 반응은 우울 삽화의 진단기준 A에 기술된 강렬한 슬픔, 상실에 대한 반추증, 불면증, 식욕부진, 체중 감소 등을 포함한다. 이러한 증상들을 보이는 것을 이해할 수 있고 상실에 대해 적절하다고 간주되지만, 중대한 상실에 대한 이러한 증상들과 주요 우울증 삽화가 동시에 존재할 경우에 주의를 요한다. 이 경우에 개인사와 상실에 대한 고통의 표현에 대한 문화적 규준에 근거하여 임상적인 판단을 내려야 한다.

D. 주요 우울증 삽화는 분열정동장애, 정신분열증, 정신분열형 장애, 망상장애, 또는 다른 정신분열 스펙트럼과 정신장애에 의해 더 잘 설명되지 않는다.

E. 조증 삽화나 경조증 증상이 존재한 적이 없다.

주의: 만약 조증이나 경조증 같은 삽화 모두가 약물이나 다른 의학적 상태의 생리적 효과에 기인한 경우는 제외한다.

2. 지속성 우울장애

① DSM-Ⅳ-TR의 만성적 주요 우울장애와 기분부전장애를 통합한 DSM-5의 지속성 우울장애는 최소한 2년(아동이나 청소년의 경우 최소한 1년) 동안 우울한 기분이 하루의 대부분 지속되는 것이다.

② 주요 우울장애는 지속성 우울장애보다 선행할 수 있고, 주요 우울증상은 지속성 우울장애 증상 중에 나타날 수 있다. 2년간 주요 우울장애 진단기준을 충족시키는 증상을 가질 경우 주요 우울장애뿐 아니라 지속성 우울장애의 진단도 추가해야 한다.

DSM-5의 지속성 우울장애의 진단기준 ❶ 12중등24

A. 본인의 주관적 설명이나 다른 사람의 관찰에 따르면, 최소한 2년 동안 우울한 기분이 하루의 대부분 지속된다.
 주의: 아동이나 청소년의 경우, 최소한 1년 동안 짜증을 내는 것으로 나타날 수도 있다.

B. 우울할 때 다음 여섯 가지 중 두 가지 이상의 증상을 나타낸다.
1. 식욕 저하 또는 과식
2. 불면증 또는 수면 과다
3. 활기 저하와 피곤
4. 낮은 자존감
5. 집중력과 의사결정 능력 저하
6. 절망감

C. 우울장애를 나타낸 2년(아동과 청소년은 1년) 동안 한 번에 2개월 이상 진단기준 A와 B의 증상을 나타내지 않은 기간이 없다.

D. 주요 우울장애의 진단기준을 2년 동안 지속적으로 나타낸다.

E. 조증이나 경조증 삽화가 나타난 적이 없으며, 순환성 기질장애의 진단기준에 부합하지 않는다.

F. 이러한 증상들은 분열정동장애, 정신분열증, 정신분열형 장애, 망상장애, 또는 다른 정신분열 스펙트럼과 정신장애에 의해 더 잘 설명되지 않는다.

G. 이러한 증상들이 어떤 약물이나 다른 의학적 상태(예 갑상선 기능 저하증)의 생리적 효과에 기인하지 않는다.

H. 이러한 증상들이 사회적, 직업적 및 다른 중요한 기능 영역에서 임상적으로 심각한 고통이나 손상을 초래한다.

기출 POINT 2

❶ 12중등24

다음은 「정신장애진단통계편람」을 근거로 하여 제시한 정서·행동장애 유형의 주요 특성 중 일부이다. (다)에 해당하는 장애 유형이 바르게 짝지어진 것은?

(다) 적어도 2년 동안 하루의 대부분이 우울하고, 우울하지 않은 날보다 우울한 날이 더 많다. 아동과 청소년은 최소한 1년 이상 과민한 상태를 보이기도 한다. 식욕 부진 또는 과식, 불면 또는 수면 과다, 기력 저하 또는 피로감, 자존감 저하, 절망감 등과 같은 부수적 증상을 2개 이상 동반한다.

3. 파괴적 기분조절장애

① 파괴적 기분조절장애는 주로 10세 이전에 시작되며, 6세 이전이나 18세 이후에는 진단될 수 없다.

② 이 장애의 주요 특성은 잦은 분노발작으로, 전형적으로 좌절에 대한 반응이 폭언이나 사물, 자신, 타인에 대한 공격 형태로 나타난다.

③ 파괴적 기분조절장애라는 진단 분류가 추가됨으로써 청소년기 이전의 아동들을 과다하게 양극성장애로 진단하는 것을 예방할 수 있다.

DSM-5의 파괴적 기분조절장애의 진단기준

A. 상황이나 화낼 이유에 대해 심한 울화 폭발을 부적절한 강도 또는 기간 동안 언어적으로(예 언어적 분노) 그리고/또는 행동적으로(예 사람이나 사물에 대한 신체적 공격) 반복해서 나타낸다.

B. 울화 폭발이 발달단계와 일관성이 없다.

C. 울화 폭발을 일주일 평균 세 번 이상 나타낸다.

D. 울화 폭발이 나타나지 않는 기간의 기분도 거의 매일, 하루 종일 지속적으로 짜증을 내거나 화가 나 있으며, 그러한 기분이 부모, 교사, 또래에 의해 관찰될 수 있다.

E. 진단기준 A~D가 12개월 이상 지속되었으며, 진단기준 A~D의 증상 없이 3개월 이상 지속된 기간이 없다.

F. 진단기준 A와 D가 가정, 학교, 또래와 있는 상황 중 최소한 두 가지 상황에서 나타나며, 이 중 한 가지 이상의 상황에서 심하게 나타난다.

G. 만 6세 이전이나 18세 이후에 첫 번째 진단을 받아서는 안 된다.

H. 진단기준 A~E가 만 10세 이전에 나타난다.

I. 조증 삽화나 경조증 삽화의 진단기준(기간 제외)에 맞는 기간이 하루 이상 지속되지 않는다.
주의: 행복한 일이 있거나 기대하는 상황에서 일어나는 발달적으로 적절한 기분 상을 조증 삽화나 경조증 삽화로 간주해서는 안 된다.

J. 진단기준에 맞는 행동들이 주요 우울장애 삽화 기간에만 일어나는 것이 아니며, 자폐스펙트럼장애, 외상후 스트레스 장애, 분리불안장애, 지속성 우울장애 등의 다른 정신장애에 의해 더 잘 설명되지 않는다.
주의: 파괴적 기분조절장애의 진단이 적대적 반항장애, 간헐적 폭발장애의 진단과 공존할 수 없으나, 주요 우울장애, 주의집중결핍 과잉행동장애, 품행장애, 약물사용장애 등의 진단과는 공존할 수 있다. 파괴적 기분조절장애와 적대적 반항장애의 진단기준을 둘 다 충족하는 사람은 파괴적 기분조절장애로 진단되어야 한다. 조증 삽화나 경도 조증 삽화를 경험한 사람은 파괴적 기분조절장애로 진단되어서는 안 된다.

K. 진단기준에 제시된 증상들이 약물이나 다른 의학적 또는 신경학적 상태와 생리학적 효과에 기인한 경우는 제외한다.

02 우울장애 중재

1. 약물치료

① 아동기나 청소년기 우울장애를 치료하기 위한 약물의 효과, 안전 및 부작용 등에 관해서는 충분히 연구되지 않았기 때문에 지속적으로 논쟁이 되고 있다.

② 아동기나 청소년기의 우울장애 치료는 약물에만 의존해서는 안 되며 개인 또는 집단으로 실시되는 인지적 재구조화, 사회성 기술 훈련, 이완훈련, 분노대처, 문제해결 기술, 자기교수 훈련, 가족치료 등과 함께 다차원적 복합중재를 실시하는 것이 가장 바람직하다.

2. 인지행동중재 ❶ 10중등21

인지치료	• 우울장애는 부정적 인지, 부정적 도식 및 인지적 왜곡의 연관된 개념에 근거한다. • 중재를 통해 우울장애를 가진 아동 및 청소년의 부정적이고 비합리적인 사고를 긍정적이고 합리적인 사고로 전환시키는 것이다.
행동치료	• 우울장애의 일차적인 특성들의 출현 빈도를 감소시키는 것이다. 즉, 정적인 강화를 이끌어 내는 행동을 증가시키고, 환경으로부터의 벌을 줄이는 것이다. • 중재 프로그램에는 이완훈련, 인지적 재구조화, 즐거운 활동 참여 및 사회적 상호작용의 향상 등 네 영역에 초점을 맞추었으며, 우울장애의 특성을 감소시키는 데 효과가 있다.
사회성 기술 프로그램	• 우울장애를 가지고 있는 사람은 상황에 대처하는 기술이나 사회성 기술이 부족하고 다른 사람과의 사회적 상호작용이 비효과적이다. • 따라서 우울장애를 나타내는 사람의 사회적 상호작용의 질과 양을 향상시키기 위하여 사회성 기술 프로그램에 의사소통 기술, 사회적 상호작용, 자기주장, 의사결정 기술, 문제해결 기술, 인지적 자기통제, 생산적인 행동 등을 포함한 프로그램을 개발하여 교수하여야 할 필요성이 강조된다.
자기통제 기술	우울장애를 가진 사람은 자기점검, 자기평가, 자기강화 등의 자기조절 기술에 결함을 가지고 있다고 간주하여 자기조절 기술 또는 자기통제 기술의 교수가 강조된다.
대인 간 심리치료 프로그램	우울장애가 대인관계와 연관되어 있다고 가정하고, 대인 간 논쟁과 역할 전이 등을 포함한 대인 간 심리치료 프로그램을 적용하여 우울장애의 증세를 호전시키고, 주요 우울장애를 가진 청소년의 사회적 기능과 문제해결 기술을 향상시키려는 중재도 실시된다.
이완훈련	깊고 느린 호흡과 근육이완을 포함한다.

기출 POINT 3

❶ 10중등21

다음 사례와 같이 우울증이 있는 정서 · 행동장애 학생에 대한 지도방법으로 가장 거리가 먼 것은?

> 일반교사에 의하면, 학생은 평소 우유부단함을 보이고 꾸중을 듣거나 일이 자기 뜻대로 되지 않으면 잘 울며, 자주 죽고 싶다고 말하기도 한다. 친구들과 함께 있을 때에도 대부분 혼자서 무관심하게 시간을 보내고, 수업시간에 과제를 완수하지 못하거나 종종 실패하기도 한다. 1학기에 실시한 중간고사와 기말고사에서 성적이 부진했다. 부모에 의하면, 밤에 쉽게 잠들지 못하고 만성적 피로감을 호소한다고 한다. 학생의 성격검사 결과, 자신에 대해 지나친 죄책감을 지니고 있는 것으로 나타났으며, 현재 의사의 처방에 따라 약물치료를 받고 있다.

① 이완훈련으로 충동 조절을 할 수 있도록 지도한다.
② 멘토를 지정해 사회적 관계를 확대하고 교우관계의 범위를 넓혀가도록 지도한다.
③ 부정적인 자동적 사고에 대한 신념을 논박하고 왜곡된 사고를 재구조화할 수 있도록 지도한다.
④ 일반교사, 상담교사, 부모 등과 팀을 이루어 다양한 인지적 접근방법으로 학생의 문제를 지도한다.
⑤ 정동홍수법을 사용하여 주어진 과제를 완수하게 하고 단기간에 학업 성취도를 높일 수 있도록 지도한다.

문제해결 기술	• 스트레스를 일으키는 크고 작은 생활사건에 대처하여 문제를 해결하는 기술이 부족한 아동이나 청소년은 우울장애를 가지게 된다. 즉, 문제해결 기술과 우울장애는 부적 상관관계가 있으며, 스트레스를 많이 받는 상황에서도 문제해결 기술이 발달되어 있으면 문제해결 기술이 조정자 역할을 하여 우울장애가 나타나지 않는다. • 문제해결 기술의 단계 ① **문제의 인식**: 생활 영역의 기능에 부정적인 영향을 미칠 수 있는 문제를 인식 ② **문제의 정의**: 문제의 성격, 목표성취에 대한 장애물 인식, 현실적 목표의 설정, 행동과 그 결과 간 인과관계를 지각할 수 있는 능력 ③ **대안적 해결 방법**: 다양한 대안적 해결 방법을 생각할 수 있는 능력 ④ **의사결정**: 각 대안의 잠재적 결과를 예상하고 최선을 선택할 수 있는 능력 ⑤ **문제해결 및 평가**: 선택한 문제해결 방법을 시도하고 그 효과를 점검하여 효과가 없을 경우는 다른 대안으로 대체하고 효과가 있을 경우는 스스로에게 강화를 제공하는 능력

양극성 및 관련 장애

01 양극성장애의 유형
- 제1형 양극성장애
- 제2형 양극성장애

02 양극성 및 관련 장애 중재
- 약물치료
- 심리치료
- 교사의 역할

양극성장애(bipolar disorder)는 우울한 기분 상태와 고양된 기분 상태가 교차되어 나타난다. 과거에 조울증이라고 불리기도 했던 양극성장애는 DSM-Ⅳ에서는 양극성장애와 우울장애를 기분장애의 하위 유형으로 분류하였으나, 최근 많은 연구에서 우울장애와 양극성장애는 원인, 경과, 예후의 측면에서 뚜렷한 차이를 지닌 것으로 밝혀지고 있다. 특히 양극성장애는 유전적 요인을 비롯한 신경생물학적 요인이 중요한 역할을 하는 정신장애로 여겨지고 있다. 이러한 연구결과를 반영하여 DSM-5에서는 양극성장애를 독립된 진단범주로 분류하고 양극성 및 관련 장애라는 명칭의 장애범주에 제1형 양극성장애, 제2형 양극성장애, 순환감정장애를 포함시키고 있다.

01 양극성장애의 유형

1. 제1형 양극성장애

① 제1형 양극성장애는 최소한 한 번의 조증 삽화가 조증의 진단기준 A~D에 부합하며 주요 우울장애를 경험하는 것이 필수 조건이다.

② 주된 증상은 팽창된 자존감과 과대성향, 수면욕구의 감소, 평소보다 말이 많고 말을 많이 하려는 경향성, 사고의 비약이나 사고가 분주하다는 주관적 경험, 산만함 등이 있다.

DSM-5의 제1형 양극성장애의 진단기준

제1형 양극성장애를 진단하기 위해서는 조증 삽화에 대한 다음의 진단기준을 충족시켜야 한다. 조증 삽화는 경조증이나 주요 우울 삽화에 선행하거나 뒤따를 수 있다.

[조증 삽화]

A. 비정상적으로 들뜨거나, 과민한 기분 및 목표지향적 활동과 에너지 증가가 적어도 1주일간 거의 매일 하루 종일 지속한다.

B. 기분장애 및 증가된 에너지와 활동을 보이는 기간 중 다음 증상 중 세 가지 이상 평소 모습에 비해 뚜렷하고 분명한 변화가 나타난다.
1. 팽창된 자존감 또는 과장된 자신감
2. 수면 욕구 감소(단 3시간의 수면으로도 충분하다고 느낌)
3. 평소보다 말이 많아지거나 계속 말을 함
4. 사고의 비약 또는 사고가 연달아 일어나는 주관적인 경험
5. 보고되거나 관찰된 주의산만
   예 중요하지 않거나 관계없는 외적 자극에 너무 쉽게 주의를 기울임
6. 목표지향적 활동의 증가(직장이나 학교에서의 사회적 활동 또는 성적인 활동) 또는 정신운동성 초조
   예 목적 없는 활동
7. 고통스러운 결과를 초래할 가능성이 높은 활동에 지나치게 몰두
   예 흥청망청 물건 사기, 무분별한 성행위, 또는 어리석은 사업 투자

C. 사회적 또는 직업적 기능에 현저한 손상을 초래하거나 자신이나 타인에게 해를 입히는 것을 방지하기 위해 입원을 시켜야 할 만큼 기분장애가 충분히 심각하거나 정신증적 양상이 동반된다.

D. 이러한 삽화가 어떤 약물(예 약물남용, 투약, 기타 치료)이나 다른 의학적 상태의 생리적 효과에 기인하지 않는다.

주의: 조증 삽화로 진단되기 위해서는 진단기준 A~D를 충족해야 한다. 양극성 1장애로 진단되기 위해서는 최소한 한 번 이상의 조증 삽화가 있어야 한다.

2. 제2형 양극성장애

① 제2형 양극성장애는 최소한 한 번 이상 발생한 경조증의 진단기준 A~F에 부합하고, 최소한 한 번 이상 발생한 주요 우울장애가 주요 우울장애 진단기준 A~C에 부합해야 하며, 조증 삽화를 경험한 적이 없어야 한다.

② 주요 우울 삽화는 최소 2주 이상 지속되어야 하고, 경조증 삽화는 최소 4일 동안 지속되어야 한다. 삽화 기간 중에 진단에 필요한 증상들이 하루 종일 거의 매일 나타나야 하고 평상시 행동과 기능 수준에 비해 뚜렷한 변화가 나타나야 한다.

③ 제2형 양극성장애에서는 주요 우울 삽화가 두드러지며, 예측할 수 없는 기분 변화가 지속되고, 제1형 양극성장애보다 더욱 만성적이며 우울 삽화 기간이 길기 때문에 더 심각하며, 자살 위험도 높다.

DSM-5의 제2형 양극성장애의 진단기준

[경조증 삽화]

A. 비정상적으로 고조되거나 과대하거나 과민한 기분과 비정상적으로 증가된 활동이나 에너지가 최소한 4일 연속 거의 매일, 하루 종일 지속되는 기간이 분명하다.

B. 기분장애 및 증가된 에너지와 활동이 나타나는 기간 동안 다음 증상들 중 세 가지(기분이 과민한 상태인 경우에는 네 가지)가 심각할 정도로 나타나며, 평상시의 행동과는 눈에 띄게 다른 행동이 나타난다.

1. 고조된 자존감과 과장
2. 수면 욕구 감소(단 3시간의 수면으로도 충분하다고 느낌)
3. 평소보다 말이 많아지거나 계속 말을 해야 할 것 같은 압박감
4. 사고의 비약 또는 사고가 연달아 일어나는 주관적인 경험
5. 보고되거나 관찰된 주의산만
   예 중요하지 않거나 관계없는 외적 자극에 너무 쉽게 주의를 기울임
6. 목표 지향적 활동의 증가(직장이나 학교에서의 사회적 활동 또는 성적인 활동) 또는 정신운동성 초조
   예 목적 없는 활동
7. 고통스러운 결과를 초래할 가능성이 높은 활동에 지나치게 몰두
   예 흥청망청 물건 사기, 무분별한 성행위, 또는 어리석은 사업 투자

C. 삽화는 증상이 없을 때의 개인의 특성과는 명백히 다른 기능 변화를 동반한다.

D. 기분의 장애와 기능의 변화가 타인들에 의해 관찰될 수 있다.

E. 삽화가 사회적·직업적 기능에 현저한 장애를 일으키거나 입원이 필요할 정도로 심각하지 않고 정신증적 양상도 동반되지 않는다.

F. 이러한 삽화가 어떤 약물(예 약물남용, 투약, 기타 치료)이나 다른 의학적 상태의 생리적 효과에 기인하지 않는다.

주의: 경조증 삽화로 진단되기 위해서는 진단기준 A~F를 충족해야 한다. 경조증 삽화가 양극성 1장애에서도 나타나지만, 양극성 1장애의 진단기준은 아니다.

02 양극성 및 관련 장애 중재

1. 약물치료

① 제1형 양극성장애, 특히 조증의 경우에 자신과 가족 그리고 사회의 피해를 방지하는 것이 중요하다. 대체로 조증일 경우에는 재산의 낭비나 가족 그리고 직장에 해를 끼치는 무리한 행동 등이 나타나므로 입원치료를 하게 된다. 전반적으로 우울장애보다 양극성장애가 만성적이어서 예후가 나쁘다.

② 가장 대표적인 항조증 약물은 리튬과 카바마제핀이다. 그러나 약물치료만으로 양극성장애를 조절하는 데에는 한계가 있다.

2. 심리치료

① 인지행동치료는 일상생활 속에서 경험하는 부정적인 경험의 인지적 재구성뿐 아니라 전구 증상을 감지하고 장애로 발전하지 않도록 본인의 인지와 행동을 수정하도록 도와준다. 아울러 규칙적인 일상생활과 수면 유지뿐 아니라 목표 추구 행동을 수정하는 데 초점을 맞춘다.

② 대인관계 및 사회리듬치료는 대인관계의 안정과 사회적 일상생활의 규칙성을 강조한다. 양극성장애가 대인관계 맥락에서 촉발된다고 보고 있으므로 대인관계를 안정적으로 유지하도록 도와준다.

3. 교사의 역할

① 양극성장애 학생은 매우 수다스러우므로 질문에 대해서 간단한 설명과 간결하고 사실적인 답변을 해야 한다.

② 자기조절능력을 증진시켜 주어야 하며, 학생들도 자신의 행동을 모니터링할 수 있고, 자신에게 긍정적인 면도 많다는 것을 알려주어야 한다. 이들의 외향적이고 표현적이며 원기 왕성한 능력을 강점으로 활용한다.

③ 우울장애 학생과 달리 조증 학생은 말을 많이 하기 때문에 표현을 조절하는 데 도움을 주어야 한다. 이때 감정을 비평하거나 부정하지 않도록 주의해야 한다. 오히려 더 천천히 말하고, 생각이 한 방향으로 흐르도록 도와주는 것이 중요하다. 자신의 표현 강도에 따라 다른 사람에게 어떤 영향을 미치는지에 대한 피드백을 제공하고, 사회기술 모델링과 강화를 통해 학교생활에 반영될 수 있도록 해야 한다. 바람직한 사회성 기술은 교수, 모델링, 시연, 피드백 등 4가지 행동기술 훈련절차를 이용할 수 있다(안병환 외, 2013).

CHAPTER 09

파괴, 충동조절 및 품행장애

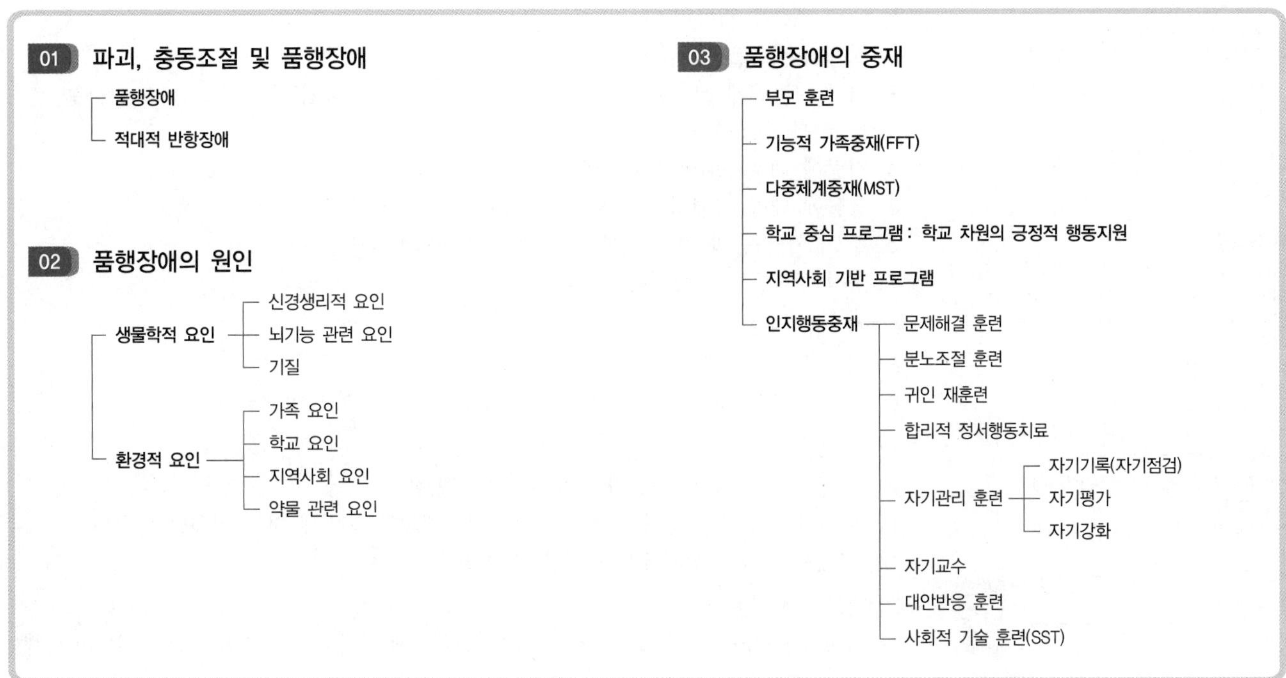

01 파괴, 충동조절 및 품행장애
품행장애
적대적 반항장애
02 품행장애의 원인
생물학적 요인
신경생리적 요인
뇌기능 관련 요인
기질
환경적 요인
가족 요인
학교 요인
지역사회 요인
약물 관련 요인
03 품행장애의 중재
부모 훈련
기능적 가족중재(FFT)
다중체계중재(MST)
학교 중심 프로그램 : 학교 차원의 긍정적 행동지원
지역사회 기반 프로그램
인지행동중재
문제해결 훈련
분노조절 훈련
귀인 재훈련
합리적 정서행동치료
자기관리 훈련
자기기록(자기점검)
자기평가
자기강화
자기교수
대안반응 훈련
사회적 기술 훈련(SST)

01 파괴, 충동조절 및 품행장애

DSM-5의 파괴, 충동조절 및 품행장애의 범주에는 품행장애와 더불어 적대적 반항장애, 간헐적 폭발성 장애, 방화벽, 병적 도박, 반사회적 인격장애가 포함되어 있다.

1. 품행장애

① 품행장애는 타인의 기본 권리를 침해하고 연령에 적합한 사회적 규범을 위반하는 반사회적 행동을 지속적이며 반복적으로 보이는 것이다.

② 외현화 장애인 품행장애에서 나타나는 행동에는 크게 공격행동과 규칙위반행동이 있다.

구분	내용
공격행동	• 다른 사람의 기본 권리를 침해하는 반사회적 행동 • 말다툼, 허풍, 자랑, 괴롭힘, 물건 파괴, 반항, 싸움 등
규칙위반 행동	• 연령에 적합한 사회적 규범을 어기는 반사회적 행동으로 비행이라고도 함 • 음주, 절도, 거짓말, 가출, 욕설, 지각, 흡연, 무단결석 등

기출 POINT 1

❶ 23초등B4

「정신질환의 진단 및 통계 편람 제5판」에 근거하여, [A]에 해당하는 장애 진단명을 쓰시오.

> • 집에서 키우는 강아지를 학대함
> • 자주 주변 사람을 괴롭히고 위협하거나 협박함
> • 이웃집 자동차를 고의적으로 망가뜨림 [A]
> • 동생에게 이유 없이 자주 시비를 걸고 몸싸움을 함
> • 이런 행동이 1년 이상 지속되고 있음

❷ 19초등A4

다음은 정서·행동장애 학생 민규의 특성이다. 민규의 특성에 해당하는 장애 명칭을 DSM-5 진단기준을 근거로 쓰시오.

> • 자주 무단결석을 함
> • 주차된 차에 흠집을 내고 달아남
> • 자주 밤늦게까지 집에 들어오지 않고 동네를 배회함
> • 남의 물건을 함부로 가져간 후, 거짓말을 함
> • 반려동물을 발로 차고 집어던지는 등 잔인한 행동을 함
> • 위와 같은 행동이 12개월 이상 지속되고 있음

기출 POINT 2

❶ 22중등A9

괄호 안의 ㉠, ㉡에 해당하는 내용을 「정신장애 진단 및 통계편람 제5판(DSM-5)」의 진단기준에 근거하여 기호와 함께 각각 쓰시오.

> 통합교사: 품행장애로 진단하기 위한 구체적인 기준이 있나요?
> 특수교사: 예, 품행장애로 진단하려면 (㉠), 재산파괴, 사기 또는 절도, 심각한 규칙 위반에 포함된 하위 15가지 항목 중에서 3가지 이상의 행동을 12개월 동안 보이고, 이로 인해 학업적·사회적으로 현저한 손상이 있어야 합니다.
> 통합교사: 그렇군요. 품행장애는 아동기 발병형이 청소년기 발병형보다 예후가 더 안 좋다고 하던데요. 그 둘은 어떻게 구분하나요?
> 특수교사: 예, 이 둘은 증상이 나타나는 시기로 구분할 수 있습니다. 아동기 발병형은 (㉡)에 품행장애의 특징적인 증상을 한 가지 이상 보이는 경우를 말합니다.

DSM-5의 품행장애의 진단기준 기출 POINT 1

A. 연령에 적합한 주된 사회적 규범 및 규칙 또한 다른 사람의 권리를 위반하는 행동을 반복적이고 지속적으로 보이며, 아래의 항목 중에서 세 가지 이상을 12개월 동안 보이고 그중에서 적어도 한 항목을 6개월 동안 지속적으로 보인다.

I 사람과 동물에 대한 공격성

1. 다른 사람을 괴롭히거나 위협하거나 협박한다.
2. 신체적 싸움을 먼저 시도한다.
3. 다른 사람에게 심각한 신체적 손상을 입힐 수 있는 무기(예 방망이, 벽돌, 깨진 병, 칼, 총 등)를 사용한다.
4. 사람에 대해 신체적으로 잔인한 행동을 한다.
5. 동물에 대해 신체적으로 잔인한 행동을 한다.
6. 강도, 약탈 등과 같이 피해자가 있는 상황에서 강탈을 한다.
7. 성적인 행동을 강요한다.

I 재산/기물 파괴

8. 심각한 손상을 입히고자 의도적으로 방화를 한다.
9. 다른 사람의 재산을 방화 이외의 방법으로 의도적으로 파괴한다.

I 사기 또는 절도

10. 다른 사람의 집, 건물, 차에 무단으로 침입한다.
11. 사물이나 호의를 얻기 위해 또는 의무를 회피하기 위해 자주 거짓말을 한다.
12. 피해자가 없는 상황에서 물건을 훔친다.

I 심각한 규칙 위반

13. 부모의 금지에도 불구하고 밤늦게까지 자주 집에 들어오지 않는다. 이러한 행동이 13세 이전부터 시작되었다.
14. 부모와 함께 사는 동안에 적어도 두 번 이상 밤늦게까지 들어오지 않고 가출한다(또는 장기간 집에 돌아오지 않는 가출을 1회 이상 한다).
15. 학교에 자주 무단결석을 하며 이러한 행동이 13세 이전부터 시작되었다.

B. 행동의 장애가 사회적·학업적·직업적 기능수행에 임상적으로 심각한 장애를 초래한다.

C. 18세 이상의 경우 반사회적 인격장애의 준거에 부합하지 않아야 한다.

다음 중 하나를 명시할 것 ❶ 22중등A9

- 아동기 발병형: 10세 이전에 품행장애의 특징적인 증상 중 적어도 1개 이상을 보이는 경우
- 청소년기 발병형: 10세 이전에는 품행장애의 특징적인 증상을 전혀 충족하지 않는 경우
- 명시되지 않는 발병형: 품행장애의 진단기준을 충족하지만, 첫 증상을 10세 이전에 보였는지 또는 10세 이후에 보였는지에 대한 정보가 없어 확실히 결정하기 어려운 경우

현재의 심각도를 명시할 것

- 경도: 진단을 충족하는 품행문제가 있더라도, 품행문제의 수가 적고, 다른 사람에게 가벼운 해를 끼치는 경우
  예 거짓말, 무단결석, 허락 없이 밤늦게까지 집에 들어가지 않는 것, 기타 규칙 위반
- 중등도: 품행문제의 수와 다른 사람에게 끼치는 영향의 정도가 '경도'와 '고도'의 중간에 해당하는 경우
  예 피해자와 대면하지 않는 상황에서 도둑질하기, 공공기물 파손
- 고도: 진단을 충족하는 품행문제가 많거나, 또는 다른 사람에게 심각한 해를 끼치는 경우
  예 성적 강요, 신체적 잔인함, 무기 사용, 피해자가 보는 앞에서 도둑질, 파괴와 침입

기출 POINT 2

❷ 13초등B3

다음은 정서 · 행동장애 학생 은수의 특성이다. DSM-Ⅳ-TR에 따른 품행장애의 주된 진단기준에 해당하는 특성 2가지를 찾아 쓰시오.

- 무단결석을 자주 한다.
- 친구로부터 따돌림을 당한다.
- 교사의 요구를 자주 무시한다.
- 친구들의 학용품이나 학급 물품을 부순다.
- 수업시간에 5분 이상 자기 자리에 앉아 있지 못한다.

❸ 12중등21

품행장애에 대한 설명으로 적절한 것만을 〈보기〉에서 있는 대로 고르시오.

〈보기〉

㉠ 적대적 반항장애의 전조가 되는 외현화 장애이다.
㉡ 만 18세 이전은 아동기 품행장애로 구분되며, 성인의 경우에는 반사회적 성격장애의 기준에 부합하여야 한다.
㉣ 사람과 사물에 대한 공격성, 재산 파괴, 사기 또는 절도 등의 행동들이 품행장애의 진단준거에 포함되나, 방화와 심각한 규칙 위반 행동은 제외된다.

❹ 11중등20

학생 A(중1, 13세)는 2년 전부터 다음과 같은 행동문제가 심화되었다. 학생 A의 행동에 대한 설명으로 옳은 것만을 〈보기〉에서 모두 고르시오.

- 친구의 농담이나 장난을 적대적으로 해석하여 친구와 자주 다툰다.
- 행위의 결과에 대한 고려 없이 자주 타인의 물건을 훔치고 거짓말한다.
- 부모와 교사에게 매우 반항적이며, 최근 1년 동안 가출이 잦고 학교에 무단결석하는 일이 빈번해졌다.
- 부모의 금지에도 불구하고 자주 밤늦게까지 거리를 돌아다니며, 주차된 자동차의 유리를 부수고 다닌다.
- 자신의 학업성적이 반에서 최하위권에 머무는 것을 공부 잘하는 급우 탓으로 돌리며 신체적 싸움을 건다.

〈보기〉

㉠ 학생 A의 행동은 DSM-Ⅳ-TR의 진단준거에 따르면 적대적 반항장애이다.
㉡ 학생 A의 대인관계 기술은 다양한 행동중재 기법을 종합적으로 적용하는 사회적 기술 훈련(SST)을 통하여 향상될 수 있다.
㉢ 학생 A가 보이는 행동의 원인으로 신경생리적 요인, 뇌 기능 관련 요인, 기질과 같은 생물학적 요인을 배제할 수 없다.
㉣ 학생 A가 보이는 공격행동의 외적 변인을 통제하고자 한다면, 인지처리과정의 문제를 다루는 인지행동적 중재가 적합하다.

2. 적대적 반항장애

① 적대적 반항장애는 품행장애의 발달적 전조, 경도의 품행장애라고 볼 수 있다.

② 아동 및 청소년기에는 고집 세고 어른의 요구나 지시에 따르지 않으며 다양한 반항행동을 보이는 경우가 자주 있다. 이는 일반적으로 아동기와 청소년기에 한 번쯤은 누구나 보이는 행동이지만 이러한 부정적이고 반항적인 행동이 매우 극단적인 형태로 지속적으로 빈번하게 나타나면서도 사회적 규범을 위반하지 않고 타인의 기본 권리를 침해하지 않는 경우 적대적 반항행동으로 간주된다. ❶ 22초등A6, ❷ 20초등A3, ❸ 16초등B2

DSM-5의 적대적 반항장애의 진단기준

A. 화난 민감한 기분, 시비를 걸거나 반항하는 행동, 보복적인 행동이 최소 6개월간 지속되고, 형제가 아닌 다른 사람 1인 이상과의 상호작용에서 다음 항목 중 적어도 네 가지 증후를 보인다.

화난 민감한 기분

1. 자주 화를 낸다.
2. 자주 다른 사람에 의해 쉽게 기분이 상하거나 신경질을 부린다(짜증을 낸다).
3. 자주 화를 내고 쉽게 화를 낸다.

시비를 걸거나 반항하는 행동

4. 권위적인 사람 또는 성인과 자주 말싸움(논쟁)을 한다.
5. 권위적인 사람의 요구에 응하거나 규칙 따르기를 거절 또는 무시하는 행동을 자주 보인다.
6. 의도적으로 다른 사람을 자주 괴롭힌다.
7. 자신의 실수나 비행을 다른 사람의 탓으로 자주 돌린다.

보복적인 행동

8. 지난 6개월간 두 차례 이상 다른 사람에게 악의에 차 있거나 보복적인 행동을 한 적이 있다.

비고: 행동의 지속성과 빈도에 따라 장애의 증후적인 행동과 정상적인 제한 내에서의 행동을 구별해야 한다. 5세 이하의 아동을 대상으로 적용할 때에는 최소한 6개월 동안 일상생활의 대부분 시간에 행동이 나타나지 않을 경우 진단을 내리지 않는다. 5세 이상의 경우, 최소한 6개월 동안 일주일에 적어도 한 차례 나타나야 준거에 부합하는 것이다. 이러한 빈도 준거는 증후를 판별하는 데 적용할 수 있는 최소한의 빈도 수준으로, 행동의 빈도와 강도는 개인의 발달 수준, 성별, 문화별로 수용될 수 있는 기준이 다름을 감안해야 한다.

B. 행동의 장애가 개인의 사회적 맥락(예 가정, 또래집단, 직장동료)에서 개인 또는 다른 사람에게 고통을 주는 것과 관련이 있거나, 사회적·학업적·직업적 또는 다른 중요한 기능수행 영역에 부정적인 영향을 미친다.

C. 행동이 정신병적 장애, 물질사용장애, 우울장애, 양극성장애에 의해 주로 나타나는 것이 아니다. 또한 준거는 파괴적 기분조절장애에 부합하지 않는다.

현재의 심각도를 명시할 것

- 경도: 증상이 한 가지 상황(예 집, 학교, 직장, 또래집단)에서만 나타나는 경우
- 중등도: 증상이 적어도 두 가지 상황에서 나타나는 경우
- 고도: 증상이 세 가지 이상의 상황에서 나타나는 경우

기출 POINT 3

❶ 22초등A6

「정신장애 진단 및 통계편람 제5판(DSM-5)」에 근거하여 지호 특성에 해당하는 장애 진단명을 쓰시오.

최근 지호는 수업 활동으로 게임을 하다 질 때마다 심하게 화를 내며 성질을 부리고 좌절하는 모습을 보인다.	
• 자주 또는 쉽게 화를 낸다.	√
• 자주 다른 사람에 의해 쉽게 기분이 상하거나 신경질을 부린다.	√
• 자주 화가 나 있고 원망스러워 한다.	√
• 자주 권위자 또는 성인과 논쟁한다.	
• 자주 권위자의 요구나 규칙 따르기를 적극적으로 무시하거나 거부한다.	
• 자주 고의적으로 타인을 귀찮게 한다.	
• 자주 본인의 실수나 잘못된 행동을 타인의 탓으로 돌린다.	√
• 위와 같은 행동이 적어도 6개월 동안 지속되었다.	√

❷ 20초등A3

[A]를 참고하여 ㉠의 이유를 DSM-5에 근거하여 1가지 쓰시오.

> 일반교사: 성우는 교실에서 자주 화를 내고 주변 친구를 귀찮게 합니다. 제가 잘못된 행동을 지적해도 자꾸 남의 탓으로 돌려요. 그리고 교사가 어떤 일을 시켰을 때 무시하거나 거부하기도 합니다. 이 모든 문제행동이 7개월 넘게 지속되고 있어요. 성우가 품행장애인지 궁금합니다. [A]
> 특수교사: 제 생각에는 ㉠ 품행장애가 아닙니다. 관찰된 행동만으로 판단하는 것은 어렵지만, '아동·청소년 행동평가척도(CBCL 6-18)' 검사 결과를 참고하면 좋겠어요.

❸ 16초등B2

㉠, ㉡에 해당하는 내용을 각각 쓰시오.

> 김 교사: 품행장애로 발전할 수 있는 적대적 반항장애가 있다고 하셨는데, 이 둘은 어떻게 다른가요?
> 최 교사: DSM-IV-TR이나 DSM-5의 진단기준으로 볼 때 적대적 반항장애는 품행장애의 주된 특성인 (㉠)와/과 (㉡)이/가 없거나 두드러지지 않는다는 점이 달라요. 그래서 적대적 반항장애를 품행장애의 아형으로 보기도 하고 발달 전조로 보기도 해요.

02 품행장애의 원인

품행장애의 원인은 다른 정서 및 행동장애의 하위 유형과 마찬가지로 한 가지 요인만으로는 설명하기 어렵다. 공격행동과 규칙위반행동을 보이는 품행장애의 원인은 매우 다양하며, 이를 설명하는 이론과 개념적 모델 또한 매우 많다. 이러한 많은 이론과 모델을 종합해 보면, 크게 생물학적 요인과 환경적 요인으로 구분할 수 있다.

1. 생물학적 요인

(1) 신경생리적 요인

① 행동억제체계(Behavioral Inhibition System ; BIS)는 새롭고 두려우며 보상이 없고 처벌받는 상황에서 행동을 억제하는 불안과 관련이 있는 반면에 행동활성체계(behavioral activation system ; BAS)는 보상을 추구하며 행동을 활성화하는 쾌락 정서와 관련이 있다. 행동억제체계와 행동활성체계가 균형을 이루면 정상적인 기능을 수행하지만, 그 균형이 깨져 과다 행동활성체계 또는 과소 행동억제체계가 되면 지속적으로 품행장애를 일으키게 된다.

② 신경생리적 발달이 이루어지는 태아기의 손상 및 감염, 그리고 출산 중 발생할 수 있는 저체중 및 미성숙에 따른 생물학적 손상 및 결함이 행동억제 및 활성체계 간의 불균형에 영향을 미칠 수 있다.

(2) 뇌기능 관련 요인

① 일부 품행장애 아동은 언어, 기억, 운동 협응, 시각 및 청각 단서 통합, 실행기능과 관련된 다양한 뇌기능 수행의 결함 및 곤란을 보인다. 특히 구어학습, 구어 유창성, 언어성 지능과 관련된 언어적 기능과 추상적 개념화, 개념 형성, 계획, 주의집중 조절과 관련된 뇌의 실행기능(executive function)의 결함이 일부 품행장애 아동에게서 나타난다.

② ADHD의 충동성은 실행기능의 결함에 주로 근거하는 반면에, 품행장애에서 나타나는 충동성은 실행기능의 결함보다는 충동적 성격과 다른 사람 및 환경의 부정적 피드백과 관련이 있다. 따라서 품행장애의 원인을 뇌기능 수행의 문제로만 해석할 수는 없으며, 아동의 다른 기질 및 환경적 요인의 상호 관련으로 설명해야 한다.

(3) 기질

① 기질이 문제행동의 직접적인 원인이 되는 것은 아니지만, 기질이 문제를 쉽게 유발하는 요인이 된다. 예를 들어, 까다로운 기질의 아동이 순한 기질의 아동에 비해 품행장애를 보일 가능성이 높다.

② 이러한 까다로운 기질은 유아기 때부터 양육자와의 사회적 상호작용에서 불순응과 방해행동을 유발한다.

2. 환경적 요인 ❶ 12중등21

(1) 가족 요인

① 가족 요인의 여러 요인이 상호작용하여 품행장애에 영향을 미친다. 또한 가족 내 하나의 위험 요인이 다른 긍정적 요인에 상쇄되어 품행장애의 발생 가능성을 감소시킬 수 있으므로 가족 내 긍정적 요인인 보호 요인을 증가시키는 것이 품행장애를 예방할 수 있다.

㉠ 위험 요인(risk factors): 공격 및 품행 문제에 영향을 미치는 객관적 요인이다.

㉡ 보호 요인(protective factors): 위험 요인에 직면했을 때 부정적인 영향력을 완화시켜서 문제행동의 발생 가능성을 낮춘다. 보호 요인은 적응유연성을 증가시키고 위험 요인에 대한 대처능력을 향상시킨다.

㉢ 적응유연성(resilience): 적응유연성은 문제행동을 일으킬 수 있는 위험을 극복하고 자신을 보호하여 긍정적인 결과를 이끌어 낼 수 있는 능력을 의미한다.

② 품행장애 아동을 지도할 때는 이들의 행동에 대한 직접적인 중재를 적용하기 전에, 아동의 행동에 영향을 미치는 다양한 요인, 특히 위험 요인과 보호 요인을 우선적으로 살펴보고 이에 근거하여 위험 요인을 줄이고 보호 요인을 강화시킬 수 있는 방향으로 중재를 계획한다.

(2) 학교 요인

① 교사의 영향: 교사 및 학교와의 유대감이 약한 경우 학생의 공격행동 가능성이 커진다. 또한 학생에 대한 교사의 수용 정도가 낮거나, 차별대우, 폭력, 무관심, 몰이해 등의 표현을 통한 교사의 부정적 태도가 교사에 대한 학생의 적개심을 일으켜 비행 가능성을 증대시킨다(백은순, 1990).

② 또래의 영향: 초기 아동기에 또래로부터의 거부를 경험하면 이후에 품행장애를 보일 가능성이 높다.

(3) 지역사회 요인

① 학생의 가정과 학교가 속해 있는 지역사회의 빈곤, 높은 범죄 수준, 사회적 응집력의 부족, 비효과적인 건강 및 복지 서비스, 지역사회 지원 프로그램의 부족, 성공적인 교육 수행 및 취업 기회의 부족, 방과후 활동 및 여가 활동 프로그램의 부족, 폭력, 음주, 약물 사용에 대한 지역사회의 허용적 분위기 등이 품행장애와 관련이 있다.

② TV를 포함한 대중매체 또한 학생의 공격성에 영향을 미친다.

(4) 약물 관련 요인

① 약물은 아동 및 청소년이 장기적으로 점차 강도를 높여 가며 복용하는 데 중요한 역할을 하여 지속적이고 심각한 문제행동을 유발한다.

② 약물의 남용은 품행장애 청소년의 반사회적이고 규칙위반적인 행동과 관련이 있다.

기출 POINT 4

❶ 12중등21

품행장애에 대한 설명으로 적절한 것만을 〈보기〉에서 있는 대로 고른 것은?

〈보기〉

ⓒ 교사의 차별 대우, 폭력, 무관심으로 인한 적개심, 낮은 학업성취, 일탈 또래와의 상호작용 경험 등이 품행장애의 발현에 영향을 미칠 수 있다.

ⓔ 부모의 부정적 양육 태도, 가정 내 학대 등이 품행장애의 원인이 될 수 있으므로, 가족 내의 긍정적 요인을 증가시키는 것이 품행장애 예방의 한 가지 방법이다.

03 품행장애의 중재

1. 부모 훈련

① 환경적 요인인 부모와의 관계 문제로 인해 품행장애가 발생하는 경우가 많으므로 이를 위한 중재는 아동을 비롯해 부모를 대상으로 이루어져야 한다.

② 효과적인 부모훈련 프로그램은 다음과 같은 특징을 가지고 있다.

㉠ 부모에게 자녀와의 상호작용 방법을 지도한다.

㉡ 문제행동을 판별하고 정의하며 관찰하는 방법을 지도한다.

㉢ 사회적 강화, 토큰 강화, 타임아웃 등 사회학습의 원리와 절차를 지도한다.

㉣ 부모로 하여금 획득한 기법을 연습할 수 있는 기회를 제공한다.

㉤ 부모가 적용하는 강화 프로그램이 학교에서의 행동 지도 프로그램에 통합될 수 있도록 한다. 교사는 학교에서 이루어지는 행동 지도의 결과를 부모에게 정기적으로 알려준다.

2. 기능적 가족중재(FFT)

① 기능적 가족중재의 일차적인 목적은 가족 내 구성원 간 의사소통을 향상시키고 최적화하는 것이다. 이러한 의사소통 기술 증진을 통해 가족 구성원 간의 인식, 태도, 기대, 정서적 반응을 수정하여 가족 기능의 향상을 도모하고자 한다.

② 중재자는 지속적인 문제해결 토론 과정에서 가족이 필요로 하는 의사소통 기술을 시범보이고, 구성원이 그러한 기술을 획득할 수 있도록 행동을 형성시키며, 가족 구성원들이 연습할 수 있는 기회를 제공하고, 바람직한 변화에 대한 정적 강화를 제공한다.

③ FFT는 대상 아동의 행동 상습성 감소와 중재에 참여한 형제들의 비행 예방에 효과적이며, 중재 효과도 다른 중재에 비해 오래 유지된다.

3. 다중체계중재(MST)

① 다중체계중재는 아동의 품행장애 행동을 유지시키는 가족, 학교, 또래, 지역사회와 같은 체계를 수정하는 것에 초점을 둔다.

② 중재의 주된 목적은 자녀가 보이는 문제에 역점을 두고 이를 다루는 데 필요한 기술과 자료를 부모에게 제공하는 것이다.

③ MST는 품행 문제 감소에 효과적이며, 이 중재를 받은 가족의 응집력을 높이는 데 효과적이다.

4. 학교 중심 프로그램: 학교 차원의 긍정적 행동지원

① 학교 중심 프로그램은 품행장애 발생 후의 치료적 접근이라기보다는 예방적 접근이다. 학교 중심 프로그램은 긍정적인 학교 분위기를 만들고 모든 학교 구성원이 수행해야 하는 학교 차원의 일반적인 행동적 기대와 학교 내 다양한 환경에서 수행해야 하는 구체적인 행동적 기대를 설정하여 이를 분명하게 명시한다.

② Walker, Ramsey, Gresham(2004)은 예방의 차원을 1차원 예방, 2차원 예방, 3차원 예방으로 크게 세 차원으로 나누고 있다.

㉠ 1차원 예방은 반사회적 행동이 나타나는 것을 예방하는 것으로 모든 학생을 대상으로 한다.

㉡ 2차원 예방은 나타난 반사회적 행동을 조기에 판별하여 중재하거나 개선하는 것이다.

㉢ 3차원 예방은 변화 가능성이 낮은 만성적 반사회적 행동의 부정적 효과를 조정하거나 저하시키는 것으로 집중적이고 개별화된 중재를 적용하는 것이다.

5. 지역사회 기반 프로그램

① 비행 및 반사회적 행동을 보이는 학생을 별도의 수용시설이 아닌 학생의 지역사회 기반 프로그램에 참여시킴으로써 수용시설에서의 또 다른 비행행동의 학습을 예방하고 지역사회 내 적응을 높일 수 있다.

② 가장 대표적인 지역사회 기반 프로그램으로 가족교수모델(Teaching Family Model ; TFM)과 치료적 위탁보호(Treatment Foster Care ; TFC)가 있다.

6. 인지행동중재

(1) 문제해결 훈련

① 문제해결 훈련은 갈등, 선택, 문제 상황에 직면했을 때 효과적으로 대처하고 해결하는 능력을 지도하는 것이다.

② 학생들은 문제에 대한 해결책을 배우는 것이 아닌, 문제해결 과정을 배운다. 즉, 학생들은 필요한 문제를 인식하고, 문제를 정의하며, 문제를 해결할 방안을 만들고, 우선적으로 적용할 방안을 선정하며, 실행계획을 세우고, 해결 방안의 결과를 점검하는 문제해결 절차를 학습한다.

(2) 분노조절 훈련

분노조절은 문제해결 훈련과 크게 다르지 않지만 해결해야 할 문제가 분노로, 화가 난 상황에서 화를 조절하고 공격적인 행동을 자제할 수 있도록 가르치는 것이다.

(3) 귀인 재훈련

학생의 부정적 귀인을 긍정적 귀인으로 대체하여 과제 수행의 지속성을 높이고자 한다.

(4) 합리적 정서행동치료

정서 및 행동장애 학생의 비합리적 신념을 논박하여 이를 합리적 신념으로 바꾸어 인지적 재구조화를 이루게 되면 바람직한 정서 및 행동반응이 나타나게 된다고 본다.

(5) 자기관리 훈련

① 자기관리라는 용어는 자기통제, 자기훈련이라는 용어와 혼용되기도 한다.

② 자기관리는 자신의 행동을 더 바람직하게 변화시키기 위한 의도를 가지고 자신에게 스스로 행동의 원리를 적용하는 것이다.

③ Kazdin(2001)은 외적으로 학생의 행동을 통제하려는 여러 행동지원 전략은 자기관리 기술과 비교하여 아래와 같은 단점이 있고, 그에 반해 자기관리 전략은 아래와 같은 장점이 있다고 하였다.

외적 통제 전략의 단점	• 외부 통제자는 일관성 있게 강화를 주지 못할 수 있다. • 상황에 따라 외부 통제자가 바뀔 때 학생과 의사소통이 잘 안 되고 일관성 있게 행동지원이 이루어지지 않을 수 있다. • 외부 통제자가 행동 수행에 대한 상황적 단서가 되어, 외부 통제자가 없이는 행동이 수행되지 않을 수 있다. • 행동변화 프로그램 개발에 대한 교사 개인의 공헌 정도에 따라 학생의 행동 수행이 향상될 수도 있고 그렇지 못할 수도 있다. • 목표행동이 발생할 때 언제나 외부 통제자가 학생과 함께 있을 수 있는 것은 아니다.
자기관리 훈련의 장점	• 자기관리 전략은 학생이 주도적으로 접근하여 외부 통제자가 놓칠 수 있는 행동에 대해서도 스스로 통제할 수 있게 해준다. • 자기관리 전략은 외부 통제자의 지속적인 관리 감독 없이도 보다 적절하게 행동하는 것을 학습할 수 있게 해준다. 말하자면 외부의 통제 없이 행동을 변화시킬 수 있고, 외부의 통제자가 접근할 수 없는 행동까지 변화시킬 수 있다. • 자기관리는 행동의 일반화를 가능하게 한다. • 자기관리 절차에 의해 이루어진 행동 개선은 소거 절차가 적용되었을 때에도 외부 통제 절차에 의해 이루어진 행동 개선보다 더 잘 유지된다.

④ 자기관리 훈련에 자주 사용되는 절차로는 자기점검, 자기평가, 자기강화가 있다.

㉠ 자기기록(자기점검) ❶ 22유아A3, ❷ 18중등B8, ❸ 17유아A4

<table>
<tr><td>정의</td><td>자기기록(self-recording)은 자기 행동의 양이나 질을 관찰하고 측정하여 스스로 기록하도록 하는 방법으로 자기점검(self-monitoring)이라고도 한다.</td></tr>
<tr><td>장점</td><td>• 행동에 대한 기록은 학생과 교사에게 행동에 대한 확실하고 구체적인 피드백을 줄 수 있다.
• 비교적 쉽고 간단한 자기기록은 반동 효과(reactive effect)가 있어서 기록 자체만으로도 바람직한 방향으로 행동이 바뀐다는 특성이 있다. 즉, 자기기록은 그 자체가 스스로 자기 행동을 감독하게 하여 자기기록이 자기가 주는 보상이나 자기가 주는 벌로서 작용하고, 자기기록이 환경 단서로 작용하여 학생에게 자기 행동의 잠정적 결과를 인식하게 하는 것을 더욱 증가시키기 때문에 행동을 변화시킬 수 있는 것이다.
• 자기기록의 결과를 그래프로 그리는 것은 행동의 변화를 한눈에 볼 수 있게 해주기 때문에 더 큰 반동 효과를 가져온다.</td></tr>
<tr><td>적용 방법</td><td>1. 목표행동을 선정하고 행동을 정의한다.
2. 행동을 기록하는 방법을 선정한다.
3. 학생에게 자기 행동을 기록하는 방법을 시범 보이며 가르친다.
4. 자기 행동을 기록하는 방법을 연습하게 하고, 연습 과정을 감독하며 피드백을 준다.
5. 학생 스스로 자기기록 방법을 사용하게 한다. 이때 기록의 정확성은 학생의 행동 수행과 직접적 관련이 없다. 왜냐하면 부정확한 기록도 긍정적 행동변화를 가져오기 때문이다.</td></tr>
<tr><td>특징</td><td>• 자기기록을 좀 더 쉽게 하기 위해서는 행동을 측정하는 도구(예 계수기, 타이머, 스톱워치)나 기록지를 활용할 수 있다. 또한 부가적으로 청각적이거나 촉각적인 단서를 사용하면 자기기록을 잊지 않고 할 수 있을 것이다.
• 자기 행동을 기록하는 방법으로는 빈도 관찰기록과 순간 관찰기록 방법 등을 적용할 수 있다.
• 자기기록은 행동변화에 효과가 있지만 그 효과가 일시적일 수 있으므로 효과의 유지를 위해 강화를 연결시키는 것이 필요하다.</td></tr>
<tr><td>예시</td><td>이름 : ________ 날짜 : ________
종이 울리는 순간에 선생님의 허락 없이 말을 걸고 있었으면 해당하는 시간 간격 칸에 +표를 하고, 그렇지 않으면 −표를 하세요.
<table><tr><td>1</td><td>2</td><td>3</td><td>4</td><td>5</td><td>6</td><td>7</td><td>8</td><td>9</td><td>10</td></tr><tr><td></td><td></td><td></td><td></td><td></td><td></td><td></td><td></td><td></td><td></td></tr><tr><td>11</td><td>12</td><td>13</td><td>14</td><td>15</td><td>16</td><td>17</td><td>18</td><td>19</td><td>20</td></tr><tr><td></td><td></td><td></td><td></td><td></td><td></td><td></td><td></td><td></td><td></td></tr></table>
순간 관찰기록 방법을 이용한 자기기록 양식의 예</td><td>이름 : ________ 날짜 : ________
수업시간에 선생님의 허락 없이 짝꿍에게 말을 걸 때마다 ✓표를 하고, 수업이 끝날 때 총 몇 번 짝꿍에게 말을 걸었는지 합계를 적으세요.

합계: ________

빈도 관찰기록 방법을 이용한 자기기록 양식의 예</td></tr>
</table>

기출 POINT 5

❶ 22유아A3

[B]에서 재우에게 적용하고자 하는 자기관리 전략의 유형을 쓰고, 이 전략의 지도 목적을 재우의 행동 특성에 근거하여 1가지 쓰시오.

먼저 이 닦기부터 적용해 보죠. 재우가 이 닦기 그림을 보고 이를 닦고 난 후, 스티커를 붙여서 수행 여부를 확인하는 시각적 자료를 활용하면 좋을 것 같아요. [B]

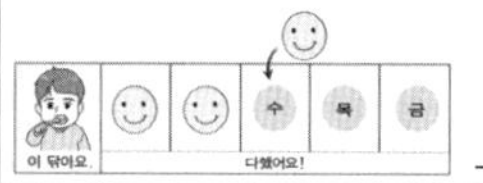

기출 POINT 5

❷ 18중등B8

(가)는 지적장애 고등학생 S의 특성이고, (나)는 특수교사가 교육실습생에게 자문한 내용이다. ㉥의 장점을 학생 S의 특성에 근거하여 2가지를 서술하시오. 그리고 유지의 중요성과 자기점검 방법을 연계하여 서술하시오.

(가)	• 새로운 과제를 제시하면 "이거 하기 싫어요.", "다음에 할래요.", "전에도 해 봤는데 어차피 못해요.", "너무 어려워요.", "저는 잘 못해요."라고 함 • 주어진 문제를 스스로 해결하기보다는 선생님의 눈치를 살핌 • 새로운 과제를 학습하는 데 어려움이 있음 • 학습할 때 자신이 스스로 얼마나 잘할 수 있는지를 알지 못함
(나)	• 교육실습생: 예, 잘 알겠습니다. 한 가지 더 궁금한 것이 있어요. 학생 S가 학습한 기술을 유지하는 데 도움이 되는 좋은 방법이 있을까요? • 특수교사: 예, 그런 경우에는 ㉥ 자기점검 방법을 적용해 볼 수 있을 것 같네요.

❸ 17유아A4

㉠에 해당하는 자기관리 기술을 쓰시오.

> 박 교사: 우리 반에서도 자신이 실수할 때면 항상 다른 친구들이 방해했기 때문이라며 화를 내고 물건을 던졌어요. 영우의 이런 행동을 지도하기 위해 ㉠ 영우가 물건을 던질 때마다 달력에 스스로 표시하도록 가르치려고 하는데, 이 방법이 영우에게 도움이 될까요?

㉡ 자기평가 ❶ 24유아A4

정의	자기평가(self-evaluation)는 자기 행동을 정해진 기준을 근거로 스스로 평가하는 방법이다.
특징	• 학생에게 자기 행동을 평가하도록 할 때는 어떤 종류의 준거를 사용하여야 하는지 알려주어야 한다. ❷ 21초등A4 – 교사에 의해 설정된 준거와 비교하기 – 다른 학생들의 수준과 비교하기 – 스스로의 이전 준거와 비교하기 • 자신의 적절한 행동과 부적절한 행동을 변별할 수 있는 능력이 요구된다. • 자기평가의 궁극적 결과는 학생이 자신의 행동이 원하는 수준에 도달했는지를 결정하는 것이기 때문에 표적행동에 대해 자기가 점검한 기록물이 필요할 수 있으므로 자기기록 기술이 요구된다.
적용 방법	자기평가의 가장 단순한 방법은 자기기록 용지의 아래 부분에 평가척도를 넣는 것이다. 즉, 학생은 표적행동을 기록한 후에 사전에 선정된 기준에 따라 자신의 행동을 평가하고, 자기기록이 완료된 후 자신이 기록한 것을 계산하여 척도에 따라 자기 행동을 평가하면 된다.

기출 POINT 6

❶ 24유아A4

㉡에서 박 교사가 지도한 자기관리 기술을 쓰시오.

> ㉡ 활동이 끝난 후에는 스스로 그림과제 분석표를 보고, 사전에 정한 기준대로 모든 단계에 동그라미가 있으면 웃는 강아지 얼굴에 스탬프를 찍게 했어요.

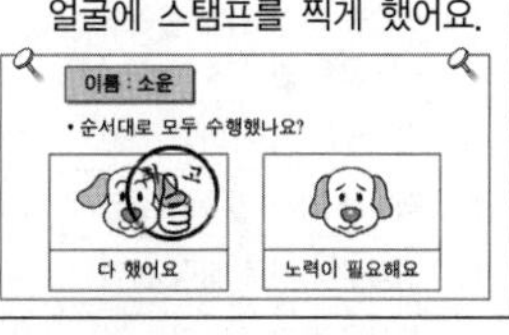

❷ 21초등A4

㉡에 들어갈 비교 준거의 예를 1가지 쓰시오.

> • 자기평가
> – 교사에 의해 설정된 준거와 비교하기
> – (㉡)와/과 비교하기
> – 다른 학생들의 수준과 비교하기

예시

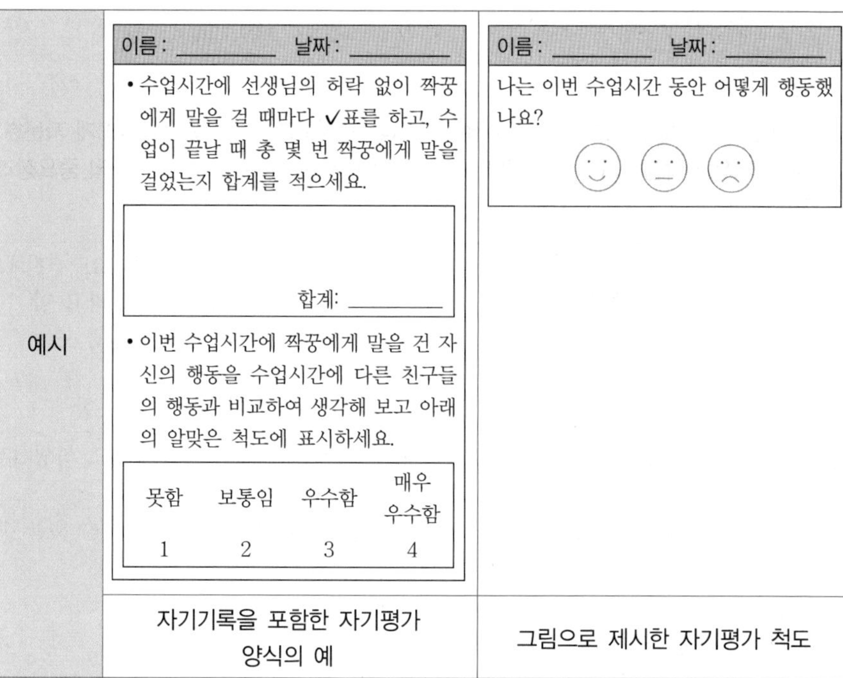

자기기록을 포함한 자기평가 양식의 예	그림으로 제시한 자기평가 척도

㉢ 자기강화 ❶ 21유아B7, ❷ 09초등34

정의	• 자기강화(self-reinforcement)란 학생이 정해진 목표를 달성하거나 자기가 정한 목표를 이루었을 때 스스로 선택한 강화제를 자기에게 제공하는 것이다. • 자기강화는 스스로에게 '만약 내가 ~하면 나에게 ~를 줄 것이다.'라고 계약하는 내용의 진술로 요약할 수 있다.
특징	자기강화를 적용할 때는 학생이 강화제를 선택하도록 하고, 강화제 값을 결정하도록 하며, 목표하는 행동을 선택하도록 한다. 하지만 학생이 자신에게 강화를 줄 수 있는 기준을 결정할 때 쉽게 강화받을 수 있도록 기준을 지나치게 낮게 설정하지 않도록 좀 더 엄격한 기준을 선정하는 방법을 가르쳐야 한다.

(6) 자기교수

① 과잉 및 충동행동을 보이는 품행장애 학생은 내적 언어와 언어조절 능력의 결함 때문에 자신의 행동을 조절하기 위해 자신에게 말하는 방법을 사용하지 못한다.

② 자기교수 훈련은 자신에게 내적으로 말을 하는 언어적 진술문의 학습을 지도하여 품행장애 학생이 자신의 행동을 조절할 수 있도록 한다.

③ 자기교수의 단계는 연구 및 학자마다 단계 수에서 다소 차이가 있지만 인지적 모델링, 외적 안내, 외적 자기교수, 자기교수 용암, 내적 자기교수의 단계가 포함된다.

기출 POINT 7

❶ 21유아B7

[C]에서 나타난 자기관리 유형을 쓰시오.

> 교사: 잘했어요. 민지야, 잘할 때마다 선생님이랑 어떻게 하기로 약속했지요?
> 민지: (엄지를 추켜세우며) 민지 최고! 민지 잘했다. [C]

❷ 09초등34

진수가 사용한 (가)와 (나)의 전략은?

순서	할 일	확인
1	청소에 알맞은 옷차림과 청소용구 준비하기	○
2	창문 열기	○
3	의자를 책상 위에 올리고 뒤쪽으로 밀기	○
4	앞쪽부터 비로 바닥 쓸기	○
5	책상을 다시 앞쪽으로 밀기	○
6	뒤쪽부터 비로 바닥 쓸기	○
7	책상을 제자리로 갖다 놓기	○
8	의자 내려놓기	○
9	청소용구 제자리에 놓기	×

> 진수는 순서에 따라 청소를 하고 (가) 각각의 순서에 제시된 일을 끝낼 때마다 확인란에 ○표를 하였다. 진수는 청소가 끝난 후에 확인란의 ○표를 세어 (나) 자기가 세운 목표 8개를 달성하였으므로, 청소를 시작하기 전에 정한 대로 컴퓨터 게임을 하였다.

(7) 대안반응 훈련

① 대안반응 훈련은 바람직하지 않은 반응을 보일 수 있는 기회를 차단하는 대안적 반응을 지도하는 것이다.

② 대안반응 훈련의 하나로 활용되는 이완훈련 절차는 갈등 및 스트레스 상황에서 자신의 근육을 점진적으로 이완시키는 것으로 이는 방해 및 공격 행동을 감소시키고 사회적 기술과 학업수행을 향상시킨다. 이완방법으로는 심호흡하기, 숫자 세기, 화난 상황 피해 있기, 기분 좋아지는 상상하기, 음악 듣기 등이 있다.

③ 대안반응 훈련 적용 시 학생은 반드시 자기점검을 수행할 수 있어야 한다.

대응반응 교수 절차

단계	정의	방법
1	학생이 자기점검을 할 수 있게 하라.	학생이 자기점검을 통하여 표적행동을 인식할 수 있도록 가르친다. 학생은 해당 행동을 대안적 반응으로 대신하기에 앞서 해당 표적행동을 분명히 인식할 줄 알아야 한다.
2	표적행동을 선택하라.	표적행동을 선택한다.
3	대안반응 사용에 관하여 논리적으로 설명하라.	학생에게 부적응 행동을 점검하는 방법과 대안적인 반응을 사용하는 것을 배우는 것이 왜 중요한가에 대해 가르친다.
4	대안반응을 선택하라.	부적응 행동을 대신하는 대안반응을 선택한다.
5	대안반응을 가르쳐라.	학생이 언제, 어떻게 대안반응을 사용해야 하는지 가르친다. 대안반응을 그 구성요소의 단계에 따라 작은 단계로 과제 분석한다. 각 단계에 대한 시범을 보인다.
6	표적행동을 점검하고 학생의 진보를 평가하라.	표적행동을 점검한다. 또한 학생과 교사가 자주 평가회의를 함으로써 교사가 학생에게 피드백을 제공하고 진보를 점검할 수 있도록 한다.
7	학생을 강화하라.	학생이 성공적으로 목표에 도달하면 강화를 제공한다.

(8) 사회적 기술 훈련(SST) ❶ 11중등20

SST 프로그램은 품행장애 학생의 사회적 발달을 향상시키고, 문제행동을 감소시킬 수 있는 구체적인 사회적 기술의 획득을 증진시키고 기술 수행을 시키며, 문제행동을 감소 또는 제거하고 사회적 기술의 일반화 및 유지를 이루는 것을 목적으로 한다.

기출 POINT 8

❶ 11중등20

학생 A(중1, 13세)는 2년 전부터 다음과 같은 행동문제가 심화되었다. 학생 A의 행동에 대한 설명으로 옳은 것만을 〈보기〉에서 모두 고른 것은?

- 친구의 농담이나 장난을 적대적으로 해석하여 친구와 자주 다툰다.
- 행위의 결과에 대한 고려 없이 자주 타인의 물건을 훔치고 거짓말을 한다.
- 부모와 교사에게 매우 반항적이며, 최근 1년 동안 가출이 잦고 학교에 무단결석하는 일이 빈번해졌다.
- 부모의 금지에도 불구하고 자주 밤늦게까지 거리를 돌아다니며, 주차된 자동차의 유리를 부수고 다닌다.
- 자신의 학업성적이 반에서 최하위권에 머무는 것을 공부 잘하는 급우 탓으로 돌리며 신체적 싸움을 건다.

〈보기〉

㉡ 학생 A의 대인관계 기술은 다양한 행동중재 기법을 종합적으로 적용하는 사회적 기술 훈련(SST)을 통하여 향상될 수 있다.

㉣ 학생 A가 보이는 공격행동의 외적 변인을 통제하고자 한다면, 인지처리과정의 문제를 다루는 인지행동적 중재가 적합하다.

CHAPTER 10

주의력결핍 과잉행동장애(ADHD)

01 주의력결핍 과잉행동장애의 정의와 특성
- 주의력결핍 과잉행동장애
- 행동 특성
  - 핵심 특성
  - 이차적 특성

02 주의력결핍 과잉행동장애의 원인
- 각성 수준
- 보상에 대한 민감성
- 지연에 대한 혐오
- 억제기능과 실행기능(Barkley의 다면모형)
- 이중경로 모형

03 주의력결핍 과잉행동장애의 중재
- 약물치료
- 행동치료
- 학교에서의 행동관리

01 주의력결핍 과잉행동장애의 정의와 특성

1. 주의력결핍 과잉행동장애

① DSM-5의 기준에 따라 ADHD로 진단하기 위해서는 ADHD 진단기준에서 부주의 진단기준 9가지 중 6가지 그리고/또는 과잉행동 및 충동성 진단기준 9가지 중 6가지가 적어도 6개월 동안 지속적으로 나타나야 한다.

② DSM-5에서 ADHD의 몇 가지 진단기준이 수정되었다. ❶ 18중등A11

㉠ 발병시기에서 연령에 대한 기준이 '7세 이전'에서 '12세 이전'으로 변경되었다.

㉡ 청소년과 17세 이상 성인의 진단기준 항목 수를 5가지로 제시하는 것이 포함되었다.

㉢ 현재의 심각도(경도, 중등도, 중도)를 명시하였다.

㉣ 주의점을 추가하여 감별진단의 명료성을 높였다.

③ ADHD는 부주의, 과잉행동 및 충동성에 기초해서 복합성, 부주의 우세형, 과잉행동 및 충동 우세형의 세 가지 하위 유형으로 분류한다.

㉠ **복합형**: 지난 6개월 동안 기준 A의 1과 A의 2 모두에 부합되는 경우

㉡ **부주의 우세형**: 지난 6개월 동안 A의 1에는 부합되지만 A의 2에는 부합되지 않는 경우

㉢ **과잉행동 및 충동 우세형**: 지난 6개월 동안 A의 2에는 부합되지만 A의 1에는 부합되지 않는 경우

기출 POINT 1

❶ 18중등A11

다음은 주의력결핍 과잉행동장애 학생 H와 특수교사와 통합학급 교사가 나눈 대화이다. ㉠에 해당하는 내용 2가지를 쓰시오.

통합학급 교사: DSM-5에서 주의력결핍 과잉행동장애의 진단준거가 바뀌었다면서요?
특수교사: 예, 주의력결핍 과잉행동장애의 진단준거가 정신장애의 진단 및 통계편람 제4판 개정판(DSM-IV-TR)에 비해 DSM-5에서는 ㉠ 몇 가지 변화가 있습니다.

DSM-5의 ADHD의 진단기준 ❶ 13추가중등6, ❷ 13중등30

A. (1) 그리고/또는 (2)와 같은 특징을 가진 부주의 그리고/또는 과잉행동-충동성의 지속적인 패턴이 기능이나 발달을 저해한다.

1. 부주의: 다음 증상들 중 여섯 가지(또는 그 이상)가 발달 수준에 적합하지 않고, 사회적 활동과 학업적/작업적 활동에 직접적으로 부정적인 영향을 미칠 정도로 적어도 6개월 동안 지속된다.

   주의: 증상이 과제나 교수를 이해하는 데 있어 단지 적대적 행동, 반항, 적개심, 또는 실패를 표현하는 것이 아니다. 청소년과 성인(17세 이상)에게는 다섯 가지 증상이 요구된다.

   a. 흔히 세부적인 면에 대해 면밀한 주의를 기울이지 못하거나, 학업, 직업, 또는 다른 활동에서 부주의한 실수를 저지른다.
   예 세부적인 것을 간과하거나 놓친다, 일을 정확하게 하지 못한다.

   b. 흔히 일 또는 놀이를 할 때 지속적인 주의집중에 어려움이 있다.
   예 수업, 대화, 또는 긴 문장을 읽을 때 지속적으로 집중하기 어렵다.

   c. 흔히 다른 사람이 직접적으로 말을 할 때 경청하지 않는 것처럼 보인다.
   예 분명한 주의산만이 없음에도 생각이 다른 데 있는 것 같다.

   d. 흔히 지시를 따르지 못하고, 학업, 잡일, 또는 직장에서의 임무를 수행하지 못한다.
   예 과제를 시작하지만 빨리 집중력을 잃고 쉽게 곁길로 빠진다.

   e. 흔히 과업과 활동조직에 어려움이 있다.
   예 순차적 과제 수행의 어려움, 물건과 소유물 정돈의 어려움, 지저분하고 조직적이지 못한 작업, 시간관리 미숙, 마감 시간을 맞추지 못함

   f. 흔히 지속적인 정신적 노력을 요하는 과업에의 참여를 피하고, 싫어하고, 저항한다.
   예 학업 또는 숙제, 청소년과 성인들에게는 보고서 준비, 서식 완성, 긴 논문 검토

   g. 흔히 과제나 활동에 필요한 물건들을 분실한다.
   예 학교 준비물, 연필, 책, 도구, 지갑, 열쇠, 서류, 안경, 휴대폰

   h. 흔히 외부 자극에 의해 쉽게 산만해진다(청소년과 성인에게는 관련 없는 생각이 포함된다).

   i. 흔히 일상 활동에서 잘 잊어버린다.
   예 잡일하기, 심부름하기, 청소년과 성인에게는 전화 회답하기, 청구서 납부하기, 약속 지키기

2. 과잉행동 및 충동성: 다음 증상들 중 여섯 가지(또는 그 이상)가 발달 수준에 적합하지 않고, 사회적 활동과 학업적/작업적 활동에 직접적으로 부정적인 영향을 미칠 정도로 적어도 6개월 동안 지속된다.

   주의: 증상이 과제나 교수를 이해하는 데 있어 단지 적대적 행동, 반항, 적개심, 또는 실패를 표현하는 것이 아니다. 청소년과 성인(17세 이상)에게는 다섯 가지 증상이 요구된다.

   a. 흔히 손발을 가만히 두지 못하거나 의자에 앉아서도 몸을 움직거린다.

   b. 흔히 앉아 있도록 기대되는 교실이나 기타 상황에서 자리를 뜬다.
   예 교실, 사무실이나 작업장, 또는 자리에 있어야 할 다른 상황에서 자리를 이탈한다.

   c. 흔히 부적절한 상황에서 지나치게 뛰어다니거나 기어오른다.
   주의: 청소년이나 성인에게는 주관적 안절부절못함으로 제한될 수 있다.

   d. 흔히 여가활동에 조용히 참여하거나 놀지 못한다.

   e. 흔히 끊임없이 움직이거나 마치 자동차에 쫓기는 것처럼 행동한다.
   예 식당, 회의장과 같은 곳에서 시간이 오래 지나면 편안하게 있지 못한다. 지루해서 가만히 있지 못하거나 지속하기 어렵다는 것을 다른 사람들이 경험한다.

기출 POINT 2

❶ 13추가중등6

DSM-Ⅳ-TR의 장애 진단준거에 의하면 영수의 행동 특성은 어떤 장애에 해당하는지 쓰시오.

> 영수는 잠시도 가만히 있지 못하여 발을 꼼지락거린다. 때로는 멍하니 딴 생각을 하다가 교사가 주의를 주면 바른 자세를 취한다. 그리고 친구를 때리고 괴롭히는 행동이 잦아 자기교수 훈련을 실시하였더니, 때리는 행동이 조금 줄어들었다. 그러나 친구들의 놀이를 방해하는 행동은 여전히 심하다. 특히, 과제를 수행할 때 실수를 자주 범한다. 소아정신과 의사는 영수의 이런 특성이 기질과 관련이 있을 수 있다고 했다.

❷ 13중등30

DSM-Ⅳ-TR에 근거하여 주의력결핍 과잉행동장애(ADHD)에 관련된 내용을 기술한 것 중 옳은 것은?

① 손상을 초래하는 과잉행동 및 충동 또는 부주의 증상들이 만 3세 이전에 나타난다.
② 부주의에는 흔히 질문이 채 끝나기도 전에 성급하게 대답하는 증상이 포함된다.
③ 충동성에는 흔히 다른 사람이 직접적으로 말을 할 때 경청하지 않는 것처럼 보이는 증상이 포함된다.
④ 과잉행동에는 흔히 손발을 가만히 두지 못하거나 의자에 앉아서도 몸을 움직이는 증상이 포함된다.
⑤ 주의력결핍 과잉행동장애 복합형은 부주의와 충동성에 관한 증상들 중 5가지가 2개월 동안 부적응적이고 발달수준에 적합하지 않을 정도로 지속되는 경우이다.

f. 흔히 지나치게 수다스럽게 말한다.
g. 흔히 질문이 채 끝나기 전에 성급하게 대답한다.
예 다른 사람의 말에 끼어들어 자기가 마무리한다. 대화에서 차례를 기다리지 못한다.
h. 흔히 차례를 기다리지 못한다.
예 줄서서 기다리는 동안
i. 흔히 다른 사람의 활동을 방해하고 간섭한다.
예 대화, 게임, 또는 활동에 참견함, 요청이나 허락 없이 다른 사람의 물건을 사용함, 청소년이나 성인에게는 다른 사람이 하는 일에 간섭하거나 떠맡음

B. 몇몇 부주의 또는 과잉행동-충동 증상이 만 12세 이전에 나타난다.

C. 몇몇 부주의 또는 과잉행동-충동 증상이 두 가지 이상의 장면에서 나타난다(예 가정, 학교 또는 직장에서, 친구 또는 친척들과 함께, 다른 활동들에서).

D. 증상이 사회, 학업, 또는 직업 기능에 방해를 받거나 질적으로 감소하는 명백한 증거가 있다.

E. 증상이 조현병 또는 기타 정신증 장애의 경과 중에서만 발생하지 않으며, 다른 정신장애에 의해 더 잘 설명되지 않는다(예 기분장애, 불안장애, 해리장애, 성격장애, 물질중독 또는 위축).

2. 행동 특성

(1) 핵심 특성 ❶ 25유아B1

> **기출 POINT 3**
> ❶ 25유아B1
> **밑줄 친 ㉠의 핵심적인 특성 3가지를 쓰시오.**
>
> 선생님, 정후가 요즘 부쩍 산만해지고 집중을 잘 못해서 병원을 찾았더니 ㉠ 주의력결핍-과잉행동장애라고 하네요.

① 주의력 결핍
㉠ **선택적 주의**: 관련 자극에만 집중하고, 환경으로부터의 방해자극에 산만해지지 않는 능력
㉡ **주의용량**: 주의를 기울일 수 있는 단기기억 속에 있는 정보의 양
㉢ **주의지속**: 시간이 지나면서 혹은 피곤할 때 지속적으로 관심의 초점을 유지하는 능력

② 과잉행동-충동성
㉠ **과잉행동**: 언제나 뛰어다니고, 가만히 있지 못하며, 안절부절못하고 얌전히 앉아 있지 못한다.
㉡ **충동성**: 자신의 즉각적인 반응을 억제할 수 없거나 행동하기 전에 생각할 수 없는 특성으로, 인지적 충동성(비조직화, 성급한 사고, 지시에 대한 요구)과 행동적 충동성(자신의 행동의 결과를 고려하지 않은 채 행동하는 것)이 있다.

(2) 이차적 특성

① 운동기술
② 지능과 학업성취
③ 실행기능
④ 적응기능
⑤ 사회적 행동과 사회적 관계

02 주의력결핍 과잉행동장애의 원인

1. 각성 수준

① 각성은 경계 또는 자극에 대한 반응의 강도나 속도를 말한다. ADHD 아동은 과잉각성을 나타내거나 과소각성을 나타낼 수 있는데, 후자에 대한 증거가 더 많다.

② 낮은 각성은 ADHD 아동이 과제 완료를 위해 노력을 기울이고 인지자원을 활성화하는 능력이 부족하다는 문제점을 제기한다.

2. 보상에 대한 민감성

① ADHD 아동은 다른 강화가 별로 없는 상황에서 간헐강화 계획을 적용할 때 수행이 저조한 것으로 나타났다.

② 지연보상보다 즉시보상을 비정상적으로 강하게 선호한다.

3. 지연에 대한 혐오

① 일반적으로 지연 혐오는 지연 상황을 회피하거나 그 상황에서 빠져나가려고 하는 것이다.

② ADHD 아동이 지연보상보다 즉시보상을 선호하는 것은 보상 자체보다도 지연 상황 회피와 더 관련이 있을 수 있다.

4. 억제기능과 실행기능

① ADHD 아동은 계획, 조직화, 목표지향적 행동 실현 등에 필요한 고차원 기술인 실행기능에서 결여를 보인다. 실행기능의 한 가지 요소는 반응을 억제하는 능력인데, ADHD 아동에게서 많이 나타나는 억제력 결여는 이 장애를 설명하는 핵심적 요인이다.

② 과잉행동-충동성 우세형에게만 적용된 Barkley의 다면모형은 반응 억제가 ADHD의 핵심요소라고 본다.

기출 POINT 4

❶ 10초등9

학생의 장애특성과 교수전략이 잘 연결된 것은?

〈행동 관찰〉
- 수업시간에 이유 없이 자리를 뜬다.
- 다른 사람의 활동을 방해하고 간섭한다.
- 여가활동에 조용히 참여하거나 놀지 못한다.
- 선생님의 질문이 끝나기 전에 성급하게 대답한다.
- 점심시간에 식당에서 자기 차례를 기다리지 못한다.
- 책상에 앉아 있을 때 손이나 발을 가만히 있지 못하고 계속 움직인다.

〈특성 및 교수전략〉
① 능력 결여 – 인지적 능력을 증진시키기 위하여 행동계약 전략을 사용한다.
② 동기 결여 – 주어진 과제에 집중하는 시간을 증가시키기 위하여 모델링 전략을 사용한다.
③ 억제력 결여 – 행동의 지침이 될 규칙을 마음속으로 생각해보도록 자기대화 전략을 사용한다.
④ 작업기억 결여 – 단기기억을 증진시키기 위해 자기교수 전략을 사용한다.
⑤ 자기조절력 결여 – 자기가 행동을 통제하도록 주기적 전략을 사용한다.

Barkley의 다면모형 ❶ 10초등9

실행기능	강력한 반응을 억제하고 비효율적인 반응을 중지하고 방해자극을 차단하는 행동억제를 통해 자기조절이 이루어지며, 그 과정에서 실행기능이 포함된다.
다면모형	행동억제 → 작업기억 / 정서, 동기, 각성의 자기조절 / 언어의 내면화 / 재구성 → 운동통제
능력요소	• 강화를 받은 적이 있거나 강화를 받을 가능성이 큰 강력한 반응을 억제하는 능력이다. ADHD에서 가장 심하게 결여된 능력이다. • 이미 진행 중이지만 효과가 없다고 판명된 반응을 중지하는 능력이다. 이 능력은 자기조절을 위해 실행기능이 작동될 수 있는 시간을 만들어 준다. • 경쟁자극을 억제해서 실행기능이 방해받지 않고 작동하도록 보호하는 능력이다. 이 능력은 방해자극으로부터의 자유이다.
4가지 실행기능	• **비언어적 작업기억**: 정보를 마음속에 온라인 상태로 유지시켜 주는 기억체계의 일부로서, 뒤에 올 반응을 통제하는 데 사용될 수 있다. 여기에는 감각-운동 반응 표상과 과거 감각경험의 이미지를 마음속에 불러일으키는 능력이 포함된다. • **언어의 내재화**: 언어적 작업기억으로, 행동지침으로 내재화된 규칙과 지시를 마음속으로 생각할 수 있게 해준다. • **정서 · 동기 · 각성에 대한 자기조절**: 정서와 동기를 조절할 수 있게 해주는 처리 과정들을 포함한다. 예를 들어, 동기와 각성을 변화시키는 분노를 지연시키거나 가라앉게 하는 것이다. • **재구성**: 언어적 · 비언어적 정보를 분석 · 통합하고, 해체 · 재조합하는 것이다. 재구성은 새롭고 창조적인 행동을 할 수 있게 해준다.

5. 이중경로 모형

① ADHD 발생과 관련하여 두 가지 독립된 경로를 제안하는데, 하나는 실행기능 결여에 의한 경로이고, 다른 하나는 지연 혐오에 의한 경로이다. 이 두 경로에 대한 기저에는 다소 상이한 뇌 회로가 관여하고 있다.

② 실행기능의 결여는 주의력결핍 증상과 관련이 있고, 지연 혐오는 과잉행동–충동성과 관련이 있다.

03 주의력결핍 과잉행동장애의 중재

1. 약물치료

각성제는 주로 ADHD 아동에게 가장 많이 처방되는 항정신성 약물로, 메틸페니데이트, 덱스트로암페타민, 암페타민이 있다.

2. 행동치료

① ADHD 치료에 대한 행동중재 전략들이 과잉행동과 관련된 행동을 향상시키는 데 효과적이다.

② ADHD 학생들에게 일상적인 일과와 구조를 제시하는 것도 효과적이다. 즉, 과제분석, 분명하고 일관된 규칙, 조용한 학습 공간, 짧은 학습시간, 반복적인 언어교수, 사전 조직도, 밑줄 긋기 같은 학습전략은 출석 문제와 충동성을 감소시킬 수 있다.

ADHD 중재전략

주의집중 문제해결 세부전략	• 주의산만과 무관심의 특성을 보인다. • 약속된 신호, 즉각적 강화, 눈 마주침이 가능한 좌석배치, 단순명료한 지시, 속도감 있는 수업진행, 신체적 근접성, 지속적 점검, 다양한 수업 진행, 교재의 단순화 등의 전략을 활용할 수 있다.
조직력 문제해결 세부전략	• 일의 우선순위를 결정하지 못하고, 세부적 계획 수립에 어려움을 보인다. • 수업시간 활동계획표 작성, 과제 난이도 조절, 지시수용 정도를 확인하고, 분명하고 정확한 지시의 전달 등의 전략을 활용할 수 있다.
반응정확도 향상 세부전략	• 얕은 인지처리에 의한 즉각적인 처리 등 충동성과 주의집중 부족의 문제가 나타난다. • 정확도 점검과정을 평가, 교재 난이도 고려, 시험보기 연습, 생각한 후 말하기, 반응대가, 교정연습 등의 전략을 활용할 수 있다.
과잉행동 중재	활동시간을 짧게 나누어 제공하며 움직일 시간을 제공하기, 방해하지 않은 범위 내에서 과잉행동 욕구를 처리할 수 있는 활동을 제공하기 등이 있다.

3. 학교에서의 행동관리

① 학급규칙이 눈에 띄는 곳에 있고 잘 조직화되어 있으며 예측 가능한 교실은 ADHD에게 도움이 된다.

② 학습과제 안에 자극을 증가시킨다. 예를 들어, 색깔, 모양, 녹음 자료 등을 이용하여 과제 지속시간이 아동의 주의 폭을 벗어나지 않도록 하고 학습 자료와 형식을 다양화한다. 세분화된 과제, 명확한 규칙, 빠른 피드백이 포함된 컴퓨터 학습은 주의력과 작업생산성을 향상시킨다.

CHAPTER 11

틱장애

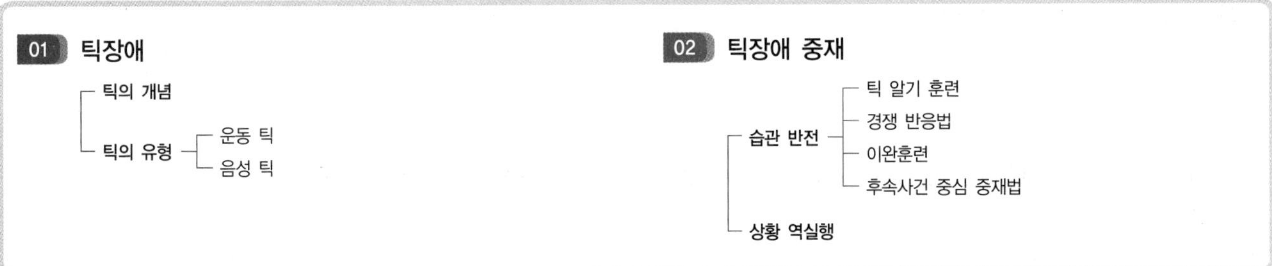

01 틱장애

1. 틱의 개념

① 틱은 특정한 이유 없이 의도하지 않게 얼굴이나 목, 어깨, 몸통 등의 신체 일부분을 아주 빠르게 반복적으로 움직이거나, 이상한 소리를 내는 것을 말한다.

② 틱은 갑작스럽고, 빠르게 재발하며, 비율동적인 근육운동 혹은 음성으로 1~2초 이상 지속되는 경향이 있고, 정기적으로 또는 가끔씩 틱이 나타났다가 사라지곤 한다. 틱은 강박증과 어떤 면에서 유사한 모습을 보인다.

③ 틱은 스트레스 상황으로 악화되고 읽기와 같은 몰입 활동에 의해 약화된다. 틱은 잠시 동안은 참을 수 있고, 잠자는 동안은 나타나지 않는다.

2. 틱의 유형

운동 틱	• 단순 운동 틱: 눈 깜빡거림, 찌푸리는 얼굴, 어깨 으쓱거림 등 • 복합 운동 틱: 갑자기 뛰어 오는 행동, 다른 사람을 만지는 행동 등
음성 틱	• 단순 음성 틱: 코골기, 킁킁대기, 헛기침 등 • 복합 음성 틱: 애매한 단어 소리치기, 반향어, 자기 말의 마지막 구 반복하기 (pelialia)

DSM-5의 틱장애의 진단기준 ❶ 23중등A5, ❷ 15중등A9, ❸ 13추가중등A6

■ 뚜렛장애

A. 반드시 그렇지 않지만, 여러 개의 운동 및 하나 이상의 음성 틱 모두가 이 질병에 있을 동안에 잠시 동안 나타난다.
B. 틱은 자주 길어지거나 약해질 수 있지만, 틱이 처음 시작된 지 1년 이상 지속된다.
C. 이런 증상들이 18세 전에 나타난다.
D. 이런 장애는 어떤 물질(예 코카인)의 생리적 효과나 또 다른 의학적 상태(예 헌팅톤병, 바이러스 후 뇌질환)에 기인하지 않아야 한다.

■ 만성운동 또는 음성틱장애

A. 한 개 혹은 여러 개의 운동 혹은 음성 틱이 이 질병이 있을 동안에 지속되지만, 운동 및 음성 모두 있는 것은 아니다.
B. 틱은 자주 길어지거나 약해질 수 있지만, 틱이 처음 시작된 지 1년 이상 지속된다.
C. 이러한 증상들이 18세 전에 나타난다.
D. 이런 장애는 어떤 물질(예 코카인)의 생리적 효과나 또 다른 의학적 상태(예 헌팅톤병, 바이러스 후 뇌질환)에 기인하지 않아야 한다.
E. 뚜렛장애 기준을 충족시키지 않아야 한다.
세부 유형: 단일 운동 틱 수반형 / 단일 음성 틱 수반형

■ 일과성 틱장애

A. 한 개 혹은 여러 개의 운동 혹은 음성 틱이 나타난다.
B. 틱은 자주 길어지거나 약해질 수 있지만, 틱이 처음 시작된 지 1년 이하 지속된다.
C. 이러한 증상들이 18세 전에 나타난다.
D. 이런 장애는 어떤 물질(예 코카인)의 생리적 효과나 또 다른 의학적 상태(예 헌팅톤병, 바이러스 후 뇌질환)에 기인하지 않아야 한다.
E. 뚜렛장애나 만성운동 혹은 음성 틱장애 기준을 충족시키지 않아야 한다.

기출 POINT 1

❶ 23중등A5

학생 A의 행동 특성에 해당하는 장애명을 쓰시오. (단, DSM-5의 신경발달장애 하위 범주 기준에 근거할 것)

- 일상생활 중 자신의 의지와 상관없이 다음과 같은 행동을 보임
  - 갑자기 손목을 꺾으면서 앞·뒤로 빨리 반복적으로 파닥거림
  - 다른 소리(예 헛기침하기, 킁킁거리기)는 내지 않음
  - 초등학교 입학 이후 지속적으로 이와 같은 행동 특성을 보였음
- 현재 특별한 약물을 복용하거나 다른 질병은 없음

기출 POINT 1

❷ 15중등A9

「정신장애의 진단 및 통계편람(DSM-Ⅳ-TR」의 진단기준에 근거하여 학생 A와 B의 장애 진단명을 순서대로 쓰시오.

■ 학생 A의 행동 특성

지난 1년 4개월 동안 콧바람 불기 행동과 "시끄러"하는 고함 지르기 행동이 본인의 의지와 상관없이 나타나고 있다. 이러한 행동들은 버스를 탈 때에나 영화를 관람할 때에도 나타난다. 그래서 학생 A는 여러 사람들이 있는 장소에 가기 싫어하고, 다른 사람에 의해 관찰되는 상황에 대해 두려움을 나타내고 있다. 또한 친구들로부터 자주 놀림을 받기도 하였고, 수차례 무단 결석을 하였다. 이로 인해 학업에 어려움을 겪고 있으며, 우울, 자기 비하 등의 정서적 문제를 보이고 있다.

■ 학생 B의 행동 특성

다른 사람과 대화를 할 때나 혼자 있을 때, 본인의 의지와 상관없이 거의 매일 어깨 움츠리기 행동과 반복적 발 구르기 행동이 작년 1월부터 10월까지 10개월간 나타났고, 작년 11월 한 달 동안은 이 행동들이 나타나지 않다가 작년 12월부터 올해 2월까지 3개월간 다시 나타났다. 올해 3월부터는 이전 행동들이 나타나지 않았으나, 다른 행동인 킁킁거리기 행동과 상대방이 마지막으로 말한 단어를 반복하는 행동이 9개월 째 나타나고 있다. 이로 인해 사회적 대인관계에 고통을 호소하고 있다.

❸ 13추가중등A6

DSM-Ⅳ-TR의 장애 진단준거에 의하면 은지의 행동 특성은 어떤 장애에 해당하는지 쓰시오.

은지는 2년 전 자신을 키워 준 할머니가 돌아가신 후부터 수업 시간마다 눈을 깜빡이거나 코를 찡그리고 쉬는 시간에는 코를 킁킁거려서 친구들로부터 "조용히 해."라는 소리를 많이 듣는다. 한동안 자신의 물건에 집착하는 행동을 보여서 심리극을 실시한 결과 집착 행동이 많이 줄어들었다. 그러나 학습에 대한 흥미는 점점 떨어지고 있다. 소아정신과 의사는 은지의 행동이 내과적 질환에 의한 것은 아니라고 했다.

02 틱장애 중재

1. 습관 반전

① 습관 반전은 뚜렛장애와 일시성, 만성적 틱장애의 빈도를 현저하게 줄일 수 있다.

② 습관 반전에는 틱 알기 훈련, 경쟁 반응 훈련, 이완훈련과 후속사건 중심 중재법이 있다.

틱 알기 훈련	• 훈련의 목적은 아동이 틱에 대한 본질, 빈도 그리고 빈도에 영향을 미치는 선행사건과 후속결과를 잘 알도록 교육하는 것이다. • 먼저 아동에게 틱에 대해 상세히 설명해 주고 거울이나 비디오테이프를 사용하여 틱의 발생과 본질에 대해 즉각적이고 정확한 피드백을 제공해 준다. 이러한 과정을 통해 틱을 알게 되고, 그것을 통제하고자 하는 동기를 갖게 되며, 틱이 발생하려고 하는 경고 사인을 일찍 발견하게 된다. 경고 사인을 일찍 알게 되면 이후의 경쟁 반응 수행 단서로 사용할 수 있다. • 틱 알기 훈련의 또 다른 측면은 아동에게 틱 기록양식을 사용하도록 가르치는 것이다.
경쟁 반응법	경쟁 반응법은 틱 환경과 관련 있는 것과 반대의 같은 크기의 근육긴장을 가지는 것이다. 예를 들어, 눈 깜박거림에서 경쟁 반응은 눈을 크게 뜨기, 어깨를 으쓱하는 것에서는 같은 크기의 어깨 긴장하기 등이다.
이완훈련	아동이 스트레스 상황에서 자각 수준을 낮출 수 있도록 하여 틱 발생 빈도를 줄이는 것이다.
후속사건 중심 중재법	• 자기 모니터링, 경쟁 반응 사용, 이완훈련 등은 틱이 발생하는 빈도에 직접 영향을 미치는 반면에, 후속사건 중심 중재법의 목적은 아동이 이러한 세 가지 기술을 사용하고자 하는 동기를 부여하기 위한 것이다. • 후속사건 중심 중재법은 그 시작을 불편한 습관을 살펴보는 것에서 시작한다. 아동에게는 색인카드에 있는 틱이나 습관으로 인한 당황스럽고 불편한 후속결과 목록을 작성하도록 한다. 그리고 한편으로는 틱을 줄임으로써 얻을 수 있는 이점을 모두 적도록 한다. 이 카드를 언제나 가지고 다니게 하여 아동이 빈번하게 이를 살펴보게 하고 중재 프로그램을 따르면 이득이 된다는 것을 생각하게 한다.

2. 상황 역실행

① 틱 발생에 대해 상황에 의거한 경쟁 반응법을 대안으로 제시하였다.

② 아동에게 아동의 집과 학교 환경에서 틱이 발생할 때마다 30초 동안 계속해서 스스로 틱을 하도록 지도한다. 아동에게는 또한 틱이 일어나지 않도록 노력하라고 가르친다. 이와 같은 과정을 상황 역실행(negative)이라고 한다.

Memo

김은진
스페듀
기본이론서

Vol. 1

Special Education

PART

03

자폐범주성장애

CHAPTER 01

자폐범주성장애의 이해

01 자폐범주성장애 학습자를 이해하기 위한 세 가지 관점
- 의학적 관점
- 장애학적 관점
- 다중지능의 관점

02 자폐범주성장애의 정의
- 「장애인 등에 대한 특수교육법」의 정의
- 정신장애의 진단 및 통계편람(DSM-5)의 진단준거

01 자폐범주성장애 학습자를 이해하기 위한 세 가지 관점

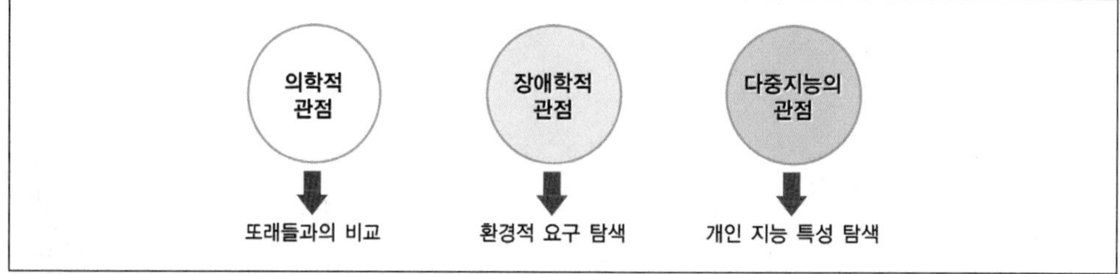

1. 의학적 관점

① ASD 아동은 사회적 의사소통과 사회적 상호작용에서의 어려움, 그리고 제한적이고 반복적인 행동이나 관심이라는 행동 특성을 보인다.

② 이에 대한 진단기준은 또래들과 행동을 비교하여 사회에서 수용 가능한 행동 여부를 판단하여 정한다. 즉, ASD 아동의 행동 특성은 사회·문화적 관점에서 바라본 또래들과의 행동 비교를 통해 이루어진 상대적 평가이다.

③ ASD 진단기준에 따라 행동을 평가할 경우, 경직된 사고를 가진 사람과 유연한 사고를 가진 사람의 아동 행동에 대한 해석은 다를 수 있다.

2. 장애학적 관점

① 개인이 가진 특성이 사회적·문화적·정치적 상황 속에서 어떻게 불리하게 작용하는지를 중심으로 장애를 바라보는 관점이다.

② 의학적 관점에서 ASD는 사회적 상호작용이나 의사소통 방법 그리고 행동은 결핍 또는 손상으로 파악된다. 그러나 장애학의 관점에서는 ASD 아동의 사회적 상호작용 방법, 의사소통 방법 그리고 행동은 단일화된 사회적 기준이나 사회적 인식 부족으로 인해 이해받지 못하는 행동으로 간주한다.

③ 즉, 장애학은 결핍의 관점이 아닌 장애의 발생은 환경의 영향이라고 본다.

3. 다중지능의 관점 ❶ 24중등A11, ❷ 20중등B4

① 가드너(Gardner)의 다중지능이론은 인간에게는 여러 가지 지능의 형태가 존재하며, 개인에 따라 특정 지능의 우세를 보이기도 한다고 본다.

② 다중지능이론에 근거하였을 때, 학습자의 지능 중 우세하게 발달된 영역의 지능에 따라 교수법을 지도하거나 행동을 지도했을 때 교육적 효과가 크다. 예를 들면, 움직이는 것을 좋아하는 학습자에게는 움직이는 행동을 문제행동으로 생각하고 제거하기보다 움직임을 통해 학습하면 교육의 효과가 높지만, 언어적 매체를 통한 학습은 교육적 효과가 높지 않다고 보는 것이다.

③ 다중지능이론의 핵심은 다양한 학습자에게 획일적인 학습방법이나 획일적인 평가방법을 사용하지 않고, 학습자들의 특성에 맞춰 다양한 학습방법이나 평가방법을 사용하여 학습의 효과를 높이는 것이다.

④ 따라서 ASD 아동의 행동 특성을 관찰하여 이들의 강점지능을 발견하여 교수전략과 교수평가에 활용하는 접근은 문제행동 감소와 교육적인 효과도 얻을 수 있다.

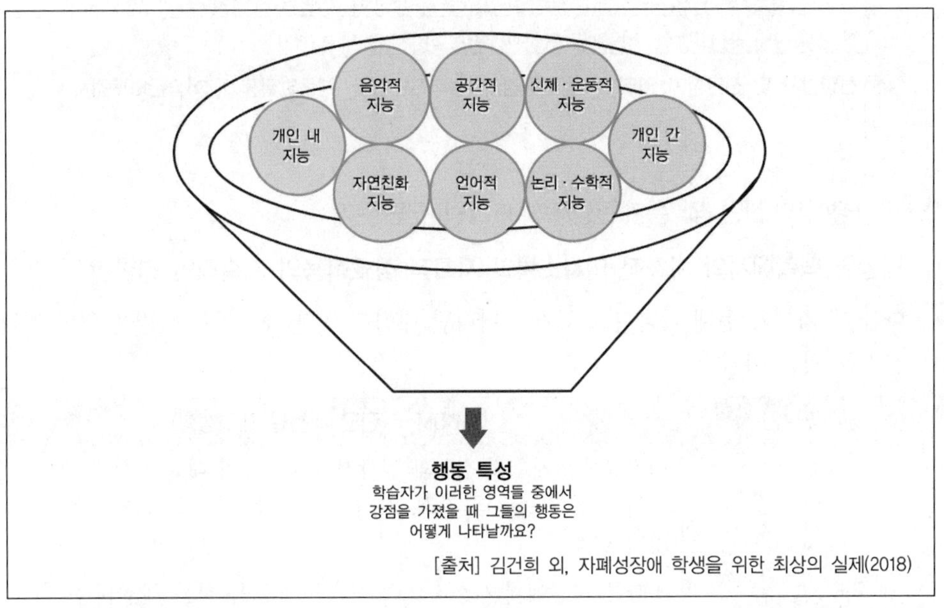

[출처] 김건희 외, 자폐성장애 학생을 위한 최상의 실제(2018)

언어적 지능	말이나 글을 통하여 언어를 효과적으로 구사할 수 있는 능력 예 작가, 시인, 정치가, 웅변가, 언론인 등
논리·수학적 지능	논리적·수학적으로 사고하는 능력 예 컴퓨터 공학자, 수학자 등
음악적 지능	음악뿐만 아니라 소리랑 관련된 모든 사항에 대해 남보다 민감하게 반응하거나 분석할 수 있는 능력
신체·운동적 지능	자신의 신체적 기능을 통제하는 능력으로, 스포츠와 같이 격렬한 운동 외에도 균형, 민첩성, 손의 섬세한 움직임, 표현력 등의 능력
공간적 지능	공간 및 시각과 관련된 것에 대한 파악 능력 예 건축가, 예술가, 장식가, 발명가, 지리학자 등

기출 POINT 1

❶ 24중등A11

밑줄 친 ㉠에 해당하는 지능의 유형을 쓰시오. [단, (가)의 학생 특성과 가드너의 다중지능이론에 근거하여 쓸 것]

(가)

- 잘 웃고 인사성이 좋음
- 혼자 있는 것보다 사람에게 먼저 다가가 말하는 것을 좋아함
- 다른 사람의 감정과 태도를 잘 알아차리며, 상호작용을 잘하는 편임

(나)

수석교사: ㉠ 학생 A의 강점을 고려하여 전환 계획을 수립하는 것이 중요해요.

❷ 20중등B4

ⓐ를 참고하여 괄호 안의 ㉡에 해당하는 내용을 가드너의 다중지능이론에 근거하여 쓰시오.

ⓐ 수업의 주제를 도형이나 개념도와 같은 그림으로 표현하는 것을 좋아한다고 합니다. 자신이 지각한 것을 머릿속에서 시각화하고, 이것을 창의적으로 표현하는 능력이 뛰어난 학생입니다.

(㉡): 상대의 감정을 시각화하여 창의적으로 표현하기

PART 03

개인 간 지능 (인간친화지능, 대인지능)	주로 사람들과 교류하고 타인의 감정과 행동을 파악하는 능력 예 정치가, 종교인, 교사 등
개인 내 지능 (자기성찰지능)	자기 자신의 상태나 감정을 파악하는 능력으로 자신에 대한 생각을 철저하게 객관적으로 이해하며 그에 기초하여 잘 행동하는 능력 예 소설가, 상담가, 임상학자 등
자연친화지능	자연과 상호작용(주변 사물을 잘 관찰하고 분석)하는 능력 예 과학자, 공학자, 동식물을 다루는 직업 분야 등

02 자폐범주성장애의 정의

1. 「장애인 등에 대한 특수교육법」의 정의

사회적 상호작용과 의사소통에 결함이 있고, 제한적이고 반복적인 관심과 활동을 보여 교육적 성취 및 일상생활 적응에 도움이 필요한 사람 ❶ 14유아A4

선별검사 및 진단평가 영역: 적응행동검사, 성격진단검사, 행동발달평가, 학습준비도검사

기출 POINT 2

❶ 14유아A4

현행 「장애인 등에 대한 특수교육법 시행령 6. 자폐성장애를 지닌 특수교육대상자」에 제시된 내용에서 ㉠ 행동이 해당되는 내용을 쓰시오.

교실이나 화장실에 있는 ㉠ 전등 스위치만 보면 계속 반복적으로 누른다. 타인의 말을 반복한다.

기출 POINT 3

❶ 17중등A7

㉠에 들어갈 내용을 쓰고, ㉡에 해당하는 예를 1가지 쓰시오.

일반교사: 네, 그렇군요. 첫 번째 특징인 사회적 의사소통 및 사회적 상호작용의 지속적 결함에는 어떤 것들이 있나요?
특수교사: 여기에는 3가지 하위 특징이 있습니다. 첫째, (㉠)의 결함을 보입니다. 예를 들어, 사회적 상호작용의 시작 및 반응에서 실패하는 것을 말합니다. 둘째, ㉡ 사회적 상호작용을 위한 비언어적 의사소통 행동의 결함입니다. 셋째, 관계 발전, 유지 및 관계에 대한 이해의 결함을 보입니다. 예를 들면, 상상 놀이를 공유하거나 친구를 사귀는 것이 어렵습니다.

2. 정신장애의 진단 및 통계편람(DSM-5)의 진단준거

(1) 다양한 맥락에서의 사회적 의사소통과 사회적 상호작용의 지속적인 결함 ❶ 17중등A7

다음 세 가지가 현재 나타나고 있거나 나타난 내력이 있다(예시들은 설명을 위한 것이며 철저한 것은 아님).

진단기준	예(DSM-5 진단 내용을 재구성함)
① 사회적·정서적 상호성에서의 어려움	비정상적인 사회적 접근과 정상적인 주고받기 대화의 실패, 흥미·감정이나 정서 공유의 감소, 사회적 상호작용을 시작하거나 반응하는 것의 실패 • 다른 사람에게 사회적으로 적절한 접근을 하는 데 어려움 • 다른 사람의 감정 인식의 어려움 • 자신의 감정 표현의 어려움 • 즐거움, 관심, 정서, 애정 등을 다른 사람과 공유하는 데 어려움 • 관심 있는 물건 보여주기, 가져오기, 가리키기 행동의 어려움 • 다른 사람의 칭찬에 적절한 반응을 나타내는 데 어려움 • 자신의 관심사를 다른 사람과 공유하는 데 어려움

② 사회적 상호작용을 위해 사용되는 비언어적 의사소통 행동에서의 어려움	구어와 비구어적 의사소통의 서툰 통합, 비정상적인 눈맞춤과 몸짓 언어, 몸짓의 이해와 사용의 결함, 얼굴표정과 비언어적 의사소통의 전반적 결핍
	• 눈맞춤, 응시행동의 어려움 • 다른 사람의 몸짓을 이해하거나 의사소통을 위한 몸짓 사용에서의 어려움 • 얼굴표정을 포함한 비언어적 의사소통행동 사용의 어려움 • 의사소통을 위해 목소리의 크기를 조절하거나 적절한 억양을 사용하는 데 어려움 • 문서화되지 않거나 비유적인 표현(예 유머, 풍자, 속담 등)을 이해하는 데 어려움
③ 사회적 관계의 형성과 유지, 이해의 어려움	다양한 사회적 맥락에 적합한 행동 적응상의 어려움, 상상 놀이를 공유하거나 친구 사귀기의 어려움, 또래에 대한 관심 결여
	• 사회적 규약과 사회적 기대를 이해하지 못함 • 다른 사람의 사회적 행동을 적절히 해석하는 데 어려움 • 대인 간 사회적 상호작용의 어려움 • 다양한 사회적 맥락에 맞게 행동하는 데 어려움 • 사회적 상호작용을 시작하고 반응하는 데 어려움 • 발달 수준에 적절한 또래 관계 형성의 어려움

현재의 심각도 명시: 심각도는 사회적 의사소통의 손상과 제한적이고 반복적인 행동 패턴에 근거한다.

(2) 제한적이고 반복적인 행동, 관심 또는 활동 패턴 ❶ 25초등A3, ❷ 17유아A7, ❸ 15유아B2, ❹ 13유아B4

다음 중 적어도 두 가지가 현재 나타나고 있거나 나타난 내력이 있다(예들은 설명을 위한 것이지 철저한 것은 아님).

진단기준	예
① 상동적이거나 반복적인 동작성 움직임, 물건 사용, 또는 말	단순한 운동 상동증, 장난감 줄 세우기, 물체 튕기기, 반향어, 특이한 문구 사용
② 동일성 고집, 일상활동에 대한 완고한 집착, 의식화된 언어적 혹은 비언어적 행동 패턴	작은 변화에 대한 극심한 고통, 활동 간 전환의 어려움, 완고한 사고방식, 의례적인 인사, 매일 같은 길로만 다니거나 같은 음식 먹기
③ 강도와 초점이 비정상적인 매우 제한적이고 고착된 관심	특이한 물체에 대한 강한 애착 또는 집착, 과도하게 국한되거나 고집스러운 흥미
④ 감각적 입력에 대한 과대반응 혹은 과소반응, 환경의 감각적 측면에 대한 이례적인 관심	통증/온도에 대한 명백한 무관심, 특정 소리나 감촉에 대한 부정적 반응, 과하게 사물의 냄새를 맡거나 만지기, 빛이나 움직임에 대한 시각적 매료

현재의 심각도 명시: 심각도는 사회적 의사소통의 손상과 제한적이고 반복적인 행동 패턴에 근거한다.

기출 POINT 4

❶ 25초등A3

[A]에 해당하는 DSM-5 자폐스펙트럼장애 진단기준을 쓰시오.

■ 장면 1

> • 학교에 오면 나무 블록을 일렬로 세워 놓는 행동을 계속 반복함
> • 색연필이나 사인펜을 무지개 색 순서대로 항상 정리함
> • 큰 소리에 과민하게 반응하여 귀를 틀어막음
> [A]

❷ 17유아A7

DSM-5의 자폐스펙트럼장애 진단기준에 근거하여 ㉠에 해당하는 특성 2가지를 쓰시오.

> 김 교사: 민수를 잘 이해하시려면 민수의 사회적 의사소통 특성을 아는 것이 중요해요. 그리고 '제한된 반복 행동, 흥미, 활동'을 이해하는 것도 필요한데, 여기에는 상동행동, 동일성에 대한 고집과 그 외에 ㉠ 다른 특성들이 더 있어요.

❸ 15유아B2

행동지원팀이 경수를 위한 포괄적인 행동지원 계획을 수립할 때 고려해야 할 경수의 행동특성 1가지를 학생의 행동특성에서 찾아 쓰시오.

■ 장면 1

> 비가 와서 바깥놀이 시간에 놀이터에 못 나가게 되자, 경수는 "바깥놀이 시간, 바깥놀이 시간이에요."하며 계속 울었다.

❹ 13유아B4

다음 괄호 안에 들어갈 말을 쓰시오.

> '장난감 자동차 바퀴를 돌리는 행동을 계속 반복한다.'는 민지의 행동은 '정신장애진단 통계편람(DSM-IV-TR)'에 제시된 자폐성장애의 진단기준 3가지 중 (　　)에 해당한다.

(3) 증상들은 발달기 초기에 나타나야 한다.

그러나 사회적 요구가 개인의 제한된 능력을 넘어서기 전까지는 증상이 완전히 나타나지 않을 수 있고, 나중에는 학습된 전략에 의해 증상이 감춰질 수 있다.

(4) 이러한 증상은 사회적 · 직업적 또는 다른 중요한 현재의 기능 영역에서 임상적으로 뚜렷한 손상을 초래한다.

(5) 이러한 장애는 지적장애(지적 발달장애) 또는 전반적 발달지체에 의해 더 잘 설명되지 않는다.

지적장애와 자폐범주성장애는 자주 동반된다. 자폐범주성장애와 지적장애를 함께 진단하기 위해서는 사회적 의사소통이 전반적인 발달수준에서 기대되는 바에 미치지 못해야 한다.

주의점: DSM-Ⅳ의 진단기준상 자폐성장애, 아스퍼거장애 또는 불특정 전반적 발달장애로 진단된 경우에는 자폐범주성장애의 진단이 내려져야 한다. 사회적 의사소통에 뚜렷한 결함이 있으나 자폐범주성장애의 다른 진단 항목을 만족하지 않는 경우에는 사회적(실용적) 의사소통장애로 평가해야 한다. ❶ 18중등A5

기출 POINT 5

❶ 18중등A5

ⓒ에 들어갈 내용을 쓰시오.

특수교사: 만약, 사회적 의사소통에서 현저한 결함을 가지고 있지만 자폐스펙트럼장애의 다른 진단 준거를 충족하지 않는 경우에는 어떤 장애로 평가해야 하나요?
오 교수: 예, 정신장애의 진단 및 통계 편람 제5판(DSM-5)에서는 (ⓒ)(으)로 평가합니다.

DSM-5의 자폐범주성장애 심각도 단계

심각도 단계	사회적 의사소통	제한적이고 반복적인 행동
단계 3 매우 상당한 지원 필요	언어적 · 비언어적 사회적 의사소통 기술의 심각한 결함은 심한 기능 손상, 매우 제한적인 사회적 상호작용 시작하기, 그리고 타인의 사회적 접근에 대한 최소한의 반응을 보인다.	• 융통성 없는 행동, 변화에 대처하는 데 있어서의 극단적 어려움, 다른 제한적 · 반복적 행동들이 모든 활동 범위에서의 기능에 현저한 지장을 준다. • 초점이나 활동을 변경하는 데 있어서 큰 고통과 어려움이 있다.
단계 2 상당한 지원 필요	언어적 · 비언어적 사회적 의사소통 기술의 현저한 결함, 지원에도 불구하고 명백한 사회적 손상, 제한된 사회적 상호작용 시작하기, 타인의 사회적 접근에 대해 축소된 혹은 비정상적인 반응을 보인다.	• 융통성 없는 행동, 변화에 대처하는 데 극단적 어려움, 제한적 · 반복적 행동들이 무관심한 관찰자에게 명백할 만큼 자주 나타나고, 다양한 맥락에서 기능에 지장을 준다. • 초점이나 활동을 변경하는 데 있어서 고통과 어려움이 있다.
단계 1 지원 필요	• 지원이 없을 때에는 사회적 의사소통의 결함이 주목할 만한 손상을 야기한다. • 사회적 상호작용을 시작하는 데 어려움을 보이고, 타인의 사회적 접근에 대한 비전형적이거나 비성공적인 반응들이 명백히 나타난다. • 사회적 상호작용에 대한 관심이 저하된 것처럼 보인다.	• 융통성 없는 행동이 한 가지 또는 그 이상의 분야에서 기능을 확연히 방해한다. • 활동을 바꾸는 데 있어서 어려움이 있다(활동 전환이 어렵다). • 조직력과 계획력의 문제들이 독립성을 방해한다.

CHAPTER 02

자폐범주성장애 아동의 특성

01 인지적 특성

- 마음이해능력의 결함
  - 마음이론의 이해
  - 자폐성장애 학생의 마음이해능력
  - 마음이해능력의 결함이 일상생활에 미치는 영향
  - 교육적 지원
- 실행기능의 결함
  - 실행기능의 이해
  - 자폐성장애 학생의 실행기능
  - 교육적 지원
- 중앙응집능력의 결함
  - 중앙응집능력의 이해
  - 자폐성장애 학생의 중앙응집능력
  - 교육적 지원

02 사회적 상호작용 특성

03 사회적 의사소통 특성

- 사회적 의사소통의 질적 손상
- 자폐성장애 학생이 언어의 화용론적 측면에서 보이는 결함

04 제한적 · 반복적 · 상동적인 행동 특성

- 제한적 · 반복적 · 상동적인 행동의 이해
- 상동행동, 자기자극행동, 의식행동의 기능
  - 자극에 대한 생물학적 요구
  - 각성상태의 증가
  - 스트레스 감소
  - 환경조절
- 자폐성장애의 언어 특성
  - 대명사 전도
  - 신조어
  - 반향어
    - 반향어의 이해
    - 반향어의 기능적 범주

05 감각 특성

- 자폐성장애의 감각 특성
- Dunn의 감각처리 모델
  - 개관
  - 유형
    - 낮은 등록
    - 감각 추구
    - 감각 민감
    - 감각 회피

01 인지적 특성

인지적 특성

- 1990년대에는 ASD의 주요 특성을 설명하고자 하는 노력의 일환으로 인지적 결함(cognitive deficits)에 대한 관심이 높았는데 이때 마음이론, 중앙응집, 실행기능이라는 세 가지 인지적 영역이 강조되었다.
- DSM-5-TR(APA, 2022)은 처음으로 이 세 가지 인지적 영역을 ASD 관련 특성에서 다음과 같이 간략하게 언급하고 있다(이승희, 2024).
  - 마음이론결함(즉, 다른 사람의 관점에서 세상을 보는 데 어려움이 있음)이 ASD를 가진 사람들에게 흔히 보이지만 모든 사례에서 반드시 나타나는 것은 아니다. 실행기능 결함 또한 흔하지만 중앙응집의 어려움(즉, 맥락을 이해하거나 '큰 그림을 보는' 능력이 없고 따라서 세부사항에 과도하게 초점을 맞추려는 경향이 있음)에서처럼 구체적이지 않다.

1. 마음이해능력의 결함

(1) 마음이론(Theory of Mind ; ToM)의 이해

① 마음이해능력은 다른 사람의 생각과 마음을 이해하는 능력으로, 다른 사람의 행동을 이해하고 그 사람의 행동을 통해 그 사람이 다음에 어떤 일을 하게 될 것인지를 추론하는 능력을 의미한다. 즉, 다른 사람이 생각하는 것, 믿고 있는 것, 원하는 것, 의도 등을 인식하고 이해하는 능력이다. ❶ 25중등B8, ❷ 13추가유아B5

② 마음이해능력은 사회인지 발달 영역의 한 부분이며 조망수용 능력이나 공감, '눈치' 등과 같이 다른 사람의 입장과 견해를 이해하는 능력을 포함한다.

③ 마음이해능력은 '마음 읽기' 혹은 '생각의 원리'라고도 한다.

더 알아보기 마음이론(theory of mind)

신념, 의도, 바람, 이해 등과 같은 정신적 상태가 자신 또는 상대방의 행동에 영향을 미친다는 것을 이해하는 능력이다. 마음이론이 잘 발달되어 있는 사람은 타인의 마음상태를 잘 인지하고 이해하는 공감 능력이 우수한 반면, 마음이론에 결함이 있는 사람은 타인의 입장을 이해하기보다는 자신의 시각에서 상황을 이해함으로써 호혜적인 사회적 상호작용을 하는 데 어려움을 보인다. 자폐성 장애아동이 타인의 마음을 읽어야 하는 과제를 매우 어려워하는 것은 마음이론이 부족한 것과 관련이 있다(특수교육학 용어사전, 2018).

기출 POINT 1

❶ 25중등B8

[A]에서 학생 C가 나타내는 인지적 결함이 무엇인지 쓰시오.

> 일반 교사: 학생 D가 학생 C에게 키링을 선물했는데 학생 C가 싫다고 받지 않아 너무 속상해 했어요.
> 특수 교사: 그건 학생 C가 다른 사람의 생각이나 감정, 의도와 같은 내면 상태를 추론하는 능력이 많이 부족하기 때문일 수 있어요.
> 일반 교사: 그렇군요. 생각해 보니 학생 C가 친구가 하는 농담이나 관용어를 묻자 그대로 받아들여 엉뚱한 대답을 해서 친구가 웃기도 했어요.
> 특수 교사: 맞아요. 학생 C는 상황이나 바람, 신념에 따라 달라지는 사람의 감정도 파악하기 어려워해요.
> [A]

❷ 13추가유아B5

다음은 '무지개 물고기' 되어 보기에 대한 유아들의 행동을 기술한 것이다. 승기의 행동은 다른 사람의 관점, 생각, 감정을 추론하고 이해할 수 있는 (①)의 결핍으로 볼 수 있다. ①에 해당하는 용어를 쓰시오.

> 승기와 수지는 서로 자신이 '무지개 물고기'의 역할을 하고 싶어 한다. 승기는 "내가요, 내가 할래요."라고 말한다. 교사가 수지에게 "괜찮니?"라고 묻자 수지는 싫은 표정을 짓고 있다. 승기는 "수지는 다른 거 하면 돼요. 그냥 내가 할래요."라고 말한다.

(2) 자폐성장애 학생의 마음이해능력

① 일반아동은 대개 5세 정도가 되면 다른 사람의 생각이나 느낌을 나타내는 여러 가지 사회적 단서를 이해하고 파악하는 능력이 발달한다. 그러나 자폐성장애 학생의 경우 이들의 연령에 적합한 수준에서 다른 사람의 감정이나 생각, 믿음, 바람 등을 나타내는 단서를 인식하거나 이해하는 데 어려움을 보인다.

② 자폐성장애 학생은 언어 연령을 일치시킨 일반학생 집단에 비해 심리적 상태에 관련한 표현 어휘(예 '재미있는', '신나는' 등)의 빈도와다양도에서 유의하게 낮은 수행을 보였다.

③ 자폐성장애 학생들은 일반학생에 비해 다른 사람의 정보적 상태에 대한 이해 능력에서 어려움을 보인다. 즉, 다른 사람의 시각적 조망 수용을 이해하거나, 다른 사람의 틀린 믿음을 이해하는 데서 많은 어려움을 보인다. 틀린 믿음 이해란 '나는 알고 있지만 다른 사람은 알지 못하는 것'을 이해하는 것을 의미한다. ❶ 17유아B3, ❷ 12유아34

예 한 학생이 초콜릿을 먹고 자신의 책상 서랍에 넣어 둔 채 잠시 외출하는 상황이다. 이때 그 학생의 동생이 형이 먹던 초콜릿을 형의 책상 서랍에서 찾아 꺼내 먹고 냉장고로 옮겨 둘 경우, 이러한 사실을 알지 못하는 형이 집으로 다시 돌아왔을 때, '그 형은 어디에서 초콜릿을 찾아 먹으려 할까?'라는 상황을 이해하는 것이 틀린 믿음을 이해하는 것이라 할 수 있다.

더알아보기

믿음-바람 추론 구조

- **믿음(Belief)**: 자폐학생은 사회적 상황에서 다른 사람들의 의도나 감정을 이해하는 데 어려움을 겪음. 이로 인해, 그들은 자신만의 해석을 만들고, 이를 믿음
- **바람(Behavior)**: 믿음에 기반하여 자폐학생은 특정 행동을 보임. 예를 들어, 상대방의 의도를 잘못 이해하여 그에 따른 반응을 함
- **추론(Inference)**: 자신의 믿음과 행동을 바탕으로 사회적 상황을 해석하고, 이를 통해 추가적인 믿음을 형성함. 종종 사회적 상호작용에서 오류를 일으킬 수 있음

기출 POINT 2

❶ 17유아B3

성규는 ©에 대해 "엄마는 거실에 있는 탁자에서 간식 바구니를 찾는다."라고 대답하였다. 이를 근거로 성규에게 필요한 '믿음-바람 추론 구조'의 요소를 쓰시오.

활동명	엄마의 간식 바구니
활동 자료	인형(엄마, 동생), 간식 바구니, 식탁, 거실 탁자
활동 과정	1. 엄마가 간식 바구니를 찾는 상황에 대한 활동임을 설명한다. 2. 상황을 설정하고 교사가 시범을 보인다. 1) 엄마가 간식이 들어 있는 바구니를 부엌의 식탁 위에 둔다. 2) 엄마가 방에 들어간 후 동생이 나와서 간식 바구니를 거실에 있는 탁자로 옮긴다. 3) 엄마가 방에서 나와서 간식 바구니를 찾는다. 3. © "엄마는 어디에서 간식 바구니를 찾으려고 할까?"라고 성규에게 물어본다. …(생략)…

PART 03

기출 POINT 2

❷ 12유아34

다음은 유아의 '마음이론 발달'을 측정하는 과제이고, (가)는 이 과제의 질문에 대한 유아 A와 유아 B의 반응이다. 두 유아의 '마음이론' 발달의 특징을 기술한 것으로 적절하지 않은 것은?

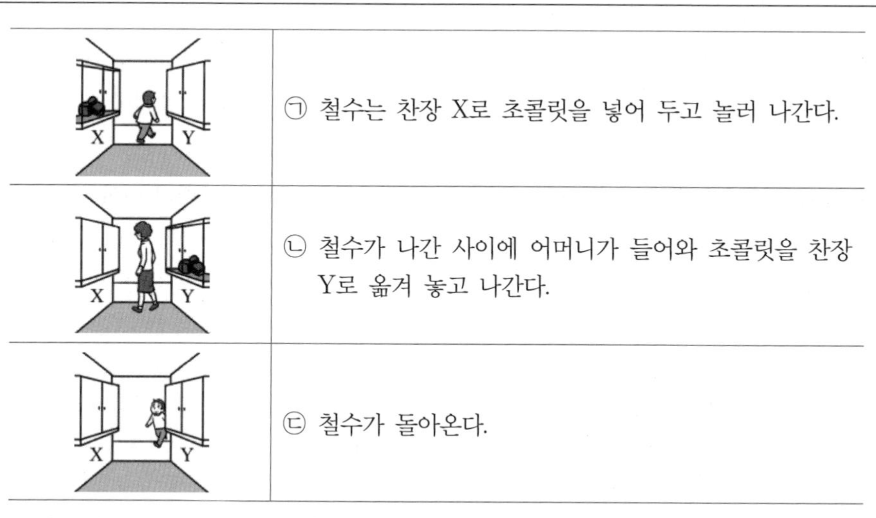

㉠ 철수는 찬장 X로 초콜릿을 넣어 두고 놀러 나간다.

㉡ 철수가 나간 사이에 어머니가 들어와 초콜릿을 찬장 Y로 옮겨 놓고 나간다.

㉢ 철수가 돌아온다.

유아 A와 유아 B에게 위의 ㉠~㉢ 장면을 보여주고 설명한 후 "철수는 초콜릿을 찾기 위해 어디로 갔을까?"라고 묻는다.

(가) • 유아 A: 철수는 찬장 X로 가요.
• 유아 B: 철수는 찬장 Y로 가요.

① 유아 A는 유아 B보다 철수의 관점을 더 잘 읽을 수 있다.
② 유아 A는 유아 B보다 마음이론이 더 잘 발달되어 있을 수 있다.
③ 유아 B는 유아 A보다 상위인지 능력이 더 발달되어 있을 가능성이 높다.
④ 유아 A는 철수의 생각이나 믿음이 실제와 다를 수 있다는 것을 이해한다.
⑤ 유아 B는 자기가 알게 된 정보를 이용하여 철수의 행동을 자기중심적으로 설명한다.

더 알아보기 샐리-앤 검사

다른 사람이 잘못된 믿음을 가질 수 있다는 사실을 이해하는지를 평가하는 Sally-Anne 검사가 널리 사용된다. 이 검사에서는 'Sally가 바구니에 구슬을 넣어 둔 다음 밖으로 나가고, Sally가 나간 다음 Anne이 들어와서 구슬을 다른 상자로 옮겨 담았으며, 그 뒤에 Sally가 돌아왔다.'는 이야기를 아동에게 들려준다. 이 이야기를 들은 아동에게 "Sally가 어디에서 구슬을 찾아볼까?"라고 질문한다. 이 질문에 옳은 대답을 하기 위해서 아동은 Sally가 자신이 넣어 둔 바구니 안에 구슬이 들어 있을 것이라고 잘못 믿고 있으며 그 잘못된 믿음에 따라 행동을 하게 된다는 것을 이해해야만 한다. 이것이 1차 과제인데, 이를 일부 수정하면 이차적인 능력을 평가하는 2차 과제가 된다. 2차 과제에서는 'Sally가 바구니에 구슬을 넣어 둔 다음 밖으로 나가고, Sally가 나간 다음 Anne이 구슬을 다른 상자로 옮겨 담는 것을 Sally가 몰래 들여다보았으며, 그 뒤에 Sally가 돌아왔다.'는 이야기를 아동에게 들려준다. 이 이야기를 들은 아동에게 "Anne은 Sally가 어디에서 구슬을 찾을 것이라고 생각할까?"라고 질문한다. 이 질문에 옳은 대답을 하기 위해서 아동은 Anne이 Sally가 어떻게 생각할 것이라고 생각하는가를 제대로 읽어야만 한다.

(3) 마음이해능력의 결함이 일상생활에 미치는 영향 ❶ 20중등A5, ❷ 18초등A4, ❸ 16유아B4

일상생활에 미치는 영향	설명 및 예시
다른 사람의 얼굴표정에 나타난 사회·정서적 메시지 이해의 어려움	• 얼굴표정이나 눈빛을 통해 다른 사람의 정서적 상태, 즉 즐거움, 슬픔, 화남, 두려움 등과 같은 정서를 이해하는 데 어려움 • 다른 사람의 정서를 이해하기 위해 눈을 바라보지 않으며, 다른 사람의 눈을 바라보더라도 그 의미를 잘 읽지 못함
글자 그대로 해석하기	• 의사소통 중에 여러 가지 의미를 가진 어휘를 구분하는 데 어려움 예 '배'에는 먹는 배, 신체적인 배, 물 위에 떠다니는 배가 있는데 그 세 가지 의미 중 대화 상황에 적합한 의미를 찾는 데 어려움이 있음 • 은유와 비유를 이해하는 데 어려움이 있음 예 '사과 같은 얼굴'이라는 표현을 이해하는 데 어려움이 있음 • 농담과 속담을 이해하는 데 어려움이 있음 예 '열 길 물속은 알아도 한 길 사람 속은 모른다.'와 같은 속담을 이해하는 데 어려움이 있음
다른 사람을 존중하지 않는 듯한 태도	자신이 좋아하는 주제와 관련된 내용을 다른 사람의 관심 여부와 상관없이 끊임없이 이야기함. 즉, 다른 사람이 지루해 하는지 혹은 흥미를 가지고 있는지 등을 살피지 않고 계속 이야기함
지나친 솔직함	• 사회적 상황에 적절하지 않은 이야기를 지나치게 솔직하게 말함 예 본인이 못생겼다고 생각하는 여학생 앞에서 "난 너 싫어. 진짜 못생겼어."라고 말하는 행동 • 도덕적 원칙이나 윤리적 원칙을 매우 중요하게 생각하고 도덕적 원칙에서 벗어나는 일을 하지 않을 뿐 아니라 그러한 사람들을 폭로하는 경우도 있음 • 가끔 거짓말의 가치를 알고 사용하는 경우도 있음. 다른 사람들이 다 알 수 있는 거짓말을 하지만 다른 사람들이 자신이 거짓말한다는 것을 알고 있는 것에 대해서는 잘 인식하지 못함
다른 사람의 실수, 장난과 의도적 행동을 구분하는 데 어려움	친구들과 상호작용하는 중에 친구들이 의도적으로 괴롭히는 행동과 친밀감으로 장난하는 것을 쉽게 구분하지 못하여, 때로는 가벼운 장난에 매우 격하게 반응할 수 있고, 의도적인 괴롭힘을 당하는 경우도 있음
갈등 관리의 어려움	자신이 한번 정한 규칙이나 결정을 바꾸기 어렵기 때문에 여러 상황에서 다른 사람들의 견해를 수용하거나 조절하는 데 어려움이 있을 수 있음
당황스러운 정서이해의 어려움	여러 사람 앞에서 발표하는 친구의 실수를 친구가 부끄러워한다거나 당황스러워할 수 있다는 점을 고려하지 않고 많은 사람들 앞에서 지적하는 행동을 할 수 있음
다른 사람의 정서적 상태 이해의 어려움	상황에 근거한 정서나 다른 사람의 믿음과 바람에 근거한 정서를 이해하는 데 어려움이 있음 예 선물을 받았기 때문에 기쁘지만, 내가 좋아하는 선물이 아니어서 약간 실망스러운 정서를 이해하고 표현하는 데 어려움이 있음
심리적 상태 관련 어휘 사용의 어려움	심리적 상태에 관련한 어휘 사용 빈도가 낮으며 다양한 어휘를 사용하는 데 어려움이 있음

기출 POINT 3

❶ 20중등A5

ⓐ와 같은 행동 양상이 나타나는 이유를 자폐성장애의 인지적 특성과 관련지어 1가지 쓰시오.

〈학생 D의 특성〉
- 친구의 얼굴표정이나 눈빛을 보고 감정을 이해하는 데 어려움을 보임
- 친구가 싫어할 수 있는 이야기를 지나치게 솔직하게 말함
- 친구의 관심과는 관계없이 자신이 좋아하는 주제와 관련된 이야기를 계속함

ⓐ

❷ 18초등A4

다음은 '지구의 자전'에 대한 지도 장면이다. 지호가 밑줄 친 ⓐ와 같이 오반응을 보이는 이유를 자폐성장애의 결함 특성과 관련하여 쓰시오.

최 교사: (지호와 민희가 지구본을 사이에 두고 마주보고 앉아 있다.) 지호야, 지호가 바라보는 지구는 지금 낮과 밤 중 어느 쪽일까?
지호: 낮이요.
최 교사: 잘했어요. 지호야, 그렇다면 민희가 바라보는 지구는 지금 낮과 밤 중 어느 쪽일까요?
지호: ⓐ 낮이요.

❸ 16유아B4

효주는 다음과 같은 행동을 하였다. 효주가 이러한 행동을 하는 이유는 어떤 능력이 발달하지 않았기 때문인지 쓰시오.

효주가 식빵에 얼굴표정이 그려진 쪽을 자신에게 향하게 하고, 친구들에게 얼굴표정이 보이지 않는 쪽을 보여주자, 친구들이 "얼굴이 안 보여."라고 말했다. 이에 효주는 "난 보이는데..."라고 말했다.

다른 사람의 정보적 상태 이해의 어려움	다른 사람이 알고 있는 것은 내가 알고 있는 것과 다를 수 있다는 것, 다른 사람이 보고 있는 것은 내가 보고 있는 것과 다를 수 있다는 것을 이해하는 데 어려움이 있음 예 나는 그림의 앞면을 보고 있으나 다른 사람은 그림의 뒷면을 보고 있기 때문에 나와 다른 장면을 볼 수 있다는 것을 이해하는 데 어려움이 있을 수 있음
목소리 톤이나 운율 이해와 사용의 어려움	다른 사람과 대화할 때, 대화 상대에 적합한 목소리 톤, 크기 등을 사용하지 못하거나, 다른 사람의 목소리 톤을 들으며 그 사람의 정서를 이해하는 데 어려움이 있음

(4) 교육적 지원

① 활동 중심의 마음이해능력 향상 프로그램

㉠ 제1부 – 정서이해 향상 프로그램

주제	내용	활동 예시
1단계 얼굴표정 인식	• 얼굴표정 이해 향상 활동 • 즐거움, 슬픔, 화남, 두려움의 감정을 알고 사진이나 그림 속에서 찾기 • 여러 가지 감정을 그림으로 표현하기	• 어떤 표정일까요? • 얼굴표정 콜라주
2단계 상황에 근거한 감정	• 여러 가지 상황을 이해하고 그에 따른 감정 이해를 위한 활동 ❶ 23유아A4 • 생일 선물을 받고 즐거워하는 그림을 보면서 그림 속 주인공의 감정은 어떤 감정일지 알아보는 활동	• 내가 행복할 때 • 우리 엄마와 아빠가 슬플 때 • 친구가 무서울 때
3단계 바람에 근거한 감정	• 상호작용 대상자가 원하는 것이 무엇인지를 알고 원하는 것, 즉 바람이 이루어졌을 때의 감정과 바람이 이루어지지 않았을 때의 감정의 이해를 위한 활동 • 생일 선물로 장난감 자동차를 원했는데, 어머니께서 책을 선물한 경우 어떤 감정일지 생각해 보는 활동	• 오늘은 나의 생일 • 친구가 바라보는 음식은? • 새 자전거를 갖고 싶은 내 친구
4단계 믿음에 근거한 감정	• 다른 사람의 믿음을 이해하고 추론하며 이러한 믿음에 대한 감정을 이해하고 이후의 결과에 대한 감정을 이해할 수 있는 활동 • 친구가 생일 선물로 원하는 것이 장난감 자동차이고, 친구는 생일 선물로 장난감 자동차를 받을 수 있을 것으로 믿고 있는데, 실제 선물로 책을 받았다면 그 친구의 감정이 어떨지를 생각하고 말로 표현하기	• 내 마음을 아는 우리 엄마 • 놀이 공원에 가고 싶은 내 친구

기출 POINT 4

❶ 23유아A4

(다)의 단계에서 교사가 지수에게 지도하고자 하는 정서 이해의 목표를 쓰시오.

(다)

유미가 공룡을 가지고 놀고 있어요.
민호가 유미의 공룡을 빼앗아 갔어요.
공룡을 빼앗긴 유미의 기분은 어떨까요?
기쁠까? 슬플까? 화날까? 겁날까?

㉡ 제2부 – 믿음이해 향상 프로그램

주제	내용	활동 예시
1단계 시각적 조망 수용	다른 사람의 시각적 조망에 대한 이해 촉진 활동으로 나와 다른 위치에서 사물을 바라볼 때 다른 것을 볼 수 있다는 것을 이해하도록 하는 활동	선생님은 무엇을 보고 계실까요?
2단계 경험을 통한 인식의 이해	• 사람들은 자신이 경험한 것은 잘 알지만 경험하지 않은 것은 알 수 없다는 것을 이해하는 활동 • 나는 과자 상자에 무엇인가를 넣는 것을 보아서 알지만 다른 친구는 넣는 것을 못 봤으므로 알 수 없다는 것을 이해하는 활동	친구는 무엇을 감추었는지 알 수 있을까요?
3단계 사실과 일치하는 믿음의 이해	• 다른 사람이 생각하거나 믿고 있는 것이 사실과 같은 것을 이해하는 활동 • 예를 들어, 친구는 초콜릿을 냉장고에 넣어 두었다고 생각하는데, 실제로 초콜릿이 그 친구의 생각과 같이 냉장고에 있는 경우	• 어디에 있는 자동차를 가지고 놀까? • 친구는 어디에 있는 블록을 가져올까?
4단계 틀린 믿음의 이해	• 다른 친구가 생각하고 있는 것이 사실과 일치하지 않는 것을 이해하는 활동 • 예를 들어, 친구가 초콜릿을 냉장고에 넣어 두었고, 친구는 초콜릿이 냉장고에 있다고 생각하는데, 사실은 다른 친구가 냉장고에 있는 초콜릿을 다른 장소로 옮겨 두었지만, 여전히 그 친구는 냉장고에 있을 것이라고 생각하는 것을 이해하는 활동	내 초콜릿은 어디에 있을까?

② 상황이야기

㉠ 상황이야기는 마음이해능력을 촉진시키기 위한 여러 가지 전략 중 하나이다.

㉡ 상황이야기는 다른 사람의 마음이해능력을 발달시킬 수 있는 중요한 정보를 제공하는데, 주로 다른 사람들이 알고 있는 것과 이들의 생각, 믿음, 그리고 그러한 상황과 관련된 느낌 등을 잘 설명한다.

㉢ 상황이야기는 심리적 상태를 표현하는 용어에 대한 이해와 어휘 능력을 향상시킬 수 있다. 예를 들어, '알다' '추측하다' '기대하다'와 같은 용어가 글과 그림으로 잘 설명되어 제시되므로 다른 사람의 마음을 이해하는 데 많은 도움이 될 수 있다.

③ 짧은만화대화

㉠ 짧은만화대화는 자폐성장애 학생의 사회성 능력과 사회인지능력을 향상시키는 데 효과적인 방법이다.

㉡ 짧은만화대화는 '대화'를 하면서 대화 속 인물들의 생각과 느낌, 기분과 동기를 이해하는 데 용이하게 사용될 수 있다.

2. 실행기능의 결함

(1) 실행기능의 이해

① 실행기능은 앞으로 발생할 행동을 안내하는 적절한 문제해결 방안을 계획하고 충동을 통제하며 행동과 사고를 유연하게 하도록 돕는다.

② 실행기능은 일부 기억이나 주의집중과 중복되는 특성을 지니고 있으나 기억이나 주의집중에 비해 보다 포괄적인 기능을 한다.

③ 실행기능의 주요 요소와 역할은 다음과 같다.

> ㉠ 조직 및 계획 능력
> ㉡ 시간 관리 및 우선순위 결정
> ㉢ 작업 기억
> ㉣ 복합적이거나 추상적인 개념의 이해
> ㉤ 반응 억제 및 충동조절
> ㉥ 새로운 전략 사용 및 유연한 사고
> ㉦ 자기반성 및 자기점검

(2) 자폐성장애 학생의 실행기능 ❶ 20초등A4, ❷ 18중등A5, ❸ 10중등26

① 자폐성장애 학생들은 반응 억제와 충동조절에 어려움을 보이는데 이는 실행기능의 결함과 관련된다. 반응 억제 능력이란 어떤 행동을 하거나 말을 하기 전에 생각한 후에 반응을 하는 능력을 의미한다.

② 자폐성장애 학생들은 작업 기억을 사용하는 데 어려움을 보인다.

③ 자폐성장애 학생들은 특정 학업 과제 및 일상적인 과제를 조직하고 계획하는 데 어려움을 보인다. 실행기능은 특정 과제를 수행하기 전에 구체적인 계획을 하거나 목표를 달성하기 위하여 필요한 하위 목적을 계획하는 능력을 포함하는데, 자폐성장애 학생들의 경우 이러한 능력에서 많은 어려움을 나타낸다. 특별히 자폐성장애 학생들은 여러 단계의 수행 절차를 포함하고 있는 복잡한 학업 과제를 해야 할 때 보다 많은 어려움을 느낀다.

④ 자폐성장애 학생들은 인지적 융통성의 어려움으로 인해 새로운 전략을 사용하거나 유연하게 생각하는 것에서도 어려움을 보인다.

⑤ 실행기능은 전두엽에 의해 조절되는데 자폐성장애 학생들은 전두엽에 손상이 있으며 이로 인해 추상적 개념과 같은 상위 인지 능력에서 어려움을 겪는다.

⑥ 자폐성장애 학생들은 규칙 학습과 범주 내에서의 전환은 정상 범주에 있었으며 고기능 자폐학생의 경우 개념 파악 및 규칙과 절차 학습은 비교적 잘 수행한다.

더 알아보기

실행기능의 어려움

실행기능의 어려움은 자폐성장애 아동뿐만 아니라 주의력결핍 과잉행동장애(ADHD) 아동에게도 나타난다. 그러나 자폐성장애 아동과 ADHD 집단 간에는 실행기능의 어려움에서 임상적인 차이가 있다. 대개 자폐성장애 아동은 계획하기와 인지적 유연성, 반응선택과 반응 모니터링에서 더 많은 어려움을 보이고, ADHD 집단은 반응 억제 과제에서 보다 많은 어려움을 보인다.

기출 POINT 5

❶ 20초등A4

[A]와 같은 행동 양상이 나타나는 이유를 자폐성장애의 인지적 특성과 관련지어 쓰시오.

<민호의 특성>

- 물건 사기와 같은 일상생활의 문제를 해결하기 위해 스스로 계획하고 수행하는 데 어려움이 있음
- 점심 시간과 같이 일상적으로 반복되던 시간에 작은 변화가 생기면 유연하게 대처하기보다 우는 행동을 보임
- 수업시간 중 과자를 먹고 싶을 때 충동적으로 과자를 요구하거나 자리이탈 행동을 자주 보임

[A]

❷ 18중등A5

㉠에 공통으로 들어갈 내용을 쓰시오.

> 예비 특수교사: 교수님, 제가 교육봉사활동을 하였던 학교의 자폐스펙트럼장애 학생 중에서 특정 주제에만 몰두하고, 자신이 좋아하는 활동을 그만두려고 하지 않으며, 사소한 변화에 대해 지나치게 민감하게 반응하는 학생이 있습니다.
> 오 교수: 예, 그것은 자폐스펙트럼장애의 인지적 특성 중 (㉠)(으)로 볼 수 있습니다. (㉠)이/가 있는 학생은 계획을 세우고, 충동을 조절하며, 사고와 행동의 유연성과 체계적으로 환경을 탐색하는 것 등에서 문제를 보입니다.

❸ 10중등26

(가)에 해당하는 특징을 쓰시오.

> (가) 스스로 계획하는 데 어려움이 있고, 억제력이 부족하여 하고 싶은 일을 충동적으로 하므로 부적절한 행동을 하게 된다. 또한 생각과 행동의 융통성이 부족하여 학습한 내용을 일반화하는 데 어려움이 있다.

(3) 실행기능 향상을 위한 교육적 지원

① 특정한 실행기능 기술을 개발시킨다. 예를 들어, 학생들은 과제를 작은 단계로 나누어 가르쳐 계획하기를 도와주고 점진적으로 복잡한 목표와 순서를 발달시킬 수 있도록 한다.

② 과제 수행을 관리하고 수행할 수 있도록 구체적이고 체계적인 안내를 한다. 시간표 적기, 숙제 검토, 교과서 분류, 대안적 전략과 검목표 '체크하기' 독려, 각 활동에 걸리는 시간 설정하기 등과 같이 구체적인 안내를 할 경우 실행기능의 문제로 인해 겪을 수 있는 혼란을 줄일 수 있다.

③ 외부 환경의 구조화를 통하여 스스로 독립적인 실행기능을 발휘할 수 있도록 돕는다. 자폐성장애 학생들은 계획과 조직, 자기조절 능력에서 어려움이 있기 때문에 환경 구성이나 환경 내 인적 구성원이 외적 구조화를 제공하는 방법이다. 예를 들어, 시각적 지원을 포함한 환경 구성, '먼저-그리고'와 같이 수행해야 할 과제의 순서 제시하기, 시각적 시간표 사용하기, 수행한 과제에 체크하도록 하기 등을 통해 실행기능을 지원할 수 있다.

④ 실행기능의 목표를 포함시킨 놀이 활동이나 교육과정 중에 실행기능 향상의 목표를 달성하게 할 수 있다.

⑤ 구조화의 정도가 높은 교육환경을 제공한다. 교육환경 내에서 구조화는 크게 사회적 환경의 구조화, 물리적 환경의 구조화, 시간표의 구조화 등을 들 수 있다.

구조화 방법	설명 및 예시
사회적 환경의 구조화	교수·학습 활동 참여에 동기화되도록 학생의 사회적 환경인 교사와 또래가 반응적 지원을 제공한다. 예 교사 대 학생 비율이나 교수 집단의 크기 조절하기, 학교생활을 같이 하는 짝이나 모둠 친구들 구성하기, 학생과 교사 비율 및 교수 집단의 크기 조절하기 등
물리적 환경의 구조화	안전하고 예측 가능한 환경을 제공한다. 예 학교 지도 및 학급 지도 제시하기, 내 자리에 이름표 붙이기, 교실공간에 영역 표시하고 이름표 붙이기 등
시간의 구조화	학생들에게 예측 가능성을 증가시켜 학교 환경에 대한 적응을 높일 수 있다. 예 주간 시간표나 일일 시간표 및 일일 활동표, 특별한 행사 알리미, 활동에 걸리는 시간을 알려주기 위한 스톱워치 사용하기, '먼저-그리고'를 알려주는 시각적 단서 표시 등

3. 중앙응집능력의 결함

(1) 중앙응집능력의 이해

① 중앙응집능력이란 외부 환경에서 입력된 정보를 의미 있게 연계하고 총체적인 형태로 처리하는 능력을 의미한다.

② 중앙응집능력은 인지처리 양식을 설명하는 학습이론인 장이론을 근간으로 하며, 장의존적 인지양식과 장독립적 인지양식으로 나눈다.

장의존성	장의존적인 학습자는 제시된 정보를 통합된 전체로 인식하고 이야기의 흐름과 의미의 요점을 파악하는 능력이 좋은 편이다.
장독립성	장독립적인 학습자는 보다 분석적이고 세부적인 부분에 초점을 맞추고 정보를 처리하는 데 사회적 맥락이나 주변 요소들을 적극적으로 활용하지 못하는 경향이 있다. 이에 따라 장독립적인 학습자는 중앙응집능력이 비교적 약한 것으로 파악되는데 자폐성장애 학생들은 이러한 특성을 지닌 인지 처리자로 이해된다.

③ 자폐성장애 학생들은 지엽적이고 세부적인 정보를 보다 잘 처리하고 전체적이고 상황과 관련된 정보를 처리하는 데 어려움을 보이는 독특한 인지양식을 나타내어 중앙응집능력이 낮은 것으로 알려져 있다.

(2) 자폐성장애 학생의 중앙응집능력 ❶ 22중등B7, ❷ 10중등26

① 자폐성장애 학생은 외부의 여러 복잡한 정보 중에서 필요한 정보를 선택하고 그 정보를 의미 있게 연계하고 사용하는 데 어려움을 보이며, 복잡한 정보를 처리하는 데 어려움을 나타낸다. 예를 들어, 자폐성장애 학생은 중앙응집능력 결함으로 인해 외부 소음과 교사의 수업 내용 중에서 교사의 수업 내용에 집중하는 대신 외부 소음에 집중하여 수업 내용 이해에 어려움을 보인다.

② 학습해야 할 여러 가지 정보와 메시지를 요약하거나 핵심 부분을 선택하고 기억하는 데 어려움을 보인다. 이로 인해 자폐성장애 학생들은 이야기 내용의 특정 부분이나 사소한 내용을 잘 기억하지만, 이야기의 주요 주제나 전체 흐름을 파악하는 데 어려움을 보인다.

③ 자폐성장애 학생들은 여러 가지 정보를 종합적으로 이해하는 데 어려움을 보인다. 또한 이야기의 흐름과 관련 없는 내용을 말하는 것도 이와 같이 개별적인 정보를 통합하거나 기존의 습득된 정보와 연계하고 분석하는 능력이 부족하기 때문이다.

④ ASD에서는 빈약한 중앙응집이라는 인지적 결함으로 전체보다는 특정 부분에 초점을 맞추는 경향이 나타난다. 따라서 사물을 볼 때 전체를 보기보다는 부분에 집착하며 이는 마치 나무는 보고 숲을 보지 못하는 것과 같다(이승희, 2024).

기출 POINT 6

❶ 22중등B7

괄호 안의 ㉠에 해당하는 내용을 쓰시오.

> 교육 실습생: 선생님, 우리 반 학생 F는 여러 가지 정보 중에서 필요한 정보를 선택하고 이것을 의미 있게 연계하는 것을 힘들어 해요. 그리고 복잡한 정보를 처리하는 것도 어려워하는 것 같아요. 국어 시간에 글을 읽고 나서 특정 부분이나 사소한 내용은 잘 기억하는데, 전체적인 흐름과 내용 파악은 어려워해요.
> 특수교사: 예, 그것은 자폐성장애 학생이 흔히 보이는 인지적 결함 중에서 (㉠) 때문인 것 같아요.

❷ 10중등26

(나)에 해당하는 특징을 쓰시오.

> (나) 정보처리방식이 상향식이어서 임의로 주변 환경에 의미를 부여함으로 인하여, 의미 있는 환경을 받아들이는 데 어려움을 겪는다. 따라서 사소하거나 중요하지 않은 일에 사로잡히게 된다.

기출 POINT 7

❶ 23초등B3

[A]에 나타난 자폐성장애의 인지적 특성을 1가지 쓰시오.

> • 손 씻기 지도를 위해 비누를 제시했을 때, 비누는 보지 않고 비누통에 붙은 캐릭터에만 집중함
> • 수업 중에 교사가 칠판을 가리키며 "여기를 보세요."라고 할 때 칠판은 보지 않고 교사의 단추만 보고 있음
> [A]

더알아보기 자극 과다선택성 ❶ 23초등B3, ❷ 22유아A3, ❸ 21유아B4, ❹ 20유아A1, ❺ 15유아A5

- 자극의 과잉선택성(stimulus over selectivity)이란 사물의 모든 특징에 주의를 기울이는 것에 어려움을 겪고 한정된 단서에 기반한 부정확한 반응을 보이는 것이다. 중심축 반응 훈련의 복합단서에 반응하기에서 복수단서를 사용하는 것은 조건적 식별을 가르치는 것으로, 두 개 이상의 요소에 주의를 기울여 정확한 반응을 하도록 지도할 수 있다. 또한 자극의 과잉선택 경향을 보이는 자폐아동의 경우 사진보다는 단순화된 선화가 적절하다.
- 자폐아동은 학습상황에서 자신에게 주어진 자극 중 오직 하나의 단서(또는 부분의 자극)에만 제한되게 반응하는 과다선택을 보인다.

  예 – 다른 사람이 말을 할 때 그 사람의 안경이나 손동작에 집중하고, 따라서 그런 단서가 없을 때는 그 사람을 인식하지 못할 수 있다.
  – 학습의 초점은 크기 식별(크다/작다)인데 자폐학생은 왼쪽에 놓인 항목을 선택하기 위해 크기 속성은 인식하지 않는 것이다.
  – 시각자극(입모양)과 청각자극(음성언어)을 동시에 제시할 경우, 자폐아동은 두 가지의 자극 중 어느 하나의 자극에 주의를 집중하는 경향이 있어 시각자극에 주의를 기울일 경우 청각자극에 주의를 기울이지 못하게 된다. 이는 자폐아동의 수용언어장애의 원인이 되기도 한다.
- 과다선택은 사회적 행동 발달, 언어습득, 새로운 행동 학습, 일반화 그리고 안전에 영향을 줄 수 있다.

더알아보기 자극통제 수립하기

- 어떤 행동이 특정 자극이 있는 경우에만 발생한다면, 그 행동은 자극통제(stimulus control) 되었다고 할 수 있다.
- 자폐성장애 학생들의 행동은 예상하지 못한 자극들의 통제 아래 있다고 알려져 있다. 일련의 동일한 자료들(예 색깔을 가르치기 위한 색판지 카드 한 세트)이 개념을 가르치기 위해 사용된다면, 그 자료들이 바뀌었을 때 자폐성장애 학생들은 갑자기 색깔을 가려내는 능력을 잃어버린다. 교사가 깨닫지 못한 것은 빨간색 카드는 모서리가 접혀 있고, 파란색 카드에는 어떤 표시가 되어 있으며, 녹색 카드는 구겨져 있는 것이 해당 학생에게 자극되었다는 것이다. 학생이 '배운 것'은 색깔이 아니라 각각의 카드가 지닌 특이함이었다.
- 비슷한 방식으로 자폐성장애 학생들은 많은 구성요소들을 지닌 복합자극(complex stimuli)에 반응하는 데 어려움을 보인다. 예를 들어, 학생에게 "문에 가장 가까이에 있고 쿠션이 없는 녹색의자에 가서 앉아라."라고 지시를 하면 학생은 교사의 지시를 따르지 못한다. 자극이 복잡해지면 학생은 그중 하나의 요소(문에서 가장 가까운)만을 선택하여 이에 따라 행동할 수 있다.
- 자극통제를 개발하기 위해 학생들은 반드시 자극들을 변별하는 방법과 특정 자극이 존재할 때 반응하는 방법을 배워야 한다.
- 교사는 복잡하지 않은 단순한 자극들로 시작해서 예기치 않은 측면들이 자극통제의 기반이 되지 않도록 자료들을 순환해야 한다.
- 자극이 존재할 때(예 "일렬로 서!"와 같은 언어적 지시) 교수는 발생하고, 학생은 정확하게 반응하도록 기대대로 혹은 도움받은 대로 행동하도록 강화된다. 연습과 반응에 대한 강화나 교정 받을 기회가 반복되는 것은 자극통제를 촉진할 수 있다.

(3) 약한 중앙응집능력을 고려한 교육적 지원

① 자폐성장애 학생의 중앙응집능력이 일반인에 비해 취약하긴 하지만 그것을 결함으로 보기보다는 이들의 인지처리 성향으로 이해하고 이러한 특성을 잘 활용할 수 있도록 강점 기반의 교육적 지원이 필요하다.

② 예를 들어, 일반인이 쉽게 파악하지 못하는 세부적인 것을 보다 용이하게 파악할 수 있으므로 이러한 인지적 특성에 적합한 일을 찾을 경우 성공적인 직업생활을 할 수 있다.

❷ 22유아A3
ⓐ~ⓓ 중 ㉠에 해당하는 재우의 행동 특성을 2가지 찾아 기호를 쓰시오.

〈재우의 행동 특성〉
㉠ 제한적인 자극이나 관련 없는 자극에 반응하는 특성

ⓐ 매일 다니던 길로 가지 않으면 울면서 주저앉는다.
ⓑ 이 닦기, 손 씻기, 마스크 쓰기를 할 수 있지만 성인의 지시가 있어야만 수행한다.
ⓒ 이 닦기 시간에 "이게 뭐야?"라고 물으면 칫솔을 아는데도 칫솔에 있는 안경 쓴 펭귄을 보고 "안경"이라고 대답한다.
ⓓ 1가지 속성(예 색깔 또는 모양)만 요구하면 정확히 반응하는데 2가지 속성(예 색깔과 모양)이 포함된 지시에는 오반응이 많다.

❸ 21유아B4
[B]에서 알 수 있는 선우의 인지적 특성을 쓰시오.

자폐성장애 선우에게는 선우가 좋아하는 색종이로 꽃을 만들 수 있도록 '꽃 만드는 그림순서표 카드'를 제시하였다.
그런데 선우는 카드에 그려진 꽃에는 관심이 없고, 카드의 테두리 선에만 반응을 보였다. 이처럼 주요 단서가 되는 자극에 주의를 기울이지 못하는 선우에게는 변별훈련을 통해서 과제해결을 더 잘 할 수 있도록 지도해야겠다. [B]

❹ 20유아A1
㉠에서 진우가 결함을 보이는 인지적 특성을 무엇이라고 하는지 쓰시오.

㉠ 사물의 전체가 아니라 부분에 집중함. 예를 들면 코끼리 그림을 보면 전체적인 코끼리 그림을 보는 것이 아니라, 코끼리의 꼬리나 발과 같은 작은 부분에만 집중하여 그림이 코끼리인지 아는 것에 결함이 있음.

❺ 15유아A5
자폐성장애 유아에게 나타나는 ㉠과 같은 인지적 결함은 무엇인지 쓰시오.

다른 아이들은 아래 그림을 보고 '5'와 '가방'이라고 말했는데, ㉠ 영수는 '3'과 '꽃'이라고 대답했다.

02 사회적 상호작용 특성

① 사회적 상호작용이란 주위에 있는 사람들과 관계를 주고받는 것으로, 타인에게 관심을 갖고 표현하며, 관계를 형성하고 유지하며, 집단의 일부가 되어 가는 사회적 행위를 말한다. ASD 아동의 사회적 행동은 빈도뿐만 아니라 질적인 부분에도 차이가 있다.

② ASD 아동은 눈맞춤, 얼굴표정, 발성 그리고 사회적 참여의 기본적인 수단을 사용하는 데 어려움이 있다.

③ 이들이 보이는 대부분의 자발적 상호작용 시도는 정보와 감정을 나누는 사회적인 기능이 아닌 요구하기 또는 거절하기와 같은 도구적인 기능을 수행하며, 대부분의 상호작용이 일회성으로 그쳐 주고받는 상호작용의 기능이 유지되기 어렵다.

④ ASD 아동은 사회적 방향정위, 사회 참조능력, 공동주의 능력에 결함을 보인다.

㉠ **사회적 방향정위 결함**: 사회적 방향정위란 청각적 자극이나 시각적인 사회적 자극을 향한 행동으로 주로 자극을 향해 머리를 돌리거나 쳐다보는 행동이다. 그러나 ASD 아동은 이러한 사회적 자극에 대한 방향정위를 나타내는 행동인 눈맞춤과 응시행동을 발달시키지 못하거나 낮은 수준의 행동을 보인다.

㉡ **사회 참조능력 장애**: 자신의 행동에 대해 다른 사람이 어떻게 보는지 알지 못한다.

㉢ **공동주의 결여**: 생각의 원리 결함에 영향을 미친다.

Keyword 사회적 참조(social referencing)

자폐스펙트럼장애 아동과는 달리, 일반아동들은 다른 사람의 주의를 자신이 좋아하는 것으로 이끌고자 시도한다. 예를 들면, 일반아동들은 머리 위에 높이 날아가는 비행기로 주변 사람의 시선을 이끌고자 자신의 손가락으로 하늘을 가리킨다. 이들은 하늘을 가리키는 행동 외에도 다른 사람이 위를 쳐다보고 있는지를 확인하기 위해 다른 사람을 쳐다본다.
게다가 일반아동은 부모의 존재를 일반적으로 인식하고 부모가 자신과 같이 있는지를 자주 확인하며 부모를 쳐다본다. 이를 소위 사회적 참조라고 한다. 예를 들면, 무언가를 떨어뜨리거나 깨뜨리면 일반아동은 부모가 이런 상황을 인지하고 있는지, 그리고 화가 났는지를 확인하기 위해 재빨리 부모를 쳐다본다. 그러나 자폐스펙트럼장애 아동은 다른 사람의 관심을 끌기 위해 지적을 하거나 사회적 참조를 하지 않는다.

03 사회적 의사소통 특성

1. 사회적 의사소통의 질적 손상

① 자폐장애는 구어발달이 지체되거나 완전히 결여될 수 있다.

② 자폐장애는 상대방에게 정보를 전달하거나 감정을 공유하는 등의 중요한 역할을 하는 비구어 행동, 특히 눈맞춤, 가리키기, 보여주기, 얼굴표정, 몸짓 등의 사용에 어려움이 있다.

③ 구어를 사용하는 자폐장애 아동의 경우에도 언어를 사회적 목적으로 사용하지 못하는 문제가 있다.

㉠ 의사소통의 기능은 수단적 기능, 사회적 기능, 개인적 기능을 포함한다.

수단적 기능	의사소통을 통해 물건이나 정보를 얻거나 도움이나 허락을 받는 것
사회적 기능	인사를 하거나 질문을 하고 대답하는 등 사회적 상호작용에 사용되는 의사소통의 형태
개인적 기능	주로 자기의 생각과 감정을 표현하는 의사소통 형태를 포함함

㉡ 일반적으로 자폐장애 아동은 사회적 기능과 개인적 기능의 의사소통에 비해 자신이 원하는 것을 얻는 데 사용되는 수단적 기능의 의사소통을 많이 한다.

④ 자폐장애 아동은 발달수준에 적합한 다양하고 자발적인 가장놀이나 사회적 모방놀이가 결여되어 있다.

⑤ 자폐장애 아동은 언어의 형태적 측면보다 내용과 사용(화용)적 측면에 결함을 보인다.

⑥ 언어의 운율학적 측면에서 자폐장애 아동은 화용론의 결함으로 인해서 음운론적 요소들을 학습할 기회가 제한되어 있어 많은 어려움을 경험한다. 말의 강세, 높낮이, 리듬, 억양 등의 운율적 측면은 상대방의 심리상태, 기분을 알려주는 단서로 작용하므로 언어의 매우 중요한 측면이다. ❶ 15유아A5, ❷ 13추가유아A6

기출 POINT 8

❶ 15유아A5

㉡과 관련하여 다음의 A에 들어갈 알맞은 말을 쓰시오.

> 영수의 특성을 자폐성장애 유아의 언어적 결함 중 하나로 음운론적 영역 가운데 (A) 사용의 제한을 보인다.

❷ 13추가유아A6

괄호 안에 적합한 말을 쓰고, ㉡의 이유를 자폐성장애 아동의 사회적 의사소통 특성에 근거하여 쓰시오.

> 박 교사: 다른 부분은 다 좋아졌는데, ㉡ 말의 높낮이, 강세, 리듬, 속도와 같은 언어의 ( ) 측면에는 전혀 변화가 없어요.

2. 자폐성장애 학생이 언어의 화용론적 측면에서 보이는 결함

① 관계없는 세부사항의 사용
② 부적절한 주제 전환
③ 주제에 대한 몰두와 고집
④ 대화 상대자의 단서에 대한 무반응
⑤ (본인은 알지만) 상대방은 알기 어려운 막연한 언급
⑥ 상호교환의 부족 ❶ 20유아A8
⑦ 부적절한 설명
⑧ 대본같이 정형화된 대화
⑨ 지나치게 공손한 대화

기출 POINT 9

❶ 20유아A8

㉣에 해당하는 언어학의 하위 범주를 쓰시오.

> 황 교사: 지수의 경우 ㉣ 자신의 말하기 순서를 기다리지 못해서 불쑥 얘기하기도 해요.

04 제한적 · 반복적 · 상동적인 행동 특성

1. 제한적 · 반복적 · 상동적인 행동의 이해

① '제한적'이란 특정 물건이나 특정 주제에만 몰두하고 집착하는 것을 말한다. 이것은 강박적인 행동으로 나타날 수 있는데, 예를 들면 사물을 일렬로 나열시키는 것과 같은 의식적인 행동(ritualistic behavior)이나 동일성을 고집하여 환경변화에 극단적인 반응을 보이기도 한다.

② '반복적이고 상동적인 행동'은 하루 종일 불을 켰다 껐다를 반복하거나, 몸 전체나 신체의 일부를 움직이거나, 물건을 흔들거나 또는 손가락을 빠는 등 다양한 모습으로 나타난다.

③ 제한된 관심, 흥미 및 활동은 상동행동 또는 자기자극행동, 의식행동으로 나타나기도 한다.

상동행동 ❶ 20유아A8	• 상동행동(stereotypes)이란 환경에 미치는 명백한 기능적 효과를 가지고 있지 않은 반복적인 동작이나 몸짓이다. • 물건을 돌리거나 흔들기 또는 손이나 손가락을 퍼덕거리거나 몸을 앞뒤로 흔들기 등은 전반적 발달장애 아동이 흔히 보이는 상동행동들이다.
자기자극행동	• 자기자극행동(self-stimulatory behavior)은 자폐범주성장애 아동에게 즐거움의 근원이 되는 상동행동이다. • 이러한 상동행동은 개인적 즐거움과 강한 감각 피드백 등을 주는 반복적인 움직임 및 음성 행동을 포함하는 것이다.
의식행동	• 의식행동(ritualistic behavior)이란 같은 음식만을 먹거나 사물을 일렬로 세우거나 양손에 물건을 쥐고 있으려는 등 틀에 박힌 일상활동을 고집하는 행동이다. • 상동행동은 인지적 결함을 가지고 있는 전반적 발달장애 아동들에게 더 많이 나타나는 반면에 의식행동은 지능이 정상범위에 있는 전반적 발달장애 아동들에게 더 많이 나타난다.

기출 POINT 10

❶ 20유아A8

㉺의 행동 특성을 무엇이라고 하는지 쓰시오.

> 황 교사: ㉺ 몸을 앞으로 숙였다 펴고, 손을 들어 손가락을 접었다 펴는 행동을 반복해요. 그러면서 "까악까악"이라는 의미 없는 소리를 내기도 해요.

2. 상동행동, 자기자극행동, 의식행동의 기능

상동행동이나 의식행동이 이전에는 제거되어야 할 행동으로 여겨졌으나 지금은 중요한 기능을 수행하고 있다고 보는 관점이 우세하다. 따라서 그 행동이 아동이 속한 환경에서 어떤 의미를 가지고 있는지 분석하지 않고 무조건 그 행동을 수정하려고 해서는 안 된다는 것이 보편적인 생각이다.

자극에 대한 생물학적 요구	상동행동과 자기자극행동은 최적의 발달을 위해 필요한 양의 자극을 제공할 뿐만 아니라 각성시키거나 스트레스를 감소시키는 역할을 한다.
각성상태의 증가	환경을 보다 자극적으로 만드는 것은 상동행동의 수준을 감소시키며, 자기자극행동을 통해 얻는 피드백을 수정하는 것은 상동행동의 수준을 감소시키는 데 효과적이다. 이러한 경우 상동행동과 자기자극행동은 바람직한 균형을 만드는 최적의 각성 수준을 만든다.
스트레스 감소	스트레스를 받거나 과도하게 각성된 자폐스펙트럼장애 학생들은 상동행동을 하여 스트레스를 감소시키려 하며, 이러한 시도는 중추신경계에 의해 이루어진다. 이때 나타나는 상동행동은 특히 고유수용계와 전정계를 포함한 것으로 몸을 앞뒤로 흔들기, 돌기, 손바닥을 흔들기, 위아래로 뛰기와 같은 행동으로, 이러한 행동은 스트레스를 감소시키고 최적 각성 수준으로 회복시킨다.
환경을 조절하기 위한 상동행동과 자기자극행동	• 자극에 대한 생물학적 요구에 따른 상동행동의 출현, 최적 각성 상태를 만들기 위한 상동행동, 자기자극행동, 의식행동의 사용은 아동이 속한 환경에서 다른 사람들을 통제하기 위해 사용되기도 한다. 예를 들면, 원하지 않는 과제 수행을 요구받은 학생들은 과제를 회피하기 위해 상동행동을 할 수 있다. 또한 상동행동은 개인이 복잡한 느낌을 갖거나 어떤 사람들과 상호작용하는 것을 피하기를 원할 때 나타난다. • 상동행동은 위협적이거나 자신의 신체에 손상을 입히는 자해행동으로 나타날 수 있다. 자해행동은 각성 수준을 높이거나 낮추기 위한 극단적인 시도로 나타날 수 있고, 자기자극의 기능을 할 수 있다. 그러나 대부분의 경우 자해행동은 환경자극에 대한 반응이며 환경에서 다른 사람들을 조절하기 위해 사용된다. 이러한 이유로, 환경을 통제하기 위해 나타나는 상동행동과 자해행동은 의사소통 기능을 가지고 있다고 할 수 있다.

3. 자폐성장애의 언어 특성

(1) 자폐성장애 아동의 언어 특성

대명사 전도	대명사 전도는 다른 사람을 '나'로 표현하고 자기 자신을 '너', '그', 또는 '그녀'로 표현하는 것을 말한다. 예를 들어, 자기 자신이 우유를 마시고 싶을 때, "너는 우유를 마시고 싶어요."라고 말하는 것이다. 자폐장애 아동은 일반적으로 반향어로 대명사 반전을 자주 나타낸다.
신조어	신조어란 자폐장애 아동이 자기 자신만의 새로운 단어나 구를 만들어 사용하는 것이다. 예를 들어, 차고를 '자동차집'이라고 한다.
반향어	반향어란 상대방이 말한 것을 그대로 반복하여 따라 말하는 것을 가리키는데 즉각적 반향어와 지연된 반향어가 있다.

반향어의 이해 ❹ 13추가유아B8

반향어의 발생 이유	• 많은 학자들은 자폐장애 아동이 반향어를 보이는 이유를 들은 언어를 이해하지 못하거나 분절하지 못할 때 발생한다고 본다. 따라서 반향어를 무조건 없애려고 하는 것이 아니라, 반향어의 기능을 파악하여 기능적인 언어로 활용해야 한다. • 이를 위해서 교사의 언어사용 시 유의점은 다음과 같다. – 학생의 연령에 적합한 언어를 사용해야 한다. – 학생의 언어이해 수준을 고려하여 언어를 사용해야 한다.	
반향어의 기능	• 반향어는 언어(구어)의 출현과 표현에 기여한다. • 의사소통의 상호작용적, 비상호작용적 기능을 수행한다.	
반향어의 유형	즉각 반향어	들은 것을 즉각적으로 반복한다. ❷ 20유아A8, 25유아A3 예 또래가 다가와서 "이름이 뭐니?"라고 묻자, "이름이 뭐니?"라고 말하고 "내 이름은 영우야. 네 이름은 뭐냐고?"라고 다시 묻자 "내 이름은 영우야. 네 이름은 뭐냐고?"라고 똑같이 반복해서 말한다.
	지연 반향어	들은 것을 일정 시간이 지난 후에 반복한다. ❶ 25초등A3, ❸ 18중등B2 예 며칠 전에 TV에서 들은 "9시 뉴스 김은진이었습니다. 오늘도 좋은 밤 보내십시오."를 반복해서 말한다.

더 알아보기

반향어, 대명사 전도 등의 의사소통의 특이성은 자폐성장애를 진단하는 주요 기준(A)에서 제외되었으며, 주요 기준(A)는 전반적으로 나타나는 사회적 의사소통의 어려움에 좀 더 초점을 둔다.

기출 POINT 11

❶ 25초등A3

밑줄 친 ㉠과 같은 자폐성장애의 의사소통 특성을 쓰시오.

> • ㉠ 며칠 전에 들었던 "구독, 좋아요, 알림 설정"을 상황에 맞지 않게 반복하여 말하고 다님
> • 선생님이 "연필 꺼내야지."라고 말하면 "연필 꺼내야지."라고 말함

❷ 20유아A8

ⓒ과 같이 지수가 보이는 의사소통의 특성을 무엇이라고 하는지 쓰시오.

> 황 교사: 지수의 경우 점심시간에 제가 지수에게 "계란 줄까?"라고 물어봤는데, ⓒ 지수가 로봇처럼 단조로운 음으로 바로 "계란 줄까, 계란 줄까, 계란 줄까."라고 했어요. 또, "연필 줄래?"라고 했더니 연필은 주지 않고 "줄래, 줄래, 줄래."라고 말했어요.

❸ 18중등B2

㉠에 해당하는 반향어의 유형을 쓰시오.

> ㉠ 광고에 나오는 단어나 문장을 일정한 시간이 지난 뒤에 다시 말할 때가 자주 있어요.

❹ 13추가유아B8

반향어에 대해 교사가 고려해야 할 점이다. 적절하지 않은 내용 1가지를 찾아 번호를 쓰고, 바르게 고쳐 쓰시오.

> ① 자폐성장애 아동의 반향어는 언어 발달을 저해하므로 소거해야 한다.
> ② 자폐성장애 아동이 여러 단어로 구성된 반향어를 사용하더라도 그 표현은 하나의 단위로 인식할 수 있다.
> ③ 반향어를 환경 내의 행위나 사물에 연결시켜 반향어와 환경적인 요소들 사이의 관계를 강조하도록 해야 한다.
> ④ 반향어는 주로 아동이 자신이 들은 언어를 분할하지 못할 때와 이해력이 제한되었을 때 발생하므로, 교사는 아동의 정보처리능력에 적합한 언어를 사용해야 한다.

(2) 반향어의 기능적 범주

① 즉각 반향어의 기능적 범주

상호작용적	
차례 지키기	번갈아가며 언어를 교환하는 데 있어 화자가 바뀔 때 사용되는 말
진술	물건들이나 행동들, 혹은 장소를 명명하는 말(겉으로 드러나는 몸짓이 수반됨)
긍정 대답	이전에 나왔던 말을 확인한다는 것을 보여주는 데 사용되는 말
요청	물건이나 다른 사람들의 행동을 요청하는 데 사용되는 말
비상호작용적	
분명치 않음	분명한 의도 없이 산출되는 말, 종종 두려움이나 고통 등 각성 수준이 높은 상태에서 함
시연	처리를 위한 보조도구로 사용되는 말로 반향된 말을 이해했음을 가리키는 말이나 행동이 뒤따름
자기조절	자신의 행동들을 조절하는 데 사용하는 말로 운동기능을 이용한 행동과 동시에 산출됨

② 지연 반향어의 기능적 범주

상호작용적	
차례 지키기	번갈아가며 언어를 교환하는 데 있어 화자가 바뀔 때 사용되는 말
언어의 완료	다른 사람들이 시작한, 익숙한 언어 일과를 완성하는 말
정보 제공	상황에 따른 맥락에서 분명하지 않은 새로운 정보를 제공하는 말
명명하기	주위에 있는 물건이나 행동들을 명명하는 말
항의	다른 사람들의 행동에 항의하는 말, 다른 사람들의 행동을 막는 데 사용될 수 있음
요청	물건들이나 행동들을 요청하는 데 사용되는 말 ❶ 25유아A3, ❸ 14유아A4
부름	자신에게 주의를 돌리게 하거나 상호작용을 수립/유지하게 하기 위해 사용되는 말
확인	이전에 나왔던 말을 확인했음을 가리키는 데 사용되는 말
지시	다른 사람들의 행동을 지시하는 데 사용되는 말(종종 명령)
비상호작용적	
분명치 않음	분명한 의사소통 의도가 없거나 상황에 따른 맥락에 적절하지 않은 말
상황연계	분명한 의사소통 의도가 없는 말로 어떤 물건이나 사람, 상황, 혹은 활동에 의해 촉발되는 말
자기지시	자신의 행동을 조절하는 데 사용되는 말로 운동기능을 이용한 행동과 동시에 산출됨 ❷ 16중등B6
시연	낮은 소리로 산출되는 말로 더 커다란 상호작용적 음성이 뒤따름, 후속 산출을 위해 연습하는 말일 수 있음
명명	분명한 의사소통 의도가 없이 주위에 있는 물건이나 행동들을 명명하는 말, 언어를 학습하기 위해 연습하는 말일 수 있음

기출 POINT 12

❶ 25유아A3

① [A]에서 지혜가 사용한 반향어의 유형을 쓰고, ② 반향어의 의사소통 기능을 쓰시오.

(피자를 다 먹은 후, 자유놀이 시간에 유아들이 기차놀이를 하고 있다.)
지혜: (기차놀이를 하면서) 피자 다음에 더 줄게.
교사: (지혜를 바라보며) 피자 다 먹었어.
지혜: (피자 상자를 바라보며) 피자 다음에 더 줄게.
교사: (지혜를 바라보며) 그래, 더 먹고 싶구나.
지혜: (피자를 달라는 간절한 눈빛으로 선생님을 바라보며) 피자 다음에 더 줄게. 피자 다음에 더 줄게. [A]

❷ 16중등B6

자폐성장애 학생의 언어적 특성에 근거하여 ㉠, ㉣의 공통점 1가지를 쓰고, ㉠의 의사소통 기능을 쓰시오.

(주차장에서 차 문을 열면서)
성우: ㉠ <u>성우 주차장에서 뛰면 안 돼.</u>
엄마: 그렇지, 엄마가 주차장에서 뛰면 안 된다고 말했지?

(식당에서)
엄마: 성우야, 뭐 먹을래?
성우: 물 냄새나요. 물 냄새나요.
엄마: 성우야, 김밥 먹을래?
성우: ㉣ <u>김밥 먹을래?</u>

❸ 14유아A4

'타인의 말을 반복'하는 보라(자폐성장애, 4세)의 행동 특성과 관련하여 아래의 ①에서 나타난 자폐성장애의 의사소통 특성을 쓰고, 보라의 말이 의도하는 의사소통 기능을 쓰시오.

오전 자유선택활동이 끝나고 정리 정돈하는 시간이 되자 보라는 교사를 화장실 쪽으로 끌면서 ① <u>며칠 전 들었던 "화장실 갈래?"라는 말을 반복하였다. 교사는 "화장실에 가고 싶어요."라고 말한 후 화장실로 데리고 갔더니 용변을 보았다.</u>

PART 03

05 감각 특성

1. 자폐성장애의 감각 특성

① 자폐성장애 학생의 비전형적인 감각처리과정은 감각자극에 대한 민감반응, 둔감반응 또는 자극추구 행동 등으로 나타난다. ❶ 24유아B5, ❷ 20초등B6, ❸ 18유아A6, ❹ 15유아B2, ❺ 12유아22

② 감각 반응은 학생 개인 간, 개인 내에서 다양하게 나타난다. 즉, 학생들 간에 하나의 감각자극에 대한 반응이 다양하게 나타나며, 개인 내에서도 감각자극에 대해 과민반응과 둔감반응이 함께 나타나기도 한다.

감각체계	과민반응	둔감반응
시각 체계	• 밝은 빛을 불편해하거나 피함 • 눈맞춤을 피함 • 실내의 구석, 탁자, 어두운 곳 등에 있는 것을 좋아함	• 밝은 빛을 추구함 • 사물이나 그림의 세부적인 색, 모양, 크기 등을 주목하여 보지 못함 • 다른 사람이 들어오는 것을 알아차리지 못함
청각 체계	• 갑작스런 소음에 울거나 몸을 웅크림 • 소음으로 인해 수업활동에 집중하지 못함	• 큰 소리를 감지하지 못함 • 다른 사람의 말을 무시하는 것처럼 보임 • 이상한 소음을 즐기고 소음 만드는 것을 좋아함
후각 체계	• 자극적인 냄새를 찾아내고 피함 • 특정 냄새를 적극적으로 피함	• 냄새를 맡으면서 냄새로 환경을 탐색함 • 자극적인 냄새를 추구함
미각 체계	• 항상 같은 음식을 먹고 새로운 음식을 거부함 • 특정 식감, 온도, 맛 등의 음식만을 먹으려 함	• 강한 맛을 찾음 • 음식 맛의 차이를 알아차리지 못함 • 먹어서는 안 되는 것을 입에 넣음
촉각 체계	• 신체 접촉을 싫어함 • 특정 질감의 옷만 입으려 함	• 끊임없이 만지고 접촉함 • 통증, 온도 등에 둔감함
고유수용감각	• 연필을 너무 약하게 또는 힘없이 쥐고 글씨를 씀 • 뛰어내리는 것, 높은 곳 등을 두려워함 • 책상에 경직된 자세로 앉음	• 연필을 강하게 잡고 압력을 가해 글씨를 진하게 씀 • 놀이를 하는 동안 자신의 안전을 위협하는 위험한 동작이나 기어오르는 활동을 함
전정감각	• 빙글 도는 활동 중에 쉽게 어지러워 함 • 머리를 거꾸로 하는 활동을 싫어함	• 빙글빙글 도는 활동을 좋아함 • 가만히 앉아 있지 못함 • 교실에 있는 사물, 책걸상에 쉽게 부딪힘

기출 POINT 13

❶ 24유아B5

㉠의 혜진이가 보이는 감각체계 특성을 쓰시오.

> 요즘 바다반 친구들이 물감놀이를 즐기고 있습니다. 평소에 ㉠ 끈적이고 미끌거리는 액체를 만지는 것에 대해 강한 거부감을 보이던 혜진이는 물감놀이에 참여하는 것을 어려워했습니다.

❷ 20초등B6

㉣로 인해 나타날 수 있는 반응 특성을 1가지 쓰시오.

■ 자폐성장애 학생들의 특성 및 지도상의 유의점

> 가. 정민이의 경우 ㉣ 촉각자극에 대한 역치가 매우 낮고 감각 등록이 높으므로 물체를 탐색하는 과정에서 이를 고려함

❸ 18유아A6

밑줄 친 ㉢에서 준혁이가 보이는 감각체계 특성을 쓰시오.

> 준혁이가 색칠하기에 집중하고 있을 때 지섭이가 소방차 사이렌 소리를 요란하게 내면서 교사와 준혁이 옆을 지나간다. ㉢ 준혁이는 갑자기 몸을 웅크리며 두 귀를 양손으로 막는다. 준혁이는 활동 중에 큰 소리가 나거나 여러 유아들이 함께 큰 소리를 내면 귀를 막으며 소리를 지르는 행동을 보인다.

❹ 15유아B2

행동지원팀이 경수를 위한 포괄적인 행동지원 계획을 수립할 때 고려해야 할 경수의 공통된 행동 특성 1가지를 학생의 행동 특성에서 찾아 쓰시오.

■ 장면 2

> 찰흙놀이 시간에 평소 물컹거리는 물건을 싫어하는 경수가 찰흙을 만지지 않으려 하자, 김 교사는 경수에게 찰흙 한 덩어리를 손에 쥐어 주고, 찰흙놀이를 하도록 하였다. 그러자 경수는 찰흙을 친구에게 던지고 소리를 질렀다.

■ 장면 3

> 이야기 나누기 시간에 경수는 부드러운 천으로 만들어진 자신의 옷만 계속 만지고 있었다.

2. Dunn의 감각처리 모델

① Dunn의 감각처리 모델(Dunn, 2014)에서는 자폐성장애 학생의 감각처리 과정을 신경학적 역치와 자기조절 전략에 따라 4가지 유형으로 분류하였다.

② 자극이 반응을 일으키는 정도를 신경학적 역치라고 하는데, 역치가 높다는 것은 반응을 일으키기 위해서 많은 자극이 필요하다는 의미이며, 역치가 낮다는 것은 적은 자극에도 쉽게 반응을 한다는 의미이다.

㉠ 감각자극에 대해 낮은 역치를 보이는 사람은 최적의 각성상태를 유지하기 위해 매우 적은 자극을 필요로 한다. 만약 필요 이상의 자극이 있으면 유입된 자극의 양을 줄이기 위해 노력할 것이다.

예 소리에 민감한 사람이 아주 소음이 심한 환경에 있다면 그곳을 벗어나려 하거나 귀를 막거나, 상대방에게 조용히 해달라고 부탁할 것이다.

㉡ 감각자극에 대해 높은 역치를 보이는 사람은 최적의 각성 수준에 도달하기 위해 보다 많은 자극의 유입이 필요하다. 이들은 감각자극에 대해 둔감한 반응을 보이고, 중추신경계에 영향을 미치는 감각자극을 증가시키기 위해 자극 유발(sensory generating) 행동을 한다.

예 후각자극에 둔감한 사람은 감각자극이 지각 역치에 도달할 수 있는 매우 강한 냄새 자극을 찾을 것이다.

③ 자기조절 전략은 자극을 찾는 과정에서 수동적인가, 적극적인가를 나타내는 개념이다.

㉠ 수동적인 자기조절 전략을 사용하는 학생은 자신의 주변에서 일이 일어난 후에 반응한다.

예 소음 때문에 불편함을 느끼면서도 수동적인 자기조절 전략을 사용하는 학생은 시끄러운 놀이공간에 남아 있다.

㉡ 적극적인 자기조절 전략을 사용하는 학생은 자신이 이용할 수 있는 자극의 양과 유형을 조절하기 위한 행동을 한다. 즉, 투입되는 감각자극의 양을 조절할 수 있도록 자신의 자세 및 위치를 수정하는 것이다.

예 소음 때문에 불편함을 느낄 경우 조용한 장소로 이동하거나 귀를 막는다.

④ 감각처리 패턴에 따른 학습 지원 전략의 초점

낮은 등록	낮은 등록 패턴 학생을 위한 학습 지원 전략의 초점은 감각자극의 강도를 높여 제공하는 것임
감각 추구	감각 추구 패턴 학생을 위한 학습 지원 전략의 초점은 활동 내에서 감각추구를 할 수 있는 많은 기회를 포함시켜 제공하는 것임 ❶ 24초등B6
감각 민감	감각 민감 패턴의 학생을 위한 학습 지원 전략의 초점은 보다 구조화된 자극을 제공하는 것임
감각 회피	감각 회피 패턴의 학생을 위한 학습 지원 전략의 초점은 자극을 최소화하여 제공하는 것임

❺ 12유아22

다음은 진우의 음식 섭취 특성과 그에 따른 박 교사의 지도 방법을 제시한 것이다. 진우의 장애 유형을 쓰시오.

■ 음식 섭취 특성

- 비전형적인 촉각, 미각, 후각을 갖기 때문에 음식물의 색, 생김새, 맛, 냄새 등에 따라 특정 음식에 대해 극단적인 반응을 보일 수 있음
- 특정 음식의 질감에 대한 구강 과민성을 가짐

■ 박 교사의 지도 방법

유치원과 가정이 협력하여 유아가 좋아하는 음식만을 먹는 일이 없게 함

PART 03

기출 POINT 14

❶ 24초등B6

던(W. Dunn)의 감각 처리 모델에 근거하여 [A]에 대해 ① 감각 처리 패턴의 특성을 신경학적 역치 측면에서 1가지를 쓰고, ② 감각 처리 패턴의 지도 전략과 관련하여 ㉠의 목적 1가지를 쓰시오.

■ 자폐성장애 학생 희주의 특성

- 촉감을 느끼기 위해서 책상 모서리를 계속 문지름
- 장난감 자동차 바퀴의 회전하는 모습을 보려고 바퀴를 지속적으로 돌림
- 끈적임을 느끼기 위해 풀의 표면을 손으로 계속 문지름

[A]

■ 수업 방향

㉠ 미술 수업 시간에 물감을 감각적으로 탐색하는 다양한 미술 활동을 지도하고자 함

더 알아보기

수동적 ← 자기조절 전략 → 적극적

역치	수동적	적극적
높음	낮은 등록	감각 추구
낮음	감각 민감	감각 회피

감각처리 과정의 유형

반응 패턴	특성	지원 전략의 예시
낮은 등록	• 행동 반응을 위해 강력한 감각자극을 필요로 함 • 높은 신경학적 역치를 가지고 있고 수동적인 자기조절 전략을 사용함 • 높은 역치에 감각자극이 도달할 수 있도록 적극적으로 자극을 추구하는 행동을 하지 않음 • 적절한 방법으로 자극에 반응하는 데 오랜 시간이 걸리고 둔감함 • 환경에 관심이 없고 자신에게만 몰두하거나 따분해하거나 무감각해 보임	• 환경 내 감각 단서에 주목하여 반응하도록 지도함 • 감각 경험의 강도, 빈도, 지속시간 등을 높이는 활동을 제공함 • 강력하고 충분한 자극(강한 자극 추가 또는 대비 증가)을 제공함 – 색이 대비되는 자료 제시하기 – 색이 있고 향이 나는 학습지와 밝은색 펜 제공하기 – 거친 질감과 향이 나는 펜 제공하기 • 감각자극의 강도를 높여서 제공함 – 등교 시 교사와 하이파이브 등의 신체 접촉을 추가하여 인사하게 하기 – 무게감 있는 조끼 입히기 – 다양한 질감, 온도, 향의 음식을 색이 대비되는 그릇에 담아 제공하기 • 움직임을 경험할 수 있는 활동을 추가함 – 하나의 과제를 수행할 때 필요한 자료들을 여러 곳에 배치하여 움직임을 통한 충분한 자극을 획득할 수 있게 하기 – 시각적 일과표를 학생의 자리에서 떨어진 곳에 배치하여 움직임을 통한 충분한 자극을 획득할 수 있게 하기
감각 추구	• 행동 반응을 위해 강력한 감각자극을 필요로 함 • 높은 신경학적 역치를 가지고 있고 적극적인 자기조절 전략을 사용함 • 높은 역치 충족을 위해 지속적으로 감각자극을 찾고자 일상에서 다양한 감각자극을 추구함 • 상동행동, 반복행동, 자해행동 등의 다양한 자극추구 행동을 보임 • 자극추구 과정에서 과다행동을 보이거나 충동행동을 보임	• 활동 내에서 감각 추구를 할 수 있는 기회를 포함시켜 제공함 • 전정감각 추구 행동에 대한 활동의 예 – 학생들의 학습 자료를 여러 차례 나누어 주는 활동 – 또래들이 완성한 과제를 걷는 활동 – 책상과 의자를 정리하는 활동 • 촉각과 고유수용감각 추구 행동에 대한 활동의 예 – 쓰기 활동을 하는 동안에 글씨 쓰기를 하지 않는 손(예 왼손)에 만지작거릴 수 있는 사물을 주어 강한 촉각자극 제공하기 – 몸에 꼭 끼는 옷 입게 하기 – 무게감 있는 조끼 입게 하기

감각 민감	• 낮은 신경학적 역치를 가지고 있고 수동적인 자기조절 전략을 사용함
	• 적은 자극에도 민감하여 계속해서 새로운 자극에 주의를 기울여 과잉 행동 또는 산만한 반응을 보임
	• 환경의 변화에 대해 매우 불안해함
		• 자극의 구조화를 통해 예측 가능성을 증진시킴(물리적 환경을 예측 가능하도록 구조화하여 제공)
		• 예기치 않은 자극의 유입을 최대한 차단함
		• 과제 또는 일과 내의 예측 가능한 감각 경험의 패턴을 제공함
		  – 교실에서 맨 앞줄 또는 맨 뒷줄 자리에 배치하기
		  – 이동 시 맨 앞 또는 뒤에 서도록 배치하기
		  – 출입문에서 떨어진 곳에 배치하기
		• 외부 자극의 등록을 차단할 수 있도록 몸에 달라붙어 피부 압력을 주는 옷을 입게 함

감각 회피	• 낮은 신경학적 역치를 가지고 있고 적극적인 자기조절 전략을 사용함 • 과도한 감각자극의 유입을 제한하기 위해 적극적인 회피 전략을 사용함 • 유입되는 자극의 감소를 위해 활동 참여를 강하게 거부하는 경향을 보임 • 적극적인 자기조절 전략으로 판에 박힌 일이나 의식을 만들어 이에 집착함	• 자극을 최소화하여 제공함 – 학생의 낮은 신경학적 역치 수준(편안함을 의식하는 수준)에서 아주 작은 변화(학생이 변화에 주목은 하지만 과도하게 불안해하지 않는 정도의 변화)를 제공하여 활동에 참여할 수 있도록 지원 • 새로운 과제 제공 시 예측 가능한 구조화된 자극 또는 친숙한 자극을 제공함 • 학생의 의식적 행동에 새로운 자극을 점진적으로 병합하여 제공함 • 활동을 여러 단계로 나누어 제시함(한 번에 한 단계씩 수행하도록 한 후에 다음 단계로 진행)

자폐범주성장애 아동 교육

자폐범주성장애 학생들을 위한 중재접근에는 인지주의적 접근, 기술 중심 접근 그리고 생리학 중심 접근의 3가지 범주로 나누어져 있다.

- **인지주의적 접근**: 타인과 사회적 상황의 이해를 통해 자폐장애 학생의 독립성과 지역사회 통합을 목표로 하는 접근법이다.
- **기술 중심 접근**: 자폐장애 학생은 관계를 형성하기 이전에 명시적인 수업을 통해 상호작용, 의사소통, 참여를 위해 필요한 기술을 획득해야 한다고 본다. 따라서 응용행동분석의 원리에 근거하여 기술을 숙달시키기 위해 기술결함을 사정하고, 체계적으로 기술을 가르치고, 자료수집을 강조한다.
- **생리학 중심 접근**: 행동과 사회적 관계성의 증진을 위해 감각과 신경학적 기능의 교정을 촉진시킨다.

자폐범주성장애 아동 교육의 중재 유형

사회적 상호작용 중재	의사소통 중재	문제행동 중재	교육적 중재	인지행동 중재
• 사회적 이야기 • 연재만화대화 • 사회적 도해 • 파워카드	• FCT • DTT • PRT • PECS • FC • AAC • JARs • EMT	• ABA	• TEACCH • 학업적 기술	• 자기교수 • 자기점검 • 자기강화

자폐범주성장애 아동 교육 (사회적 상호작용 중재)

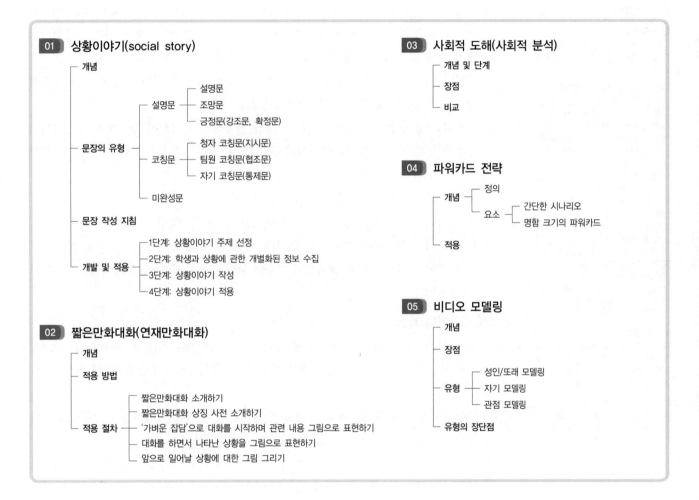

01 상황이야기(social story)

- 개념
- 문장의 유형
  - 설명문
    - 설명문
    - 조망문
    - 긍정문(강조문, 확정문)
  - 코칭문
    - 청자 코칭문(지시문)
    - 팀원 코칭문(협조문)
    - 자기 코칭문(통제문)
  - 미완성문
- 문장 작성 지침
- 개발 및 적용
  - 1단계: 상황이야기 주제 선정
  - 2단계: 학생과 상황에 관한 개별화된 정보 수집
  - 3단계: 상황이야기 작성
  - 4단계: 상황이야기 적용

02 짧은만화대화(연재만화대화)

- 개념
- 적용 방법
- 적용 절차
  - 짧은만화대화 소개하기
  - 짧은만화대화 상징 사전 소개하기
  - '가벼운 잡담'으로 대화를 시작하며 관련 내용 그림으로 표현하기
  - 대화를 하면서 나타난 상황을 그림으로 표현하기
  - 앞으로 일어날 상황에 대한 그림 그리기

03 사회적 도해(사회적 분석)

- 개념 및 단계
- 장점
- 비교

04 파워카드 전략

- 개념
  - 정의
  - 요소
    - 간단한 시나리오
    - 명함 크기의 파워카드
- 적용

05 비디오 모델링

- 개념
- 장점
- 유형
  - 성인/또래 모델링
  - 자기 모델링
  - 관점 모델링
- 유형의 장단점

01 상황이야기(social story)

1. 상황이야기의 개념

(1) 상황이야기의 정의 및 효과 ❶ 13유아A7, ❷ 09중등21

① 상황이야기는 자폐성장애 학생의 특성을 고려하여 이들이 매일 접하게 되는 비구어적인 사회적 정보를 구체적이고 명시적인 정보로 설명하여 사회적 상황을 예측하게 하고 기대되는 사회적 행동을 할 수 있도록 돕는 것을 목적으로 한다.

② 상황이야기는 아동이 따라야 할 행동을 목록화한 것이 아니라 그들이 처한 사회적 상황과 상대방의 입장에 대한 이해에 중점을 둔다.

③ 사회적 상황이야기는 사회적 상황에 대한 설명에서 시작하여 상호작용 대상자들의 입장과 생각을 명시적으로 안내하고 그러한 상황에서 기대되는 사회적 행동은 무엇인지를 구체적으로 설명한다.

④ 사회적 상황이야기의 효과는 다음과 같다.

㉠ 일과의 변화나 일상생활에 적응하는 것을 도울 수 있다.

㉡ 사회적 상호작용과 의사소통 능력을 촉진할 수 있다.

㉢ 적절한 사회적 행동을 습득하지 못하여 나타나는 문제행동을 예방하는 데도 효과적이다.

(2) 상황이야기의 특성

① 상황이야기는 글자와 그림을 기반으로 하는 시각적인 자료이다. 상황이야기는 자폐성장애 학생들의 강점인 시각적 능력을 활용할 수 있다는 점에서 긍정적이며 반복적으로 사용할 수 있다.

② 학생과 상황에 관한 개별화된 정보를 수집하고 그에 따른 이야기를 구성하므로 개별 학생에게 적합한 내용과 문장으로 구성할 수 있다.

③ 학생을 잘 아는 부모와 교사의 직접 관찰에 근거하여 부모와 교사가 직접 작성하므로 매우 실제적이고 개별 학생에게 적합한 내용을 구성하여 즉각적으로 적용할 수 있다.

④ 이야기의 주제는 일상생활 중 개별 학생이 어려움을 겪는 사회적 상황에 관련한 것이므로 사회적 상황에 대한 이해 능력이 향상되고 다른 사람과 적절한 의사소통 방법을 습득하게 된다.

⑤ 상황이야기는 다른 사람 및 자신의 생각과 감정을 명시적으로 설명하므로 자폐성장애 학생들이 이해하기 어려운 자신과 다른 사람의 감정을 이해하는 데 도움을 받을 수 있다.

⑥ 상황이야기는 학생이 수행해야 하는 적절한 행동을 구체적이고 간략하게 제시하므로 바람직한 사회적 행동을 수행하는 데 도움을 줄 수 있다.

기출 POINT 1

❶ 13유아A7

㉠에 들어갈 말과 ㉠을 적용했을 때 기대할 수 있는 수호의 변화를 2가지 쓰시오.

> 수호와 영미는 자유놀이 시간에 블록 쌓기를 하는 중이다. 영미는 다양한 색의 블록을 사용하여 집을 만들려고 하였다. 반면에 수호는 빨강색을 너무 좋아해서 빨강색 블록만을 사용하여 집을 만들려고 하였다. 영미가 다른 색의 블록으로 쌓으려 하면 수호는 옆에서 블록을 쌓지 못하게 방해하였다. 결국 블록 집은 수호가 좋아하는 빨강색 블록만으로 만들어졌다. 이에 기분이 상한 영미는 수호에게 "이제 너랑 안 놀아!"라고 하며, 다른 친구들에게로 갔다.
> 이에 옆에서 지켜보던 김 교사는 수호를 위해 그레이(C. Gray)의 이론을 근거로 아래와 같은 (㉠)을/를 제작하여 자유놀이 시간이 되기 전에 여러 번 함께 읽었다.

❷ 09중등21

다음은 자폐성장애 학생에게 '병원에서 적절한 행동하기'를 가르치기 위해 개발된 '사회적 이야기'의 예이다. 옳은 것을 〈보기〉에서 고르시오.

〈보기〉

③ 개별화된 인지적 중재방법이다.
④ 학생들이 해야 할 행동을 기술하기 위하여 쓴 글이다.
⑤ 학생들이 사회적 상황과 상대방의 입장을 이해할 수 있도록 돕는다.

2. 상황이야기 문장의 유형

(1) 설명문

설명문은 사실을 그대로 설명하는 설명문과 다른 사람의 관점을 설명하는 조망문, 설명한 내용을 강조하는 긍정문으로 구분된다.

유형	내용	예시
설명문 ❷ 23초등B4	이 문장은 관찰 가능한 상황적 사실을 설명하는 문장과 사실에 관련한 사회적인 가치나 통념에 관한 내용을 제시한다.	• 사실 설명: 용돈은 나에게 필요한 것을 살 수 있도록 부모님께서 주시는 돈입니다. • 사회적 가치 및 통념: 용돈을 아끼기 위해 필요한 물건만 구입하는 것은 매우 현명한 일입니다.
조망문 ❶ 25중등B8, 23유아A4, 21초등A4, ❸ 20유아A1, ❹ 15유아A1	이 문장은 다른 사람의 마음 상태나 생각, 느낌, 믿음, 의견, 동기, 건강 및 다른 사람이 알고 있는 것에 대한 정보 등에 관련한 정보를 제시한다.	• 다른 사람이 알고 있는 것에 대한 정보: 내 친구는 나에게 무엇이 필요한지 알고 있습니다. • 느낌과 생각: 우리 부모님은 내가 맛있는 음식을 골고루 먹을 때 매우 기뻐하십니다.
긍정문 (강조문, 확정문) 22중등B7	이 문장은 일반적인 사실이나 사회적 규범이나 규칙 등과 관련한 내용을 강조하기 위한 문장으로 '확정문' 또는 '강조문' 등으로 불리기도 한다.	• 도서관에서 친구에게 꼭 해야 할 말이 있을 때는 아주 작은 목소리로 말할 것입니다. 그것은 매우 중요합니다. • 친구의 물건을 사용하고 싶을 때는 친구의 허락을 받은 후 사용할 것입니다. 이것은 매우 중요합니다.

기출 POINT 2

❹ 15유아A1

상황이야기 작성 방법에 근거하여 ⓒ에 해당하는 문장 유형을 쓰시오.

〈다른 친구와 장난감 놀이를 해요〉

나는 친구들과 장난감 놀이를 해요.
나와 친구들은 장난감을 아주 좋아해요.
어떤 때는 내 친구가 먼저 장난감을 가지고 놀아요.
그럴 때는 친구에게 "이 장난감 같이 가지고 놀아도 돼?"라고 물어보아요.
친구가 "그래"라고 말하면 그때 같이 가지고 놀 수 있어요.
ⓒ 그래야 내 친구도 기분이 좋아요.

나는 친구에게 "친구야, 이 장난감 같이 가지고 놀아도 돼?"라고 물어볼 수 있어요.

기출 POINT 2

❶ 25중등B8

밑줄 친 ㉠에 사용된 상황 이야기의 문장 유형을 쓰시오.

"이 선물, 마음에 들지 않아."라고 말하면, ㉠ 친구가 슬퍼하거나 화를 낼 수도 있어요.

❷ 23초등B4

ⓛ에 들어갈 사회상황 이야기 문장 유형을 쓰시오.

■ 반려견 돌보기 사회상황 이야기 스크립트 초안 일부

우리 집에는 강아지가 살고 있다. 학교에서 돌아오면 강아지가 반갑다고 꼬리 치며 자꾸 나에게 다가온다.

	강아지가 내 앞에 앉아 있고, 나는 강아지를 쓰다듬고 있다.	(ⓛ)
	내가 강아지를 쓰다듬으면 강아지의 기분이 좋아진다.	조망문

❸ 20유아A1

[A]는 5세반 담임교사가 진우의 마음 이해능력을 촉진하기 위한 전략에 활용한 것이다. ① 이 전략을 무엇이라고 하는지 쓰고, ② [A]에서 친구들의 마음을 잘 읽을 수 있는 문장 중 1가지를 찾아 쓰시오.

우리 반 진우는 생일잔치에 참여하는 데 어려움이 있다. 그래서 다음과 같은 문장을 활용하여 지도하였다.

[A]
오늘은 ○○ 생일이에요.
교실에서 생일잔치를 해요.
케이크와 과자가 있어요.
나는 기분이 참 좋아요.
친구들도 즐겁게 웃고 있어요.
모두 신났어요.
나는 박수를 쳐요.
선생님도 기뻐해요.
앞으로 나는 친구들과 생일잔치에서 즐겁게 놀 거예요.

기출 POINT 3

❶ 25중등B8
자기 코칭문과 밑줄 친 ⓒ에 사용된 상황 이야기의 문장 유형이 다른 점을 1가지 서술하시오.

실망스러운 선물을 받았을 때 ⓒ 친구의 마음을 생각하여 "고마워."라고 말하도록 노력해요.

❷ 23유아A4
상황이야기에서 ① ⓒ을 지수가 친구의 마음을 이해하는 내용이 되도록 쓰고, ② ⓔ의 문장 유형이 무엇인지 쓰시오.

〈친구도 공룡을 가지고 놀고 싶어요〉
놀이 시간에는 교실에 있는 놀잇감을 가지고 놀아요.
나는 공룡을 가지고 노는 걸 좋아해요.
나처럼 공룡을 가지고 놀고 싶어 하는 친구들도 있어요.
나만 공룡을 가지고 놀면, 친구들은 (ⓒ).
ⓔ 나는 공룡을 바구니에 두어 친구들도 가지고 놀 수 있게 할 거예요.
이것은 친구와 사이좋게 노는 방법이에요.

❸ 18중등B2
다음은 학생 D를 위해 그레이(C. Gray)의 이론에 근거하여 만든 중재방법이다. ⓒ에 들어갈 중재 방법의 명칭을 쓰고, ⓒ의 문장 유형 명칭과 그 기능을 1가지 쓰시오.

1. (ⓒ)을/를 사용하여 지도함
• 학생 D가 통합학급 수업에 참여하기 전 다음의 글을 소리 내어 읽음

〈수업시간에 친구와 함께 공부하기〉
나는 교실에서 친구들과 함께 공부를 한다.
친구들과 함께 공부하는 것은 즐거운 일이다.
우리는 수업시간에 바른 자세로 선생님 말씀을 듣는다.
나는 때때로 가만히 앉아 있는 것이 힘들다.
내가 갑자기 일어서면 친구들에게 방해가 될 수도 있다.
ⓒ 나는 도움이 필요할 때 "선생님, 도와주세요."라고 말할 것이다.
선생님이 나에게 와서 도와줄 것이다.
교실에서 친구와 함께 수업하는 것은 즐거운 일이다.

(2) 코칭문

코칭문은 행동을 부드럽게 안내하는 문장으로, 청자 코칭문, 팀원 코칭문, 자기 코칭문으로 구분된다. 기출 POINT 3

유형	내용	예시
청자 코칭문 (지시문)	이 문장은 이야기를 듣는 학생이 할 수 있는 행동이나 반응을 제안한다. ❸ 18중등B2, ❹ 13유아A7, ❺ 09중등21	쉬는 시간에 나는 그림을 그리거나 책을 읽거나 다른 조용한 활동을 할 수 있습니다.
팀원 코칭문 (협조문)	이 문장은 양육자나 교사와 같은 팀 구성원이 학생을 위해 할 수 있는 행동을 제안하거나 떠올리도록 한다. ❷ 23중등A4	우리 엄마는 나에게 수건 접는 방법을 알려주실 것입니다.
자기 코칭문 (통제문)	이 문장은 학생이 부모나 교사와 함께 이야기를 검토하면서 학생이 이야기 구성에 참여하는 것이다. 자기 코칭문은 학생의 주도권을 인정하고 스스로 이야기를 회상하며 다양한 시간과 장소에서 이야기의 내용을 일반화시킬 수 있도록 돕는다. ❶ 25중등B8	선생님이 "눈과 귀를 교실 앞에 두어라."라고 하시면 나는 선생님이 하시는 말씀을 잘 듣고 선생님의 행동을 잘 보라는 것을 뜻하는 것으로 이해하고 그것을 지키려고 노력하겠습니다.

더 알아보기 코칭문

코칭문은 효과적인 팀 반응이나 청자 반응, 혹은 구조화된 자기코칭에 대한 묘사를 통해 행동을 안내하는 문장이다.

1. 팀 반응은 부모나 교사 또는 전문가와 같이 대상 아동을 지지하는 사람들과 아동의 주변에 있는 다른 사람들이 상황이나 행동에 따라 일관되게 보이는 반응을 말한다.
2. 청자 반응은 "나는 ~ 노력할 수 있다.", "나는 ~ 할 것이다."와 같이 스스로의 노력을 강조하는 문장이다. 청자 반응을 활용할 때 주의할 것은 청자가 자기효능감을 유지하고 안전성을 보장할 수 있도록 이 문장을 과하게 쓰지 않아야 한다는 것이다. ❶ 25중등B8
3. 자기코칭은 독자 스스로 정보를 회상하고 적용하기 위해 사용되는 개인적인 전략이다. 이 문장은 독자가 사회적 상황에서 적절하게 감정을 조절하고, 정보를 기억하게 하는 데 유용하다. ❶ 25중등B8

(3) 미완성문

미완성문은 이야기 중에 빈칸을 남겨 두어 청자(대상 학생)가 이야기의 내용을 잘 이해했는지 확인하거나 다음 단계에 어떤 일이 일어날지를 추측하기 위해 사용한다. 22중등B7

유형	내용	예시
미완성문	다음 단계에 어떤 일이 일어날 것인지를 추측하도록 하는 문장으로, 다른 사람들의 반응이나 그러한 반응에 대한 자신의 느낌이나 반응에 대한 추측이 포함된다.	• 오늘 우리 선생님이 학교에 나오지 못하셨습니다. 왜냐하면 ______________. • 내가 아파서 보건실에 가야 한다면 먼저 선생님께 말씀드리고 선생님의 허락을 받겠습니다. 만일 허락 없이 보건실로 간다면, 선생님께서는 ______________.

더알아보기 상황이야기 문장 유형(이승희, 2024)

문장 유형	내용	구분	비고
설명문	객관적인 사실을 설명한다.	서술문	서술문의 개수가 코칭문 개수의 2배 이상이 되어야 한다.
조망문	다른 사람의 내적인 면(생각, 감정, 믿음, 의견 등)에 대한 정보를 제시한다.		
긍정문	이야기의 내용을 강조한다.		
청자코칭문	청자에게 행동이나 반응을 제안한다.	코칭문	
팀원코칭문	청자와 관련된 팀원의 반응을 제안한다.		
자기코칭문	청자가 스스로 할 수 있는 개인 전략을 제안한다.		
미완성문	청자의 내용 이해를 점검하고 격려한다.	–	

기출 POINT 3

❹ 13유아A7

㉡과 같은 문장의 기능을 쓰시오.

〈친구와 블록 쌓기 놀이를 해요〉

나는 친구들과 블록 쌓기를 해요.
친구들은 블록 쌓기를 좋아하고, 나도 블록 쌓기를 좋아해요.
나와 영미는 블록으로 집을 만들어요.

나는 빨강색을 좋아하지만, 영미는 여러 색을 좋아해요.
빨강 블록 집도 예쁘지만 다른 색으로 만들어도 멋있어요.
여러 색으로 집을 만들면 더 재밌어요.
그러면 영미도 좋아해요. 나도 좋아요.

㉡ <u>나는 친구들과 여러 색으로 블록 쌓기 놀이를 할 수 있어요.</u>

❺ 09중등21

다음은 자폐성장애 학생에게 '병원에서 적절한 행동하기'를 가르치기 위해 개발된 '사회적 이야기'의 예이다. 옳은 것을 〈보기〉에서 고르시오.

병원 대기실에는 의자가 있다. 아파서 병원에 온 사람들은 진찰을 받기 위해 의자에 앉아 있다.
㉠ <u>일반적으로 사람들은 아프기 때문에 의자에 앉아서 기다리고 싶어 한다.</u>
때때로 어린아이들은 대기실에서 뛰어다닌다. 어린아이들은 일반적으로 가만히 앉아 있기 힘들기 때문에 뛰어다닐 수 있다.
나는 중학생이기 때문에 가만히 앉아서 기다릴 수 있다.
아버지는 내가 가만히 앉아서 기다릴 수 있도록 나에게 퍼즐을 주시면서 "퍼즐을 맞춰라."라고 말씀하실 것이다.
㉡ <u>나는 가만히 앉아서 기다리기 위해 퍼즐을 맞춘 후 아버지에게 퍼즐을 다 하였다고 말할 것이다.</u>
아버지는 내가 가만히 앉아서 퍼즐을 하고 있다면 좋아하실 것이다.

〈보기〉

① ㉠은 지시문이다.
② ㉡은 통제문이다.

3. 상황이야기 문장 작성 지침 ❶ 22중등B7

① 상황이야기에서 묘사하는 사회적 상황과 사회적 단서와 반응은 가능한 한 긍정문으로 구성해야 한다.

② 상황이야기를 구성하는 문장 수준은 개별 학생의 전반적인 인지 능력이나 언어 이해 수준 등에 적합해야 한다. 또한 이미 작성된 이야기를 활용할 경우 아동의 수준에 적절하게 수정하여 사용해야 한다.

③ 상황이야기에서 제시하는 정보는 사회적 상황에서 어떤 일이 일어나고 있는지, 그럴 때 어떤 행동을 해야 하는지, 다른 사람들의 마음은 어떠한지, 그러므로 나는 어떤 행동을 해야 하는지 등과 같은 구체적이고 명시적인 사회적 정보와 학생이 해야 할 구체적인 사회적 행동이다.

④ 이야기의 내용은 학생이 매일 접하는 일상생활과 관련된 내용으로 구성한다.

⑤ 상황이야기는 기본적으로 글자라는 시각적 단서를 활용한다. 더불어 이러한 글로 된 이야기에 대한 이해를 도울 수 있도록 각 이야기에 그림이나 사진을 포함시킬 수 있다. 그림과 사진은 읽기 기술이 부족한 아동에게도 효과적으로 활용될 수 있다. 또한 읽기 능력이 전혀 없는 학생의 경우 그림 자료나 사진 자료만으로 이야기를 구성하여 지도할 수 있다. ❷ 21초등A4

⑥ 상황이야기를 구성하는 문장은 1인칭 또는 3인칭 형태로 서술한다.

⑦ 가능한 한 짧은 이야기로 구성하고 각 페이지에 지나치게 많은 정보가 포함되지 않도록 유념한다.

⑧ 학생의 선호도와 흥미가 이야기에 포함되도록 한다.

더 알아보기 사회적 상황이야기 작성 지침

1. 수집된 정보를 신중하게 고려함으로써 상황이야기를 작성하게 된다. 상황이야기는 개인의 관점을 반영하기 위해 일반적으로 1인칭으로 작성되지만 사회적 기사로 불리는 3인칭 이야기는 나이가 많거나 보다 상위 수준의 사용자에게 권장된다.
2. 상황이야기의 길이와 복잡함(글자체, 형식의 선택)은 나이, 구어 이해, 읽기 수준, 주의집중 시간과 같은 개별적인 요인에 따라 결정되어야 한다.
3. 긍정적인 행동 중재로서의 상황이야기의 내용은 긍정적인 용어로 서술되어야 한다. 따라서 "나는 침착해야 한다는 것을 기억하도록 노력할 것이다."와 같은 문장은 적절한 반면에 "나는 때리거나 소리 지르지 않을 것이다."와 같은 문장은 부적절하다. 상황이야기는 개인에게 의미 있는 어휘와 발달적으로 적절한 언어를 사용해서 작성되어야 한다. 게다가 융통성 있는 언어(예 때때로, 보통)가 문자 그대로 더 정확하기 때문에 융통성 없는 언어(예 항상, 결코)보다 더 선호된다.
4. Gray(2010)는 상황이야기의 문장은 반드시 설명문, 조망문, 긍정문, 미완성문의 총수를 사용자, 팀, 개인을 지도하는 문장의 총수로 나눈 값이 2 또는 그 이상이어야 한다는 지침을 따라야 한다고 주장하였다. 이 비율은 상황이야기가 "지시하기보다는 묘사해야 한다."는 개념으로부터 도출된 것이다.

기출 POINT 4

❶ 22중등B7

밑줄 친 ㉡의 문장 유형을 쓰고, [A]와 같은 문장 유형의 기능을 1가지 서술하고, '사회상황이야기' 초안에 나타난 오류 중에서 1가지를 찾아 그 이유를 서술하시오.

> 나는 점심시간에는 친구와 함께 식당에서 점심을 먹어요. 우리는 줄을 서서 기다리고, 줄을 서서 이동해야 해요. 줄 서서 이동할 때에는 줄에서 벗어나면 안 돼요. 선생님이 식당에 가기 전에 "여러분, 줄을 서세요."라고 말하면 나는 줄을 서려고 노력해야 해요.
> 내가 줄 서는 것을 어려워하면 선생님이 도와줄 수 있어요. 선생님의 도움이 필요할 때에는 "선생님, 도와주세요."라고 말해요.
> 점심시간에 줄 서서 이동할 때에는 나와 친구는 조금 거리를 두어야 해요. ㉡ 이것은 매우 중요한 일이에요. 조금 떨어져서 간격을 유지하는 것은 기분 좋은 일이에요. 내가 차례를 지키지 않으면 친구가 속상해할 수도 있어요. 나는 점심시간에 줄을 서서 차례를 지키려고 노력할 거예요.
> 점심시간에 줄을 서서 차례를 지키는 것은 ________일이에요. [A]

❷ 21초등A4

[A]와 [B]를 고려하여 '사회적 상황이야기'를 개발하려고 한다. ① 은수에게 사용할 수 있는 조망문의 예를 1가지 쓰고, ② '사회적 상황이야기' 카드 제작 시 제공할 수 있는 시각적 단서의 예를 1가지 쓰시오.

■ 은수의 특성

> • 3어절 수준의 말과 글을 이해함
> • 말이나 글보다는 그림이나 사진 자료의 이해도가 높음
> • 통학버스 승하차 시, 급식실, 화장실에서 차례를 지키지 않음 [A]

■ 교수・학습방법: 사회적 상황이야기

〈문제 상황〉

> 은수는 수업을 마치고 통학버스를 타러 달려간다. 학생들이 통학버스를 타려고 줄을 서서 기다리고 있을 때 맨 앞으로 끼어든다. [B]

4. 상황이야기의 개발 및 적용

(1) 1단계: 상황이야기 주제 선정

① 상황이야기는 어려움을 경험하는 사회적 상황이나 앞으로 일어날 일에 대해 예측 가능성을 높여 주기 위한 내용들로 구성된다. 따라서 학생에게 필요한 상황이야기의 주제를 선정하는 것이 우선적으로 필요하다.

② 상황이야기는 1인칭이나 3인칭으로 작성하고, 주제를 선정하고 이야기를 작성하며 적용하는 모든 과정은 개별화되어야 한다.

(2) 2단계: 학생과 상황에 관한 개별화된 정보 수집

① 상황이야기 작성에 앞서 다양한 정보를 수집해야 하는데, 정보를 수집하는 이유는 상황이야기에 필요한 주제를 설정하고 이야기 구성에 필요한 기본적인 정보를 파악하기 위한 것이다.

② 정보 수집 내용에는 학생이 겪는 어려움은 무엇인지, 어려움은 어느 정도인지, 어떤 상황에서 가장 많은 어려움이 있는지를 파악해야 한다.

③ 이야기 구성 내용과 작성 방법을 파악하기 위하여 아동의 언어 이해 능력은 어느 정도인지, 글을 읽을 수 있는 아동인지, 좋아하는 것은 무엇인지 등과 같은 아동의 특성과 발달에 대한 정보를 파악해야 한다.

④ 이와 관련된 정보는 교사나 부모와 같이 아동을 잘 아는 사람들과 면담을 하거나 아동을 직접 관찰하는 방법 등을 활용하여 수집할 수 있다.

(3) 3단계: 상황이야기 작성

상황이야기는 개별적으로 수집된 정보에 근거하여 작성해야 하며, 대상 학생의 관심을 이야기에 포함시키고, 이야기 작성 지침을 따르면서 작성하는 것이 바람직하다.

(4) 4단계: 상황이야기 적용

개발된 사회적 상황이야기를 대상 아동에게 적용하는 과정이다.

02 짧은만화대화(연재만화대화)

1. 짧은만화대화의 개념

① 짧은만화대화는 상황이야기와 같이 여러 다양한 사회적 상황에서 상호작용 대상자들과 교류하는 중에 발생하는 다양한 정보를 보다 용이하게 이해할 수 있도록 시각적으로 안내하는 사회적 담화 방법의 한 유형이다. ❷ 24유아B1

② 이 방법은 자폐성장애 학생들이 많은 어려움을 나타내는 사회적 상황에 대한 이해, 즉 다른 사람의 생각과 믿음, 동기와 같은 다른 사람의 마음이해를 지원하기 위해 자주 사용된다.

③ 짧은만화대화에서는 2명의 대화 상대자를 그림으로 표현하고 그림 속의 주인공들이 자신의 생각과 동기, 믿음 등을 명시적인 그림과 글로 표현하여 사회적 상호작용 능력과 적응 능력을 지원한다.

2. 짧은만화대화의 적용 방법 ❶ 25중등B8

짧은만화대화는 2명 이상의 사람들이 간단한 그림을 그리며 대화를 나누는 것을 기본으로 한다. 이때 사용되는 그림은 사회적 상황에서 겪는 어려움을 지원하기 위한 설명으로 사용될 수 있다. ❶ 18중등B2

① 짧은만화대화는 8컷 이하의 매우 짧은 만화 형식을 사용한다. 만화는 자폐성장애 학생의 강점 영역인 시각적 정보와 학생들이 좋아하는 만화 형식을 이용하여 학생들이 보다 적극적으로 참여할 수 있도록 한다. ❶ 18중등B2

② 학생과 의사소통 대상자가 서로 그림을 그리면서 대화 상황을 생각할 수 있도록 돕는다.

③ 짧은만화대화는 학생을 잘 알고 신뢰관계가 형성된 부모와 전문가들이 사용할 수 있다.

④ 칠판이나 종이 등과 같이 일상적으로 접하는 도구를 활용하여 그림을 그릴 수 있다.

⑤ 짧은만화대화를 하는 동안 정서를 표현하기 위해 색깔을 활용할 수 있다.

⑥ '대화 상징 사전'과 '사람 상징 사전' 같은 상징을 이용하여 그림을 그리고 이야기를 나눈다. 이러한 상징 사전은 개인의 필요에 따라 재구성하거나 새롭게 개발할 수 있다.

유형	내용
대화 상징 사전	기본적인 대화 개념인 '듣기, 방해하기, 조용한 말, 시끄러운 말, 말하기, 생각하기' 등으로 구성된 8개의 상징을 포함한다. 짧은만화대화를 시작하는 초기 단계에서는 하나 또는 두 개의 대화 상징 사전으로 시작하고 이 상징에 익숙해지면 점차 다른 상징을 추가한다.
사람 상징 사전	사람 상징은 학생들이 자주 사용하는 상징이다. 대화를 하는 과정에서 학생들의 사람 사전이 만들어질 수 있다. 이때 사용하는 사람 상징은 가능한 한 대화를 방해하지 않을 정도로 단순하고 빨리 그릴 수 있어야 한다.

기출 POINT 5

❶ 25중등B8

[B]에서 특수교사가 제안한 중재 기법의 명칭을 쓰시오.

> 특수 교사: 그럼 선생님이 학생 C와 그림을 그리면서 어제 일에 대해 이야기해 보실래요?
> 일반 교사: 그림을 그리면서 이야기를 나눌 수 있나요?
> 특수 교사: 네. 막대 사람, 말풍선, 생각 풍선 같은 간단한 상징을 사용하기 때문에 빠르게 그리면서 말을 주고받을 수 있어요. 교사와 학생이 생각이나 감정을 그림으로 그리고, 색으로 표현하면서 학생 C가 자신과 타인의 생각이나 기분에 대해 조금씩 파악할 수 있게 돼요. [B]

❷ 24유아B1

(나)와 (다)의 ⓒ이 무엇인지 쓰시오.

(나)

> 윤 교사: 선생님, 요즘 채은이가 친구 관계에서 어려움을 보이네요.
> 김 교사: 저도 채은이가 친구를 미는 행동이 걱정이 되었어요. 그래서 (ⓒ)을/를 활용해 보아야겠다고 생각했어요. 이 방법은 아이들이 좋아하는 형식의 시각적 지원을 통해 사회적 상황에서 겪는 어려움을 명시적으로 지원하는 것이에요.
> 윤 교사: 그렇군요. 채은이가 그림 그리기를 좋아하고, 그림으로 표현하는 능력이 뛰어난 편이니 이 방법이 적절하겠네요.

기출 POINT 6

❶ 18중등B2

다음은 학생 D를 위해 그레이(C. Gray)의 이론에 근거하여 만든 중재 방법이다. ⓔ에 들어갈 중재 방법의 명칭과 그 장점을 1가지 서술하시오.

> 2. (ⓔ)을/를 사용하여 지도함
> • 학생 D가 교사와 대화하면서 다음과 같은 그림을 그림

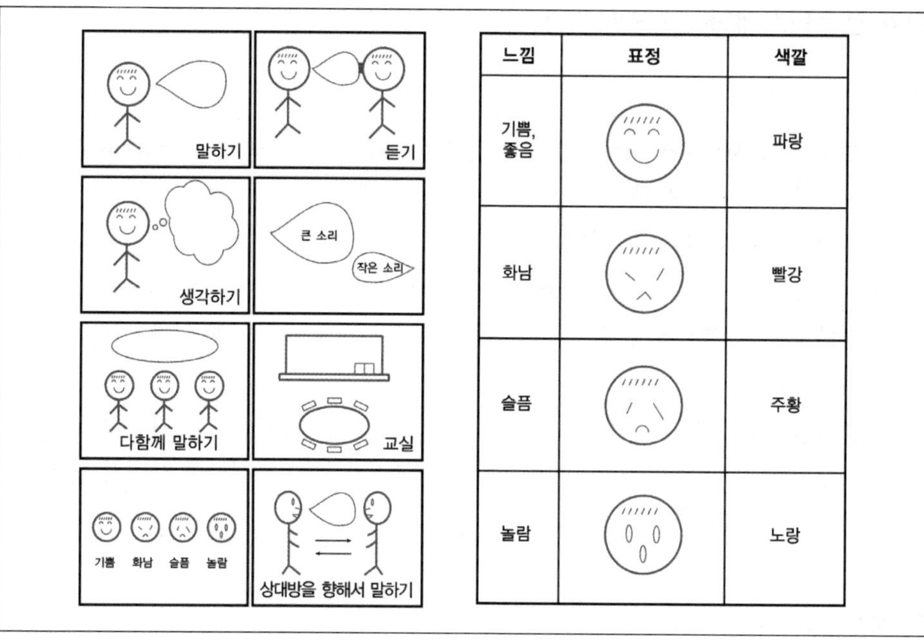

느낌	표정	색깔
기쁨, 좋음		파랑
화남		빨강
슬픔		주황
놀람		노랑

3. 짧은만화대화의 적용 절차

(1) 짧은만화대화 소개하기

① 짧은만화대화는 부모나 교사와 같이 아동을 잘 아는 사람이 소개하는 것이 바람직하다. 부모나 교사는 짧은만화대화를 소개할 때 수용적인 태도로 이야기를 시작해야 한다. 또한 학생이 대화를 이끌어 나가도록 대화를 이해하거나 생각을 표현할 때 도움을 줄 수 있다.

② 짧은만화대화를 하는 동안에는 학생이 주로 '쓰고/그리고/말하게' 한다.

③ '대화'를 처음 하는 과정에서 부모나 교사가 질문하고 학생은 그 질문에 대한 반응으로 '쓰고/그리고/말하는' 형태로 진행한다. 이 과정에서 아동은 '말하면서 그리는 것'에 익숙해지도록 한다.

(2) 짧은만화대화 상징 사전 소개하기

짧은만화대화에서는 '대화 상징 사전'과 '사람 상징 사전'이라는 두 가지 유형의 상징을 사용한다.

(3) '가벼운 잡담'으로 대화를 시작하며 관련 내용 그림으로 표현하기

① 짧은만화대화와 일반적인 대화의 차이는 그림을 그린다는 점이다. 일반적인 대화는 얼굴을 마주 보며 이야기하지만, 짧은만화대화는 옆에 앉아서 그림을 그리며 대화를 한다는 점에서 차이가 있는데, 이러한 자리 배치는 학생이 대화를 주도하는 것을 도울 수 있다.

② 짧은만화대화는 가벼운 잡담과 같이 모든 대화가 진행되는 장소에서 시작될 수 있다.

⑷ 대화를 하면서 나타난 상황을 그림으로 표현하기

① 정보 수집하기	부모/전문가가 학생에게 상황과 관련된 질문을 하여 '그림 완성하는 것'을 도울 수 있다.
② 부모나 전문가의 관점을 학생과 공유하기	학생이 새로운 생각을 받아들일 준비가 되었을 때 부모나 전문가의 관점을 공유하고, 이때 학생의 관점을 이해하는 것과 정확한 사회적 정보를 공유하는 것 사이의 균형을 유지하는 것이 중요하다.
③ 이야기 순서와 내용 구조화하기	대화를 유지하고 이해하기 쉽게 하려면, 학생이 순서 없이 여러 가지 사건에 관해 이야기하려 할 경우, 사건의 순서에 따라 이야기를 진행하게 한다.
④ 대화 요약하기	상황에 대한 새로운 해결 방안을 파악하기 전에 학생에게 먼저 대화를 요약해 보도록 하여 상황의 핵심을 검토하게 할 수 있다.
⑤ 해결 방안 모색하기	이야기 중에 나타난 여러 가지 어려운 상황에 대한 해결 방안을 모색해 본다. ❶ 24유아B1

⑸ 앞으로 일어날 상황에 대한 그림 그리기

① 짧은만화대화는 자폐아동에게 어떤 일이 일어날지, 언제 그 일이 시작되고 끝날지, 누가 관여하게 될지, 학생에게 어떤 점을 기대하는지 등과 같은 명확하고 정확한 정보를 제공하여 학생을 지원할 수 있다.

② 짧은만화대화를 활용하여 앞으로의 상황에 대해 이야기를 나누게 될 경우 몇 가지 주의할 사항은 다음과 같다.

㉠ 자폐성장애 학생은 정보를 글자 그대로 해석하고 행동은 짧은만화대화에서 제시한 것과 동일하게 하려는 경향이 있다. 그러므로 변화 가능한 일과를 대화 속에 포함시켜야 한다.

㉡ 앞으로 일어날 일에 대해 설명할 때에는 상황이 바뀔 수도 있다는 것을 같이 알려주어야 한다.

예 20일에 체육대회를 계획하고 있더라도 비가 온 경우에는 연기될 수도 있다는 것을 알려주어야 한다.

기출 POINT 7

❶ 24유아B1

㉣에 들어갈 채은이의 말을 쓰시오.

03 사회적 도해(사회적 분석)

1. 사회적 도해의 개념 및 단계

① 개념

㉠ 사회적 도해는 ASD 아동이 자신의 행동에 나타난 사회적 실수를 이해하도록 돕는 성인개입 전략 중의 하나이다.

㉡ 아동이 사회적 실수를 한 후 이를 분석하여 기록하는 것으로 실수하게 된 주변 환경에 대해 기술하고, 사회적 실수를 반복하지 않도록 함으로써 ASD 아동의 사회적 상호작용 능력을 향상시키기 위한 전략이다. ❷ 13유아A7

② 단계

실수를 하게 된 주변 환경에 대해 기술 → 사회적 실수가 무엇인지 판별 → 사회적 실수로 상처를 받았을 사람 찾기 → 문제해결책 고려 → 향후 이러한 사회적 실수를 하지 않기 위한 계획 세우기 ❶ 20초등B6

기출 POINT 8

❶ 20초등B6

㉤에 들어갈 내용을 쓰시오.

> 계속해서 문제가 발생할 경우 아래와 같이 사회적 도해(사회적 분석, social autopsies) 방법으로 자신의 실수를 이해하고 수정하도록 함
> • 수업 중 자신이 한 실수가 무엇인가? → 실수로 인해 상처를 받은 사람은 누구인가? → 문제해결책은 무엇인가? → (㉤)

❷ 13유아A7

㉢의 중재법이 무엇인지 쓰시오.

> 김 교사는 다양한 놀이 상황에서 수호가 실수를 한 후 자신의 잘못을 깨닫게 하는 중재법을 적용하였다. ㉢ 이 중재법은 수호가 잘못한 상황을 돌이켜 보도록 함으로써, 자신의 잘못으로 인해 다른 친구들이 마음의 상처를 받을 수 있다는 것을 이해하도록 도와주는 것이다.

2. 사회적 도해의 장점

① 사회적 행동과 그 행동 결과 사이의 관계를 통해 원인과 결과의 성립에 대한 도움을 줄 수 있다.

② 사회적 행동에 대한 즉각적인 피드백을 통하여 바람직한 행동을 강화시킬 수 있다.

3. 다른 중재전략과의 비교

① 앞으로 일어날 사회적 갈등을 줄이기 위해 사용되는 상황이야기와는 달리, 사회적 도해는 ASD 아동이 사회적 실수를 저지른 다음 실시하는 중재방법이다.

② 삶의 공간에서의 위기 중재(Life Space Crisis Intervention ; LSCI)와 유사하게 사회적 도해도 회고적인 형식을 취한다.

사회적 도해 연습장

무슨 일이 발생하였는가? ______________________

사회적 실수는 무엇인가? ______________ 사회적 실수로 인해 누가 상처를 받았는가? ______________

실수를 고치기 위해서는 반드시 무엇을 하여야만 하는가? ______________________

다음에는 무엇이 이루어져야 하는가? ______________________

[출처] 신현기 외, 자폐스펙트럼장애 학생 교육의 실제(2014)

04 파워카드 전략(power card strategy)

1. 파워카드 전략의 개념

(1) 파워카드 전략의 정의 ❷ 22초등A5, ❸ 15유아A1

① 파워카드 전략은 아동의 특별한 관심을 사회적 상호작용 교수에 포함시키는 시각적 지원 방법이다.

② 파워카드 전략은 ASD 아동의 특별한 관심 영역을 긍정적으로 활용한 대표적인 강점 중심의 중재 방법이자 사회적 담화(social narrative)의 한 유형이다.

③ ASD 아동이 일상생활에 부딪히는 상황을 이해하도록 학생의 독특한 관심사를 이용한다. 파워카드 전략에서 아동이 좋아하는 인물이나 관심사를 이용하는 이유는 다음과 같다.

㉠ **동기부여**: ASD 아동은 자신의 관심사에 대해 말할 때 동기가 높다. ❶ 23유아A6

㉡ **역할모델**: 파워카드 전략은 학생과 관심대상 간의 관계를 강조한다. 학생은 자신의 관심대상을 역할 모델로 삼고, 그처럼 되고 싶어 하기 때문에 역할 모델의 제안을 쉽게 따른다.

㉢ **비위협적인 방법**: 관심사를 이용하는 것은 학생에게 비위협적이다.

기출 POINT 9

❶ 23유아A6

(나)에서 홍 교사가 로봇 그림을 사용한 이유를 파워카드 전략에 근거하여 쓰시오.

(나)

로봇이 강당에 왔어요.
"여기는 강당이야"
"강당에 있자"

❷ 22초등A5

[A]에 근거하여 ㉡의 이유에 해당하는 자폐성장애의 일반적인 특성 2가지를 쓰시오.

㉡ 상황이야기 또는 좋아하는 캐릭터를 삽입한 파워카드 적용하기

- 지도 그리기에 관심이 없고 자신이 좋아하는 위치에만 스티커를 붙이려고 고집함
- 함께 사용하는 스티커를 친구가 가져가면 소리를 지름
- 친구들의 농담에 무표정하고 별다른 반응이 없음
- 활동 안내를 그림카드로 제시했을 때 활동의 참여도가 높아짐

[A]

기출 POINT 10

❶ 20중등A5

행동지원 계획안에서 괄호 안의 ㉠에 해당하는 내용을 쓰고, ㉡에 해당하는 내용을 밑줄 친 ⓑ의 목표행동을 고려하여 1가지 서술하시오.

〈지원 방법: 파워카드 전략〉

- 개념: 적절한 사회적 상호작용을 교수하기 위해 학생의 특별한 관심과 강점을 포함하는 시각적 지원 방법
- 목표행동: ⓑ 대화할 때 친구의 기분을 고려하여 말하기
- 구성요소
  1) 간략한 시나리오
     - 시나리오에 학생 D가 영웅시하는 가수 D의 사진을 포함함
     - 시나리오는 학생 D의 (㉠) 수준을 고려하여 작성함
     - 시나리오 구성
       - 첫 번째 문단: (㉡)
       - 두 번째 문단: 학생 D가 친구의 기분을 고려하여 말할 수 있도록 구체적인 행동을 3~5단계로 나누어 제시함
  2) 명함 크기의 파워카드
     - 학생 D의 주머니에 넣고 다니게 하고, 책상 위에도 붙여 두고 보도록 함

❷ 19초등B6

㉡, ㉢에 들어갈 말을 쓰시오.

예비 특수교사: 2교시에는 민우가 흥분이 되었는지 몸을 점점 심하게 흔드는 거예요. 그때 담임선생님께서 손짓과 함께 '민우야, 북극곰!' 하시니까, 갑자기 민우가 목에 걸고 있던 명찰 같은 것을 선생님께 보여 주면서 '민우 북극곰, 민우 북극곰' 그러더라고요. 목에 걸고 있던 거랑 똑같은 것이 민우 책상과 이글루 안쪽에도 붙어 있었어요.

지도교수: 그건 자폐성장애 학생에게 주로 사용하는 파워카드 전략입니다. 자폐성장애 학생의 (㉡)을/를 활용해 행동 변화의 동기를 제공하기 위한 시각적 지원 전략의 하나죠. 파워카드에는 그림과 (㉢)이/가 사용됩니다.

❸ 15유아A1

민수는 5세 고기능 자폐성장애 유아이다. 김 교사가 지원전략(파워카드 전략, 사회적 상호작용 전략)을 계획할 때 고려한 민수의 행동 특성 2가지를 찾아 쓰시오.

민수 어머니: 선생님, 요즘 민수가 유치원에서 잘 지내는지요?

김 교 사: 네, 많이 좋아지고 있어요. 그런데 민수가 친구들과 어울릴 때 어려움이 있어요.

민수 어머니: 친구들과 잘 지내는 것이 힘든 것 같아요. 그리고 약간 염려스러운 것은 민수가 글자와 공룡을 너무 좋아해요. 매일 티라노 공룡을 들고 다녀요. 다른 어머니들은 민수가 글자를 안다고 부러워하시는데 저는 잘 모르겠어요.

김 교 사: 네, 공룡을 좋아하지요. 민수는 글자를 좋아할 뿐 아니라 읽기도 잘해요. 저는 친구들과 어울리는 데 어려움이 있는 민수가 친구들과 잘 지낼 수 있도록 돕기 위해 파워카드 전략과 사회적 상호작용 전략을 고려하고 있어요.

(2) 파워카드 전략의 요소

<table>
<tr><td rowspan="3">간단한 시나리오</td><td colspan="2">• 학생이 영웅시하는 인물이나 특별한 관심사, 그리고 학생이 힘들어하는 행동이나 상황과 관련한 간략한 시나리오를 작성한다.
• 시나리오는 학생의 인지 수준으로 작성한다.
• 특별한 관심사에 해당하는 그림을 포함한다.</td></tr>
<tr><td>첫 번째 문단</td><td>영웅이나 롤모델이 등장하여 문제 상황에 대한 해결이나 성공 경험을 제시한다. ❶ 20중등A5</td></tr>
<tr><td>두 번째 문단</td><td>3~5단계로 나눈 구체적인 행동을 제시하여 새로운 행동을 습득할 수 있도록 한다.</td></tr>
<tr><td>명함 크기의 파워카드</td><td colspan="2">• 파워카드에는 특별한 관심 대상에 대한 작은 그림과 문제행동이나 상황에 대한 해결 방안을 제시한다. ❷ 19초등B6
• 파워카드는 학생이 습득한 행동을 일반화하기 위한 방안으로도 활용될 수 있다.
• 지갑이나 주머니에 넣고 다니거나 책상 위에 두고 볼 수 있도록 하며, 해당 상황에 직면했을 때 ASD 아동이 해결책을 상기할 수 있는 시각적 촉구가 된다.</td></tr>
</table>

2. 파워카드 전략의 적용

(1) 다음의 경우 파워카드 전략을 효과적으로 적용할 수 있다(Gagnon, 2016).

① 학생이 일상생활 중의 규칙과 일과를 잘 이해하지 못하는 경우

② 선택하기를 못하는 경우

③ 특정 행동과 그 결과 간에 인과관계가 있다는 것을 이해하는 데 어려움이 있는 경우

④ 촉진이 없을 경우에 기억하는 데 어려움이 있는 경우

⑤ 다른 사람의 관점을 잘 이해하지 못하는 경우

⑥ 일반적인 상황에서는 잘 하지만 스트레스 상황하에서는 주어진 일과를 잘 따르지 못하는 경우

⑦ 특정 상황에서 시각적 지원이 있어야만 무엇을 해야 하는지 알고 수행하는 경우

⑧ 일반화에 어려움이 있는 경우

⑨ 동기 유발에 어려움이 있지만 특별한 관심사가 포함된 때에는 동기 유발이 되는 경우

⑩ 성인의 지시 따르기에 어려움이 있는 경우

(2) 파워카드 전략의 예시

① 스크립트

치타와 친구들은 미술 시간에 색종이로 꾸미기를 좋아합니다.
그런데 치타에게 색종이가 부족한 경우가 있습니다.
그럴 때 치타는 친구에게 "친구야, 네 색종이를 같이 써도 되니?"라고 친구의 생각을 물어봅니다.
친구 물건을 같이 쓰고 싶을 때는 친구의 허락을 받아야 합니다.
그래야 치타도 친구도 즐겁게 색종이로 꾸미기를 할 수 있습니다.
치타는 친구의 허락을 받고 친구의 물건을 빌릴 수 있습니다.

필요한 물건을 친구에게 빌려야 할 때의 순서

① 치타는 색종이를 가지고 있는 친구 옆으로 간다.
② 친구를 보면서 "친구야, 네 색종이를 같이 써도 되니?"라고 친구의 생각을 물어본다.
③ 친구가 "그래"라고 말하면 친구의 색종이를 사용하여 꾸미기를 한다.

② 파워카드

파워카드

① 치타는 색종이를 가지고 있는 친구 옆으로 간다.
② 친구를 보면서 "친구야, 네 색종이를 같이 써도 되니?"라고 친구의 생각을 물어본다.
③ 친구가 "그래"라고 말하면 친구의 색종이를 사용하여 꾸미기를 한다.

기출 POINT 11

❶ 18초등A4
최 교사는 (가)를 고려하여 (나)의 밑줄 친 ㉠을 습득시키고자 실험실에서 이루어지는 수업을 할 때마다 지호에게 (나)의 밑줄 친 ㉡을 보며 따라하도록 지도하였다. 이 전략의 명칭을 쓰시오.

(가)

- 모방이 가능함
- 낮과 밤을 구분할 수 있음
- 동적 시각자료에 대한 주의집중이 양호함

(나)

영역	일반화된 지식	
지구와 우주	지구와 달의 운동은 생활에 영향을 준다.	
단계	활동	자료 및 유의점
탐색 및 문제 파악	• ㉠ 실험실에서 지켜야 할 일반적인 규칙 상기하기 • 낮과 밤의 모습 살펴보기 • 낮과 밤이 생기는 까닭 예측하기	㉡ 실험실 수업 규칙 영상

❷ 18중등A6
㉡에 해당하는 중재 방법을 쓰시오.

특수교사: ㉡ '발표 성공 사례' 영상을 보고 영상 속 주인공의 발표 행동을 따라하는 절차를 반복하는 방법이 있습니다.

기출 POINT 12

❶ 20유아B1
다음의 ⓐ에 해당하는 개념을 쓰시오.

이후 민수는 비디오 모델링으로 난타 놀이를 연습하였으며, 점점 더 잘하게 되었다. ⓐ 민수는 통합학급에서 친구들과 함께 다양한 도구로 재미있게 난타놀이를 할 수 있게 되었다. 뿐만 아니라 집이나 놀이터에서도 동네 친구들과 난타 놀이를 하였다.

05 비디오 모델링

1. 비디오 모델링의 개념

① 비디오 모델링은 아동이 수행해야 할 바람직한 행동을 비디오를 통해 시범 보이는 기법으로, 아동은 비디오 시범을 관찰하고 비디오에 제시된 시범 행동을 모방한다. ❶ 18초등A4, ❷ 18중등A6

② 비디오 모델링은 주로 새로운 기술이나 행동을 습득하거나 향상시키고 문제행동을 대체하거나 제거하기 위해 전 연령대에 걸쳐 효과적으로 사용된다.

③ 성인 모델링, 자기 모델링, 관점 모델링 등의 다양한 유형이 활용되고 있으나 모든 비디오 모델링 형식의 가장 중요한 핵심적인 특징은 보여주는 행동이 항상 긍정적이라는 것이다.

④ 비디오 교수의 또 다른 형식인 '자기관찰(self-obsevation)'은 관찰자가 성공뿐만 아니라 실수를 통해 배울 수 있도록 있는 그대로를 분석하는 것이다. 14유아B2

2. 비디오 모델링의 장점

① 비디오 모델링이 실제 모델링보다 일반화에 효과적이다. ❶ 20유아B1

② ASD 아동의 자극의 과다 선택성을 보상할 수 있다. ASD 아동은 그들의 환경 안에서 다양한 단서들에 반응하는 어려움을 겪는데, 비디오 모델링은 아동의 자극 과다 선택성을 제한하여 목표행동과 같은 관련 단서에 집중함으로써 자극의 과다 선택성을 줄일 수 있다.

③ ASD 아동의 특별한 관심을 활용하여 비디오 모델링이 자동적인 강화의 역할을 할 수 있다. ASD 아동은 비디오의 반복적인 대화를 그대로 따라 하거나, 비디오의 특정 부분을 반복하여 보는 집착행동을 보이기도 하는데, 이를 활용하여 효과를 얻을 수 있다.

3. 비디오 모델링의 유형 ❶ 14유아B2

(1) 성인/또래 모델링(adult/peer modeling)

① 성인이나 또래 또는 형제자매를 모델로 사용하는 비디오 모델링은 영상 속에서 보게 되는 행동이 항상 긍정적이라는 특징을 지닌다.

② 영화의 '주인공'이 전적으로 협력적이며 쉽게 지도할 수 있기 때문에 비교적 제작하기가 간단하다.

(2) 자기 모델링(self-modeling)

① 자기 모델링은 아동이 스스로 바람직한 행동을 성공적으로 수행하는 것을 관찰하여 목표행동을 모방하도록 하는 것이다. ❶ 24중등B5

② 이를 위해서는 대상 학생이 여러 차례 수행한 것을 녹화하고 편집하여 바람직한 수행을 위해 과제분석된 각각의 하위 행동을 성공적으로 수행하는 것처럼 보이도록 한다.

③ 자기 모델링은 좀 더 복잡한 모델링 유형으로, 비디오를 만드는 사람이 촬영된 영상을 조작하고, 학습자가 평상시보다 더 잘하는 것처럼 보이도록 장면을 편집해야 하기 때문이다. ❷ 24유아A1, ❸ 14유아B2

④ 이 작업은 모델이 사회적 상호작용에 부끄러움이 있거나 지시 따르기에 어려움이 있는 경우 더욱 어려울 수 있다.

⑤ 비디오 자기 모델링이 다른 형태의 모델링에 비해 갖는 두 가지 장점은 첫째, 관찰자 자신보다 더 친숙한 관찰자를 찾는 것이 불가능하다. 둘째, 모델은 관찰자보다 약간만 더 진보된 사람일 것이라는 점이다.

(3) **관점 모델링**(point-of-view modeling)

① 관점 모델링에서는 아동의 관점인 척하는 카메라의 관점은 중요한 교수적 요소이다. 비디오를 만드는 사람은 아동의 행동을 과제분석하여 아동의 눈높이에 맞게 카메라로 일련의 단계를 따라간다.

② 관점 모델링은 주로 학업 행동, 사회적 행동, 기능적 기술에 적용하기가 용이하다.

③ 짧은 시간에 제작이 가능하고, 비교적 제작이 간단하다는 장점으로 현장에서 많이 사용된다.

④ 예를 들어, 수학시간에 계산문제를 푸는 단계를 수행하는 장면에서 수학문제와 문제를 푸는 손이 보이도록 촬영한 영상을 이용할 수 있다. 또한 취업을 위한 면접을 준비하기 위해서 면접 상황을 장면별로 촬영해서 사용할 수 있다.

예 사무실 문 열기, 면접관에게 예의 바르게 인사하기, 질문에 대답하기 등

4. 비디오 모델링 유형의 장단점

비디오 모델링을 실행할 때에는 각 유형이 지니는 장·단점을 잘 이해하고 아동의 학습 요구와 현행 수준 등의 정확한 정보를 기반으로 어떤 모델을 대상으로, 어떤 내용을 구성하고 제작할 것인지를 결정할 수 있어야 한다.

유형	장점	단점
또래/성인 모델링	• 쉽게 촬영할 수 있다. • 유지가 잘 된다.	• 모델에 관심을 보이지 않을 수 있다. • 다양한 일반화 결과를 가져온다.
자기 모델링 ❶ 24중등B5	• 자신감이 문제일 때 효과적이다. • 높은 관심을 일으킬 수 있다. • 일반화가 잘 된다.	• 촬영하기 어려울 수 있다. • 편집이 복잡하다.
관점 모델링	• 쉽게 촬영할 수 있다. • 실제 생활을 보여준다. • 편집이 쉽다.	• 행동의 범위가 제한적이다. • 아직 연구가 많지 않다.
애니메이션 (캐릭터)	• 아동에게 인기 있다. • 주로 전문적으로 제작된다.	• 모델이 관련성이 적다. • 행동의 범위와 특이성이 제한된다.

기출 POINT 13

❶ 24중등B5
밑줄 친 ㉣과 비교하여 밑줄 친 ㉤의 장점을 심리·정서적 측면에서 1가지 서술하시오.

먼저 비디오 모델링에는 선생님께서 모델을 보여주신 것처럼 ㉣ 성인 비디오 모델링 중재법도 있지만 ㉤ 비디오 자기 모델링 중재법이라는 것도 있어요. 학생 A의 특성을 보니 비디오 자기 모델링 중재법의 활용도 고려해 보면 좋겠네요.

❷ 24유아A1
다음에서 임 교사가 사용할 중재기법이 무엇인지 쓰시오.

동주에게 제공하고 있는 구어 시범을 용암시키기 위해 며칠 전 놀이시간에 찍어 둔 동영상을 편집했다. 동영상 내용 중에서 내가 구어 시범을 제공하는 장면만 삭제하여 동주가 독립적이고 성공적으로 수행하는 모습이 되도록 했다. 동영상은 동주가 곤충 그림책을 보며 책장을 넘길 때마다 스스로 교사에게 "뭐예요?"라고 묻고 배 선생님이 대답해 주는 장면으로 구성되었다. 내일부터 놀이시간 직전에 동주와 이 동영상을 함께 시청하며 지도해야겠다.

❸ 14유아B2
다음에 사용된 교수전략 2가지를 쓰시오.

교사는 차례 지키기를 잘하는 친구의 모습을 찍은 동영상을 은수와 함께 보면서 순서와 기다리기에 대한 이야기를 나누었다. 교사는 은수에게 친구를 밀어버리는 자신의 모습을 촬영한 동영상을 관찰하게 한 후 고쳐야 할 행동을 찾게 하고, 친구의 바람직한 행동을 따라 해보게 하였다. 그 후 바깥놀이를 할 때, 은수가 운동장에서 줄을 서서 기다리자 교사는 웃으면서 칭찬하였다.

자폐범주성장애 아동 교육 (의사소통 중재)

01 비연속 개별시도 교수(DTT)

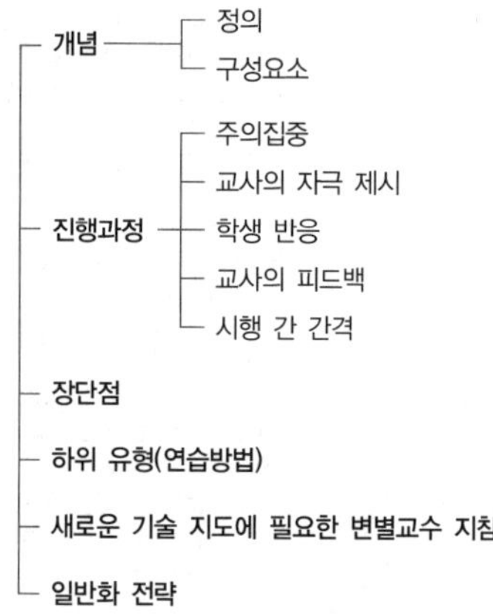

02 중심축 반응 훈련(PRT)

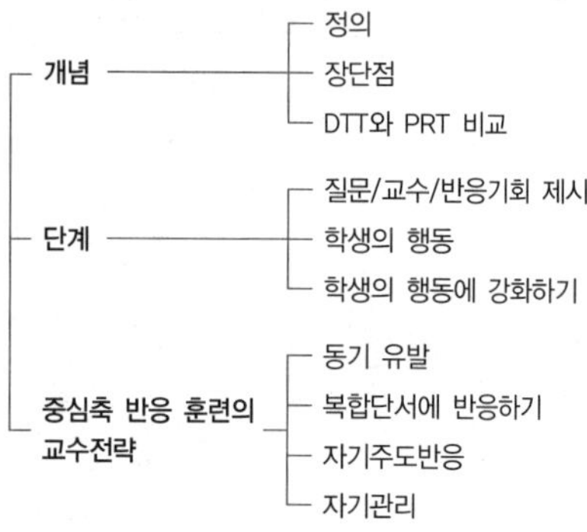

03 기능적 의사소통 훈련(FCT)

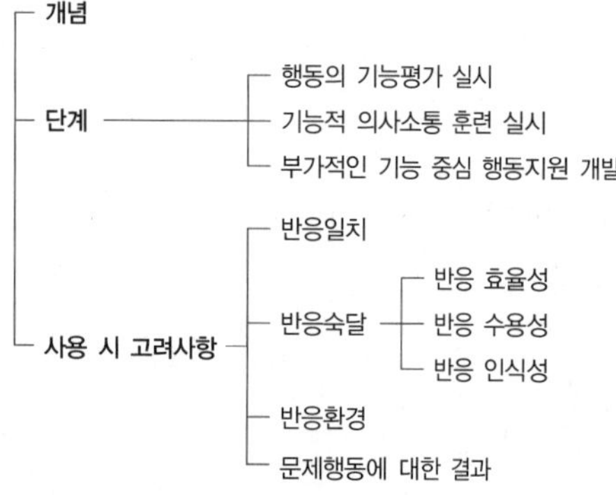

04 공동행동일과(JARs)

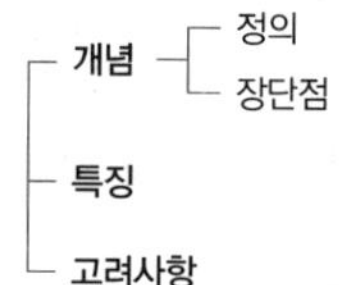

05 그림교환의사소통 체계(PECS)

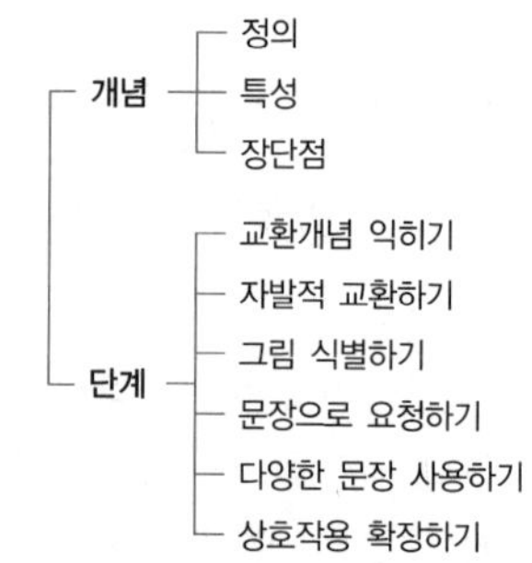

06 우연교수

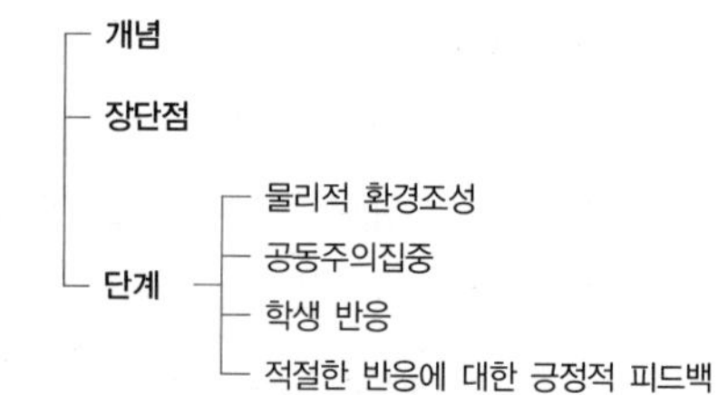

01 비연속 개별시도 교수(discrete trial training; DTT)

1. 비연속 개별시도 교수의 개념

(1) 비연속 개별시도 교수의 정의

① 비연속 개별시도 교수는 ASD 아동의 언어 및 의사소통 지도를 위해 응용행동분석 원리를 적용한 접근방법으로, 변별자극 제시, 반응, 후속결과 제공의 3단계 과정을 약 3~5초간의 시도 간 간격(inter-trial interval)을 두고 반복적으로 신속하게 실시하는 중재이다.

② 과거에는 ASD 아동의 언어지도에 많이 적용되었으나 최근에는 새로운 기술을 습득하기 위한 교과기술, 사회성 기술 및 문제행동 지도 등 다양하게 적용되고 있다.

③ 비연속 개별시도 교수의 목표는 학생들이 지시하면 반응하지만, 지시하지 않으면 반응하지 않는 것을 가르치는 자극 의존성(stimulus dependency)을 기르는 것이다.

④ 비연속 개별시도 교수는 교실과 같은 구조화된 교수환경에서 교사가 중심이 되어 기술을 가르치며, 학생의 반응과 직접적으로 관련되지 않은 강화를 제공한다.

⑤ 구조화된 환경에서 교사가 중심이 되어 가르친 기술은 일반화를 위해 좀 더 자연적인 환경으로 확장시켜야 한다. 따라서 DTT는 자연적인 환경에서 실시되는 중심축 반응 훈련, 우연교수, 공동행동일과 등의 전략과 함께 사용할 때 가장 효과적일 수 있다.

⑥ Smith(2001)는 DTT의 주요 용도를 다음과 같이 설명하였다.

㉠ ASD 아동이 이전에는 하지 않았거나 수행하지 못했던 새로운 행동양식을 가르치는 데 사용한다.

㉡ 서로 다른 신호에 대해 정확하게 차별하여 대답하는 새로운 차별반응을 가르치는 데 유용하다.

㉢ ASD 아동 중 말하기 능력에 어려움이 있는 경우 수화나 그림교환의사소통 체계와 같은 대체의사소통 체계를 사용할 수 있는 방법을 지도하는 데 유용하다.

(2) 비연속 개별시도 교수의 구성요소

① 시도(trial)란 '단일교수 단위'를 의미하며 식별자극, 반응, 후속결과, 시도 간 간격의 네 가지 구성요소로 이루어진다.

② 비연속이란 시도 간에 짧은 간격이 있다는 것을 의미한다. 즉, DTT는 연속적으로 실시되는 것이 아니라 처음 개별시도 후 다음 개별시도하기 전 짧은 간격(시도 간 간격)을 약 3~5초 정도 두고 그 이후에 개별시도를 실시한다.

③ 아동이 식별자극에 정확한 반응을 하면 강화물을 주고 짧은 간격을 둔 다음 다시 식별자극을 제시하고, 아동이 무반응 또는 오반응을 보이면 즉각적으로 교정적 피드백을 제공한다.

Keyword

응용행동분석(ABC 분석)

선행자극(A)–행동(B)–후속결과(C)의 첫 글자를 모아 명명한 것으로 학생들의 문제행동이나 상황을 평가하기 위해 사용하는 분석방법이다. 선행사건이란 어떤 표적이 되는 행동이 발생하기 직전에 앞서 일어나는 자극사건이다. 여기에는 학습상황에서의 규칙, 절차, 수업과제, 동료 및 교사 학생 간 상호관계, 교사의 교수 기술 등이 포함된다. 행동이란 관심의 대상이 되는 관찰 가능한 행동으로 조작적 정의로 명시되어야 한다. 결과란 행동 대상자의 표적행동 직후에 뒤따르는 사건으로 교사나 또래의 반응 등이 포함될 수 있다.

더 알아보기

집중학습(massed practice)

비연속 개별시도 교수는 반복학습 혹은 집중학습을 사용한다. 그러나 비연속 개별시도 교수의 변형 방법으로 분산연습과 간격연습 방법이 있다.

기출 POINT 1

❶ 22유아A1

비연속시행교수 구성요소 중 ① 변별자극과 ② 후속결과를 찾아 각각 쓰시오.

> 먼저, 파란색 블록과 노란색 블록을 수미 앞에 놓고 선생님이 "수미야!"하고 부른 후, "선생님 보세요."라고 말해요. 그 다음 "노란색 주세요."라고 해요. 수미가 제대로 노란색을 주는 정반응을 보이면 바로 "잘했어요."라고 칭찬하면서 수미가 좋아하는 동물 스티커를 주면 돼요.

기출 POINT 2

❶ 25초등A3

ⓒ에 들어갈 절차를 쓰시오.

〈시행 1〉

> • 교사: (정우의 주의를 집중시킨다.)
> • 정우: (교사를 바라본다.)
> • 교사: ('사과', '수박', '딸기' 단어 카드를 제시하며) "사과를 골라 보세요." [C]
>
> • [정반응] 정우: ('사과' 단어 카드를 골라낸다.)
> • [피드백] 교사: "잘했어요!" (강화제 제공)
>
> • [오반응] 정우: ('수박' 단어 카드를 골라낸다.)
> • [피드백] 교사: "아니야." ('사과' 단어 카드를 보여 주며) "이게 사과예요."
>
> • (ⓒ)

❸ 13추가유아A7

비연속 개별시도 교수의 구성요소에 근거하여 ⓒ, ⓔ에 해당하는 교수전략을 쓰시오.

> 교수목표: 활동 중에 제시된 사물의 색 이름을 말할 수 있다.
> • ⓒ 민아에게 사물을 제시하며 "이건 무슨 색이야?"하고 물어본다.
> • "빨강(노랑, 파랑, 초록)"하고 색 이름을 시범 보인 후 "따라 해 봐"하고 말한다.
> • ⓔ 정반응인 경우 칭찬과 함께 긍정적인 피드백을 제공하고 오반응인 경우 색 이름을 다시 말해 준다.

더알아보기 비연속 개별시도 교수의 실행 ❶ 22유아A1

시행:	식별자극(S^D)	➡	아동의 반응(R)	➡	후속결과(S^R)
예:	"이게 뭐지?"	➡	"과자."	➡	"우와! 맞았어. 이건 과자야."
	(교사는 과자를 들고 있다)	➡	(아동이 반응한다)	➡	(교사는 후속결과인 강화물을 제공한다)

교사(자극 제시): 이건 어떤 색이니? [빨간색 카드 제시]
학습자(정반응): 빨간색이요.
교사(후속결과 제시): 그래 빨간색이야! 잘했어요. [강화 제공]

교사(자극 제시): 이건 어떤 색이니? [녹색 카드 제시]
학습자(오반응): 빨간색이요.
교사(후속결과 제시): 아니야, 다시 해 보렴.
교사(자극 제시): 이건 어떤 색이니? 녹색이지? [명시적 암시와 촉구 제공]
학습자(정반응): 녹색이요.
교사(후속결과 제시): 잘했어요!

교사(자극 제시): 이건 어떤 색이니? [녹색 카드 제시]
학습자(정반응): 녹색이요.
교사(후속결과 제시): 그래, 이건 녹색이야, 아주 잘했어요! [강화 제공]

2. 비연속 개별시도 교수의 진행과정 ❶ 25초등A3, ❷ 17중등B3, ❸ 13추가유아A7, ❹ 15초등B4

단계	내용
주의집중	매 교수 시행마다 시행의 시작을 위해 학생의 주의를 끈다. 학생의 주의집중은 학습의 과정에서 가장 중요한 첫 단계이다.
교사의 자극 제시	• 교수 또는 지시를 하는 것으로 학생의 반응에 대한 변별자극을 제시한다. 변별자극은 일관되고 명확하며 간결해야 한다. • 학생이 해야 하는 반응에 대한 구체적이고 간략하고 분명한 지시 또는 질문을 한다. 예 "여기로 와서, 내 옆에 있는 이 파란색 의자에 앉지 않겠니?"보다는 "이리 와서 앉아!"가 자극통제를 가르치는 데 더 효과적이다.
학생 반응	• 교사의 자극(단서)에 대해 학생이 반응한다. 학생은 정반응, 오반응, 무반응을 보일 수 있다. • 학생이 오류 없이 학습을 할 수 있도록 변별자극과 더불어 촉진을 제공할 수 있다. • 학생이 촉진 없이도 자극이 제시되었을 때 정반응을 할 수 있도록 점진적으로 촉진을 용암시켜야 한다.
교사의 피드백	• 학생이 정반응을 하면 교사는 즉시 칭찬, 안아주기, 음식물, 장난감, 활동 등의 강화제를 제공한다. • 학생이 오반응이나 무반응을 보이면 즉각적으로 교정적 피드백을 제공한다.

시행 간 간격	• 교사는 대략 3~5초 정도의 간격을 두고 다음 개별시행을 실시한다. • 시행 간 간격은 학생의 올바른 반응에 대한 강화를 받는 동안의 시행들과 교사가 그 시행 동안에 자료를 기록하는 사이의 짧은 시간 간격을 의미한다. • 시행 간 간격은 학생에 따라 더 길어질 수도, 짧아질 수도 있다. 실제로 주의 집중 시간이 짧거나, 혹은 휴식 후에 다시 참여하는 데 어려움이 있는 학생은 시행 간 간격을 매우 짧게 해야 한다. 짧은 시행 간 간격이 정확한 반응을 증가시키고 과제에 불참하는 행동을 줄여 준다. • 학생에게 적절한 시행 간 간격이 주어졌다면, 학생의 반응 정확도를 시행 간 간격 동안에 기록한다. 자료 수집은 학생의 정반응(+)과 부정확한 반응(−)으로 기록하거나, 보다 정교한 자료 수집 양식은 오류 수정 절차 안에서 사용된 촉구의 수준을 기록한다. 대부분 자료 수집 용지들이 10세로 자료를 수집하도록 구성되어 있는 것은 퍼센트로 자료를 변환할 수 있는 편리함 때문이다. ❶ 19중등B7

기출 POINT 2

❷ 17중등B3

㉠에 공통으로 들어갈 중재전략을 쓰고, ㉡의 경우에 적용하는 지도 방안을 쓰시오.

> 김 교사: 선생님, 우리 반의 Y가 어휘력이 부족한데 어떻게 지도해야 할까요?
> 박 교사: 자폐성장애 학생의 어휘력을 향상시키는 데 효과적인 전략이 있습니다. 예를 들어, Y에게 필요한 어휘목록을 10개 준비하고 주의를 집중하게 한 뒤, '지구본'이라는 단어카드를 제시하면서 "이 단어는 무엇이지?"라고 질문하세요. Y가 "지구본"이라고 대답을 하면 "잘했어."라고 하세요. 잠시 간격을 두고 나서 다음 단어 카드를 보여 주면서 앞에서 말한 절차를 반복하면 됩니다. 이와 같이 (㉠)은/는 학생이 변별자극에 정확하게 반응할 수 있을 때까지 간격을 두고 반복하여 시행하는 것입니다.
> 김 교사: 그런데 이 전략을 사용할 때, "이 단어는 무엇이지?"라는 질문에 ㉡ Y가 대답하지 못하거나 오답을 말하면 어떻게 해야 하나요?

기출 POINT 3

❶ 19중등B7

밑줄 친 ㉠에서 사용한 사건(빈도)기록법의 유형을 쓰시오.

> 〈비연속 시행 훈련(DTT) 적용〉
> • ㉠ 수업 차시마다 주방 전열기 사진 5장을 3번씩 무작위 순서로 제시하여 총 15번의 질문에 학생이 바르게 답하는 빈도를 기록함

PART 03

❹ 15초등B4

색 블록 조립하기를 좋아하는 자폐성장애 학생 준수에게 '지폐 변별하기'를 지도한 단계이다. ㉠단계의 명칭과 ㉡에서 적용한 촉구(촉진)의 유형을 쓰시오. 교사가 준수에게 색 블록을 사용하여 강화한 것은 자폐성장애의 어떤 특성을 활용한 것인지 쓰시오.

단계	교수 · 학습 활동
주의집중	교사는 준수가 해야 할 과제 수만큼의 작은 색 블록이 든 투명 컵을 흔들며 준수의 이름을 부른다.
(㉠)	교사는 1,000원과 5,000원 지폐를 준수의 책상 위에 놓는다. 이 때 ㉡ 교사는 1,000원 지폐를 준수 가까이에 놓는다. 교사는 준수에게 "천원을 짚어 보세요."라고 말한다.
학생 반응	준수가 1,000원 지폐를 짚는다.
피드백	교사는 색 블록 한 개를 꺼내, 준수가 볼 수 있으나 손이 닿지 않는 책상 위의 일정 위치에 놓는다. (오반응 시 교정적 피드백 제공)
시행 간 간격	교사는 책상 위 지폐를 제거하고 준수의 반응을 기록한다.

3. 비연속 개별시도 교수의 장단점

(1) 비연속 개별시도 교수의 장점

① 개별시도가 매우 짧기 때문에 배우고 연습할 많은 학습 기회를 제공한다.

② 교사와 학생이 일대일로 진행하기 때문에 학생의 개별적인 요구에 맞게 교수 수정을 할 수 있다.

③ 차별자극을 명백히 정의하고 교수 상황이 분명하다.

④ 중요한 기술을 과제분석으로 나누어 정확한 행동을 미리 결정하고, 즉시 강화한다.

(2) 비연속 개별시도 교수의 단점 ❷ 15초등B4

① 비연속 개별시도는 교사가 제공하는 단서에 학생이 반응하는 절차이기 때문에 분명한 단서가 없을 때는 학생 스스로 행동을 시작하기 어렵다.

② 교사가 매우 엄격하게 통제된 학습 환경을 만들기 때문에 비연속 개별시도를 통해 배운 기술을 일반화하기 어렵다. ❶ 17중등B3

③ 교사가 학생과 개별적으로 상호작용하고 지속적으로 단서를 제공해야 한다는 점에서 매우 노동집약적인 방법이다.

④ 자기주도 능력이 부족하고, 기계적 반응을 하는 등 예상치 못한 부작용이 생길 수 있다.

기출 POINT 4

❶ 17중등B3

강화된 환경중심 언어중재가 비연속 개별시도 교수에 비해 어떤 장점을 가지는지 1가지 쓰시오.

❷ 15초등B4

교사가 적용한 지도방법(DTT)의 일반적인 제한점을 1가지 쓰시오.

4. 비연속 개별시도 교수의 하위 유형(연습방법) ❶ 24중등B11, ❷ 23유아A4, ❸ 21중등B9, ❹ 13추가중등A2

유형		내용
집중시행 (massed trials)	특징	같은 반응을 이끌어 내기 위해 여러 번 같은 차별자극을 연속해서 사용한다.
	장점	기술을 습득하는 데 효과적이다.
	단점	학습한 정보를 빨리 잃게 되는 경향이 있다.
분산시행 (distributed trials)	특징	시행을 훈련 회기 동안에 분산하여 실시한다.
	장점	학습한 반응이 오래 유지된다.
	단점	학습하는 데 시간이 많이 걸린다.
집단시행 (collective trials)	특징	교사가 한 학생에게 DTT를 시행하는 동안 다른 학생이 이를 보고 관찰학습이 일어날 수 있는데, 이를 집단시행이라고 한다.
	장점	• 스포트라이트를 공유한다. • 모델링을 통해 학습한다.
	단점	해당 학생에게 직접 질문을 하지 않으면 주의집중이 일어나기 어렵다.

더알아보기 연습방법

목표 기술 교수를 위해 집중시도, 간격시도, 분산시도를 사용할 수 있다.

1. 집중시도는 단일과제를 집중적으로 여러 차례에 걸쳐서 가르치는 것이다.
2. 분산시도는 하루 일과 중에 자연스러운 상황 속에 삽입해서 목표행동을 가르치는 것으로, 연습과 연습 사이에 다른 활동을 할 수도 있고, 다른 행동에 대해 배울 수도 있다.
3. 간격시도는 교사가 단일과제를 가르친 후 학생을 쉬게 하고, 학생이 쉬는 동안 다른 학생에게 시켜 보거나 다른 과제를 하게 해서, 해당 학생이 다시 똑같은 것을 배우기 전에 조금 전에 배운 것을 생각해 보거나 친구가 하는 것을 볼 수 있는 기회를 주는 것이다.

새로운 기술을 습득하거나 유창성을 높이기 위해서는 1 : 1 집중시도가, 집단으로 가르치거나 일반학생과 교과서를 보고 혹은 화면을 보고 읽는 연습을 할 때는 간격시도가, 자연스러운 환경에서 그 단어들이 쓰인 곳(메뉴판, 간판, 점수판, 표지판 등)에서 실시할 때는 분산시도가 각각 효과적이다.

연습방법을 사용한 물건 사기 기술 지도의 예

목표행동	물건 사기 기술 지도의 예
집중시도	아침마다 1 : 1 교수로 동전 구분하기, 잔돈 내는 기술 배우기 등
분산시도	일과 중에 학교 자판기에서 동전으로 음료수 사기, 친구들과 매점에서 잔돈 내기 전략 사용하기, 오락을 하기 위해 필요한 동전 고르기 등
간격시도	친구들과 가게에서 물건 사는 방법에 대해 교실에서 모의 수업을 실시할 때, 현우는 물건 사기 기술을 교사에게 개별적으로 직접 교수를 받은 뒤 개별 연습을 하면서 친구들이 교사의 지도를 받아 수행하는 것을 관찰함

기출 POINT 5

❶ 24중등B11

괄호 안의 ㉥에 해당하는 연습 방법을 쓰시오.

> 실습생 : 선생님, 학생 A가 혼자 식사를 할 수 있도록 숟가락 홀더 사용하는 방법을 지도하려는데 간격 시도와 (㉥) 중에 어느 것이 더 적절할까요?
> 특수교사 : 식사 기술 지도에는 간격 시도가 적절하지 않습니다. 그리고 학생 A는 숟가락 홀더 사용을 새로 배워야 하므로 익숙해지기까지 많은 시간이 걸릴 수 있습니다. 그래서 정해진 점심 시간 이외에도 자연스러운 환경 속에서 간식 시간 등을 이용하여 추가로 지도하는 것이 바람직합니다.

❷ 23유아A4

㉠에서 교사가 적용한 중재 방법의 장점을 집중시행과 비교하여 1가지 쓰시오.

(가) 지원 계획

> • 상황이야기 그림책과 마음읽기 그림책으로 제작하여 지도하기
> • 교사가 제작한 그림책을 ㉠ 매일 지수가 등원한 직후와 놀이 시간 직전에 함께 읽기
> • 참여도를 높이기 위해 지수가 그림책을 읽을 때마다 공룡 스티커를 주어 5개를 모으면 공룡 딱지로 바꾸어 주기

❸ 21중등B9

㉡에 해당하는 목표 기술 연습 방법을 1가지 쓰시오.

■ '도움카드' 사용 지도

> • '도움카드' 사용 방법을 학습하기 위해 '1 : 1 집중시도' 연습 지도
> • 일반화를 위해 다음과 같이 자연스러운 환경에서 '도움카드' 사용하기 연습 지도 ㉡
> – 환기가 필요할 때 '도움카드'를 이용하여 도움요청하기
> – 체육 활동 시 '도움카드'를 이용하여 휴식시간 요청하기
> – 수업 시간에 갈증을 느낄 때 '도움카드'를 이용하여 물 마시기 요청하기
> – 흡입기 사용 시 '도움카드'를 이용하여 교사에게 도움 요청하기

PART 03

기출 POINT 5

❹ 13추가중등A2

㉠, ㉡에 대해 각각 설명하시오.

학습단계	교수활동	지도상 유의점
숙달	윤지가 직업 검색하기를 빠르고 정확하게 수행하도록 ㉠ <u>간격시도 교수</u>를 사용하여 지도한다.	간격시도 교수 상황에서 윤지와 친구를 짝지은 후, 관찰기록지를 주고 수행결과에 대해 서로 점검하여 피드백을 제공하도록 한다.
일반화	학교에서 ㉡ <u>분산시도 교수</u>를 사용하여 지도한 후, 윤지에게 복지관에서도 자신이 관심 있어 하는 직업명을 검색하도록 한다.	

5. 새로운 기술 지도에 필요한 변별교수 지침

① 변별자극에 대한 변별 가능성이 높아지면 델타자극의 수를 늘려간다.

② 학생 반응 직전에 제시하는 반응촉구 또는 변별자극과 같이 제공하는 추가적인 도움 지침이 되는 자극촉구를 적절하게 혼합하여 학생의 정반응을 유도한다. 지도 초기에는 이 두 가지를 혼합하여 사용하고 용암법을 적용하여 독립적 수행역량을 높여 준다.

③ 용암법을 적용한다.

예 최대-최소 촉구의 경우 처음에는 네모(델타자극)를 멀리 위치시키고, 세모(변별자극)는 학생에게 가까이 놓고 변별학습을 시킨다. 시행 수가 증가하고 정반응 응답률이 높아지면 세모와 네모를 점점 가까이 제시하면서 변별자극의 부각성을 감소시킨다. 결국에는 인위성을 제거하고 자연적인 선택 과제만 주어진 상태에서 반응하게 한다. 또 다른 방법은 처음에는 세모(변별자극)를 크게, 네모(델타자극)를 작게 제시했다가 서서히 모양을 비슷한 크기로 조정해 간다.

④ 용암법에서 델타자극의 단계를 높이는 조건은 '일관적이고 지속적인 정반응'이 나타날 때이다.

⑤ 최종 단계에서는 변별자극의 요소를 다양화하거나 혼합하여 지도한다.

예 빨간색 작은 세모 혹은 노란색 중간 크기의 네모 등을 변별하도록 한다. 시행 단계가 높아지면서 단순 변별에서 복합 변별로 나아간다.

6. DTT 일반화 전략

① 비연속 개별시도 교수를 위한 환경을 다양화한다. 다양한 장소, 다양한 시간, 다양한 성인과 집단 안에서 수행할 수 있도록 계획한다. 더 높은 단계에서는 주변 사람과 환경을 복합적으로 조합하여 다양화시켜 실행한다.

② 유사한 개념과 기술을 지도할 때 사용하는 교육자료는 사진－그림－모형－실물－현장의 순서로 제시하여 시간이 지나면서 사실적이고 일반적인 환경에서 교육을 수행할 수 있게 한다.

③ 비연속 개별시도 교수의 초기에는 다양한 강화제를 제공하고 기술을 습득한 후에는 강화제를 용암시킨다. 훈련 후반에는 실제 환경 조건과 유사하게 조성해 학생이 자연스럽게 강화를 받을 수 있게 한다.

④ 비연속 개별시도 교수의 초기에는 습득률을 높이기 위해 일관적이고 고정적인 변별자극을 사용하다가 훈련 후반에는 다양한 변별자극을 제공한다.

⑤ 비연속 개별시도 교수의 초기에는 전형적인 비연속 개별시도 교수 유형과 구조적 환경 조건을 사용하다가 훈련 후반에는 자연환경교수 혹은 우발적 유형으로 전환한다.

예 "주세요!"라는 반응을 얻기 위해 훈련 초기에는 변별자극을 제시하여 표현적 반응과 기술을 습득하게 한다. 다음 단계에서는 특정한 변별자극의 제시 없이 단지 선호물을 아동 앞에 제시함으로써 자극만으로 동기 변인을 변화시켜 자발적인 반응을 유도하는 우발적 교수법을 사용한다. 아동이 바르게 반응하지 않더라도 변별자극 혹은 촉구를 제시하기보다는 "뭐가 필요해?"와 같이 자연적 반응을 유도하는 지시어를 사용한다.

더 알아보기 변별자극 제시 요령

1. 소수의 단어(2~5단어 이내)로 구성한 변별자극 혹은 지시를 제공해야 하며 가능한 최소화하는 것이 좋다.
2. 초기에는 변별자극을 통일하여 사용해야 한다. 예를 들어, "빨간색 주세요."라는 변별자극을 정했다면 모든 상황과 교사들은 같은 변별자극을 사용해야 한다. "빨강 줘!" "붉은 것 줄래!" 등으로 변별자극을 일부 수정할 경우 아동은 혼동하게 되고 이에 따른 정반응을 보일 가능성이 낮아진다. ❶ 22유아A1
3. 천천히 또박또박 말해준다. 너무 빠르거나 너무 느리면 주변 자극에 의해 집중력을 상실할 수 있다.
4. 변별자극 제시에 앞서 아동을 호명하여 눈맞춤을 확인한 후 즉시 변별자극을 제시한다. 호명과 변별자극 간의 시간이 지연되면 안 된다.
5. 변별자극을 제시하고 반응이 나올 때까지의 경과시간은 아동의 역량 수준에 따라 다르게 할 수 있지만 일반적으로 5초의 여유를 준다.
6. 변별자극을 전달할 때 문장이 끝날 때까지 아동이 주의집중을 잃지 않도록 유념해야 한다.
7. 변별자극은 한 차례만 제시한다. 아동이 처음이나 중도에 집중하지 못했다고 판단되면 잠시 시도를 취소하고 다시 시작하는 것이 좋다. 변별자극을 반복하여 주지 말아야 한다.

기출 POINT 6

❶ 22유아A1

박 교사가 [B]와 같이 설명한 이유를 1가지 쓰시오.

이 방법을 적용하는 초기에는 동일한 변별자극을 사용해야 해요. [B]

PART 03

02 중심축 반응 훈련(pivotal response training; PRT)

1. 중심축 반응 훈련의 개념

(1) 중심축 반응 훈련의 정의 ❶ 11중등8, ❷ 09초등4

① 중심축 반응 훈련은 응용행동분석 원리를 기반으로 하였으나 성인 중심의 전통적인 응용행동분석 방법과 같이 분리된 개별 행동을 중재목표로 하기보다는 자연적 환경에서 자연적 중재 절차를 사용하므로 자연적 중재모델이다.

② 중심축 반응은 훈련으로 향상될 경우 훈련받지 않은 다른 행동에도 변화를 가져올 수 있는 행동으로 동기유발, 다양한 단서에 대한 반응, 자기조절, 자기주도, 공감 등을 포함한다. 즉, 중심축 반응 훈련은 일단 학습되면 다른 행동에 영향을 미칠 수 있는 중심축 반응들을 가르쳐서 행동의 일반화를 돕는 전략이다.

(2) 중심축 반응 훈련의 장단점

① PRT는 중심영역을 습득하면 실제로 기타 중요한 발달 영역에서 부수적인 습득이 발생되기 때문에 아동을 자연적 환경에서 분리하게 되는 일련의 서비스를 감소시키고 장애아동이 통합에 필요한 사회적 교육적 기술들을 습득하기에 매우 경제적인 중재 방법이다.

② PRT 전략을 사용하게 되면 자연적인 환경에서 아동에게 강화가 되고 연령에 적합한 사물을 이용하여 목표행동을 교수하게 되어 인위적인 촉진에 대한 의존성을 보다 감소시키게 된다.

③ PRT 전략의 단점은 아동이 훈련에 필요한 선수기술들을 가지고 있어야 한다는 점이다.

(3) 비연속 개별시도 교수와 중심축 반응 훈련 간의 차이 비교

구분	DTT	PRT
교재	• 치료자가 선택 • 준거에 도달할 때까지 반복훈련 • 중재 절차의 시작은 자연적 환경에서 기능적인지 여부를 고려하지 않고 목표과제와 관련된 교재 제시	• 아동이 선택 • 매 시도마다 다양하게 제시 • 아동의 일상 환경에서 쉽게 찾을 수 있는 연령에 적합한 교재 사용
상호작용	• 훈련자가 교재를 들고 있음 • 아동에게 반응하도록 요구함 • 교재는 상호작용하는 동안 기능적이지 않음	훈련자와 아동이 교재를 가지고 놀이에 참여함
반응 ❶ 25초등A3	정반응이나 정반응에 가까운 반응을 강화함	반응하고자 하는 시도(자기자극 행동 제외)는 대부분 강화함
결과	먹을 수 있는 강화제를 사회적 강화와 함께 제공	자연적 강화(예 교재를 가지고 놀 수 있는 기회 제공)를 사회적 강화와 함께 제공

기출 POINT 7

❶ 11중등8
(가)에 해당하는 중재 기법을 쓰시오.

> (가) 자연스러운 상황에서 사회적 의사소통 기술을 지도하여 문제행동의 발생을 예방함과 동시에 습득한 기술을 다른 사회적 기술로 확장시켜 학생 스스로 환경적 문제에 대처하도록 한다.

❷ 09초등4
ASD 학생의 사회적 의사소통 지도 방법 중 하나인 중심축 반응 훈련에 대한 적절한 진술을 〈보기〉에서 고르시오.

> 〈보기〉
> ㉠ 특정한 사회적 상황과 그에 대한 적절한 반응을 설명해 주는 이야기를 지도한다.
> ㉡ 자연적 환경에서 발생하는 다양한 학습 기회와 사회적 상호작용에 반응하도록 지도한다.
> ㉢ 학습 상황에서 습득한 중심축 반응을 유사한 다른 상황에서도 보일 수 있도록 일반화를 강조한다.
> ㉣ 동기화, 환경 내의 다양한 단서에 대한 반응, 자기주도, 자기관리 능력의 증진에 초점을 둔다.

기출 POINT 8

❶ 25초등A3
㉢에 들어갈 내용을 쓰시오.

> 예비교사: 독립시행훈련은 학생이 선행 자극에 정반응이나 정반응에 가까운 반응을 하면 강화를 주는군요.
> 특수교사: 예, 그래요. 그런데 중심축반응훈련은 동기를 유발하기 위해 선행 자극에 학생이 (㉢)을/를 하면 강화를 해 줍니다.

2. 중심축 반응 훈련의 단계

- 중심축 반응 훈련도 행동을 가르치는 과정에서 비연속 개별시도 훈련을 사용할 수 있다. 다만, 중심축 반응 훈련은 자연스러운 환경에서 실시되고, 아동이 중심이 되며, 후속결과가 과제와 관련된 자연스러운 강화라는 점에서 비연속 개별시도 훈련과 차이가 있다. ❶ 18유아A6
- 중심축 반응 훈련의 단계와 고려해야 할 사항은 다음과 같다(이소현 외).

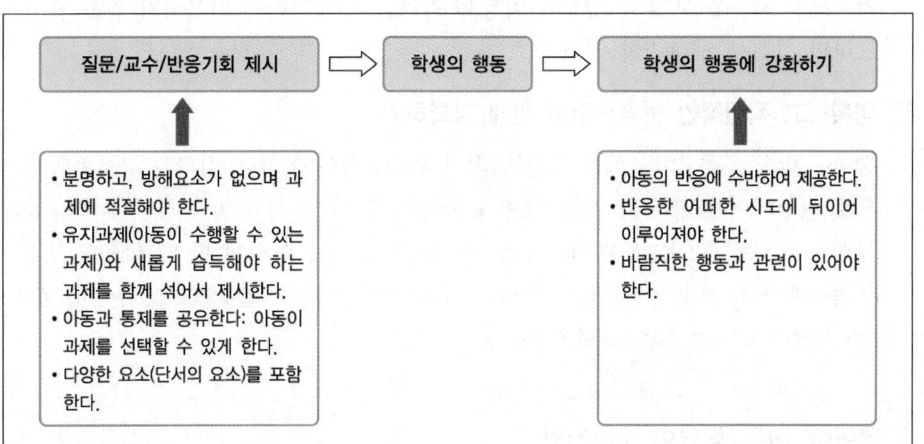

(1) 아동의 주의를 끌고 유지하기

교수는 명확하고, 간결하고, 과제에 적합하고, 끊김이 없고, 아동이 상대방이나 주어진 과제에 주의를 기울일 때 제시되어야 한다. 교수는 아동이 주의를 기울이지 않거나 떼를 쓰거나 상동행동을 할 때는 제시되어서는 안 된다.

(2) 주도 공유하기

아동의 선택이라고도 알려진 주도 공유하기는 중재자나 부모가 교수 환경에 대한 조절을 유지하는 것과 아동이 활동이나 자극 사물에 대해 선택하는 것 사이의 균형을 포함한다. 이것은 아동이 '마음대로 하기'를 뜻하지는 않는다. 자극 사물, 활동, 환경 또는 활동의 순서를 선택하도록 제안하고 흥미 있는 사물이나 활동을 결정하도록 아동의 주도를 따름으로써 균형을 얻을 수 있다.

(3) 유지 과제 분산시키기

유지 과제는 이미 학습한 기술을 사용하게 만든다. 유지 과제는 습득 과제와 함께 자주 분산되어 제시되어야 하고, 행동 탄성을 유지하기 위해 사용된다. 또한 어려운 과제 이전에 주어지고, 전체적 교수 회기의 성공률을 높이기 위해 사용된다.

(4) 복수 단서에 대한 아동의 반응성 다루기

복수 단서에 대한 아동의 반응성을 다루는 것은 자극과다 선택과 관련된 잦은 문제를 감소시키는 데 도움을 준다. 이것은 아동으로 하여금 지시에서 두 개나 그 이상의 요소에 주의를 기울이고 반응하도록 요구하는 것을 포함한다(예 초록 블록, 작은 소).

기출 POINT 9

❶ 18유아A6

[B]에서 사용한 교수전략을 쓰시오.

> 실외 놀이 후 준혁이는 교실에 들어오자마자 교구장에서 무엇인가를 찾는다. 교사는 준혁이에게 다가가서 모형 자동차를 보여주며 "이게 뭐야?"라고 묻는다. 준혁이가 잠시 생각하더니 "자동차"라고 대답한다. 교사는 "우와! 그래, 이건 자동차야."라며 모형 자동차를 준혁이에게 건네준다. 준혁이가 '자동차'라고 말하지 않을 때는 자동차를 주지 않는다. 교사는 일과 활동 중에 시간 간격을 두고 이와 같은 교수전략을 사용한다. [B]

(5) 후속적으로 강화하기

강화는 목표행동이 발생하는 즉시 제공되어야 한다. 목표행동(또는 시도)의 발생에 후속적으로 뒤따라야 하며 끊어짐 없이 효과적이고 적절하게 제공되어야 한다.

(6) 시도 강화하기

반응이 목표했던 것과 완전히 일치하지 않더라도 상황에 적절한 시도를 강화함으로써 지속적인 반응을 보일 수 있도록 아동을 격려한다. 정확하게 반응하기 위한 합리적인 시도라면 강화를 해주어야 한다.

(7) 명확하고 직접적인 반응-강화 관계 강화하기

강화는 반드시 목표행동에 대한 자연적인 후속결과여야 한다. 강화는 목표행동에 직접적으로 관련되어야 한다(예 아동이 물을 요구하면 물을 줌). 중심축 반응 중재에서 강화는 보통 사회적 칭찬(예 "와! 잘했어!")과 함께 사용된다. 그러나 이렇게 할 때 아동이 반응-강화 후속관계를 잘 배울 수 있도록 주의를 기울여야 한다(예 "물"이라고 말하는 것은 물을 받는 결과와 연결되어야 하고, "잘했어!"와 연결될 필요는 없음).

기출 POINT 10

❶ 23중등B10

밑줄 친 ㉠에 해당하는 방법 1가지를 서술하고(단, 학생의 행위 측면에서 서술할 것), 괄호 안의 ㉡에 해당하는 내용을 쓰시오.

- 전략 : 중심축 반응 훈련(PRT)
- 유의사항
  - 학생의 특성과 흥미를 고려하여 다양한 수업 자료를 준비함
  - ㉠ PRT의 중심축 반응 중 '동기'를 향상시키기 위해 준비한 수업 자료를 사용함
  - PRT 중심축 반응 중 '동기'를 향상시키기 위해 수업 활동 중 다음 요소를 고려하여 지도함

요소	지도 중점
(㉡)	• 질문에 응답하기 위한 모든 노력에 칭찬하기 • 질문에 응답하기 위한 비언어적 행동에도 긍정적 반응하기 • 틀린 반응이더라도 학생의 노력에 긍정적으로 반응하기

❷ 13초등B5

중심축 반응 교수전략이다. ㉤~㉦에서 적절하지 않은 것 2개를 찾아 기호를 쓰고, 바르게 고쳐 쓰시오.

㉤ 세희가 다양한 질문에 정확하게 반응할 경우에만 강화를 제공한다.
㉥ 다양한 연필꽂이 만들기 재료 중에서 세희가 요구하는 것을 준다.
㉦ 세희를 위해 하나의 단서와 자극에 반응할 수 있도록 환경을 구조화한다.
㉧ 세희가 연필꽂이 만드는 순서를 모를 때, 도움을 요청할 수 있도록 가르친다.

3. 중심축 반응 훈련의 교수전략

(1) 중심행동 - 동기 유발 ❶ 23중등B10, ❷ 13초등B5

① 자폐성장애 학생이 무엇인가를 하고자 하는 동기를 가질 수 있도록 하는 것은 중심축 반응 훈련의 중요 중심반응이다.

② 학습자의 동기를 유발시키는 방법은 학습자의 특성에 따라 다양하게 적용될 수 있다.

중심축 영역	요소	설명 및 예시
동기 유발	선택 기회 제공하기	아동과 상호작용을 하는 동안 아동에게 선택 기회를 제공할 경우 동기가 강화될 수 있다. 선택 기회 제공이란 아동이 선호하는 교재를 선택하도록 하는 것이다.
	기존에 학습하였던 내용과 새로운 내용을 같이 제시하기	아동에게 이미 성취하였던 과제와 새로운 과제를 같이 섞어서 제시할 경우 학습 동기가 강화될 수 있다.
	아동의 시도 강화하기	아동이 무엇인가를 하고자 하는 모든 시도를 강화한다. 비록 그 시도가 틀린 반응이거나 적절한 반응이 아니라 하더라도 무엇인가를 하고자 하는 시도가 명확하다면 이러한 모든 시도를 강화하여 아동의 동기를 강화할 수 있다.
	자연적이고 직접적인 강화 제공하기	자연적이고 직접적인 강화는 아동의 학습 동기 강화에 매우 효과적이다.

더알아보기 동기 유발 방법 및 단계 ❶ 19중등B7

동기 유발 방법의 예시	
학습자의 관심 유발하기	교수 활동을 시작하기 위해서는 먼저 학습자의 관심을 유발해야 한다. 이를 위해 먼저 학습자와 눈을 맞추고 그다음에 요구나 지시를 해야 한다.
함께 조절하기	함께 조절하기(shared control) 단계에서는 교사나 전문가가 학생의 일과 중에서 어떤 부분을 교사가 도와주고 어떤 부분을 학생이 스스로 하게 해야 하는지를 결정해야 한다. 즉, 교수 활동을 하는 동안 교사나 부모의 촉진과 지원이 제공되어야 하는데, 이 과정에서 아동이 스스로 할 수 있는 것을 찾아 아동이 스스로 해야 하는 부분을 정하고 학습자가 스스로 할 수 없는 부분은 교사가 도움을 주도록 조절할 수 있다. 예를 들어, 친구와 놀고 싶은 아동의 경우, 아동이 친구 어깨를 두드리고 친구가 돌아보면 교사가 '같이 놀래?'라는 말을 해주어 친구와 놀 수 있도록 하는 것이다. 다시 말해, 아동이 스스로 할 수 있는 부분과 성인의 도움이 필요한 부분을 조절하는 방법이다.
학습자의 선택 활용하기 23중등B10	아동이 스스로 선택하고 좋아하는 것을 활용하는 방법은 학습자의 동기를 유발하는 데 효과적이다. 이를 위해서 먼저 학생의 선호도를 파악해야 하며 파악된 정보는 교재 교구를 선정하거나 물리적 환경 구성에 활용될 수 있다. 또한 공룡을 좋아하는 학생의 경우 활동을 마친 후 공룡 인형을 강화인으로 제공하는 것과 같이 아동의 선호도와 선택을 자연적 강화인으로 활용할 수 있다.
다양한 활동, 교재, 반응 활용하기	아동에게 새로운 기술을 가르칠 때 다양한 활동과 다양한 교재를 활용하여 가르칠 수 있다. 예를 들어, '공'의 명칭을 가르칠 때, '공 던지기 놀이', '공 그림 그리기', '축구 및 야구 경기 관람' 등과 같은 다양한 활동을 통해 가르칠 수 있다. 또한 여러 가지 다양한 공을 활용하여 가르칠 수 있는데, 탱탱볼과 같이 크고 단단한 공, 스펀지로 만들어진 공, 콩주머니와 같은 형태의 공, 야구공이나 탁구공과 같이 다양한 교재를 활용하여 가르칠 수 있다. 마지막으로 아동이 공이라고 말로 표현할 수도 있고, 그림을 그려 반응할 수도 있는 것과 같이 다양한 반응을 활용하는 방법도 있다. 이와 같이 아동 수준에 맞는 다양한 활동과 교재, 다양한 반응을 사용할 경우 효과적으로 학생의 동기를 유발시킬 수 있으며 습득된 기술을 일반화시키는 데도 매우 효과적으로 사용될 수 있다.
습득된 과제와 유지 과제 같이 사용하기	아동이 이미 습득한 기술, 즉 쉬운 기술과 습득해야 할 새로운 기술, 혹은 어려운 과제를 섞어서 제시할 경우 아동의 학습 동기가 유지될 수 있다. 예를 들어, 세 가지 색깔의 명칭을 가르치고자 하는 아동의 경우, 이미 알고 있는 과일을 활용하여 색을 가르치는 것은 하나의 방법이다.
아동의 시도 강화하기 23중등B10	아동의 목표행동과 관련된 모든 시도를 강화하여 아동이 동기를 지속할 수 있도록 한다. 예를 들어, '안녕'이라는 말을 배우기 시작하는 아동이, '아녀'이라는 말을 시도할 경우 교사는 '안녕'이라고 반응하여 아동의 시도를 강화한다.
즉각적이고 자연적인 강화 사용하기	강화는 아동이 목표행동을 수행한 직후에 바로 제공되는 것이 효과적이다. 또한 제공되는 강화는 아동이 좋아하는 것이면서 활동과 직접 관련되어야 한다. 예를 들어, 친구와 상호작용하기를 배우는 유아의 경우 상호작용을 위한 시작행동을 한 직후 친구가 즉각적으로 긍정적인 반응을 해주는 것은 즉각적이며 자연적인 강화이다.

[출처] 방명애 외, 자폐성장애 학생 교육(2018)

기출 POINT 11

❶ 19중등B7

ⓒ과 ⓔ을 할 때 '동기' 반응을 향상시키기 위한 방법을 순서대로 서술하시오. (단, 유의사항에서 제시된 방법은 제외)

■ 학습목표: 여러 가지 조리 도구의 용도를 안다.

〈PRT 적용〉
- ⓒ '조리 도구 그리기', '인터넷을 통해 조리 도구 알아보기', '조리 도구 관찰하기' 활동을 준비하여 지도함
- ⓔ 조리 도구의 용도를 묻는 질문에 답하도록 지도함

〈유의사항〉
- 학생이 할 수 있는 다른 활동과 함께 제시
- 자연스러운 강화제 사용
- 다양한 활동, 자료, 과제량 준비

기출 POINT 12

❶ 22유아A3

중심(축)반응 4가지 중 ㉡에 들어갈 말을 쓰시오.

> 최 교사: 재우는 제한적인 자극이나 관련없는 자극에 반응하는 특성이 있기 때문에 중심(축)반응 중 (㉡)을/를 증진시켜야겠어요.

❷ 17초등B6

PRT를 통해 '복합단서에 반응하기'를 지도하고자 할 때 아래 활동에서 교사의 지시문 ㉢이 적절하지 않은 이유를 쓰고, 적절한 지시문의 예 1가지를 쓰시오.

> 교사: (컵 2개를 학생에게 보여주며) 선생님이 컵에 표시선을 나타낼 거예요. (책상 위에 놓여 있는 빨간색 테이프, 파란색 테이프, 빨간색 사인펜, 파란색 사인펜을 가리키며) ㉢ 테이프 주세요.
> 학생: (색 테이프 하나를 선생님에게 건네준다.)
> 교사: (2개의 컵에 색 테이프로 표시선을 만든다.) 이제 표시선까지 물을 채워 봅시다.

(2) 중심행동 – 복합단서에 반응하기 ❶ 22유아A3, ❷ 17초등B6

① 복합단서에 반응하기가 중심반응 중 하나인 이유는 많은 학습 상황에서 다양한 단서에 반응해야 하는 일이 많기 때문이다.

② 복합단서에 반응하기란 학생이 이미 습득한 중심행동을 여러 다양한 속성과 특징을 지닌 복잡한 요구에 반응하도록 하는 것이다.

예) 학생이 '크레파스'라는 명칭을 이미 알고 있다면 이것을 활용하여 새로운 자극인 색깔 자극을 더 제시하여 '파란색 크레파스'에 반응하도록 하는 것이다.

중심축 영역	요소	설명 및 예시
복합 단서에 반응하기	자극을 다양화하고 단서 증가시키기	• 한 가지 속성의 단서를 지닌 자극에 반응하게 한다. 예) 친구에게 인사를 가르치고자 할 경우 처음에는 '친구'라는 한 가지 속성을 지닌 단서에만 반응할 수 있도록 친구에게 인사하기를 가르치는데, 이때 처음에는 1명의 친구에게 인사할 수 있도록 하고 점차 여러 친구에게 인사하기를 할 수 있게 가르친다. • 두 가지 단서를 제공하여 학습자가 이러한 하나 이상의 단서에 반응할 수 있도록 한다. 예) 친구에게 인사하기를 가르칠 경우, 빨간 옷을 입은 친구에게 인사하도록 가르칠 수 있다. 여기서 두 개의 단서는 '친구'와 '빨간 옷'이다. • 보다 복잡한 단서에 반응하게 한다. 예) '노란 핀을 꽂고 빨간 외투를 입은 친구'에게 인사하기 등과 같이 여러 단서를 제공하여 그에 반응하게 가르친다.
	강화스케줄 활용하기 (반응을 격려하는 방법)	• 다양한 강화인을 활용하여 학습자들에게 목표 기술을 가르치기 위해 동기를 향상시킨다. 예) 학습자가 만화 보기를 좋아한다거나 컴퓨터 게임하기를 좋아할 경우 그들이 좋아하는 것을 강화인으로 활용할 수 있다. • 학습자가 목표 기술을 잘 사용할 수 있도록 연속 강화를 제공할 수 있다. 예) 교사의 질문에 대답할 때마다 매번 간단한 만화를 보게 할 수 있다. • 학습자가 새로운 기술을 어느 정도 습득하고 나면 점차 강화스케줄을 변경하여 간헐 강화를 제공할 수 있다. 예) 처음에는 교사의 질문에 반응할 때마나 강화를 하다가 점차 세 번 반응할 때마다 강화를 제공하거나 혹은 평균 세 번 반응할 때 강화를 하는 방법 등과 같이 간헐 강화 방법을 사용할 수 있는데, 이러한 간헐 강화의 가장 커다란 장점은 습득된 행동을 유지시키는 데 효과적이라는 것이다.

더 알아보기 복수단서에 대한 반응성

1. 복수단서에 대한 아동의 반응성 다루기
복수단서에 대한 아동의 반응성을 다루는 것은 자극과다 선택과 관련된 잦은 문제를 감소시키는 데 도움을 준다. 이것은 아동으로 하여금 지시에서 두 개나 그 이상의 요소에 주의를 기울이고 반응하도록 요구하는 것을 포함한다(예 초록 블록, 작은 소). 이러한 요소는 아동의 발달 단계에 적절하게 삽입되어야 한다. 예를 들어, 3세 일반 아동에게서 세 개 이상의 다른 단서(예 '큰', '파란', '동그란')에 주의 기울이기를 기대할 수 없는 것처럼 ASD 아동의 발달 단계에 맞춘 기대 수준을 채택해야 한다.
① 예시 1 : 다양한 색의 크고 작은 블록을 준비한다. 아동이 특정 단서를 사용해 블록을 요구하게 한다. 예 큰 블록 또는 빨간 블록
② 예시 2 : 아동이 다양한 지시나 질문에 반응할 수 있게 한다.
예 "무슨 색 블록이야?", "작은 블록 찾아봐.", "블록 두 개 가져."
[출처] 이소현 외, 자폐범주성장애 : 의사소통 및 사회적 상호작용을 위한 증거 기반의 실제 전략(2017)

2. 자폐범주성장애 아동에게 복수단서를 사용하는 것은 보다 구체적으로 말해서 조건적 식별을 가르치는 것으로, 근본적으로는 자극과다 선택(stimulus over selectivity)을 표적으로 한다. 과다선택이란 자폐범주성장애 아동이 사물의 모든 특징에 주의를 기울이는 데 어려움을 겪고 한정된 단서에 기반을 둔 부정확한 반응을 보이는 것을 말한다. 복수자극에 주의를 기울이는 것은 두 가지 접근을 통해 교수될 수 있다.
① 자극의 관련 특성을 과장하는 것이다. 예를 들어, 과제목표가 'p'와 'b'를 구별하는 것이라면 'p'와 'b'의 선을 길게 늘여 서로 어떻게 다른지 강조하고, 아동이 목표 자극을 구별할 수 있게 되면 과장된 특성을 천천히 소거하여 일반적인 글자 비율로 되돌아온다. 이 방법은 글자 인식이나 전치사 같은 학업기술을 가르칠 때 특히 유용하다.
② 부수자극 촉진(extra-stimulus prompting)은 환경적 방해물과 구성을 이용해 아동에게 환경 내에서 지속적인 조건적 식별을 제공해 주는 것이다. 이것은 아동이 정확하게 반응하고 강화를 얻기 위해서는 다양한 자극에 주의를 기울여야 한다는 것을 의미한다. 예를 들어, 아동은 토마스 기차와 관련된 모든 자극(색, 크기, 성별, 표정, 굴뚝 개수, 측면판, 기차 몇 량을 끌 수 있는지 등)에 주의를 기울이도록 배운다. 관련된 복수단서에 주의를 기울이는 능력이 증진되면 학업과 사회적 기능 모두가 향상된다. 이처럼 복수단서에 주의를 기울이는 행동은 이 행동의 변화가 부가적이고 목표하지 않은 기술 영역의 변화까지 가져오기 때문에 중심축 행동인 것이다.
[출처] 이소현 외, 자폐범주성장애 : 의사소통 및 사회적 상호작용을 위한 증거 기반의 실제 전략(2017)

(3) 중심행동 - 자발적으로 시작행동하기(자기주도반응) ❷ 19중등B7, ❸ 17유아A2

① 자발적 시작행동이 중심행동인 이유는 스스로 시작하는 상호작용을 통해 학습이 일어나는 일이 많기 때문이다. 사회적 상황에서 상호작용 대상자에게 먼저 말을 걸거나 몸짓으로 의사소통을 시도하는 행동 등이다. 예를 들어, 친구들이 놀고 있을 때, "나도 같이 놀자."라고 말하거나 공을 던지면서 "자, 받아."라고 말하는 것 등이 시작행동을 하는 것이다.

② 다른 사람에게 질문하는 것은 중요한 시작행동이다. 따라서 다른 사람에게 질문하는 것을 가르치는 것도 시작행동을 가르치는 것으로, 아동이 할 수 있는 질문의 예는 "이게 뭐야?", "어디 가요?" 등이 있다. ❶ 24유아A1

③ 스스로 시작행동하기는 또래를 매개로 하거나 학습자 주도적인 전략을 사용하도록 하여 지도할 수 있다.

기출 POINT 13

❶ 24유아A1
중심(축) 반응훈련을 통해 동주에게 지도하는 중심(축) 반응 영역이 무엇인지 쓰시오.

동주 : (배 교사의 손을 잡아 그림책에 있는 곤충에 갖다 댄다.)
배 교사 : 무당벌레.
동주 : (책장을 넘겨 배 교사의 손을 잡아 곤충 그림에 갖다 댄다.)
임 교사 : 뭐예요?
동주 : 뭐예요?
배 교사 : 사슴벌레.
동주 : (책장을 넘긴다.)
임 교사 : 뭐예요?
동주 : 뭐예요?
배 교사 : 애벌레.
동주 : (책장을 넘긴다.)

❷ 19중등B7
ⓜ을 할 때 교사가 가르칠 내용을 '자기주도' 반응 측면에서 서술하시오.

〈PRT 적용〉
• ⓜ 조리 도구의 용도를 모를 때 학생이 할 수 있는 행동을 지도함

❸ 17유아A2
ⓒ에 들어갈 중재방법의 명칭과 ⓔ에 들어갈 핵심영역을 쓰시오. 그리고 ⓛ과 관련하여 ⓜ의 핵심영역에서 설정할 수 있는 민수의 목표행동을 쓰시오

최 교사 : 활동 시간에 민수를 잘 지도할 수 있는 구체적인 방법을 알고 싶어요. 예를 들어, 교실에서 ⓛ 민수가 원하는 것을 요구할 수 있도록 가르치기 위해 제가 할 수 있는 일에는 무엇이 있을까요?
김 교사 : 요구하기를 지도하기 위한 방법에는 여러 가지가 있는데요, 저는 요즘 민수에게 (ⓒ)을/를 적용하고 있어요. 이 방법은 핵심영역에서의 지도가 다른 기술들을 배우는 데 도움을 주어 의사소통 능력과 사회적 상호작용을 촉진하는 데 효과적입니다. 이 방법에서는 주로 (ⓔ), 복합단서에 반응하기, 자기관리, ⓜ 자기시도를 핵심영역으로 제시하고 있습니다. 민수에게 이를 적용한 결과, 핵심영역에서 배운 기술을 통해 다른 영역의 기술을 수월하게 익혀 가는 것을 볼 수 있었어요.

중심축 영역	요소	설명 및 예시
자기주도 반응	질문하는 것을 가르친다.	• 시간과 물건의 위치와 관련된 질문하기와 같은 정보-탐색 시도를 가르친다. • 도움을 요청하는 정보-탐색 시도를 가르친다.

(4) 중심행동 – 자기관리 ❶ 22유아A3

① 자기관리를 중심행동으로 선정한 이유는 자기관리 기술은 여러 상황 속에서 많은 사람과 다양한 행동을 하도록 일반화를 촉진할 수 있으며, 다른 사람의 도움이나 훈련된 중재자의 도움을 거의 받지 않고도 습득된 행동을 할 수 있기 때문이다. 즉, 자기관리 기술을 가르치는 것은 부모나 교사에 대해 의존하는 정도를 줄이고 스스로 행동하는 것을 촉진한다.

② 자기관리를 촉진하기 위해서는 학습자가 스스로 목표기술이 무엇인지 확실히 알아야 하고, 다음으로는 목표기술의 발생 여부를 기록하고 모니터링할 수 있어야 한다.

③ 자기관리 기술의 일반적인 지도방법은 다음과 같다.

㉠ 자기관리 체계를 갖추어야 한다. 즉, 어떤 행동을 얼마나 수행해야 하는지 알 수 있도록 목표행동은 무엇이며 현재 어느 정도 수행하고 있는지, 강화는 언제 그리고 얼마나 자주 사용할 것인지, 기록 방법은 무엇인지 등에 대해 구체적으로 알 수 있게 해야 한다.

㉡ 자기관리 방법을 가르친다. 자기관리 행동에는 바람직한 행동과 바람직하지 않은 행동을 변별하기, 바람직한 행동의 빈도 수 기록하기 등과 같은 행동이 포함된다.

㉢ 마지막으로 성인의 지원을 줄이고 스스로 수행하게 한다. 즉, 성인의 촉진을 점진적으로 줄이면서 바람직한 반응을 습득하고, 습득된 반응을 다양한 자극에 일반화하게 하고, 스스로 목표행동의 수행을 기록하게 한다.

중심축 영역	요소	설명 및 예시
자기관리	자신의 행동을 식별하고, 행동이 발생하는 것과 발생하지 않는 것을 기록하는 방법을 아동에게 가르친다.	• 아동이 이야기 시간에 조용히 앉아서 책장이 넘어갈 때 종이에 표시하도록 시킨다. • 교실에서 수학이나 다른 과제를 하는 동안에 과제 행동을 자기평가할 수 있도록 알람시계를 사용한다.

기출 POINT 14

❶ 22유아A3

① [B]에서 재우에게 적용하고자 하는 자기관리 전략의 유형을 쓰고, ② 이 전략의 지도 목적을 재우의 행동 특성에 근거하여 1가지 쓰시오.

최 교사: 부모님의 의견을 반영해서 개별화교육계획 목표를 '성인의 지시 없이 스스로 하기'로 정해요. 재우의 행동 특성을 고려해 보면 중심축 반응 훈련을 적용해서 지도하면 좋을 것 같아요.
홍 교사: 네. 지시가 있어야만 행동하는 특성에는 중심(축) 반응 중에서 자기관리 기술을 습득하도록 지도해야겠지요?
최 교사: 네. 먼저 이 닦기부터 적용해 보죠. 이 닦기 그림을 보고 이를 닦고 난 후, 스티커를 붙여서 수행 여부를 확인하는 시각적 자료를 활용하면 좋을 것 같아요. [B]

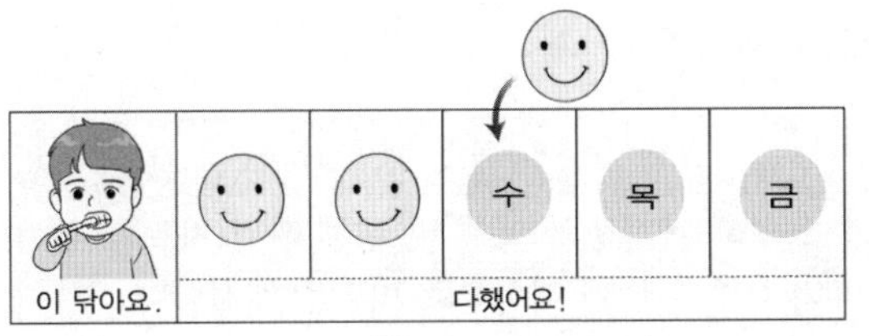

4. 중심축 반응 훈련의 예시

은진이는 꽃향기를 맡는 것을 좋아한다. 김 교사는 은진이에게 좋아하는 꽃의 이름을 가르치기로 하였다. 김 교사는 은진이가 색깔에 대해 알고 있다는 점을 활용하여 꽃 이름을 학습하는 데 흥미를 돋우었다. 김 교사가 장미꽃을 가리키면서 "무슨 색이지?"라고 질문하였다. 은진이는 "빨간색"이라고 말하였다. 김 교사는 은진이에게 장미꽃의 냄새를 맡게 하였다. 다음에 김 교사는 다른 장미를 가리키며 "무슨 꽃이지?"라고 물었다. 김 교사는 은진이가 "장미꽃"이라고 말하도록 촉구하였다. 은진이가 "자미꽃"이라고 말하면 "장미꽃"이라고 말해 준 후 장미꽃 냄새를 맡게 하였다.

03 기능적 의사소통 훈련(functional communication training ; FCT)

1. 기능적 의사소통 훈련의 개념

① 과거에는 아동의 문제행동을 부적응적인 행동으로 간주하고 단순히 문제행동의 감소 및 소거를 목적으로 한 행동중재가 대부분이었으나 최근에는 아동의 문제행동이 의사소통적 기능을 가진다는 점을 전제로 기능성에 초점을 둔 접근법이 제시되고 있다.

② 아동의 문제행동에 대해 문제행동의 의사소통적 기능을 파악하기 위한 기능평가를 실시하고, 그 기능과 동일하면서도 사회적으로 수용 가능한 의사소통 행동을 교수하고 강화하여 문제행동을 감소시키는 방법으로 기능적 의사소통 훈련이 있다.

③ 즉, 바람직한 대체행동을 가르쳐 사회적으로 수용 가능한 방법으로 의사표현을 할 수 있도록 하는 중재방법이다. ❶ 13유아A4

더 알아보기

FCT = DRC

기능적 의사소통 훈련을 행동수정 기법 중 하나인 대안행동 차별강화의 한 형태로 보는 문헌(Chance, 2003 ; Miltenberger, 2001 ; Mudford et al., 2008)도 있다. 특히 Miltenberger(2001)는 기능적 의사소통 훈련에서 대안행동은 의사소통 반응이므로 기능적 의사소통 훈련을 의사소통 차별강화(Differential Reinforcement of Communication ; DRC)라고도 하였다.

기출 POINT 15

❶ 13유아A4

ⓒ에 들어갈 알맞은 말을 쓰고, 방법 선정 시 고려해야 할 사항 2가지를 쓰시오.

김 교사: 박 선생님, 민기의 우는 행동을 줄여 주려면 어떻게 해야 할까요?
박 교사: 민기에게 우는 행동 대신 손을 들게 하는 방법을 가르쳐 보세요. 이러한 방법을 (ⓒ) 지도라고 하지요.

2. 기능적 의사소통 훈련의 단계

단계	내용
1. 행동의 기능평가 실시	• 학생의 교육 및 행동 관련 자료를 분석하거나, 학부모 · 교사 · 학생을 대상으로 면담을 실시한다. • 직접 관찰을 통해 체계적인 자료를 수집한다. • 문제행동의 기능을 판별하기 위해 수집된 자료를 분석한다.
2. 기능적 의사소통 훈련 실시	• 동일한 기능을 수행할 수 있는 의사소통적 반응을 판별한다. • 비연속 시행 훈련 형식을 사용하여 의사소통적 반응을 지도한다. • 의사소통적 반응을 쉽게 수행할 수 있는지를 파악하여 의사소통적 반응이 문제행동보다 효율적인지를 확인한다.
3. 부가적인 기능 중심 행동지원 개발	• 선행사건 중재를 개발하고 실행한다. • 부가적인 대체행동을 지도한다. • 후속사건 중재를 개발하고 실행한다. • 필요한 경우 위기개입 중재에 관해 상세히 기록한다.

3. 기능적 의사소통 훈련 사용 시 고려사항

고려사항	내용
반응일치	대체행동이 문제행동의 기능과 일치하는가?
반응숙달 (초기 감소, 일반화, 유지를 위함)	대체행동이 바람직한 결과를 얻는가? ❶ 13유아A4 • **반응 효율성**: 새로운 행동은 문제행동보다 빠르고 쉽게 원하는 결과를 얻어야 한다. • **반응 수용성**: 새로운 행동은 주변 환경 안에서 다른 사람이 받아들일 수 있다. • **반응 인식성**: 새로운 행동은 친근한 사람이나 생소한 사람들이 쉽게 알아야 한다.

반응환경	• 대체행동은 다른 환경에서도 문제행동과 동등한 기능으로 작용할 수 있는가? • 이러한 환경에서 학생이 선택할 수 있는 기회가 있는가?
문제행동에 대한 결과	• 반응결과를 개별적으로 사용하고 있는가? • 문제행동이 주변 환경 안에서 기능으로 작용하지 않는가?

04 공동행동일과(joint action routines ; JARs)

1. 공동행동일과의 개념

(1) 공동행동일과의 정의

① 공동행동일과는 자연적인 언어 패러다임 중재로, 아동이 언어를 사용할 수 있는 기회에 놓이도록 환경을 구성하는 것이다. 이를 위해 일상적인 상호작용 과정 안에서 아동의 자발적인 대화를 이끌어, 상황에 대한 이해를 증가시켜 주며 예측 가능하고, 논리적이며, 반복적인 일상적 활동을 통해 아동의 사회적 상호작용을 돕는 전략이다.

② 아동들이 새로운 반응을 획득하거나, 받아들인 반응들을 적절한 시기에 사용하도록 단서를 제공하는 친숙한 일과들의 일관성 및 신뢰도가 매우 중요하다. 이 일과들이 종종 되풀이될 때 사건은 더욱 의미 있게 되고, 아동은 무엇인가를 통제하고 있다는 느낌을 얻게 되고, 활동의 인지적 과제에 참여한다.

(2) 공동행동일과의 장단점

① JARs의 장점은 아동이 또래와의 상호작용을 촉진하고 새로운 의사소통 기술을 습득하는 데 용이하다는 점이다. 자연적인 환경에서 실시하기 때문에 일반화를 촉진할 수 있고, 목표반응을 유지하고 일반화를 촉진시키는 빈번한 기회가 제공된다. 또한 일상생활에서 겪을 수 있는 요소들을 이용하기 때문에 아동이 예상 가능하고, 아동의 동기를 이끌어 낼 수 있다.

② JARs의 단점은 프로그램을 장기적으로 실시할 경우 아동은 반복적인 활동에 지루함을 느낄 수 있다.

2. 공동행동일과의 특징

① 일과를 반복하여 목표반응의 획득 유지 및 일반화를 촉진하는 빈번한 기회를 제공한다.

② 일과가 자연적인 환경에서 발생하므로 그 상황에 있는 다른 사람들이 일과에 대해 알고 있어 쉽게 시작하고, 적절히 반응할 수 있다.

③ 공동행동일과에서의 활동은 예측 가능하고, 논리적이며, 반복 가능해야 한다. 그래야 학생은 자신이 학습한 일과와 스크립트(특정 상황에서 사용되는 고정된 말이나 행위)에 익숙해지고 일과 내에서 자신의 행위를 확장시키고 의사소통 기술의 증가를 보일 수 있다.

Keyword

자연적 중재
인위적인 환경 구조가 아닌 친근한 일상생활 환경과 같은 자연스러운 상황에서 학습하도록 함으로써 장애아동의 바람직한 발달과 변화를 이끌어 내고자 하는 중재이다.

자연적인 언어 패러다임
자연스러운 환경을 구성하여 아동이 언어를 사용할 수 있는 기회를 지원하고 증가시키는 언어 중재이다.

3. 공동행동일과의 고려사항

① 일과의 주제는 참여자 모두에게 의미 있고 친숙한 것이어야 한다.

② 다른 사람들과 상호작용하고 의사소통할 수 있는 많은 기회들과 함께 하루 종일 빈번하게 일과를 제시해야 한다.

③ 성과를 구체화해야 한다.

④ 일과의 시작과 끝이 분명한 상태에서 순서를 따르고 있다는 것을 확실히 해야 한다.

⑤ 일과의 시작과 끝을 나타내는 명확한 신호들을 규명해야 한다.

⑥ 즉시 숙달할 것으로 기대하지 말고 자신의 역할이 있는 학생들을 돕기 위해 언어 및 일과를 시범 보일 준비를 해야 한다.

⑦ 일과를 매일 반복할 계획을 세우고 점차 변화를 추가해야 한다.

⑧ 아동들을 도와 역할들을 구별하게 하고, 성인의 언어적 촉구의 필요성을 줄이도록 일과에 소도구를 포함시켜야 한다.

4. 공동행동일과의 예시

교사는 하루 일과를 시작하기 위하여 아동들을 달력 영역으로 부른다. 그들은 몇 개월 동안 달력을 사용해 왔는데 일과는 항상 동일하다. 교사는 준표의 언어발달을 더욱 격려하기 위하여 변형된 공동행동일과를 사용하기로 결정하였다. 교사는 "오늘 아침에는 준표가 선생님이 될 거예요!"라고 말한다.

준표는 급우들 앞에 서서 교사를 바라본다. 교사는 준표를 달력 쪽으로 돌려세우고 준표에게 "(교사 자신이 일과를 시작할 때 항상 사용하는 문장인) '오늘이 며칠인지 봅시다'라고 말해."라고 한다. 준표는 그 문장을 반복하고 교사가 아주 많이 했던 동작을 흉내내면서 달력 쪽으로 이동한다. 준표가 갑자기 멈추고는 주위를 둘러보기 시작한다. 달력을 가리킬 때 교사가 사용하는 막대기를 준표가 찾고 있다는 것을 아는 교사는 준표에게 혹시 무엇이 필요한지를 묻는다. 준표는 팔을 뻗지만 아무 말도 하지 않는다. 교사는 막대기가 감춰져 있는 뒤쪽으로 팔을 뻗으면서 "막대기가 필요하니? '막대기'라고 말해 봐."라고 한다. 준표는 "막대기"라고 말하고 막대기를 받는다. 준표는 달력 쪽으로 돌아서서 해당 숫자를 짚어가며 날짜를 세기 시작한다. (교사는 준표가 실제로 얼마나 자신과 비슷한 소리를 내는지에 대해 놀란다!) 준표는 그 날의 날짜로 채워져야 할 빈칸을 반복적으로 짚으면서 날짜 세기를 멈춘다. 준표가 달력 옆에 있는 숫자더미를 뒤지기 시작하자 교사는 빈칸에 해당되는 숫자카드를 들어 보이며 "숫자가 필요하니?"라고 묻는다. 준표가 그 카드를 잡으려고 팔을 뻗자 교사는 뭔가를 기대하는 표정으로 준표를 바라보며 카드를 뒤쪽으로 뺀다. 준표가 "숫자"라고 말하자 교사는 그 카드를 준표에게 건넨다. 준표는 카드를 달력에 붙이고는 연도, 계절, 날씨로 진행해 나간다.

교사는 준표가 빠져 있는 부분을 요구하거나 요청해야만 하도록 각각의 일과에서 무엇인가는 의도적으로 방해하여 왔다. 무엇보다도 준표는 달력 일과에서 '교사'의 역할을 아주 잘한다. 심지어 준표는 교사가 했던 것과 동일한 질문들을 급우들에게 하기도 한다. 가장 좋은 것은 준표 자신이 이를 즐기는 것처럼 보이고 많은 언어를 사용하고 있다는 점이다!

[출처] 이승희, 자폐스펙트럼장애의 이해(2015)

05 그림교환의사소통 체계(picture exchange communication system ; PECS)

1. 그림교환의사소통 체계의 개념

(1) 그림교환의사소통 체계의 정의 ❶ 10유아A3

① 그림교환의사소통 체계는 표현언어가 부족한 전반적 발달장애나 기타 장애를 가진 아동들을 위해 개발된 것으로 응용행동분석에 근거한 전략이다.

② PECS는 시각적 의사소통 방법으로, 시각적 학습자인 ASD 아동에게 매우 효과적이다.

③ PECS는 요청하기 기능을 충족시키는 사회적 행동을 자발적으로 시작하도록 돕는 것을 강조한다.

(2) 그림교환의사소통 체계의 특성 ❶ 20유아A1

① 행동형성, 차별강화, 자극통제의 전이 등과 같은 행동주의 원리와 방법을 기반으로 하지만 사회적 상황 속에서 의사소통 행동을 가르친다는 점에서 자연적 중재 방법도 활용한다.

② PECS는 보완대체의사소통의 한 방법이지만 아동이 의사소통 대상자에게 접근해야 하고 상호작용을 먼저 시작한다는 점에서 차이가 있다.

③ PECS에서 사용하는 그림카드는 시각적 지원의 한 방법이므로 자폐성장애 학생들의 특성에 적합하다.

④ PECS에서 강조하는 교육내용은 아동이 원하는 것을 '요청하기', '질문에 대답하기', 사회적인 상호작용을 위한 '설명하기' 등이다. 요청하기를 첫 번째 의사소통 행동으로 가르치는 것은 아동이 의사소통 대상자에게 원하는 물건을 요청하고 의사소통 대상자는 그에 대한 반응으로 원하는 물건을 즉각적으로 제공하여 자연적으로 의사소통 행동이 강화받을 수 있게 되며, 이에 따라 의사소통을 하고자 하는 동기를 촉진할 수 있다.

⑤ PECS는 일상생활 속에서 의사소통 대상자와 의미 있는 상호작용을 촉진한다.

⑥ PECS에서는 아동들이 원하는 물건을 얻기 위하여 사물 그림을 교환하도록 훈련한다. 학생들이 선호하는 강화물을 사정하는 것으로 훈련이 시작되는데, 이때 아동의 강화선호도를 결정하기 위해 몇 가지 조합된 물건들이 각각의 아동들에게 반복적으로 제공된다. 아동의 강화선호도는 시간이 지남에 따라 변할 수 있기 때문에 강화물 사정은 훈련이 종료될 때까지 반복될 수 있다.

⑦ PECS는 적용하는 초기 훈련 단계에서는 복잡한 선수 기술을 필요로 하지 않기 때문에 초기 의사소통 행동을 습득해야 하는 어린 영유아나 능력이 낮은 자폐성장애 학생에게도 적용할 수 있다.

기출 POINT 16

❶ 10유아A3

(가)에 나타난 경수의 의사소통 행동 특징 3가지를 쓰고, 이 특징들과 PECS의 전반적 내용을 연계하여 경수에게 PECS가 더 적합하다고 권유하는 김 교사 의견의 정당성을 논하시오.

(가) 경수의 의사소통 행동

① 경수는 먼저 의사소통을 시도하지 않으며 하루 종일 혼자 웅얼거리는 행동을 반복한다.
② 어머니가 경수에게 필요한 것이 뭐냐고 물어볼 경우, 자신이 원하는 것이 있으면 손으로 가리킨다. 하지만 다른 사람의 언어적 자극에는 반응하지 않는다.
③ 교사가 촉구할 때에도 경수는 자신이 원하는 것이 제시될 경우에만 반응한다.

기출 POINT 17

❶ 20유아A1

ⓐ~ⓖ 중 틀린 것을 2가지 찾아 기호를 쓰고, 각각 바르게 고쳐 쓰시오.

ⓐ 구어가 어려운 아이들에게 적용할 수 있어요.
ⓑ 요구하기 기술을 익히는 데 효율적인 방법이에요.
ⓒ 훈련 초기 단계에는 추상적인 그림을 제공해요.
ⓓ 즉각적인 보상을 통해 의사소통 기술을 습득할 수 있어요.
ⓔ PECS를 훈련할 때는 유아와 그림카드의 거리를 점차 좁혀가면서 지도해요.
ⓕ PECS를 통해서 우리 민호의 자발적인 의사소통이 늘어날 거래요.
ⓖ PECS는 기능적인 의사소통 증진을 목표로 해요.

(3) 그림교환의사소통 체계의 장단점

① PECS는 그림을 제시하는 즉시 강화가 제공되므로 동기를 부여할 수 있다.

② 누구나 보고 이해할 수 있는 그림이나 문자를 이용하기 때문에 중재에 참여하지 않은 교사나 가족, 지역사회로의 일반화가 용이하다.

③ PECS 초기 훈련 단계에서 두 명의 교사가 필요하다.

④ 여러 그림 중 자신이 원하는 그림을 찾아야 하고, 4단계 이후에는 여러 장의 그림카드로 문장을 구성해야 하기 때문에 대화 상대자의 얼굴을 지속적으로 쳐다보며 대화하기 어렵고, 대화의 흐름이 끊기거나 속도가 늦어질 수밖에 없다.

2. 그림교환의사소통 체계의 단계

단계	내용 및 예시
1. 교환개념 익히기	• 아동이 그림카드를 집어 교사에게 주면 교사는 그림에 해당하는 물건의 이름을 말하면서 실제 물건과 즉시 교환해 준다. 단, 교사는 아동에게 "무엇을 줄까?", "그 카드 나에게 줄래?" 등의 언어적 촉구를 사용해서는 안 된다. • 보조교사는 아동이 그림카드를 집어서 교사에게 주도록 신체적 촉구를 제공하고, 아동이 독립적으로 교환할 수 있게 되면 즉시 촉구를 제거한다. • 아동은 그림을 주면 원하는 것을 얻을 수 있다는 교환개념을 익힌다.
2. 자발적 교환하기 ❶ 21초등B6	• 교환개념을 익히면 아동과 교사 간의 거리, 그리고 그림카드와 아동의 거리를 점차 넓히면서 연습한다. 아동이 원하는 물건을 얻기 위해 그림카드를 가지러 가도록 유도하며, 그 그림카드를 교사에게 주기 위해 교사에게 다가가도록 한다. • 아동은 좀 더 자발적으로 그림카드를 교환하여 보상을 받는 것에 익숙해진다. • 자폐범주성장애를 지닌 아동은 사회적인 목적(명명하기)보다는 선호하는 물건을 얻기 위한(요구하기) 의사소통의 동기가 더 크기 때문에 그림교환의사소통 체계 교육은 먼저 학생이 요구하도록 가르치는 데 중점을 둔다. • PECS는 자발적인 요구를 하기 위해 성인이나 또래에게 접근하도록 교수함으로써 사회적 시작행동에 있어서 ASD 학생이 보이는 어려움을 다룬다. 또한 사회적 강화에 초점을 맞춰 설명하기 또는 명명하기 교수로 시작하는 대신에 적절한 요구하기 행동의 결과로 구체적인 강화와 보상을 제공하는 것으로 시작한다. 마지막으로, 다른 전략과는 반대로 PECS는 눈맞춤이나 모방과 같은 선수기술을 필요로 하지 않는다.

기출 POINT 18

❶ 21초등B6

① [A]에 해당하는 중재방법을 쓰고, ② ⓔ을 응용행동분석 원리로 지도할 때 ⓐ에 들어갈 학생의 행동을 쓰시오.

■ 픽토그램 카드 활용하기

교환 가치 형성하기 → ⓔ 자발적 교환하기 → 변별 훈련하기 → 문장으로 만들어 이야기하기 → 단어를 사용하여 질문에 반응하기 → 의견 설명하기 [A]

선행자극	행동	후속결과
그림카드를 학생과 먼 거리에 배치한다.	ⓐ	그림카드에 해당하는 사물을 준다.

3. 그림 식별하기 ❷ 19초등A5, ❸ 16유아B3, ❹ 14중등A15, ❺ 09초등1	• 선호하는 물건과 선호하지 않는 물건의 그림카드를 변별하여 요구하도록 지도한다. 나아가서는 여러 개의 그림카드 가운데 가장 선호하는 그림카드를 선택하게 하는 방식으로 지도한다. • 예를 들어, 아동은 선호하는 '쿠키' 그림을 가져오면 좋아하는 쿠키를 얻을 수 있지만, 만약 관계없는 '냉장고' 그림카드를 가져오면 '쿠키'를 얻을 수 없다. • 이 단계에서는 무작정 그림카드를 가져오는 것으로는 보상을 받지 못한다는 것을 익히게 한다.
4. 문장으로 요청하기	• 그림카드를 문장으로 구성하도록 지도한다. 즉, 아동이 '주세요'라고 쓰인 카드를 꺼내서 의사소통 끈에 붙인 다음 자기가 원하는 그림카드를 '주세요' 카드 옆에 붙여 교사에게 건네게 한다. • 이 단계에서는 두 개의 카드를 연결할 수 있는 띠(strip)가 필요하며, 요청하는 기술을 중점적으로 지도한다.
5. 다양한 문장 사용하기	• 문장으로 요구하기를 학습한 후 간단한 질문(예 "무엇을 줄까?")에 대답하는 것을 학습한다. • 기다리기 훈련을 포함할 수도 있는데, 기다리기 훈련은 아동이 그림카드를 제시할 때 '기다리기 카드'와 교환하여 약 5초 정도의 시간이 지난 후에 '기다리기 카드'와 물건을 교환해 주는 방법으로 지도할 수 있다.
6. 상호작용 확장하기	• 지금까지 배운 의사소통 기술을 종합적으로 사용하여 지도한다. • '○○ 주세요'라는 요구 단계에서 벗어나 자신의 감정이나 생각을 표현하도록 하며, 먼저 의사소통을 자발적으로 시작하고 다양한 대화 상대자와도 소통을 가능하게 하는 단계이다.

❷ 19초등A5

다음에서 적절하지 않은 것 2가지를 찾아 각각 기호를 쓰고, 바르게 고쳐 쓰시오.

> ⓐ 교환개념 훈련 단계에서 교환개념을 획득시킬 때 학생의 선호도보다 교과에서 사용되는 단어의 그림카드를 우선적으로 사용한다.
> ⓑ 자발적 교환훈련 단계에서는 '아, ○○을 좋아하는구나!' 등과 같은 사회적 강화를 제공한다.
> ⓒ 자발적 교환훈련 단계에서는 보조교사가 신체적 지원을 서서히 줄여나가야 한다.
> ⓓ 변별학습 단계에서 제시하는 그림카드는 선호도의 차이가 큰 세트부터 먼저 지도한다.
> ⓔ 변별학습 단계에서는 목표로 하는 그림카드가 아닌 다른 그림카드를 제시하는 행동에 대해서도 보상을 해준다.

기출 POINT 18

❸ 16유아B3

PECS 6단계 중 아래 단계의 지도 목적을 쓰시오.

박 교사: (도화지를 주지 않고, 버스 그림카드와 기차 그림카드가 붙어 있는 그림교환의사소통판을 보여주고, 정호가 고를 때까지 기다린다.)
정　호: (손에 잡히는 대로 기차 그림카드를 떼어서 교사에게 건넨다.)
박 교사: (그림교환의사소통판에 기차 그림카드를 붙여 다시 보여주고, 정호가 고를 때까지 기다린다.)
정　호: (그림교환의사소통판을 바라보고 버스 그림카드를 떼어서 교사에게 건넨다.)
박 교사: (버스 밑그림이 그려진 도화지를 정호에게 건네준다.)

❹ 14중등A15

PECS 6단계 중 일부 단계를 실시한 내용이다. 제시된 내용의 바로 다음 단계에서 학생 A가 배우게 되는 과제를 쓰시오.

학생 A와 의사소통 상대자인 박 교사는 서로 마주 보고 앉고, 실무원은 학생 A의 뒤에 앉는다. 실무원은 학생 A가 테이블 위에 놓여 있는 그림카드를 집어서 박 교사에게 줄 수 있도록 신체적 촉진을 제공한다. 이때 실무원은 언어적 촉진은 제공하지 않는다. 학생 A가 박 교사에게 자신이 좋아하는 야구공이 그려진 그림카드를 집어 주면, 박 교사는 "야구공을 갖고 싶었구나!"라고 하면서 학생 A에게 즉시 야구공을 준다. 이와 같은 방식으로 학생 A가 하나의 그림카드로 그 카드에 그려진 실제 물건과의 교환을 독립적으로 하게 되면, 박 교사는 학생 A와의 거리를 점점 넓힌다. 학생 A가 박 교사와 떨어져 있는 상황에서도 하나의 그림카드를 박 교사에게 자발적으로 갖다 주면, 박 교사는 학생 A에게 그 그림카드에 그려진 실제 물건을 준다.

❺ 09초등1

〈보기〉는 구어가 전혀 발달되지 않았을 뿐 아니라, 비언어적 의사소통에도 어려움을 보이는 동건이에게 유 교사가 PECS를 지도한 방법의 예시이다. 지도 절차를 순서대로 쓰시오.

〈보기〉

㉠ 동건이가 그림카드를 사용하여 문장판에 문장을 만들고 그것을 교사에게 제시하도록 지도하였다.
㉡ 동건이가 원하는 그림카드를 교사에게 주면 해당하는 사물을 주어 교환의 개념을 알도록 지도하였다.
㉢ 동건이가 선호하는 사물의 그림카드와 선호하지 않는 사물의 그림카드 중 선호하는 것을 식별하도록 지도하였다.
㉣ 동건이가 자신의 의사소통판으로 가서 그림카드를 가져와 교사에게 주면 해당하는 사물을 주어 자발적으로 교환하도록 지도하였다.

더알아보기 PECS 단계

<table>
<tr><th>단계</th><th>설명</th></tr>
<tr><td>1단계
교환개념
지도와
교환 훈련</td><td>1. 아동이 원하는 것, 즉 아동의 선호도를 파악한다(선호도는 몇 가지 사물을 책상 위에 올려 두고 아동이 먼저 집거나 가지고 노는 것, 빨리 사용하는 것이 무엇인지 관찰하여 파악할 수 있다). 선호도를 파악하는 과정에서 유의할 점은 훈련자가 아동에게 원하는 것이 무엇인지 질문하지 않아야 한다. 즉, 훈련자는 아동에게 "뭘 줄까? 네가 원하는 것 좀 보여줘. 이거 줄까?" 등의 말을 하지 않는다. 훈련자는 질문하지 않고 아동이 좋아할 만한 몇 가지 물건을 제시하고 아동이 선택하는 것을 관찰한다.
2. 선호하는 것이 무엇인지 확인되면, 훈련자는 아동이 선택한 선호물을 제외한 모든 물건을 치운다.
3. 훈련자는 아동이 충분히 볼 수 있는 위치에서 선호물을 보여준다. 그리고 아동이 선호물을 향해 손을 뻗으려 할 때, 훈련자는 선호물의 그림카드를 아동의 손에 놓는다.
4. 아동이 그림카드를 손에 쥐고 있을 때, 훈련자(또는 보조자)는 아동이 그 그림카드를 훈련자가 내민 손에 놓도록 신체적 안내를 한다.
5. 아동이 그림카드를 훈련자에게 주는 순간 훈련자가 아동에게 즉각적으로 미소를 지으며, 아동이 원하는 것을 주면서 "그래, 너는 이거 원했구나? 여기 있어."라고 말한다. 이 단계는 아동이 원하는 것과 아동이 가지고 있는 그림카드를 교환한 첫 번째 교환 단계이다.
6. 훈련자는 그림카드와 아동이 원하는 것을 계속하면서 아동이 그림카드를 집는 것에 대하여 제공하였던 신체적 촉진을 줄여 나간다.
7. 훈련자는 아동이 그림카드를 집을 때마다 계속 손을 벌려서 아동이 그 손에 그림카드를 놓을 수 있도록 한다.
8. 아동이 훈련자가 벌린 손에 그림카드를 집어 놓을 수 있게 되면 훈련자는 손 벌리기 단서를 줄여 간다.
9. 이 단계의 최종 목표는 아동이 테이블 위에 있는 그림카드를 집어서 훈련자에게 주고 원하는 것을 받는 것이다.
10. 이 단계에서 훈련자는 아동의 앞이나 뒤에 위치한다.</td></tr>
<tr><td>2단계
자발적
교환 훈련</td><td>이 단계에서 훈련자는 아동으로부터 조금 더 멀리 떨어진 곳으로 움직이고 의사소통판도 아동으로부터 보다 멀리 놓는다. 이 단계에서 아동은 교환을 하려면 의사소통 대상자에게 가까이 가서 그림을 가져야 한다는 것을 배우게 된다. 이때 훈련자는 의사소통 대상자를 향해 아동이 움직이는 것, 특별히 의사소통 대상자의 손을 향해 움직이는 것을 촉진해야 한다. 이 단계를 실행하는 과정에서 유의할 점은 여러 의사소통 대상자(훈련자)에게 훈련을 받도록 하여, 이후 다양한 사람들과 의사소통을 시작할 수 있도록 해야 한다는 것이다. 또한 이 단계에서 2명의 훈련자가 참여하는데 훈련자 1은 아동의 시야에서 조금 멀리 이동하여 아동이 그림을 향해 다가가도록 하고, 훈련자 2는 아동이 훈련자 1의 얼굴이나 어깨를 만지도록 시범을 보이거나 신체적으로 촉진한다.

자발적 교환 훈련을 위한 구체적인 방법은 다음과 같다.

• 훈련자가 아동이 원하는 물건을 들고 있고 아동이 가까이 가려 하면 훈련자는 약간 뒤로 물러나서 아동이 훈련자에게 접근하기 위해 일어나도록 한다.
• 교환이 이루어지면(아동이 그림카드를 주면), 훈련자는 아동에게 원하는 물건(과제 제공)과 사회적 강화("음, 너는 이 과자를 원했구나.")를 제공한다.
• 이와 같은 훈련을 계속하면서 훈련자는 아동과의 거리를 점차 늘려 간다.
• 이 단계의 마지막에서 아동은 스스로 자신의 의사소통판으로 가서 의사소통판에 있는 그림카드를 떼어, 훈련자에게로 가서 훈련자의 손에 카드를 놓을 수 있다.</td></tr>
</table>

3단계 그림 변별 훈련	1. 이 단계에서는 의사소통판에 있는 두 가지 이상의 그림을 변별하는 것을 습득하도록 한다. 이 훈련을 위해 교사는 의사소통판에 아동이 선호하는 것과 선호하지 않는(혹은 중립적인) 2개의 그림카드를 붙이고 아동에게 잘 보일 수 있도록 놓아둔다. 물론 이 단계에서도 언어적 촉진을 하지 않는다. 2. 아동이 그림카드를 집어서 교사에게 주면 교사는 아동이 원하는 물건과 교환하도록 아동에게 그림카드에 있는 것(예 작은 과자)을 준다. 3. 만일 아동이 교사가 들고 있는 물건과 다른 그림의 그림카드를 집으려 하면 "우리는 이것을 가지고 있지 않아요."라고 말하면서 적절한 물건의 그림카드를 집을 수 있도록 촉진한다. 4. 그림변별 훈련 과정에서 아동에게 촉진이나 도움을 제공하여 그림들 간의 차이를 변별할 수 있도록 지속적으로 연습할 수 있다. 기회를 제공하고 연습 회기 중 80% 정도의 정반응을 보일 때까지 계속한다. 5. 이 단계에서 주의할 것 중 한 가지는 그림카드의 위치를 계속 바꿔 주어 아동이 그림카드의 위치를 기억하여 그에 따라 반응하지 않도록 해야 한다. 6. 아동이 원하는 새로운 그림카드를 계속 추가하여 훈련할 수도 있고 그 외에 그림의 크기와 색깔을 달리하여 연습하도록 할 수도 있다. 그림 변별에 어려움을 겪는 아동을 위한 팁은 다음과 같다. ❶ 23유아A8 • 선호하는 그림카드는 눈에 띄게 두고 다른 카드는 그림 없이 검정색으로 색칠한 카드를 놓기 • 좋아하는 그림카드와 잘 모르는 그림카드 놓아두기 • 좋아하는 그림과 좋아하지 않는 그림 놓아두기 • 점차 선호도가 유사한 2개의 카드를 제시하여 그중 정확한 카드 변별하도록 하기
4단계 문장 만들기 (문장으로 표현하기)	1. 앞선 훈련절차를 거쳐 4단계에 이르게 되면 대개 아동들의 의사소통판에는 12개에서 20개 정도의 그림카드가 포함된다. 이 단계에서는 그림카드의 크기를 조금 작게 하여 의사소통판이나 의사소통책에 정리해 둔다. 그림카드의 수가 많아지면 특정 유형이나 영역에 따른 분류 체계에 따라 분류하여 쉽게 사용할 수 있도록 한다. 예를 들어, 음식, 장난감, 활동, 개인적 요구 등과 같이 주제별로 정리하여 색인 표시를 해둘 수도 있다. 2. 아동은 몇몇 의사소통 대상자와 여러 가지 요구나 바라는 것에 대하여 의사소통적 교환을 할 수 있게 된다. 3. 이후의 단계인 4.에서 아동에게 "나는~을 원해요."라는 문장을 사용하여 '원하는 것 요청하기'를 가르친다. 4. 이때 '나는 원해요' 그림카드는 문장 띠에 미리 붙여 놓고, 아동은 자신이 원하는 사물의 그림카드를 붙인 후 그 의사소통 띠를 의사소통 대상자에게 제시하도록 한다. '나는 원해요' 그림카드는 대개 오른쪽 구석의 문장 띠에 고정시킨다. 훈련은 아동이 활용 가능한 전체 단어를 문장 띠에 사용할 수 있을 때까지 계속한다. 5. 훈련자/교사는 아동의 일상 환경을 구조화하여 하루 일과 전체를 통해 다양한 의사소통 기회 속에서 연습할 수 있을 때까지 계속한다. 문장 띠는 약 4인치×1.5인치 정도의 크기로 만들어 의사소통판의 오른쪽 아래 모서리 또는 중앙에 붙인다. 이 문장 띠에 '나는'과 '원해요'라는 2개의 단어를 의미하는 그림카드로 각각 붙이지 않고, '나는 원해요'라는 의미를 포함하는 그림카드를 사용한다.

기출 POINT 19

❶ 23유아A8

① ㉠단계의 지도 목적을 쓰고, ② 3단계 '그림 식별하기'에서 ㉡보다 먼저 지도할 내용을 쓰시오.

임 교사: 1단계에서 기차놀이를 즐기는 경수는 기차 그림카드를 교사에게 제시해야 기차를 받을 수 있다는 교환의 의미를 이해했어요. 2단계에서는 ㉠ <u>경수가 기차 그림카드를 찾아와 멀리 있는 제게 건네주어 기차와 교환할 수 있게 되었어요.</u> 3단계에서는 ㉡ <u>좋아하는 2개의 기차 중 경수가 더 원하는 기차의 그림카드를 교사에게 건네주어 그 기차로 바꿀 수 있었어요.</u> 4단계로, 요즘은 원하는 것을 문장으로 요청하도록 지도하고 있습니다.
경수 어머니: 그림으로 의사소통하는 방법을 체계적으로 교육해 주셔서 이제 경수는 좋아하는 것 중에서도 더 좋아하는 것을 구분할 수 있게 되었어요.

5단계 “뭘 줄까?”라는 질문에 대답하기	1. 이 단계의 목표는 아동이 일상생활 중 “뭘 줄까?”라는 질문에 대답하고 스스로 원하거나 필요한 물건과 행동을 요청하게 되는 것이다. 2. 훈련은 원하는 물건과 ‘나는 이것을 원해요’라는 카드를 의사소통판에 제시하는 것으로 시작한다. 3. 교사는 ‘나는 이것을 원해요’ 카드를 지적하면서 “뭘 줄까?”라고 질문한다. 4. 아동은 자신이 원하는 카드를 들어 문장 띠에 붙여 ‘문장’을 완성하여 원하는 물건을 그림카드와 교환하게 된다. 점차 “뭘 줄까?”라는 질문과 ‘원하는 그림’을 지적하는 시간이 0.5초에서 1초 정도로 짧아진다.
6단계 질문에 답하면서 설명하기	1. 지금까지 아동이 다양한 상황, 그리고 다양한 사람들을 대상으로 ‘요청하기’라는 의사소통 기능을 사용하도록 훈련하였다. 2. 6단계의 목적은 ‘새로운 의사소통 기능을 가르치는 것’이다. 명명하기 또는 이름 붙이기, 즉 “무엇을 보고 있니?”라는 새로운 질문과 앞서 습득한 “뭘 줄까?”라는 질문에 적절히 대답하도록 하는 것이다. 3. 이 단계는 그다지 원하는 것은 아니지만 이미 요청할 수 있는 물건으로 시작한다. 5단계처럼 지연된 촉진을 사용한다. 4. 훈련자는 테이블 위에 약간 선호하는 물건을 두고 ‘나는 이것을 보고 있어요’ 또는 ‘나는 이것을 원해요’ 그림카드를 올려 두거나 참조 그림과 문장 띠가 있는 의사소통판 위에 이와 유사한 구를 놓아둔다. 5. 참조 물건을 잡으면 훈련자는 “뭘 보고 있니?”라고 질문하면서 ‘나는 ~을 보고 있어요’ 카드를 지적하게 한다. 6. 아동이 이 카드를 바로 지적하지 못할 경우, 이 카드를 문장 띠에 올려놓고 훈련자가 신체적으로 안내하여 아동이 지적하도록 한다. 7. 카드를 문장 띠에 올려놓은 후 훈련자는 아동이 문장 띠에 원하는 물건의 그림카드를 올려놓는지 알아보기 위하여 5초 정도 기다린다. 만일 아동이 적절히 반응하면, 훈련자는 “그래, 너는 ~를 보았구나”라고 설명하고 아동에게 아동이 본 것과 연관되지 않은 작은 보상물을 준다. 아동이 이름을 말한 물건은 보상으로 제공하지 않는데 그 이유는 아동이 그 물건을 요청했다는 사인으로 혼동할지 모르기 때문이다. 8. 아동이 “뭘 보고 있니?”라는 질문에 대답할 수 있게 되면 훈련자는 “뭘 보고 있니?”라는 질문과 “뭘 줄까?”라는 질문을 아동에게 섞어서 제시한다. 이 단계에서 중요한 핵심은 “뭘 줄까?”라는 질문에 답하면 원하는 것을 제공하고, “뭘 보고 있니?”라는 질문에 답하면 원하는 것을 제공하지 않는다는 점이다. “뭘 보고 있니?”라는 질문에 정확히 답할 경우, 명명한 물건이 아닌 보다 효과적인 강화제에 의해 강화받도록 한다(예 토큰과 같은 보상물, 칭찬 등). 9. “뭘 보고 있니?”라는 질문에 따른 반응을 잘 습득하게 될 경우, 점차 물질 강화제는 소거하고 사회적 강화에 반응할 수 있도록 한다. 구체물과 같은 물질 강화를 소거시키는 것은 자발적인 명명하기나 언급하기를 가르칠 때 매우 중요하다.

06 우연교수

1. 우연교수(우발교수)의 개념

① 우연교수는 자연적으로 발생하는 활동의 맥락에서 아동의 선호도를 중심으로 교수를 제공하는 것으로, 응용행동분석에 근거한 전략이다.

② 우연교수에서는 미리 계획된 학습목표와 아동의 선호도를 중심으로 학습환경을 구성한 뒤, 아동이 특정 사물이나 활동에 관심을 보이기 시작하면 아동에게 질문하거나 촉구함으로써 그 관심을 격려하고 이때 아동이 적절한 반응을 보이면 선호하는 물건을 준다(Simpson et al., 2005). ❶ 17중등B3

③ 우연교수의 핵심은 아동이 '시작하기'를 통한 상호작용을 습득하는 데 있다. 학생의 시작하기가 도출될 수 있는 환경을 준비하는 것이 이 접근법의 핵심이며, 이름과 반대로 이를 위한 많은 계획이 요구된다.

2. 우연교수의 장단점

① 아동의 자연스러운 환경 속에서 일어나는 학습이기 때문에 일반화를 촉진할 수 있다.

② 아동의 요구로부터 시작되기 때문에 아동 주도적인 사회적 시작행동을 강화할 수 있다.

③ 자연적인 후속결과로 적절한 행동을 강화하고 유지시킨다.

④ 그러나 우연교수의 단점은 자연스러운 환경을 만들기 위해 교사의 노력과 시간이 필요하다는 점이다.

3. 우연교수의 단계

① 아동이 물건 또는 활동을 원하거나 필요로 하는 상황을 찾거나 만들어 준다.

② 공동의 주의집중을 한다.

③ 관심을 보일 때까지 기다린 후 적절한 반응을 보이도록 촉구하고 필요한 경우 아동의 반응을 정교화하거나 시범을 보인다. ❶ 19유아A2

④ 적절한 반응에 대한 긍정적인 피드백(원하는 물건 또는 활동)이나 칭찬을 제공한다.

기출 POINT 20

❶ 17중등B3

다음은 자폐성장애 학생 Y의 의사소통 중재와 관련하여 김 교사와 박 교사가 나눈 대화의 일부이다. ⓒ에 공통으로 들어갈 중재전략을 쓰고, ⓔ을 1가지 제시하시오.

> 박 교사: Y에게 (ⓒ)을/를 적용해 볼 수 있습니다. 예를 들어, 먼저 Y가 좋아하는 '만화책'을 손이 닿지 않는 책상 위에 두고, 관심을 보일 때까지 기다려 주세요. Y가 좋아하는 '만화책'에 관심을 보일 때, 같이 쳐다보면서 "만화책 주세요."라고 말하도록 유도하세요. 만약 Y가 말을 하지 않고 계속해서 손가락으로 '만화책'을 가리키기만 하면, 이때 선생님께서 "만화책 주세요."라고 먼저 말하세요. Y가 "만화책 주세요."라고 따라 말하면, 그때 '만화책'을 주면 됩니다. 이처럼 학생의 선호에 맞게 환경을 구성하고, 학생이 관심을 보이면 촉진을 통해 적절한 반응을 유도하는 것입니다.
> 김 교사: 네, 그렇군요. 그러면 중재전략 (ⓒ)은/는 비연속 개별시도 교수(DTT)에 비해 어떤 ⓔ 장점이 있나요?

기출 POINT 21

❶ 19유아A2

ⓒ에 들어갈 교사의 놀이 활동 지원 행동을 쓰시오.

> ■ **현수를 위한 '우발 교수' 계획**
> 1. 현수를 놀이 활동 중인 친구들 근처에 있게 한다.
> 2. 현수가 친구들의 놀이나 놀잇감에 관심을 보일 때까지 기다린다.
> 3. (ⓒ)
> 4. 현수가 친구들과 같이 놀이에 참여할 때, 긍정적 피드백이나 ⓔ 칭찬을 제공한다.

4. 우연교수의 예시 ❶ 11초등14

진비는 구어로 의사소통을 할 수 있으나 무엇을 요구할 때 말보다는 동작을 사용했다. 교사는 진비가 물건을 원할 때마다 학습기회를 제공해 주는 우발교수를 사용하기로 했다. 먼저, 교사는 진비가 좋아하는 인형을 볼 수는 있으나 손이 닿지 않는 사물함 위에 올려놓았다. 자유놀이시간에 교사는 진비가 가지고 놀 인형을 찾다가 사물함 위에 있는 인형을 보고 있는 것을 확인하고는 진비 옆으로 갔다. 진비는 손가락으로 사물함 위에 있는 인형을 가리키며 교사를 쳐다보았다. 교사는 "뭘 달라고?"라고 진비에게 물었다. 진비는 계속해서 인형을 가리키기만 하고 언어를 사용하지 않았다. 그러자 교사는 진비에게 "인형? 인형 줄까?"라고 말했다. 진비는 고개를 끄덕였지만 여전히 말을 하지 않았다. 교사는 "'인형'이라고 말해 봐."라고 진비에게 말했다. 진비가 "인형"이라고 말하자 교사는 진비에게 인형을 주었다.

[출처] 이승희, 자폐스펙트럼장애의 이해(2015)

기출 POINT 22

❶ 11초등14

지도 사례에 나타난 송 교사의 지도 전략을 〈보기〉에서 고르시오.

송 교사는 진규의 손이 닿지는 않지만 볼 수 있는 선반 위에 진규가 좋아하는 장난감 자동차를 올려놓았다.

진규: (선반 위에 놓아둔 장난감 자동차를 응시한다.)
송 교사: 뭘 보니? 뭘 줄까?
진규: (계속해서 장난감 자동차를 응시만 하고 말을 하지 않는다.)
송 교사: 자동차? 자동차 줄까?
진규: (계속 쳐다보기만 하고 말을 하지 않는다.)
송 교사: "자동차 주세요."라고 말해 봐.
진규: (잠시 머뭇거리다가) 자동차 주세요.
송 교사: (진규에게 장난감 자동차를 준다.)
진규: (장난감 자동차를 받아서 논다.)

송 교사는 어머니에게 진규가 가정에서도 장난감 자동차를 달라는 표현을 말로 할 경우에만 장난감 자동차를 주라고 자세히 설명하였다.

〈보기〉

㉠ 간헐강화를 사용하였다.
㉡ 반응대가를 사용하였다.
㉢ 일반화를 고려하여 지도하였다.
㉣ 기술중심 접근법을 사용하였다.
㉤ 신체적 촉진(촉구) 자극을 사용하였다.

자폐범주성장애 아동 교육 (교육적 중재)

01 자폐성장애 학생을 위한 교수 환경 특성

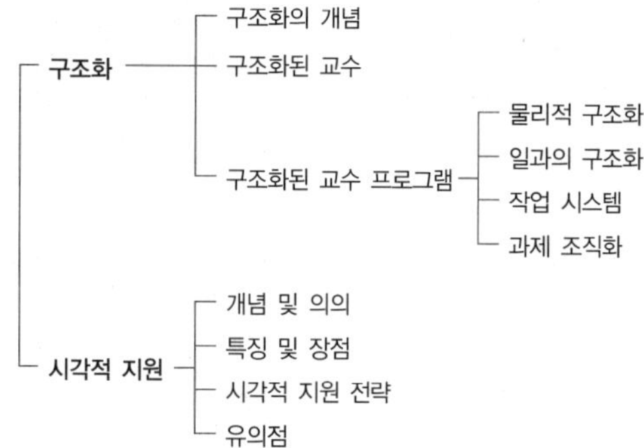

02 자폐성장애 학생을 위한 교수 환경 지원

- 공간적 지원
- 시간적 지원
- 절차적 지원
- 사회적 지원

03 공간적 지원

04 시간적 지원

05 절차적 지원

- 개념
- 유형
  - 일과 조성
  - 선택기회 제공

06 사회적 지원

- 개념
- 방법
  - 교사의 역할
  - 또래의 역할

07 학습 지원

- 미리 보여주기
- 도해조직자 활용하기
- 두문자어 사용하기

01 자폐성장애 학생을 위한 교수 환경 특성

1. 구조화(structure)

(1) 구조화의 개념

정의	구조화는 학생이 교수·학습 활동의 순서와 과제를 예측할 수 있도록 체계적으로 계획하고 구성하는 것이다.
목적 및 장점	자폐성장애 학생의 시각적 강점과 조직성을 선호하는 특성을 활용하여 이들의 학습 참여를 촉진하도록 안정감과 동기화를 증진시키고자 하는 것이다.
구조화에 포함되는 정보	구조화는 활동이 이루어지고 있는 장소가 어디인지, 사용되는 교재 또는 교구가 무엇인지, 자신의 것은 무엇이고 또래와 함께 공유해야 하는 것은 무엇인지, 해야 하는 행동이 무엇인지, 누구와 함께 해야 하는지, 얼마나 오랫동안 해야 하는지, 언제 끝내는지 등에 대해 예측할 수 있도록 구체적인 정보를 포함하여 교수·학습 환경을 구성하는 것이다.

(2) 구조화된 교수(structured teaching)

① 구조화된 교수는 자폐성장애 학생의 교육 및 지원을 위한 원리 전략으로, 구조화 교수의 목적은 자폐성장애 학생이 무엇을 해야 하는지를 이해하며 성공적으로 과제를 완수할 수 있도록 돕는 것이다.

② 구조화된 교수의 효과로는 상황에 대한 이해 증가, 혼란과 불안 감소, 학습에 대한 주의력 및 반응성 증진, 행동 조절 가능 등을 들 수 있다.

③ 구조화된 교수가 자폐성장애 학생에게 적합한 접근인 이유를 자폐성장애 특성과 관련지어 볼 수 있다.

자폐성 장애의 특성	구조화된 교수의 기본 원리
• 시각적인 정보처리의 상대적 강점과 선호를 가짐 • 전체보다는 부분에 과도하게 주의를 둠. 이러한 부분들은 계열화하거나 통합하거나 연결 짓거나 의미를 도출하는 데 어려움을 초래함. 이러한 결함을 보완하기 위해 예측가능성과 반복성에 집착함 • 주의집중의 변동성을 보임. 매우 산만했다가, 매우 집중하여 주의를 돌리는 데 어려움을 보이기도 함. 주의산만으로 인해 외부의 중요 자극을 우선적으로 해석하는 데 어려움 • 발달 수준에 따라 다양한 의사소통 문제를 보임. 어떤 발달 수준에서든 언어의 사용(화용)에서의 제한을 보임 • 시간 개념을 잘 이해하지 못함. 한 활동에서 다음 활동으로 너무 빠르게 또는 느리게 이동하거나, '끝'이라는 개념을 포함하여 활동 내 하위 단계를 계열화하는 데 어려움 • 특정 상황에서 판에 박힌 일과에 집착함. 그래서 본래의 학습상황에서 보인 기술이 일반화되지 못하고 일과가 방해받으면 혼란스러워하거나 불안해함 • 조직화 기술에 제한을 보임. 사물이 어떻게 놓여 있어야 하거나 보여야 하는지, 활동이 어떻게 이루어져야 하는지에 대한 동일성의 고집을 보임 • 추상적 개념을 이해하지 못하여 적절한 학습 참여를 수행하는 데 어려움을 겪음 • 선호 활동에 대한 과도한 관심과 충동을 보임. 그래서 선호 활동에서 벗어나는 데 어려움이 있음 • 두드러진 감각적 선호 또는 회피를 보임	① **전략과 목표를 개별화한다**: 자폐성장애 학생 1명에게 효과적이었던 전략을 개별화된 진단 및 평가에 근거한 수정의 과정 없이 다른 학생에게 그대로 적용하는 것은 바람직하지 않다. 개별 학생의 수준 및 요구에 따라 사물, 그림 등 구체물 또는 반구체물을 활용하거나 문자, 상징 등의 추상물을 활용할 수 있다. ② **환경과 활동을 구조화한다**: 공간, 시간, 과제 구성에 대한 외적 조직을 제공한다. 자폐성장애 학생은 계열화하기와 시간 관리하기에서 어려움을 보이기 때문에 학생이 이해할 수 있는 방식으로 환경과 활동을 구조화하여 지원을 제공하는 것이 학습활동 참여에 도움이 된다. ③ **시각적 지원을 사용한다**: 시각적 지원 등을 활용한 구조화된 교수를 통해 구체적 사고를 촉진하여 추상적 개념의 학습을 할 수 있도록 지원해야 한다. 이러한 시각적 지원은 언어적 정보처리과정이 요구되는 교수·학습 과정에서 나타날 수 있는 불안과 혼란을 감소시켜 줄 수 있다. ④ **학생의 특별한 관심을 활용한다**: 자폐성장애 학생의 특별한 관심을 활용하는 강점 중심의 교육적 지원을 한다.

(3) 구조화된 교수 프로그램

구조화된 교수의 원리 및 전략을 체계적으로 적용한 대표적인 프로그램에는 TEACCH가 있다. 그러나 TEACCH는 자폐성장애 학생의 학습 참여를 지원하기 위해 교수 환경의 구조화를 체계적으로 적용한 대표적인 사례인 것이지 TEACCH의 구성요소가 구조화된 교수의 전부가 아님을 분명히 이해해야 한다(방명애, 2018). Heflin & Alaimo(2007)는 자폐성장애 학생을 위한 지원적인 학습 환경 조성에 도움이 되는 요소로 물리적 환경 배열하기, 시간구조 확립하기, 시각적이고 구체적인 체제 활용하기, 체계적 교수 제공하기, 감각적 요구 조절하기, 참여 촉진하기, 자극통제 수립하기, 정보 미리 주기를 제안하고 있다.

① 물리적 구조화

㉠ 물리적 구조화는 학생이 어디에 있어야 하는지, 그리고 거기서 해야 하는 과제와 활동이 무엇인지에 대한 정보를 제공한다. ❶ 21중등A8

㉡ 분명한 특정 경계를 제시하는 것과 같은 예측 가능한 방법으로 학생이 해야 할 활동을 알려주는 시각 정보를 제공한다. 또한 물리적 구조화는 학생의 주의집중 분산이나 감각자극의 과부화를 유발할 수 있는 환경적 요소를 줄여 준다.

㉢ 물리적 구조화는 환경적 지원 중 공간적 지원에 해당한다고 볼 수 있다.

② 일과의 구조화

㉠ 일과의 구조화는 하루에 일어나는 일의 계열을 조직하고 의사소통을 하기 위해 일과를 구조화하는 것이다. 일과의 구조화는 환경적 지원 중 시간적 지원에 해당한다고 볼 수 있다.

㉡ 일과의 구조화는 주로 일과표의 개발과 활용을 통해 이루어진다.

- 일과표는 언제 활동이 일어날 것인지, 어떤 활동을 할 것인지, 다음에 어떤 활동을 할 것인지, 자신이 좋아하는 활동은 언제 일어날 것인지 등에 관한 정보를 제공한다. ❷ 11중등2
- 시각적 일과표는 활동의 예측 가능성을 제공하므로 학생의 불안 감소에 도움이 된다.
- 일과표의 가장 중요한 특징은 학생에게 시각적이고 의미 있는 정보를 제공하며 변경 또는 갱신이 용이하다는 점이다.

기출 POINT 1

❶ 21중등A8

다음은 자폐성장애 학생 D를 위한 TEACCH의 구조화된 교수 요소이다. 〈작성 방법〉에 따라 서술하시오.

■ 구조화된 교수 요소

교수 요소	교사가 학생에게 제공해야 할 정보
(㉠)	어떤 활동이 어떤 순서로 일어나는가?
과제 구성	• 무엇을 해야 하는가? • 얼마나 많은 항목을 해야 하는가? • 최종 결과물은 어떠한 것인가?
(㉡)	특정 활동을 어디서 해야 하는가? (글, 상징, 사진 등의 시각적 단서 제공)
㉢ 작업 체계	• 수행해야 할 작업은 무엇인가? • 어느 정도 많은 작업을 해야 하는가? • (㉣)

〈작성 방법〉

- 괄호 안의 ㉠, ㉡에 들어갈 교수 요소의 명칭을 순서대로 쓸 것
- 밑줄 친 ㉢을 적용하기 위한 과제로 선정될 수 있는 조건을 1가지 서술하고, 괄호 안의 ㉣에서 제공해야 할 정보를 1가지 제시할 것

❷ 11중등2

김 교사는 전공과에서 직업교육을 받고 있는 자폐성장애 학생의 작업환경 조정을 위하여 구조화된 교수(TEACCH) 프로그램을 적용하려고 한다. 김 교사가 적용하려는 프로그램의 4가지 주요 요소에 해당하는 내용으로 적절하지 않은 것은?

① 각각의 조립 순서를 그림으로 상세히 제시한다.
② 사무용 칸막이를 이용하여 별도의 작업 공간을 정해 준다.
③ 각 시간대별 활동 계획표를 작성해 주어 다음 작업을 예측할 수 있도록 한다.
④ 일과가 끝나면 작업 내용에 대하여 토의하고 다음날의 작업에 대해 학생에게 설명한다.
⑤ 작업대 위에 견본 한 개와 일일 작업량만큼의 부품들을 올려놓고, 작업대 옆 완성품을 담는 상자에 작업 수당에 해당하는 액수를 적어 놓는다.

③ 작업 시스템(work system)

㉠ 작업 시스템의 개념

- 학생이 활동을 시작하기 이전에 설정되는 작업 시스템은 교사의 직접적인 지도와 감독을 통해 습득된 개별 과제를 연습하거나 숙달하는 시각적으로 구조화된 공간이다.
- 작업 시스템의 목적은 학생에게 독립적으로 작업하는 것을 지도하는 것으로, 다음의 정보를 제공한다.
  - 학생이 해야 하는 작업(어떤 작업을 수행해야 하는지)
  - 해야 하는 작업의 양(얼마나 많은 작업을 해야 하는지)
  - 작업이 종료되는 시점(작업은 언제 끝나는지)

㉡ 작업 시스템의 특징 및 실제

- 작업학습 상자는 항상 볼 수 있으며, 학생의 작업 공간 왼쪽에 위치시킨다. 학생들은 왼쪽에서 오른쪽으로 작업을 수행한다. 작업학습 상자에서 처리된 작업은 오른쪽의 완료 상자에 넣는다. 왼쪽에 있는 자료가 모두 오른쪽으로 옮겨지면 작업이 끝난 것을 의미한다. 작업 공간에서 각각의 모든 활동이 완성되면 보상이 있다는 것을 알려주어 학생들이 일을 끝까지 완수할 수 있도록 지도한다. ❶ 16초등A6
- 작업 시스템은 작업 공간에서 학생이 독립적으로 모든 활동을 완수하는 것이 목표이므로, 새로운 기술을 가르치는 것보다는 기술의 숙달을 촉진하는 것에 주안점을 두어야 한다. 즉, 독립적인 과제 수행을 통해 학생이 습득한 기술이 유창하게 숙달될 수 있도록 학습의 기회를 제공하는 것이다.
- 교사는 학생의 일대일 또는 소집단 학습 등을 통해 습득한 기술이 숙달될 수 있도록 반복된 학습의 기회를 제공해야 한다.

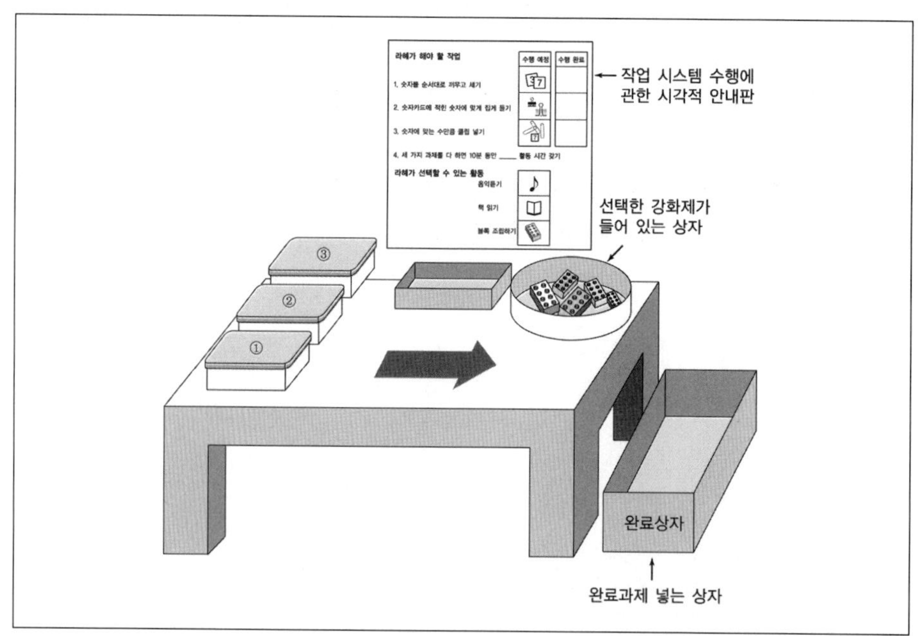

기출 POINT 2

❶ 16초등A6

교사가 TEACCH의 구성요소 중 하나인 '작업체계'를 적용하려고 한다. ㉠을 활용하여 ㉡에 들어갈 유의사항의 예를 쓰시오.

〈활동 1〉 • 같은 얼굴표정 그림카드끼리 짝짓기 • 같은 얼굴표정 상징카드끼리 짝짓기	[자] 얼굴표정 그림카드 얼굴표정 상징카드 
〈활동 2〉 • 같은 얼굴표정 그림카드와 상징카드를 짝짓기 • 학습지 풀기	[자] ㉠ 바구니 2개, 학습지 4장 [유] (㉡) [자] 〈학습 활동 순서〉 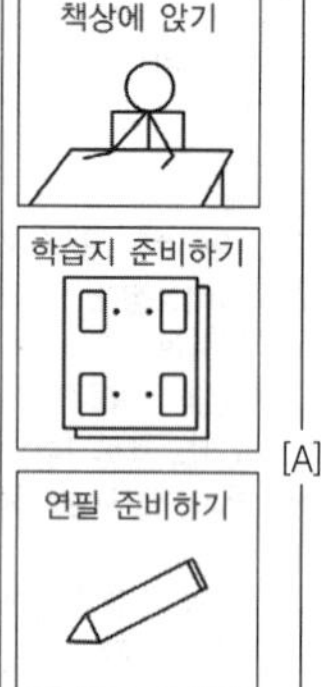
〈활동 3〉 (생략)	[유] ㉢ 학생이 학습 활동 순서에 따라 학습지를 완성할 수 있도록 시각적 단서를 제공한다.

④ 과제 조직화(task organization)

㉠ 개별 과제 조직은 학생이 수행할 과제의 자료를 조직하는 것으로, 학생이 해야 할 과제가 무엇인지, 어떻게 과제를 수행해야 하는지, 얼마 동안 과제를 해야 하는지, 얼마나 많은 과제를 해야 하는지, 과제를 완수할 때까지 자신의 수행을 어떻게 점검할 수 있는지, 과제의 완성은 어떻게 확인할 수 있는지, 다음에 해야 하는 것이 무엇인지에 관한 정보를 시각적 지원을 활용하여 학생에게 제공하는 것이다.

㉡ 시각적 지원은 이러한 조직화된 개별 과제를 지도하는 데 필수 요소이다. 시각적 지원을 통해 학생은 과제 완성 전략을 학습하고 무엇을 성취해야 하는지를 명확하게 학습할 수 있다.

예
- 블록을 조립하는 작업일 경우, 완성된 블록 샘플을 학생 앞에 제시해 두고 작업하는 것이다.
- 지그는 물건이 놓을 정확한 위치를 나타내는 실루엣으로, ASD 아동은 퍼즐을 좋아하는 특성이 있어 지그는 시각적 교수 내용으로 유용할 수 있다. 예를 들어, 포크, 나이프, 숟가락의 지그를 사용하면, 여러 식사 도구 중 하나를 정확한 위치에 놓을 수 있다.

식사 도구의 지그 예시

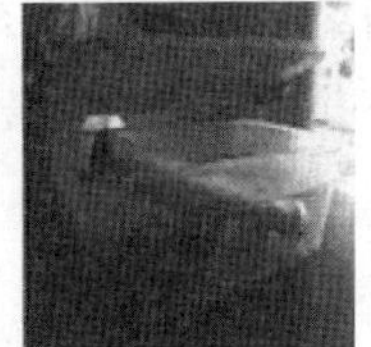		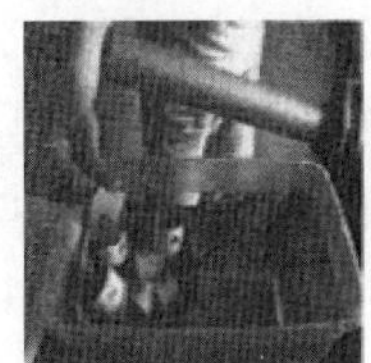	
상자 뚜껑을 연다.	왼손으로 종이 막대를 잡는다.	오른손으로 작은 상자에서 숫자 0이 적힌 종이링을 집는다.	집은 종이링을 종이 막대에 끼운다.
	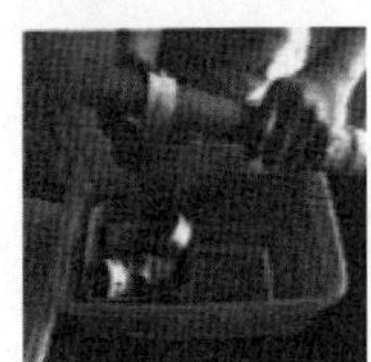		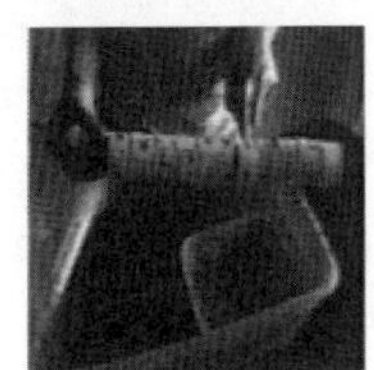
작은 상자에서 숫자 1이 적힌 종이링을 집는다.	집은 종이링을 종이 막대에 끼운다.	수 계열에 따라 남은 종이링을 집어 종이 막대에 순서대로 끼운다.	작은 상자가 비워지면 종이 막대에 끼운 종이링의 숫자(0~9)를 큰 소리로 센다.

과제수행을 위한 시각적 지원의 예시

2. 시각적 지원

(1) 개념 및 의의

① 자폐성장애 학생은 구어적 정보에 주의집중하고 기억하고 이해하는 데 어려움을 보인다. 반면에 상대적으로 시각적 정보처리에 강점을 보인다.

② 시각적 지원이란 그림, 사진 등의 시각적 상징을 이용하여 선행자극에 대한 자극을 스스로 인지하고 학습할 수 있도록 지원하는 교수방법이다(강혜경 외).

(2) 특징 및 장점

① 시각적 지원은 자폐성장애의 독특한 학습 및 사회적 요구에 부합하는 지원으로, 이해와 학습을 증진시키고 전이를 유용하게 하며 문제행동을 감소시키고 의사소통을 촉진할 수 있다.

② 시각적 지원은 너무 많은 언어적 정보처리 과정이 요구될 때 초래될 수 있는 혼란과 불안을 감소시킨다.

③ 자폐성장애 학생의 학습 참여와 상호작용 촉진을 위한 시각적 지원은 관련 구체적 정보를 제공하며, 무엇을 해야 하는지, 어떻게 말해야 하는지를 구체적으로 상기시킬 수 있는 단서를 제공하고, 독립적으로 수행할 수 있는 기회를 제공한다.

④ 시각적 지원은 만질 수 있는 구체 정보를 제공하고, 관련된 사회적 정보를 강조하며, 구체적인 단서를 제공하고, 언어 및 사회적 촉구의 의존을 줄여 주며, 독립심을 강조할 수 있고 단서의 용암이 용이하다는 장점을 가진다.

(3) 시각적 지원 전략

시각적 시간표 (시각적 스케줄)

- 시각적 스케줄이라고도 하며, 시간의 흐름에 따른 활동 순서를 제시할 때 효과적인 방법이다.
- 학교의 수업 시간표를 시각적 시간표로 제시할 수도 있고, 특정 교수목표행동을 과제분석하여 단계별로 수행해야 할 목표행동에 대한 시각적 지원을 제공할 수도 있다.
- 또한 각 단계별 과제와 수행을 점검하여 필요한 교사의 지원과 학생의 진보를 점검하는 데 활용할 수 있다.

월요일	화요일	수요일	목요일	금요일
국어 가나다	수학 1+1=2	음악	국어 가나다	국어 가나다
수학 1+1=2	국어 가나다	국어 가나다	수학 1+1=2	수학 1+1=2
미술	체육	수학 1+1=2	영어 ABC	국어 가나다
미술	체육	체육	과학	과학

시각적 시간표

냄비에 물을 500ml 넣기	물이 끓을 때까지 기다리기	라면, 스프 넣기	5분 동안 기다리기	불 끄기, 그릇에 담아 먹기

과제분석에 대한 시각적 지원

기출 POINT 3

❶ 24중등B8

괄호 안의 ⓑ에 해당하는 용어를 (나)를 참조하여 쓰시오.

> 담임교사: 학생 A에게 학급 규칙을 어떻게 지도해야 할까요?
> 수석교사: 학생 A는 규칙을 언어적으로 이해하는 데 어려움이 있으니, 학생이 지켜야 할 학급 규칙을 그림으로 제시하는 (ⓑ)의 방법으로 지도해 보세요. 이것은 교사가 학생에게 기대하는 행동에 대한 구체적인 목표가 있을 때 효과적인 방법입니다.
>
> (나) 학생 A를 위한 학급 규칙 자료
>
> 우리 학급 규칙
>
> 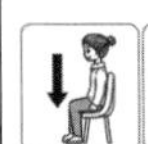   

기출 POINT 4

❶ 24유아B2

㉠을 제안한 이유를 쓰고, ㉡에 들어갈 시각적 자료의 내용을 쓰시오.

> 박 교사: 현수가 좋아하는 작은 포클레인과 드물게 가지고 노는 탈 수 있는 자동차를 이용해 ㉠ 프리맥 원리로 지도하면 좋을 것 같아요.
> 강 교사: 이 두 가지 놀이의 순서를 안내해 주는 시각적 자료를 만들어서 사용하면 현수에게 도움이 되겠네요.
>
> 
>
>
> <놀이 순서 안내 자료>

시각적 안내판	• 학급 내 교수·학습 과정에서 지켜야 할 규칙과 이러한 규칙을 지키기 위해 어떤 행동을 해야 하는지에 대한 구체적인 시각적 안내판을 교실 내에 부착할 수 있다. • 행동 규칙에 대한 시각적 지원은 교사가 학생에게 기대하는 행동에 대한 구체적인 목표가 있을 때 적용하는 것이 효과적이다. 행동 규칙 스크립트는 학생이 스스로에게 기대되는 행동을 명확히 인지하고, 이를 시각적인 상징을 통해 자기점검하여 행동의 일반화와 유지를 촉진할 수 있다. ❶ 24중등B8 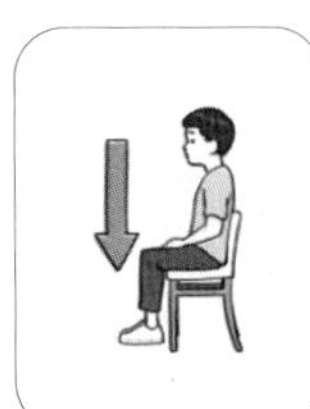    행동 규칙 자기점검표 활용의 예
시각 단서 교수 (visually cued instruction)	• 교수·학습 상황에서 주어지는 다양한 자극 및 정보 중에서 필요한 자극 및 정보에 주의집중하고 적절하게 반응할 수 있도록 지도하여 타인 의존의 외부통제소재를 감소시키고 일반화를 촉진시킨다. • 주의를 돌리는 데 있어서 어려움은 그 자리에 있는 단서(예 어른이 지적하는 것)를 제공함으로써 그리고 주의를 돌리도록 충분한 시간을 줌으로써 줄일 수 있다. • 구어 능력에 한계가 있는 학생들에게 그날의 활동들을 종이에 제시하고, 학생이 끝마친 활동에 동그라미로 표시하게 할 수 있다. 학생은 "오늘 뭐 했니?"라는 부모의 질문에 대답하기 위해서 그 종이를 살펴보도록 배울 수 있다.
'먼저-그리고' 시각자료 ('first-then')	• '먼저-그리고' 시각자료는 학생에게 선호하는 활동을 시작하기 전에 우선 완수해야 할 것이 무엇인지를 보여준다. ❶ 24유아B2 • 두꺼운 종이 한 장을 반으로 나눠 왼쪽에는 현재 활동을 나타내는 상징들이나 단어들을, 오른쪽에는 학생이 선호하는 활동을 표시한다. • 기대되는 행동과 그 행동의 수행에 따른 피드백을 전달하는 데 사용될 수도 있다. 예 선호하는 물건이나 활동이 표현되어 있는 카드를 여러 조각으로 자른다. 그리고 나서 학생이 특정 시간 동안 적절한 행동을 할 때 학생에게 조각들 중 하나를 준다. 학생이 모든 조각을 얻게 되면 학생은 선호하는 물건을 갖거나 좋아하는 활동을 할 수 있다. 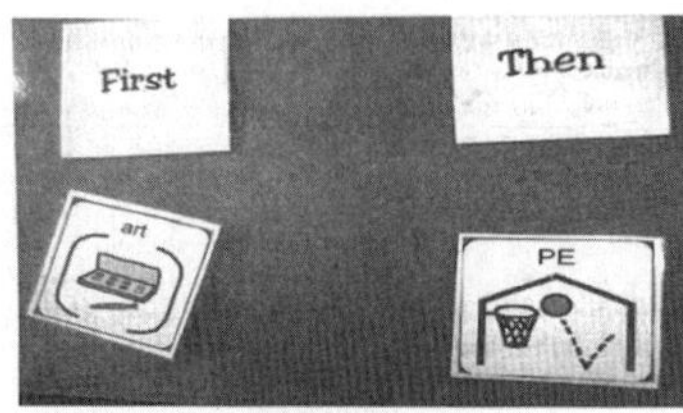 

그래픽 조직자	그래픽 조직자의 활용은 자폐성장애 학생이 교과 내용을 이해하고 학습 과제와 교과 지식 간의 관계를 파악하는 데 도움이 된다.
비디오 모델링	다양한 기술을 지도하는 데 효과적인 전략이다.
스토리 기반의 중재	자폐성장애 학생에게 사회적 맥락에서의 다른 사람의 생각이나 감정 등과 같은 사회적 상황에 대한 정보를 제공하고 지도하는 데 효과적인 사회적 상황이야기, 짧은만화대화와 같은 스토리 기반의 중재에도 시각적 지원 전략이 적용된다.

(4) 유의점

① 시각적 지원과 더불어 청각적 지원을 제공할 때에는 보다 구체적인 언어를 사용해야 한다.

㉠ 지시를 내릴 때 학생이 수행해야 하는 행동을 구체적으로 묘사하는 명확한 용어를 사용한다.

㉡ 또한 얼굴표정, 몸짓 등 비언어적 의사소통 양식과 더불어 시각적 촉구 등을 활용하여 명확한 구어 지시를 한다.

㉢ 자폐성장애 학생은 목소리의 높낮이를 통해 전달되는 메시지를 인식하지 못할 수도 있고 교사의 단호한 어조가 경고의 의미임을 알아차리지 못할 수 있다. 그렇기에 시각적 지원을 활용할 때 교사는 보다 구체적이고 명확한 구어를 사용하는 것이 중요하다.

② 시각적 지원은 매우 구체적인 것부터 보다 추상적인 것으로 형태와 범위를 다양하게 할 수 있다. 자폐성장애 학생을 위한 시각적 지원을 활용할 때에는 학생의 연령의 적합성, 크기, 지속성, 휴대용이성, 접근성, 의사소통 수준 등을 고려해야 한다.

시각적 지원을 위한 상징의 범위와 유형의 예시

범위	상징 유형		예시
구체성	삼차원 상징	실제 사물, 모형 등	• 제시되는 두 가지 사물 중에서 하나를 선택 • 학생이 해야 하는 활동을 상징하는 사물을 제시(블록 활동을 상징하는 블록 제시, 음악활동을 상징하는 카세트테이프 제시, 컴퓨터 활동을 상징하는 컴퓨터 모형 제시 등) • 양치를 할 수 있도록 세면대에 칫솔과 치약 놓기
추상성	이차원 상징	사진, 그림, 선화 등	• 일상 활동 또는 감정을 나타내는 사진 또는 그림 제시 • 과제 수행 순서를 알려주는 그림 카드 제시
		글자, 단어 카드 등	• 일상 활동 또는 감정을 나타내는 글자 또는 단어카드 제시 • 구체적 활동과 장소가 기술된 일과표 제시

더 알아보기

도상성(iconicity)

- 도상성이란 그림의 의미를 쉽게 연상하고 유추할 수 있는 정도를 말한다.
- 시각적 상징과 지시 대상이 유사할수록 도상성이 높으며, 도상성이 높은 상징일수록 학습하기가 쉽다.

❶ 25초등B6, ❷ 24중등B8

기출 POINT 5

❶ 25초등B6

밑줄 친 ㉢의 이유를 1가지 쓰시오.

> 김 교사: 만약 그 학생이 인지 능력이 낮은 경우에는 그림의사소통상징(PCS)과 같이 ㉢ <u>도상성이 높은 상징을 활용하는 것이 좋아요</u>.

❷ 24중등B8

밑줄 친 ㉥에 해당하는 용어를 쓰시오.

> 수석교사: 학생의 수준에 맞는 다양한 그림이나 상징으로 지도할 수 있어요.
> 담임교사: 그러면 어떤 기준으로 그림이나 상징을 선택하면 좋을까요?
> 수석교사: 학생의 수준에 맞게 ㉥ <u>그림이나 상징을 보고 그것이 나타내는 것이 무엇인지 알 수 있는 정도</u>를 고려해서 선택하면 좋겠어요.

02 자폐성장애 학생을 위한 교수 환경 지원

자폐성장애 학생을 위한 교수 환경 지원은 개별 학생의 감각 요구, 시간의 흐름을 이해하고자 하는 요구, 학습 양식과 강점, 정확하고 신뢰할 수 있는 정보에 대한 요구 등을 고려하여 지원적인 환경을 구성하는 것이다. 교수 환경 지원은 교사와 학생, 학생과 학생 간의 사회적 상호작용 이외에 학습에 영향을 미치는 환경적 요인을 조성하는 것으로, 자폐성장애 학생을 위한 교수 환경의 특성인 구조화와 시각적 지원이 반영된 것이다. 자폐성장애 학생을 위한 교수 환경 지원을 공간적 지원, 시간적 지원, 절차적 지원, 사회적 지원으로 구분하여 구체적으로 살펴보고자 한다.

03 공간적 지원

공간적 지원은 환경의 조직에 관한 구체적인 정보를 제공하기 위해 사용되는 지원으로, 사물의 위치에 관한 정보와 사적인 공간을 포함하며, 학생이 감각적으로 과부하되었을 때 안정을 취할 수 있도록 지원할 수 있고, 다른 사람에 대한 학생 자신의 공간적 관계를 이해할 수 있도록 지원할 수 있다. 자폐성장애 학생은 환경 자극에 영향을 많이 받는데, 매우 작은 변화에 대해서도 상당한 변화가 나타난 다른 환경으로 인식한다. 따라서 교실 내 환경이 달라질 경우 이에 대한 시각적 안내가 필요하다. 예를 들어, 이전 교실 사진과 세부적으로 변화된 교실 사진을 활용하여 변화에 대해 사전에 안내하면 학생은 자신이 조절할 수 있는 불안감을 가지고 교실에 들어가 적응할 수 있을 것이다.

1. 물리적 공간의 구조화

(1) 교실 내 공간에 대한 조직

① 시각적 경계가 확립된 교실환경을 통해 교실 내의 특정 활동이 이루어지는 장소에 대한 정보를 제공할 수 있다.

㉠ 통로의 경계선을 명확히 하고 교실을 구별되는 영역으로 나누기 위해 책장을 배열할 수 있다.

㉡ 색 테이프, 카펫, 색 테이블보 등을 활용하여 경계를 표시할 수 있다. 예 특정 활동을 하는 영역을 명확히 보여주기 위해 교실 바닥에 색테이프로 구분하여 표시하기 등

❶ 25초등B6, ❷ 18초등B5

㉢ 나이가 어린 학생들을 위해서는 페인트, 정사각형 모양의 카펫, 훌라후프, 영역을 시각적으로 나타내주는 기타 다른 물건들을 활용하면 공간이 어떻게 나누어지는지 이해하는 데 도움이 된다.

㉣ 경계를 정하기 위해 해당 영역에서 이루어지는 활동의 그림 또는 사진, 글자 등의 시각적 단서를 제시한다.

기출 POINT 6

❶ 25초등B6

밑줄 친 ㉣의 이유를 1가지 쓰시오.

김 교사: 환경을 구조화할 때는 일반적으로 ㉣ <u>카펫이나 테이프로 영역을 구분해 주는 것이 필요합니다.</u>

❷ 18초등B5

(나)의 밑줄 친 ㉡에서 적용한 환경 구조화 전략이다. ⓐ에 들어갈 전략의 명칭을 쓰시오.

(나)

㉡ <u>시각적 단서를 활용하여 순서에 따라 학생이 직접 손빨래하기</u>

•(ⓐ): 손빨래 활동 영역을 칸막이로 표시함

② 교실 내의 특정 공간에서 이루어지는 활동에 대한 기대가 분명하게 드러나도록 교실 가구를 배치하고 과제영역을 신중하게 배치하여 자폐성장애 학생의 주의를 흩뜨리는 것을 최소화할 수 있다.

㉠ 교실의 공간이 넓을 경우 개별 활동, 소집단 활동, 학급 전체 활동을 할 수 있는 영역으로 구분할 수도 있다. 공간이 제한적인 경우, 가구의 재배열을 통해 다양한 형태의 교수가 이루어질 수 있도록 구성할 수 있다.

㉡ 학생의 책상은 가능한 한 교실문 또는 창문을 등지고 앉도록 배치한다. 또, 쓰레기통과 연필깎이 등과 같이 공동으로 사용하는 물건들은 학생들이 과제이탈 행동의 유혹을 받지 않도록 학생들의 책상과 약간 떨어진 곳에 놓는다.

㉢ 학생이 수업을 할 때 컴퓨터는 화면 부분이 과제 영역에서 보이지 않는 방향으로 놓고, 컴퓨터가 시야에 들어올 수밖에 없는 환경이라면, 컴퓨터 모니터 덮개를 덮어 놓는 것이 도움이 된다.

③ 공간을 나눌 때 자폐성장애 학생들의 근접성과 관련된 선호 및 요구를 고려해야 한다.

㉠ 교실 내의 경계를 정할 때 교사는 학생들이 멀리 떨어져 있을 필요가 있는 활동들(예 개인과제)과 다른 학생들과 신체적으로 더 가까이 있음을 참아야 하는 활동(예 집단 활동들)에 대해서 반드시 생각해야 한다.

④ 혼자만의 공간 설정

㉠ ASD 아동을 위해서는 필요한 경우 안정을 되찾거나 유지할 수 있는 혼자만의 공간을 마련해 주어야 한다.

㉡ 진정 영역, 이완 영역, 안전 영역, 본거지, 쉼터 등으로 다양하게 불리는 이 공간은 ASD 아동의 자극 수준을 낮게 유지하는 장소인데, 수업 환경이 아동을 당황하게 만들거나 행동 문제로 아동이 안정을 취할 필요가 있을 때 유용하다. ❶ 19초등B6

㉢ 혼자만의 공간은 교사가 아동에게 가도록 지시하거나 필요한 경우 아동이 스스로 선택해서 갈 수 있다.

기출 POINT 7

❶ 19초등B6

㉠에 들어갈 적절한 말을 쓰고, 그 기능을 1가지 쓰시오.

> 예비 특수교사: 교수님, 어제 ○○학교에 교육 봉사를 다녀왔습니다. 교실 환경이 상당히 인상 깊었는데, 가장 특이했던 것은 교실 한쪽에 있던 커다란 플라스틱 이글루였어요. 입구에 '북극곰의 집'이라고 쓰여 있고 흔들의자도 있는 것 같았어요. 마침 1교시 시작할 때였는데 자폐성장애 학생 민우가 그 안에서 나오는 거예요. 담임 선생님께 여쭤보니 민우가 자주 이용하는 곳이라고 하시더군요.
> 지도 교수: 아하! 아마도 (㉠)인가 봐요. 교실 한쪽이나 학교 내 별도 공간에도 둘 수 있는 건데, 물리적 배치를 통해 환경적 지원을 제공하기 위한 거죠. 유의해야 할 점은 타임아웃을 하거나 벌을 주기 위한 공간은 아니라는 겁니다.

㉣ 혼자만의 공간을 설정하는 특별한 기준은 없으나 시각적 경계가 명백한 물리적 공간을 선정하는 것이 좋고, 아동에게 편안하고 긍정적인 장소여야 한다.

- 혼자만의 공간은 타임아웃을 위한 장소가 아니다. 타임아웃은 아동이 바람직하지 않은 행동을 했을 때 강화가 많은 상황에서 강화가 적은 상황으로 이동시켜 문제행동의 발생을 감소시키는 것이라면, 혼자만의 공간은 아동이 안정을 취할 수 있도록 자극 수준이 낮은 곳으로 이동시키는 것이다.
- 혼자만의 공간은 과제를 회피하기 위한 장소가 아니다. 따라서 아동에게 혼자만의 공간을 활용할 수 있게 하는 행동이 무엇인지 인식시킬 필요가 있다.
- 혼자만의 공간에는 아동의 특성에 따라 이완을 촉진시킬 수 있는 물건을 둘 수 있다.
- 혼자만의 공간에 있는 동안 아동은 강화를 계속 받을 수 있고 과제를 계속 수행할 수 있다. 즉, 혼자만의 공간이 타임아웃을 위한 장소나, 과제를 회피하는 장소가 아닌 과제에 대한 집중을 유지시키는 데 필요한 조건을 제공하는 곳이 될 수 있다.

진정 영역 활용의 예시

김 교사는 학생들을 위한 진정 영역을 교실 내에 구성하기로 한다. 대형 냉장고 박스 2개를 하나의 박스로 만들고 출입문을 만든다. 학생들과 미술시간에 다양한 방법으로 박스를 꾸민다. 완성된 진정 공간 박스를 교실 뒤편 창가 쪽에 놓는다. 진정 공간 안에는 학생이 편하게 앉을 수 있는 빈백의자(작은 스티로폼이 백에 들어 있는 의자)를 설치한다. 또한 작은 테이블을 놓고 그 위에 스위치로 켰다 끌 수 있는 은은한 조명의 스탠드와 진정 시간을 알게 해 주는 10분짜리 모래시계를 놓는다. 빈백의자 옆에는 은은한 라벤더 향이 나는 방향제를 놓는다. 또한 학생들이 개별적으로 진정을 위해 활용할 수 있는 활동 재료(예 음악을 들을 수 있는 장치, 색블록 조립 도구, 공룡 책 또는 자동차 책과 같은 특별한 관심 영역 관련 서적 등)들이 들어 있는 상자를 테이블 옆에 놓는다.
김 교사는 학생들에게 진정 영역 행동 전략에 대해 시각적 지원을 활용하여 지도한다. 또한 학생들에게 진정 영역은 10분 이용할 수 있으며, 하루 3번의 기회를 가질 수 있다고 안내한다. 등교 시 김 교사는 학생들에게 학생의 얼굴 사진이 붙어 있는 막대 3개를 제공한다. 이 막대는 학생이 진정 영역을 사용하고자 할 때마다 교사에게 제출하는 것이다. 체계적인 시각 단서 교수를 통해 학생들은 진정 영역을 활용할 수 있다. 학생은 교실 내 불안의 증가로 진정이 필요하다고 느낄 때 교사에게 진정 영역 활용 막대를 제시하고, 교사의 허락을 받아 진정 영역에 들어간다. 진정 공간에 들어간 학생은 먼저 모래시계를 돌려놓고 진정 시간 동안 진정을 위해 할 수 있는 활동 재료인 자동차 책을 꺼내서 읽는다.

(2) 교실 내 활동 영역에 대한 조직

학생 자신의 것 또는 함께 공유해야 하는 것 등 소유에 대한 정보를 제공할 수 있다.

① 학생의 이름 또는 내용이 쓰인 라벨 붙이기를 활용하여 학생이 자신의 사물함, 자신의 옷을 걸어 두는 곳, 자신의 신발을 놓아 두는 곳, 자신의 책상 등을 알게 할 수 있다. 어린 학생의 경우, 학생의 사진을 붙여 표시하는 것도 도움이 된다.

② 중등학생의 경우 교과별 자료를 찾을 수 있도록 교실 내 책장에 교과명이 쓰인 칸을 부착해 놓을 수 있다.

③ 해당 사물이 보관된 상자에 해당 사물의 사진 또는 이름 라벨을 붙여 표시할 뿐만 아니라 사물의 소유에 대한 표시도 할 수 있다. 소유물은 개인 소유물, 공동 소유물, 특정인의 소유물, 누구에게도 속하지 않는 소유물, 빌린 소유물 등 다양하다. 시각적 단서 활용과 더불어 소유물의 사용을 통제하는 구체적인 규칙은 소유의 명확한 의미를 전달하는 데 도움이 된다.

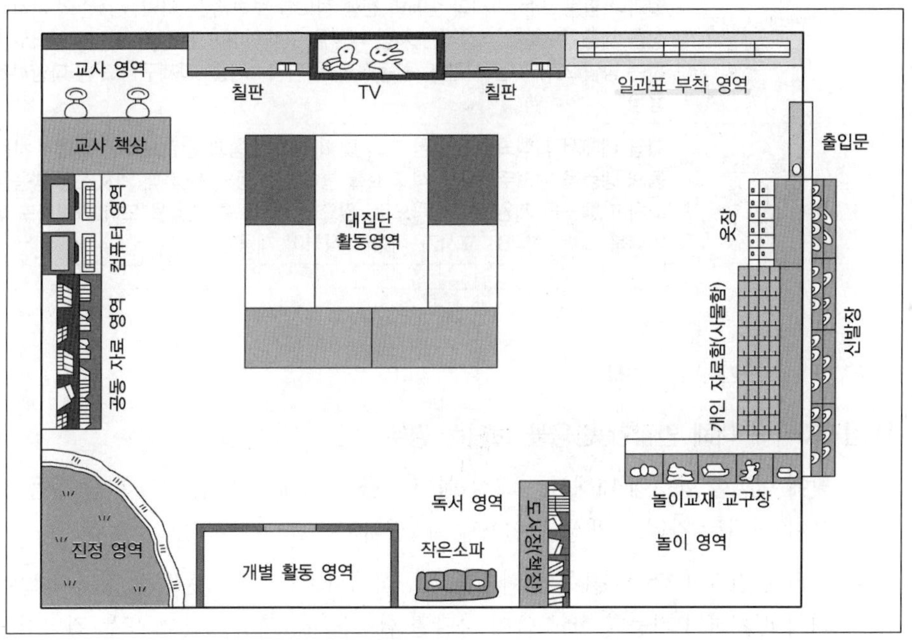

기출 POINT 8

❶ 15유아A2

밑줄 친 ㉣에서 박 교사가 물리적 환경을 구조화하기 위해 제안한 방법 1가지를 쓰시오.

> 김 교사: 지우는 한 활동이 끝나고 다른 활동으로 전이하는 것도 힘들어하는 것 같아요.
> 박 교사: 그러면 ㉣ 지우에게 그림 일과표를 보여 주세요. 활동을 마칠 때마다 그림 카드를 떼어 다음 활동을 알 수 있도록 하면 좋을 것 같아요.
> 김 교사: 아! 그러면 지우의 참여 행동에 도움이 될 수 있겠네요.

더 알아보기 환경 구조화를 위한 시각적 지원 전략의 예(이소현, 2023)

전략	내용
학교 및 학급 지도 제공하기	공간과 공간 내 위치를 쉽게 식별할 수 있도록 학교와 교실 공간에 대한 지도를 만들어 게시판이나 수첩에 붙여주거나 개인 스마트폰에서 볼 수 있게 하여 독립적인 이동을 촉진하고 공간 구성의 변화에 대한 이해를 도움
경계 명확하게 하기	교실 내 가구나 카펫을 이용하여 활동 영역을 구분하고 테이프를 붙이거나 책상보 등을 활용하여 구분해야 하는 영역 간 경계를 명확하게 알려줌으로써 활동 중에 어디에 머물러야 하는지를 알게 해 죽호 활동 변경에 대한 단서를 제공함
시작과 종료 분명히 하기	활동이나 과제가 진행되는 동안 시간의 흐름을 구체적으로 인지할 수 있도록, 특히 언제 끝나는지와 끝났는지를 알게 해 주는 다양한 수준의 단서를 사용함으로써 독립적이고 안정적으로 현재의 수행에 집중할 수 있도록 도움
시각적 단서 사용하기	교실 내 가구, 영역, 사물 등에 다양한 상징 수준의 라벨을 붙이거나, 개인의 의자나 교재 등에 색깔로 표시하는 등의 단서를 활용하여 환경에 대한 이해를 높이고 독립적인 행동을 촉진함
시각적 스케줄 활용하기 ❶ 15유아A2	일과나 활동 또는 과제의 순서와 진행 정도를 보여 주는 다양한 수준의 시각적 표상을 제공함으로써 추상적인 시간 개념을 구체적이고 관리가 가능한 형태로 제공하는 방법으로, 학급 시간표, 활동스케줄, 미니스케줄, 과제구성도 등 다양하게 활용됨
활동 관련 의사소통 지원하기	학급 내에서 진행되는 다양한 교과 및 비교과 활동과 관련해서 수행해야 하는 아동의 행동을 알려주는 시각적 자료를 통하여 아동의 학급 내 의사소통 행동을 강화하고 행동을 지원하는 전략으로, 필요한 의사소통 내용을 모아 그림카드 파일, 미니북, 노트 형태로 교사가 직접 제작하여 제공함

2. 공간 내 감각자극 조절

(1) 감각자극에 대해 민감한 반응을 보이는 경우

① 빛에 민감한 학생에 대해서는 교실 내 조도를 조절해 주거나, 개별 학습 활동 시 윗부분이 덮개로 가려진 책상을 활용할 수 있다.

② 소리에 민감한 학생에게는 귀마개를 제공하거나 복도 또는 운동장 창가와 떨어진 자리에 배치하여 가능한 한 소음이 차단된 환경을 제공할 수 있다. 또는 칸막이를 두어 다른 시각 및 청각적 자극을 차단해 줄 수 있다.

③ 학습과제 수행 시 학생의 특정한 감각적 요구를 완화시킬 수 있는 교재교구를 제공할 수 있다.

④ 스트레스와 피로가 감각자극에 대한 역치를 낮출 수 있으므로 학생의 수면 및 스트레스 상태를 민감하게 점검하여 이에 대한 대처를 해야 한다.

(2) 감각자극에 대해 둔감한 반응을 보이는 경우

① 감각자극에 대해 둔감한 반응을 보이는 학생에게는 학생이 수업 중 자극 추구 행동을 하여 수업 방해 또는 과제 비참여를 이끄는 감각체계가 무엇인지를 판별하여 수업 전에 이를 충분히 경험할 수 있는 환경을 제공하거나 수업 활동 내에서 자극 추구 행동과 참여 행동이 연계되도록 조성해 줄 수 있다.

② 과제 완성 또는 학습 요구 및 기대에 대한 강화제로서 감각 활동에 참여하게 할 수 있다.

③ 학생이 지속적으로 말을 하거나 소음을 내는 것은 자극이 필요함을 의미하는 것일 수 있으므로 책상 가까이 램프를 놓아 시각 자극을 제공하거나 헤드폰을 이용하여 청각 자극을 증가시킬 수 있다.

④ 전정계와 고유수용계 자극을 추구하는 학생에게는 수업 전 쉬는 시간에 트램펄린을 뛰게 하여 충분히 자극이 역치에 도달하여 수업에 참여할 수 있도록 한다.

⑤ 수업 중 자료를 나누어 주는 역할을 학생에게 부여하면 학생은 수업 참여 행동을 하면서 또래들에게 자료를 나누어 주며 자연스럽게 자극 추구 행동을 하게 된다.

04 시간적 지원

시간의 개념은 매우 추상적이다. 청각적 정보에 주의를 두고 이해하는 데 어려움을 겪는 자폐성장애 학생에게 "5분만 더 하자.", "10분 후에 하자.", "이거 먼저 하고 그건 나중에 하자." 등의 시간 개념이 담긴 청각 정보는 혼란과 결함을 초래할 수 있다. 시간적 지원은 추상적인 시간 개념에 대한 이해를 돕기 위해 시간의 구조를 확립하는 것이다.

1. 시간의 구조

(1) 시간의 구조 확립

① 교실의 물리적 구조(공간적 지원)는 해당 공간에서 무엇을 할지에 대한 기대를 전달하고 적절한 행동을 지원하며, 시간의 구조(시간적 지원)는 학습에 대한 동기와 가능성에 영향을 미친다.

② 시간이 어떻게 사용되는지에 관한 정보를 제공하는 시간 구조화는 일과를 예상할 수 있도록 지원해 주고 심리적 불안을 완화하여 학습에 대한 동기와 가능성을 높일 수 있다. 예측 가능한 일과의 확립은 궁극적으로 융통성을 가르치는 능력을 촉진하게 된다.

③ 시간의 구조화는 활동에 걸리는 시간, 활동의 변화와 순서, 해야 할 활동에 대한 묘사, 시작과 끝에 대한 안내, 활동의 전환 안내 등을 제공한다(Haflin & Alaimo).

④ 시간적 지원은 시간을 조직하기 위해 사용되는 지원으로 일정, 완료 지침, 대기(기다림) 지원, 시간 변화 수용 전략 등이 포함될 수 있다(Dalrymple).

일정	하루의 한 부분, 하루 전체, 일주일, 한 달, 또는 일 년에 관한 정보를 제공한다. 일정에 관한 시각적 지원은 시각적 일과표를 통해 이루어질 수 있다.
완료 지침 ❶ 21유아B4, ❷ 14초등B2, ❸ 13추가유아A4	• 완료 지침은 활동이 언제 종료되는지에 관한 정보를 제공한다. 활동이 얼마나 오래 지속될 것이며 언제 끝나는지에 대한 정보를 제공하여 학생의 활동 참여를 증진할 수 있다. • 종료 신호의 표상 수준은 학생의 기능 수준을 고려하여 적절한 시각적 표상 수준을 적용할 수 있다. • 활동 종료 신호로 과제 그림 위에 학생이 받게 될 토큰으로 종료 표시를 하거나 과제 그림 위에 종료를 나타내는 표시를 붙이거나, 일과표를 뒤집어 놓거나 완료한 과제의 그림을 완료 상자 또는 봉투에 넣거나, 타이머 또는 모래시계 등을 활용할 수 있다.
대기(기다림) 지원	• 대기는 자폐성장애 학생에게 매우 어려운 추상적인 시간 개념이다. 줄 서서 기다리기, 약속시간 기다리기, 다른 사람이 준비할 때까지 기다리기, 버스 기다리기, 식사 기다리기 등 기다림은 상황에 따라 다른 전략과 행동을 필요로 한다. • 대기 지원은 대기 상황에서 요구되는 시간 정보와 대기 활동이 주어지면 구체적으로 일정 시간 동안 특정 활동을 하면서 기다릴 수 있게 해준다. • 대기 행동/활동이 불안정할 경우에는 '지금은 기다리는 시간이다.' 또는 '대기 행동/활동을 해야 하는 시간이다.'라는 것을 나타내는 구체적인 단서를 지도할 수 있다. – 대기 활동의 예로 헤드폰으로 음악 듣기, 그림책 보기, 퍼즐 맞추기 등을 들 수 있다. – 대기 행동은 요구되는 상황에 따라 구체적인 행동이 다르고 복잡하므로 각 상황에 적용되는 행동을 학습할 수 있는 기회를 제공해야 한다.
시간 변화 수용 전략	• 주간 또는 그날의 사건에 관한 구체적인 정보가 시각적 지원과 함께 주어지면 단지 구어적 설명만 주어졌을 때보다 더 쉽게 변화에 대해 설명할 수 있다. • 예를 들어, 학급 시간표를 담당 교과 교사의 사정으로 불가피하게 변경해야 하는 경우 학생에게 미리 변경 시간표를 제시하여 변화를 미리 알게 해 주면 학생은 변화에 대해 여전히 불안하지만 스스로 조절할 수 있을 정도의 불안을 가지고 변화를 수용할 수 있게 될 것이다.

기출 POINT 9

❶ 21유아B4

ⓒ에서 교사가 선우에게 사용할 수 있는 방법을 ① 시각적 측면과 ② 청각적 측면에서 1가지씩 쓰시오.

> 아이들은 동화의 줄거리를 이야기하고, 극놀이에 필요한 배경과 소품을 만들었다. 소품이 완성된 후, "선생님, 점심 먹을 시간이에요. 우리 점심 먹고 와서 극놀이 준비를 계속해요." 라고 우진이가 말했다. 점심을 먹기 위해 아이들과 이동하려고 하는데 선우가 "아니야, 아니야" 하면서 소품을 만지작거렸다. "선우야, 지금은 점심 시간이야. 밥 먹으러 가자."라고 말했지만, 선우는 그 자리에서 움직이지 않았다. 선우에게는 ⓒ 활동 간 전이 계획이 필요한 것 같다.

❷ 14초등B2

성주의 행동 특성을 고려하여 수업 참여도를 높일 수 있는 구조화 전략을 1가지 쓰고, 그 적용 이유를 쓰시오.

> • 과학 시간을 매우 좋아하나 한 가지 활동이 끝날 때마다 불안해하며 교사에게 "끝났어요?"라는 말로 계속 확인하기 때문에 학습 활동에 집중하기가 어려움
> • 성주가 "끝났어요?"라고 말할 때마다 교사는 남아 있는 학습 활동과 끝나는 시각을 거듭 말해 주지만, 성주가 반복해서 말하는 행동은 수업 후반부로 갈수록 증가함

❸ 13추가유아A4

밑줄 친 ㉠을 고려하여 빈칸에 들어갈 말을 쓰시오.

> 박 교사: 선생님, 저는 ㉠ 요즘 혜수를 위해 학습의 일과를 일정하게 하고, 등원 후에는 하루 일과를 그림으로 안내해 줘요. 그리고 활동이 끝나기 5분 전에 종을 쳐서 알려줘요.

> ㉠과 같이 일과와 환경에서의 구조화는 (　　)을/를 높여 혜수의 활동 참여를 증가시킬 수 있다.

더알아보기 **시간구조 확립(Heflin & Alaimo)**

1. **활동에 걸리는 시간**
학생의 연령 및 능력에 따른 활동의 유형은 그 활동이 얼마나 오랫동안 지속되어야 하는지를 알려준다. 참여하는 데 어려움을 느끼는 학생들은 집단 활동 시간을 줄이고 집중적인 교수의 시간을 늘림으로써 이익을 볼 수 있다.

2. **활동의 변화**
활동들을 어떻게 순서화할 것인가를 결정할 때 다음의 방법을 고려할 수 있다.
   - 프리맥 원리는 활동들을 신중하게 순서화할 것을 권고하고 있다. 어떤 학생을 그 학생이 선호하지 않는 활동에 참여하도록 동기를 부여하기 위해, 선호하지 않는 활동을 일정에 넣고 활동이 완수된 후 매우 좋아하는 활동이 뒤따르게 한다.
   - 높은 수준의 에너지와 노력을 요구하는 활동 다음에는 더 적은 에너지와 노력을 요하는 활동이 따라올 필요가 있다. 수동적인 참여를 포함하는 활동은 능동적인 참여를 요구하는 활동들을 중간중간에 배치한다. 쉬운 과제와 어려운 과제들을 섞어 놓는 것은 자폐학생들의 문제행동을 감소시키고 참여를 증진시키는 것으로 나타났다.
   - 과제를 완수하고자 하는 동기는 행동 타성의 활용을 통해 촉진될 수 있다. 행동 타성에서 학생은 빠르고 쉽게 해결할 수 있는 과제 몇 가지를 더 어렵거나 덜 좋아하는 과제를 도입하기 전에 완수하게 된다. 먼저 한 과제들을 성공적으로 완수함으로써 학생이 타성을 확립할 것으로 기대되며, 더 어렵거나 덜 좋아하는 과제를 시도하는 데 저항을 덜 하게 된다. ❷ 13유아B4

3. **활동들의 묘사**
해야 할 일의 순서를 분명하게 전달하기 위해 시간 일정은 반드시 시각적인 방식으로 표현되어야 한다. 일정을 나타내기 위해 선택된 시각자료들은 학생 개개인의 특성에 기초해야 한다.

4. **시작하기와 끝내기 가르치기**
유성펜과 융판을 활용하는 것은 활동들의 시작과 끝을 전달할 분명한 방식이라는 점에서, 일정표 사용의 주요 특징을 나타낼 수 있다. 일정을 체크하고 "이제 수학 시간이에요."라고 알리는 것은 하나의 활동이 곧 시작할 것이라는 점을 전달하는 데 도움이 된다. 교사들은 보조도구를 활용하여 활동이 끝났음을 학생에게 알려줄 수 있다. 눈으로 볼 수 있는 타이머는 소리만 들을 수 있는 타이머보다 자폐스펙트럼장애 학생들에게 더 유용할 것이다.

5. **전환**
전환은 하나의 활동에서 다음 활동으로 옮겨 가는 것이 포함되는데, 자폐스펙트럼장애 학생들은 전환의 어려움을 보인다. 순서, 지속시간, 그리고 과제의 결과 등에 대해 분명한 신호가 주어지고 곧 있게 될 전환을 예고 받은 학생들은 문제행동을 덜 보였다. 대상 학생들에게는 예측 가능성(전환을 알리는 신호를 통해서)이 일관성보다 더 중요하다고 한다. 하나의 활동에서 다음 활동으로의 이동은 시각적 일과표를 통해 촉진될 수 있다.

기출 POINT 10

❶ 13유아B4

민지의 지원 방안으로 적절하지 않은 것 2가지를 찾아 기호를 적고, 그 이유를 각각 쓰시오.

(가) 민지의 특성

- 시각적 정보처리능력이 뛰어남
- 좋아하지 않는 활동에 잘 참여하지 않음
- 다양하게 바뀌는 자료에 대해 과민하게 반응함

(다) 민지 지원 방안

① 다양한 자료를 제시하며 각 활동에 적극적으로 참여할 수 있도록 지원한다.
② 활동에 사용할 자료를 자유선택활동 시간에 미리 제시하여 관심을 가지게 한다.
③ 전체적인 활동 순서를 그림이나 사진으로 제시하여 각 활동의 순서를 쉽게 이해하도록 지원한다.
④ 자유선택활동 시간에 여러 가지 물건 굴리기 활동을 민지가 좋아하는 도서활동 영역에서 해보도록 한다.
⑤ 비선호활동을 수행하기 전에 선호하는 활동을 먼저 수행하도록 하여, 비선호활동에 보다 잘 참여할 수 있도록 한다.

(2) 시간의 구조의 장점

① 자폐성장애 학생에게 예측 가능한 일정을 설정하는 것은 이들의 심리적 불안을 완화시켜 학습 참여 가능성을 증진할 수 있다. 그러나 설정된 일과에서 벗어나는 일은 언제나 있을 수 있으므로 이러한 변화를 수용할 수 있어야 한다.

② 따라서 우선 교사는 예측할 수 있는 일과를 가지고 학생이 이 일과에 익숙해질 때까지 일관성을 유지하다가, 학생이 일상적인 일과에 익숙해지고 완전하게 따를 수 있게 되면 일과에서 벗어나거나 예측할 수 없는 일의 발생에 대한 이해를 지도한다.

㉠ 처음에는 작은 변화부터 소개하는 것이 좋다.

㉡ 앞으로의 변화를 미리 알려주는 구체적인 시각적 지원 자료를 활용하여 정보를 미리 제공하는 것은 자폐성장애 학생이 변화에 보다 유연하게 적응하는 것을 도울 수 있다.

③ 특히, 시간의 개념은 매우 추상적이므로 학생에게 '10분 동안만' 또는 '잠시 동안' 어떠한 과제를 하라는 지시는 학생의 혼란을 가중시킬 수 있다. 이때 학생이 언제까지 과제를 해야 하는지를 보여주는 모래시계 또는 타이머 등의 시각 자료를 활용하여 지시하면 보다 효율적인 참여를 이끌 수 있다. ❶ 11유아27

기출 POINT 11

❶ 11유아27

교사의 지도 내용에 대한 교수전략을 바르게 연결한 것을 모두 고르시오.

■ 교수전략: 시간의 구조화

- 은수는 간식 시간 전인 이야기 나누기 시간에 간식을 달라고 떼를 쓰며 운다.
- 그림 일과표를 제시해 주고, 이야기 나누기 시간이 시작되면 모래시계를 거꾸로 세워 놓는다.

2. 시각적 일과표 활용

(1) 시각적 일과표의 개념 및 장점

① 시간의 구조화를 확립하는 대표적인 방법은 시각적 일과표의 활용이다.

② 시각적 일과표는 하루의 한 부분, 하루 전체, 일주일, 한 달, 또는 일 년에 관한 정보를 제공하는 일정에 대한 대표적인 시각적 지원이다. 시각적 일과표를 통해 학생은 해당 일의 활동을 순서에 맞게 진행할 수 있고 시간 구조와 환경적 배열을 이해할 수 있다.

③ 시각적 일과표는 학생의 독립성을 향상시키고 교사의 지속적 감독과 지원에 대한 요구를 줄여 줄 수 있다.

(2) 시각적 일과표의 특징

① 자폐성장애 학생을 위한 시각적 일과표를 개발할 때, 학생의 요구와 강점에 근거하여 시각적 제시 수준, 시각적 제시 배열, 학생의 참여 정도를 결정해야 한다.

② 시각적 일과표에서 제시되는 상징의 유형은 낮은 수준인 몸짓에서부터 실제 크기 사물, 소형 모형 사물, 사진, 컬러 그림, 흑백 선화, 단어, 문장이나 구절, 수화 아이콘의 높은 수준까지 다양하다.

③ 시각적 일과표를 활용하여 학생 스스로 일과를 점검하고 조정할 수 있도록 지도하면 이후 독립적 기능수행을 촉진하는 데 도움이 된다. 시각적 일과표는 구조를 제공하며 프리맥 원리가 적용될 수 있고, 시간에 관한 교수가 가능하며 예측과 선택을 학습할 수 있다.

④ 시각적 일과표는 학생이 어떠한 활동을 해야 하는지, 그날에 해야 하는 활동의 순서는 어떻게 되는지를 구체적으로 알 수 있도록 조직된 것이다. 잘 조직된 시각적 일과표는 학생이 독립적으로 수행하고 활동 간 전이/전환을 할 수 있고, 보다 더 유연해져서 변화를 수용할 수 있게 된다. 학생은 하나의 일과를 수행하면 자신의 일과표에 가서 해당 일과를 나타내는 카드를 떼어서 '완료'칸에 넣고 그다음 일과를 확인한 후에 해당 일과를 수행할 수 있다. 이러한 과정을 통해 해당 일의 일과표에 붙은 활동 카드가 모두 '완료'칸에 들어가게 되면 학생은 교실에서 오늘 해야 하는 일과를 모두 수행한 것이 된다. ❶ 23초등B3

⑤ 학생은 시간표가 변경되어 다소 불안해할 수 있으니 교사가 미리 알려주면 감당할 수 있는 수준의 불안을 갖고 수업에 참여하게 된다. 교실 내 수업 시간표와 별도로 개별 시간표를 만들어 학생에게 제시할 수 있다.

⑥ 시각적 일과표를 활용하여 공간적 지원과 시간적 지원을 함께 할 수도 있다. ❷ 15유아A2

⑦ 교과 순서와 더불어 해당 교과가 어디에서 이루어지는지에 대한 정보가 함께 제시되어 있다. ❶ 23초등B3

기출 POINT 13

❶ 12초등14 · 유아8

다음은 자폐성장애 학생의 일반적인 특성과 이에 따른 교수전략을 설명한 것이다. 적절한 교수전략이 아닌 것은?

일반적인 특성	교수전략
① 상동적이고 반복적인 동작을 한다.	의미 없어 보이는 상동행동이라도 행동의 기능이나 원인이 무엇인지 먼저 파악하여 접근한다.
② 시각적인 정보처리에 강점을 보인다.	복잡한 내용을 설명할 때는 마인드 맵을 활용한다.
③ 정해진 순서나 규칙에 집착하거나 변화에 매우 민감하다.	갑작스러운 일에도 잘 적응하도록 자주 예기치 않은 상황을 만들어 준다.
④ 사회적 관습이나 규칙에 대해 이해하는 데 어려움을 보인다.	사회적인 상황이나 문제를 설명해 주는 간단한 상황이야기를 활용한다.
⑤ 제한된 범위의 관심 영역에 지나치게 집중하거나 특별한 흥미를 보이는 행동을 한다.	학생이 보이는 특별한 흥미를 강점으로 이해하고 이를 동기로 활용할 수 있는 교수방법을 찾아본다.

기출 POINT 12

❶ 23초등B3

시각적 일과표를 제작할 때 ⓒ과 ⓔ을 해결하기 위한 방안을 각각 1가지씩 쓰시오.

김 교사: ⓒ 동호는 수업이 끝나고 쉬는 시간마다 가방을 메고 집에 가겠다고 해요. …(중략)… ⓔ 급식실에서 밥을 먹고 나면 어디로 가야 할지 몰라 복도를 서성거려요.

❷ 15유아A2

ⓔ에서 박 교사가 물리적 환경을 구조화하기 위해 제안한 방법 1가지를 쓰시오.

김 교사: 또 지우는 한 활동이 끝나고 다른 활동으로 전이하는 것도 힘들어 하는 것 같아요.
박 교사: 그러면 ⓔ 지우에게 그림 일과표를 보여 주세요. 활동을 마칠 때마다 그림카드를 떼어 다음 활동을 알 수 있도록 하면 좋을 것 같아요.

기출 POINT 14

❶ 18초등B5

다음은 가정 실습형 모형에 따라 ASD 학생을 위해 작성된 '손빨래하기' 수업 활동 개요의 일부이고, 아래는 ㉡에서 적용한 환경 구조화 전략이다. ⓐ에 들어갈 전략의 명칭을 쓰고, ⓑ에 들어갈 시간의 구조와 전략의 예 1가지를 쓰시오.

> ㉡ 시각적 단서를 활용하여 순서에 따라 학생이 직접 손빨래하기

> • (ⓐ): 손빨래 활동 영역을 칸막이로 표시함
> • 시간의 구조화: (ⓑ)

(3) 시각적 일과표의 유형

① 제공하고자 하는 범위에 따른 유형

활동 간 일과표	학생이 수행해야 하는 활동의 순서를 제시하는 일과표
활동 내 일과표	하나의 과제 수행을 위한 단위행동의 순서를 제시하는 일과표로, 과제 구성도 또는 절차적 지원이라고도 함 ❶ 18초등B5

특수학교 재학 중학생의 개별 시간표 예시

2018년 3월 5일 (월요일) 중등 1-1반 은진이 시간표						
과목	선생님	은진이가 해야 할 일			장소	완료 (○표시)
국어		문단 읽기	문단 요약하기	발표하기	1-1반 교실	
사회		우리 전통문화를 살펴보기	전통문화 경험하기	전통문화 활동 경험을 소개하기	1-1반 교실	
수학		28 × 2 구체물로 곱셈하기	28 × 2 반구체물로 곱셈하기	28 × 2 추상물로 곱셈하기	1-1반 교실	
미술		밀가루 풀의 느낌 표현하기	다양한 색의 밀가루 풀 만들기	자신의 느낌을 밀가루 풀로 그리기	3층 미술실	
과학		여러 가지 물건 넣어 보기	샌드위치 지층모형 만들기	고무 찰흙으로 지층 쌓기	2층 과학실	
음악		다양한 기악악기와 소리 탐색하기	좋아하는 가락악기의 소리 내 보기	친구들과 함께 가락악기 연주하기	4층 음악실	

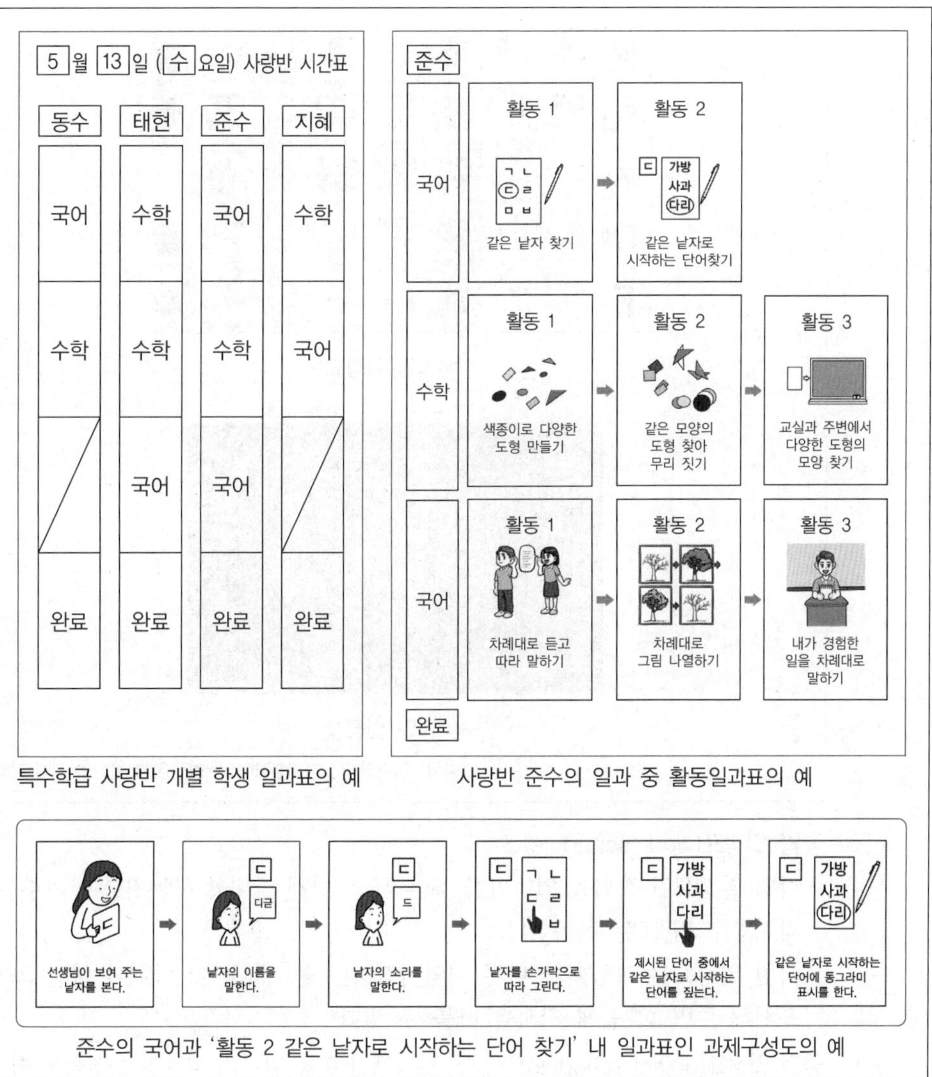

초등 특수학급 재학생의 개별 일과표의 예시

② 일정표

㉠ 일일 일정표(daily schedule)

- 일일 일정표란 하루의 활동순서를 알려주는 표로, 일정의 시간적 순서에 따라 시간, 활동(또는 과목), 장소에 대한 정보가 제시된다. ❶ 19초등A5
- 일일 일정표는 아동이 글을 읽을 수 있는 경우 단어나 문장을 사용하고, 아동이 글을 읽을 수 없는 경우에는 단어와 그림을 함께 사용하거나 그림만 사용한다.

기출 POINT 15

❶ 19초등A5

아래 내용을 참조하여 ㉣에 들어갈 구조화된 지원 방법을 쓰시오.

> 발표 준비를 위해서 교과 수업 운영 시간을 조정해야겠다. 음악수업이 한 시간씩 떨어져 있어 아무래도 집중적인 연습이 어려울 것 같다. 두세 시간을 묶는 방식으로 수업시간을 조정해야겠다. 그런데 이미 정해진 일과가 흐트러지면 자폐성장애 학생인 지수가 혼란스러워 할텐데 어떻게 해야 할까? 지난번 연수 후 지수를 위한 환경 구조화의 일환으로 제작해 사용하고 있는 (㉣)을/를 적용해 봐야겠다. 벨크로를 이용해 만들었기 때문에 과목카드를 쉽게 붙였다 떼었다 할 수 있다. 그것으로 지수에게 음악시간과 원래 교과 시간이 바뀌었음을 설명해 주면 금방 이해하고 안정을 찾을 것 같다.

일일 일정표

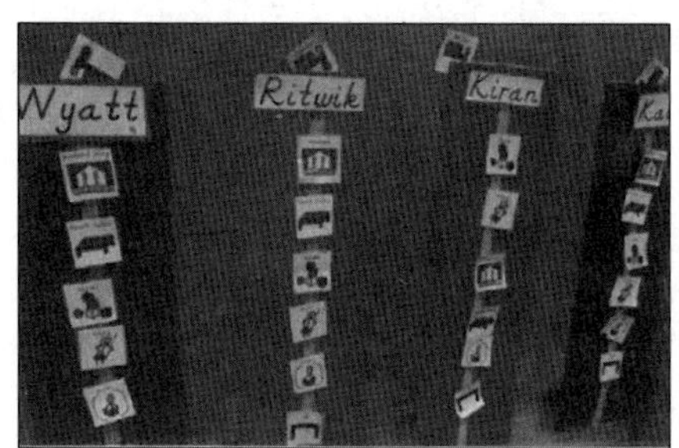

개인 일정표

[출처] 김건희 외, 자폐성장애 학생을 위한 최선의 실제(2018)

ⓛ 작업 일정표(work schedule)

- 작업 일정표란 작업을 얼마만큼 해야 하고, 언제 끝내야 하는지를 알려주는 시각적인 그림 또는 목록이다.
- 작업 일정표는 그림이나 다른 비언어적 단서를 사용하여 마쳐야 하는 과제를 표시해 주면 더 쉽게 지시를 따를 수 있다.

ⓒ 물건 일정표(object schedule) : 물건 일정표란 활동 감각의 일부인 물건들이 활동의 순서를 나타내기 위해 순서대로 자리 잡게 하는 것이다.

예 식사활동을 나타내기 위해 포크가 사용되고, 뒤를 이어 칫솔, 연필 등으로 물건을 활용하여 일정을 제시한다.

05 절차적 지원

1. 절차적 지원의 개념

① 절차적 지원은 활동 단계 간의 관계 또는 사물과 사람과의 관계를 조직하기 위해 사용되는 지원이다.

② 절차적 지원이 요구되는 대표적인 것이 일과(routine)이다. 일과는 활동 내에서 순서를 설명하는 지원으로, 활동 내 일과표(과제구성도)가 일과 지원의 한 예이다.

③ 필기하기, 수업 준비하기 등과 같이 환경적 단서가 명확하지 않지만 학습 상황에서 필요한 일과의 경우, 해당 활동 내의 일련의 단위행동을 순서에 맞게 조직하여 시각적 지원과 더불어 제시하여 예측 가능한 방식으로 일과를 반복 경험하게 되면 자폐성장애 학생은 보다 빠르게 일과를 학습할 수 있다.

2. 절차적 지원의 유형

(1) 일과 조성

① 자폐성장애 학생의 교수·학습 활동 일과는 첫째, 특정 과제를 수행하기 위해 요구되는 일련의 단위행동을 포함하거나, 둘째, 한 과제에서 다른 과제로 전환할 때 할 수 잇는 간단한 행동이 될 수 있다. 즉, 학생이 무엇을 해야 하며 얼마나 해야 하는지를 분명하게 이해할 수 있는 익숙한 활동들로 일과를 구성한다.

② 일과에는 일관된 시작, 활동 내 사상의 일관된 계열, 일관된 마침이 포함된다.

③ 일과에 대한 지원은 시각적 지원을 통해 이루어질 수 있다. 교실 내 영역이 구분되고 이에 대한 시각적 안내가 제시되면 자폐성장애 학생의 활동 참여를 촉진할 수 있다. 만약 교실 내 영역을 구분만하고 해당 영역에서 무엇이 이루어지는지에 대한 시각적 안내가 없을 경우, 자폐성장애 학생에게는 여전히 혼란되고 비구조화된 교실로 간주될 수 있다.

㉠ 일과 조성을 통해 교실에 들어오면 어떤 활동이 이루어지는지를 알려 주는 활동 내 일과표(과제 구성도)가 학생별로 시각적으로 제시되고 해당 활동이 어느 영역에서 이루어지며 어떠한 단위행동으로 이루어지는지 그 절차를 알려 주는 시각적 지원이 제공되어야 한다.

㉡ 과제와 활동에 대한 명확한 기대가 시각적으로 제시되어야 한다. 과제에 참여해야 하는 시간, 완수해야 하는 과제의 양, 과제의 질에 대한 시각적 지원을 제공해야 한다.

(2) 선택기회 제공

① 자폐성장애 학생의 학습 참여를 촉진하기 위해 학생의 흥미를 통합하여 활동을 수정하는 효과적인 전략 중 하나는 선택기회의 제공이다.

② 선택하기는 장애학생의 독립적 기능 수행을 위해 필수적인 자기결정기술의 하위 기술 중 하나로, 자신의 선호를 선택하고 표현할 수 있는 기회를 지속적으로 경험하는 것이 중요하다.

③ 선택을 할 때 자폐성장애 학생은 팔을 뻗거나 밀어내는 등의 일반적이지 않은 방식으로 선택을 표현할 수 있으므로 교사는 자폐성장애 학생의 비언어적 표현 방식에 민감해야 한다. 따라서 학생의 선택 표현을 격려하고 다른 사람이 알아차릴 수 있는 일반적인 방식으로 표현할 수 있도록 함께 지도해야 한다.

④ 선택기회 제공 방법

㉠ 학생의 선호도를 평가하고 선택 기회를 제공할 수 있다.

예 교사는 쓰기 주제로 학생의 특별한 관심에 해당하는 '기차'와 이를 포괄하는 '탈 것'을 제시한다. 그러면 학생은 자신이 선택한 것에 대해 보다 동기화되어 수업 참여의 향상을 보일 수 있다.

㉡ 자신이 과제를 완수하고자 하는 순서, 과제 완료 후에 하고 싶은 활동 등을 선택해 보도록 할 수 있다.

예 교사는 학생에게 국어 수업 시간 중에 '단어 찾아 쓰기', '중심 단어 찾아 표시하기' 활동 중 먼저 할 활동을 선택할 기회를 제공하고, 학생은 선택한 활동에 해당하는 첫 번째 그림카드는 '먼저' 칸에 붙이고, 다른 활동을 '다음' 칸에 붙인다. 선택판에 제시된 학생이 선호하는 강화제(책읽기, 색블록 조립하기, 트램펄린 뛰기) 중에서 하나의 그림카드를 선택하고 '강화제' 칸에 붙이도록 한다.

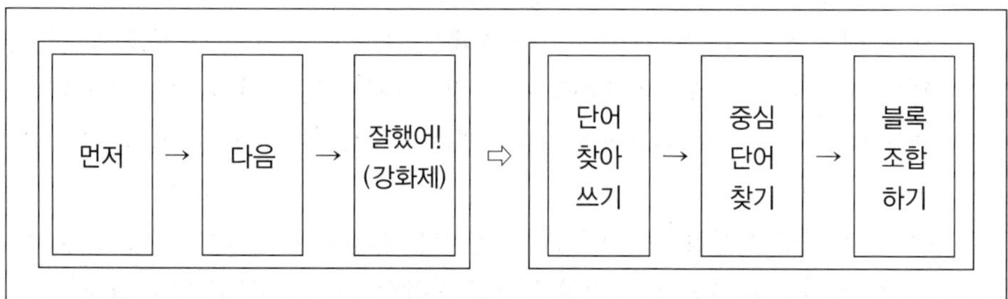

선택하기 시각적 지원의 예시

06 사회적 지원

1. 사회적 지원의 개념

① 교수·학습 활동에서의 사회적 참여를 위해서는 학생은 사회적 주도를 하거나, 사회적 주도에 반응하거나, 다른 사람의 질문에 답을 하거나, 자신의 요구를 표현하거나 또래 및 교사와 상호작용을 해야 한다.

② 그러나 자폐성장애 학생은 사회적 의사소통의 제한으로 인해 교수·학습 활동에서 적극적으로 사회적 참여를 하는 데 어려움을 보일 수 있다.

2. 사회적 지원 방법

(1) 교사의 역할

① 자폐성장애 학생의 사회적 상호작용을 돕기 위한 사회적 지원으로 교사는 주도적 또는 지시적인 상호작용자가 되기보다는 반응적 상호작용자가 되어야 한다. 반응적 상호작용이란 학생의 상호작용 주도를 촉진하며 반응하는 것이다.

② 교사가 활용할 수 있는 반응적 상호작용 전략으로는 의사소통의 차례 주고받기, 학생의 의사소통에 반응하기, 학생의 목표 수준에서 대화하기, 학생의 행동을 반영해 주기, 학생의 주도에 따르기, 학생의 의사소통 확장하기, 학생의 활동을 확장하기 등을 들 수 있다. 이는 자폐성장애 학생의 사회적 의사소통 향상을 위해 적용되는 강화된 환경중심 언어지도의 세 가지 구성요소(환경배열, 환경중심언어 지도절차, 반응적 상호작용 전략) 중 반응적 상호작용 전략과 관련이 있다.

(2) 또래의 역할

① 자폐성장애 학생을 위한 사회적 지원자로서 반응적인 또래를 선정하여 훈련하고 자연적인 상황에서 상호작용이 이루어질 수 있도록 활동 안에서 반응적 또래를 배치할 수 있다.

② 자폐성장애 학생의 또래 상호작용의 기회를 제공하기 위해 또래 모델링, 또래 교수, 또래 놀이 친구, 또래 네트워크 등의 다양한 또래 활용 전략이 적용될 수 있다.

07 학습 지원

일반적으로 ASD 아동은 시각적 정보에 강한 시각적 학습자로 이러한 특성을 반영한 교과내용 교수전략으로는 미리 보여주기, 도해조직자 활용하기, 두문자어 사용하기가 있다.

1. 미리 보여주기(priming)

① 미리 보여주기란 수업 전에 수업내용에 대한 정보를 아동에게 제공하는 것을 말한다. 즉, 수업에 사용될 자료를 수업 전에 보여주어 이를 검토하게 함으로써 아동으로 하여금 수업 중에 무엇을 하게 될 것인지를 알게 하는 것이다. ❶ 20초등B6

② 미리 보여주기는 해당 수업 하루 전, 해당 수업이 있는 날 아침 또는 수업 시작되기 직전에 적용할 수 있으며 부모, 교사, 또래가 실시할 수 있다.

③ 미리 보여주기의 실행에 앞서 다음 사항을 점검해야 한다.

㉠ 어떤 수업이 미리 보여주기를 필요로 하는지 결정한다.

㉡ 미리 보여주기를 누가 할 것인지 결정한다.

㉢ 미리 보여주기를 실제 자료로 할 것인지 유사 자료로 할 것인지 결정한다.

㉣ 언제 어디서 미리 보여주기를 할 것인지 결정한다.

기출 POINT 16

❶ 20초등B6

[A] 활동을 통해 ㉥이 될 수 있는 이유를 1가지 쓰시오.

> • 견학 전 미리 준비한 동영상을 통해 식물원 가는 길이나 식물원의 모습 등을 보여줌
> • 식물원에서는 새로운 식물을 살펴보기 전에 사진 자료를 활용하여 식물에 대해 설명해 줌
> [A]

> 다. 새싹 채소 키우기 학습을 모두 마친 후 식물원 견학 시 정민이와 경태의 ㉥ <u>불안감 감소, 학습 참여 증진 방안을 고려함</u>

2. 도해조직자 활용하기(graphic organizer)

① 도해조직자란 개념이나 주제의 주요 측면들을 특정 양식으로 배열함으로써 정보를 구조화하여 나타내는 시각적 표현이다.

② 교사가 도해조직자를 구성할 경우 교과자료의 철저한 분석과 함께 중요한 내용들을 잘 조직하고 이에 적절한 도해조직자를 선택하는 데 많은 시간과 노력을 들여야 한다.

③ 아동에게 도해조직자를 구성하게 할 경우 교과자료로부터 도해조직자를 어떻게 구성하는지를 가르쳐야 하는데, 이때 명확하고 체계적인 교수를 통해 혼자서 구성할 수 있는 훈련과 지원을 제공해야 한다.

④ 일반적으로 개념적, 위계적, 순환적, 순서적 도해조직자의 네 가지 범주로 분류된다.

㉠ 개념적 도해조직자(conceptual graphic organizer)

- 개념적 도해조직자는 하나의 주요 개념과 그 개념을 지원하는 사실, 증거 또는 특성들을 포함한다.
- 즉, 한 단어나 구절로 표현된 하나의 주요 개념으로 시작하여 이를 지원하는 생각들(즉, 사실, 증거, 특성들)이 주요 개념에서 파생된 것으로 묘사된다.

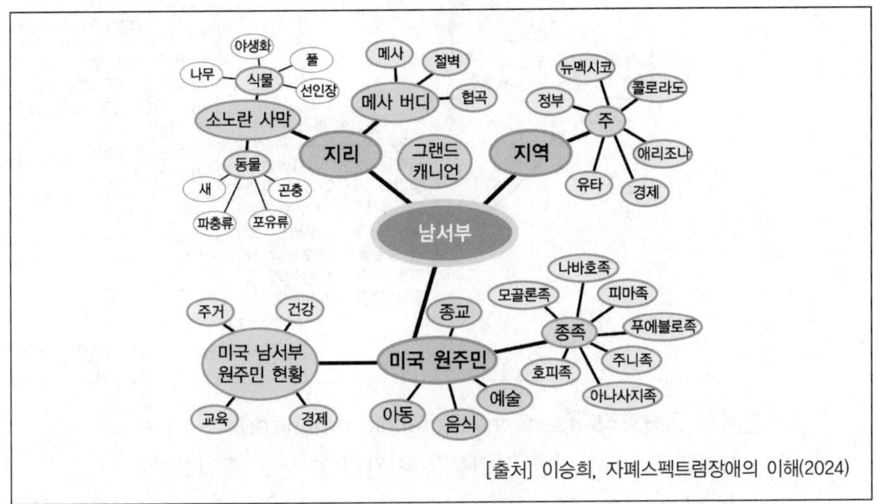

[출처] 이승희, 자폐스펙트럼장애의 이해(2024)

㉡ 위계적 도해조직자(hierarchical graphic organizer)

- 위계적 도해조직자는 하나의 개념으로 시작하여 그 개념 아래 몇 개의 등급 또는 수준을 포함한다.
- 즉, 하나의 개념 아래 몇 개의 뚜렷한 등급 또는 수준을 선별적으로 제시한다.

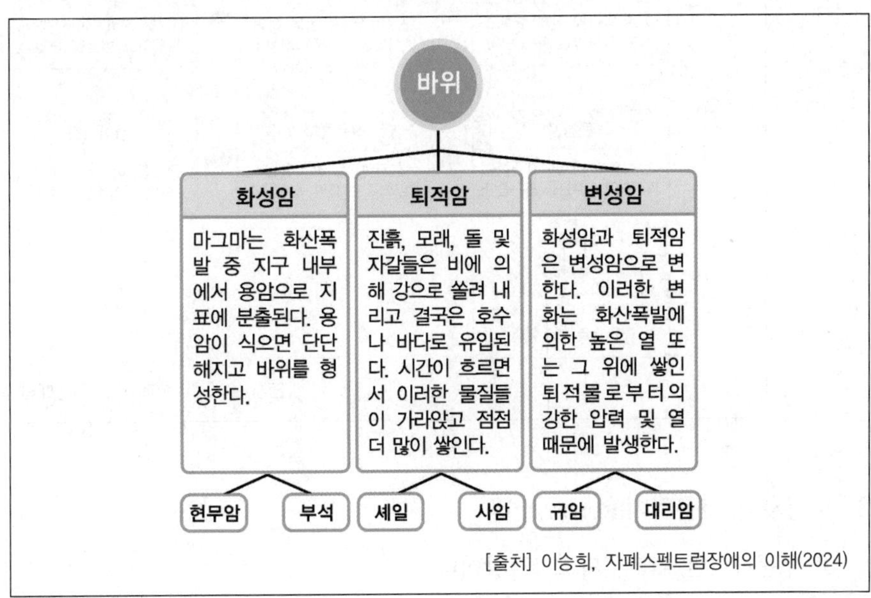

[출처] 이승희, 자폐스펙트럼장애의 이해(2024)

㉢ 순환적 도해조직자(cyclical graphic organizer)

- 시작과 끝이 없는 일련의 사건들을 묘사한다.

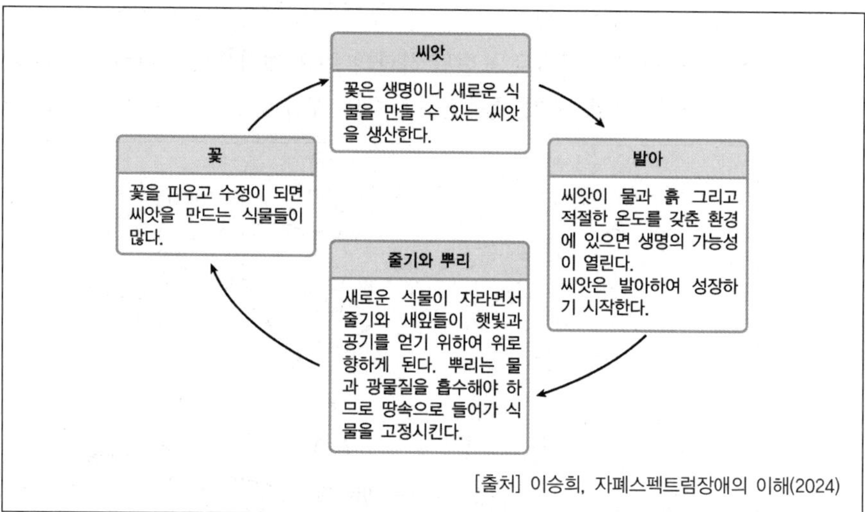

[출처] 이승희, 자폐스펙트럼장애의 이해(2024)

㉣ 순서적 도해조직자(sequential graphic organizer)

- 시작과 끝이 분명한 사건들을 시간적 순서로 배열한다.
- 즉, 연쇄적 순서를 가지고 있는 사건들이나 인과관계의 사건들을 선형적으로 제시한다.

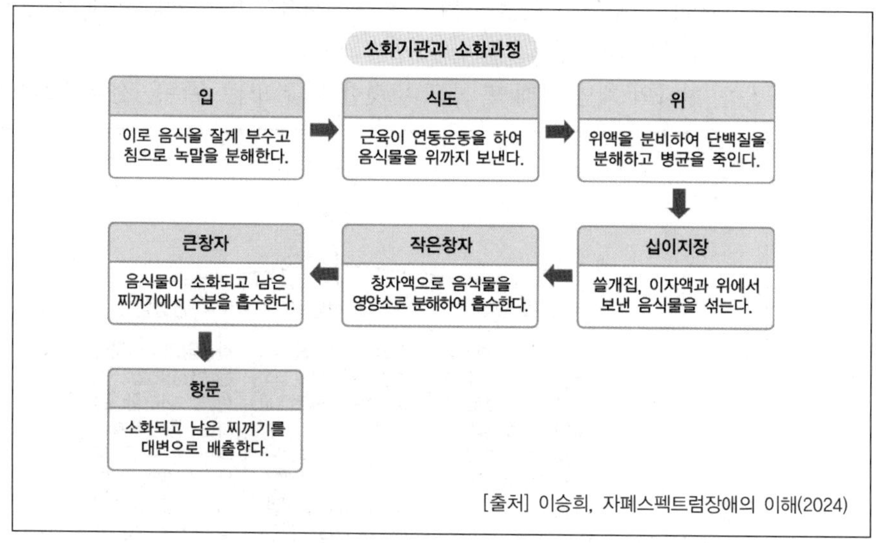

[출처] 이승희, 자폐스펙트럼장애의 이해(2024)

3. 두문자어 사용하기(acronym)

① 두문자어란 머리글자로 된 말이다.

② 두문자어에서 사용되는 머리글자는 한 단어가 아닌 한 구절의 머리글자일 수도 있는데, 예를 들어 아동들에게 개념적 도해조직자의 구성단계를 교수할 때 'CONCEPT'라는 두문자어를 활용할 수 있다.

Memo

2026 특수교사임용시험 대비

김은진 스페듀 기본이론서

Vol. 1 의사소통장애 정서·행동장애 자폐범주성장애

초판인쇄 | 2025. 1. 10. **초판발행** | 2025. 1. 15. **편저자** | 김은진
발행인 | 박 용 **발행처** | (주)박문각출판 **표지디자인** | 박문각 디자인팀
등록 | 2015년 4월 29일 제2019-000137호 **주소** | 06654 서울시 서초구 효령로 283 서경빌딩
팩스 | (02)584-2927 **전화** | 교재문의 (02)6466-7202

저자와의 협의하에 인지생략

정가 26,000원
ISBN 979-11-7262-467-5 ISBN 979-11-7262-466-8(세트)